新疆赛果高速果子沟大桥

杭州江东大桥(钱江九桥)

福建乌龙江大桥

山西仙神河大桥

江苏江阴长江大桥

印尼马杜拉大桥

桥梁工程液体黏滞阻尼器设计与施工

陈永祁　著

中国铁道出版社

2012年·北京

内 容 简 介

从20世纪80年代开始，美国结构工程师首先开始将在机械、宇航等行业已经成功应用的液体黏滞阻尼器作为结构保护系统成功地应用于桥梁抗震，并形成迅速发展的一支独秀。它是"花钱不多，对桥梁帮助不小"的一个减震装置，在我国正在建设的许多大跨公路桥梁、铁路桥梁，城市和高速路上高架桥梁抗震工程中广泛应用，并受到肯定。

本书详细介绍了世界最先进的液体黏滞阻尼器的发展过程，阻尼器的设计原理和构造，在桥梁上的应用理念和计算方法以及阻尼器的检测和质量保证。

泰勒公司(Taylor Devices，Inc.)是美国最早开始研究测试并发展起来的结构工程用阻尼器生产厂家，泰勒公司在世界各地完成了近120多项大型桥梁工程，其中在我国包括以苏通长江大桥、江阴长江大桥、舟山群岛西堠门跨海大桥和津秦铁路大桥等为代表的30多座大跨桥梁，书中对这家公司以及其液体黏滞阻尼器安置情况进行了介绍，同时也给出了国内外一些桥梁阻尼器的计算过程。

本书可供从事桥梁设计与施工的工程师、教授等专业人员设计应用参考。

图书在版编目(CIP)数据

桥梁工程液体黏滞阻尼器设计与施工/陈永祁著. —北京：中国铁道出版社，2012.3

ISBN 978-7-113-13943-8

Ⅰ.①桥…　Ⅱ.①陈…　Ⅲ.①桥梁工程－粘性阻尼－阻尼器－设计　Ⅳ.①U442.5

中国版本图书馆CIP数据核字(2012)第010258号

书　　名： 桥梁工程液体黏滞阻尼器设计与施工
作　　者： 陈永祁

策　　划： 许士杰　陈小刚
责任编辑： 曹艳芳　**电话：** 010-63549495　**电子信箱：** cxgsuccess@163.com
助理编辑： 陈小刚
封面设计： 冯龙彬
责任校对： 孙　玫
责任印制： 郭向伟

出版发行： 中国铁道出版社（100054，北京市西城区右安门西街8号）
网　　址： http：//www.tdpress.com
印　　刷： 北京铭成印刷有限公司
版　　次： 2012年3月第1版　　2012年3月第1次印刷
开　　本： 787 mm×1092 mm　1/16　印张：22　插页：2　字数：550千
书　　号： ISBN 978-7-113-13943-8
定　　价： 80.00元（配盘）

作者简介

陈永祁，1966年毕业于北京工业大学土木建筑系结构专业，从事建筑结构设计与施工工作。1976年唐山地震后，考入中国建筑科学研究院工程抗震研究所，从师龚思礼、刘锡荟，1981年毕业获得硕士学位后在中国建筑科学研究院抗震所工作。1986年出国，在美国纽约州立大学布法罗分校土木建筑系攻读博士学位，指导老师T. T. Soong，研究美国国家地震研究中心地震工程和结构控制的课题，1989年获得工程博士学位。毕业后在美国核电站设计公司(Sargent & Lundy)的研究和发展部门工作，任高级工程师。

1998年应中国建筑科学研究院抗震所原副所长韦承基教授邀请，回国参与并完成了北京火车站抗震加固改造及阻尼器工程的计算，同时首次将美国Taylor公司的液体黏滞阻尼器引到国内结构工程中应用。

2005年回国创办北京奇太振控科技发展有限公司，推广和发展世界最先进的液体黏滞阻尼器和摩擦摆隔震等结构保护系统在国内的应用。作为一名工程师，笔者一直重视先进技术在工程中的应用。从1998年到现在，其领导的北京奇太振控科技发展有限公司已经在国内外完成了包括苏通大桥、江阴大桥、印尼马杜拉大桥等30多座大跨桥梁、10多个包括北京银泰中心、盘古大观、武汉保利大厦在内的超高层建筑、上海东航机库大跨结构、迪拜赛马场屋顶TMD屋顶系统等阻尼器或TMD工程。

笔者希望通过自己的努力，让世界最重要的桥梁工程、最大的桥梁市场——中国与世界最先进的桥梁技术接轨，用上世界上效果最好、最可靠、最耐久的结构保护产品。到目前为止，在国内外期刊上发表了近50篇学术论文，涉及的领域有地震工程、随机振动、附属结构地震反应和国际近20年发展起来的结构地震保护系统。

致　　谢

我要真心感谢对我完成本书给予很大帮助的三位美国著名专家、教授，在他们不断地教诲、指导下，本书才能得以顺利完成。以下是我所了解到的三位专家情况，简单地介绍给大家：

宋祖德教授(Prof. T. T. Soong)，作为我在美国纽约州立大学布法罗分校的博士导师、带我进入美国结构工程界的领路人，当然是我要首先感谢的。宋教授作为首先把当今世界最先进的结构健康监测、优化理论、主动和被动控制理论、随机振动分析的理论引入我们工程结构的领头人、创始者，对科学上一丝不苟，又尽力把最深的理论结合到实际工程的应用中，创建了世界上一批又一批结构控制的建筑工程。百忙之中他还对我们学生各方面无微不至的关心和照顾，令我们永远铭刻在心。

TSU T. SOONG, P. E. SUNY Distinguished Professor Emeritus, State University of New York at Buffalo and Chair Professor in Engineering Science (part-time), The Hong Kong Polytechnic University。B. S. , 6/1955, Mechanical Engineering, University of Dayton, M. S, 6/1958, Engineering Sciences, Purdue University, Ph. D. 1/1962, Engineering Sciences, Purdue University. Since 1963 Assistant Professor, Associate Professor , Samuel P. Capen Professor of Engineering Science, SUNY Distinguished Professor to Distinguished Professor Emeritus (9/2009-Present). One of the founders for structural control, distinguished contributor for Probability and Statistics for Engineers, Random Vibration of Mechanical and Structural Systems. Published 11 books, 134 papers in Journals, 141 in Conference Proceedings, obtained 11 Awards, National Science Foundation Science Faculty Fellowship, the two ASCE medals (Norman Medal and Newmark Medal) etc. One of five individuals who collaboratively established the National Center for Earthquake Engineering Research (NCEER) at the SUNY Buffalo in 1986. As a world leader in development of seismic response technologies for structures. Most notably, Dr. Soong served on National Science Foundation's structural control panel in 1990's where he represented the US in developing world-wide research collaborations on seismic response control. This effort resulted in several implementations of passive and active control systems in US, Japan and China.

道格拉斯. 泰勒 (Douglas P. Taylor)，当我从“Taylor”路走向这个小工厂，为北京火车站找寻加固采用的阻尼器时，绝不会想到这个不起眼的工厂竟然孕育着这么多我们结构工程师所希望了解的知识，也不会想到这个工厂的总裁竟然不仅对这个领域的产品有着深刻的体会和了解，而且对我们结构工程领域有这么多值得参考的看法。几乎每个周末他都会对我讲述

他的经验、体会和理论。我们大部分对产品的认识、很多工程经验也大都来自他取之不尽的知识。

DOUGLAS P. TAYLOR, Mr. Taylor holds a B. S. degree in Mechanical Engineering from the State University of New York at Buffalo, awarded 1971. He has been employed by Taylor Devices, Inc. of North Tonawanda, NY since 1971, and was appointed President in 1991. He is inventor or co-inventor of 32 U. S. and foreign patents, and is widely published with more than 65 technical publications. Mr. Taylor has received numerous awards, including the Franklin and Jefferson Medal by the US Government's Small Business Innovation Research program, the Clifford C. Furnas Memorial Award by the UB Alumni Association, and the Dean's Award for Engineering Achievement by the UB School of Engineering and Applied Sciences. Mr. Taylor was named Structural Engineer of the Year (2006) by the Engineering Journal, "The Structural Design of Tall and Special Buildings". Mr. Taylor is also a founding member of the International Association on Structural Control and Monitoring.

康斯坦汀诺教授(M. C. Constantinou)作为世界"结构抗震保护系统"重要的开创者之一,他从二十多年前开始构思,到研究试验,再到工程试用,编制"结构保护系统"实际工程设计规范,在这个领域里起了重要作用。我很荣幸,能作为他的学生、经常得到他的教诲,听到他对土木工程里各种问题的看法。为了完成这本书,他的著作和论文是给我们主要的参考文献之一。我对他给予我的帮助感激不尽。

MICHAEL. C. CONSTANTINOU, Professor in the Dept. of Civil, Structural and Environmental Eng. and Director of the Structural Engineering and Earthquake Engineering Simulation Laboratory, Univ. at Buffalo, State University of New York. He received a Diploma (5 years course) from the Univ. of Patras, in 1980, M. S. in 1981 and Ph. D. from Rensselaer Polytechnic Institute, Troy, N. Y. in 1984, all in Civil Engineering. Dr. Constantinou served as member or chair of various committees for the National Earthquake Hazard Reduction Program (US NEHRP), the Applied Technology Council (e. g. , ATC-63), the Seismic Rehabilitation of Buildings (FEMA), the T-3 Seismic Design Task Group (AASHTO), and the Seismic Isolation Committee of American Society of Civil Engineers (ASCE). He published as author or co-author over 200 books, papers and reports. He consulted extensively on the analysis and design of structures with seismic protective systems worldwide. He received several awards, including the 2002 Grand Award of the American Council of Engineering Companies for the design of the Ataturk Airport in Turkey, the 1994 GSA Award for Federal Design of the US Court of Appeals in San Francisco and the 2005 ASCE CERF Pankow Award for the design of the Torre Mayor building in Mexico.

前　言

近 20 年来，用于桥梁减振的结构保护系统有了很大的发展。铅芯橡胶、摆动式金属摩擦抗震支座和液体黏滞阻尼器是在国际上迅速发展的几支独秀。在桥梁纵横两个方向上安置液体黏滞阻尼器已经成为桥梁抗震设计工作者的一个重要选择。几乎没有人再怀疑阻尼器是个“花钱不多，对桥梁帮助不小”的设备。我国正在建设的大型公路桥梁、铁路桥梁，为了达到减少桥梁各种振动的影响，纷纷考虑加设液体黏滞阻尼器。到目前为止，美国最早开始试验并发展起来的阻尼器生产厂家泰勒公司（Taylor Devices，Inc.），已经在世界各地，近 120 多项大型桥梁工程上安置了液体黏滞阻尼器，以减少桥梁的各种振动。其中，在我国以苏通长江大桥、江阴长江大桥、南京三桥、舟山群岛西堠门跨海大桥、金塘跨海大桥和津秦铁路大桥等为代表的 30 多座大跨桥梁也已安置了世界最先进的液体黏滞阻尼器。

目前这项技术仍处在发展和完善中，还有许多工作要做，出版本书的目的在于作一个阶段性的总结。书中介绍了美国工程师和研究人员对液体黏滞阻尼器设计和应用的一些理念、国内外的一些设计方法和步骤、相关计算机有限元程序的应用和设计结果的合理性分析及其判定表述；本书还提供了 30 多个实际桥梁工程中阻尼器的设置形式及采用的参数，并对 17 个不同形式的桥梁设计案例进行计算分析作出详细介绍，希望对桥梁抗震设计、研究能有所帮助。

不容怀疑，桥梁结构减振保护系统的质量控制和产品的检验对我国还是一个比较生疏的领域，本书将介绍一些国外的及我们安设在苏通和江阴大桥上的阻尼器装置的质量控制、测试的内容和检测标准，希望能对国内其他桥梁的设计施工、未来规范的编制和执行起到参考作用。

我国在苏通长江大桥的设计中，首次开创并应用了具有限位作用的液体黏滞阻尼器。金塘大桥、青岛海湾大桥以及我国为印尼援建的马杜拉大桥上都采用了这种先进的设计理念和方案。许多设计人员考虑在更多的桥梁上采用一些具有特殊功能的阻尼器，如受力更为复杂的熔断阻尼器、黏弹性阻尼器和金属密封无摩擦阻尼器等；根据应用的需要，我们还建议和发展了适用于铁路桥梁的新型阻尼器、桥梁检查车上适用的带磁头阻尼器。本书中会将这些阻尼器一一介绍给大家，希望更多设计者提出新的理念，和我们一起努力创造还没有人提出过的新型阻尼器、新的计算和应用方法。

本书中也介绍了一些阻尼器的安装、调试和连接的参考资料，希望对阻尼器的施工安装者有帮助作用。

虽然我们在江阴长江大桥加固工程、北京市区二环阜成门立交桥中获得了成功，积累了一些经验，但这与美国、韩国已经完成的近五六十座桥梁加固工程相比，显然还有很长的路要走。可以预见，液体黏滞阻尼器在桥梁工程加固、抗震升级、翻新上的应用是有很大潜力的。国外已经普遍应用的其他的铁路和公路高架桥、钢拱型桥梁、钢筋混凝土桥梁的抗震阻尼器都还有待我们去进一步开发。

说到液体黏滞阻尼器，我们不能不提起美国泰勒公司。20 世纪 50 年代创立的美国泰勒公司一直是世界减振控制系统的先驱、先导。特别是结构工程中所使用的缓冲器、锁定装置和液体黏滞阻尼器，都是首先发源于泰勒公司在振动台上进行的产品试验，逐步走入工程界的、进而获得美国各种规范的认可、从而推广到世界工程界的广泛采用。笔者有幸与这家公司一道在中国推广这项技术及其产品，深深认识到，也不想回避，到目前为止，世界上还没有在技术上能够接近他们的产品。除了工程的应用，我们也尽量介绍阻尼器的结构组成和其本身的设计原理。我们坚信，只有很好地了解这些技术，才有可能制造出真正赶超世界先进水平的自主产品。

当然，我是个结构工程师，对机械原理了解有限，尽管出于工作性质，总是努力的想把相关问题讨论清楚，但是对阻尼器的工作机理还有很多不了解、不能回答的问题，和大家一起继续学习吧！无论在国内外研究单位还是设计院，我一生从事结构工程，所有考虑问题的兴趣和出发点都是实际工程。在对阻尼器的应用理论上，许多问题还理解不深，因而本文没有全部涉及，留给后来的工程师们学习和讨论吧！正是因为缺少以上这些内容，本书也就是本经验之谈的设计手册，但如果能对桥梁工程师的计算分析和设计有所帮助，我就感到非常荣幸了。

还要一点需要说明，本书中收集的实际工程算例大多取自我们参与的项目，但也有少部分并非采用了美国泰勒公司的阻尼器，有一些工程最终也并未按我们计算的参数进行实施。但我们认为，这些项目在结构和设计思路等方面确有特色，或许会对读者有益，这里也就把它列在其中了。

感谢中国公路学会桥梁分会曾宪武秘书长，铁道部工程设计鉴定中心张红旭教授对我们的鼓励，也感谢中交公路规划设计院、路桥集团桥梁技术有限公司、浙江省交通规划设计院、四川省公路规划勘测设计院、中交公路规划设计一院、中铁一院、二院、三院、北京市市政总院和我们一起走过的路。没有段玉凤、张克、张喜刚、林道锦、宋辉、许宏亮、崔冰、裴岷山、李正荣、徐国平、王仁贵、史方华、王晓阳、毛兆祥、李毅谦、郭河、邬贵全、蒋劲松、周益云、王应良、郑旭峰、王兴达、王向阳、李世文、李琦、岳振民、颜志华、宋顺忱、陈志颖、许振中、李承根、陈克坚、曾永平、张恺、焦驰宇、张连普、孙广龙等工程师和领导的合作帮助，我们是不能完成这些工作的。

特别要说明的是本书中江阴大桥的设计计算是由中交公路规划设计院林道锦博士提供的。印尼马都拉大桥的计算优化是由路桥集团桥梁技术有限公司郭河工程师提供的。北京市区二环路阜成门立交桥所使用的阻尼器的计算分析是由北京建工学院焦驰宇博士、北京市市政总院张恺高级工程师提供的。谢谢他们的支持。

当然我们也要感谢在美国给了我们很大帮助的 Dr. T. T. Soong 教授、Dr. Constantinou 教授以及美国泰勒公司的 Douglas Taylor 董事长、Mr. Robert Schneider 和 Mr. Craig Winter。

本书部分内容是我的助手马良喆硕士协助整理和编写的，部分桥梁的计算分析也是由他完成的，在此我要特别感谢并向大家介绍他的贡献。

当然我也要感谢在我们公司里所有共同工作过的同僚，特别是在韩家沱铁路长江桥上做过很多贡献的曹铁柱先生。

陈永祁

2011 年 10 月 1 日

目　录

第 1 章　结构保护系统概述

1.1　结构保护系统概述

在地震工程领域内，始终存在着难以解决的问题。虽然，随着科学和计算机技术的发展，计算分析手段越来越精确。然而由于地震荷载复杂而粗糙，且地震带来破坏的可能性非常大，发生概率又非常低。因此，长期以来工程师们往往是通过增强梁、柱、剪力墙的抗力等来被动抵抗，而很少采用更主动的办法减小结构所受到的地震力。

到了 20 世纪末期，这种现象有了很大的改变。因为以基础隔震、消能减振和振动控制为内容的结构抗震保护系统得到了迅速发展。人们吸收和采用其他航空和机械领域的成果，在传统结构构件之外增加了一些装置：如基础隔震(Base Isolation)、各种阻尼器(Damper)吸能、耗能系统、设置于高层建筑顶部的质量调谐阻尼系统(TMD)以及主动和半主动控制(Active Control and Semiactive Control)减震体系，这些都已经走向了工程实际。它们往往是一些机械系统装置，我们称之为结构的保护系统。结构保护系统对我们结构工程抗震上的发展称之为“革命”一点也不过分。对于结构工程师，这是一种新的思路，这种思路结合结构的动力性能，巧妙地避免或减少了地震、风力的破坏；对于预想不到的地震，对于还不十分清楚的多维振动破坏，它有着很好的预防和承受能力；它甩开了我们传统结构工程的理念和手段，转向外加设备，给破坏性大、发生概率小的工程抗震找到了一个好的解决办法；它标志着我们已经跳出了传统的增强梁、柱、墙以提高结构抗振动能力的观念，提醒我们重新审核一下“强柱弱梁”，“大、中、小地震”设计理念的缺欠和可能的改变，还使我们对已经广泛应用的剪力墙抗震体系探讨一个更好的取代办法；它更使我们认识到，以结构的破坏为代价的“延性设计”的不足和缺陷；并且它最合理地体现了“小震不坏，大震不倒”和美国的结构性能表现的四阶段的抗震原则。

近年来，结构保护系统的发展非常迅速。作为 20 世纪末期世界地震工程界最振奋人心的成果——结构的保护系统，在世界先进国家已经快速发展了近 30 年，形成了非常成熟的体系。这种新技术的使用不仅开辟了我们结构工程师的一个新天地，也确实解决了我们很多传统技术解决不了的问题。我国台湾对于结构保护系统的应用起步比国内要晚，但现在已经有几十个重要建筑、桥梁上安置了或正在安置黏滞阻尼器和金属屈曲约束支撑(BRB，UBB)。韩国建设的桥梁并不多，但近几年却在大量的原有桥梁上加设了抗震阻尼器增加其抗震能力。美国和日本是结构保护系统应用最多、发展最快的国家，在美国的主要地震区加州，不考虑结构保护，业主不会同意，主管部门也不会批准。

当然，主要用来抵抗地震作用的结构保护系统，对于大风、海浪、车辆等机械振动也同样能起到显著的减震效果，并在抵御上述振动中也得到了广泛的应用。

一般地说，结构的保护系统主要有以下几种(表 1.1.1)。

当然，从美国开始发展的 20 多年来，对结构保护系统，从来就不是同一个观点。无论试验报告、论文和规范，大家都不同程度上的从工程出发。但是在所有文字的背后都有一个“工程应用的行为准则”，它可以推出结构工程师认可的想法和产品，这个“应用准则”并不是完全取决于产品理论上的先进性，甚至不取决于土木工程中短时间的使用和减震效果，而更多的是取决于下述几点：

表 1.1.1　结构保护系统的分类

基础隔震	被动耗散能量	半主动和主动控制	智能材料
夹层橡胶垫隔震	金属阻尼器	主动支撑系统	电流变(ER)
铅芯橡胶垫隔震	摩擦阻尼器	主动质量阻尼器(AMD)	磁流变(MR)
滑动摩擦隔震	黏弹性阻尼器	变刚度变阻尼系统(AVS)	压电合金作动器
滚动隔震层	黏滞液体阻尼器	油阻尼半主动控制	形状记忆合金作动器
支承式摆动隔震	谐振质量阻尼器(TMD)	主动拉索控制系统	
滚珠或滚轴隔震	液体谐振配重阻尼器(TLUD)	变摩擦可控阻尼器	

(1)产品在各种环境下，计算的准确性。我们讨论的是要参与我们结构受力分析的定量装置，绝不是一个“能起作用就可以”的定性产品。它应该是和我们结构分析其他精度相匹配的精确“构件”。

(2)产品应该是免维护，并且能重复使用。我们并不想、也完全可以做到所用的结构保护装置不是想在我们建筑上再加装一个像空调、电梯、暖气这样需要经常维护的产品，而是希望它能和其他结构构件一样，基本上是免维护的装置。在数次地震、大风和其他振动中能自动回位并重复使用。

(3)产品在各种环境下可靠、稳定和耐久。在我们设计并建造要使用 50～100 年的结构所处的各种环境下，系统的主要性能和计算结果都要能保持基本一致。

(4)产品的实用性。便于施工安装；容易理解，和我们工程结构中现有的结构构造接近。

(5)经济性。产品在工程市场竞争中能胜出。

也许，有的人并不完全赞同这个标准，特别是有的教授喜欢对所有的产品全面、平等地作理论介绍，很少作实际应用结果的评述，更不愿去得罪人说明产品的问题，以及他们为什么会被淘汰。其结果是，很多没有时间和机会作深层研究的学生和初级工程师在纷繁芜杂的结构保护系统中无从判断，甚至把国际上早已否认的理念和产品，作为“创新”和“发明”应用在实际工程中。我们想从另一个角度大胆地去讨论该问题，用上述几点衡量一下目前世界上存在的结构保护系统，判断它们的发展应用前途，希望对工程师们有帮助。看看我们要使用的产品是否能用？是否好用？是否经济？是否经得起时间的考验？虽然，所谈到的结构保护系统，并不都是作者经过深入研究的课题，可也想让大家知道，在这些问题上，还有这样一些不同的观点存在。作为一个工程师，我们还有不同的考虑。

1.1.1　结构保护系统的发展过程

20 世纪 80 年代末期，在美国、加拿大、日本等国，无论“被动保护系统”和“主动保护系统”以及后来诞生的“半主动保护系统”都有了很大的发展，开始有人把这一理论引入到我们土木工程界，经过了一个“百花齐放”的广泛发展阶段。在这个时期的最初几年内，有很多新的想法诞生，新的“装置”被试用。专业工程师喜欢用图 1.1.1 来说明这一阶段的发展。

在结构保护系统的发展史上，考虑到大量地震工程的应用，这些“新”想法中一部分被从事实际工程的结构工程师们认为不适用或时机尚不成熟，很快被质疑。结构的主动和半主动抗

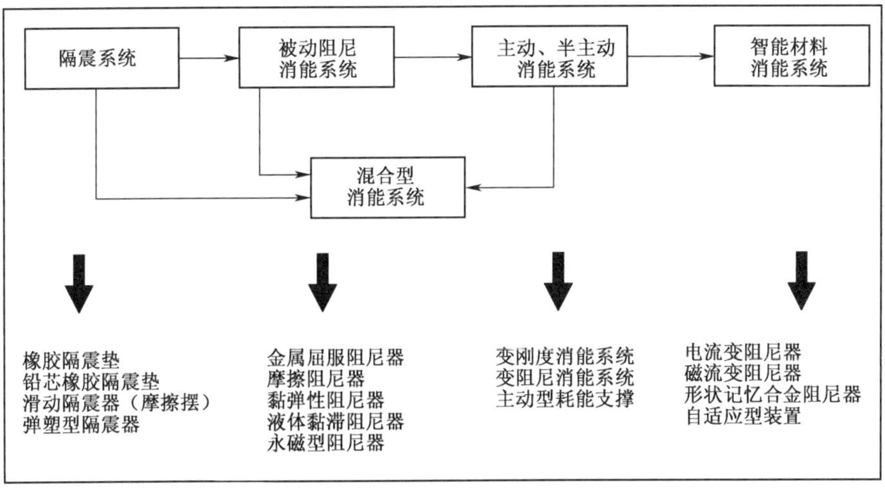

图 1.1.1　结构的保护系统

震保护系统发展的困难就基于这个原因;有的产品只要经过简单的试验,当然也有的做过大量实际测试后,被结构工程师们认为有严重缺欠、不能满足工程要求而被列入待发展的行列,金属摩擦阻尼器,材料性黏弹性阻尼器等都属这类产品。他们不仅经历了大量试验,还在美国、日本、加拿大、新西兰等国做过几个甚至十几个工程后最终被否定;当然,也有很多的产品因各种问题,自知无前途,生产厂家将产品转型、兼并或已经破产。经过 20 年的肯定和淘汰,在各种工程事故、抗震、抗风的检验,工程师们的反思,世界工程界已经用“应用”作为选票,用事实说明,在美国已经有了较一致的看法。本文将分别介绍这些常被提到的结构保护装置的成功和问题所在。

到了 20 世纪 90 年代中期,工程师们希望对这些“百花齐放”的结果作一个鉴定,希望有人能正确地告诉他们“能否使用”和“是否好用”,当然最希望的是让试验和工程说话。美国由官方(NSF——美国国家科学基金会)或半官方(ASCE——美国土木工程学会)出面组织了两次非常重要,也非常经典的联合鉴定测试。更有代表性的应该是美国土木工程协会(ASCE)组织的 HITEC(美国高速公路创新技术评估中心)的联合测试。测试是在上述前期理论推导和振动台理念试验的基础之上进行的。工程师们选择了已经做了大量振动台研究试验,从概念上得到肯定的基础隔震和液体黏滞阻尼器两类产品进行预检测。世界上最先进的 11 个生产厂家的产品被邀请参与了这一测试,其中 8 个为基础隔震产品,包括铅芯橡胶垫隔振垫、摩擦摆隔震垫,3 个为液体黏滞阻尼器。测试由第三方组成的一个专门小组领导。当时,所有要想进入市场的产品都需要经过这一预检测。测试的结果是对产品的鉴定,也给了工程师们一个可以信赖的数据依据。

测试内容包括:

(1)基本性能检验/时变性测试(Performance Benchmark);

(2)频率相关性测试(Frequency Dependent Characterization);

(3)疲劳及磨损测试(Fatigue and Wear);

(4)环境老化测试(Environment Aging);

(5)极限温度下的动力测试(Performance at Temperature Extremes);

(6)耐久性测试(Durability Test);

(7)超载测试(Ultimate Performance)。

再不了解情况的人也会想到，这些试验对新技术的推广和应用是个重要的鉴定和确认。请注意，这些测试不是为了说明基础隔震和阻尼器在建筑和桥梁结构中使用的效果，这一效果早已在这些试验之前的振动台模型测试中得到肯定，并在后来作为一个特殊单元被编制在SAP2000和ETABS等结构计算机程序之中。与此不同，美国土木工程学会规定的这些试验内容就是为了鉴定我们测试的这些装置本身，看它是否能在我们土木工程会遇到的各种环境下正确工作。是否能满足我们土木工程所要求的可靠性和稳定性。还有一点很有趣，这是个由官方或半官方组织的、所有生产厂家退出的专家鉴定小组。在试验报告中，只是客观写出试验的结果，并不作任何结论。就连在超载试验以前就已经早早破坏了的美国ENIDINE的阻尼器，他们也不去下什么结论。然而，对于细心的使用者说来，这些试验结果就已经完全说明问题了。

工程师们都十分肯定并相信这一测试内容，所有相关的美国规范规程包括FEMA(Federal Emergency Management Agency——联邦紧急管理局)、AASHTO(桥梁设计规程)、ASCE都把通过这一测试作为其产品可以应用的前提条件。在这之后，任何想进入美国市场的相关产品如果没有做过HITEC测试的，也都希望按它的测试过程自己或请人测试一遍，实际上这已经成为了工程师们选用基础隔震和阻尼器等的试金石。其他结构保护产品也完全可以按照上述测试内容，自己组织一套相应试验，这应该是起码的要求。

在这次试验完成、美国相应规范规程肯定以后，“结构的保护系统”才正式大张旗鼓地进入到实际工程领域。越来越多的世界上重要的建筑和桥梁工程，用上了世界上效果最好、最可靠、最耐久的结构保护产品。实际证明了，也将不断证明。只有确保质量，才能真正被广大工程师们真正接受，才可能为结构保护系统带来长期的发展和广泛的应用。

即便至此，结构保护系统的发展并不是已经结束。最近美国Constantinou教授在美国科学基金会和美加州交通部等单位要求和资助下完成了“在日常运营及地震作用下结构抗震保护装置的性能表现”的研究总结，对这20多年来结构保护系统的发展作了系统地盘点和总结归纳。值得说明的是，他们的侧重和研究的目的不是理论的完整和先进性，而是工程中应用的相关问题。结构保护系统全部发展过程，可以用图1.1.2概述。

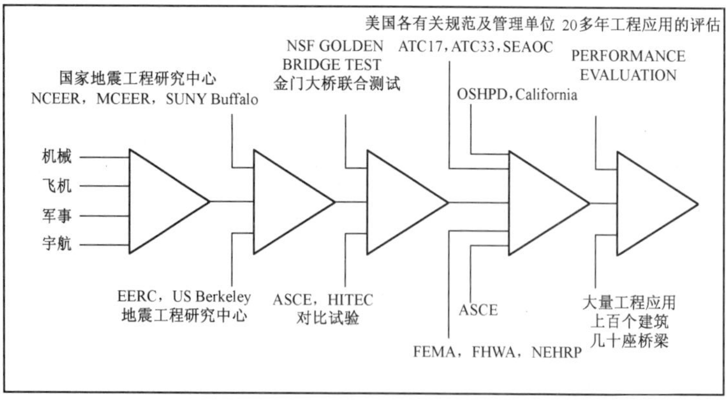

图1.1.2　结构保护系统发展过程

在经过一个快速的发展阶段后，相对而言，美国地震工程师们已经不再热衷于建立新的想法和研发新的装置，而是更重视提高其使用功能的可靠性、稳定性和如何扩大其应用范围。经过近10年的淘汰发展，在美国被工程界所认可的理念和先进的产品有：液体黏滞阻尼器所构成的耗能减振系统；结构基础隔振系统，特别是摩擦摆隔振系统；以及首创于日本并得到美国工程界认可的屈服约束支撑(UBB,BRB)系统。

阻尼器一经使用,就显现出巨大的作用。最初几年,还没有相应的设计规范和精确的计算方法,它只是作为一种附加的保护措施在工程中应用。随着计算方法、规范和各种试验、检验技术的完善,及在实际地震中的观察和测试,阻尼器已经完全被人们所接受。阻尼器的使用也从锦上添花的第二防线(大震时发挥作用)发展成为结构构件的一部分,替代传统的结构构件参与结构的分析。除此,使用阻尼器还可能会大大减少结构造价。所以,我们可以肯定地说,“结构的保护系统”是20世纪人们在结构抗振动能力提高的研究中最显著的成果。

利用阻尼器来吸能减震不是什么新技术,在航天航空、军工、枪炮、汽车等行业中早已应用各种各样的阻尼器来减振消能。从20世纪70年代后,人们开始逐步地把这些技术转用到建筑、桥梁、铁路等工程中,其发展十分迅速。

简单地说,使自由振动衰减的各种摩擦力和其他阻碍力,我们称之为阻尼。而安置在结构系统上的可以提供运动阻力、耗减运动能量的“特殊”构件,我们称之为阻尼器。

我们早已经熟悉汽车、大炮、电梯间上使用的减振器,如果把它们进行数学模型化,应用到结构工程上,同样可以达到结构减振的目的。传统的结构动力方程可以写成:

$$M\ddot{u}+C\dot{u}+Ku+F_D(\dot{u})=F(t) \tag{1.1.1}$$

式中 M,K,C——结构的质量、刚度、阻尼矩阵;

$F(t)$——作用力列阵,对于地震作用;

$$F(t)=-M\{1\}\ddot{u}_g$$

$\ddot{u}_g$——地面运动加速度时程;

$u,\dot{u},\ddot{u}$——结构的位移、速度和加速度列阵。

当结构处于弹性振动状态,恢复力项 Ku 为弹性;而当结构振动进入弹塑性阶段,则恢复力项 Ku 也呈非线性。$F_D(\dot{u})$为设置阻尼器附加阻尼装置带来的阻尼力列阵,只要处理正确,它总是会使运动减小。如果写出能量方程的形式:

$$E_K+E_D+E_S+E_P=E_I \tag{1.1.2}$$

式中 E_K——结构的相对动能;

E_D——结构中的内阻尼引起的耗能;

E_S——结构的弹性应变能;

E_I——能量总输入;

E_P——由被动阻尼器所耗散的能量。

不难理解,能量由于分解成不同振型的单自由度体系的反应而随阻尼比的增大而减少,相应的,其多自由度结构的阻尼比增加,反应也会降低。一般而言,我们很容易通过阻尼器,使多自由度体系的整体阻尼比增加5%～30%。

可以看出,如果我们能把所熟悉的减振装置精确化、准确化,便可使其成为应用于土木工程中的减振器,我们可以称之为阻尼器或吸能器。

阻尼器可以看成减振器,但它和普通汽车、电梯间、大炮上所安置的减振产品截然不同,对我们结构工程师说来,在其应用中最重要、最关心、也一定要考虑的是以下几方面:

精确性——要求阻尼器不仅能在定性上“减振”,还要求能精确的计算出它的阻尼力。最初阻尼器的使用,只是作为一种锦上添花的抗震措施,基本的结构分析可能并不考虑它。但是,随着阻尼器的使用发展,它已经参与到抗震分析中。也就是说,使用阻尼器可以减少主体结构地震需求,这点已经被工程界和国际上的相关规范所接受。那么,如何确保计算的精确性，也就成了重要因素。

可靠性——结构要在各种不同的环境下工作，也就要求阻尼器要在各种环境下都保证安全可靠。如：不同温度、天气情况下的可靠。目前看来，阻尼器的可靠性已经成为这项技术能够继续推广和进一步普及的关键所在。

耐久性——即长期工作状态下装置的稳定性，包括疲劳和长期应用下的徐变等影响。

一致性——同一理论要求的阻尼器性能要保持一致，这样可以避免很多不良后果。

上述四项要求，就使得我们选择阻尼器产品时，不能简单的看外形，看一、二次试验的结果。我们一定要从它的材料、设计制造、产品检验、模型和原型振动分析、工程应用、实际地震的考验以及规范和工程界的接受程度等诸多方面来考虑和评价。特别要强调的是，如果没有真正深入了解技术的专家组的鉴定、没有长时间应用的检验就投入使用的阻尼器可能会因漏油、生锈等原因引起失效或部分失效，从而带来很多意想不到的副作用。

1.1.2 液体黏滞阻尼器的耗能技术

本书第 2 章所讨论的主题就是被称之为液体黏滞阻尼器的减震装置。图 1.1.3 为美国旧金山海湾大桥上设大型阻尼器的照片。

图 1.1.3 美国旧金山海湾大桥上设大型阻尼器

液体黏滞阻尼器是一种看上去很像车辆减振器的活塞筒状装置。内设硅油，在活塞的往复运动中液体起黏滞作用，耗散地震能量，对结构起到耗能、减振控制作用。这种内置硅油的速度型阻尼器，性能相对可靠稳定，并已经发展成从规范、设计规程到分析计算程序、产品检验的完整的体系。它完全可以满足上述工程中的“应用准则”。其中，最受工程师们青睐的、世界最好的液体黏滞阻尼器，其产品质量过硬、性能稳定，可以确保 35 年的免维护。在短短的 20 多年里，美国和世界各地已经有 400 多个桥梁和建筑结构上使用了这一产品。

我们也同时要指出的是：结构工程所要求的液体黏滞阻尼器是个技术要求很高的产品，在工作上，它有以下几个要求和特点。

(1)它应是个准确定量的产品，才能满足我们工程计算的需要。

(2)它是在可能的高速下工作。在地震作用下，有时高达每秒 1～2 m 以上。

(3)在动力超高压下工作，其内压经常高达 100 MPa 以上。

(4)要能在各种环境下长期、可靠、稳定的工作，要求与结构同寿命。

实际上，在液体黏滞阻尼器的制造上，有两个大多数生产厂家难于解决的难题：保证液体黏滞阻尼器在长期动力荷载下不漏油；保证液体黏滞阻尼器满足设计参数的要求。

正因为这两个难题，致使国际上的一些液体黏滞阻尼器厂家的产品在质量上频频发生问题，使阻尼器的发展呈现两极。一端是国际上“知名”的阻尼器厂的“破产”(如英国 Colebrand，法国 Jarret)或“停止生产”(美国 Enidine)；另一端是世界最好的阻尼器生产厂在发展和应用上呈明显上升趋势。

当然，它毕竟是在我们传统的结构构件之外加装的一个“外来装置”。了解这个装置的真正作用、找到合适的安装空间、熟悉它的存在、确认它的经济效益、判断在使用上它是否稳定、耐久、可靠，都是我们建筑、桥梁结构工程师的考虑。

1.1.3 基础隔振技术

用一个允许一定程度运动、可以改变结构周期的隔震装置把地面运动和结构隔离开来，这样可以很好的对结构起到减振和保护作用。最早发展起来、且保持至今不断完善的铅芯橡胶垫的技术在工程减振上得到了成功的应用。美国 Dynamic Isolation Systems Inc. 已经在世界各地为近 300 座桥梁安装了橡胶各种支座。然而，我们仍想指出工程师们在使用时的顾虑和可能发生的问题：有机的橡胶装置在长期工作环境中的真正稳定、耐久性怎么样？日本不是证明了它在温度变化中的性能改变现象吗？在日本所做的较高尺寸橡胶支座上发生折断试验也不能不引起我们的警惕。

图 1.1.4 美国 Benicia-Martinez 大桥上设置的世界最大隔震垫(40,000 lb, 13 ft)

金属摆动摩擦支座技术呈现出了快速发展趋势。这种起源于美国地震保护系统公司 Earthquake Protection System(EPS)的金属型摩擦摆隔震垫 Friction Pendulum Bearing(FPB)，与铅芯橡胶垫相比，可以在更广泛的环境下承受更大的垂直荷载、允许更大的水平位移，并能在更长的时间内可靠稳定地工作。看上去，它和传统的桥梁支座差不多，但抗震性能上却有着本质的不同。这种金属摆动摩擦支座受到了工程师的大力欢迎，仅在美国，近几年就已经有 50 多个工程使用了这一产品。图 1.1.4 为美国 Benicia-Martinez大桥上设置世界最大隔震垫的照片。

在隔震系统上配合使用液体黏滞阻尼器不仅可以使结构起到隔震作用，同时也避免了过大的位移，防止橡胶隔震系统的垮塌破坏，这是一个常被采用的合理的设计方案。

目前我国已经大量采用橡胶隔震系统；北京万国城各楼间连廊上安置了我国首例美国 FPB 摩擦摆拉压支座；也在其他工程上安置了我国仿制的抗震 FPB 支座。存在的最大问题是，目前国内具有的垂直压力下能高速水平推进的动力试验设备性能尚有局限。也就是说，我国已经大量应用的隔震系统几乎都没有经过真正符合美国标准的动力测试。正因为测试验收的问题，致使我国南方正在进行的世界最大的基础隔震工程所采用的橡胶垫在安装后发现大量问题，而不得不返工更换。

土耳其高架高速公路上金属隔震支座，因设计和产品的双重问题，在 1999 年 Duzce 7.2 级大地震中严重破坏的案例也应该引起我们基础隔震工程的警惕。

当然，考虑到倾倒危险等问题，各种隔震系统用在高层或超高层建筑上都受到应用局限，也必须解决链接地下管线的空间冲突问题。此外，它毕竟是对传统“牢固基础”的一个观念上的改变。真正全面接受它也要有个长期的适应和发展过程。

1.1.4 防屈曲耗能支撑

由日本 Nippon 公司研究出的防屈曲耗能支撑(Buckling-Restrained Brace)，也常被称为无黏结支撑(Unbonded Brace)、屈曲约束支撑(Buckling-Restrained Brace)，或简称 UBB、

BRB。这种新型耗能装置也是在结构工程师早已熟悉的结构支撑构件的基础上改进发明而来的。它在普通金属支撑上加上软钢芯和可靠的保护层，在强烈地震中软钢可以率先屈服，起到屈服耗能作用，软钢外设的保护装置将屈服约束在软钢上，对整个系统和结构具有很好的保护效果。这种位移型阻尼器，是在美国本土之外发明而又得到了美国工程界认同的好产品。美国本土也有两家公司购买了日本 Nippon 公司的专利，开始并大量生产防屈曲耗能支撑(STAR SEISMIC，LLC 和 CoreBrace ，LLC)。图 1.1.5 为正在安装中的防屈曲支撑的照片。

图 1.1.5　正在安装中的防屈曲支撑

在各种各样的结构保护系统中，对于能量耗散装置(Energy Dissipation Devices)而言，具有耗能能力的防屈曲耗能支撑的稳定性、耐久性以及输出力等级对于桥梁工程中部分构件还为适宜。值得注意的是，金属屈曲约束支撑并不适合像我们平常所知道的那样安装在桥梁纵向上。这类装置通常不具有足够的位移能力，且会阻止结构因温度而产生变形。从国外的一些工程应用实例来看，屈曲约束支撑适合用于钢结构的桥墩结构中来增大刚度、力和基础结构的能量耗散能力，这是一种在桥梁抗震领域具有一定应用前景的新型耗能材料。尽管这种装置有其不足，它不仅会改变结构原设计的周期，还可能引起地震荷载的加大；给结构带来的长期往复抗震能力也有限。但它在我们传统建筑上的形式上的改变很少，应该容易被结构工程师在建筑结构上接受，应该有一定的前景。

要强调一点是，在美国、日本等抗震研究先进的国家，基本上没有人出来说“什么产品不好，什么产品不能用”，而是通过规范肯定好的产品。通过“不去”应用，淘汰不成熟的产品。给设计人员明确的指导，也给不成熟的产品留下发展改进的余地。作为我们后来启动的研究者，首先要了解他们为什么肯定以上三种产品，也更要了解为什么有的产品被淘汰或需要进一步的工作。当然，结构保护系统的其他的产品从来没有停止过发展，新的理念和产品层出不穷，笔者的看法是：要想真正发展并广泛应用某一产品，应该首先要看看过去做过的试验、工程教训。也更要看看大家公认的缺欠问题是否已经被解决。无论新的产品和重新启用的老产品，都应该作过类似上述 HITEC 试验的鉴定，并有满意的结果。

1.2　体系的阻尼和能量分配

使自由振动振幅稳定的减小的作用称为阻尼。在传统结构中，阻尼通常采用几种不同的能量耗散机制共同引起，如结构在振动过程中由于材料内部之间摩擦产生的耗能，各构件接触面以及结构与支撑面间的摩擦，结构基础与土体之间的摩擦，空气阻力等等，均可视为阻尼的不同来源。

通常，为了便于数学上的表达，经常把这些阻尼理想化为阻尼力的大小与质点的速度成正比的黏性阻尼形式，其方向与运动的方向相反，这使结构的振动方程大大简化，可采用下式进行表述：

$$F_{\mathrm{D}}=C\dot{X} \tag{1.2.1}$$

式中　C——阻尼常数；

$\dot{X}$——相对运动速度。

结构的阻尼常数 C 是在自由振动一个循环或强迫谐振一个循环中能量耗散的一种测度，可用于衡量结构所具有的阻尼大小。但由于结构物质量千差万别，结构阻尼常数变化范围极大，不利于对结构阻尼进行合理性判断和对不同结构间阻尼的大小进行比较。阻尼比的概念因此产生，即采用阻尼常数 C 与临界阻尼 C_{cr} 的比值表示结构阻尼的大小：

$$\xi=\frac{C}{C_{cr}} \tag{1.2.2}$$

式中 C_{cr}——临界阻尼，临界阻尼表示体系在受到外部激励后偏离平衡位置所积蓄的初始能量在恢复到原来的平衡位置过程中的能量消耗全部来源于克服结构内部的阻尼，而没有其他能量引起的振动。

临界阻尼是一种无振动的运动状态，因此可由临界阻尼条件来确定自由振动体系不出现振动所需要的最小阻尼值。临界阻尼可表示为：

$$C_{cr}=2m\omega_n=2\sqrt{km} \tag{1.2.3}$$

$$\omega_n=\sqrt{k/m}$$

式中 ω_n——体系的自振频率；

m——体系的集中质量；

k——体系的刚度。

可见，临界阻尼完全由结构的刚度和质量决定。

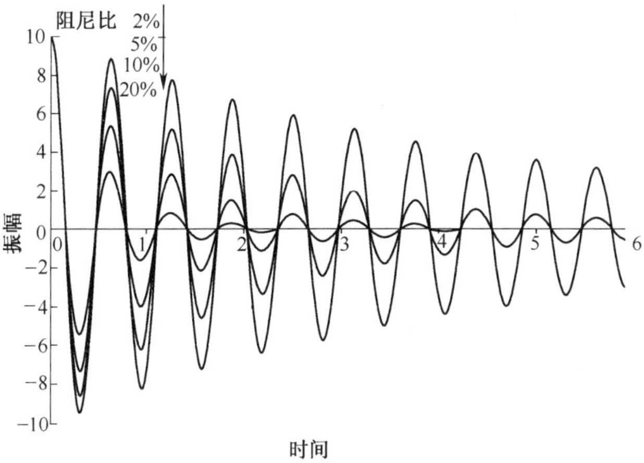

图 1.2.1 阻尼比对振动衰减的影响

随着阻尼比的增大，体系的运动衰减加快，振动衰减速率加快，体系也就越快回到平衡位置，如图 1.2.1 所示。从严格意义上来说，阻尼的增加对结构振动周期有影响，但影响很小，如下式所示：

$$T_D=\frac{T}{\sqrt{1-\xi^2}} \tag{1.2.4}$$

式中 T_D——有阻尼体系的自振周期；

T——无阻尼体系的自振周期，也就是我们在结构计算中通常采用的周期值，在阻尼比 $\xi=0.05$ 时，受阻尼比影响后体系的自振周期会减小 0.1%，但这个影响通常可以忽略不计。

通过阻尼比，人们有了一个量化的概念，通常可将振动体系分为以下三种情况：

(1) 当 $\xi<1$ 时,结构体系为低阻尼或欠阻尼体系;

(2) 当 $\xi=1$ 时,结构体系为临界阻尼状态;

(3) 当 $\xi>1$ 时,结构体系为过阻尼体系。

低阻尼体系是土木工程领域阻尼的构成形式。随着结构形式及建造特点的不同,结构阻尼比的大小会有较大差异。对于一些较为"刚性"的结构,如钢结构和混凝土结构,结构阻尼比通常较小,如 2%、3%左右;而对于采用轻质材料以及节点构造较为复杂的结构,其结构阻尼可达 10%。随温度变化,结构阻尼会因节点的收缩膨胀以及材料的特性变化而有所改变。随着地震强度的增大,结构内部塑性变形开展、构件间摩擦加剧,其阻尼也会有所增加。

1.2.1 自由振动下动力反应和能量分配

一个结构或体系在振动中的外在表现是其位移、速度和加速度反应随时间的变化而不断改变;从本质上来说,则是外部能量输入,体系内部能量转换和吸收的过程。简谐振动是工程中所能遇到的最为基本和具有确定性答案的振动过程,是解决其他振动问题的基础和前提。在此,我们将探讨关于单自由度体系在自由振动和简谐激励下的反应的经典案例。

设一个质量为 m、刚度为 k、阻尼系数为 C 的单自由度体系,在外力 $P(t)$ 作用下产生振动。整个系统的能量分配构成如式(1.2.5)。

$$E_K+E_D+E_S=E_I \tag{1.2.5}$$

式中 E_I——系统振动外力所做的功;

E_S——弹性力所做的功;

E_K——系统惯性力所做的功;

E_D——系统阻尼所引起的能量耗散。

(1)当 $P(t)=0, C=0$ 时,为一个无阻尼体系在平衡位置受到干扰后产生的振动过程,即无阻尼自由振动过程。

这个体系运动方程为:

$$m\ddot{u}+ku=0 \tag{1.2.6}$$

式中 $u\ddot{u}$ 和 u——体系的加速度和位移。由结构动力学可知,这个无阻尼体系的自由振动的运动解为:

$$u(t)=u(0)\cos\omega_n t+\frac{\dot{u}(0)}{\omega_n}\sin\omega_n t \tag{1.2.7}$$

$$\omega_n=\sqrt{k/m}$$

式中 ω_n——体系自振圆频率。

这个单自由度体系所获得的能量分别来自于体系在平衡位置所获得的初位移 $u(0)$ 和初速度 $\dot{u}(0)$,即:

$$E_I=\frac{1}{2}k[u(0)]^2+\frac{1}{2}m[\dot{u}(0)]^2 \tag{1.2.8}$$

式中 E_I——运动开始时所具有的总能量。等式右侧第一项为体系刚度所产生的应变能(势能)E_S;第二项为体系所产生的动能 E_K。在自由振动过程中的任一时刻的总能量由这两个部分组成,即:

$$E_S=\frac{1}{2}k[u(t)]^2;\ E_K=\frac{1}{2}m[\dot{u}(t)]^2 \tag{1.2.9}$$

将式(1.2.7)代入式(1.2.9)中,可以得到:

$$E_S(t)=\frac{1}{2}k\left[u(0)\cos\omega_n t+\frac{\dot{u}(0)}{\omega_n}\sin\omega_n t\right]^2 \tag{1.2.10}$$

$$E_K(t)=\frac{1}{2}m\omega_n^2\left[-u(0)\sin\omega_n t+\frac{\dot{u}(0)}{\omega_n}\cos\omega_n t\right]^2 \tag{1.2.11}$$

经过整理,利用三角函数等式,并将 $\omega_n^2=k/m$ 代入式(1.2.7)中,得到:

$$E_I=E_S(t)+E_K(t)=\frac{1}{2}k[u(0)]^2+\frac{1}{2}m[\dot{u}(0)]^2 \tag{1.2.12}$$

输入能量在整个振动过程中与时间项无关,并且等于最初的总能量。可见,无阻尼体系在自由振动中能量守恒。

(2)当 $P(t)=0, C\neq 0$ 时,为一个有阻尼体系的自由振动过程。

在这种情况下,有了阻尼的参与,体系的位移和速度不断减小,体系中的能量将不断减小,这些能量被阻尼逐渐耗散吸收。

有阻尼体系的自由振动运动方程可写为:

$$m\ddot{u}+C\dot{u}+ku=0 \tag{1.2.13}$$

体系自由振动的解为:

$$u(t)=e^{-\zeta\omega_n t}\left[u(0)\cos\omega_D t+\frac{\dot{u}(0)+\zeta\omega_n u(0)}{\omega_n}\sin\omega_D t\right] \tag{1.2.14}$$

$$\omega_D=\omega_n\sqrt{1-\zeta^2}$$

式中,当 $\zeta=0$ 时,上式退化为无阻尼情况下的解。

黏滞阻尼所耗散的能量 E_D,从 0 到 t_1 时刻可以写为:

$$E_D=\int f_D\,du=\int_0^{t_1}(C\dot{u})\dot{u}\,dt=\int_0^{t_1}C\,\dot{u}^2\,dt \tag{1.2.15}$$

可见,阻尼在体系振动过程中始终存在能量消耗,且随着 $t_1\to\infty$,体系中的总能量将完全被阻尼所消耗。

(3)当 $P(t)=P_0\sin\omega t, C\neq 0$ 时,为一个有阻尼体系在简谐荷载作用下的受迫振动过程。

有阻尼体系的受迫振动运动方程可写为:

$$m\ddot{u}+C\dot{u}+ku=P_0\sin\omega t \tag{1.2.16}$$

对应整个系统的运动方程解分为稳态反应项和瞬态反应项两个部分,其中瞬态部分由于阻尼的影响而很快衰减,经过一段时间,体系的振动将仅有稳态解,这个单自由度体系的稳态振动下的位移为:

$$u(t)=u_0\sin(\omega t-\varphi) \tag{1.2.17}$$

$$\varphi=\arctan\frac{2\zeta(\omega/\omega_n)}{1-(\omega/\omega_n)^2} \tag{1.2.18}$$

$$R_d=\frac{u_0}{u_{st}}=\frac{1}{\sqrt{[1-(\omega/\omega_n)^2]^2+[2\zeta(\omega/\omega_n)]^2}} \tag{1.2.19}$$

式中 φ——反映了体系振动位移与简谐荷载的相位关系;

R_d——位移反应系数,等于动力变形振幅 u_0 与静变形 u_{st} 的比值(静变形 u_{st} 是指正弦激励幅值 P_0 引起的体系静变形 P_0/k)。

由于 $C=2\zeta\omega_n m=2\zeta\omega_n(k/\omega_n^2)=2\zeta k/\omega_n$,则正弦波一个循环内黏滞阻尼所耗散的能量为:

$$
\begin{aligned}
E_{\mathrm{D}} &= \int f_{\mathrm{D}} \mathrm{d}u = \int_0^{2\pi/\omega} (C\dot{u})\dot{u}\mathrm{d}t = \int_0^{2\pi/\omega} C\dot{u}^2 \mathrm{d}t \\
&= C\int_0^{2\pi/\omega} [\omega u_0 \cos(\omega t - \varphi)]^2 \mathrm{d}t = \pi C\omega u_0^2 = 2\pi\zeta \frac{\omega}{\omega_n} k u_0^2
\end{aligned}
\tag{1.2.20}
$$

耗散的能量与运动幅值的平方成正比，与阻尼比 ζ 和外载荷频率 ω 成正比。

外部激励给体系所输入的能量为：

$$
\begin{aligned}
E_{\mathrm{I}} &= \int p(t)\mathrm{d}u = \int_0^{2\pi/\omega} p(t)\dot{u}\mathrm{d}t \\
&= \int_0^{2\pi/\omega} (p_0 \sin\omega t)[\omega u_0 \cos(\omega t - \varphi)]\mathrm{d}t = \pi p_0 u_0 \sin\varphi
\end{aligned}
\tag{1.2.21}
$$

根据式(1.2.18)和式(1.2.19)可以得出：

$$
\sin\varphi = 2\zeta(\omega/\omega_n)R_{\mathrm{d}} = 2\zeta(\omega/\omega_n)\frac{u_0}{P_0 k} \tag{1.2.22}
$$

所以，外力输入的能量又可以写为：

$$
E_{\mathrm{I}} = \pi p_0 u_0 \sin\varphi = 2\pi\zeta \frac{\omega}{\omega_n} k u_0^2 \tag{1.2.23}
$$

这说明在正弦波激励下，外部激励所做的功和黏滞阻尼所消耗的能量是相同的。

$$
\begin{aligned}
E_{\mathrm{S}} &= \int f_{\mathrm{s}} \mathrm{d}u = \int_0^{2\pi/\omega} (ku)\dot{u}\mathrm{d}t \\
&= \int_0^{2\pi/\omega} k[u_0 \sin(\omega t - \varphi)][\omega u_0 \cos(\omega t - \varphi)]\mathrm{d}t = 0
\end{aligned}
\tag{1.2.24}
$$

$$
\begin{aligned}
E_{\mathrm{K}} &= \int f_{\mathrm{I}} \mathrm{d}u = \int_0^{2\pi/\omega} (m\ddot{u})\dot{u}\mathrm{d}t \\
&= \int_0^{2\pi/\omega} m[-\omega^2 u_0 \sin(\omega t - \varphi)][\omega u_0 \cos(\omega t - \varphi)]\mathrm{d}t = 0
\end{aligned}
\tag{1.2.25}
$$

体系的弹簧势能和惯性力动能在体系循环一周后的改变量为零，阻尼耗散的能量等于外力做的功。

1.2.2 体系的动力放大系数

有阻尼体系的受迫振动的稳态解又可用下式表示：

$$
\frac{u(t)}{P_0/k} = R_{\mathrm{d}} \sin(\omega t - \varphi) \tag{1.2.26}
$$

位移反应系数 R_{d} 又被称为动力放大系数，其与 ω/ω_n 的相互关系可以用图 1.2.2 中的曲线表示。动力放大系数所反映的结构动力特点具有十分重要的物理意义。

如果频率比 $\omega/\omega_n \ll 1$，R_{d} 略大于 1，则 R_{d} 基本与阻尼无关，$u_0 \approx u_{\mathrm{st}} = \frac{P_0}{k}$，这个结果意味着动力反应的幅值基本上与静变形相同，由体系的刚度控制。

如果频率比 $\omega/\omega_n \gg 1$，力的变化十分迅速，随着 ω/ω_n 的增加，R_{d} 趋于零，基本不受阻尼影响。$u_0 \approx u_{\mathrm{st}} \frac{\omega_n^2}{\omega^2} = \frac{P_0}{m\omega^2}$，动力反应由体系的质量控制。

如果频率比 $\omega/\omega_n \approx 1$，扰动频率接近体系的固定频率，此时 R_{d} 对阻尼非常敏感，动力反应幅值比静变形要大许多。$u_0 \approx \frac{u_{\mathrm{st}}}{2\zeta} = \frac{P_0}{C\omega_n}$，动力反应幅值由体系的阻尼控制。

当 $\zeta \geqslant 1/\sqrt{2}$ 时，$R_{\mathrm{d}} \leqslant 1$，体系不发生放大反应；

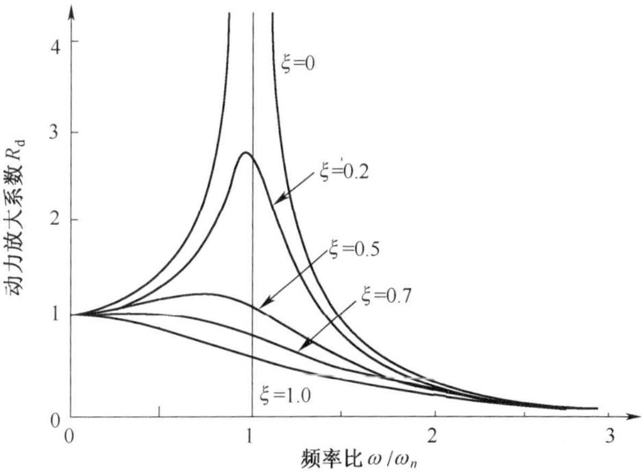

图 1.2.2　单自由度体系不同阻尼比下的动力反应

当 $\zeta<1/\sqrt{2}$时，$R_d>1$，动力放大系数的最大值$(R_d)_{max}=1/(2\zeta\sqrt{1-\zeta^2})$，对应的频率为 $\omega/\omega_n=\sqrt{1-2\zeta^2}$；

当 $\omega/\omega_n=1$ 时，产生共振，$R_d=1/2\zeta$；

当 $\omega/\omega_n\geqslant\sqrt{2}$时，$R_d\leqslant1$，适用于任何 ζ。

1.2.3　黏性阻尼的滞回曲线

黏滞阻尼的滞回曲线，是指阻尼力和位移之间的关系曲线。将正弦激励下体系振动的解 $u(t)=u_0\sin(\omega t-\varphi)$代入黏滞阻尼力的计算公式，则可得到：

$$
\begin{aligned}
f_D&=C\dot{u}(t)=C\omega u_0\cos(\omega t-\varphi)\\
&=C\omega\sqrt{u_0^2-[u_0\sin(\omega t-\varphi)]^2}\\
&=C\omega\sqrt{u_0^2-[u(t)]^2}
\end{aligned}
\tag{1.2.27}
$$

上面等式也可写为：

$$
\left(\frac{u}{u_0}\right)^2+\left(\frac{f_D}{C\omega u_0}\right)^2=1 \tag{1.2.28}
$$

可见，黏滞阻尼其阻尼力的滞回曲线为一个椭圆方程，椭圆的面积也就是阻尼力循环一周所做的功：

$$
S_D=\pi ab=\pi(C\omega u_0)(u_0)=\pi C\omega u_0^2 \tag{1.2.29}
$$

式(1.2.29)与式(1.2.20)的结果相同，进一步说明了这个滞回环的面积也是就黏滞力所消耗的能量。如图 1.2.3(a)所示。在考虑体系弹簧力后，则总的抗力包括弹性力和阻尼力两个部分，即：

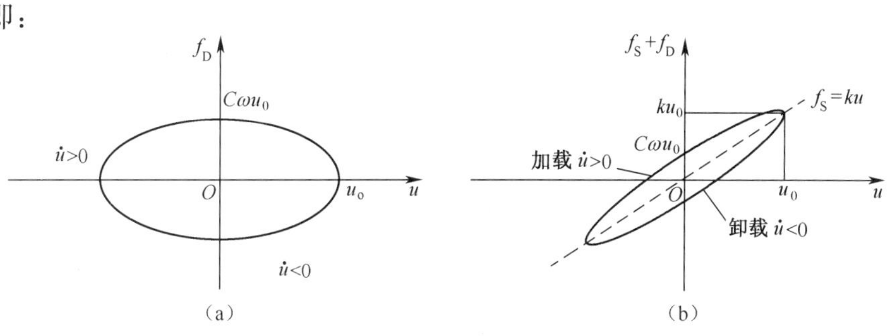

图 1.2.3　黏滞阻尼和考虑抗力后的滞回曲线

$$
\begin{aligned}
f_S+f_D&=ku(t)+C\dot{u}(t)\\
&=ku+C\omega\sqrt{u_0^2-u^2}
\end{aligned}
\tag{1.2.30}
$$

考虑了弹簧力后，f_S+f_D 与 u 的椭圆关系由图 1.2.3(a)旋转为图 1.2.3(b)，但是由于弹性力 $f_S=ku(t)$总的面积为零，因而转向后的椭圆面积不变。

1.2.4 等效黏性阻尼比

讨论等效黏性阻尼的目的在于工程实际结构的阻尼具有多样性和复杂性，许多时候难以用上述理想化的黏性阻尼给出，人们想到采用等效能量的办法将复杂的阻尼在一定的范围和定义下等效为黏性阻尼，因为通过这种简单的阻尼形式，很容易获得结构运动微分方程的解析解。从一定意义上来说，这种方法得到的结果反映了结构内各种阻尼成分的组合。

等效能量的基本原则是：实际结构在一个振动循环内阻尼所消耗的能量与等效黏性阻尼体系所消耗的能量相等。

实际情况下的抗力滞回曲线如图 1.2.4 所示。基于能量耗散相等的原则，让实际情况下的阻尼力所做的功与理论值相等，假设实际情况下的等效阻尼比为 ζ_{eq}，则一个循环内阻尼力所消耗的等效能量可以写为：

$$E_D^{eq}=2\pi\zeta_{eq}\frac{\omega}{\omega_n}ku_0^2 \tag{1.2.31}$$

由于

$$E_D^{eq}=E_D \tag{1.2.32}$$

则等效阻尼比又可写为：

$$\zeta_{eq}=\frac{E_D}{2\pi(\omega/\omega_n)ku_0^2} \tag{1.2.33}$$

结构最大弹性应变能用 $E_{S0}=\frac{1}{2}ku_0^2$ 表示，当 $\omega/\omega_n=1$ 时，式(1.2.33)可进一步写为：

$$\zeta_{eq}=\frac{E_D}{4\pi E_{S0}} \tag{1.2.34}$$

在外部激励频率与体系自振频率相等时，结构的反应最为明显，这种现象称为共振。由此确定的等效阻尼比虽然在其他任意荷载激励频率下可能并不完全正确，但这个结果应该是一个满意的近似值。

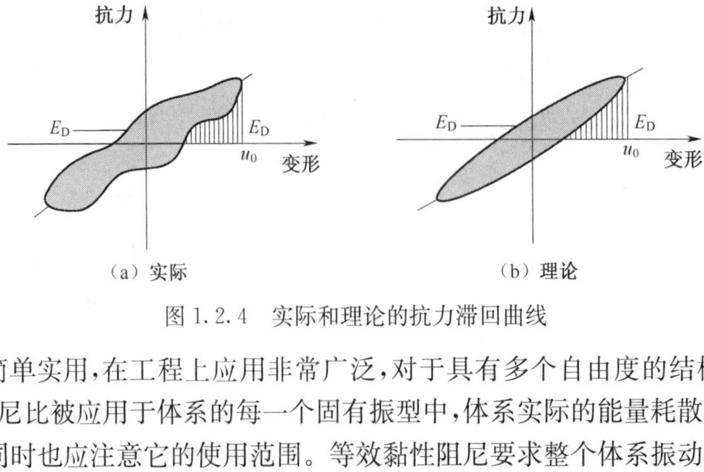

图 1.2.4 实际和理论的抗力滞回曲线

这种方法简单实用，在工程上应用非常广泛，对于具有多个自由度的结构同样也是适用的，等效黏滞阻尼比被应用于体系的每一个固有振型中，体系实际的能量耗散等于黏性阻尼的能量耗散。但同时也应注意它的使用范围。等效黏性阻尼要求整个体系振动需要保持在线弹性范围内，因为这种理想化的假定还很难描述在强震条件下结构大量非弹性变形的力——变形关系。

1.2.5 实际结构中的阻尼

应该指出，结构阻尼比并不是固定值，它与结构振动幅度有关，在不同强度的振源下结构物所反应的阻尼比会有一定的差异。

Robert A. Millikan 图书馆大楼的阻尼比测试实例是一个关于阻尼比的经典案例，这座九层的钢筋混凝土建筑物建于 1966 年～1967 年，位于加州理工学院校园里。通过强迫谐振试验，工程技术人员给出了大楼经过实际测量的振动特性——基本周期、振型和振型阻尼比。而后，大楼在 1970 年和 1971 年分别经历了 Lytle Creek 地震(M=5.4，震中距 64 km)和旧金山地震(M=6.4，震中距 30 km)，安装在地下室和屋顶的强震仪记录到了这两次地震的加速度数据。由于建筑物的柔性，引发了地面和屋顶加速度的差异，通过两次积分得到了屋顶和地下室的位移记录，进而得到了屋顶的相对位移值。而结构物的振动周期可以从结构物振动周期的持续时间近似给出，也可以通过对加速度进行系统识别方法来确定。

表 1.2.1 Millikan 图书馆的固有振动周期与振型阻尼比

激励	屋顶加速度(g)	基本振型		第二阶振型	
		周期(s)	阻尼(%)	周期(s)	阻尼(%)
南—北方向					
激振器	5×10^{-3}～20×10^{-3}	0.51～0.53	1.2～1.8	没有观测	没有观测
Lytle Creek 地震	0.05	0.52	2.9	0.12	1.0
San Fernando 地震	0.312	0.62	6.4	0.13	4.7
东—西方向					
激振器	3×10^{-3}～17×10^{-3}	0.66～0.68	0.7～1.5	数据不可靠	数据不可靠
Lytle Creek 地震	0.035	0.71	2.2	0.18	3.6
San Fernando 地震	0.348	0.98	7.0	0.20	5.9

通过表 1.2.1 给出的测试结果，可以发现：随着振动强度的增加，自振周期变长，振型阻尼比变大。在小振动情况下阻尼比较小，如激振器所给出的阻尼比在 1%～2%之间；中等以及较大振动下阻尼比较大，可达 5%～7%，而且不同振型下阻尼比是有差别的。

目前在实际工程上所采用的阻尼比是人们在广泛的积累和总结中逐渐得到的。对于各种建筑材料、连接形式以及各种结构形式所采用何种阻尼比，应根据相应的规范和设计方法来确定。表 1.2.2 是 Newmark 和 Hall 根据加州近 200 座建筑物在地震中的表现，经过对记录的结果进行分析比较，给出的不同结构类型和条件下的阻尼比值。

表 1.2.2 建议的阻尼比值

应力水平	结构类型和条件	阻尼比(%)
工作应力不超过大约 1/2 屈服点	焊接钢、预应力混凝土，适筋混凝土(只有轻微开裂)	2～3
	钢筋混凝土(开裂很大)	3～5
	栓接和/或铆接钢、木结构(具有铆钉或螺栓连接)	5～7
在屈服点或正好低于屈服点	焊接钢、预应力混凝土(预应力完全没有损失)	5～7
	预应力混凝土(没有剩余预应力)	7～10

续上表

应力水平	结构类型和条件	阻尼比(%)
在屈服点或正好低于屈服点	钢筋混凝土	7～10
	栓接和/或铆接钢、木结构(具有螺栓连接)	10～15
	木结构(具有铆钉连接)	15～20

1.2.6 结构阻尼矩阵

多自由度体系需要阻尼矩阵来构成整个结构的动力反应方程。但是,直接根据结构的大小、结构构件的尺寸以及所用结构材料的阻尼特性来确定阻尼矩阵显然是不切实际的。对于土木工程结构,结构阻尼除材料本身外,还要考虑构件间的摩擦,这些均很难得出确定性的结论。通过振型阻尼比来度量结构物内的阻尼,从全局上给出阻尼比的具体值,在结构动力反应分析的线弹性阶段是足够的。

通常认为,结构的阻尼与其运动期间所耗散能量的多少有关。假设由变形引起了一部分能量损失,其阻尼可理想化为与结构的刚度成比例;另一部分可归结于结构的质量,其阻尼可理想化为与结构的质量成比例。Rayleigh 阻尼假设结构的阻尼矩阵是质量矩阵和刚度矩阵的组合,即:

$$[C]=a_0[M]+a_1[K] \tag{1.2.35}$$

式中 a_0, a_1——两个比例系数,分别具有 s^{-1} 和 s 的量纲。

由于结构振型是关于质量阵和刚度阵正交的,所以其线性组合也必定满足正交条件。Rayleigh 阻尼是一种正交阻尼,a_0 和 a_1 为两个待定的常数,可以通过实际测量得到的结构阻尼比确定,或者通过给定的两个振型阻尼比的值来确定。

由于阻尼矩阵正交特性,可以得到第 n 阶模态的广义阻尼:

$$C_n=a_0M_n+a_1K_n \tag{1.2.36}$$

$$C_n=\{\phi\}_n^{\mathrm{T}}[C]\{\phi\}_n, M_n=\{\phi\}_n^{\mathrm{T}}[M]\{\phi\}_n, K_n=\{\phi\}_n^{\mathrm{T}}[K]\{\phi\}_n$$

利用公式 $C_n=2\zeta_n\omega_nM_n$ 和 $\omega_n=K_n/M_n$,可得:

$$\zeta_n=\frac{a_0}{2\omega_n}+\frac{a_1\omega_n}{2} \tag{1.2.37}$$

Rayleigh 阻尼随振型频率而变化,可见系数 a_0 和 a_1 可由两个独立的主导模态特定阻尼比确定,如第 i 和第 j 振型表述式可写为:

$$\zeta_i=\frac{a_0}{2\omega_i}+\frac{a_1\omega_i}{2} \tag{1.2.38}$$

$$\zeta_j=\frac{a_0}{2\omega_j}+\frac{a_1\omega_j}{2} \tag{1.2.39}$$

假定第 i 和第 j 振型的阻尼比均等于 ζ,则:

$$\left.\begin{aligned} a_1&=\zeta\frac{2\omega_i\omega_j}{\omega_i+\omega_j} \\ a_1&=\zeta\frac{2}{\omega_i+\omega_j} \end{aligned}\right\} \tag{1.2.40}$$

利用上式,经过简单的运算就可以得到进行结构动力反应计算所需的阻尼矩阵,为了保证所构造的阻尼矩阵合理可靠,确定常数 a_0 和 a_1 时应遵循一定的原则,否则将会引起计算结果的严重失真。

将 Rayleigh 阻尼分成两项，一项与质量成正比，另一项与刚度成正比，即：

$$[C]=[C_{\mathrm{M}}]+[C_{\mathrm{K}}] \tag{1.2.41}$$

$$[C_{\mathrm{M}}]=a_0[M],[C_{\mathrm{K}}]=a_1[K]$$

式中，此处将阻尼比也分成两项，与质量成正比项 ζ_{M} 和与刚度成正比项 ζ_{K}，即：

$$\zeta_n=\zeta_{\mathrm{M}}+\zeta_{\mathrm{K}} \tag{1.2.42}$$

$$\zeta_{\mathrm{M}}=\frac{a_0}{2\omega_n},\zeta_{\mathrm{K}}=\frac{a_1\omega_n}{2}$$

由于 a_0 和 a_1 分别为确定值，则 ζ_{M} 和 ζ_{K} 仅与 ω_n 相关，图 1.2.5 给出的是阻尼比随频率 ω_n 的变化规律曲线。

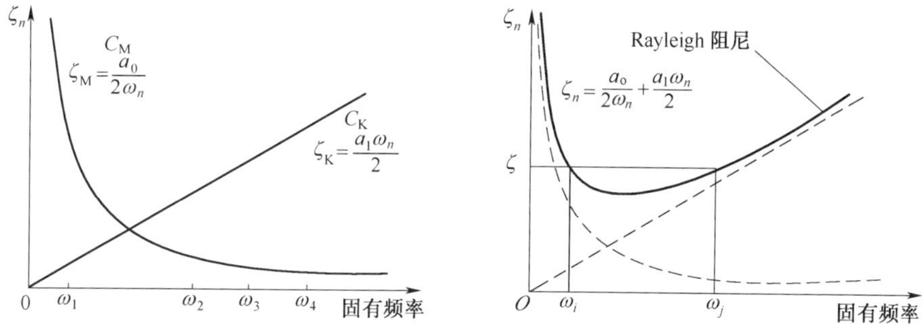

图 1.2.5　振型阻尼比和自振频率的关系

可见，当频率趋于零时，与质量成正比的部分变得无穷大，且随着频率的增加迅速变小；而与刚度成正比的部分，则随频率的增加而线性增加。

Rayleigh 阻尼比在两个确定的阻尼矩阵的频率下相等，而当振动频率 ω 在$[\omega_i,\omega_j]$之间时，阻尼比将小于或等于给定的值，在给定的频率区域之外，阻尼比均大于给定值，而且距离越远，阻尼比越大。因此，确定 Rayleigh 阻尼的原则是：选择的两个用于确定常数 a_0 和 a_1 的频率点 ω_i 和 ω_j 应覆盖结构分析中感兴趣的频段。这个感兴趣的频段应根据作用于结构上的外荷载的频率成分和结构的动力特性来综合考虑判断。在给定的频率范围内阻尼比略小于给定的阻尼比，这样，在该频率范围内由于计算的阻尼比略小于实际阻尼，结构的反应将略小于实际反应，计算结果偏于安全。

例如，如果仅假定前两阶振型频率和阻尼比来确定 Rayleigh 阻尼的两个常数或者任意指定两个频率以及阻尼比，这些方式均存在较大风险。

Rayleigh 阻尼仅在两个频率点上满足指定的阻尼比值，如果希望指定两阶以上振型的阻尼比值，则必须构造更多项的线性组合，这种情况称为扩展的 Rayleigh 阻尼形式——Caughey 阻尼。Caughey 阻尼需要特别注意保证计算的合理性，因为某些情况下阻尼比值为负值，负的振型阻尼比显然是不切实际的。而且，阻尼矩阵为满阵，极大地增加了大型结构体系的计算量。所以，为保证计算精度，在没有特殊要求的情况下，使用 Rayleigh 阻尼已经是足够的了。

还有一些情况下，整个结构体系包括两个或两个以上具有明显不同的阻尼水平部分，这时 Rayleigh 阻尼将不再适用。如考虑到土体与结构之间的相互作用，由于土体的阻尼比水平在 15%～20%之间，而结构阻尼在 3%～5%之间；或者是考虑到水与水坝整个系统，由于相对于水坝而言，水的阻尼可以忽略不计，所以经典阻尼并不适用于这些情况。此外，对附加了耗能装置的结构或者在基础上使用了隔震装置，经典阻尼也不再适用。在这些情况下需要对全体系的阻尼矩阵进行特殊处理，如构建子结构阻尼矩阵或采用其他一些有效的方式进行求解。

以上介绍了结构动力学中与阻尼相关的一些重要概念和计算公式，以及在动力计算中如何给出结构阻尼和需要注意的一些问题，有些概念看似简单但仍然需要更为深入的理解其物理含义。由于篇幅所限，此处仅给出了这些内容中最为重要的部分，对于相关的扩展内容，感兴趣的读者可以查阅一些结构动力学专著。

1.3 其他形式的阻尼器

这里谈到的其他形式的阻尼器是指除了前面提到的液体黏滞阻尼器之外，人们通过各种机械或材料性能来区分的阻尼器，这些形式的阻尼器均可以通过简单有效的数学表达式进行其动力性能描述，实现对结构振动能量的消耗，根据实际工程应用情况划分，可归结为前文表 1.1.1 所述中结构保护系统的各种阻尼器形式。

关于这些阻尼的介绍和分类在诸多书籍中已经多次提到，但鉴于各类阻尼器自身所具有的特点，实际上有必要从作用机理上帮助读者进行甄别。而且，这些装置出力通常较低且不稳定，实际上并不适用于大型的桥梁结构。

图 1.3.1　固体黏弹性阻尼器

1.3.1　固体黏弹性阻尼器(图 1.3.1)

固体黏弹性阻尼器(Viscoelastic Damper 简称 VE)，是指在金属板之间放置有黏滞性能的固体材料而构成的一种随速度和位移两种因素变化而变化的速度型阻尼器。阻尼力大小可以表示为：

$$f(u,\dot{u})=f_s+f_d=k_1u+\frac{\eta k_1}{\omega}\dot{u} \tag{1.3.1}$$

式中　$f(u,\dot{u})$——黏弹性阻尼器受力函数；

u——阻尼器两端的相对位移；

$\dot{u}$——阻尼器两端的相对运动的速度；

f_s——阻尼器中黏弹性材料变形产生的弹性力；

k_1——黏弹性材料的变形刚度，在此定义为阻尼器的存储刚度，$k_1=f_1/u_0$；

f_d——黏弹性材料变形产生的阻尼力；

η——黏弹性材料的损耗因子，$\eta=f_2/f_1$；

ω——激励的频率。

弹性体阻尼产品具有高度非线性，阻尼输出与系统所受应力同步性很强，黏弹性阻尼在降低了系统反应的同时也增加了系统受力。温度的变化对黏弹性阻尼影响极大，例如：温度由 −10 ℃升到 50 ℃，弹性体的阻尼只有原来的 1/50。因此，所有这类阻尼器的动力模型必须考虑温度修正系数。美国 3M 公司最早将黏弹性耗能器用于控制结构风振，随后这个理念在日本有了很大的发展和应用，但它具有初始刚度，也有温度稳定性的问题。图 1.3.2 为弹性体阻尼的理论与实际阻尼特性对比图。

所有传统的弹性体，其自身结构都具有一定程度的阻尼特征；有些被称之为“高阻尼”的材料可以提供大约10%的临界阻尼。如果希望采用黏弹性材料并提供10%以上的阻尼，则需要考虑成本、尺寸等诸多限制条件。出于火灾等因素的考虑，目前军方已经禁止在他们的构筑物中采用任何通过黏合剂进行连接的设施或装备，所以在设计中采用黏弹性阻尼器时需要特别注意这一点。

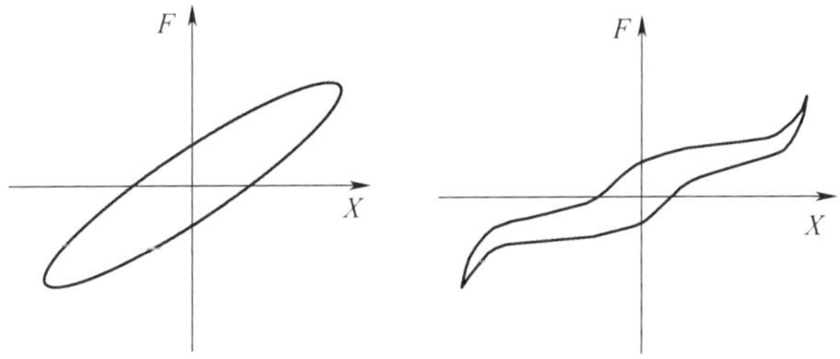

(a)理论　　(b)实际

图1.3.2　弹性体阻尼的理论与实际阻尼特性

这种阻尼器发明之初，随着其在美国世贸中心双塔大楼等抗风工程中的应用作了大量试验研究，但试验结果却不能令人满意。美国专家认为，这种固体黏弹性阻尼器因为下列原因不适于继续在结构工程中使用。

(1)试验结果显示：它对环境温度和荷载频率有很高的依赖性，在多次试验中其性能都显示出了高达70%甚者几倍的变化率；

(2)随着负载的变化，阻尼器参数出现可观的改变；

(3)随着时间的延长其性能改变，减震作用减退，说明在长期的工作中其耐疲劳性、稳定性较差。

在美国HITEC联合测试前对这种黏弹性阻尼器的研究结果使它并未被工程师们看好，它没有被选入测试的产品。随着大量应用的困难，这种产品的技术已经被美国工程师们放弃并转卖到日本。固体黏弹性阻尼器(VE)也就正式退出了美国工程师的选择范围。在随后的发展中，其性能是否得到实质性的提高和改进还未可知，但在日本这类装置仍有断断续续的应用。这可能是分歧最大的一种阻尼器。然而，其目前还有不可克服的缺点却是大家的共识。为了克服阻尼器随温度变化的缺点，在日本横滨对马岛的加固工程上甚至不能理解地加设了昂贵的恒温系统。不过，最多日本也就任其自然发展，我国却把这种极不成熟的产品和液体黏滞阻尼器一起列成国家行业标准。变相推广这种不成熟的产品，是笔者不能赞同的另一个问题。

这里有一个例外，剪切型的固体黏弹性阻尼器在我国作为斜拉索外置阻尼器已经持续用了几年了。目前，占据了我国很大的斜拉索减振阻尼器市场。尽管如此，遗憾的是，我们几乎没有见过完整的试验报告。即便其有减振效果也很有限，并同时具有受温度影响很大、长期使用作用衰减等缺点。但因为我国一些桥梁业主对斜拉索阻尼器的要求不高、国产的产品又价格便宜，形成了黏弹性阻尼器应用上的一支独秀。是否能继续发展下去，还有赖于它和其他类型的减振阻尼器的发展和进一步试验。

1.3.2　摩擦阻尼器

最初由加拿大研究并得到一定应用的金属摩擦阻尼器，是基于金属之间摩擦耗能原理发明、生产的阻尼器。只经过了简单的试验研究就已经被美国的大多数结构工程师所怀疑。因为在摩擦过程中阻尼力取决于金属间正压力的大小，而正压力又受到温度、湿度变化、金属表面锈蚀等因素的影响，难以控制。由于受到温度变化、循环次数以及腐蚀程度的影响，库仑阻尼变化较大，稳定性较差。特别是当摩擦面受到雨水、油以及其他化学材料侵蚀后，接触点的摩擦阻尼明显恶化。因此，在一些动力学书籍中对于库仑阻尼的定义中，特别强调其必须来自于两个干燥表面。图 1.3.3 为摩擦阻尼以及塑性变形阻尼的滞回特性图。

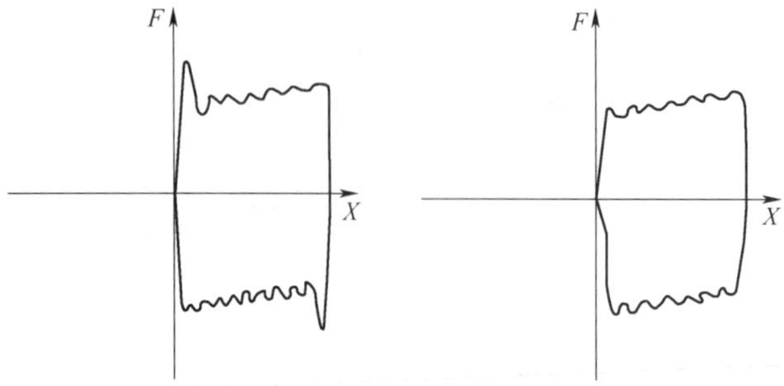

图 1.3.3　摩擦阻尼以及塑性变形阻尼的滞回特性

摩擦耗能装置在正常使用荷载下不发生作用产生位移，也不对结构提供刚度；在强震作用下摩擦耗能装置产生滑移，为结构提供阻尼，并依靠摩擦做功耗散能量。加拿大 Pall Dynamic 公司的摩擦阻尼器(图 1.3.4)最有代表性，它构造简单，造价低，缺点是相对于其他类型耗能器来说，承受力较小，温度的稳定性较差。日本 Sumitomo 金属有限公司研制开发的 Sumitomo 摩擦耗能器，通过钢筒内摩擦片的滑动产生摩擦力，设计摩擦力一般在 20 kN 左右，最大为 100 kN。

这些因素都带来了摩擦系数和摩擦力可能的变化，使我们很难在计算分析中将其作为一个稳定的定量作用来考虑，再加上受摩擦耗能装置所承受阻尼力太小的限制，使它从来没有得到多数工程师的广泛认可。到目前为止，国际上采用这项技术的实际工程很少。对这种已经夭折的装置，要想在工程上重新启用，一定要十分谨慎小心。

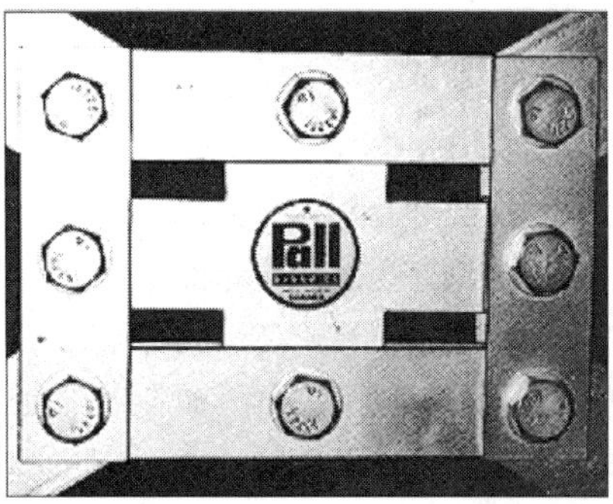

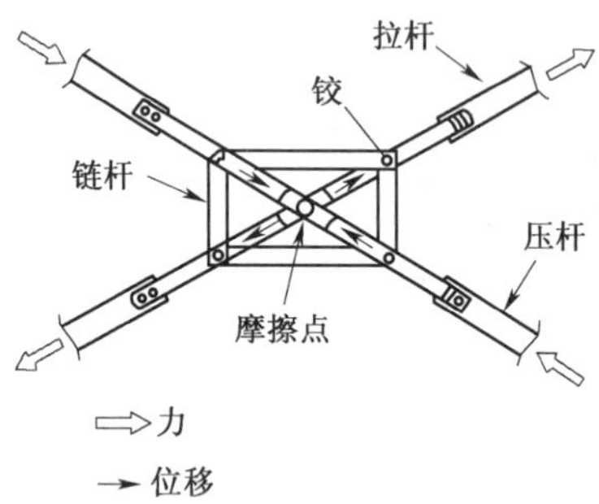

图 1.3.4　PALL 摩擦阻尼器

1.3.3　金属阻尼器

金属阻尼器是利用软钢进入塑性范围后所具有良好的滞回特性，而开发并研制成的各类耗能减震装置，比较有代表性的有：美国 Whittaker 提出的 X 形加劲耗能装置(ADAS)和 Tsai 等人设计的三角形加劲耗能装置(TDAS)，如图 1.3.5 所示。它可以简单地分为软钢的剪切变形和弯曲变形两种。

其他金属阻尼器包括利用金属铅具有良好的延性和柔性，在变形过程中可以吸收大量的能量这一材料特性，人们开发出的各类铅耗能器，如铅挤压耗能器、铅剪切耗能器和圆柱形铅耗能器等，以及前文提到的拉压双向均能达到屈服而不弯曲的无黏结支撑等。

图 1.3.5　金属阻尼器(X 形和三角形)

随着结构保护系统的发展也出现了多种位移型金属阻尼器，这种阻尼器利用金属构件的薄弱环节在地震中率先屈服耗能，起到对结构的保护作用。环境和力学性能稳定是他们的优点，特别是一些学者证明这种位移型阻尼器能对结构地震反应的减小能起到一定的帮助作用。从使用性能上看，一些工程师更喜欢初始刚度为零的液体黏滞阻尼器(FVD)和实际施工应用中简单方便的屈曲约束支撑(BRB，UBB)。特别是最近 Constantinou 教授又证明了这种位移型阻尼器不能对结构上附属结构的反应减少起到很好的帮助作用。然而，它有 FVD 和 UBB 难于战胜的优点——价格便宜。虽然在原有支撑上改进有限，却没有明显缺点和副作用。进一步的完善和发展也许会带来更多的应用。

液体黏滞阻尼器、摩擦阻尼器、固体黏弹性阻尼器以及金属屈服阻尼器，这四类阻尼器的滞回曲线分别可以用如图 1.3.6 所示。

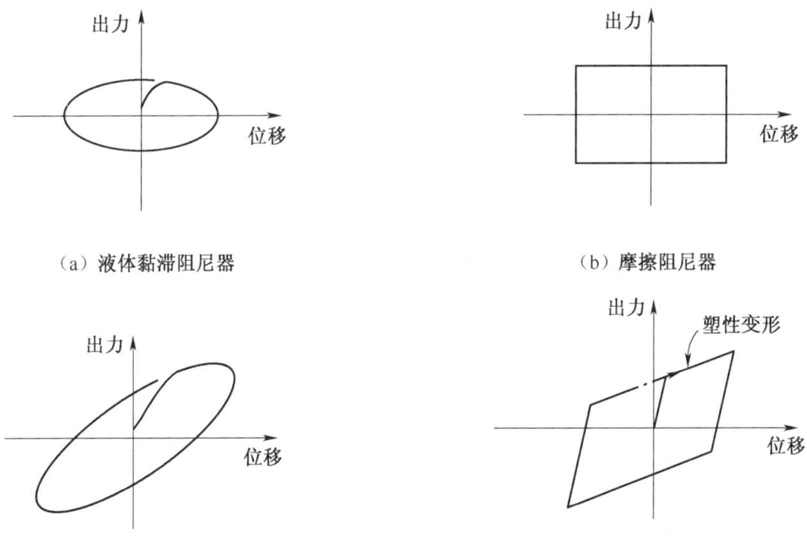

(a) 液体黏滞阻尼器　(b) 摩擦阻尼器

(c) 黏弹性阻尼器　(d) 金属屈服阻尼器

图 1.3.6　不同阻尼器的滞回曲线

从几种滞回曲线不难看出，只有液体黏滞阻尼器没有初始刚度，不会带来结构周期的改变，一般不会产生任何副作用；在最大位移时阻尼器出力最小、而最大出力时阻尼器位移最小的有利情况。在实际结构上,它是唯一的一种在各种动力荷载下都能减振、既可以减少结构的受力,又可以减少结构的位移。

1.3.4 TMD减振系统(图1.3.7~图1.3.9)

质量调谐阻尼器(Tuned Mass Damper,简称TMD)减振系统是一种利用外加质量和刚度的谐振系统来减少主体结构振动的巧妙办法。勿容置疑,只要设计正确,结构谐振阻尼系统可以很好地减少主体结构的振动。在国内外一些高层结构抗风、减少行人桥竖向振动、铁路桥梁的横向振动和楼板减振上都得到了成功的应用。加拿大Motioneering公司是一家从事TMD系统开发和设计计算分析最多的专业公司,在世界上重要的TMD工程上有很大发展。该系统是靠TMD和主体结构谐振而起到减振作用,可以说是"以动制动"。

图1.3.7 不同TMD系统

从我们的计算分析和运用的经验来看,它有下列几个问题值得思考和探讨。

(1)TMD是一种单频作用、且频率敏感性很高的系统。一些有摩擦的阻尼器、黏弹性阻尼器和带有非线性的橡胶支座等都会引起其频率的变化,都不适于在TMD体系里使用。考虑到结构在日常运行中的屈服和荷载变化会引起结构周期的改变,TMD的减震效果可能也会随之发生改变,甚者失去作用。

(2)该系统的阻尼器要求很高。这种阻尼器是在常年运动中发挥作用,所以很容易发生热破坏。笔者特意示出三种不同的TMD工程实例图片,三种功率不同、大小各异和价格差别很大的阻尼器。对于大质量、大功率的TMD系统,应该尽量采用无摩擦或小摩擦的金属密封阻尼器。

(3)TMD如果失去作用,结构无用质量的增加、反应的放大可能都会引起严重的副作用。

(4)考虑到地震荷载是个多频率的复合荷载,TMD甚至多频率的MTMD都很难起到很好的减震作用,强烈地震又很容易使TMD的作用尽失,作抗震应用一定要谨慎。

(5)至今无论国内外都十分罕见TMD真实减振效果和可靠性的定量试验。

(6)TMD系统的质量块对设计的运动方向和幅值都应该有严格的导向和限制，放任的振动使其效果难于控制。

(7)对于既可以用TMD又可以用阻尼器直接减振的结构(如高层结构抗风、桥梁抗风减振),根据我们计算的经验、价格分析和长期运行的维护管理来说,直接采用阻尼器减振要可靠得多。

日本在很多高层建筑上安装了主动控制的AMD系统,他们大多数是在TMD的基础上附加作动器,提高TMD的减振效果,当然,这种系统比起整个结构受力的主动控制要容易得多。但和上述主动控制一样,有价格昂贵和难于维护的困难。日本设计投资建设的上海金融环球大厦上运用了两套AMD减振系统。

笔者认为,目前国内很多结构设计都采用了TMD系统减振。尽管从理论上容易理解,计算相对简单。但这些 TMD 系统是否真需要？是否真起到作用？它还有太多的产品和构造问题、阻尼器产品问题。特别是用在高层结构、行车大桥上抗风 TMD 系统、AMD 系统的跟进者。草率应用，经常是有害无益的设计。

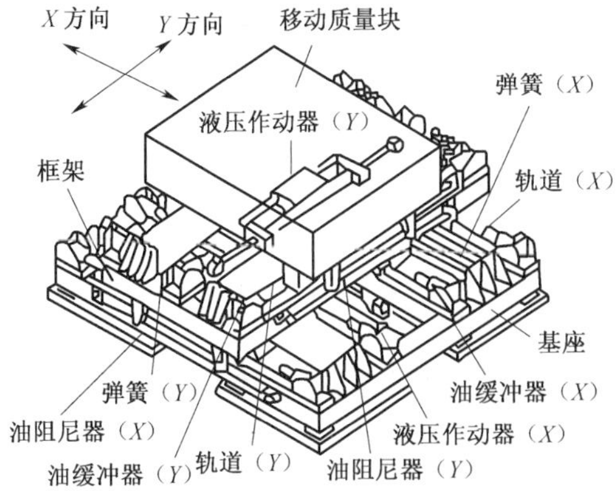

图 1.3.8　日本的 AMD 系统

图 1.3.9　上海金融环球 AMD 系统

1.3.5　主动及半主动控制装置

1. 结构主动控制

用先进的探测和传感系统通过计算机系统捕捉地震或风振可能给结构带来的振动信息，并将其传送到计算机内进行分析，计算出需要在一个预先设置的外加力(或外加阻尼、外加刚度，从而更改结构频率、阻尼)装置上施加的反效应数据，从而及时地启动这一装置，起到人为的主动控制结构反应的作用。这种主动控制的想法并不陌生，工程师们早就在建筑室内温度控制中成熟地采用了这一理念和方法。

主动控制需要设计控制系统提供足够的能量，可以采用电子、机械或液压装置作为驱动器提供阻尼。设计者最为关心的是无论任何驱动器都必须有足够的能量供给。在分析中需要按照合理的时间步长准确的给出在所设计振动能量输入下的平均以及峰值功率要求。这项分析必须准确、可靠。如果供应能量不足将使阻尼器提高系统的应力水平进入无控状态，甚至导致毁灭性事件。因此，目前在设计中建议对主动驱动阻尼进行"失效保护"设计，以确保在控制失效或能量缺失时结构物的安全。

这一系统用在短时间的航空等其他领域上也可能是一个好的建树，要想用于我们的结构工程，不要说用在发生概率很低的罕遇地震，就是用于结构抗风都是十分困难的。从目前的应用、管理和维护技术水平来看，主动控制装置都与我们传统的土木结构行业现在的状况相差太远，很难做到几十年的可靠性和稳定性。无论地震或巨风的到来，都可能使电源、线路等受到致命的威胁而终止"控制"工作。仅要做到在灾害中保证一个可靠的电源和维护整个控制系统的稳定可靠就已经十分困难。主动控制的理论和装置虽然在日本有了一定的发展，已经应用到了 20 几个工程中，但也很难看到继续发展下去的前景。到目前为止，我国仅有的上海环球金融中心日本专家安置的主动 AMD 工程的应用效果还有待进一步观察。

2. 半主动控制

美国泰勒公司生产过的半主动阻尼器可通过调节液压阻尼内小孔尺寸获得可变阻尼力。

图 1.3.10 中，S1 和 S2 为控制阀，用来选择不同的小孔输出方程 A1、A2 和 A3；半主动阻尼需要少量的能量输入，如若没有能源，阻尼器则退化为被动流体阻尼器。因此，半主动型阻

尼同样需要进行“失效保护”设计。

另一种半主动阻尼设计是将控制阀替换为电流变 Electrorheological(ER)或磁流变 Magnetorheological(MR)液,其中电流变阻尼器由于尺寸较大、需要输入的能量较大,目前很少采用。磁流变阻尼器实际应用较多,美国是世界上最先研究出磁流变阻尼器的国家,这种半主动控制装置是以智能材料(磁流变材料)为驱动材料的可调参数阻尼器,在磁场的作用下,流变液中的固体颗粒会形成一束束纤维状的链,横架于磁场两极之间。这样,对于平行于电极的剪切力而言,流变液在磁场的作用下就会发生磁流变效应,即从流动性良好的具有一定黏滞度的牛顿流体转变为具有一定屈服力的黏塑体,从而达到比被动阻尼器更好的减振效果。

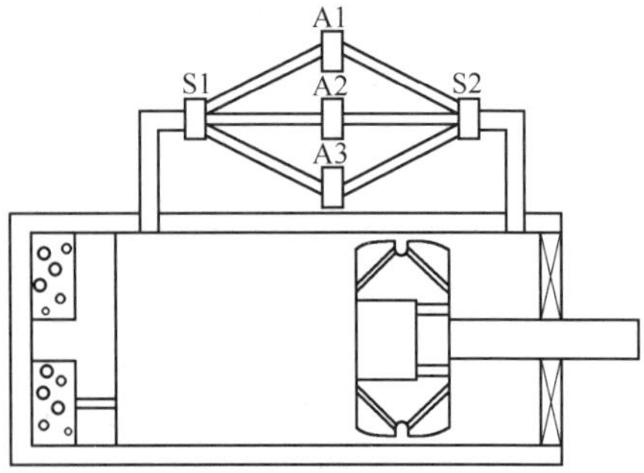

图 1.3.10 半主动阻尼系统

首先生产出这种产品的美国 Lord 等公司最先在飞行员座椅、汽车悬挂减振系统上应用这一先进技术。毫无疑问,这是个好的科技发展研究课题,可是要在土木工程中像我们所期望的那样长期、可靠、稳定地大量应用,就是另一回事了。国内已经有了好几个生产厂家开始生产这一产品,并且已经得到越来越多的应用。但是,它真的适合在我们结构工程中使用吗?实际上,这种装置存在三个值得注意和考虑的问题:

(1)和主动控制一样,这种装置上使用的传感器、线路系统和电源等,都需要日久天长的维护,这给其日常性能的保持带来了巨大困难;

(2)磁流变阻尼器内磁流粉的长期稳定和克服沉淀等问题也值得我们关注;

(3)这种装置和液体黏滞阻尼器一样存在如何保持缸体不漏油的问题。

有人说,就是半主动控制系统失效,也可以当被动阻尼器使用。其实,除了同样有的漏油问题以外,如果能看到控制系统的维护和稳定问题难以解决,效果又好得有限,那又何必不直接用被动阻尼器哪?最先生产出这种产品的美国 Lord 公司在我国洞庭湖大桥前,从来没有在世界桥梁工程中应用过。就是至今,他们也没有在美国和欧洲工程中有所应用。生产各种先进阻尼器的美国泰勒公司,最初曾试产过这种产品,在发现无法保证其可靠的应用以后,毅然放弃了这一产品的生产。实际上,在我国,最初已经使用了磁流变阻尼器和控制系统的工程,仅仅几年就已经停止使用并拆除了。国内已经在一些十分重要的桥梁上,不仅在斜拉索上设计和使用了这种减振装置,还在著名的大桥上用来控制铁路机车带来的纵向振动。建筑上,也有在高塔抗风上采用了这种装置。不知是否经过产品性能上的严格检验。其长期甚至中期的可靠性也是令人担心。

综上所述,我们在主动及半主动控制装置的应用上,应该以其能否真正做到保护结构安全和其能否在长期的工作中保持性能稳定、可靠为出发点,谨慎思考,权轻利弊。

1.4 抗震隔离装置和阻尼器系统的生产厂网站

下列所示为美国隔振器和阻尼器制造商的网站:

(1)www. corebrace. com (BRB);

(2)www. dis-inc. com (RB);

(3)www. earthquakeprotection. com (FPB);

(4)www. jarretstructures. com (FVD, 2008-6 破产);

(5)www. scougalrubber. com (RB);

(6)www. sepbearings. com (RB);

(7)www. starseismic. net (BRB);

(8)www. taylordevices. com (FVD)。

在美国工程中采用的国际制造商生产的隔震及耗能减震装置,包括:

(1)Alga (BEAR, FVD);

(2)Andre Rubber (RB);

(3)Bridgestone (RB);

(4)FIP Industriale (BEAR,FVD);

(5)Nippon Steel (UBB);

(6)Oiles Corporation (FVD);

(7)Skellerup (RB)。

有兴趣的读者可以访问这些海外供应商的网站来获取他们产品的相关信息。

第 2 章　液体黏滞阻尼器

2.1　液体阻尼器的发展历史

液体阻尼器的起源可以追溯到 20 世纪初。为了满足大型武器装备发展的需求，液体阻尼器以及其他工程设备得以迅速设计制造并成功获得实践应用。早期的液体阻尼设备一般通过黏滞效应进行工作，黏滞效应主要是由阻尼器内部叶片或钢板与内部介质之间的剪切作用产生，如图 2.1.1 所示。

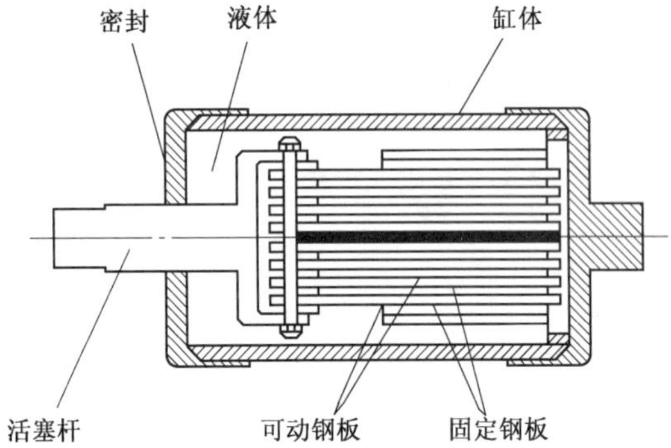

图 2.1.1　早期的流体阻尼器

这类装置由于内部板与流体之间孔穴的存在，根据其介质黏度的不同，最大剪切强度通常在 0.06～0.1 N/mm^2，由此造成按照这种黏滞效应原理制造的阻尼器尺寸较大、经济性较差。此外，由于液体黏度受温度影响十分明显，造成这类阻尼器输出力在温度下的稳定性较差。例如：目前的成品硅油，温度从 20 ℃升到 50 ℃时，其黏度相应下降 50%。利用上述原理，在当今的土木工程领域，仍然在实际工程中采用的类似产品有 GERB 生产的阻尼锅以及日本有些应用的阻尼墙等。和现代泰勒公司的阻尼器相比最大的不同是没有高内压。图 2.1.2 为 GERB 流体阻尼器及阻尼墙的照片。

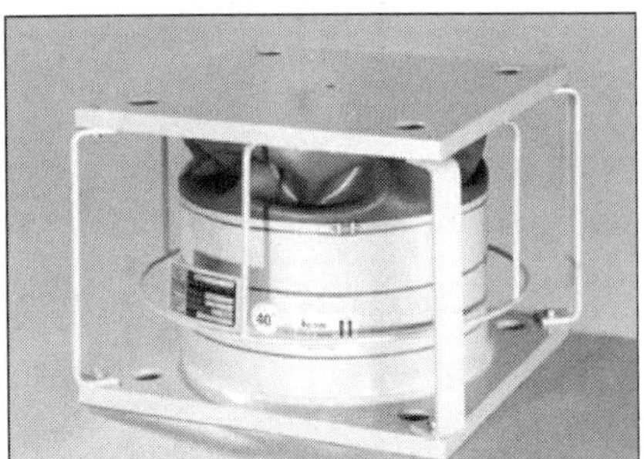

(a)流体阻尼器

(b)阻尼墙

图 2.1.2　GERB 流体阻尼器以及阻尼墙

在 19 世纪后期，为了吸收大型加农炮的后座力，一些阻尼装置被应用到火炮领域。早期的火炮通常采用非常粗糙的方式对后座力进行控制，其耗能特性极不规律，很难适应装备的快速发展。只有那些可靠、功能完备的阻尼装置才能适应高功率的快速连续发射。经过深入的实验研究，法国军队在他们的 75mm、M1897 型大炮中采用了一种独特的流体阻尼装置。这种流体阻尼器设计采用惰性流体，强迫油液以高速（高于 200 m/s）通过小孔，从而产生高阻尼力。装置的输出力不会因内部油液的黏度以及温度而产生显著变化。这种阻尼器可以稳定的吸收大炮发射所产生的后座力，在发射结束后提供恢复力将大炮恢复到初始位置。而且这类阻尼器的输出力可以通过设计而被精确控制，能够批量进行生产。在 1900 年～1945 年间，这项技术和产品在许多国家军事方面得到广泛应用，但鉴于保密性，这项技术在当时并未向外界公布。其特点是：

(1)双向输出阻尼，通过采用偏压阀在拉、压双向获得不同输出力；

(2)连续变化输出，采用连续变化锥形销小孔；

(3)自适应阻尼，如：根据武器倾斜角度，阻尼力相应进行变化，采用扇形齿轮驱动旋转通过油腔截面的锥形销，控制流液流量。

在二次世界大战中随着雷达以及其他电子设备的出现，这些技术被用于减小这些设备对外界振动冲击的影响。在冷战期间，巡航导弹成为重要的军事手段，流体阻尼器被用于保护导弹以抵御一些传统武器以及核武器所产生的冲击波。在武器爆轰附近地面的瞬时冲击速度能达到 3～12 m/s，幅值可达 2 000 mm，加速度能达到 1 000g。对一些大型结构而言，为了消减所受到的瞬时冲击需要非常高的阻尼力，流体阻尼器成为了解决这些问题的最佳方式。

在液压阻尼器的研制过程中具有里程碑意义的事件有：

1897 年——最早研制的高性能液压阻尼器产品由法国军方研制，并成功获得应用。

1925 年——应用在汽车上的第一个滚动吸振器，由布法罗的 Houdaille 液压公司 Ralph Peo 研制，如图 2.1.3 所示。

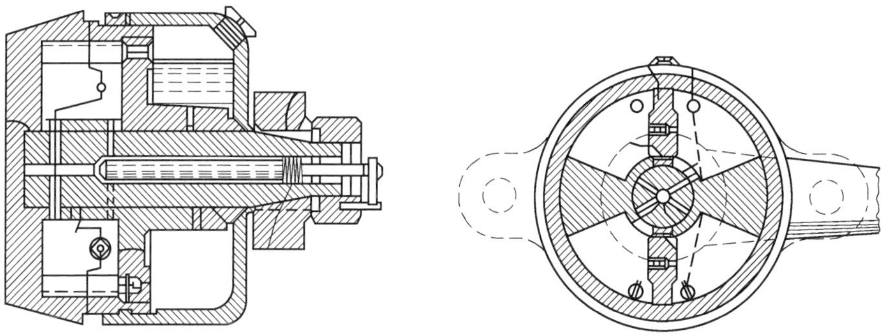

图 2.1.3　1925 年 R. Peo 的滚动吸振器

1935 年——英国 George Dowty 研制的第一台液体弹簧阻尼器。由于价格过高未能批量生产。

1949 年——Delco 采用具有安全阀双腔阻尼器控制汽车振动。活塞杆上部固定以利于采用重力辅助粗糙的橡胶密封。

1952 年——Wales-Strippit 公司的 P Taylor 制造的第一个液体弹簧阻尼器，应用于印刷设备上。在 1955 年 P Taylor 成立了 Taylor Devices 公司。

1956 年——首次在结构中采用液压阻尼器，采用 Taylor Devices 公司的液体弹簧阻尼器应用到 chance-vought F8 型飞机上。

1970 年——Taylor Devices 公司液体阻尼系统申请专利，可提供具有液压线性阻尼器。如图 2.1.4 所示。

1985 年——Taylor Devices 公司具有金属柔性密封的高压无摩擦阻尼器，应用于航天设施。如图 2.1.5 所示。

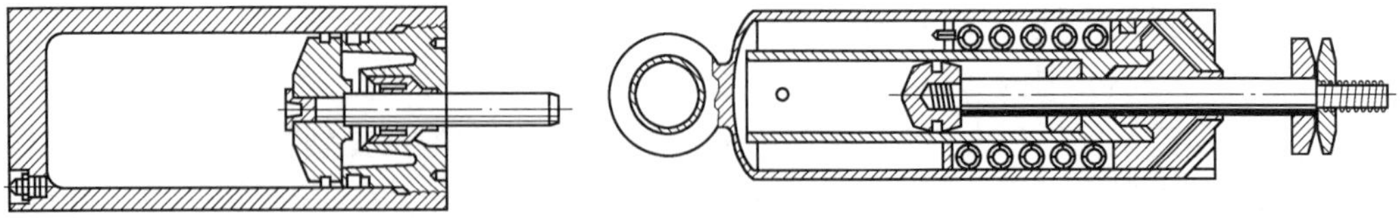

图 2.1.4　1970 年 Taylor 公司的流体阻尼器

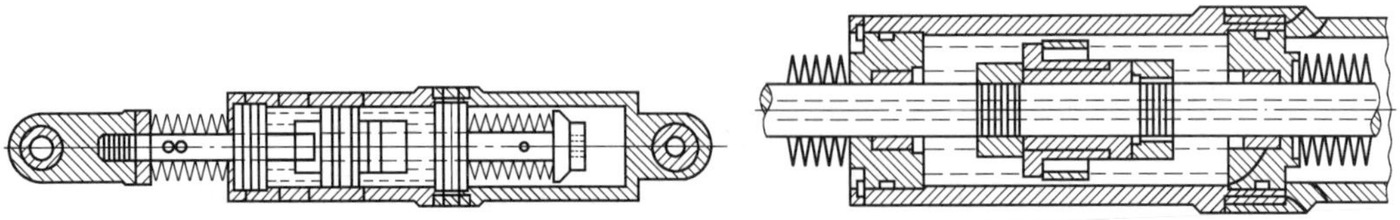

图 2.1.5　1985 年 Taylor 公司的无摩擦阻尼器

随着 20 世纪 80 年代末冷战的结束，许多用于防卫设施的技术可以出售用于民用。泰勒公司 Taylor Devices 从 1955 年开始作为供应商向美国政府出售阻尼器和缓冲器装置，并与位于布法罗的美国纽约州立大学(SUNYAB)共同研究并将这些装置用于建筑和桥梁上以提高其抗震性能。美国纽约州立大学同时也是美国多学科地震工程研究中心的所在地。从 1991 年开始，该中心振动台上进行了缩尺结构模型实验，这是人们第一次真正意义上建立了结构保护的概念并付诸实施。发展至今，泰勒公司已经成为一家闻名世界的减振设备系统公司。

下面将介绍一下泰勒公司的相关历史以供读者参阅。

1963 年泰勒公司在减震和缓冲领域进行了很长时间的研究，发展出了液体弹簧和液体阻尼器的产品。

1963 年在二次 Pontiac 汽车的缓冲系统测试中安置了液体弹簧减震器，该交通工具在没有进行任何维护的情况下运行了 24 139.5 km。

1965 年通用汽车公司在 Chevrolet Corvair 车上装备了泰勒公司的液体弹簧减震器，进行主动减震吸能控制，该车运行 64 372 km，并且不需要任何的维护，达到了令人满意的测试结果。1966 年这辆汽车被通用汽车测试中被肯定，而且发现其有操作较好的特性。

1967 年在宾夕法尼亚州 New Castle 市中的城市公共汽车上装备了泰勒公司的液体弹簧减震器。1970 年，当这些公共汽车报废的时候，减震器仍然处于正常工作状态。

1970 年世界最大的卡车——具有 350 t 载重能力的 V'Con Mountain Mover，装备了泰勒公司液体弹簧减震器，具有每小时 90 km 的速度，V'Con 在当时被认为是速度最快的重采矿卡车：卡车进行 5 000 个小时工作之后报废的时候，装置没有破坏和漏油情况出现。

1972 年泰勒公司的液体黏滞阻尼器被 American Motors 选用。1973 年 Hornet and Matador 选用了每小时 8 km 的缓冲吸能装置，这是世界上第一辆使用液体黏滞阻尼器的汽车产品。

1980 年泰勒公司被美国空军选定为 MPS Based MX 导弹的减震装置的供应商。泰勒公司的液体黏滞阻尼器设计用在减少了整个导弹的大小和重量的方面申请了专利。

1986 年泰勒公司被美国空军选定为大型地面导弹减震系统的研究机构，并在 90 年代展开了大量试验研究。

1991 年泰勒公司的大量隔震、吸能装置成功的被应用在沙漠风暴行动之中。最著名的是美国海军精确发射的致命战斧巡弋导弹。每个发射筒中都安置了 8 个泰勒公司的缓冲吸能装置，成功地保护了导弹的正常发射。

1992 年在美国国家地震工程学研究中心进行了大量液体黏滞阻尼器设置在建筑结构和桥梁的承受地震荷载的试验。试验有力的证明了安置在需要加强抗震性能的阻尼器装置的性能是十分优越，效果十分显著。其抗地震能力可能提高到 300% 到 500%，无论钢结构和混凝土结构，阻尼器都能减少所受地震荷载下的结构反应内力和位移。

1993 年在加州的 San Bernardino 县，新建的医疗中心的五栋建筑物中选用了泰勒公司的液体黏滞阻尼器进行抗震，用了超过 180 个液体黏滞阻尼器，每一个的阻尼力为 1 400 kN 和长度为 1 219 mm。

1994 年泰勒公司为美国军队提供一个电子主动控制的隔震减振系统，用来保护 THAAD 地对空导弹的导航系统。

1995 年在加州的萨克拉门托的太平洋贝尔北方网络中心，在这个 27 870 m^2 的结构上，安装了支撑形式的 62 个泰勒公司的液体黏滞阻尼器，在发生大地震时这些阻尼器将保证结构不会发生破坏。

1997 年华盛顿州地区选择安装的泰勒公司的液体黏滞阻尼器来保护西雅图新建西北太平洋棒球场开启式屋顶的三个区段，独特的可缩回的屋顶设计需要了超过 9 484 kN 的阻尼力，是通过 8 个阻尼器来提供的。阻尼器上设置了世界上唯一的阻尼器在线健康监测。

2000 年加州为旧金山——奥克兰海湾西段悬索桥的抗震设计中，选用了 96 个泰勒公司的液体黏滞阻尼器。这种新式的抗震方式对 1989 年 Loma Prieta 地震损坏的桥梁作出了经济实用的抗震补强加固和抗震性能的升级。

2.2 用于土木工程领域的液体黏滞阻尼器的内部构造

目前在土木工程领域内被普遍采用的流体阻尼器内部构造基本属于射流型，这类液体阻尼器所需设计的部分相对来说不是很多。然而，这些需要设计的部分通常变数很大，在某些情况下设计变得复杂而有难度。如图 2.2.1 和图 2.2.2 所示为两种典型的液体阻尼器。图 2.2.1 为单出杆型阻尼器(Damper with a Accumulator)，从图中不难理解，通过活塞的往复运动，液体流过活塞头上的小孔从而提供阻尼力。

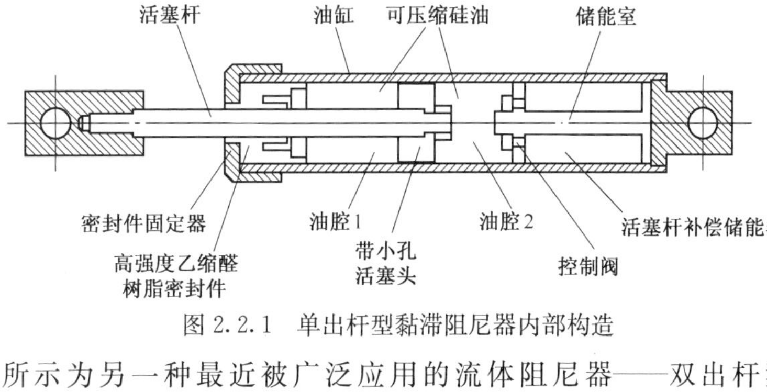

图 2.2.1　单出杆型黏滞阻尼器内部构造

图 2.2.2 所示为另一种最近被广泛应用的流体阻尼器——双出杆型阻尼器(Run Through Piston Rod)，由于取消了内部储能器，这种阻尼器的稳定性和可靠性有所提高，我们将在下文对这类阻尼器的优点进行具体讨论。

黏滞阻尼器是一种加工精确、各部件巧妙配合的机械产品。下文将重点介绍阻尼器内部主要部分的作用，以便读者能够对这类阻尼器有进一步的认识。

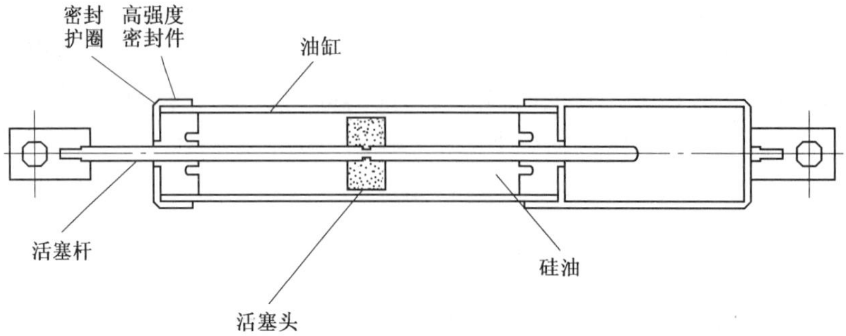

图 2.2.2　双出杆型黏滞阻尼器内部构造

2.2.1　流体孔、阀门和油库

1. 小孔和阀门

小孔用于控制通过活塞头的流体压力。小孔可由经过机械加工的复杂通道制成，也可采用钻孔，弹簧压力球、提升阀或卷筒制成。如需制作速度指数小于 2 的阻尼出力则需要相对复杂的设计。实际上，如果仅是钻一个简单的符合伯努利(Bernoulli)方程的圆孔，阻尼器出力则被限制在只与速度平方成比例的条件下。

由于速度平方阻尼在用于消耗地震能量时受到限制，此时就需要设计更加坚固、复杂的孔隙。一种办法是通过流液控制的系统过程并获得专利技术的一系列的准确定型的通道控制，依据这些通道的形状及面积可使速度指数在 0.3～1.0 范围内变动，而不需要在小孔内设置任何活动的部件。

采用油腔内置活塞——流体型阻尼器作为抵抗冲击和振动吸能的装置，其内部结构主要分为两类：一类是装置内提供流体回路，活塞杆活塞头的位置变化不影响装置输出，也就是我们在土木工程领域所采用的阻尼装置(Damper)；另一类不提供流体回路，构造较为简单，活塞杆位置变化会影响到装置的输出，可称为缓冲器(Buffer)或液体弹簧(Liquid Spring)。但是上述两类所采用的流体孔隙在原理上是相同的。目前采用的液压阻尼内部结构主要可分为以下四种：

计量管型(Metering Tube)——采用活塞杆以及间隔排列的流液通道。如图 2.2.3 所示。

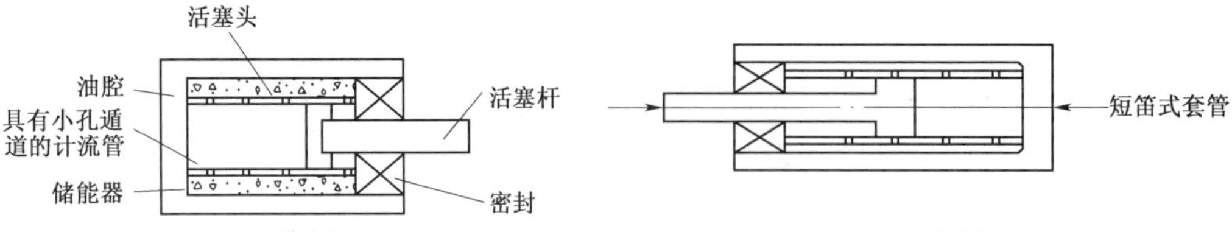

(a) 提供回路　　(b) 无回路

图 2.2.3　计量管型阻尼器内部构造

计量杆型(Metering Pin)——采用与计量管型类似的结构，只是孔隙连续变化。如图 2.2.4 所示。

上述两种流孔的输出力形式为：

$$F_D = CV_e^{2f(x)} \tag{2.2.1}$$

以上两种结构类型的阻尼器需要针对设定好的振动形式进行设计。

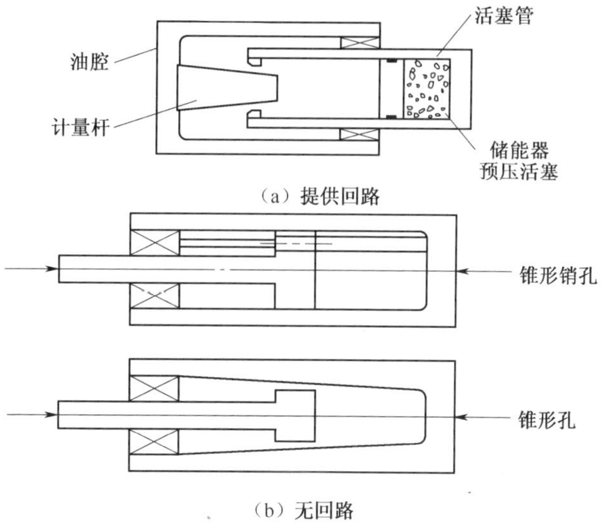

图 2.2.4　计量杆型阻尼器内部构造(提供回路和不提供回路)

预压反应阀型(Pressure Responsive Valve,PRV)——预压反应阀由预压弹簧阀门阻塞的小孔所组成,通过孔隙的流量借助阀门和它的预压弹簧来计量控制,可同时采用多个弹簧预压阀芯。

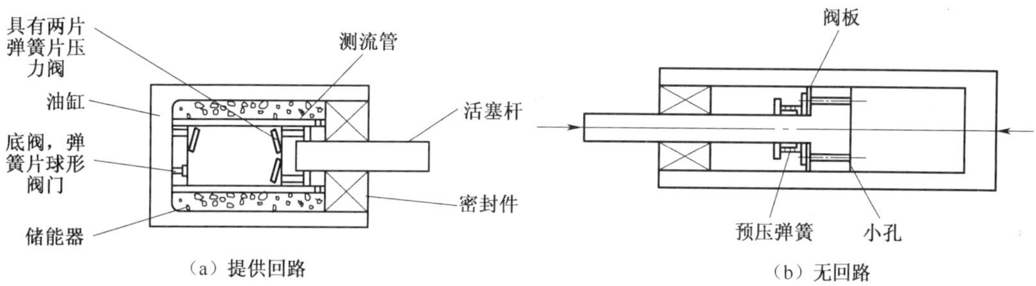

图 2.2.5　压力感应阀型阻尼器内部构造(提供回路和不提供回路)

射流型(Fluidic)——第二类非伯努利型小孔是采用射流型方法,提供与 PRV 形式类似的控制流。射流型控制小孔没有可动的部件,而是采用一系列特殊形状的通道通过流体速度来改变流特性。射流控制小孔,装置出力可随流体速度的非平方幂指数变化。如图 2.2.6 所示。

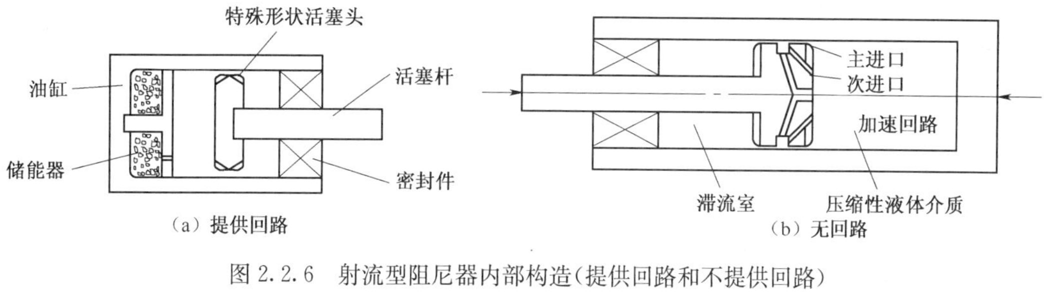

图 2.2.6　射流型阻尼器内部构造(提供回路和不提供回路)

$$F=CV^{0.3} \quad \sim \quad F=CV^{2.0} \tag{2.2.2}$$

第 3 种和第 4 种结构仅与速度有关,而与相对位置无关。所以,只有这两种对消耗任意激励振动均有效。而如果需要获得速度指数更小的($\alpha<0.3$)阻尼出力形式,则只能采用压力感

应阀型的小孔结构。阀门在长期工作下的耐久性不强是压力阀型孔阻尼器的主要缺陷，其极易发生故障，20 世纪 80 年代以后一些阻尼器生产厂家将用在其他领域的双出杆阻尼器引用到我们结构工程中，取消了油库，其耐久性得到一定提高。

阻尼器内设置阀门（或称为调压阀、溢流阀、感应阀）的主要作用在于：

(1)在油腔和油库之间设置阀门，用于控制油库和主油腔流液的方向；

(2)在阻尼器活塞内部设置阀门，用于根据活塞的运动方向控制流液的流向，同时改变流体通过的面积。

需要注意的是，任何压力感应阀型孔类阻尼器（图 2.2.5）的应用都不得不面临全尺寸试验的要求，这些试验往往要测试能预期到的在实际应用过程中阻尼器所能达到的最大速度及频率，而有时设计吨位过大实验设备往往不能满足要求。

采用缩尺模型或仅进行一般性的试验是不能作为性能验证试验的。这是因为液压阀是不能进行比例缩尺的：缩尺后孔隙流通过阀门和阀门弹簧的力仍会以与其相关的一些参数按照平方的关系变化，而同时小球的重量、提升阀和滑阀会按照相关参数的三次幂指数变化。因此，当小孔较大时，由于一侧阀门的关闭而使其相对于其他阀门来说变得沉重，这样阻尼器在脉冲输入下的性能以及其频率反应范围将退化。为了维持阻尼器特定的性能，每个阻尼器的阀门不得不单独设计，而不能从其他尺寸进行缩尺。

2. 油　　库

油阻尼器内设置油库，油库也称为蓄能器（Accumulator）或储油箱等，其作用主要在于：

(1)在单出杆（阻尼器活塞杆仅一端支撑，另一端活塞头滑动）的阻尼器内部，活塞杆所占油室的体积比例在运动中要保持平衡，必须通过设置油库来调解油腔内油量的变化，以便及时补给或收回；而双活塞杆型在活塞内运动时容积不发生变化所以一般不需要设置；

(2)油库设置显然增大了油腔内油的体积，这有利于装置向外界耗散更多的热量；

(3)一些不能做到封闭严密、不漏油的厂家用油库来补充漏油。

可见，设置油库至少对于单出杆阻尼器是必要的。

当然这种设置油库的单出杆阻尼器并不是一无是处，油库加大了可以耗散更多的热量，在美国最近生产的功率较大的斜拉索和 TMD 阻尼器上，都起到很好的作用。图 2.2.7 为外挂油库的阻尼器照片。

图 2.2.7　外挂油库的阻尼器

2.2.2　液体介质

在土木工程领域中应用的阻尼器，要求内部液体介质具有抗火、无毒以及温度稳定性，且性能不会随时间而退化，目前仅有硅基系列的液体可以满足这种要求。典型的硅基液体燃点超过 650 ℉，完全无毒，是人类目前所知的温度稳定性最好的液体。普通机油对温度的敏感性很强，这类介质用在阻尼器上使阻尼器对时间和温度的稳定性都变的很差。随着硅油及密封材料研究的成功，液体硅油被成功应用于液体弹簧和阻尼器中。由于硅油需经过蒸馏，这种液体完全均匀，不会因为时间过长而产生沉淀，目前这种液体也用于护手霜及护肤产品中。

阻尼器内使用的硅油和硅胶作为两种化工原料，在化学品公司很容易就可以买到，它们一种是粉色胶泥状物质，一种是无色透明黏滞性液体。

胶泥不能在提供阻尼时很好的传递热量，而流体介质则不同。被加热的流体通过小孔与未被加热的流体相混合，从而使热量有效分散。胶泥过热后其化学性能开始发生破坏，变成类似泥浆之类的物质，不再吸收能量。在这种情况下，由于内部胶泥被破坏，采用胶泥的阻尼器或缓冲器在发生位移时则不能提供出力。此外，胶泥存在的另一个问题是随着使用时间的延长其性能易失效，变为部分固体部分和液体部分分离的混合物。

硅油完全是一种液体，而胶泥则属于硅胶与液体的混合物。与硅油相比，胶泥很容易密封。在没有掌握并解决密封问题的情况下，一些生产厂家很容易采用胶泥作为内部介质来解决阻尼器的漏油问题。20 世纪 50 年代开始，泰勒公司最先把硅胶用于减振装置中，同时申报了专利。60 年代，他们发现这种材料的温度稳定性能极差，无法达到液体弹簧和阻尼器在不同温度下高精度的要求。目前在美国，只有参数要求不高且仅作为一次性减振装置的缓冲器中仍沿用这种材料作为填充物。

人们在研制阻尼器初期还有人希望采用普通机油作为介质，但普通机油对温度的敏感性很强，若将其用在阻尼器上，会使阻尼器对时间和温度的稳定性变的很差。随着硅油及密封材料的成功研制，液体弹簧和液体阻尼器中应采用液体硅油早已在工程界成为共识，这种硅胶的“阻尼器”也就随之退出了国际阻尼器的舞台。

2.2.3 其他主要部件

1. 活 塞 杆

经高度抛光在密封圈及密封导圈中滑动的活塞杆，一侧是阻尼器的固定耳板，另一侧连接着活塞头。总体来说，活塞杆必须承担所有的阻尼力和由加上密封圈的接触面提供的摩擦力。由于活塞杆一般相对来说比较纤细，且必须承担轴向荷载，所以活塞杆通常由高强度钢材制成。由于活塞杆表面的任何锈蚀及腐蚀都会引起密封系统的破坏，所以一般采用不锈钢材料来制作活塞杆，有时不锈钢表面必须镀铬来协调及保证密封材料的正常工作。

此外，活塞杆在设计时应进行应变控制，而不是应力控制，因为在阻尼器压缩过程中活塞杆的弹性变形会引起黏合或密封泄漏。如果阻尼器的位移超过 300 mm，则应考虑活塞杆所受到的弯矩的影响。如行程过长，应采用钢管导向套(Guide Sleeve)，以免活塞杆受到过大的变矩。美国 Arrowhead 医疗中心使用的基础隔震阻尼器就采用了这种导向套的结构。

2. 油 缸

阻尼器的油缸内含有液体介质，且必须保证阻尼器在工作中所带来的容腔内压力。油缸通常由无缝钢管制成，油缸上的任何焊接或浇铸都会引起阻尼器的疲劳破坏及在应力作用下产生裂缝。缸体一般要按照罕遇地震作用下油腔内部产生压强的 1.5 倍进行设计。在设计压强作用下不应出现屈服、破坏以及裂缝等现象。

3. 密 封 圈

液体阻尼器所使用的密封系统必须具有长时间服役期(不应低于 50 年)，并且无周期性的变形。密封系统的材料必须是适用于阻尼器的液体，且需经过仔细挑选以满足这种服役期的要求。由于结构上采用的阻尼器通常是在很长一段时间内并不经常使用，这就要求密封系统必须表现出长时间的黏性，不允许出现液体的缓慢遗漏。大多数阻尼器在活塞杆接触面上采用动态密封，在端部盖板或密封件固定器处采用静态密封。对于静态密封，传统的橡胶 O 型圈就可以做到。活塞杆处的动态密封由高强度的结构聚合物制成，以减少由于长时间不使用造成的密封收缩及变黏。动态密封的材料包括特富龙 7 号(Teflon7)、稳定尼龙和乙酰基树脂族系材料。动态密封由不会老化、退化的结构高聚物经冷塑加工制成。如采用传统的橡胶作为阻尼器内的动态密封则需要定期更换。

4. 活 塞 头

活塞头安装在活塞杆上，有效地将油缸分为两个腔体。活塞头控制液体通过其内部小孔从而产生阻尼压强。活塞头通常非常接近油缸内壁，有时会在活塞头与油缸内壁设置密封圈。活塞头是整个阻尼器部件中要求加工精度最高、技术含量最高的一部分。

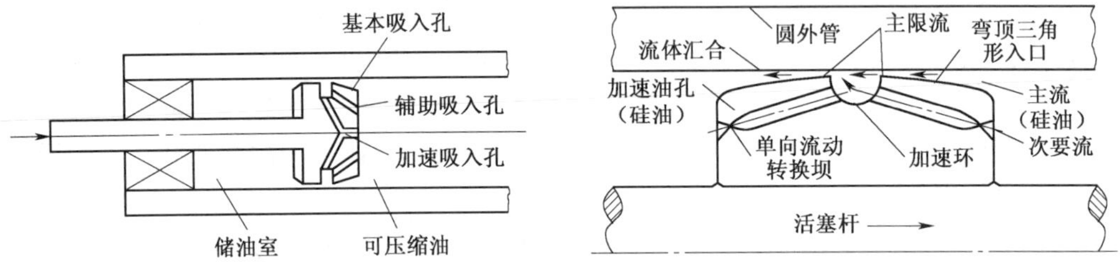

图 2.2.8　泰勒公司单出杆和双出杆阻尼器活塞头的构成

图 2.2.8 是泰勒公司生产的两种较为典型的活塞头截面图。活塞头所设置的小孔采用前文提到的射流孔的形式，这种纯粹通过改变油液流动速度和方向来获得不同速度指数的活塞头构造形式十分巧妙，是泰勒公司的专利产品。这种构造已经完全摆脱了阻尼器内的易损零件——阀门，不但延长了阻尼器的寿命，也大大降低了阻尼器的造价。

2.3　液体黏滞阻尼器的设计

阻尼器的设计是一个十分复杂的过程，大致上可以分为阻尼器的强度计算、阻尼器的热量计算、流体动力学计算以及对比经验数据这四个主要过程：(1)强度设计：阻尼器内部所有部件均应进行强度设计，各部件，包括活塞杆、油缸以及护套在设计额定阻尼力基础上同时考虑一定安全储备；通常情况下安全系数应考虑取 2.0～2.5 倍，应保证在此安全储备下拉力和压力下各部件不应有任何屈服、变形。(2)受热计算分析：按照单位时间内阻尼器的能量耗散进行阻尼器的热量计算，同时考虑动力密封件的设置。(3)流体动力学计算：确保所有参数达到设计曲线要求。(4)对比经验数据：设计阻尼器同时参照丰富的数据平台，确保精度。此外，每种新参数的阻尼器的生产过程，都是个边生产、边实验的过程，除了控制质量的材料试验、成品的质量检测、部分组件(如活塞、密封件)的检测也都是必不可少的。

阻尼器由于所处的环境不同，其单位时间所耗散的热量有很大差别，这也是阻尼器设计的前提，有的阻尼器设计是由其强度来控制的，如普通用于土木工程领域的抗震阻尼器，在设计荷载的基础上，考虑足够的安全储备后，通过强度确定阻尼器各部分零部件的尺寸；另一方面是阻尼器的单位时间需消耗的能量很大，阻尼器需要足够的内部腔体和外部尺寸来实现能量转换，在这类设计中功率起到决定作用，是控制因素。对于抗风荷载、需要考虑连续工作的阻尼器，考虑阻尼器的功率是必不可少的；阻尼器内部的流体介质运动是一个复杂的流体动力学问题，Taylor 公司通过数值模拟分析，以及多年的经验累计，Taylor 内部活塞头拥有多项专利技术；逐渐掌握了阻尼器的动力性能与内部流体运动之间的相关特性，并用于实际产品的设计。

明确黏滞阻尼器的工作和运行状态是进行一个合理的耗能减震设计过程的基础，这也与设计者的初衷及目的有关。黏滞阻尼器的工作状态主要可分为两种，即日常的运营状态以及遇到突发事件所处的状态。如何量化和采用合理的设计标准是准确进行黏滞阻尼器设计的关键所在。我们这里涉及到的阻尼器主要工作和运行状态包括阻尼器内部工作压强、其能量耗散形式、热效应以及服役期限等。

2.3.1 阻尼器内部的工作压强

阻尼器的工作压强影响到阻尼器的尺寸和内部部件的材料性能，这些因素相应的也会影响到整个项目的造价。目前来看，当抗震用阻尼器内部工作压强在 5 000～8 000 psi(34～120 MPa)之间时，其价格最为经济。

对于抗风用阻尼器来说，需要考虑到阻尼器在风雨条件下连续工作几个小时，并连续不间断消耗振动产生的能量。大多数情况下抗风阻尼器的工作压强不应大于 2 000 psi (13.8 MPa)，否则阻尼器内部流液和动态密封将会因过热而失效。

相对于航空及军事领域采用的阻尼器而言，地震及抗风阻尼器的内部工作压强设计较为保守。当对价格不是十分敏感时(相对于最小尺寸和重量)，非商业的、高性能阻尼器的内部工作压强可达到 30 000～50 000 psi(207～345 MPa)。航空及军事用阻尼器产品在设计上比较类似，通常采用价格很高的内部材料，如特殊镇静钢，其屈服强度超过 200 000 psi (1 380 MPa)。

2.3.2 黏滞阻尼器的能量耗散形式

如设计合理，液体阻尼器能够按照特定的性能在一定范围内消减瞬态及稳态输入，以保证阻尼器在使用过程中不会出现屈服、遗漏或过热现象。

1. 瞬时输入

按照阻尼器的极限使用要求，大型阻尼器能够比较容易设计成用于消减频率范围在 0～2 000 Hz 的瞬态输入。当用于地震装置时，由于地震反应谱输入范围一般最多不超过 10 Hz，对于振动系统的传统机械设计，控制系统应可以承受具有 10 倍以上的最大频率输入，所以对于地震用阻尼器装置的使用频率范围在 0～100 Hz 是足够的。

图 2.3.1 所示为 Taylor 公司 100 kip 阻尼器对于地震输入反应的测试曲线，结果显示阻尼器可以轻易跟踪所输入的信号。这项测试受到测试设备能力的限制，并且阻尼器本身也相对较小。阻尼器供应商的预检验要求每个厂家提供已经制造的阻尼力在 50～100 kip (222.5～445 kN)之间的瞬态反应输出测试结果，同样也要求提供已经发表了的关于设置多个小尺寸阻尼器(1～10 kip，4.45～44.5 kN)的缩尺建筑结构在振动台测试的测试结果。

2. 稳态输入:振动和风

非地震区结构采用的液体阻尼器通常用于减小脉动风下的结构反应。其他地区采用的阻尼器装置用于减小可测试到或能感到的振动。这些振动可能源于结构的内部或外部的各种输入，也可能源于汽车、飞机或工业设备等振动源。结构内部需要衰减的振动包括由结构内部的机械设备、或屋内人的共振运动(如跳舞或行军等)所产生的振动。如前所述，液体阻尼器用于消减频率输入在 0～2 000 Hz 范围的振动，也可用于抑制振幅在 0.001 in(0.025 4 mm)的小幅振动。这类阻尼器提供商的预检验要求与地震装置的要求相同。

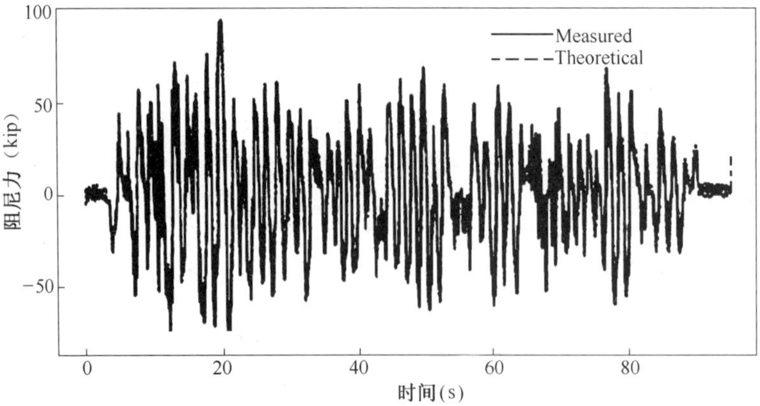

图 2.3.1　阻尼器对于地震输入反应的测试输出曲线

2.3.3　热效应

热效应是被许多阻尼器生产厂家所忽视的问题。阻尼器厂家为了防止阻尼器内部部件在使用中过热，而对阻尼器内部的温度反应进行设计计算是十分必要的。大多数情况下，由于温度过高，阻尼器内的动态密封装置会出现变软或熔化变形并最终发生泄漏造成阻尼器破坏的现象。如经计算发现，阻尼器在使用中可能会产生温度过高的现象，通常的处理办法是加大阻尼器的外部尺寸，来保证阻尼器在使用过程中温度升高时内部部件足够安全。

如热力学中所述，热的传导散热包括三种形式：热传导、对流和辐射。在一次热传导过程中，必有三者其一起主导作用。液体阻尼器对所吸收的能量主要有下面几种传导方式：对于地震和其他短周期内的振动以热传导为主；对于风及稳态振动等长周期振动以热传导及对流两种形式为主。

采用何种热传输方式对于阻尼器外形尺寸的确定非常重要。历史上有过许多生产厂商因为对所需消耗的热量设计不合理而使阻尼器失效的案例。如在一次重型火炮后座力缓冲阻尼器的竞标中，其中一位竞标者在阻尼器内采用的是复杂的降温散热装置。很明显，该公司的工程师认为大炮所采用的阻尼器通过连续稳态的传导及对流(Conduction and Convection)散热，所以采用了冷却散热片。另一个竞争者对这类装置很了解，设计了相同尺寸的阻尼器，但是采用了厚重的、实心钢管。原因很简单，大炮在连续发射过程中武器的缸体急剧升温，实际发射过程可能在不到 15 s 内连续发射 15～100 次。在实际测试过程中，带降温散热片的阻尼器仅循环 1 000 次后密封圈就被融化了，而不带散热片的阻尼器在设计中考虑到实际应用时热量的传导散热是最为关键的，而热量的传导散热在发射过程这么短的时间内很难完成，所以这类装置对短时间内热量消耗的作用不大，以至于最终不带散热片的阻尼器完好无损。

对地震及其他短时间内的振动来说，阻尼器必须吸收所有可吸收的能量，并通过能量吸收的热传导过程把能量传给阻尼器内的流液及缸体。由于散热过程很短，阻尼器的其他部位如端部盖板、活塞杆和固定支座等则不会用于散热，且在这么短时间内也无法通过阻尼器周围的空气完成热传递的过程。一般阻尼器生产厂商会控制在最大地震过程中阻尼器温度不超过 100 ℉(40 ℃)。这个温度是测量阻尼器缸体外部直径处在瞬态反应发生时活塞头中间轴线的最初位置而得到的。一般对于大多数具有厚重结构的液体阻尼器来说，在瞬时输入完几分钟之后才能达到峰值温度。如果生产厂家在活塞头上设置密封圈，则表面允许的温度可能显著低于控制温度。这时由于能量的吸收仅发生在阻尼器的小孔处，在阻尼器内某一点形成了局部热源，这种局部热源不能将热量传导至能承受更高温度而不会有任何问题的阻尼器金属部分或液体部分。位于热源处的密封装置则完全不同，当绝对温度超过一定限值后，如 300 ℉(150 ℃)密封圈通常会变软。

当用于风或其他稳态振动时，阻尼器的热传递方式则完全不同于其用于短时间内瞬态振动时的热传递方式。这是因为对于大多数风雨振动或稳态振动来说，持续时间一般会在几个小时以上，阻尼器会连续循环多次。而试验表明在连续循环输入下阻尼器的发热温度在两个小时内便会达到稳定，之后大多数的热量将传递给阻尼器周围的空气。有时，对流的空气会把阻尼器的热量传递给结构内部的空气，而工程师会为阻尼器提供必要的空气导管用于散热，更为理想的是提供外部空气驱动装置。风阻尼器的传热温度计算相对来说比较复杂，阻尼器制造商必须给出一定的风运动数据资料从而确定阻尼器的大小。总体而言，与地震用阻尼器对于温度升高的要求类似，厂家要求会对用于稳态反应的阻尼器，其周围温度也不要超过控制温度。

目前在地震区所采用的阻尼器同样要用于抗风。几乎所有的项目，当阻尼器很大时阻尼器的几何尺寸由大震的情况控制，风的输入相对次之。一个原因是用于地震时所需的附加阻尼比通常远大于用于抗风的情况。附加阻尼比会给居住者带来更为舒适的感觉，也会消减每个阻尼器所消耗的功率。不难理解，脉动风作用下结构会产生共振或拟共振的运动，如结构在力共振放大系数 $\beta=\frac{1}{2\xi}$，阻尼比 $\xi=\frac{C}{C_{cr}}$。

如果阻尼比加倍，放大系数降低幅度为 4 倍。放大系数直接与阻尼器所能允许的风功率成正比，随着阻尼比的增加阻尼器需要消耗的功率得以很快消散。

2.3.4 循环和服役寿命

如果阻尼器的设计及制造合理，也就是说如果生产商所选定的密封技术适当，阻尼器的密封能够完全达到干密封状态(Dry Sealed)，不会产生任何遗漏，实际上并不需要提出定期服役或更换期。在阻尼器生产早期，大多数生产商使用液压钢密封所使用的密封件，大多数液压系统采用动密封，在静态和动态过程中允许有遗漏出现，这也符合整个液压系统的技术要求。若阻尼器作为一个被动元件，使用情况则完全不同。阻尼器生产商往往采用干密封件来阻止阻尼器在服役期可能产生的任何遗漏。一些没有生产和设计经验的厂家可能采用常规的商用液压密封，一般这些阻尼器都附带油液水准观察孔或附带油库以便补油；如果阻尼器生产商在质保手册中要求定期更换油液，甚至要求更换密封件，便可以判定他们所使用的密封技术如何了。

由于活塞杆前后运动密封件耐久性降低，阻尼器内动密封的种类限制了阻尼器的工作或服役寿命。总的来说，密封件的寿命可以通过活塞杆在阻尼器服役期内往复移动的总距离来大体确定。目前密封件的设计技术可以提供给一个经过优良设计制造的阻尼器至少 50/75 年的服役期，在此期间不需要任何定期维护。

2.3.5 液体黏滞阻尼器的设计参数形成

与其他产品有所区别的是：对于每个特定工程，制造商应根据流体阻尼器的特定要求进行相应的设计调整，这些参数包括：

(1)最大输出力；

(2)最小安全系数；

(3)从中位计算的可用阻尼器冲程；

(4)阻尼系数；

(5)速度指数；

(6)工作环境温度；

(7)最大风功率输入(如果要求)；

(8)阻尼器连续工作的时间(如果要求)；

(9)阻尼器的尺寸要求。

最大输出力为在最大地震动输入下计算所得到的结果。安全系数以最大输出力或最大速度为基础。如 1.5 倍安全系数表示阻尼器达到 1.5 倍最大输出力或最大速度时不会屈服损坏。根据阻尼器速度指数的取值不同，1.5 倍安全系数相对于最终输出力来说有所区别。对于 V2 型阻尼器，提高 22%的阻尼器最大速度就能使输出力提高 1.5 倍；对于 V0.3 型阻尼器，几乎 400% 的最大速度才能使输出力提高 1.5 倍。在我国《建筑抗震设计规范》(GB 50011—2010)中则明确指出：极限速度应不小于最大速度的 1.2 倍，美国 FEMA 要求 1.3 倍，HITEC 测试做了 2 倍的最大速度。阻尼器安全系数应明确其具体含义。对于静力载荷和动力载荷所采用的测试以及对应的测试意义完全不同。

2.4 液体黏滞阻尼器在结构上应用的研发过程

黏滞阻尼器作为一种结构保护系统，是目前应用最为广泛、发展最为成功的减振装置。这一点在桥梁工程领域体现的尤为突出。黏滞阻尼减振技术的应用，极大地提高了桥梁安全储备，改进了目前大跨度桥梁的整体动力性能。实际上，黏滞阻尼器的发展并不是一朝一夕完成的，而是众多地震工程界专家及学者共同努力的结果。

2.4.1 液体黏滞阻尼器在结构上应用的发展过程

20 世纪 80 年代中期，随着美国国家地震研究中心(National Center For Earthquake Engineering Research ——NCEER)在纽约州立大学布法罗分校的建立，美国国家地震研究中心的研究人员将用于军事上的减振阻尼器转用在土木工程中。在美国科学基金的支持下，他们作了大量的振动台试验研究。

液体黏滞阻尼器在美国的发展过程，从某种意义上来说也是世界液体黏滞阻尼器的发展过程。可以说这是一个从科研研发，走向实际工程进而到规范规程的认可、提出质量保证的发展过程。从最初应用在航空、航天和机械等行业上的阻尼器，到 20 世纪 80 年代开始被应用于建筑和桥梁上，并进行了大量的试验、研究、鉴定和试用。以下的发展过程是液体黏滞阻尼器能够在工程中被大量应用的基础：

(1)计算模型的确立：美国国家地震研究中心，加州大学伯克利分校地震研究中心和其他大学通过大量的实验，确定了黏滞阻尼器的数学计算模型，这为耗能减震结构计算方法的发展及有限元程序对阻尼器的数学模拟奠定了基础。

(2)工程应用模型实验研究：同时，上述美国的各大研究机构对设置有阻尼器的缩尺模型进行了大量的振动台实验研究。这些实验证明了阻尼器在工程中实用的可能性及有效性。

(3)两次大型联合测试：在实验室试验的基础上，美国国家科学基金会和美国土木工程协会等单位，分别组织了两次大型联合测试。分别是由美国科学基金会(NSF)组织的阻尼器在美国旧金山金门大桥工程中的对比检验和美国高速公路创新技术评估中心组织的 10 个公司的 11 种产品的大型集中对比试验(HITEC)。这两次重要的测试指出了阻尼器应该经受的测试和检验的内容，也为规范、规程的测试要求奠定了基础。经过这两次大型测试，人们也对这种阻尼器的大量使用建立了信心。

(4)规范中对设计及测试的肯定：美国 AASHTO-Section 32 几乎是世界上第一个有关锁定装置(可看成阻尼器的特例)制造和测试要求的规程。它明确地给出了锁定装置出厂和使用前的检验办法。虽然是对于锁定装置的规定，但基本测试要求也适用于耗能阻尼器。其他如 ATC，FEMA 等设计规范中对液体黏滞阻尼器应用的前提规定，都是要满足 AASHTO 的要求。

(5)在线健康监测：阻尼器的质量，特别是耐久性，是至关重要的。尤其是在结构上起重要作用的阻尼器。总有人希望进一步了解它的可靠性。无论从实用和研究的角度，对阻尼器做使用中的在线健康监测都是很有意义的。美国西雅图在 SAFECO 棒球场对阻尼器所做的这一长期工作对我们深入认识阻尼器在结构中的作用，十分有意义。

(6)出厂测试：在美国，规范和工程需要都给阻尼器提出了更高、更严格的出厂检验要求。对于动力分析，他们改变了过去抽样检查的要求，对公司出厂的每一个产品，都要经过严格的调试和动力测试，给出滞回和时程曲线，满足所有的设计要求。

(7)20 年后的总评估：在结构保护系统广泛使用的 20 多年后，美国科学基金会和加州交通局要求美国 Constantinou 等人对这 20 多年来所研究、试验和应用的结构保护系统作一次总的盘点。这份报告让我们对很多问题有了更深刻的认识。

有了以上测试和产品质量检验的发展，才使工程师们在实际工程中大量的使用这种液体黏滞阻尼器。

2.4.2 液体黏滞阻尼器的理论计算模型

量化黏滞阻尼器的计算理论公式是土木工程领域进行实践应用的首要条件。在 1991 年和 1993 年，Makris、Constantinou 和 Symas 提出了基于 Maxwell 模型的计算模型并对其逐步进行了完善和简化。所针对的阻尼器类型包括 GERB 隔震系统所采用的圆筒型(阻尼锅)和 Sumitomo 公司设计的黏滞阻尼墙型。这两种构造简单的装置通过开口容器内的高黏度液体介质发生变形来实现消能。此处着重讨论的是依赖于密封容器内液体流动来耗能的流体阻尼器的计算模型的建立。

1. 液体黏滞阻尼器本构理论

液体在密封油腔小孔内的高速流动，可采用流体动力学 Navier-Stokes 方程进行描述。Makris 认为对于理想的直阻尼孔，可考虑两种极端情况。一种是惯性流，适用于液体黏度较低、间隙相对较大、液体在小孔流径较短或高流速的情况。在此情况下可将 Navier 方程进行简化，并考虑较低频率情况，此时阻尼力是由液体加速流过小孔通道产生的唯一的惯性力，可用下式表示：

$$P=bp_{12} \tag{2.4.1}$$

式中 p_{12}——两个油腔 1 和 2 之间的压强差；

b——考虑了活塞头的面积 A_p、活塞杆截面积 A_r、小孔面积 A_1、小孔数量 n、控制阀的面积 A_2 以及孔隙和调节阀的调节系数 C_{d1} 和 C_{d2} 的函数。

活塞头两端的压力差表示为下式：

$$p_{12}=\frac{\rho}{2n^2C_{d1}^2}\left(\frac{A_p}{A_1}\right)^2\dot{u}^2\operatorname{sgn}(\dot{u}) \tag{2.4.2}$$

式中 ρ——液体密度；

$\dot{u}$——活塞相对于油腔的运动速度。

可见，此时压力差或阻尼力正比于活塞头运动速度的平方，符合伯努利(Bernoulli)等式。这种速度平方的关系在速度很高时阻尼力出力会急剧增大，不能用于实际工程。

另一种可归为黏性流，适用于液体黏度较高、相对间隙较小、液体在小孔流径较长或低流速的情况。此时阻尼器响应符合下面等式：

$$p_z=C_v\dot{u} \tag{2.4.3}$$

$$C_v=3\pi\mu L_p\left(\frac{R_p}{h}\right)^3$$

式中 μ——液体黏度；

L_p、R_p、h——表示活塞头的长度、半径以及间隙的宽度等几何特性。阻尼器的消能完全通过液体经过通道产生的黏性作用来实现。

在多数情况下，上述两种极端情况是同时发生的，需要综合考虑上述两项的作用比重。

上述分析是建立在阻尼器装置的几何特性以及液体的本构关系的基础上进行讨论的。最初被用于科学研究并应用于工程领域的黏滞阻尼器为单出杆附加储能器型。活塞杆受到外力迫使腔内流体高速通过活塞头上的孔隙；同时，储能器调节由于活塞杆在往复运动中引起的两个油腔的体积变化；调节阀控制蓄能器内流体的流向。图 2.2.8 为最早被用于研究的 Taylor 阻尼器活塞头的示意图。

相对于理想的长直孔来说，这种结构更为复杂。利用一系列特殊形状的孔道来改变速流特性，此时阻尼器产生的输出力与速度平方不再成比例，这种流体控制型小孔使提供的输出力与 $\dot{u}^\alpha$ 相关，其中 α 为一个预先设定的系数，范围在 0.3～2.0 之间，对于地震工程，这个系数的取值范围在 0.3～1.0 之间。

2. 实验手段构建力学模型

另一种建立宏观模型的方法是依赖于阻尼器装置的实验结果构建力学模型。

(1)实验情况介绍

图 2.4.1 为 1993 年 Constantinou 和 Symas 构建阻尼器力学模型时所采用的实验机构图。所测试的阻尼器被设置在传感器和作动器之间，阻尼器的位移采用设置在作动器中的线性差动变压器(LVDT)进行测量，输出力通过连接在阻尼器和反力墙间的传感器进行测量。这样，就可以得到阻尼器的力-位移关系，可用于构建阻尼器的力学性能关系。

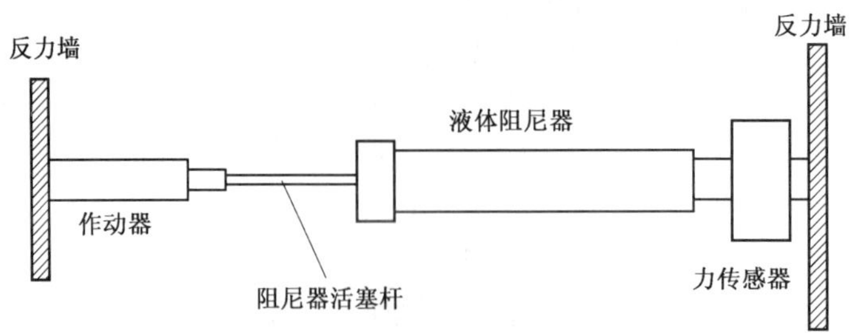

图 2.4.1 实验装置布置图

作动器采用正弦位移控制模式驱动阻尼器活塞头运动，阻尼器运动方程可表示为：

$$u=u_0\sin(\omega t) \tag{2.4.4}$$

式中 u_0——位移振幅；

ω——运动频率；

t——时间。

在一个稳态条件下，维持这个运动所需要的力可表示为：

$$P=P_0\sin(\omega t+\delta) \tag{2.4.5}$$

式中 P_0——力的幅值；

δ——向量角。

运动一周所消耗的能量也即力-位移循环曲线所围成面积，为：

$$W_d=\oint P\mathrm{d}u=\pi P_0u_0\sin\delta \tag{2.4.6}$$

展开式(2.4.5)：

$$P=P_0\sin(\omega t)\cos\delta+P_0\cos(\omega t)\sin\delta \tag{2.4.7}$$

引入参数：

$$K_1=\frac{P_0}{u_0}\cos\delta$$

$$K_2=\frac{P_0}{u_0}\sin\delta \tag{2.4.8}$$

式中 K_1——存储刚度；

K_2——损失刚度，则：

$$P=K_1u_0\sin(\omega t)+K_2u_0\cos(\omega t) \tag{2.4.9}$$

式(2.4.9)也可写为：

$$P=K_1u+\frac{K_2}{\omega}\dot{u} \tag{2.4.10}$$

由此可见式中第一项代表与运动位移同步的阻尼器刚度分量；第二项代表阻尼器的黏滞性，这部分与运动位移完全异向，成 90°。阻尼系数可表示为：

$$C=\frac{K_2}{\omega} \tag{2.4.11}$$

结合式(2.4.6)和式(2.4.8)，则：

$$K_2=\frac{W_d}{\pi u_0^2} \tag{2.4.12}$$

$$\delta=\sin^{-1}\left(\frac{K_2u_0}{P_0}\right) \tag{2.4.13}$$

由式(2.4.13)、式(2.4.11)和式(2.4.9)，通过实验测量值 W_d、P_0 和 u_0 可以得出阻尼器的相关动力特征值。损失刚度 K_2 可通过式(2.4.12)得到，知道加载频率 ω 可通过式(2.4.11)得到阻尼系数 C。式(2.4.13)可以用于计算向量角，最后，储存刚度可由式(2.4.8)确定。

(2)实验结果分析

在频率 0.1～25 Hz 范围内一共进行了 58 项测试，速度在 16.5～462.3 mm/s，实验温度分别为 0 ℃、室温(22 ℃)和 50 ℃，每项测试循环次数为 5 次。

图 2.4.2 给出了在不同温度(0 ℃、22 ℃、50 ℃)和频率(1 Hz、2 Hz、4 Hz)下所记录的阻尼器滞回曲线。从所测试的结果看，阻尼器呈现明显的线性黏滞特性，没有明显的储存刚度特

性。另外，2 Hz 和 4 Hz 的最大输出力基本相同(两者最大输入速度相同)，同一性较好。

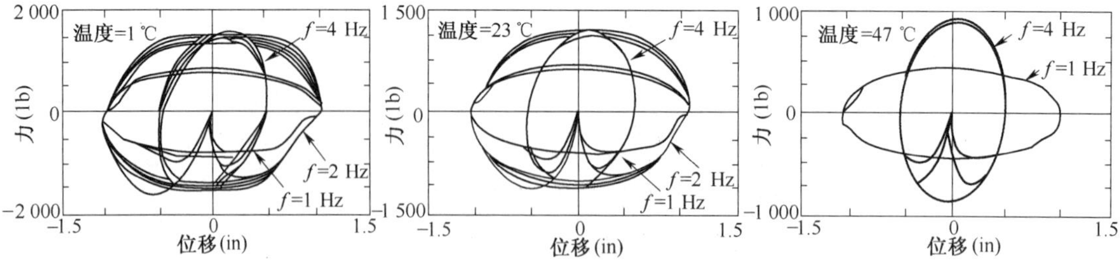

图 2.4.2　在不同温度频率下所测出的力-位移曲线

振动频率超过 4 Hz 后，装置振动具有的储存刚度与装置在 20 Hz 的损失频率基本相同。图 2.4.3 为振动频率在 20 Hz、振幅在 1.27 mm 下的动力性能。装置的动力性能与运动振动幅值完全不相关，这一点可从图 2.4.4 看出。图 2.4.4 为在匀速(320 mm/s)、振幅为 12.7 mm 的往复振动(锯齿形波)下阻尼器输出的力与位移曲线。此外，实验过程中温度变化范围在 0 ℃～50 ℃之间，装置的动力性能与温度的变化相关性很小。

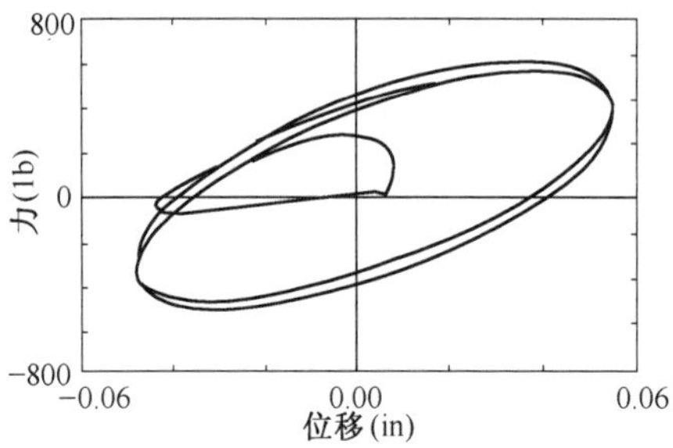

图 2.4.3　20 Hz、室温条件下阻尼器的力与位移曲线

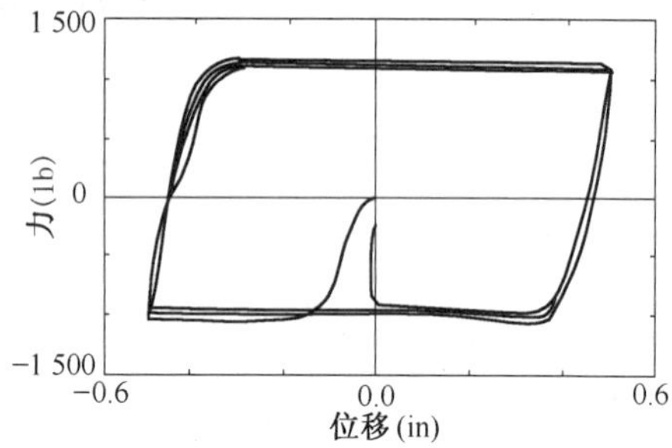

图 2.4.4　匀速振动、室温条件下(320 mm/s、23 ℃)阻尼器的力与位移曲线

(3)数学模型的建立

从上述实验可见，在很大的频率范围内，装置显示了黏弹滞流体特性，基本符合 Maxwell 模型的特点。从宏观角度来看，简单的 Maxwell 模型可以采用下式表示：

$$P+\lambda\dot{p}=C_0\dot{u} \tag{2.4.14}$$

式中　λ——松弛时间；

C_0——在零频率下的阻尼系数。

一个更具普遍意义的模型是使用复阶导数扩展的 Maxwell 模型：

$$P+\lambda D^r[p]=C_0 D^q[u] \tag{2.4.15}$$

$D^r[f(x)]$为关于时间的函数的 r 阶复导数，对于更为复杂的黏弹性流体材料，式(2.4.15)比式(2.4.14)具有更普遍的意义和适用范围。

假定装置的阻尼系数与速度相关性在较大的范围内相互独立，在此基础上可将 q 值设定为 1。而当 $q=1$ 时，参数 C_0 为在零频率下的阻尼常数。参数 λ 和 r 可通过频率实验所确定的 C 和 K_1 值拟和确定。装置的动力性能可用如下公式表述：

$$K_1=\frac{C_0\lambda\omega^{1+r}\sin\left(\frac{\pi r}{2}\right)}{d} \tag{2.4.16}$$

$$C=\frac{K_2}{\omega}=\frac{C_0\left[1+\lambda\omega^r\cos\left(\frac{\pi r}{2}\right)\right]}{d} \tag{2.4.17}$$

$$d=1+\lambda^2\omega^{2r}+2\lambda\omega^r\cos\left(\frac{\pi r}{2}\right) \tag{2.4.18}$$

$$\delta=\tan^{-1}\left(\frac{K_2}{K_1}\right) \tag{2.4.19}$$

对等式(2.4.15)的校准在室温条件下进行，所得到的实验数据涵盖了较宽的频率范围。最后的校准参数为 $r=1, q=1, \lambda=0.006$ s, $C_0=88$ lb·s/in(15.45 N·s/mm)。

图 2.4.5 是采用理论计算所绘制的曲线与实验结果的对比情况。除了高频之外(20 Hz 以上)，两者非常接近。此外，在 20 Hz 以上，所建立的理论模型低估了储存刚度，当然在地震分析中这个频率并不是主要的。

阻尼器所显示的松弛时间仅为 6 ms，这表明，在约 4 Hz 的截取频率范围内，$\lambda\dot{p}$ 项对于大多数结构来说作用不明显可以忽略不计。

在截取频率范围内，阻尼器的力学模型为纯线性黏滞阻尼。

$$P=C_0\dot{u} \tag{2.4.20}$$

采用流体作为介质的阻尼器，其阻尼力是通过活塞头两侧压力差提供。由于活塞的移动迫使腔内的液体反向流动。在高频小幅值振动中，总是可以找到这样一个点，即阻尼器的变位(冲程)不足以将腔内的液体推过小孔，而直接压缩腔内的液体从而引起液体体积减小，阻尼器会表现出一定的刚度特性，或称为存储刚度。一般阻尼器厂商可以通过储能器(Accmulator)的设计对截止频率进行调整。阻尼器的这种现象对结构是有益的，在地震或风振作用下阻尼器对结构的低阶振型仅提供阻尼，而对于高阶振型提供阻尼和刚度，这有效的抑制了高阶振型对结构振动的贡献。

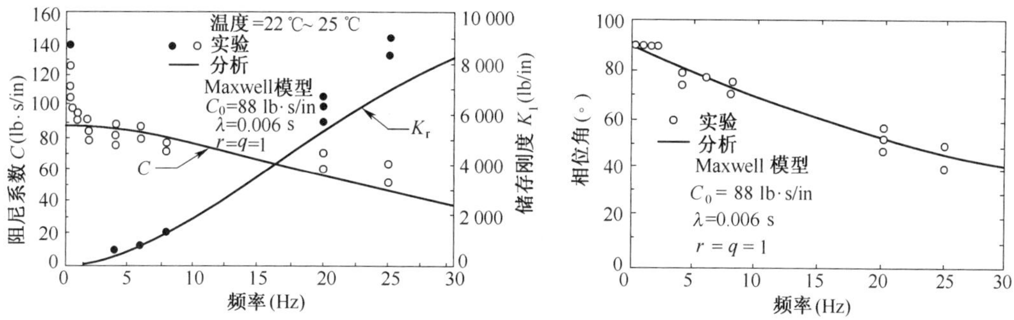

图 2.4.5 理论与实验结果的对比情况

图 2.4.6 给出了温度变化对阻尼器性能的影响。在一个比较宽的温度变化范围内阻尼器的性能表现比较稳定；在室温条件下阻尼器的性能完全表现为线性阻尼，随着温度降低，线性程度有所下降。

2.4.3 研究机构对阻尼器进行的测试及研究报告

从 20 世纪 80 年代末开始，泰勒公司的阻尼器先后在美国、日本及台湾等地进行了十几次大型振动台上试验，并发表了几十篇相关的研究报告。1992 年，针对设置黏滞阻尼器的减震结构，美国学者 Constantinou 和 Symans 对黏滞阻尼器进行了大量的动力性能测试，给出了黏滞阻尼器的力学计算模型，并对三层钢框架结构进行了实验研究。美国 Reinhorn 等就黏滞阻尼器做了相似比为 1∶3 的三层钢筋混凝土框架试验。试验结果显示黏滞阻尼器的减震效果是非常显著的。1994 年，Constantinou 和 Tsopelas 对附加了摩擦支座和具有恢复力的液体阻尼器的隔震桥梁模型进行了振动台实验和研究；1999 年 Kasalanati 和 Constantinou 分别对附加黏滞阻尼器和多种隔震支座的桥梁模型进行了振动台实验。在这些实验中最为关注的是这些保护系统对近场地震和控制提离的控制效果。与此同时，在位于美国西海岸、处于地震活动地段的加州大学伯克利分校地震研究中心也做了大量的研究。通过研究证明了这些用于其他机械系统上的阻尼器只要稍加改进，便能十分成功的用于土木结构中。如图 2.4.7～图 2.4.10 所示。

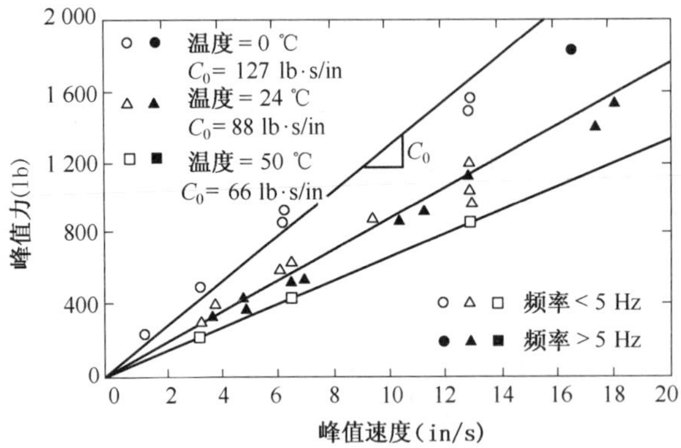

图 2.4.6　在低温、室温和高温条件下记录的峰值速度和峰值出力

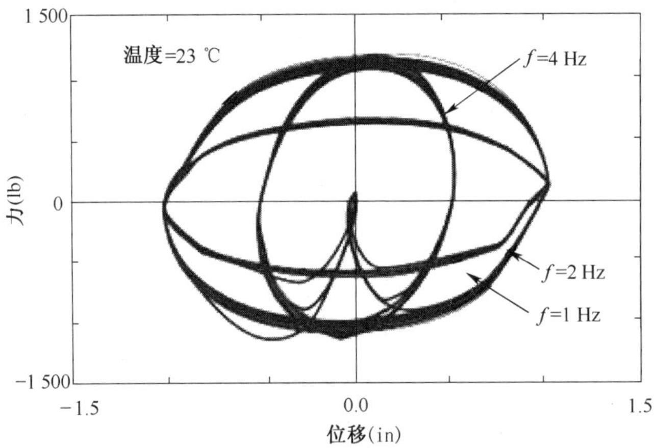

图 2.4.7　1993 年 Constaninou 和 Symans 给出的黏滞阻尼器的滞回曲线

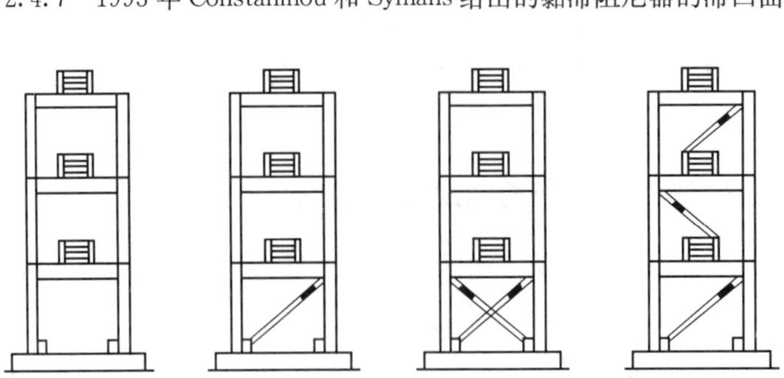

图 2.4.8　设置阻尼器的三层钢结构试验模型

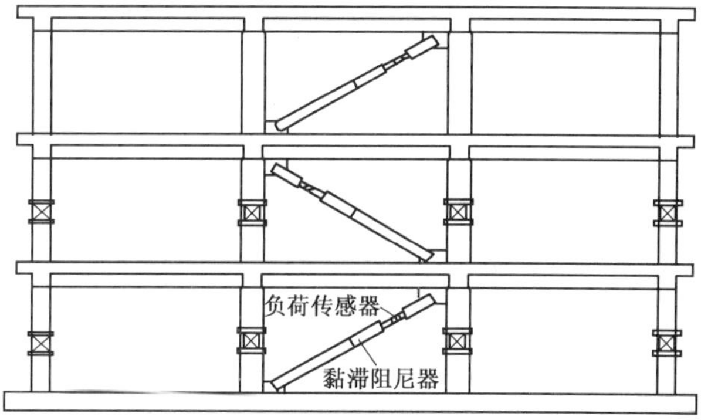

图 2.4.9　设置 Taylor 阻尼器的三层混凝土模型

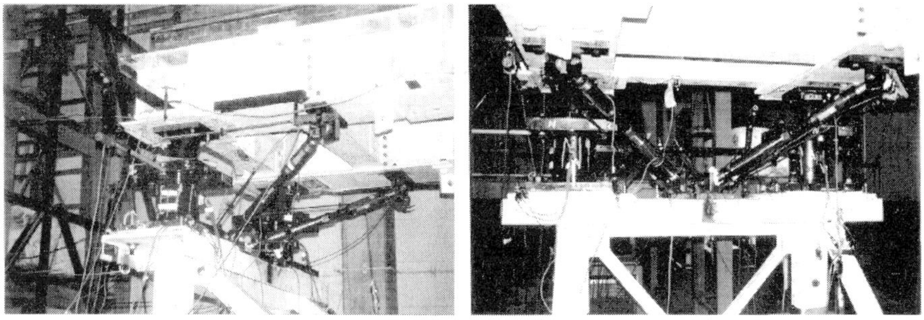

图 2.4.10　MCEER 振动台上试验模型

2.4.4　具有标志意义的两大对比测试

上述这些试验室里的试验也许还有让人们有不放心之处，为了保证阻尼器能安全有效的使用和正确的推广，美国国家科学基金会（NSF）和美国土木工程协会等单位，组织了两次大型联合测试，分别是阻尼器在美国旧金山金门大桥工程的对比检验和美国高速公路创新技术评估中心的大型试验。

以上两次大型鉴定的特点如下：

(1)在世界范围内选定阻尼器厂家进行测试，全部采用硅油；

(2)所有测试均采用原型测试；

(3)由第三方客观进行测试，公开发表测试报告；

(4)对以后规范的制定和工程选用起了重要指导作用。

正如其他先进技术走向实际应用一样，黏滞阻尼器真正从实验室走向实际工程并被认可，同样需要经历一个较长的、需通过严格验证考试的研发过程。如果不能经过这样一个研发过程结果往往适得其反。这部分内容我们将在以下章节中进行专门讨论。

第3章　具有不同功效的桥梁工程液体黏滞阻尼器

近20年来，用于桥梁减振的结构保护系统有了很大的发展。目前在国际上被广泛接受的结构保护系统包括液体黏滞阻尼器、金属摩擦摆和铅芯橡胶抗震支座等装置。其中，液体黏滞阻尼器在工程应用中得到了迅速的发展。在桥梁上设置液体黏滞阻尼器以衰减大桥纵横两个方向的运动，这已经成为设计工作者的一个重要选择。

到目前为止，除第2章中介绍的普通液体黏滞阻尼器外，已经有多种不同类型的采用液体作为介质的减振器在桥梁工程中得到应用。它们分别是：锁定装置、金属密封无摩擦阻尼器、预压流体阻尼器、熔断液体黏滞阻尼器、限位阻尼器和摩擦型液体阻尼器等。本章将对这几种特殊类型和用途的阻尼器进行介绍。

3.1　锁定装置

近年来在控制地震、风振对大型结构影响方面，锁定装置技术得到了广泛的应用。液体锁定装置是在黏滞阻尼器的基础上改进的技术。它在低传递速度下允许结构自由变形；而当瞬时事件发生时，液体锁定装置能迅速、有效地激活质量块间的刚性连接杆；当瞬时事件结束时，它又能恢复到初始作用力输出状态，同时允许结构在不产生附加应力的情况下发生截面热伸缩。液体锁定装置的操作完全是被动的，它通过杆件将几个结构动态的连接起来，从而克服了采用自激励系统带来的昂贵费用和制造设计的复杂性。

3.1.1　锁定装置简介

锁定装置LUD(Lock-Up Device/Shock Transmission Unit)是内部结构经过简化的液体阻尼器，是从液体阻尼器的基本技术发展而来的。它不同于液体阻尼器，不能耗散能量；相反，在地震和风振发生的瞬时，锁定装置通过动态连接杆有效地将质量块锁在一起，此时安装了锁定装置的多结构体系就会像一个完全独立的整体作出响应。

与普通耗能阻尼器一样，它在温度等慢速作用下可以自由运动，当速度超过其控制值时，它会像汽车中的安全带一样将运动锁住，起到分散和转移受力的作用。确切地说，它仅是一个“0”、“1”开关。最初，在缓冲器中的硅质胶泥就被美国ASSHTO规程允许用在锁定装置里。美国泰勒公司则使用性能稳定的硅油作锁定装置的黏滞材料，在以后的发展中，使用硅油的另一个优点是可以原来制造具有锁定装置和耗能阻尼器两者优点的装置。

在结构工程领域，这样的装置已经被大量地应用于实际桥梁结构中。在美国中东部地区那些地震等级为1～3的区域，很多桥梁同时还要抵抗由飓风或龙卷风引起的风振、卡车和火车制动产生的长时间持续冲击荷载的作用。这些装置还应用在位于可能发生地震和遭受风暴袭击地区的邻近房屋建筑中。这些建筑物可以是固定的，也可以是独立的结构。第三个主要应用的方面是在结构内部离散的截面间使用液体锁定装置。这样可以在瞬间振动发生时，将荷载平均分配给每个个体。图 3.1.1 给出了液体锁定装置在桥梁和房屋结构中几种具有代表性的使用方法。

相对阻尼器，用硅油的锁定装置的制作比较简单，只需要在活塞头内设置一个提升式阀门（阻尼器内第二个易损零件），这种作为“0”、“1”开关用的装置就可以实现，这不仅是上述提到的欧洲阻尼器厂家的做法，实际上一些核电领域里阻尼器（Snubber）生产工厂，如德国 lisega 及上海理工大学的做法。

图 3.1.1　德国 Lisega 公司的阻尼器（左图）和上海理工大学阻尼器（右图）

3.1.2　发展历史

由于黏滞阻尼器和液体锁定装置在设计上有相似之处，早期的用于减振和限制结构运动的液压设备可被分为多种类型。然而直到第二次世界大战末，除了原始的缓冲器和限制流动的液压筒之外的绝大部分液压部件，仍然因为缺乏精确的协调性和良好的密封性而无法完成制造。要实现成功制造 LUD，就必须能够控制在相对较大的部件内孔流面积小于筒孔面积的百分之一。而这一技术直到计算机控制机械工艺的出现才得以解决。

最早发表的关于锁定装置的文章是在美国国家航空咨询委员会（National Advisory Committee for Aeronautics——NACA）出版的 J. H. Walls 和 E. Schnitzer 的系列研究报告中。作为美国国家航空航天局 NASA（National Aeronautics and Space Administration）前身的 NACA，曾致力于改善飞机的着陆装置来适应当时粗糙不平的飞机跑道。从该系列报告引用的参考文献中可以看出，德国空军早在 20 世纪 30 年代末就已经开始了相似的研究。当时研究的目的是制造一个能在高速下适应粗糙跑道的着陆架，以避免飞行器上的着陆装置发生机械变形破坏的危险。这种破坏会危害到飞机的结构，进而导致严重的飞机损伤和人员的伤亡。德国空军经过努力的研究终于成功的制造出了一种液态传动着陆装置，该装置的液体锁定部分在不良着陆条件下可在轮胎和飞机钢架间形成一个几乎刚性的连接杆来保证最终降落的安全。

NACA 并没有对外宣布为什么开展这项研究和是谁资助了这项研究，然而巧合的是在 NACA 研究开始之前，1948 年和 1949 年的柏林空运开始了。在柏林空运的开始阶段，美国只有一条位于城区的坑挖不齐的短跑道，所以它需要不停的维修才能满足空运的要求。

1958 年系列报告的最后一部分发表了，但是其中没有迹象表明有任何的后续研究工作继续进行着。但在 20 世纪的 60 年代，美国空军却研制了一种类似的液体锁定装置，用来限制主甲板上的电拖机的移动。在一般情况下，电拖机的开关可以很容易的由船员自己来控制，但是在出现大浪和武器交火的时候，这种液体锁定装置将牢牢地把电拖机锁在相关的位置直到紧急情况结束。这样不但保护了船员，同时也防止了沉重的电拖机在剧烈的运动中可能出现的松动、滑移等危险。这种装置的额定输出力范围从 1 000 lb 到 5 000 lb（4.45～22.3 kN）不等，允许的最大位移是 30 in（0.76 m）。在随后的 1966 年到 1980 年间共有几千部这样的产品制造完成并投入使用。

NACA 锁定装置还被应用在 20 世纪 60 年代的工业商用液压震动吸收器的设计中。设计者在振动吸收器中增加了锁定孔，限制了在超载情况下的机械损耗。于是大量的装有锁定孔的震动吸收器被成功的应用于许多大型机械设备中，并在这些设备可能发生机械事故的最后 5%的线性流程中发挥作用。

20 世纪 60 年代许多液压制造商都进行了类似 LUD 的技术开发，制造出了通常所称的缓冲器，并被应用于核电力管支撑系统中。当电力管出现危险或者有突发事件发生时，缓冲器可以限制其活动。缓冲器是由液压部分和管结构协调部分组成的，主要包括一个液压筒，一个蓄电池和一些弹性荷载控制检验阀。但是这种电力缓冲器很少投入到实际设备中使用，主要是因为它过于复杂的设计和结构上垫圈、包装、密封系统的抗辐射性较低。电力缓冲器的特殊背景限制了它在核工业之外的领域的应用。

在土木工程结构抗震、抗风应用方面 LUD 是一个独立、有效的方法。在一些情况下，LUD 和阻尼器可以同时安装在独立结构系统中。LUD 动态锁定相互分离的结构形成一个近似的整体，同时阻尼器耗散地震能量将其传至各部分。在下面的介绍中你将看到 LUD 是一个简单、稳定的被动设备，除了活塞以外没有其他活动的部件。

3.1.3 构造描述

图 3.1.2 是一个典型的 LUD 剖面图。图中没有画出设备的所有部件，只示意出了整体结构模型。设备的运转很简单，活塞相对油缸运动挤压黏滞液体或胶泥流过活塞顶孔。大多数情况下密封类型和孔的构造必须与设计者选择的特定的液体或者胶泥物质相匹配。采用液态 LUD 时，活塞孔可以是环形孔和限流孔或两者的混合型孔；而胶泥型 LUD，通常只能采用球形孔，因为限流孔会使圆筒内的胶泥发热从而对仪器产生不利影响。

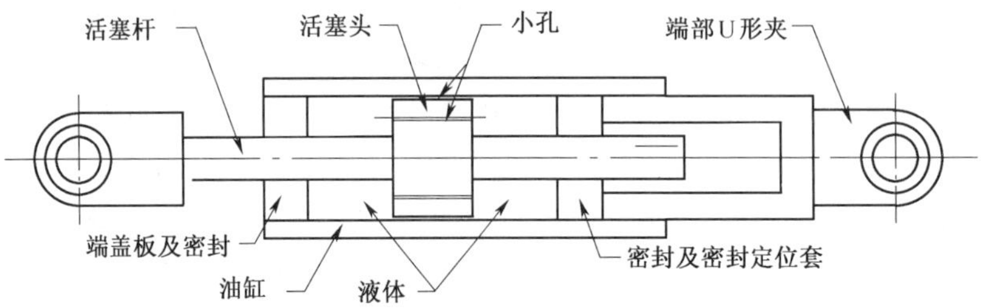

图 3.1.2　锁定装置剖面简图

熟悉液体阻尼器的读者可以很容易的发现，LUD 与普通液体阻尼器结构上具有相同的组成部分。有一点是完全正确的，即：LUD 不仅仅是一个阻尼器。它的活塞孔很小，当承受最大荷载时整个装置仅发生微小的位移。在实际使用中，LUD 并不吸收和消耗能量，而只是产生一个较小的动态位移，相当于一个液压锁。LUD 的活塞孔经专门设计，使得它能随速度的改变而输出产生变化的力。因为在最大力作用下只有很小的杆位移速度，所以事实上 LUD 并不能耗散能量。由于 LUD 以极低的速度输出最大的力，所以装置的液体流动孔在尺寸上必须做得很小。在很多情况下，生产时采用大的长径比或长宽比来实现这一点。这样的设计一方面提供了大的流阻，另一方面也避免了仪器因长时间工作而引发黏结和阻塞现象。

3.1.4 设计方案和控制参数

许多液体锁定装置制造商提出了各种不同的设计方案。

液体/胶泥：选择液体还是胶泥作为工作介质是各种锁定装置最大的不同。装置每个工作部件特别是密封系统和活塞孔的材料，要求在超温和超时条件下能与流动介质相配合。但不论是液体还是胶泥介质，它们都来源于硅树脂，而不同于通常的石化产品。由于环境对挥发性有机化合物的限制，目前 LUD 中很少使用石化液体和油灰，何况制造商还都被要求提供工作介质的全部安全数据报告来证明它们完全符合国家或地区规范。为了防止胶泥在零度以下凝固，制造时常常需要向其中添加溶剂，所以这种提供安全数据报告的要求对胶泥而言是十分必要的。例如 20 世纪 50 年代硅树脂油灰首次被使用时，人们添加以苯和氟利昂为基本物质的材料来提高油灰的低温工作性能。但在今天，这样的做法却是违法和危害环境健康的。在 Paul H. Taylor 的文集中对油胶泥在 LUD 和阻尼器中的应用作了进一步的介绍。此外，在 Kendall 的报告中也提到了胶泥在汽车防撞系统的吸能装置中的应用。一般而言，LUD 中使用的液体介质通常采用不需改良的二甲基硅树脂，它具有不燃烧、对人体无害等特点。

允许范围：LUD 的输出力标准水平从 1 t 到 2 000 t，允许位移范围从±0.2 m 到±1.5 m。

结构材料：根据密封材料的选择，活塞杆应该采用钝化的不锈钢镀合金。制造 LUD 的材料要做到相互协调就必须保护钢部件不被锈蚀，为了满足工程的需要通常采用电镀或涂防护剂。装置连接处的球形轴承是 LUD 装置的铰。它的存在保证了 LUD 的多轴旋转，方便了安装。这些轴承根据工程的需要可以是不锈钢、电镀钢或涂有聚合物的钢。

锁定速度：LUD 的锁定速度是指设备输出额定力时的传动速度。大多数情况下，它要比通过装置的地震、风振引起的运动速度低两个数量级(变化范围)。对应用于桥梁和建筑物的锁定装置而言，锁定速度通常为 0.005～0.01 in/s(0.127～0.25 mm/s)。这样通过试验测试，在最大力作用下 LUD 的激活速度必然低于特定的最大值或位于特定的带宽范围内。

热膨胀速度：一般结构的最大膨胀和压缩速度要比 LUD 设备的锁定速度低很多，其数值可通过对 LUD 的测试得到。通常最大热运动速度为 0.000 1～0.001 in/s(0.000 254～0.002 54 mm/s)。相应的 LUD 输出力是设备最大允许值的 3%到 10%。但在以特定的热运动速度进行的试验中发现实际 LUD 的输出力比最大允许值的 10%还小。

锁定位移：LUD 的锁定位移是指力从 0 到满负荷装置所产生的移动距离。而产生位移的原因是 LUD 各部件和液体(或胶泥)介质均具有弹性。根据锁定位移，LUD 装置的动态弹性度可以简单的由 LUD 的额定输出力数值来表示。过大的锁定位移显然达不到预期的锁定结构的要求，在 AASHTO-Section32 中给出的锁定位移限值为 12 mm。

在大多数应用中，锁定位移采用最大值表示，大小通常在仪器所允许变形的 5%以内。例如，如果 LUD 允许的位移是 4 in，那么锁定位移大约等于 0.2 in(5%×4 in)。作为通用的规律，在给定受力水平的条件下，锁定位移可以通过调整 LUD 的直径大小、部件的相对刚度和工作介质的弹性加以改变。

工作年限：一个锁定装置的正常工作年限一般受以下三个方面的条件限制：

(1)密封系统的循环使用年限；

(2)工作介质的老化和周期退化；

(3)金属部件的腐蚀。

在公路和铁路桥梁中，这些结构每天至少经受一次热伸缩循环，同时还伴随着车流振动和火车制动荷载的作用。如果结构 50 年不进行维修，那么仅热循环就至少会发生 18 250 次，所以制造商被要求提交一份设备装置最少进行 20 000 次完全位移循环，而输出力无降低的试验数据报告，当然这些试验应当在完全正常运行的设备上进行。

通常为了达到合理的试验次数，LUD 中的孔径要被扩大 100 倍，这样可以让仪器在无锁定的情况下每天试验的循环次数比每天一次增加很多，从而达到检验的目的。一些制造商建议在不填充液体或者胶泥的仪器中进行试验。但在实际使用时，每次循环中微小的液体或胶泥的泄露在经过 50 年的长期运动后会极大的减弱 LUD 的性能。此外，对胶泥介质装置而言，通过循环试验还可以考察胶泥自身的使用年限。因此，对于循环年限试验唯一可行的办法是通过一个正常 LUD 设备的工作运转来检验它。对于液体 LUD 装置，经循环测试可以方便地实现对工作介质老化情况的评价；但对于胶泥 LUD 装置，由于交叉链和除气溶剂的原因必须进行加速老化试验。试验的一般做法是将装置在排气炉中加热到 220 ℃～250 ℃并保持 100 h，这时油灰显然已经变为黏性，然后将胶泥试验前的各项特性与试验后的结果进行比较。

金属部件的腐蚀试验一般在烟雾室中进行，参照 ASTM 或 SAE 的标准步骤。试验的具体时间由记录工程师决定。高速公路桥梁可能是最易发生损害的，所以在那里暴露 1 000 h 可以被认为是具代表性的试验。

产品测试：与任何安全性产品一样，每一个锁定装置都必须是在满负荷全速率下进行各方向操作试验的产品。大多数使用者还会要求在热伸缩状态下增加额外荷载进行检测。此外，所有交付使用的部件都应当在满载拉、压条件下做试验来验证它们的极限承载力。

3.1.5 锁定装置的计算分析和设计

液体黏滞阻尼器是目前较为常见、性能相对较为稳定的桥梁主体工程用减震器。锁定装置(Lock-up Devices)可以看作一种简单的液体黏滞阻尼，在此将对这种装置的计算分析进行讨论。

多跨连续梁桥是一种简洁、实用且应用最为广泛的桥型之一。在引桥、高速铁路桥梁中被普遍采用。为了保证梁体混凝土自由伸缩、徐变以及温度应力产生的变形也为了防止梁体水平滑动，一般设计者在每联中仅设置一个固定墩(支座)，这样会造成全桥纵向地震力全部由固定墩承担。实际上这是目前连续梁桥设计普遍采用的一种方式及思路。

锁定装置前文已经有所介绍，Lock-up 装置可以看成一个简单的速度开关，一般一端与主梁连接，另一端与桥墩相连。在地震作用下，当墩、梁间的速度差达到锁定速度时，即当速度达到启动临界值时，锁定装置启动，变成刚性连杆。但在未达到启动速度前，它对结构无任何影响。由于锁定装置在启动后，可将所在处变形锁定，使自由墩与固定墩共同承担地震作用，从而降低了桥墩的控制内力，使更多的桥墩在地震动作用下发挥作用。Lock-up 装置没有耗能作用，并不能通过自身耗能减少桥墩及全桥的受力。

锁定装置可以用下列公式来模拟。设计人员要预先设定一个速度开关 V_0，在 $V>V_0$ 时锁定装置可按一个刚性连杆计算。计算出的锁定力为：

$$F=\begin{cases} 0 & V\leqslant V_0 \\ 0\rightarrow F_{\max} & V>V_0 \end{cases} \tag{3.1.1}$$

式中　$F_{\max}$——最大锁定力。

图 3.1.3 为在连续梁桥上设置锁定装置，由于在活动墩处增加了 Lock-up 装置，实际上改变了全桥的边界条件和动力特性。活动墩的侧向刚度参与到整体刚度计算中，使桥体的振动周期有所降低，地震力有所增大。但是 Lock-up 装置可以使安装该装置的多个桥墩与固定墩共同承担地震荷载，从而使桥墩主要控制截面的应力大幅度降低。

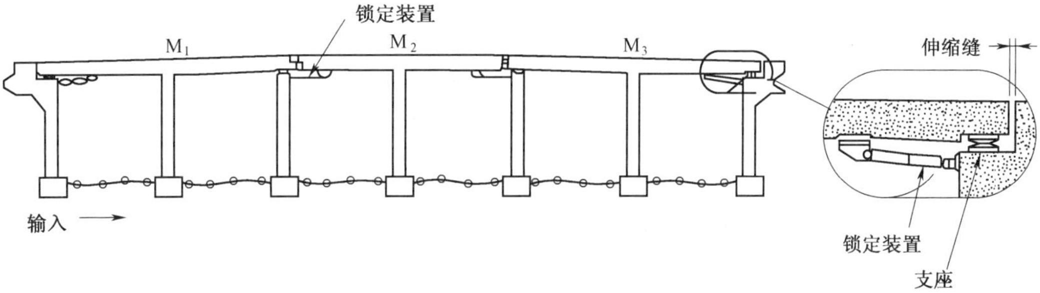

图 3.1.3　Lock-up 的设置位置

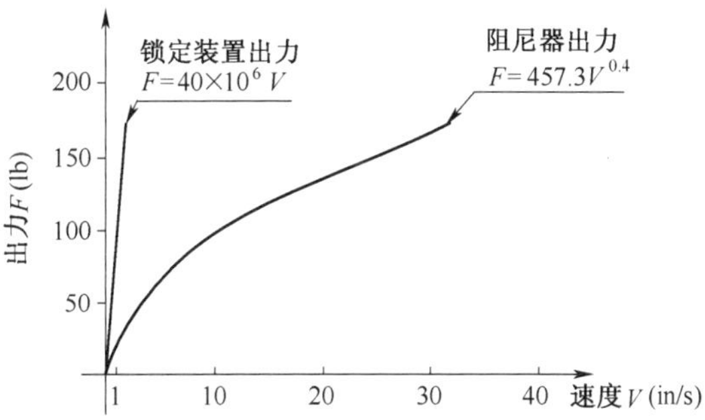

图 3.1.4　锁定装置与阻尼器输出曲线对比

图 3.1.4 为在基础隔离的结构支座间，使用最大输出力同为 200 t 的黏滞阻尼器和 LUD 的不同实验结果。观察图中的曲线可以得到，阻尼器在发生振动时因为吸收和耗散能量从而产生位移；而 LUD 在任何速度下都如刚性杆一般作用在结构上，不消耗任何振动能量，而是将其直接传出。通常情况下，LUD 在一个宽的频段范围内都能有效的发挥作用，在土木工程应用方面，LUD 的工作输入频率从 0 到 50 Hz。

Lock-up 装置的设计中，需要选择并确定的主要参数有最大冲程、控制的速度和锁定力。

最大冲程：在日常情况下，我们要允许装置在温度和常风下桥梁的自由变形，由此来确定 Lock-up 装置的最大冲程。

控制速度：对于主要用于控制地震作用的锁定装置，控制速度通常选择在 25～50 mm/s 左右。

锁定力：建立有限元模型后，根据大震下时程分析计算的结果，近似确定最大锁定力。

Lock-up 装置在有限元中的模拟有两种方式：(1)建立有限元模型后，在锁定装置的设定点上加设一个刚性连杆，进行整体受力计算，从而得到刚性连杆的内力；(2)设置点与主梁建立主从关系，即约束 X、Y、Z 三个方向的位移。

一般来说，在设计 Lock-up 装置时，要完成表 3.1.1 中各项参数的选取和计算。

表 3.1.1　Lock-up 装置的设计参数

编　号	设计参数	数　值
1	所需 Lock-up 装置数量	
2	最大阻尼力(kN)	
3	最大冲程(mm)	
4	控制速度(mm/s)	
5	使用温度范围	
6	最小安全系数(如果要求)	
7	最大装置尺寸(如果空间有限)	
8	装置安置示意图(如果已有)	

在中小地震地区(如7度以下的地震)的桥梁,为了控制大风和地震所带来的运动位移,可以采用简单经济的锁定装置;对于8度以上的地震区,推荐使用液体黏滞阻尼器来控制地震下结构的受力和位移。

3.1.6 锁定装置和阻尼器的对比选用

到底是选用锁定装置还是黏滞阻尼器,建议利用表3.1.2进行分辨和选择。

表3.1.2 锁定装置和阻尼器的对比和选用办法

	类　别	锁定装置	耗能阻尼器
相同点	温度下自由变形	可以	可以
	形状和结构	活塞式	活塞式
不同点	使用目的	运动速度超值时锁死,起到分散或转移受力的作用	振动中耗能减少受力和位移
	控制开关	根据要求速度开关控制	不设开关
	计算办法	O/I函数,连杆或零杆	$F=CV^{\alpha}$函数
设计判断标准	1	中小地震,地震力不大	大地震区,或希望帮助桥墩受力
	2	受力分散后桥墩可以承受地震力	受力分散后,桥墩不能承受要求的地震力
	3	锁定后,将运动完全锁死	控制运动但不锁死

锁定装置与目前常用的黏滞阻尼器在结构设计方法上是完全不同的两种思路,由于锁定装置本身并不能够耗散地震对结构的能量输入,也就不能够减轻地震力,它只是起到转移和分散荷载的作用。桥梁上常用来启动多个活动墩共同参与工作而增加了结构刚度。对于处于反应谱下降段的桥梁结构还将使桥梁总体所受的地震力增大。而黏滞阻尼器附加在桥梁结构上由于附加阻尼增大而使整个反应谱曲线下降而最终减少结构的地震力输入。并仍能起到一定分散受力的作用。

因此,在中小地震地区(如7度以下的地震)的桥梁,为了控制车辆运行、大风和地震所带来的运动位移,可以采用简单经济的锁定装置,对于8度以上的地震区,推荐使用液体黏滞阻尼器来控制地震下受力和位移。

3.1.7 应用实例

锁定装置LUD设计应用实例之一是美国乔治亚洲新建的Sidney Lanier桥。这座公路大桥主跨采用斜拉索与悬索相结合的独特形式。它是整个Georgia跨径最大的桥,进入Brunswick港口的船只都要经过它。大桥全长7 780 ft(1 ft=0.304 8 m),两塔间主跨1 250 ft,两个边跨各625 ft。整个主跨共花费6 500万美元,其突出的特点是采用了混凝土桥面板。图3.1.5为Sidney Lanier桥全貌照片。

为了保证大桥在飓风环境下的安全,设计者进行了广泛的研究。尽管该地区与洛杉矶弗朗西斯科(Los Angels, Francisco)这样的4级地震区相比,其地震等级只有1~2级,但设计中仍需考虑到低级别地震的作用。设计中重要的研究课题是主跨混凝土桥面板的纵风、地震响应。在可能发生的不利情况下,桥面板将会撞击边跨,破坏昂贵的伸缩缝,并对结构自身产生极大的危害。计算表明当安装了4个250 t容量的LUD后,上述现象就能得到较好的解决。图 3.1.6 是一个由 Taylor Devices 生产的 LUD 装置的封装图。

基本规范(说明)如下:

(1)额定力=250 t;

(2)允许行程=±8.0 in;

(3)热膨胀=在小于 250 t 力的作用下 10 h 内 4 in;

(4)锁定速度/位移:施加 250 t 的力(在 0.5 s 以内)产生的位移不超过 0.25 in;力保持 5 s 不变增加的位移不超过 0.125 in;一个方向的试验完成后,反向继续进行同样的试验。

图 3.1.5 Sidney Lanier 桥全貌

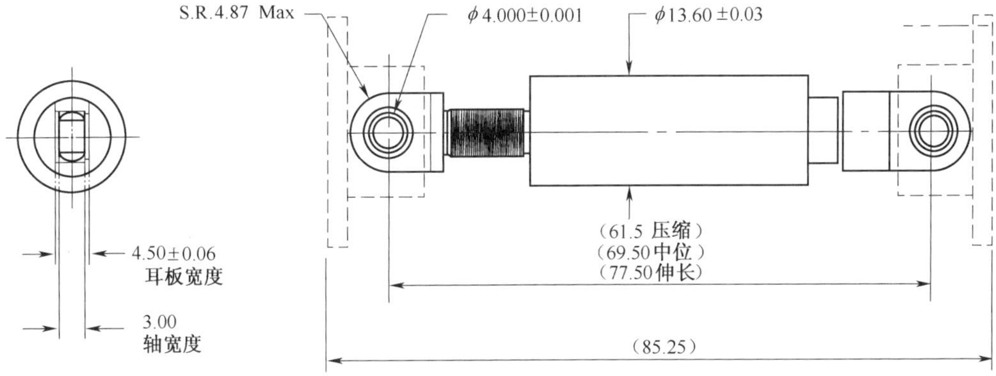

图 3.1.6 锁定装置外观尺寸图(in)

3.1.8 锁定装置的最新发展

在实际工程实践中,根据工程的需要,对锁定装置提出过不同的特殊要求,希望其在传统的基础上有所改进。最常见的是希望它能满足常用锁定装置的作用:转移受力;具有一定的启动锁定速度和满足要求的锁定位移。同时还希望它起到一定程度的耗能,对减少地震力有所帮助。实现这些要求常用的办法有下列几种:

(1)采用介于传统锁定装置和阻尼器的中间产品。实际上,在锁定装置和阻尼器的生产上只是过油孔大小形状的不同,在计算分析中,可以把锁定装置看成一个连杆计算,也可以看成阻尼系数很大的阻尼器计算。据我们的计算经验,一般说来,我们总可以优化出一组参数,使其一定程度地兼顾到阻尼器和锁定装置的双重作用。

(2)将锁定装置与阻尼器配合使用。在土木工程结构抗震、抗风应用方面锁定装置是一个独立、有效的方法,但锁定装置不能通过耗能来减小地震动,这引发了我们试图研究出一种既可以起到锁定装置的作用又能起到抗震作用的两用产品的想法。在一些情况下，锁定装置和阻尼器可以同时安装在独立结构系统中。动态锁定相互分离的结构形成一个近似的整体，同时阻尼器耗散地震能量将其传至各部分，由此成为新型带耗能的锁定—阻尼装置。

(3)采用具有锁定放血功能阻尼器。具有特殊锁定放血功能的阻尼器在台湾高速铁路项目中获得成功应用，这个项目从设计上要求装置模拟达到控制高频率地刹车和部分地震耗能的双重目的。使其具有同时控制刹车和地震荷载纵向力的功能，关键是要选择一个合适的控制点和放血时间，这是对生产技术的考验。

3.1.9 结　　论

锁定装置在机械行业已经发展的较为成熟，但在我国土木工程领域应用的案例并不是很多。从本文对锁定装置的论述中可知，在桥梁上安装锁定装置是一种有效的转移结构受力、减少局部振动方式，这种结构保护措施值得推广普及。锁定装置的工作原理虽然简单，但鉴于结合到土木工程结构上，则需要其具有很高的耐久性能，这种产品的可靠性究竟如何，值得关注。

3.2 具有特殊功能的黏滞阻尼器

常规的黏滞阻尼器所具有的工程效果在这些年中逐渐显现。安置这类阻尼器已经成为建设大跨度桥梁必不可少的一部分。此外，一些具有创新和开拓精神的工程设计者常常不满足于此，希望这些产品能够具有一些特定的功能，以完善桥梁在运行过程中的动力性能。

3.2.1 熔断阻尼器

根据不同的工程要求，设计工作者有时期望阻尼器具有下面两个状态的特性：对于风、温度、刹车、小地震等常规荷载，阻尼器像刚性连杆一样，不发生两端相对运动；对于大风、强震和超过了一定动力荷载时，阻尼器则开始相对运动，并消耗振动能量。

熔断阻尼器(Fuse Damper)可以很好地实现这一要求。这种阻尼器比一般的液体黏滞阻尼器多一个金属熔断装置，起到控制开关的作用。在美国旧金山附近的 Richmond San Rafael 大桥上，泰勒公司提供了设计值为 2 270 kN 的熔断阻尼器装置，装置上设计了在 1 250 kN (F_0)时断裂的金属保险片。如果阻尼器受到风荷载、刹车荷载或者小的地震荷载，受力低于 1 250 kN 时，金属片限制了阻尼器两端的相对运动；如果地震导致了 1 250 kN 甚至更大的荷载，金属保险片则发生断裂，阻尼器将像一个一般的 2 270 kN 的阻尼器那样进行耗能工作。保险片断裂以后，只需简单地更换保险片，阻尼器便可继续使用。金属熔断阻尼器的计算模型为：

$$F=\begin{cases}0\sim F_0 & F<F_0\\ CV^{\alpha} & F\geqslant F_0\end{cases} \tag{3.2.1}$$

式中　F_0——金属熔断开关力。

当然，这种阻尼器在工作的第一阶段金属熔断片限制了阻尼器的相对位移。桥梁也就限制了风和刹车荷载下的位移，进而限制了温度变化下的相对位移。要想在温度变化大的桥梁上使用，可以在桥梁的另一端使用普通阻尼器。放开可能的温度变形。旧金山附近的 Richmond San Rafael 大桥就这样应用的。工程中，只要我们设计的桥允许单边固定，另一端放开并有抗震要求的情况，就适于应用这种阻尼器。图 3.2.1 为加州里奇蒙德大桥熔断阻尼器的照片。

3.2.2 限位阻尼器

1. 带限位阻尼器概念设计

早在苏通大桥设计之初(2004 年),中交公路设计公司和同济大学就首次提出了带限位阻尼器(Limited Displacement Damper)的概念。考虑到苏通长江大桥桥位风速大、风况复杂、抗震要求高,为了防止预想不到的静力荷载和特大风载可能给桥梁带来的超量位移,需要加设限位装置。大桥设计者为了减少需要维护管理的装置,设计了一种创新性的带限位阻尼器。

图 3.2.1 加州里奇蒙德大桥熔断阻尼器

这种带限位阻尼器的原理是在常规阻尼器的基础上,在阻尼器运动的双方向上加设限位装置。当最大相对位移超过±750 mm 时,阻尼器进入两端限位阶段。限位由非线性合成的弹性单元(用弹簧表示)实现。限位可达最大附加位移±100 mm,限位力可达 10 000 kN。限位阻尼器的计算公式为:

$$F=\begin{cases} CV^{\alpha} & D\leqslant D_{\max} \\ 0\rightarrow F_{\lim} & D>D_{\max} \end{cases} \tag{3.2.2}$$

式中 $F_{\lim}$——最大限位力;

$D_{\max}$——阻尼器开始限位前的最大位移。

带限位阻尼器的力-位移关系曲线如图 3.2.2 所示。

不仅苏通大桥,其后的很多桥梁的设计者都赞成这一理念和做法。当然,要实现这一想法并不简单。从阻尼器的概念设计讨论、投标、制作到验收历时两年,泰勒公司终于生产出合格的世界首创带限位的特大阻尼器。

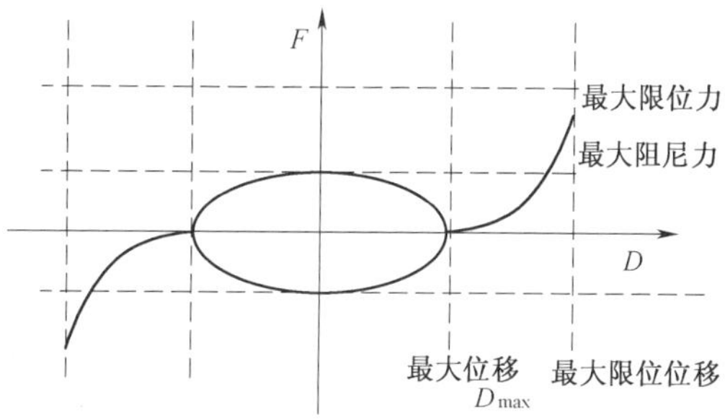

图 3.2.2 带限位阻尼器的恢复力模型

2. 内设弹性单元的液体黏滞阻尼器

带限位的阻尼器,需要在阻尼器内部设置一个弹性单元。这相对于我们结构要用的几十吨、上百吨甚至上千吨的弹性单元要困难许多。我们可以想到的方案也许是普通螺旋状金属弹簧、金属垫片弹簧、橡胶弹性体、液体弹簧或空气弹簧。然而,按我们目前金属弹簧的材料和制造技术,即使几十吨的螺旋或垫片弹簧,其直径也远大于阻尼器所能容纳的尺寸。橡胶类单元同样存在这类安置问题,同时其老化和温度不稳定等缺点也使它不能成为一个合理的选择;而液体弹簧或空气弹簧能承受的力有限,也同样不能满足我们的设计要求。

美国泰勒公司从为希腊和平于友谊体育场馆提供阻尼器开始就研发出了阻尼器内设置弹性单元的技术。他们采用了一种研制成功的新复合弹性材料,钢和氨基酸酯的复合体(Steel Plates and Urethane/Elastomer Pads),被称为人造复合弹性材料。它是泰勒公司为美国宇航局航天飞机发明并生产出的产品,该产品在阻尼器内设置大吨位弹性单元获得了成功,并申报了美国生产的专利权。

3. 位移限位的阻尼器产品设计

带弹性单元的液体黏滞阻尼器中的"弹簧"是并联在阻尼器上的,所有活塞的运动都带动了弹簧共同作用。限位阻尼器中的弹性单元应该安置在阻尼器的末端，因为当阻尼器运动到设计“满”冲程时，限位装置才开始发生作用。为苏通大桥生产限位阻尼器，是泰勒公司首次生产这种装置，因而面临了很多技术的综合运用和实际的考验。我们将介绍苏通大桥阻尼器的设计生产过程，以便更多的人了解抗振动科学的这一发展情况。

(1)非线性钢和氨基酸脂复合弹簧

为了实现设计者的目的，结合阻尼器内部结构，带限位阻尼器采用的是非线性管状钢和氨基酸酯复合弹性体。这种非线性复合弹性体不仅可以承受上千吨的力，并且与线性弹簧相比，在使用的工作前期荷载增加的很慢，而这段状态可以延长阻尼器的耗能工作。当弹簧运动到末端时，弹性力相对急速增加，弹性体可起到好的限位作用。不难从其他缓冲装置的原理重理解到，在使用中其效果优于呈直线刚度的金属弹簧。在苏通大桥中所使用的非线性复合弹簧的刚度为近似等于 100 MN/m 直线的非线性曲线。当阻尼器附加了±100 mm 限位时，阻尼器的最大受力也就达到了 10 MN(大于设计要求的 9.8 MN)，完全满足设计要求。图 3.2.3 所示为复合弹簧的力-位移关系曲线，实际产品的性能要达到误差 15%的要求。

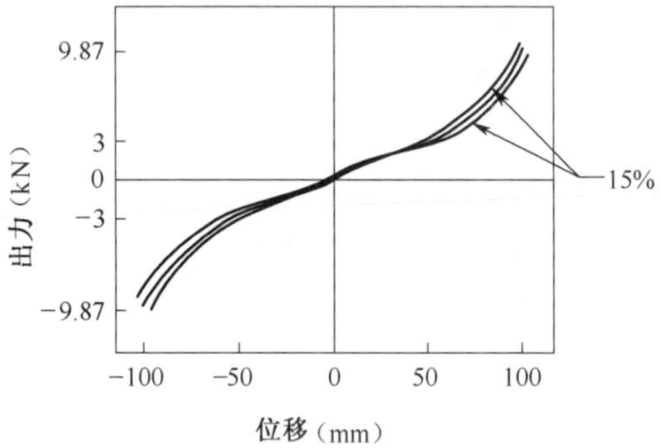

图 3.2.3 非线性复合弹簧力-位移曲线

(2)阻尼器的长度结构

限位装置是在阻尼器的冲程用完之后才发生作用的。按照最初概念设计所采用的模型，限位弹簧被设置在活塞杆端部，当位移超过正常阻尼器冲程±750 mm 后，限位弹簧开始发生作用。这样设置，阻尼器的缸体活动部分长度至少要达到(750+850)×2=3 200 mm 以上。最终付诸实施的方案是将两部分缸体行程叠加，从而大幅度减小了阻尼器的总体长度，提高性能优化结构。图 3.2.4 为苏通大桥限位阻尼器概念示意图和实际模型剖面图。

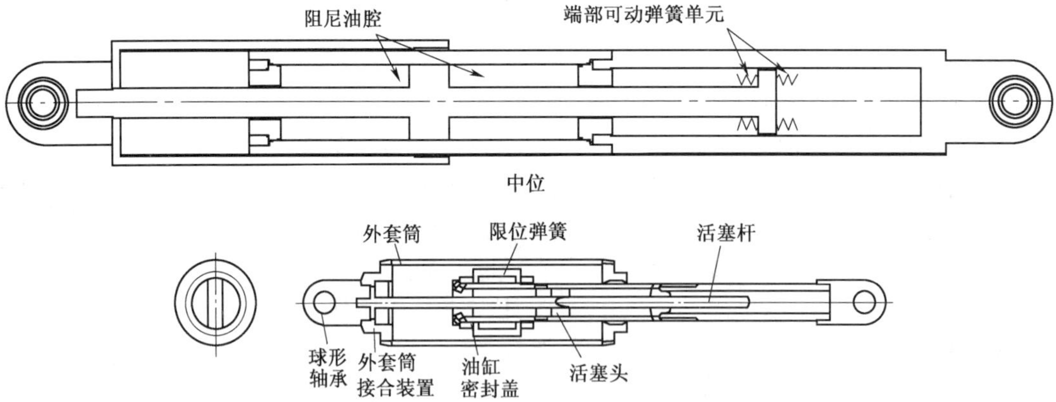

图 3.2.4 苏通大桥限位阻尼器概念示意图(上图)及实际模型剖面图(下图)

4. 限位阻尼器的生产制造

作为世界首创，又是超大的限位阻尼器，其生产还遇到加工和起重设备能力不足的困难。如：最大锻件的生产——因阻尼器的受力大，阻尼器的钢筒绝不能应用现成钢管，而需要超大锻造缸体，在美国仅有一家大型锻件厂可以达到这样的要求；大型车床，直径接近 1 m，6 m 多长的阻尼器钢筒加工是对大型加工能力的另一个考验；此外，大型、复杂的限位阻尼器给组装带来很大困难；当然，最为重要的是如何保证参数的准确性。图 3.2.5 为限位阻尼器的工厂制作加工照片。

图 3.2.5　限位阻尼器的工厂制作加工

3.2.3　液体黏弹性阻尼器

在实际工程中，许多设计人员希望所加设的阻尼器不但可以提供阻尼，而且具有一定的刚度，即同时具有速度型耗能和位移型刚性弹簧的双重作用，也就是我们常说的黏弹性阻尼器(Fluid Viscoelastic Dampers)。但传统的材料黏弹性阻尼器存在着出力较小、耐久性较差和极限温度条件下性能下降较快等缺点，并不适用于桥梁等外界环境条件较为恶劣的土木工程。

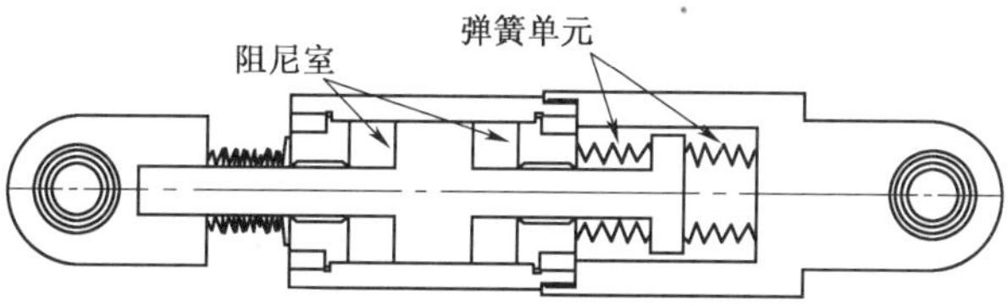

图 3.2.6　黏弹性阻尼器

为了实现设计人员的这一期望，美国 Taylor 公司设计和制造了这种新型阻尼器，如图 3.2.6 所示。黏弹性阻尼器外表跟一般的液体黏滞阻尼器一样，只不过稍微长一些，最大长出约 30 cm 左右。这种阻尼器的液压缸分成阻尼和液体弹簧两部分。阻尼器部分与传统的液压黏滞阻尼器完全相同；弹簧部分是一个双向作用的液体弹簧。在缸中运动的是串在一根轴上的两个活塞，这两个活塞各在一部分油缸内工作。阻尼器部分活塞往复运动产生阻尼，另一个活塞引起液体弹簧的弹簧力。这种阻尼器可以按要求设计弹簧刚度，但其最大弹簧力应小于最大阻尼力的一半，该装置的计算公式为：

$$F=K_{eff}\cdot u+C\dot{u}^{\alpha} \tag{3.2.3}$$

式中　F_{eff}——液体弹簧等效刚度；

C——阻尼器的阻尼系数；

u——活塞杆的位移；

$\dot{u}$——活塞杆的速度；

α——速度指数。

黏弹性阻尼器的本构关系可以用阻尼器部分加上弹簧部分来反映。式(3.2.3)可以直接输入到 SAP2000 或 Midas 等计算机程序中进行分析计算。由于在装置中增加了刚度，对于风和车辆对桥梁的振动有一定抑制作用。

3.2.4 新型带熔断的锁定装置

全漂移的铁路斜拉桥与公路斜拉桥有所不同，它的火车车辆荷载对桥本身的动力影响很大，特别是刹车制动力。世界首例、最大跨度的武汉天兴洲公铁两用斜拉桥采用双重并用阻尼器解决了这一问题。一方面在桥梁纵向采用 12 个 40 t 的磁流变阻尼器限制刹车引起的小振动；另一方面采用最大出力 200 t 的大型阻尼器控制主桥的未来地震等荷载的漂移。这种减振方案非常独特，全世界尚属首次。

对于我国的另一座公铁两用斜拉桥的设计中使用了这种刹车荷载和地震荷载分开并用阻尼器的办法，同时兼顾装置的可靠性，我们提出了新型带熔断锁定装置的概念（已获得国家实用新型专利认证，专利号：201020143448）。图 3.2.7 为带熔断的特殊阻尼器示意图。

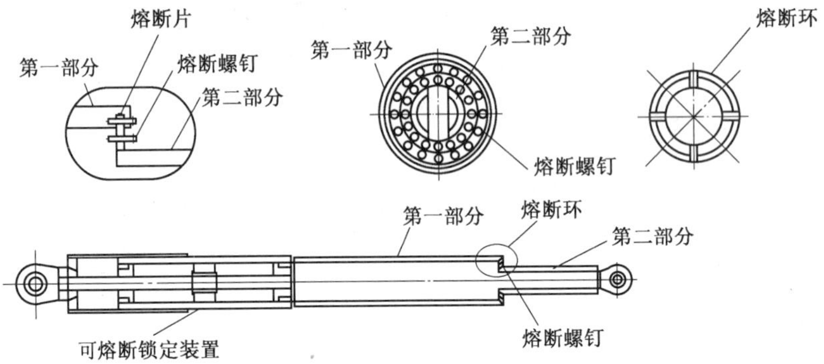

图 3.2.7 带熔断的特殊阻尼器示意图

设计不同点：

（1）采用控制车辆刹车效果要成熟得多的 4 个“锁定装置”来控制刹车制动。按要求把刹车位移控制在±10 mm 以内。这种锁定装置从台湾高铁的经验可以看出控制刹车荷载的效果较好。

（2）设计试验生产出新型带熔断装置的锁定装置，要求该装置在超过一定地震力时率先熔断，结构的保护全部由并列使用的 4 个常规阻尼器承担。

（3）强烈地震过后，4 个锁定装置在更换熔断片后仍然可全部使用。

（4）熔断开关在正常铁路运行和刹车中的一定受力下，熔断器连接，正常工作。此时另一套阻尼器也起作用，但影响很小。只有当较大地震发生时，熔断开关开启，断开锁定装置的连接，全部桥梁的振动由大型抗震阻尼器承担。

考虑到铁路桥梁的特殊性，这种经过改造的限位锁定装置同时附加阻尼器的思路，能很好地解决车辆刹车荷载和地震荷载的双重控制问题。

3.3 金属密封无摩擦阻尼器

金属密封无摩擦型阻尼器 FHD(Frictionless Hermetic Damper)是一种具有独特性能的减振产品，是美国泰勒公司的一种专利产品。从 20 世纪 80 年代开始就一直被用于外太空设备中，并由泰勒公司独家为美国航天局 NASA 以及相关的宇航机构供货。FHD 阻尼器的出现解决了多年困扰美国航天局及军方的难题——如何在太空中应用各种内置油液设备。图 3.3.1 为卫星中采用的 FHD 阻尼器。

金属密封无摩擦阻尼器 FHD 区别于其他普通抗震阻尼器的特性表现在阻尼器相对运动过程中几乎没有摩擦力产生。由于金属波纹管密封件的采用，金属密封阻尼器可以提供更大的功率，产生的热量随时平衡消散，因而可以承受更高的内部温度而不发生破坏，阻尼器的耐久性、稳定性大大提高。这类阻尼器可以用于振动幅度很大、频率较高的外界环境下。在土木工程领域已有部分项目采用这类阻尼器，如伦敦千禧桥、芝加哥凯越酒店 TMD 系统等。在这类阻尼器应用过程中，我们发现对于某些情况普通阻尼器并不适用，而应采用可以提供更高功率的金属阻尼器。

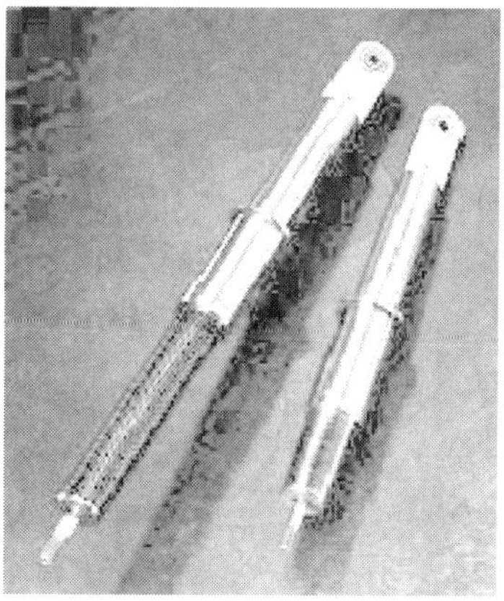

图 3.3.1　卫星中采用的 FHD 阻尼器

3.3.1　传统液体黏滞阻尼器应用界限

目前在土木工程领域上大量应用的抗震、抗风及设备用阻尼器均属于传统的油阻尼器。由于在长时间内这些阻尼器位移量很小或基本静止，从而决定了传统阻尼器在应用上存在一定的界限。它们的特点是：

(1)传统阻尼器在启动及运动过程中内部存在大量的摩擦过程，并且大多来自阻尼器的密封装置中。内部摩擦的存在导致有机质的密封软化漏油，实质上大大减少了阻尼器的工作寿命，降低了阻尼器耗能效率。为限制这种摩擦力，在多数阻尼器技术规程规范中均提出：在慢速位移/运动下阻尼器出力要小于额定阻尼力的 10%。

(2)存在滞后现象。由于普通阻尼器普遍采用黏弹性材料，导致在阻尼器启动时出力不能与外界输入同步，这样带来的问题是不能有效抑制较小的外部扰动位移。例如：斜拉索阻尼器大多要求能够限制拉索微幅振动(如 0.2 mm)，而实际上大多数阻尼器不能满足这项要求。

(3)令人困扰的漏油问题。此处指的仅是由于密封件自身的物理特性引起的问题，而排除大量人为因素、粗制滥造和设计技术等原因。抗震用传统密封装置在长年使用后被证实这个问题实际上无法避免。

(4)无法满足长期服役的高周次循环要求。设计使用寿命小于或远远小于所服役结构的设计使用年限：大多数建筑结构设计使用年限为 50 年，大多数桥梁结构及少数重要建筑结构设计使用年限为 100 年。在这种情况下如果阻尼器的振动频率较高，特别是当阻尼器安置在长期处于振动状态下的结构上时，阻尼器往复循环的次数一般多达几百万次甚至更多，可见这是任何普通阻尼器都无法做到的；图 3.3.2 为随阻尼器工作时间的增加，测得的表面温度的变化曲线，在连续工作一个小时之后阻尼器

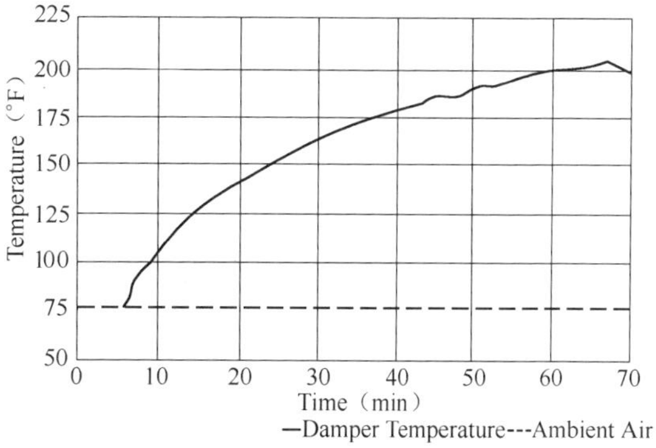

图 3.3.2　随工作时间阻尼器表面温度变化曲线

表面温度升高了两倍，其内部温度更高，这种情况下如不进行相应处理内部有机质的性能将显著下降。

(5)在高振幅、高频作用等要求较高功率的工作条件下，普通阻尼器会因为内部密封温度过高而失效。当然对于普通抗震阻尼器不存在上述情况，但对于应用在调谐质量阻尼器(TMD)系统、振动频繁需要承受高刹车荷载的铁路桥梁中时，普通阻尼器显然不适合被采用。

(6)液体黏滞阻尼器作为一种能量吸收装置，在相同尺寸、技术参数的情况下，按照内部构造不同，在相同时间内所消耗的能量(即功率)有较大差别。假设金属密封阻尼器所消耗的能量为 M，则双出杆型阻尼器的能量消耗为 $0.5M$，具有补偿器的单出杆型(Damper with a Accumulator)阻尼器为 $0.7M$，而 D 系列阻尼器(泰勒公司生产的一种内部构造更为简单的小型线型阻尼器)仅为 $0.3M$。可见金属密封阻尼器在同样的时间内消耗能量更大，在实际应用中设计人员应对这种区别给予重视。

FHD 阻尼器的构造介绍：

FHD 阻尼器的基本构造与普通阻尼器类似，包括油缸、通长活塞杆、带小孔活塞头和阻尼器两端的端部盖板等部件。此外，为了配合使用金属波纹管密封件，FHD 阻尼器对局部几个部位进行了改进。

(1)图 3.3.3 所示是在活塞杆两端增设金属波纹管状密封件(Metal Bellows Seal)的阻尼器构造，显而易见，这是 FHD 阻尼器内部最为关键的环节。

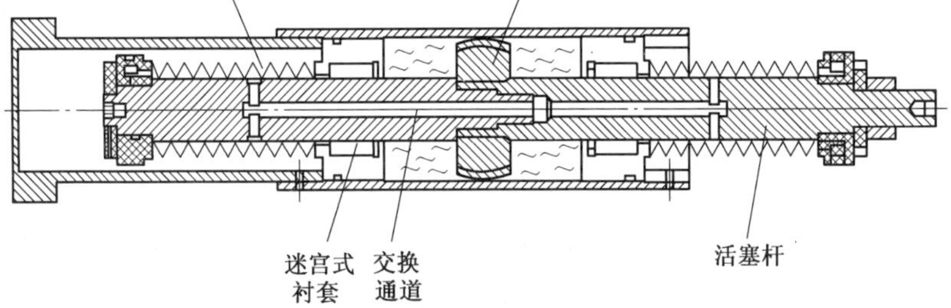

图 3.3.3　无摩擦金属密封阻尼器构造简图

(2)对活塞杆进行改进，增加了交换通道(Crossover Port)。作用是通过交换通道调节由于内部液体引起的体积变化；并且当一侧波纹管伸长或压缩时，引导内部介质流出或流入另外一侧。

(3)迷宫式衬套(Labyrinth Bushings)：设置在两端盖板中，从而隔断限制由于活塞头运动时所产生的压强传入波纹管密封件。在衬套与活塞杆之间存在极为细小的缝隙，形成了一层细薄的油膜，使金属波纹管腔内油体与主油腔形成回路。由于压力衬套的采用，确保了活塞杆的无摩擦接触，进而保证了 FHD 阻尼器的无摩擦特性。

3.3.2　金属波纹管密封件

FHD 阻尼器与传统阻尼器最大的区别在于密封件的处理。传统阻尼器的密封装置分为静态密封以及动态密封两类。静态密封用于油腔端部等部位，动态密封用于活动的活塞杆接触面上；静态密封一般采用橡胶 O 型密封圈，动态密封多采用高强度的高分子聚合物，例如聚四氟乙烯、稳定的聚酰胺以及乙酰基树脂类等材料。

传统阻尼器的密封件性能决定了它在使用中的一些特点。例如：由于动态密封件紧紧地环箍在活塞杆上，以致无法避免产生摩擦；此外，在活塞杆开始运动时，由于密封件的弹性变形产生的黏滑运动(Stick-slip Motion)使阻尼器很难处理一些微米级的扰动，在长时间运动后会造成密封件耐久性降低。

泰勒公司借鉴了应用于气态密封的金属波纹管密封技术，并将其成功应用到液体阻尼器上。

图 3.3.2 为 FHD 阻尼器的典型构造图，其中金属波纹管密封件由若干不锈钢金属碟片组成，每片厚度不到 0.1 mm，并采用精密激光熔接组成波纹管形状结构。对于双出杆结构，通常采用两幅波纹管密封件，分别布置在阻尼器油腔两侧。

为了保证零泄漏，波纹管在加工组装后需要进行冲氦气检查——将波纹管放置在真空的容器内，并将其内部冲满氦气，通过质谱计对是否产生甚至是氦气分子级别的泄漏进行查找。从图 3.3.2 的构造来看，阻尼器活塞杆在往复运动过程中，两侧金属波纹管进行均匀的弹性变形，没有摩擦过程产生。NASA 的测试结果也表明：由于使用了无摩擦的密封件，FHD 阻尼器在运动过程中所测到的摩擦力接近于零。

3.3.3 FHD 阻尼器工程应用举例

1. 伦敦千禧桥(图 3.3.4)

伦敦千禧桥是一座倒垂式悬索桥，于 2000 年 6 月 10 号对外开放，由于行人陡增，很快就因人群荷载发生频带在 0.5～1.1 Hz、峰值加速度达到 0.25g 的侧向振动，左右摇摆达 100 多毫米等原因，于 12 号被迫关闭了。造成侧向振动的原因主要是桥体第一振型的振动频率与人群步行频带产生了共振。初步的改造方案曾考虑过两种形式：(1)加强桥体结构；(2)采用其他主动或被动控制方案。

图 3.3.4　伦敦千禧桥

对于第一种方案，由于侧向人群荷载引发的频率一般在 1.3 Hz 以内，为避免结构共振，加固后的桥体侧向振动频率需提高到 1.5 Hz 以上。目前频率仅为 0.49 Hz，如不增大质量，侧向刚度则要提高 9 倍以上。而桥体刚度均来自钢缆共同组成的几何刚度，如果不额外设置辅助结构则很难达到较为理想的效果，桥梁的视觉景观也将被破坏。

实现第二种方案可选择的方式有：设置调谐质量控制 TMD、调谐液体控制阻尼器 TLUD；采用黏弹性阻尼器、液体黏滞阻尼器和摩擦阻尼器；或采用主动控制方案。最终选定的是液体黏滞阻尼器与调谐质量控制阻尼器相结合的方案。伦敦千禧桥阻尼器应用概括见表 3.3.1。千禧桥阻尼器布置图如图 3.3.5 所示。

表 3.3.1　伦敦千禧桥阻尼器应用概括

阻尼器编号	数量	描　述	阻尼器冲程(mm)	长度(m)
V1	5	人字型设置控制侧向振型	±25	0.7
V2	10	人字型设置控制侧向振型	±25	0.7
V3	2	人字型设置控制侧向振型	±25	0.7
V4	4	与地面竖向设置控制侧向和竖向振型	±275	2.3
V5	4	桥墩阻尼器	±60	7.8/3.3
V6	8	桥墩阻尼器	±60	8.2/3.6
V7	4	桥墩阻尼器	±60	8.3/4.6

大桥业主与设计方对液体阻尼器提出了极高的性能要求：

(1)考虑到千禧桥外部荷载的实际情况，在其50年的服役期内，阻尼器需要按照平均频率为0.8 Hz的条件下进行连续的低周运动，这样估算下来，阻尼器服役期内循环次数将超过10^9；

(2) 在此基础上还提出阻尼器提供阻尼力的最小变形距离为0.25 mm，以免出现桥体已经发生共振而阻尼器尚未给出反应的情况；

(3)避免阻尼器内部具有滞后特性的元件引起“黏一滑”运动，进而引起行人对桥体稳定性产生质疑。由于阻尼器密封接触面过大将引起阻尼器的耐久性及稳定性下降，所以，采用普通抗震用密封件的阻尼器是无法满足这项要求的。

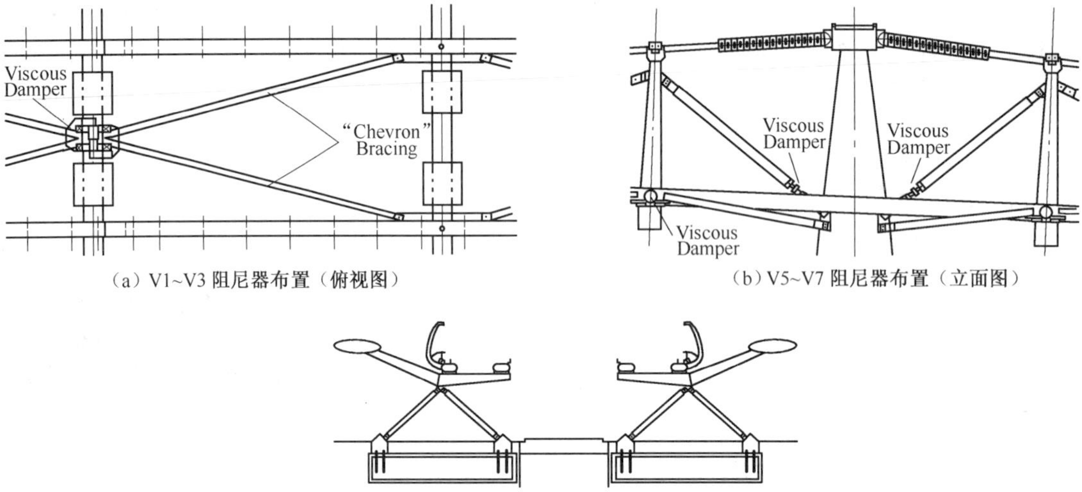

(a) V1~V3 阻尼器布置（俯视图）　　(b) V5~V7 阻尼器布置（立面图）

(c) V4 阻尼器布置（立面图）

图 3.3.5　千禧桥阻尼器布置图

最终全部采用FHD阻尼器很好地解决了上述问题，千禧桥于2002年1月在测试成功后重新开放。经测试，峰值加速度由0.25g降到了0.006g；阻尼器降低了至少40个振型的动力反应，且没有共振出现；加固后结构阻尼比达到20%。千禧桥是首座采用被动控制技术成功进行加固改造的行人桥，对随后的许多类似项目起到了示范作用。

2. 美国芝加哥凯越公园酒店

这座67层的超高层建筑位于素有“风城”、“摩天大楼的故乡”之称的芝加哥，由RWDI公司负责对大楼风载引起的弯矩和基底剪力、幕墙的设计风压、当地风环境影响以及顶层风振加速度进行设计复核。图3.3.6为凯越酒店TMD系统组成图及控制效果对比图。

风洞试验表明：楼层顶点加速度达到0.02g～0.023g，超过ISO规定的10年重现期下0.015g的要求，设计者决定采用调谐质量阻尼器TMD来减少结构风振。整个TMD系统由一个300 t的悬挂质量块以及FHD阻尼器组成，装置构造如图3.3.5所示。整个结构系统由RWDI公司设计，其中主要承载拉索成对安置在质量块四角，质量块上部钢框可被抬高或降低来调节TMD系统周期。图片前部的框架部分为防摆机构，可阻止质量块转动或左右摆动，同时在底部设置了四个缓冲器(Buffer)，当TMD遇到超过设计的振动时，其产生类似刹车的作用。FHD阻尼器斜向布置，分别与连接加强楼板和质量块相连。

阻尼元件是TMD系统中最为关键的部件之一。目前TMD系统应用最大的问题在于系统要求阻尼器行程相对较大，几乎在整个结构设计周期内都在进行持续性的振动。普通阻尼器在这种情况下内部密封件一般 2 年就需要更换一次。RWDI 对 TMD 系统中所采用的阻尼器提出了非常高的要求，一般的阻尼器决不可能完成，这些要求及原因如下。

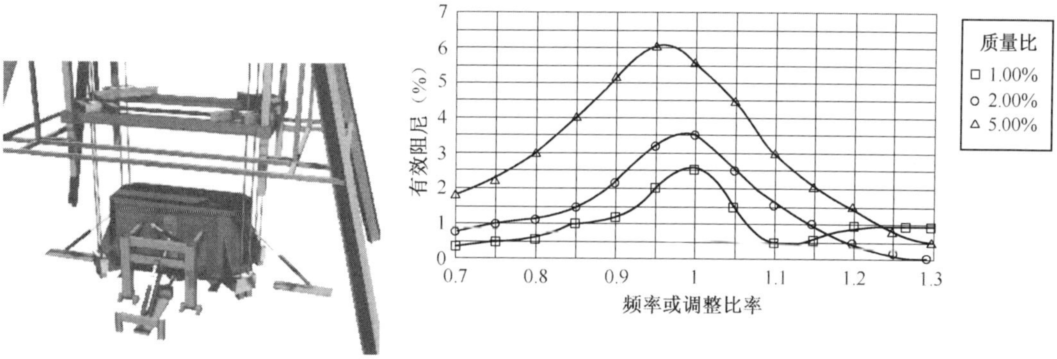

图 3.3.6　凯越酒店 TMD 系统组成图及控制效果对比

(1)基本要求：在一定环境下，要求阻尼器必须严格按照指定的阻尼曲线变化；在不改变质量比的情况下增加 TMD 系统阻尼比可以增加控制效果。

(2)系统内摩擦必须减小，以保证 TMD 按照设计要求进行工作。由于摩擦的存在导致 TMD 系统在低水平激励下控制效果下降甚至没有效果。内部摩擦产生的热量将减小 TMD 装置寿命。摩擦的存在也将改变系统刚度，摩擦力带来的系统及结构非线性将使控制效果无法掌握和预测。

(3)有以下几点原因使得必须保证阻尼器是可以长期免维护的。第一，由于结构的设计使用期在 50～100 年，这也就要求 TMD 系统应具有同样的使用期限。RWDI 认为由于 TMD 系统在外界微小扰动情况下的往复运动，因此，TMD 中的阻尼器在整个设计周期内可发生的循环次数在 300 万次以上；第二，业主认为如果 TMD 系统的阻尼器在结构使用期内需进行多次维护，那在此期间大楼顶层的峰值加速度将无法保证，因此不愿承担这样的风险，而且维护的费用无法预期。

(4)风雨激振将引起 TMD 大幅度振动，阻尼器必须在风雨振动期间要吸收相对较高的能量。通常阻尼器所吸收的能量将通过产生热量的形式，引起一部分液体介质及缸体的温度升高，并同时向周围环境消散。在阻尼器内部，温度显著升高的情况下往往引起普通阻尼器失效，从而影响到整个 TMD 系统。

(5)在极端条件下阻尼器必须仍然保持工作状态。对于极端天气条件，如 500 年一遇的特大风暴，阻尼器必须在无外部能量辅助的情况下通过自身调节提供稳定的阻尼比，来限制约束质量块的运动幅度。

图 3.3.7 给出了 Taylor 公司所采用的金属密封阻尼器构造简图。与图 3.3.3 不同的是，这种阻尼器所采用的构造形式为单出杆式，这种构造的使用主要是希望通过储能装置以及转换通道油腔吸收和消散更多的能量，从而达到提高阻尼器功率的目的。金属波纹管构成了密封、无摩擦的密封系统，这是世界上为数不多的可以满足上述几个苛刻要求的阻尼装置。

另外，值得注意的是，设计者采用了阻尼力随速度平方变化的方式，而没有采用线性阻尼器。根据设计要求对速度指数进行调节，这一点在世界上也仅有为数不多的几家生产商可以完成。

非线性阻尼器(速度指数 $\alpha<1.0$)所提供的阻尼比随着振幅的加大而降低，速度指数等于

2 时，阻尼比随着振幅的加大而增加；而线性阻尼器阻尼比是定值，不随振幅变化。关于阻尼器的各参数设定将在后面相关章节中进行专门讨论。设计者考虑到在极端温度条件下由于质量块运动的振幅很大，TMD 系统可以获得更大的阻尼比，减振效果更好。

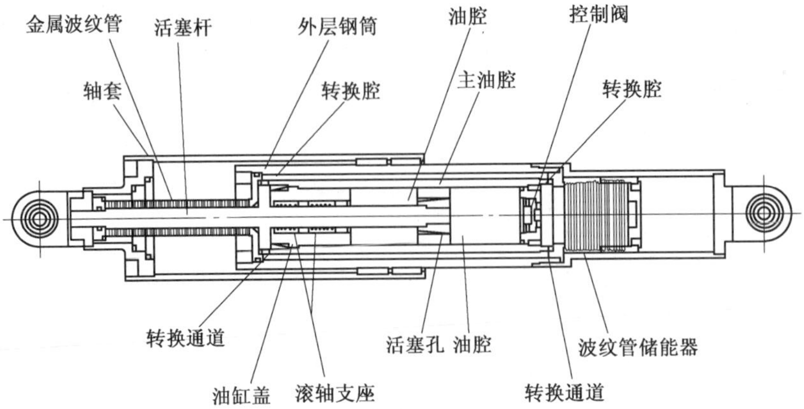

图 3.3.7 采用的金属密封阻尼器内部构造图

Lap-Loi Chung 等人分析认为，对于大型 TMD 中的阻尼器，宜采用速度指数为 2 的非线性阻尼器。他们以台北 101 大厦 TMD 为例，比较了 0.5、1.0 以及 2.0 三种情况的理论和数值积分结果。使用 2 的结果 TMD 的冲程最小。这对高楼顶上的大型 TMD 是十分有益的效果。世界上大部分大型 TMD，如芝加哥凯越酒店，都是采用速度指数为 2.0 的参数，只是这时数值积分的时间长，会带来计算困难。

3.4 其他类型阻尼器

3.4.1 预载流体阻尼器（仅作参考）

预载流体阻尼器(Pressurized Fluid Dampers)与前文提到的各类阻尼器不同的是这种设备具有自复位功能(Re-centering)，它拥有与前述阻尼器截然不同的力-变形关系曲线。当外载卸荷后，它将恢复到中位，仅有极少的残余变形。这类阻尼器的功能是在拉压双向阻尼器上均设定了预加载荷限值。阻尼器必须超过预压力，活塞杆才会开始运动，活塞压缩弹性流体并强迫其通过活塞孔，产生阻尼力。当外荷载消失后，装置可以自动恢复到它初始设定的位置。这类装置的操控原理我们可以理解为具有预先设定好荷载或加速度限制的机械动力双向“保险丝”。

预载流体阻尼器具有阻尼和自复位的功能，这些特点使其适用于隔震结构系统。从应用来看，预载流体阻尼器在土木工程结构中采用的并是不很多，而是主要被用于一些军事设施，并且其实际的功能和效果还有待于进一步考证。

1. 液体弹簧介绍

装置的内部重要部件之一是液体弹簧(Liquid-Spring Damper)。这个装置由装有预压液体的缸体和伸入到液体体积内的活塞杆组成，可以达到压缩液体使其体积减小的目的。当流液通过孔隙时也为装置提供了阻尼，弹簧和阻尼力均由相同的液体介质得到。

冲击荷载的最大速度一般发生在整个过程的初始阶段。当装置开始产生位移时，由于液体刚刚被压缩，此时弹簧压力最小而阻尼力最大；当达到装置最大冲程时，假定冲击过程所导致的装置位移已经被吸收，装置相对速度应为零，此时压缩液体引起的弹簧力最大，阻尼力最小。由此可知，选定适当的活塞杆和活塞头面积，一个瞬时冲击过程便可给液体装置提供相对连续的内部压力。在设定的冲击下，可根据装置的压力容腔所承受的压强进行优化设计。例如，一个 12 ft 长、直径 2 ft 的液体弹簧当弹簧力达到 13 000 lb 时冲程可达到 3 ft，同时 13 000 lb的弹簧力可以获得相当于 20 000 lb 的阻尼力。与传统的液压装置不同，液体弹簧腔内压强极高，必须采用特殊的密封设计和封装技术以确保其在长期服役中不会出现静态泄漏的现象。基本的密封策略是采用较为柔软的密封件，这类密封件需要较好的支护以免挤压变形。

想要采用具有液体弹簧的阻尼系统对瞬时冲击进行吸收，需要经过仔细选择和设计。由于采用高压弹簧，如需设计最优的尺寸和重量则有必要使用高压阻尼系统。如前所述，传统的液压阻尼根据伯努利方程进行工作，这意味着阻尼系统的输出力随着流体速度的平方进行变化，即使一个很小的波动和脉冲也会引起一个很大的阻尼力。对于冲击振动，由于其瞬时的速度极高，所以这类阻尼器的是不能承受的。

在液体弹簧冲程范围内改变伯努利小孔的方式在前文中已经提及，包括采用锥形销孔、锥形孔以及短笛式套管型等。由于活塞杆位置的变化，引起活塞孔面积变化，装置最后输出的数据由这一系列按照平方规律变化的小孔提供。研究分析表明这一系列连续变化的伯努利小孔方式组合导致设计存在极大风险，除非是冲击脉冲荷载已知。例如，如在初时位置处装置所受最大速度超过 20%，则阻尼力的响应会提高 40%以上。仅仅一个很小的速度改变就会引起整个系统发生相当大的变化(量级达到 G)，显然这种现象是不能接受的。另外两种改变小孔的方式是采用射流孔和 PRV 型小孔形式，这两种形式可使流体速度的幂指数不遵循伯努利方程形式。

图 3.4.1 是液体弹簧阻尼器的内部构造图。液体弹簧的优点是结构简洁紧凑、设计简单，通过油柱就能起到弹簧和阻尼的作用，而且在瞬时冲击中液体弹簧油腔可以一直保持接近常数的内部工作压强，可使整个压强容腔的尺寸做到最小。

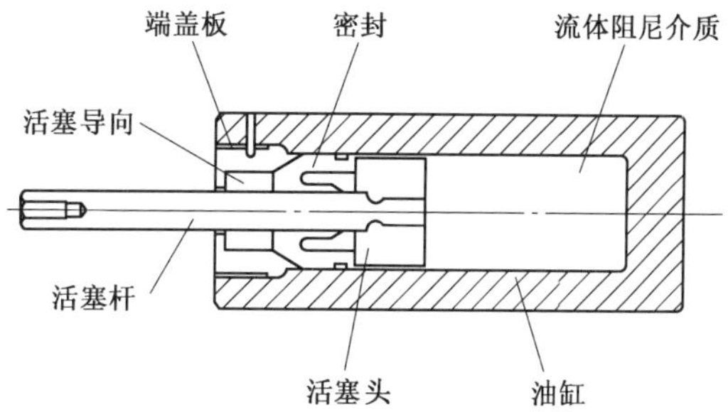

图 3.4.1　液体弹簧内部构造图

液体弹簧阻尼器的工作原理非常简单，当装置的压力超过弹簧预压力，超出部分的外力将引起液体弹簧冲程。如果活塞杆被激发的速度很高，会激起与液体弹簧方向相反的阻尼力。如果活塞杆被释放，弹簧力会推出活塞杆，同时阻尼力变为与活塞杆运动方向相反。

2. 预载流体阻尼器构造和基本性能

由于仅能单方向压缩或拉伸，液体弹簧必须附加一个机构使其具有双向功能，这个机械构造必须保证装置不论在拉伸或压缩状态下液体弹簧始终处于压缩状态。不管在何种温度、冲击振动密度和振动循环的周数下，装置必须在冲击前后保持中位。

增加到液体弹簧的这个附加部件包括一个有沟槽的外部套管和连接杆。他们与图 3.4.2 中的基本液体弹簧相连接构成第二缸体。在封装后液体弹簧被连接杆轻微预压，这确保了这个硬性复位机构可以独立于内部液体弹簧之外，并保证了装置的中位固定不变。

装置可以提供预加抵抗力，同时具有弹簧力和阻尼行为，即：弹簧力可以通过压缩特殊硅基液体介质得到,阻尼力可通过在压缩介质时流液通过孔隙的阻抗力得到。图 3.4.3 为该设备的理论力-位移曲线。图 3.4.4 显示了装置在压缩和拉伸情况下的状态。

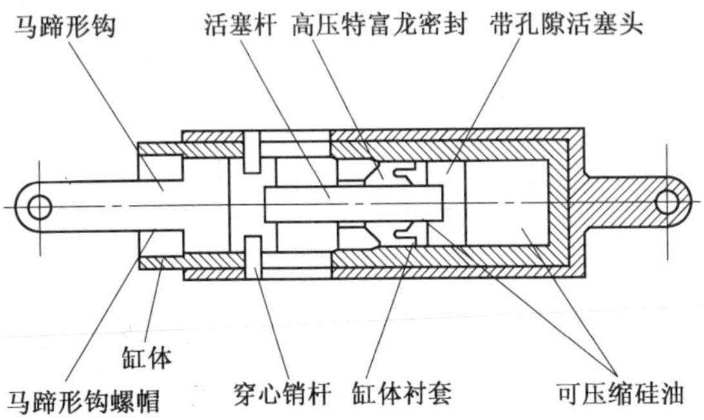

图 3.4.2　封装后预载流体阻尼器构造

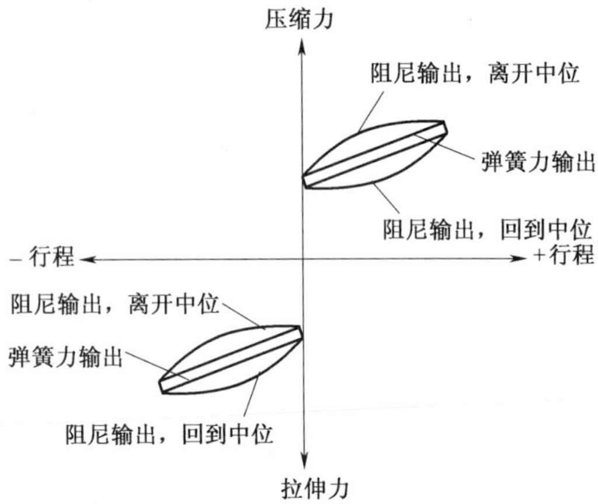

图 3.4.3　装置输出力曲线

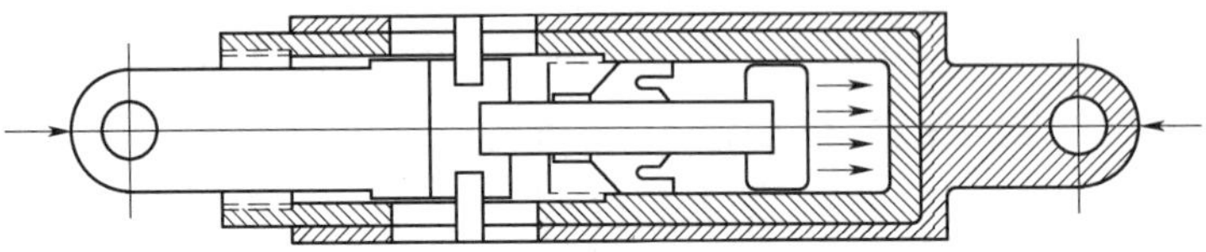

(a) 压缩

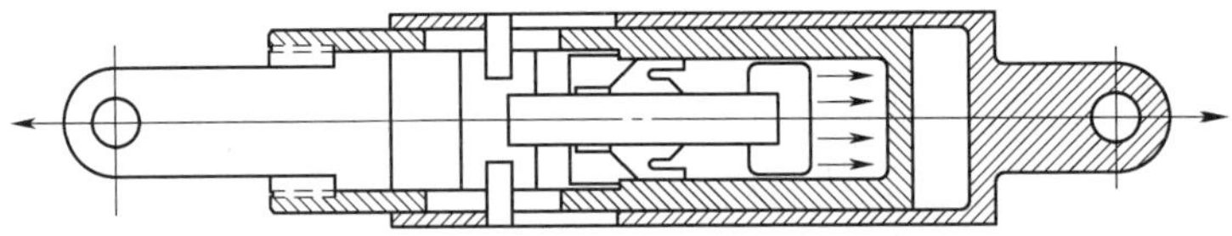

(b) 拉伸

图 3.4.4　装置的压缩和拉伸状态示意图

3. 实验研究

1994 年 Tsopelas 和 Constantinou 对附加摩擦支座和预加载流体阻尼器的桥梁模型进行了振动台实验研究,实验布置图如图 3.4.5 所示。在桥面板和桥墩间采用了 2 个预载流体阻尼器,每个装置的长度 380 mm(销孔到销孔),外径 44 mm,重量 1.7 kg,冲程±50 mm,动力最大出力为 13.5 kN,装置的预载力为 $F_0=4.75$ kN,刚度 K_0(超过预载力后力的斜率)大约为 100 N/mm。

如图 3.4.6 所示,设活塞杆面积为 A_r,冲程为 u,则液体体积随活塞杆的插入减小了 $A_r u$,油腔内的过载压为:

$$p=\frac{F}{A_r} \tag{3.4.1}$$

上式中 F 为施加力,液体所变化体积为 $\Delta V=A_r u$,K 为液体体积模量,V 为液体体积,则:

$$p=K\frac{\Delta V}{V} \tag{3.4.2}$$

故

$$F=\frac{KA_r^2}{V}u \tag{3.4.3}$$

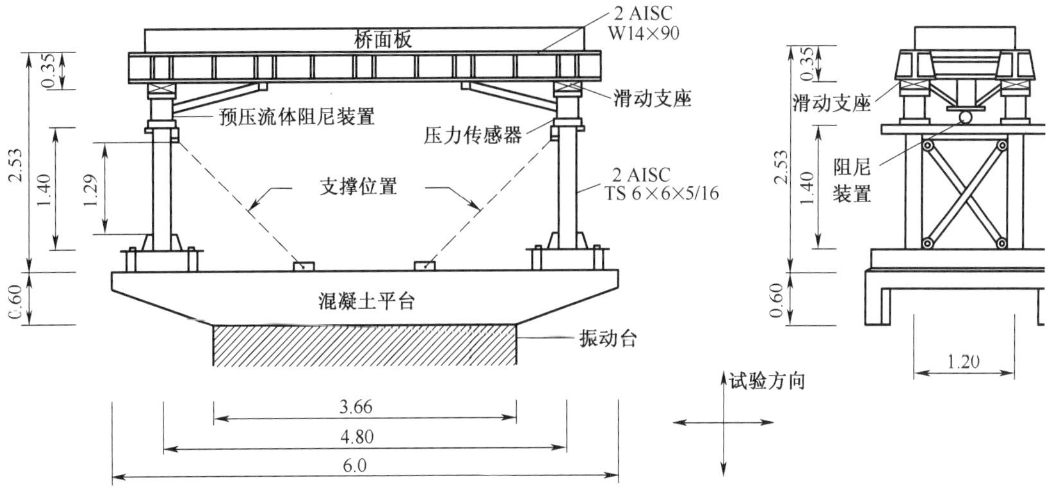

图 3.4.5　振动台实验模型布置图(m)

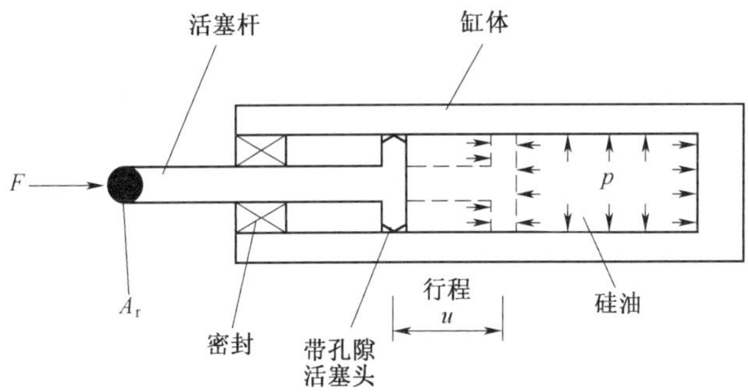

图 3.4.6　装置工作原理图

由于体积模量与总压强 p_r 相关，体积 V 非常数，而是等于 $V_0-A_r u$(V_0 为装置不发生位移时的液体体积)，总体来说这个关系式成非线性变化趋势。图 3.4.7(a)表示了这一关系等式。

式(3.4.4)可更精确的表述为：

$$F=\int\frac{K(p_r)A_r^2}{V_0-A_r u}\mathrm{d}u \tag{3.4.4}$$

式中　$K(p_r)$——与压强相关的体积模量。

由于装置内密封引起的摩擦改变了力-位移关系，由图 3.4.7(b)中可以看出。设装置初始预压压强为 p_0，由此可知预压力 F_0 为：

$$F_0=A_r p_0 \tag{3.4.5}$$

活塞杆移动必须超过这个预压力，如图 3.4.7(c)所示。

活塞头上小孔的面积和形状决定了装置激发的黏滞力水准和性质，当然，这个黏滞力是与活塞头的速度相关的。完整的装置输出力曲线如图 3.4.7(d)所示。

可以看出，图中滞回曲线的面积在一个方向要比它相反的方向饱满(从实验结果曲线也可看出，如图 3.4.8 所示)。这是由于装置活塞上仅在一个方向设置了额外的小孔，而反方向上没有设置。这个性能对整体的性能有益：装置在行程增大时阻尼力增大较多，而在活塞头恢复中位时阻尼力较小，有助于装置复位。

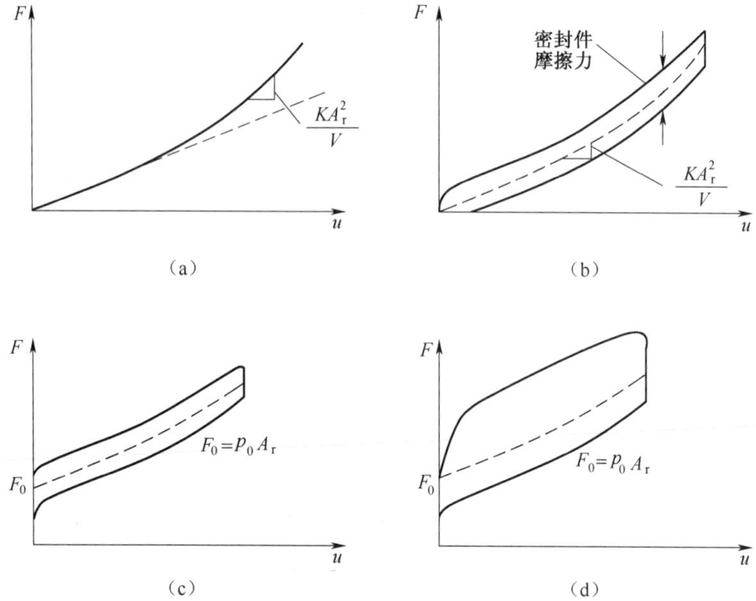

图 3.4.7　装置各部分出力

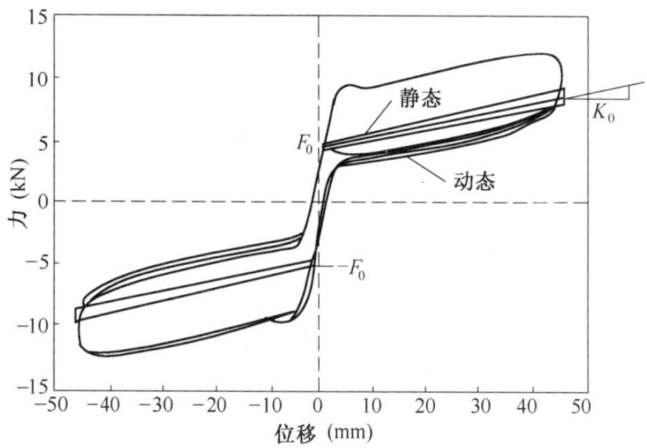

图 3.4.8　装置的力-位移曲线

4. 装置的计算分析模型

装置最终输出力由预载力、液体弹簧恢复力、密封摩擦力和液体阻尼力四部分组成。Tsopelas(1994)给出的最后计算模型为：

$$F_t=F_0[1-\exp(-\delta|u|)]\mathrm{sgn}(u)+K_0u+[F_{min}+\zeta K_0|u|]Z_i+F_d\mathrm{sgn}(\dot{u}) \quad (3.4.6)$$

$$\left.\begin{aligned}F_d=F_1(\dot{u}) \qquad u\dot{u}>0\\ F_d=F_2(\dot{u}) \qquad u\dot{u}<0\end{aligned}\right\} \quad (3.4.7)$$

式中　F_0——预载力；

K_0——刚度；

F_{min}——在零行程时密封摩擦力；

F_d——流体阻尼力，与运动的速度和方向相关。

此外，Z_i 为由式(3.4.8)给出的滞回变量：

$$Y_i\dot{Z}_i+\gamma|\dot{U}_{bi}|Z_i|Z_i|+\beta\dot{U}_{bi}Z_i^2-\dot{U}_{bi}=0 \quad (3.4.8)$$

式中 Y_i——屈服位移；

β,γ——符合 $\beta+\gamma=1$ 的参数；

U_{bi}——装置位移；

$\dot{U}_{bi}$——装置速度(实际上位移和速度分别为装置一端相对于另一端的速度)。

$\zeta K_0|u|$项是考虑到在发生位移时由于内部压强的提高所引起的密封摩擦力的升高。这种密封通常采用非常柔软的材料，在内部压力下冷流以微观表面形态被密封。这样随着位移的增大内部压强摩擦增加，恢复力 K_0u 取了线性情况。预压力在理想状态下可由 $F_0\text{sgn}(u)$表示。

实际上，装置刚度在零位移时并不是无限大，而是依赖于活塞头发生位移时的速度。带有指数函数的预压力 $F_p=F_0[1-\exp(-\delta|u|)]\text{sgn}(u)$给出了这种情况的影响。

实际上，装置刚度在零位移时并不是无限大，而是依赖于活塞头发生位移时的速度。带有指数函数的预压力 $F_p=F_0[1-\exp(-\delta|u|)]\text{sgn}(u)$给出了这种情况的影响。

阻尼力由式(3.4.7)中的两项表示，这两种不同的出力特点是由于在活塞两侧采用了面积不同的小孔，并且冲程增加一侧大于冲程减小一侧。两项阻尼力 F_1 和 F_2 可由式(3.4.9)表示。

$$F_j=F_{\max j}[1-\exp(-\varepsilon_j|\dot{u}|)]\quad j=1,2 \tag{3.4.9}$$

这个等式在速度较大的情况下预测固定的阻尼力误差较大；另外一个表达形式是：

$$\underset{j=1,2}{F_j}=\begin{cases}C_{j1}|\dot{u}| & |\dot{u}|\leqslant\dot{u}_1\\ C_{j1}\dot{u}_1+C_{j2}(|\dot{u}|-\dot{u}_1)^{a_j} & |\dot{u}|>\dot{u}_1\end{cases} \tag{3.4.10}$$

实验中所采用装置的 $\dot{u}_1=50$ mm/s，$a_j=0.3$。

预压流体阻尼装置从 1970 年起，至今一直被美国军方，应用于搭载洛克希德公司 S-3 维京飞机航母降落中心拦阻钩索上。其他应用包括 NATO MK49 型环形激光陀螺导航仪、船甲板防空导弹以及潜艇等领域。上述装置出力在 1～1 500 kN。在加拿大魁北克省钢铁熔炼厂的两个熔炼车间上设置了 22 套预压流体阻尼装置，吨位分别为 450 kN、225 kN 和 130 kN，用于抗震和抗风。土木工程中，这些设备在使用荷载作用下设计为刚性并在地震荷载条件下提供恢复力以及阻尼。它们可用于由于重力、交通、风荷载和离心力作用而需要高刚度的道路和铁路桥。

以上针对活塞流体型阻尼器进行了讨论，其中锁定装置和液体黏滞阻尼器是最常用的两种。除活塞上小孔的大小不同外，这两种产品的其他结构完全相同，因此可以把锁定装置看成是黏滞阻尼器的一种特例。金属密封无摩擦阻尼器和预压液体阻尼器的使用针对性较强。液体黏弹性阻尼器、熔断阻尼器和限位阻尼器都是根据设计者在实际工程中的不同的设计需要，发展出的液体黏滞阻尼器的最新产品。

最近，根据我国铁路、公路桥梁的发展，我们和美国泰勒公司一起，还在创新其他类型的新型阻尼器。

3.4.2 半主动手动多阶段阻尼系数阻尼器

在主动控制理论中，曾提出控制结构中应用的阻尼器的半主动的办法。为实现这一半主动控制，相应的二阶段、五阶段甚至连续的多阶段阻尼器被设计和生产，通常的办法是在普通被动阻尼器上另加一个控制器。当我们采集到的基底剪力达到控制要求时，传感器会通过电路通知控制系统，电路启动特殊的“Secondary Orifice”。通过这一控制小孔的阀门，控制阻尼器内部的硅油，从而起到改变阻尼比的目的。如果需要，当然可以多分几个阶段。这种阻尼器的构造如图 3.4.9 所示(图片中靠前的两个)。

这种半主动控制的阻尼器真正应用到实际工程中,其外接电源、传感器和控制系统的可靠性被结构工程师所怀疑。就是半主动,也没有被美国的工程界所接受。在芝加哥凯越酒店的 TMD 系统中,设计者提出希望采用改变阻尼比的阻尼器来控制超大风下的位移。业主坚决不同意用电控制的半主动阻尼器,而宁肯采用手控的半主动阻尼器。图 3.4.9 中带外接油管和阀门的两个阻尼器即为手控变阻尼比的阻尼器。

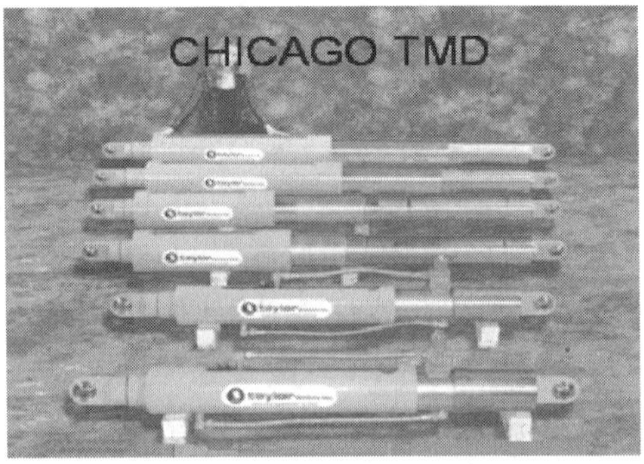

图 3.4.9　Taylor 两阶段半主动控制阻尼器

第4章　产品检测和表现评估

近几年来，液体黏滞阻尼器在土木结构工程中应用的越来越多，有些工程在设计初期就已经考虑通过设置液体黏滞阻尼器进行位移控制。如一些特别重要的国家基础设施，甚至上千米的大型跨江、跨海桥梁结构。为保证阻尼器产品的质量，特别是在我国一些重要的基础设施项目中采用黏滞阻尼器这项技术时，对这类产品提出明确的产品性能及要求进行严格的测试是很有必要的。这是检验阻尼器是否达到设计要求，确保产品质量及安装后的良好工作状态及耐久性的重要手段，是消能减振工程最为重要的一个环节。我们必须认识到阻尼器的产品检验及测试不是简单的质量问题，而是关系到这项技术能否在我国获得长久发展以及耗能减震结构能否真正做到保证设施安全的关键问题。

在土木工程上采用液体黏滞阻尼器这项技术起源于美国，而且美国在黏滞阻尼器的检验及测试方面取得了一些成功的经验，本文将就美国一些相关测试规划及具体测试内容给出介绍，并探讨适应我国国情的具体办法。

4.1　简　　述

20世纪80年代中期，美国国家地震研究中心NCEER(National Center For Earthquake Engineering Research)在纽约州立大学建立布法罗分校。在美国科学基金的支持下，美国国家地震研究中心的研究人员针对流体控制阻尼器作了深入研究，进行了一系列的动力测试和模拟振动台试验，并根据试验结果建立了简洁而准确的阻尼器计算模型，逐渐将这项减振技术推进到土木工程中，同时也完成了将其推进到土木工程中的第一步。

为了将这项技术更好的向土木工程中推进，保证隔振装置及耗能装置能安全有效的使用和正确的推广，20世纪90年代中期，由美国国家科学基金会NSF(National Science Foundation)和美国土木工程协会ASCE(American Society of Civil Engineers)等单位，组织了两次大型联合测试：1995年美国旧金山金门大桥抗震加固工程的对比检验，由T. Y. LIN公司支持并参与对测试结果进行评估；1994年在美国高速公路创新技术评估中心HITEC(Highway Innovative Technology Evaluation Center)主持下在北美波音公司下属的能源技术工程中心ETEC(Energy Technology Engineering Center)进行的大型试验。

这两大测试的特点：

(1)组织和评估单位由国家相关职能部门或一个第三方评估单位提出并执行，有客观和权威性；

(2)测试内容及要求非常严格，测试内容涵盖较为广泛；

(3)测试内容以技术报告的形式进行公示，透明度很高；且仅给出试验结果，不给出结论，由读者进行评判；

(4)测试厂家不局限于美国本土，而是来自世界多个国家；

(5)所测试的耗能阻尼器均为液体黏滞阻尼器。

在美国消能减振实际工程应用的整个进程中，这两次测试具有承上启下的重要意义，是包括液体黏滞阻尼器及其他隔振类产品真正走出研究机构，被工程界所广泛接受的重要里程碑。在此后，对于一个从未进行预检验的消能减振产品，为能进入美国及国际市场，往往自行安排进行预检验中所规定的测试，以证明自身的产品性能和质量。这种“自行安排”虽然不具有权威性，但也不失为一个很好的做法。可以说，一个阻尼器产品是否能够通过预检测中所规定的测试要求，已经成为美国及国际工程界判定其性能和质量的标准和依据。

液体黏滞阻尼器的动力性能测试在其发展过程中占有很重要的地位。目前国内外很多规范和规程中对黏滞阻尼器的性能测试都提出了明确的要求。如美国联邦紧急事务管理署 FEMA(Federal Emergency Management Agency)的一系列推荐性规范 FEMA273、FEMA368 及 FEMA450；美国加州结构工程师协会 SEAOC(Structural Engineers Association of California)、美国土木工程师协会颁布的 ASCE-7；美国国家公路与运输协会标准 AASHTO(American Association of State Highway and Transportation Officials)；HITEC 预检验测试以及我国的《建筑结构抗震设计规范》(GB 50011—2001)等。

上述桥梁及建筑的规范都根据各自行业特点制定了相应的阻尼器验收标准。这些测试中提出了若干规定，其目的在于：(1)检验产品性能从根本上是否符合液体黏滞阻尼器的技术要求；(2)检验阻尼器的实际性能曲线与设计要求的吻合情况，并确保阻尼器可以承受设计中所要求的最大载荷；(3)检验产品的质量是否可以适应自然环境下的恶劣条件，进而决定是否可以用于实际工程中；(4)检验阻尼器安装到土木工程后的耐久性及可靠性是否可以保证。

从阻尼器在美国的发展及美国各类相应测试规范的要求可以看出，整个进程中一直强调的是阻尼器的产品性能、产品质量是否过关。这种现象也不难理解：对于这部分由精密加工的机械零件组成的结构附加设备来说，其性能、耐久性是否能够满足相对于使用寿命 50～100 年、具有优良耐久性能的土木工程结构的要求，这的确需要人们通过严格的检验和测试进行考察和确定。

4.2 美国对液体黏滞阻尼器的检测

总体上看，在美国各类规程规范中关于阻尼器的测试可以概括为以下三个范畴。

4.2.1 产品预检测

产品预检验测试(Prequalification Test)是由国家相关的权威机构和部门针对各类减、隔震装置的生产厂家进行的评估和鉴定。在 20 世纪 90 年代美国对金门大桥工程拟采用的黏滞阻尼器的对比检验和 HITEC 进行的多种减隔振装置的大型对比试验是两次非常重要的产品预检验，测试后给出的鉴定报告对阻尼器在今后工程上的应用有着重要的指导意义。

1. 旧金山金门大桥工程的对比检验

1995 年，美国科学基金会(NSF)组织了针对美国旧金山金门大桥工程的阻尼器对比检验。NSF 组织由 T. Y. LIN 公司和加州伯克利大学专家组成的小组。评选小组经过分析，在世界范围内选择了四种液压黏滞阻尼器，进行检测测试。在测试中所提出的要求，和美国后来陆续发表的规范和规程中的要求完全符合。所有这些结果都通过技术报告进行公开发表，在美国这种鉴定的结果并不反映在一张证书中，而是以论文的形式给以全面的记载。所有的试验都是由作为第三方的 T. Y. LIN 工程设计公司组织和监督的，有很强的客观性。

测试目的如下：

(1)评估在常速度荷载条件下阻尼器性能表现，验证其性能构成关系；

(2)评估在温度、循环位移和频率宽幅变化下阻尼器性能构成关系；

(3)评估在正弦波位移荷载下阻尼器能量吸收能力；

(4)针对在大振幅、低速多周循环条件下评估阻尼器密封的磨损特性；

(5)在 TYLIN 设计公司设计分析所采用的最大可信地震 MCE(Maximum Credible Earthquake)位移荷载下，评估阻尼器性能表现。

在测试中共邀请了四家不同的制造商提供了 4 套黏滞阻尼器，在报告中分别采用 A、B、C、D 四个编号表示。测试中未采用全比例的阻尼器，这是由于全比例阻尼器的速度和位移已经超出当时测试设备的能力。缩尺试样根据地震工程研究中心(EERC)的地震模拟实验室的液压泵的能力选定，原始阻尼器的公式为：

$$F=75\cdot V^{1/2} \tag{4.2.1}$$

而测试中所采用的缩尺试样公式为：

$$F=22.4\cdot V^{1/2} \tag{4.2.2}$$

式中　75，22.4——阻尼器的阻尼系数(kip $\cdot\, s^{\frac{1}{2}}/in^{\frac{1}{2}}$)；

V——阻尼器两端间的相对运动速度，速度指数为 1/2。

原型试件的峰值速度为 75 in/s(1 905 mm/s)，最大出力为 650 kip(2 900 kN)。在地震荷载下阻尼器平均输出功率 350 hp(261 kW)，峰值功率 7 250 hp(5.41 MW)。缩尺后试样的峰值速度为 20 in/s(500 mm/s)，最大出力为 100 kip(445 kN)。阻尼力缩尺比例为1∶6.5，位移缩尺为 1∶4，速度缩尺为 1∶3.75。其余相关的测试信息参见表 4.2.1 和表 4.2.2。

表 4.2.1　金门大桥阻尼器测试参与机构

	主　办　方	主持试验方	参与产品
金门大桥联合测试	美国科学基金会	T. Y. Lin 设计事务所	德国 Lisega
			意大利 FIP
			美国 ENIDINE
			美国 Taylor Device

注：这次综合测试的结果可以通过金门大桥阻尼器预检验测试报告进行查询，遗憾的是德国 Lisega 和意大利 FIP 虽受到邀请，但在报告中未能查到相关结果。

表 4.2.2　金门大桥预检验测试内容

测试项目	测试内容	评定标准
阻尼器滞回曲线检测	生产厂家预先指定所生产阻尼器符合的公式	在不同的条件下要求误差在15%以内：采用前两圈的平均值作为对比的基准反应
阻尼器的最大承受负荷	其中包括：最大受力、最大允许冲程、峰值速度、峰值加速度、持续时间、频率	
耗能效率测试	峰值功率，平均功率，能量耗散效率 f $f=S_{loop}/(F_{max}-F_{min})\times(D_{max}-D_{min})\times100\%$ 式中　S_{loop}——装置滞回曲线面积； F_{max}，F_{min}——装置最大和最小阻尼力； D_{max}，D_{min}——装置测试最大和最小位移	这里，用简谐振动的前五圈记录结果进行检测。其能量耗散效率 f 均要求等于或大于 82.5%

续上表

测试项目	测试内容	评定标准
耐温试验	不同温度下曲线的测定	要求阻尼器力学滞回曲线的变化在15%以内(当地旧金山是4 ℃～52 ℃)
频率检测	不同频率简谐振动输入时阻尼器的特性变化	频率变化从1～5 Hz时,要求阻尼器力学滞回曲线的变化在15%以内
耐久及抗疲劳试验	考虑风荷载下的抗疲劳能力,测试阻尼器的密封系统在1 800次往复运动中是否有漏油,阻尼器力学滞回曲线的变化是否在15%以内	强调在长期高次数车辆交通荷载的运行中的抗磨损能力,防漏油能力
耐腐蚀抗老化材料	采用的不锈钢或不锈钢等同耐腐蚀的钢材在不同可能的环境下抗腐蚀,老化的能力	
地震输入检测	将90 s持续时间,峰值20 in/s,峰值位移为6 in的地震记录输入,安置了阻尼器的结构	观察试验结果是否符合公式要求

虽然最终金门大桥的加固改造方案中未能设置阻尼器,但金门大桥的阻尼器预检验测试,给工程设计者提供了一个良好的平台和基础,为这项技术的深入开展起到了关键作用。

2. 美国土木工程学会HITEC对比试验

为了进一步评估对比桥梁上可以应用的支座和阻尼器等新技术,美国土木工程基金会CERF(Civil Engineering Research Foundation)于1994年成立了高速公路创新技术评估中心HITEC(Highway Innovative Technology Evaluation Center)。从1994年开始,他们组织对10个公司的11种产品进行了集中对比试验,所有的试验由一个客观的委员会集中管理。委员会由加州交通局地震工程桥梁高级工程师Mohsn Sultan领导,主要由各州交通局有关专家组成。试验在有30年测试经验的美国能源技术工程中心ETEC(Energy Technology Engineering Center)进行。测试的结果于1999年公开发表,供桥梁的设计者和业主在未来工程中选用参考,也为美国相应的设计规程的制定提供了重要的参考依据。如美国高速公路管理委员会FHWA(Federal Highway Administration)和美国州公路交通办公路桥梁委员会AASHTO(American Association of State Highway and Transportation Official)都在相应规定和规程中都参考了这一测试结果。

HITEC共对四类减、隔震产品,12个生产厂家进行了测试。选择这些厂家的标准是:(1)产品为申请人所有;(2)产品已经市场化;(3)产品拥有独特技术,且没有成形的相关规程规范。

进行测试的12个生产厂家如表4.2.3所示。

表4.2.3　参加HITEC的生产厂家和产品

序号	生产商	技术	所属范畴
1	Dynamic Isolation Systems, Inc.	力控制型支座	黏弹性支座
2	Enidine. Inc.	液体黏滞阻尼器	能量消耗装置
3	Fip Energy Absorption Sys., L. L. C.	具有特定反应的地震装置	滑动和滚动装置
4	Fluor Daniel	能量消耗限位	能量消耗支座
5	Lorant Group, Inc.	隔震支座	黏弹性支座
6	Oiles Corporation	Oiles MS制动器	能量消耗装置
7	R. J. Watson, Inc.	Eradiquake	滑动和滚动装置

续上表

序号	生 产 商	技　　术	所属范畴
8	Scougal Rubber Corporation	隔震支座	黏弹性支座
9	Skellerup Industries，Inc.	橡胶类支座	黏弹性支座
10	Taylor Devices，Inc.	液体黏滞阻尼器	能量消耗装置
11	Tekton manufacturing，Inc.	钢-橡胶支座	黏弹性支座
	Tekton manufacturing，Inc.	Ball-in-Core	球形滑动装置
12	VSL Corporation	摩擦摆支座	球形滑动装置

其中美国ENIDINE公司、日本Oiles公司以及美国Taylor公司是采用液压技术的阻尼器公司。HITEC要求每个公司提供5个产品，产品技术参数如表4.2.4所示。

表 4.2.4　每个公司提供测试的5个阻尼器样品

试样编号	阻尼力	运动等级(in)	设计位移(mm)
TA1	150kip(668 kN)	2.0±1.0	152.4
TA2	500kip(2 227 kN)	3.0±1.5	228.6
TA3	500kip(2 227 kN)	3.0±1.5	228.6
TA4	500kip(2 227 kN)	3.0±1.5	228.6
TA5	750kip(3 340 kN)	4.0±2.0	304.8

表4.2.5为HITEC阻尼器预检验的测试项目及评判标准。测试的项目不仅包括测试阻尼器的一些基本特性，也包括阻尼器在使用过程中将会遇到的一些实际问题：如大风及车辆通过时引起的阻尼器低频运动和在外界复杂环境下(极限温度、腐蚀环境)阻尼器的动力性能。

表 4.2.5　HITEC的预检验测试项目列表

编号	测试项目	测试方法及试验参数	说明
T1	基本性能检验/时变性测试(Performance Benchmark)	测试周期：2.0 s (0.5Hz)； 循环次数：10 cycles； 测试位移：阻尼器设计最大位移	测试阻尼器衰减特性及动力稳定性；检验阻尼器是否满足抗震的基本要求
T2	频率相关性测试(Frequency Dependent Characterization)	测试频率：0.05～2 Hz； 循环次数：3 cycles； 测试位移：控制最大位移确保阻尼器或设备在最大速度范围内	测试阻尼器在频率变化时的动力特性，验证与理论公式相符合程度
T3	疲劳及磨损测试(Fatigue and Wear)	长期环境模拟： 测试周期：10.0 s； 循环次数：10 000 cycles； 测试速度：$V \geqslant 114$ mm/min	模拟阻尼器在长期使用后遭遇地震作用，测试阻尼器的动力性能、检验抗疲劳及抗磨损性能；检验阻尼器在风荷载作用下的性能
T4	环境老化测试(Environment Aging)	在疲劳及磨损测试后，将测试样品喷盐1 000 h；采用T2所示的测试方法及试验参数	模拟阻尼器在长期使用后并长期处于腐蚀环境后，遭遇地震作用，测试阻尼器的动力性能
T5-1	动力测试(Performance Test)	测试周期：2.0 s (0.5 Hz)； 循环次数：3 cycles； 测试位移：阻尼器设计最大位移	检验阻尼器动力性能的稳定性

续上表

编号	测试项目	测试方法及试验参数	说明
T5-2	温度测试 (Temperature Test)	低温环境：−40 ℃/24 h； 高温环境：50 ℃/24 h； 要求：75 min 安装就位，在 4 min 内完成 T5-1 动力测试	检验阻尼器在高温及低温的外界环境下动力性能的稳定性
T6	耐久性测试 (Durability Test)	测试周期：2.0 s (0.5 Hz)； 循环次数：20 cycles； 测试位移：阻尼器设计最大位移	测试在强烈运动下阻尼器的耐久性；量化阻尼器使用范围
T7	超载测试 (Ultimate Performance)	作动器从−DD 加速运动到+DD，然后由+DD 反向加速运动到−DD。在次过程中施加 0.5DV、1.0DV、1.5DV 和 2.0DV (DD 为阻尼器设计位移、DV 为设计速度)	测试在超过阻尼器设计速度情况下阻尼器的性能表现
备注：所测试的 5 件阻尼器样品中，3 件样品完全相同(TA2# ～TA4# 均为 150 kip)，分别在上述测试时进行同一性检验，观察产品的离散性			

HITEC 的测试有以下几项特色：

(1)力学性能的时变性实验

对于地震反应，前十个运动周期是最重要的。HITEC 特意作出了前十圈的阻尼力随循环圈数的变化曲线，这些曲线是否保持在一定的误差范围内(15%)，是阻尼器质量优劣的一项重要标志。

(2)相同产品的一致性实验

这项测试要求各厂商做出三个性能完全一样的产品，观察产品的离散性。在 HITEC 测试中的 5 个试验样品，也要求每种做三个完全一样的产品。三个产品的测试对产品的一致性是一个重要检验。从 HITEC 的测试结果可以看出，泰勒阻尼器产品的一致性最好，其衰减曲线基本重合。

(3)耐久及抗疲劳试验

考虑风荷载作用下阻尼器的抗疲劳能力；测试锁定装置的密封系统在多次小负荷往复运动中是否有漏油现象；锁定装置的力学参数的变化是否在 15%以内。HITEC 要求做 10 000 次往复实验，而 AASHTO 更强调在长期高次数车辆交通荷载运行中阻尼器的抗磨损能力和防漏油能力，所以要求做 100 000 次以上的疲劳往复实验。

(4)耐温试验

不同温度下曲线的测定决定了阻尼器是否可以在不同温度的环境下应用。阻尼器应该在 −40 ℃～52 ℃下都能应用，这就要求阻尼器力学滞回曲线的变化在 15%以内。这是液体黏滞阻尼器和其他阻尼器相比最大的优点。

(5)极限荷载和安全系数

对试件逐步加载直到设计速度的两倍，观察阻尼器的安全系数。

这两次鉴定的特点如下：

①参加测试的是世界上精选的阻尼器厂家，设备全部用硅油，且速度指数可变；

②测试尽量用原型测试；

③第三方客观测试，客观写报告；

④对美国规范和工程选用起到了重要指导作用。

美国 AASHTO LRFD Bridge Construction Specifications-Section32 规范中针对锁定装置也明确提出了预检验的概念，条文中指出：这项测试不是针对具体工程项目提出的，而是针对某种新产品、或者是对已经存在但未经预检验的产品提出的进行测试确定产品性能的要求。

正如其他先进技术走向实际应用一样，黏滞阻尼器在美国真正走向工程应用、真正从实验室进入实际工程并被人认可，同样需要经历一个较长的研发过程，并需要通过严格的验证考试。如果不能完成这样一个从研发到实用性转化的全过程，其结果往往适得其反。由于各阻尼器生产厂家对液体黏滞阻尼器的设计制作均有各自的设计方法和特点，生产出来的产品性能也会有所不同，通过预检验可以检验生产厂商的阻尼器产品性能、生产及加工质量。在美国进行的上述两大测试起到了很好的推进阻尼器产品预检测的作用，为消能减振技术在美国乃至世界的发展奠定了基础。

4.2.2 产品原型测试

产品原型测试(Prototype Tests)是对工程上拟采用的阻尼器产品进行的实物检验。检验生产厂商对具体工程项目所生产的产品是否满足设计要求。一般针对工程所进行的原型测试都根据相应的工程结构设计及工程现场实际情况制定，对所测试的项目要求也没有预检验复杂。

关于阻尼器的性能测试，美国各种建筑、桥梁规范的编制和管理部门都参与了审查和评估，其中包括：

ATC17、ATC33(Applied Technology Council 1995)；

FEMA 273、274,356, 368,450(Federal Emergency Management Agency)；

NEHRP 2000 Proposal 12-7(National Earthquake Hazards Reduction Program 2000)；

NEHWA(Federal Highway Administration)；

ASCE-7(American Society of Civil Engineers)；

AASHTO LRFD Bridge Construction Specifications 2002；

SEAOC(Structural Engineers Association of California)；

OSHPD(Office of Statewide Health Planning and Development)；

HITEC(Highway Innovative Technology Evaluation Center)。

经过审查和评估，以上各单位均对液压黏滞阻尼器在结构工程中的应用有了认同，并将其编入美国国家的有关规程规范中。这些规范规程在理论上给出了应用的理念和指南，在设计上对建筑结构给出了简化和时程积分的计算分析办法。更有意义的是，几乎各种规范都给出了阻尼器严格的测试检验办法，最典型的是 AASHTO、FEMA 和 ASCE。

1. AASHTO 设计规程对测试的要求

美国设计规程 AASHTO-Section 32 中明确地给出了锁定装置使用前的检验办法。虽然在 Section 32 中说的是锁定装置，但基本测试要求显然也适用于耗能阻尼器。它的基本测试要求和金门大桥工程中的阻尼器对比检验以及高速公路创新技术评估中心的对比试验是一致的，有的还更加严格。

在 AASHTO-Section 32 中，对锁定装置的出图要求、使用的材料、出厂包装和运输、产品的维护及检验都作了明确的规定和要求，对每个产品的出厂检验也都作了明确的要求和说明。

2. 美国 FEMA450 和 ASCE-07 中的规定

在美国 FEMA、ASCE 及 SEAOC 系列结构抗震及加固设计规程和规范中的阻尼装置的相关章节中，均对阻尼器系统(阻尼器及连接件)提出了总体的控制要求，并对阻尼器需进行的原型测试进行了规定，如表 4.2.6 所示。

表 4.2.6 FEMA、ASCE 及 SEAOC 测试项目列表

测试编号	测试项目	测试方法及试验参数	判定标准
T1	风作用下高周循环测试	测试频率：$f_1=1/T_1$(T_1 为结构基本周期)； 循环次数：2 000 cycles； 测试位移：设计最大风荷载下阻尼器最大位移	试验中没有任何泄漏、屈服或破裂等破坏现象
T2	地震作用下低周循环测试	测试频率：$f_1=1/T_1$(T_1 为结构基本周期)； 循环次数：5 cycles(FEMA 推荐为 20 cycles)； 测试位移：地震作用下装置的最大位移； 测试温度：如阻尼器对温度敏感需在三种温度环境测试(最小温度环境、中间温度及最大温度环境)	1. 在测试的频率和温度下任何一个循环中的阻尼装置在“零”位移的情况下的最大阻尼力和最小阻尼力与各个循环中最大和最小力的平均值相比，误差在 15%的限度内； 2. 在测试的频率和温度下，任意一个循环中滞回耗能面积和测试过程中的平均耗能面积相比误差小于 15%； 3.“0”位移下最大阻尼力和最小阻尼力的平均值、等效刚度(如果有刚度)及每次测试得到的平均滞回面积在理论预期值的 15%误差内
T3	频率测试	测试频率：$f=1/T_{1M}\sim2.5/T_1$； 循环次数：5 cycles； 振动幅值：不大于地震作用阻尼装置最大位移(如所测试的结果误差超过 15%，则同时应在频率分别为 $1/T_{1M}$和 $2.5/T_1$ 时进行测试)	

下文节选了部分美国 FEMA450 和 ASCE-07 结构抗震设计部分都列有阻尼装置的测试内容，这里简单介绍一下与液体黏滞阻尼装置有关的测试内容：

阻尼装置的原型测试

同一型号的阻尼装置需抽取两个试件进行测试，并且：

(1)同型号阻尼装置无论加工和质量控制应完全相同；

(2)所测试阻尼装置的抽样测试应由项目负责的注册工程师批准。

测试样品一般不能再次在结构上使用，除非得到注册工程师的批准，并且试验后的原型试件完全满足生产检验的要求。

(1)数据采集：每个试验过程中的每个循环过程都要记录力-位移的关系。

(2)循环试验：每个测试的阻尼装置都应按实际安置的状态下考虑重力和温度。针对地震作用所进行的测试，在确定设备测试采用的位移时应考虑在最大地震作用的情况下所计算出的阻尼装置所能产生的最大位移。

①Test1：所测试的每个阻尼装置应针对风荷载进行测试。即在设计风荷载的连续作用下承受不小于 2 000 次的循环测试，测试频率可取为结构基本周期 T_1 的倒数。

例外：如果阻尼装置的设置不是用于在风荷载作用下降低结构的受力及位移，或者是在风荷载作用下阻尼装置不会产生屈服或滑动，则可以不进行这项测试。

②Test2：对每个阻尼装置采用正弦波荷载进行 5 周次循环测试，采用正弦波的测试位移为在地震作用下装置的最大位移，测试的频率取为 $1/T_{1M}$，T_{1M}为在结构最大位移下考虑屈服特性后结构的有效周期。如果所测试阻尼装置的特性根据温度改变，则本测试过程应至少采

用三种温度环境(最小温度环境、中间值及最大温度环境),从而可以观察在整个环境温度变化范围内的阻尼装置性能。

例外:如果阻尼装置可以满足如下条件,可以用替代的办法测试。

a. 所采用的替代方法等效于这里所要求的测试循环周期;

b. 所采用的替代方法应能够体现在本测试中阻尼装置在不同变化条件下的特性,如环境温度改变、测试频率的变化以及测试过程中引起的阻尼装置的温度升高;

c. 所采用的替代方法应获得项目注册结构工程师的批准。

③Test3:阻尼装置应在测试频率 $1/T_{1M}$ 到 $2.5/T_1$ 之间进行动力测试,其振动幅值不大于地震作用下阻尼装置的最大位移;如所测试的结果误差超过 15%,则同时应在频率分别为 $1/T_{1M}$ 和 $2.5/T_1$ 时进行测试。

如采用缩尺试件来验证阻尼装置在上述各种条件下的变化规律是否满足要求,则缩尺试件所采用的类型和材料、加工及质量控制过程均应与原型试件相同,并且测试所采用的相似比频率能代表原型试件的测试频率。

(3)测试类似的装置:如能满足以下要求,阻尼装置可以不用进行原型测试。

①负责该结构的注册结构工程师同意采用在常规测试和其他阻尼装置的测试数据;

②注册结构工程师同意用过去做过的类似试验所取代。

(4)力-速度-位移特性的确定:阻尼装置的力-速度-位移特性将由上述原型试件的循环试验结果确定。每周位移循环测试中的阻尼装置的有效刚度 k_{eff} 采用等式 $k_{eff}=\dfrac{|F^+|+|F^-|}{|\Delta^+|+|\Delta^-|}$ 确定,式中 F^+ 和 F^- 分别为测试中的峰值正位移 Δ^+ 及负位移 Δ^- 所对应的正负力值。

(5)阻尼装置是否符合要求的判定:如满足下列条件则原型阻尼装置的测试性能结果将被视为符合要求。如果能够证明提高下面提到的 15%误差变化范围不会对结构反应造成有害的影响,结构负责的注册工程师可以提高这个误差范围。

速度相关型阻尼装置:阻尼装置样品的测试如满足下列条件,认为阻尼装置合格。

①在 Test1 试验中没有任何泄漏、屈服或破裂等到破坏现象;

②对于有刚度的速度相关型阻尼装置,在 Test2 和 Test3 的循环测试过程中,不同频率和温度的测试过程中,等效刚度的计算误差不大于 15%;

③在测试的频率和温度下任何一个循环中的阻尼装置在"零"位移的情况下的最大阻尼力和最小阻尼力与各个循环中最大和最小力的平均值相比,误差在 15%的限度内;

④在测试的频率和温度下,任意一个循环中 Test2 和 Test3 中的滞回耗能面积和测试过程中的平均耗能面积相比误差小于 15%;

⑤在 Test2 和 Test3 的测试过程中,"0"位移下最大阻尼力和最小阻尼力的平均值、等效刚度(如果有刚度)及每次测试得到的平均滞回面积在项目注册工程师经计算确定的理论预期值的 15%误差内。

阻尼装置的产品检验

在阻尼装置安装前所有阻尼装置都应进行测试,以确保力-速度-位移的特性关系在结构项目的注册工程师所要求的误差范围内。所有测试的范围和频率都要由注册工程师确定。

在实际应用中,由于桥梁结构的重要性及桥梁用阻尼器工作环境的复杂性,针对桥梁结构所进行的原型测试相对于建筑工程则更为严格,如我国一些重要桥梁,如苏通大桥及江阴大桥应用的阻尼器产品均参考 HITEC 的阻尼器检验计划制定的验收测试要求，这基本达到了预检验测试的水平。

4.2.3　产品出厂质量验收测试

产品的质量验收测试(Quality Control Tests)由生产商在产品封装完成出厂前自行完成，这是在阻尼器应用到结构之前最为重要的测试环节，通过对每一个产品的测试可以发现在制造过程中的问题，从而有效的控制产品质量。

对于这部分测试，美国规范如 ASCE-7、FEMA 系列规程都作出了明确规定：在经过结构工程师的批准后，作为厂家质量控制的一部分——产品的出厂检验测试可以作为阻尼器产品的质量验收测试，所测试内容最低应可以验证阻尼器的力-速度-位移关系是否满足误差控制要求。在满足产品预检测的前提下，每个产品均需要完成。

对于质量验收测试，我们理解为：对所测试的内容在得到业主及工程设计人员的监督和认可下，这部分测试可以由厂家自行进行。

每一个生产厂家由于产品特性不同，所进行的测试会有所区别。下面是美国泰勒公司一个最为普通的出厂质量检验要求。

(1)外形测试：检查阻尼器外形几何尺寸是否和设计要求一致，是否满足设计允许误差；检查阻尼器有无漏油，油漆剥落，外壳损坏。

(2)超载耐压测试：确保阻尼器在最大压力下、甚至达到设计压力的 1.5 倍时不能漏油。每一个阻尼器都必须经过这一检验。

(3)慢速测试。

(4)动力测试：所有工厂生产的阻尼器，都要在模拟动力的试验设备上检验，要求按设计要求做一个完整的装置循环过程，给出以下参数和曲线。

a. 阻尼力、冲程和速度的时程曲线；

b. 冲程和阻尼力的滞回曲线；

c. 不同冲程下的阻尼力与理论曲线的对比(要求在±15%的误差范围内)；此外，随着技术水平的提高，泰勒公司近期将绝大多数测试要求提高到 10%；

d. 在受拉和受压情况下的最大阻尼力和冲程。

经过以上的出厂测试和检验，实际上每个阻尼器都建立了档案，便于以后跟踪及使用过程中的维护。以上出厂检测均采用工程中实际安装的阻尼器原型试件，满足了规范对阻尼器的出厂测试要求。

4.2.4　锁定装置的测试及要求

与任何安全性产品一样，每一个生产的锁定装置都必须进行相关的产品质量测试。如在满负荷全速率下进行各方向操作试验；在热伸缩状态下增加额外荷载进行检测；在满载拉压条件下做试验来验证交付使用部件的极限承载力，如图 4.2.1 所示的测试曲线。

美国设计规程 AASHTO-Section 32 中明确地给出了锁定装置使用前的检验办法，其基本测试要求和金门大桥工程中的阻尼器对比检验以及高速公路创新技术评估中心的对比试验是一致的，有的还更加严格。在 AASHTO 规范中有明确的规定，锁定装置的测试分以下两种：预检测测试，要求符合美国高速公路新产品中心组织的预检测(HITEC)；在 AASHTO-Section 32 中，对锁定装置的出图要求、使用的材料、出厂包装和运输、产品的维护及检验都作了明确的规定和要求，对每个产品的出厂检验也都作了明确的要求和说明。原型抽样测试，内容包括：

(1)静力测试 1.5 倍的最大内压测试。

(2)温度下的慢速测试：装置在规定的时间内、在慢速运动下进行满冲程的循环测试，要求装置的输出力不应超过额定锁定力的 10%；装置的位移与荷载的循环曲线如图 4.2.2 所示。

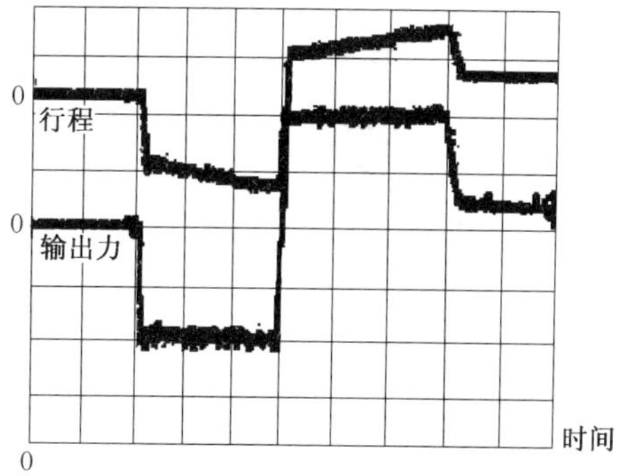

图 4.2.1　锁定装置的测试曲线图

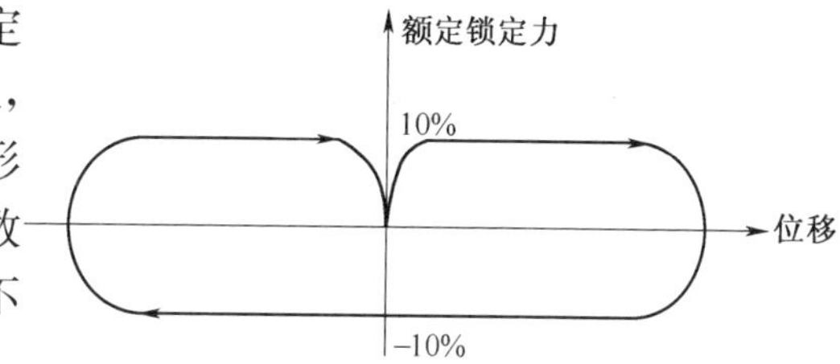

图 4.2.2　锁定装置的慢速测试

(3)高速运动测试：这项测试目的在于评估冲击力以及连续荷载下的装置输出刚度。在高速运动下装置在规定的变形内、在拉压双向达到额定最大锁定力，AASHTO 给出的变形值为 12 mm，即装置从开始锁定到达到最大额定锁定力的变形值不超过 12 mm。这项测试可以得到装置的常数刚度，AASHTO 规定所有产品的刚度值偏差不超过 10%。

(4)动力测试：这项测试的目的在于评估锁定装置在动力荷载下的锁定能力。AASHTO 给出了具体的测试方法：装置在 0.5 s 内施加荷载并持荷 5 s，而后在 1 s 内施加反向荷载并持荷 5 s。要求从零荷载达到最大荷载装置位移不超过 12 mm。

(5)过载测试：在 1.5 倍的额定荷载下持荷 30 s，装置不出现泄露等损害。

(6)疲劳测试：在规定的速度(频率)下循环 100 000 次，装置不出现泄露等损害；循环次数考虑了最为恶劣的使用条件，按照 AASHTO 设计年限 75 年，平均每天桥梁正常服役下的刹车力发生频次为 4 次/d，从而估算总次数 n=4 次/d×365 d/年×75 年=109 500 次≈100 000 次。

(7)每个产品都要经过的严格出厂检验。

整个测试的要求如表 4.2.7 所示。

表 4.2.7　AASHTO 对测试的要求

类别	测试名称	试验要求	合格标准
产品资格预测试	—	在确定某种产品可以使用前，要做组件和模型结构的各种实验，至少要完成 HITEC 的所有测试	HITEC 的所有测试要求(见上文)
产品原型测试	基本要求	在一个独立试验室中完成每种类型至少一个	
	静力液压试验	150% 的最大计算内部压力 3 min	不漏油，静力液压下降不大于 5%
	慢速运动试验	3 个循环，按工程师指定的慢速运动	不漏油，结构的运动不受影响，锁定装置受力不大于设计最大力的 10%
	快速运动试验	在拉压双向连续快速施加最大设计力，作出位移随时间的变化记录	在设计的锁定速度下，锁定装置在 12 mm内锁定。当从锁定力到最大设计力的变化过程中，锁定装置的锁定刚度变化不得大于 10%，没有漏油和弯曲
	模拟锁定动力试验	在 0.5 s 内加拉至 5 s后 1 s 内加压，5 s 后再拉。相等的拉压力至少是上述快速试验锁定力的三倍，但不大于设计最大力。连续画出力相对变形的曲线	变形不得大于 12 mm

续上表

类别	测试名称	试验要求	合格标准
产品原型测试	超载试验	快速施加 1.5 倍的最大设计荷载并保持 30 s 以上	锁定装置没有漏油和变形
	疲劳试验	100 000 次以上，最大设计荷载，按工程师指定的速度加载	锁定装置没有漏油和变形
出厂质量控制检验	基本要求	在一个独立试验室中完成每个出产产品都要经过检验	
	静力液压试验	150%的最大计算内部压力 3 min	不漏油，静力液压下降不大于 5%
	慢速运动试验	3 个循环，按工程师指定的慢速运动	不漏油，结构的运动不受影响，锁定装置受力不大于设计最大力的 10%
	快速运动试验	在拉压双向连续快速施加最大设计力，作出位移随时间的变化记录	在设计的锁定速度下，锁定装置在 12 mm内锁定。当从锁定力到最大设计力的变化过程中，锁定装置的锁定刚度变化不得大于 10%，没有漏油和弯曲

4.3 几项重要测试的意义

总结上述一些相关规程规范所列出的测试办法，及我们在实际工作中针对黏滞阻尼器性能和质量控制中所遇到的亟需解决的问题，在下文对部分实际工程中用所采用阻尼器的测试及验收部分测试内容进行了着重讨论，希望对规范编写者及工程参与者有所帮助。

4.3.1 频率相关性测试

需要明确，前文中提到的对于液体黏滞阻尼器所进行的测试和研究均是针对单出杆式阻尼器而言的。从前文中的论述及相关研究可以看出：在进行黏滞阻尼器数学化模型推导的过程中，采用的是带有活塞杆体积补偿器（Accumluator），来调节油腔内的活塞杆体积变化。试验结果显示这类阻尼器存在一定的频率范围，在截止频率范围（一般为 4 Hz）内表现为纯黏滞特性（无储存刚度），所以在这个频率范围内这类阻尼器是符合理论要求的。

对于双出杆阻尼器，由于油腔内活塞杆体积不会引起腔内液体体积变化，从理论上来说，阻尼器动力性能受截止频率变化的影响较小。如果阻尼器内部构造设计合理，即使加载频率更快，也表现为纯黏滞特性。频率相关性测试是基于上述黏滞阻尼器的频率特性提出的。

对于测试的频率设置范围，应结合阻尼器的实际应用情况来考虑。如在 FEMA273、356、450 系列建筑改造加固规范中规定测试的频率范围为 $0.5f_1 \sim 2.0f_1$（f_1 为结构基频），这个取值分别考虑到在地震振动作用下引起结构刚度下降和非结构构件引起的结构刚度加大两种情况；而在 FEMA368、ASCE-7 对于新建结构用阻尼器的频率测试范围规定为 $1/T_{1M} \sim 2.5/T_1$之间（T_1 为结构基本周期，T_{1M}为在结构最大位移下考虑屈服特性后结构的有效周期）。

4.3.2 高周疲劳测试

阻尼器被安置到结构上开始服役后，每天面临的动力荷载是结构物日常运行所产生的微小振动，如脉动风对高耸结构产生的振动，频繁通过的车辆或高速列车对大桥产生的振动。这种长期疲劳振动势必造成阻尼器内部部件的磨损及老化。

设计人员关心的是：在长时间振动后阻尼器的动力性能如何？阻尼器安装在结构上若干年后(10年、30年或更长)，如发生地震阻尼器是否能够正常工作？因此，必须通过高周疲劳测试验证阻尼器的耐久性能。

高周疲劳测试的目的在于：(1)观察阻尼器在高周循环中动力性能衰减情况；(2)观察在长期使用后如遇地震阻尼器的工作情况。

表 4.3.1　高周疲劳测试循环次数列表

类型	规程或规范中关于循环次数的规定			实际工程用阻尼器循环次数的规定				
分类项目	AASHTO LRFD	HITEC	ASCE/FEMA/SEAOC	苏通大桥	江阴大桥	南京三桥	台湾高铁	津秦高铁
循环次数	100 000	10 000	2 000	50 000	50 000	10 000	1 000 000	100 000

高周循环的测试幅值因实际用处而有所不同，其测试速度一般不小于 2 mm/s，循环次数与阻尼器在实际环境中的使用情况有关。如仅以减小地震作用为目的，阻尼器在服役期间的循环次数较少；如处于风和车辆荷载下时，循环次数可能多达 5×10^6 次。表 4.3.1 给出了一些规程规范以及几个桥梁工程项目所要求及规定的高周测试的循环周期。

4.3.3　慢速测试

慢速测试的测试目的是检验在低速运行状态下阻尼器的性能。对于阻尼器纵向设置的桥梁结构，在日常运营中温度变化引起的桥梁伸缩是阻尼器主要的外部因素；对于质量调谐阻尼器，在外界风振以及行人振动引起的质量块振动有时长达几个小时，此时阻尼器的工作速度并不是很高，如果阻尼器提供的摩擦阻力过大，长期运行势必降低阻尼器的耐久性能。近些年的阻尼器漏油事故也不断提醒工程界阻尼器的耐久性和稳定性的重要性，更为详细的内容可参见第 3.3 节金属密封无摩擦阻尼器的讨论。目前这项测试一般规定摩擦力不超过额定阻尼力的 10%；综合来看，慢速测试的意义在于：

(1)检测阻尼器慢速运行过程中日常运行摩阻力，摩阻力过大影响结构正常运营；

(2)对于装置本身，过大的摩阻力将严重降低阻尼器的使用寿命；

(3)对于质量调谐阻尼器 TMD，如果摩阻力过大，将影响整个 TMD 系统的减振效果；

(4)对于附加阻尼器的隔震结构，阻尼器过大的摩阻力将改变隔震层刚度改变，乃至影响整个隔震结构的隔震性能。

图 4.3.1 为泰勒额定阻尼力为 1 500 kN 的阻尼器在广州大学抗震试验中心进行的慢速测试，平均测得的摩阻力为 40 kN，摩阻力仅为额定阻尼的 3.3%，测试中加载频率为 0.001 Hz，水平位移为±160 mm，水平速度为 0.001 m/s。

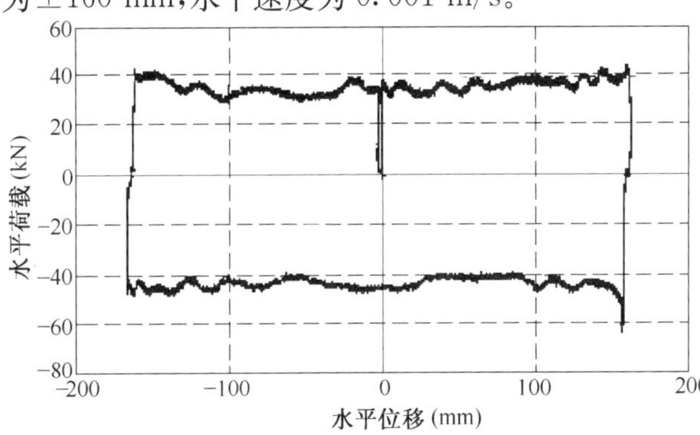

图 4.3.1　不同温度下(0 ℃、24 ℃、50 ℃)阻尼系数随速度的变化规律

慢速测试中阻尼器所表现的性能，这也就是阻尼器安置后所表现的性能，是日常工作中最为常见的状态，即要求阻尼器连续工作时间，全年工作 365 d，每天连续工作 24 h。此外，阻尼器的摩阻力在一般设计计算中可能没有涉及，但如果过大不仅影响到阻尼器的基本性能，这是过大的摩擦力产生的刚度，也将影响到整个地震荷载的大小、隔震层刚度以及隔震结构的反应，同时它也严重影响阻尼器的寿命；阻尼器在高速运动下，一些内部密封件的摩擦力过大，久而久之是其漏油的重要原因。对摩擦力的要求，核电站限制 1%～2%，美国建筑限定 5%～10%，这是阻尼器的基本要求，在摩擦试验时仅定性观察是否漏油，不做定量测试，这项测试几乎是没有意义。

4.3.4 温度相关性测试

所有桥梁都要经历到每天和季节性温度变化，环境温度是影响减隔震装置性能的重要因素之一。特别是一些橡胶类弹性系统，其动态性能对于极端温度是十分敏感，由于其构造特点所决定其刚度、阻尼特性与在实验室得到的数据差别较大。

黏滞阻尼器其阻尼出力主要由内部介质高速运动下的惯性流以及低速运动的黏性剪切流共同组成，其中低速运动下的黏性剪切特性受温度影响较大，图 4.3.2 为在 0 ℃、24 ℃、50 ℃测定的某线性阻尼器的力-速度关系曲线，在低温状态下阻尼系数要高于高温时测试的结果。

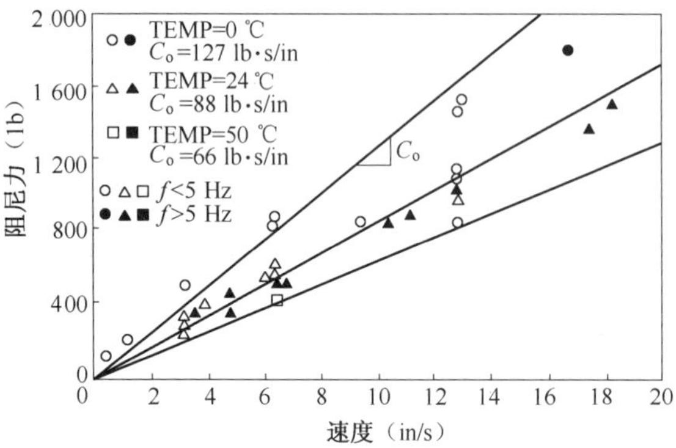

图 4.3.2 不同温度下(0 ℃、24 ℃、50 ℃)阻尼系数随速度的变化规律

显然，在实验室的环境温度下得到的性能参数并不具有普遍性，掌握阻尼装置在极限温度下的性能表现十分必要。在温度相关性测试中，需采用温控系统使阻尼器温度升高和降低，为达到要求的测试温度，在测试前阻尼器要在温控箱内放置至少 12 h(通常在 14～16 h)，并采用热电偶对阻尼器不同位置进行温度测量，以达到设定的环境温度。在测试中同样要控制阻尼器温度变化，由于经过动力测试后阻尼器吸收大量的能量，应控制每次测试的间隔时间，一般应将阻尼器冷却之后再进行其他工况测试，时间间隔应在 2～4 h 或直到阻尼器外表面温度接近室温。

有经验的厂家会采取一些技术措施控制阻尼器在变温下的性能偏差；另一方面，通过温度相关性测试也很容易判定阻尼器的性能优劣。表 4.3.2 是在 HITEC 测试中 Taylor 公司、Endine 公司温度测试结果，TA2# 和 TA3# 代表阻尼器的试验样品代号，阻尼器参数相同吨位均为 500 kip。测试结果显示不同厂家的阻尼器即便是相同厂家不同的试验样品其温度稳定性的相差较大，其中 Taylor 阻尼器具有更高的性能温度稳定性。

4.3.5 超载测试

美国和我国有关阻尼器的要求中，都要求阻尼器有 1.5 倍的安全系数的要求。绝大部分国内桥梁设计中也都有相应 1.5～2.0 倍的安全系数要求。这是分辨劣质阻尼器的最重要的测试。美国在 HITEC 联合预检测(如表 4.2.5 所示)时阻尼器的爆开事件正说明了超载测试的重要性。这对桥梁未来可能遇到的超载地震等不可预料超载荷载时阻尼器的保护作用，都是个重要的保证。

表 4.3.2 HITEC 测试结果列表

项目	阻尼器	TA2#（−40 ℉低温环境保持 24 h）	TA2#（70 ℉室温）	TA3#（70 ℉室温）	TA3#（120 ℉高温环境保持 24 h）
速度指数	Taylor	0.64	0.64	0.64	0.67
	Endine	0.6	0.76	1.17	1.09
阻尼系数	Taylor	20.1	13.4	13.3	12.3
	Endine	22.3	7.5	2.8	4.1
能量吸收	Taylor	5 052	3 404	3 390	3 464
	Endine	2 930	1 515	1 740	2 079

4.4 动力测试及设备介绍

动力测试的主要目的是检验隔振装置和能量耗散装置动力性能的稳定性，每种产品特别是抗震抗风产品在出厂之前是必须要经过动力测试的，可见，其对于评定产品的动力性能扮演着重要的角色。本节将对动力测试方法及设备的情况作一些简述，其中总结了美国一些大型测试设备的情况，希望可以为读者提供些许可借鉴的资料。

4.4.1 动力测试方法

1. 缩尺动力测试

缩尺动力测试是对隔振装置和能量耗散装置进行试验研究的主要方式。这种测试不需要附加的大型设备，特别是油泵和压缩机等装置，而是可以以 1/3～1/4 的比例，利用已有的液压系统在振动台上和实验室里进行测试。

加州大学伯克利分校地震工程研究中心（EERC）的测试设备可以对抗震支座同时施加竖向、水平方向荷载，其竖向荷载最大可达 890 kN，水平荷载可达 335 kN，幅值±152 mm，最大速度 635 mm/s。纽约州立大学（SUNY）也有与之相类似的测试设备。

这些测试设备可以对测试试件施加轴向拉力和水平力矩，同时通过安装在测试样本下部的传感器测试其承载力。其中 EERC 的设备最初是为对金门大桥所用的黏滞阻尼器（下文将专门介绍）进行资格预测试而设计的，可以对阻尼力为 445 kN 的阻尼器在最大速度为 508 mm/s、最大位移为±254 mm 的情况下进行测试。SUNY 的测试设备拥有类似的速度能力，但是最大出力为 222 kN。

2. 大比例尺的准静态测试

对于大型装置来说，准静态测试显然是最经济的测试方法。同时，应注意当所考虑的装置的特性不受加载速率和温度的影响时采用这种方法较为合理。对于弹性的隔振支座来说，这种测试方法较为常用，此时加载速度很慢为 200～300 mm/s——这意味着可以采用普通的液压泵和压缩机（大型的摩擦隔振支座如摩擦摆装置的测试速度为 25～100 mm/s）。许多阻尼器如金属屈服阻尼器可进行这种测试。

许多弹性隔震支座生产厂家一般每次测试两个产品，将其中一个放到另一个上面或两个并列放置，将剪力施加到两个支座之间的平板上。这样，竖向荷载可以施加到一个固定的而非移动的平板上，测试结果为两个支座的均值。不同厂家的设备有不同的张拉、提升能力。最大的设备水平剪力可以达到4 450 kN，位移可达±760 mm，竖向荷载可达17 800 kN。测试装置平台尺寸可达1 830 mm×1 830 mm，试件高度可达915 mm，最大竖向拉力可达1 780 kN。

3. 足尺动力测试

足尺动力测试是最为直观、且相对更为准确的测试手段。装置的足尺动力测试已普遍适用于黏滞阻尼器；是否具有强大动力测试能力的设备已经成为衡量厂商生产能力的重要标志。在国内外也有数家研究机构拥有了这样的测试设备，如位于美国南加利福尼亚的ETEC拥有的设备，可以测试大的隔振装置和阻尼器；Caltrans将建立世界上测试能力最大的设备，新的测试设备将具有更大的测试能力。

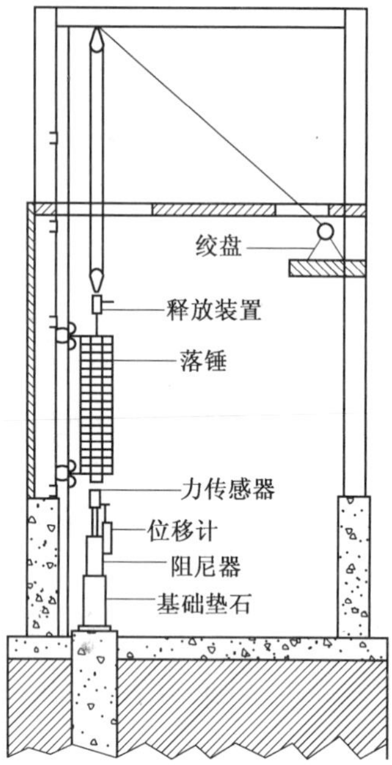

图4.4.1 落锤试验装置构造图

足尺试验所需设备一般较为昂贵，另外一种便捷而又可以获得足够能量的方法是落锤试验。这种测试方法原本用于军工领域，目前也被部分厂商用于抗震阻尼器的测试。试验装置的构造如图4.4.1所示。测试方法为从试样上方落下一个已知质量的重物，产生一个一定速度下的强烈的冲击，可用于确定黏滞阻尼器的力-速度关系。

通过简单的物理方法可以确定落锤试验所能输入的能量。能量输入的大小取决于落锤重量和落锤下落的距离——这个距离包括下落的自由高度以及阻尼器所产生的冲程。落锤试验的结果与落锤重量、下落垂直距离以及相对应的落地点刚度有直接关系。

但是这种测试存在着一定的问题——持续时间非常短，因而阻尼器不能获得足够的能量输入，以致阻尼器的耗能以及温度效应的影响无法显现出来。另外，落锤设备中的数据采集设备大多数仍然采用老式的模拟信号采集仪，而不是采用一些数字信号装置。这是因为虽然这些数字信号采集仪的采集频率很高，但落锤试验时间极短，这些数字信号采集仪或多或少存在一些"盲区"，这将使所采集的数据漏掉一些关键的数据。由于仍然采用模拟信号，这为数据的后处理工作带来不便。

落锤试验只能粗略的衡量阻尼器的动力性能，并不能作为足尺试验的测试手段。

目前，耗能阻尼器和隔振装置的足尺试验被广泛的使用，但试验荷载的速度远远低于实际地震的作用速度，而且在耗能型阻尼器的动力测试中对液压力的要求高于隔振装置的要求。由此可以看出：足尺试验是目前消能减振这项技术发展的主要瓶颈。

4.4.2 测试设备综述

动力测试设备是实现阻尼器性能测试的基础，动力测试设备的能力也反应了生产商所生产产品的动力性能上限。读者，特别是希望采购这类产品的营造建设者，可以通过这个简单的方法对想要采购的设备质量进行判别。

1. 电液伺服系统概述

动态试验机发展水平在一定程度上反映了一个国家在力学领域的研究水平。这种动态测试设备可以对建筑行业、机械行业生产用各种材料、零部件、构件以至整机或整个建筑物进行测试。电液伺服直线作动器的出现和实施，给土木工程领域的测试和试验技术带来了极大改善和提高。大吨位、大位移的直线伺服动力测试设备配合现代化的电脑科技和相关技术，成为目前土木工程动力测试技术的有力设备和工具。

最早的疲劳试验设备出现在1850年，德国人A. Whler设计的用于机车车轴的疲劳试验机，他采用偏心轮和砝码加载进行疲劳试验。其作用力、频率及幅值改变都很困难，进行一次疲劳试验难度极大。但这些情况随着电液伺服技术的发展很快就有所改善。

1958年美国麻省理工学院勃莱克布恩公布了其最新的研究成果，这是现代电液伺服系统的理论和实践发展技术的理论基础，其后60年代各种结构的电液伺服阀相继问世，随着电液伺服阀性能的逐渐完善，电液伺服系统已经成为航空航天、武器装备以及民用技术设备自动控制的重要组成部分。

电液伺服系统由伺服控制器、电液伺服阀、伺服作动器、载荷以及测量传感器等组成。

伺服控制器的主要功能是对系统的电信号进行综合、比较、校正和放大。通常还包括稳压电源和信号发生器。

电液伺服阀是将伺服控制器输入的电流信号转换为液压能的元件，它的性能对整个系统的影响最大，是电液伺服系统的关键元件。

伺服作动器接受伺服阀输出的液压油，使活塞按照要求进行往复运动。而被测试的试件装在活塞杆末端，由作动器的活塞对试件施加作用力。

检测元件包括传感器和测量放大器，检测元件测出被控量的大小。

图4.4.2给出了伺服系统的工作流程。电液控制系统的输入控制信号是根据试验要求在时间坐标上输出的某种波形电压量，波形可为正弦波、三角波、方波、斜波、程序波和随机波等。伺服控制器将信号的电压量放大并转换成电流，输入到伺服阀，使伺服阀输出相应的流量或压力，控制伺服作动器的活塞带动试件按照输入的信号运动。同时，施加载荷时试件的被控量，如位移、力、变形和加速度等，通过测量传感器转换为电信号，一方面用于显示、记录和进行数据处理，另一方面用于在伺服控制器的输入端与输入信号进行比较，进行误差修正。

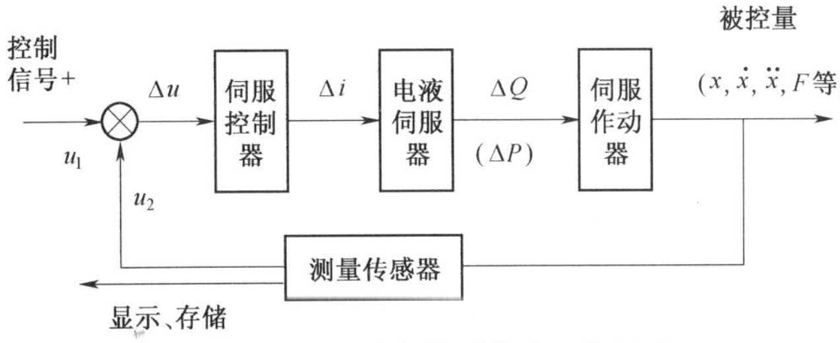

图4.4.2 电液伺服系统的工作原理

整个动态测试设备主要组成部分包括伺服控制器、伺服作动器、恒压伺服泵站、加载框架和试验夹具等。电液伺服动态试验机按照加载频率分为：频率低于5 Hz的称为低频疲劳试验机；5～50 Hz的称为中频疲劳试验机；50～300 Hz的称为高频疲劳试验机；300～1 000 Hz的称为超高频疲劳试验机。

2. 动力测试设备

在土木工程试验中，一般采用的加载方式可分为两种：静态加载和动态加载。动态加载又分为周期波和随机波形两种形式。加载的模式通常采用力加载模式和位移加载模式。

大吨位动力测试设备在进行试验过程中，应充分考虑试验机台座、试验机立柱和结构框架的变形。一般这些构件的设计刚度很大，这样有利于提高试验精度、减少伺服阀和泵源的容量。试验过程中除了试件的变形外，还包括框架、连接夹具、力传感器以及加载作动器内油柱的变形，这些变形会影响到伺服阀和泵源的容量。

一般来说，电液伺服动力测试系统造价都很高，如何合理选择液压作动器、伺服阀以及泵源的容量是非常关键的。在试验前不仅要明确加载方式、加载模式和加载参数，还应掌握被测试件的基本动力性能，并在掌握最大加载力和加载位移等加载参数后，计算出作动器、伺服阀和油泵的容量。

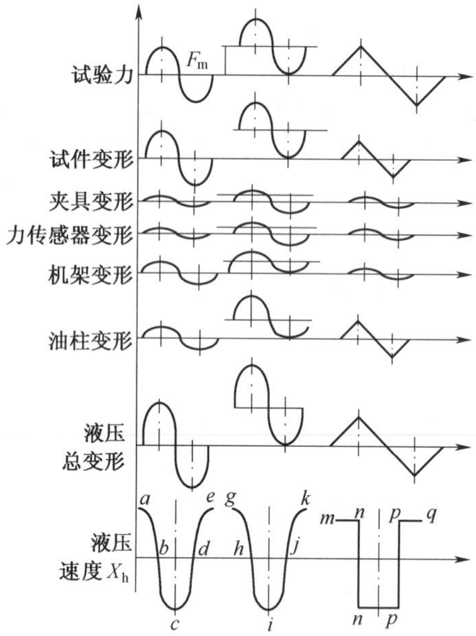

图 4.4.3　弹性试件的正弦波和三角波加载曲线

相关文献（方重等，2003 年）论述了电液伺服结构试验系统如何确定液压部件的参数。图 4.4.3 给出了弹性试件加载后试验设备的变形情况。

X_h 为各部分变形的总和，X'_h 为作动器的液压运动速度曲线。

图 4.4.4 反映了在考虑试验设备变形后阻尼试件的速度与出力特性曲线。设备夹具、力传感器、框架和液压缸的油柱变形相加得到的变形，与由总变形所导出的活塞速度曲线与受力曲线有 90°相位差。由于阻尼试件在受到试验力后其速度曲线与受力曲线同相变位，因此，活塞运动总的速度曲线为两个矢量的和。在图中速度与加载力有一个倾角 γ，就是由这两个矢量计算得出。

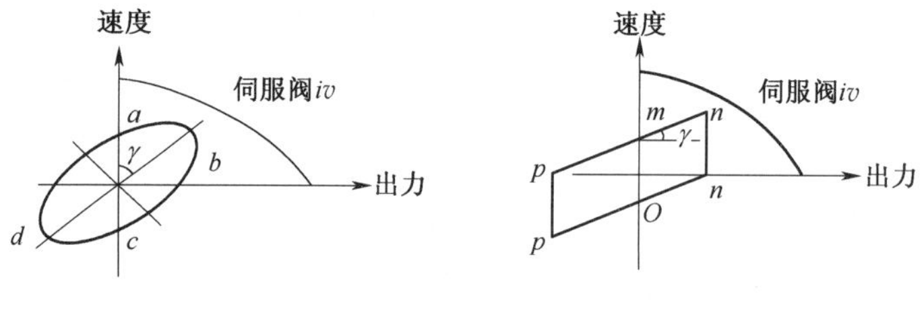

（a）正弦波　　（b）三角波

图 4.4.4　阻尼试件加载特性与设备测试能力的关系曲线

曲线 iv 表示在伺服阀最大电流时作动器活塞的出力和速度特性。在选择作动器参数时应根据试件的实际情况，使作动筒和伺服阀的组合曲线包容试件的载荷特性曲线。

4.4.3　测试设备情况介绍

1. 波音公司能量技术中心（ETEC）设备

ETEC 的测试设备原本用来进行核电站的大型隔振装置动力测试，测试设备可对隔振装置施加竖向、水平方向荷载进行测试，也可对能量耗散装置进行测试。作为 HITEC 测试计划的重要组成部分，这套设备进行了改造更新。HITEC 计划根据预订的测试项目对于来自 10 个不同厂家的隔振装置、阻尼器装置严格测试，以确定它们在工作荷载、地震荷载作用下的状态。这个计划的目的是提供一个标准来评估不同类型的装置，并确定用于设计的装置动力反应性能。图 4.4.5 为 ETEC 设备示意图及照片。

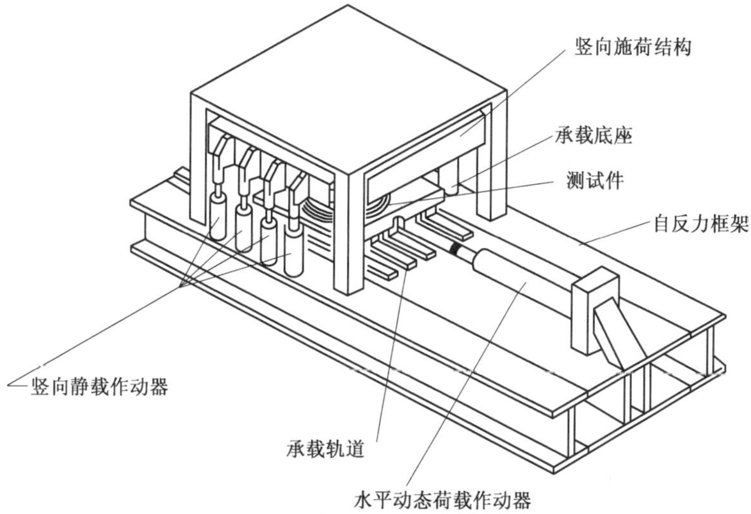

(a)

(b)

图 4.4.5　ETEC 设备示意图及照片

2. Caltrans' SRMD 测试系统(加利福尼亚大学圣地亚哥分校)

美国加州交通局(California Department of Transportation)负责对几个需要加固的桥梁使用的隔振装置和能量耗散装置进行检验,目前其中 6 座桥梁已完成加固计划,所采用的隔振支座竖向承受荷载达到 22 250 kN,水平位移达到±1 370 mm;所采用的能量耗散装置最大力、速度、位移分别达到 3 560 kN、±1 780 mm/s、±914 mm。

桥梁结构所采用的减振装置尺寸特别巨大,这在以前是前所未有的;与此相矛盾的是这些减振装置对桥梁结构的动力响应影响很大,因而这些装置在地震荷载下的响应、装置的寿命、耐磨损性能等受到了业主、各大研究单位的高度关注。基于以上考虑,Caltrans 开始对位于加利福尼亚大学圣迭戈分校(UCSD)的测试设备进行改造,这个测试设备叫作地震响应改变装置(SRMD)测试系统。此系统可以对隔振装置进行水平两个方向和竖向共三个方向的加载测试,也可以对黏滞阻尼器进行单轴加载测试。

在一个 20 s 测试中此系统的输出平均功率可达 6 000 kW,这样的功率可以满足对项目中采用的最大的隔振装置进行实际地震激励输入的要求。

使用 SRMD 测试系统进行的第一个测试是对 Benicia-Martinez 桥加固所用隔振装置的测试,考虑到测试系统的尺寸以及复杂的构造,测试计划分三个阶段进行:

(1)恒定竖向荷载作用下的单方向慢速测试；

(2)多方向(6 个自由度)下实测地震激励输入的实时测试；

(3)长时间测试，包括 5～10 个周期之后实际装置从结构分离。

SRMD 测试系统由 MTC 公司和 UCSD 联合设计。测试计划的第一个阶段是于 1998 年中期对 Benicia-Martinez 桥所使用的隔振支座进行测试，第二个阶段的测试预计于 1998 年底进行。包括 Benicia-Martinez 桥的测试费用在内，测试系统的造价为 1 480 万美元，之后系统用于其他的测试，但是测试费用很高这也将在一定程度上限制了此系统的使用。SRMD 测试系统是目前世界上最大的动力测试设备之一。

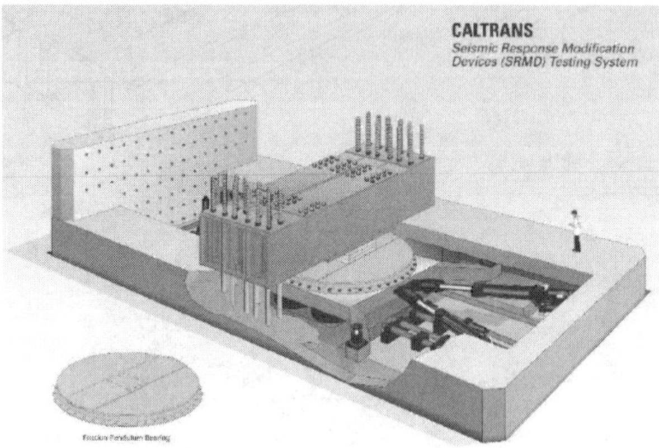

图 4.4.6　SRMD 测试设备

3. EERC 研究中心设备

在加州大地震发生后，设计人员决定对金门大桥进行加固改造。黏滞阻尼器是金门大桥重点考虑采用的抗震加固装置，各方面专家对各种方案进行了大量论证，并给出了拟在桥上采用的阻尼器参数。

鉴于阻尼器尺寸巨大，以及其对大桥抗震加固的重要性，有关部门对要采用的阻尼器进行了预测试。在设计荷载作用下足尺阻尼器产生的平均功率为 261 kW，峰值功率达到 5.41 MW。由于阻尼器尺寸太大不便进行足尺测试因而部分采用了缩尺测试，测试的阻尼器来自各个厂家，预测试中表现良好的企业方可以进行后续的工程投标。

为了此项测试计划，项目组专门设计并装备的动力测试设备，可以确保阻尼器在一定温度条件下进行双向往复和疲劳测试。试验设备为纵向设置，设备由 EERC(Earthquake Engineering Research Center)设计并由加州 Richmond 地区的 RBJ 装备公司和 G & W 机械公司安装。试验设备的测试力、速度和位移根据 EERC 地震模拟试验室的液压泵系统的容量确定。设备的行程为±6 in，最大出力大约为 120 kip(534 kN)，最大负荷设备的速度为 20 in/s (508 mm/s)。

测试设备采用了两套 Shaeffer 60 kip 双向作动液压动力油缸，用于对试件施加负荷；液压缸平行设置与基座连接，油缸活塞端部为加载梁，加载梁同时与测试阻尼器连接，设置在油缸行程中位。伺服系统采用的是 Moog 控制公司的 200gpm 伺服阀，动力油缸由固定在液压缸活塞杆端部的±10 in Tran-Tek 直流线性可变差动变压器 LVDT(Linear Variable Differential Transformer)进行控制。设备采用了 16 通道数据采集系统，数据处理程序为 ATS(Automated Testing System)，由加州 SHRP 公司开发设计。

测试项目包括 1 800 个循环的耐久性测试(模拟风产生的高频激励对阻尼器中密封部分、

移动部分的影响)。在一定振幅、速度、荷载频率下的正弦速度测试和定速测试以及最大可信地震(MCE)荷载作用测试。循环测试分别在循环测试分别在 40 ℉、70 ℉和 125 ℉(4.4 ℃、21 ℃和 52 ℃)下进行。主要的评估手段为采用试验得到的力-速度关系曲线同设计关系曲线对比,大部分情况下,可接受的范围为设计值的±15%。来自四个厂家的阻尼器参与了测试,每个阻尼器花费了 2～3 周的时间进行测试(耐久性测试需要 4～5 d 的时间)。测试的费用为 150 000 美元,其中大部分用于测试设备的建造,测试用阻尼器由生产厂家免费提供。

4. 生产厂家的测试设备

由于黏滞阻尼器的特性与加载速度有关,黏滞阻尼器的生产厂家有必要制造动力测试设备来测试他们生产的阻尼器。黏滞阻尼器测试的两个主要方式为冲击测试和动力循环测试。冲击测试中的荷载可以达到 8 900 kN,最大速度可达 11.43 m/s。冲击测试可以在拉或压的方向进行,活塞的位置也可以任意。动力循环测试使用高性能的液压伺服系统,目前测试设备最大出力可达到 2 225 kN,速度达 1 525 mm/s。在较低的峰值力下速度可以有所提高,例如当力为 890 kN 时速度可达到 2 540 mm/s。

冲击测试无法考虑持续荷载作用,动力循环测试设备可以对装置施加周期作用荷载,可以输入足够的能量。输入荷载的种类很多样,从产生正弦位移的荷载到产生恒定速度的荷载(锯齿型位移)再到一般的运动荷载如地震荷载都可以作为动力循环测试的输入荷载。

图 4.4.6 为阻尼器生产商泰勒公司的测试设备,苏通大桥阻尼器是世界上最大吨位的阻尼装置,动力吨位达到 3 750 kN,锁定力 10 000 kN。这个设备所要求的测试,已经超过了泰勒公司原有动力测试设备的能力。为了对它进行测试,泰勒公司在原有的测试设备的基础上,增加了一个伺服器,扩大了其测试能力,使对苏通大桥用阻尼器的所有要求的测试都能在工厂内进行。图 4.4.7 为泰勒公司测试设备装置图。图 4.4.8 为 Earthquake Protection Systems 公司的测试设备图。

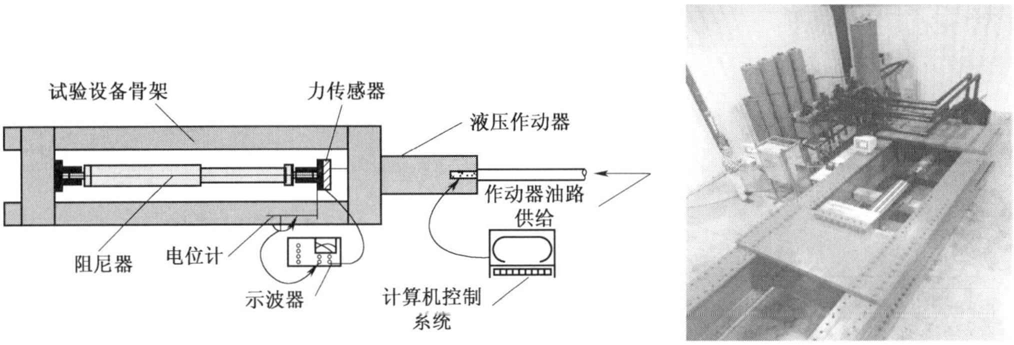

图 4.4.7　泰勒公司测试设备装置图

表 4.4.1 列出了目前美国一些大型动力测试设备的概况。

4.4.4　测试相关问题

随着更多动力测试的进行,特别是对阻尼器、黏滞阻尼器的测试,设备能量问题变得非常重要。以某工程采用的 150 t 阻尼器为例,设计峰值速度为 1 000 mm/s,则需要的峰值功率为:

$$\begin{aligned}\text{峰值功率} &= \text{力的峰值} \times \text{速度峰值} \\ &= 1\,500\ \text{kN} \times 1.0\ \text{m/s} = 1\,500\ \text{kW} = 2\,011\ \text{hp}\end{aligned} \tag{4.4.1}$$

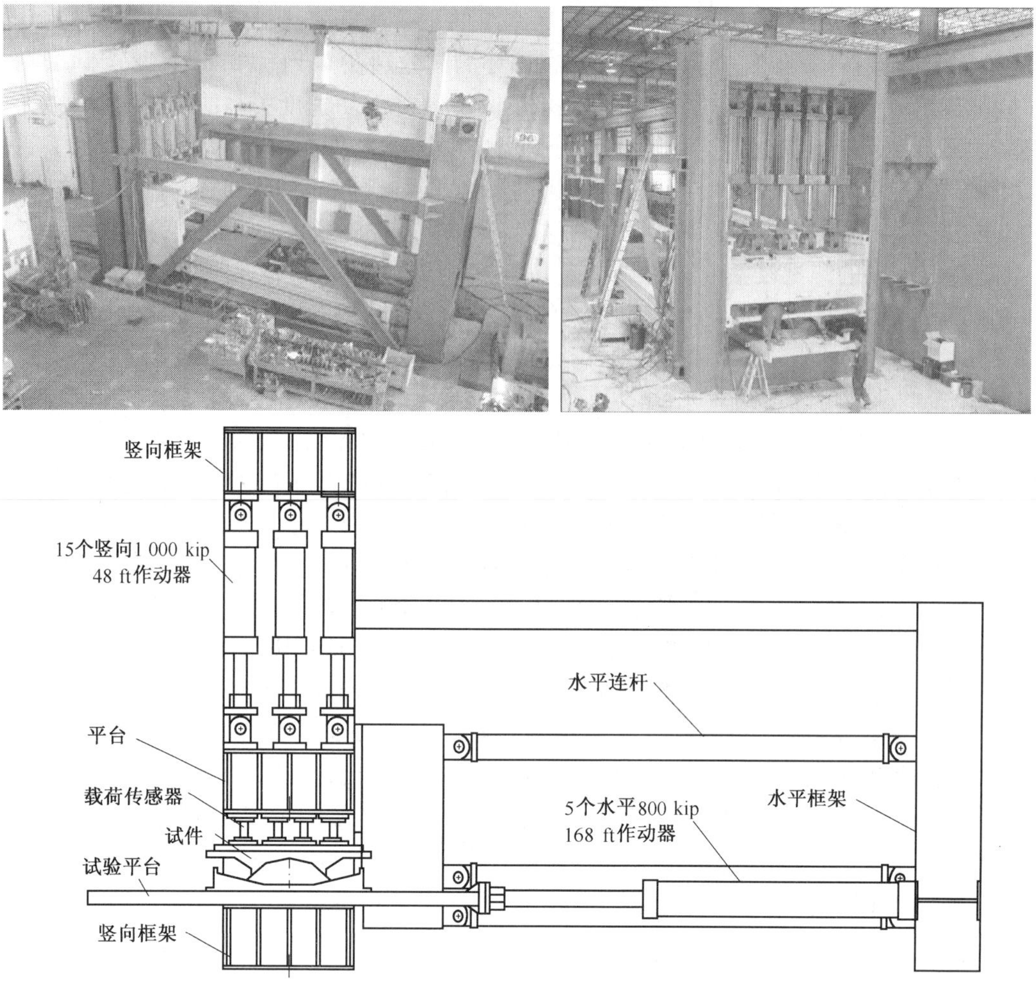

图 4.4.8　Earthquake Protection Systems(EPS)公司的测试设备

表 4.4.1　美国大型动力测试设备列表

<table>
<tr><th rowspan="2">编号</th><th rowspan="2">设备所在地</th><th colspan="3">水 平 方 向</th><th colspan="3">垂 直 方 向</th><th rowspan="2">备　注</th></tr>
<tr><th>力
(kN)</th><th>最大冲程
(mm)</th><th>速度
(mm/s)</th><th>力
(kN)</th><th>最大冲程
(mm)</th><th>速度
(mm/s)</th></tr>
<tr><td rowspan="2">1</td><td rowspan="2">ETEC(Boeing North America Corp)</td><td>±1 067</td><td rowspan="2">±380</td><td rowspan="2">±1 270</td><td rowspan="2">3 560</td><td rowspan="2">±102</td><td rowspan="2">±254</td><td rowspan="2">HITEC 试验</td></tr>
<tr><td>1 340 静荷载</td></tr>
<tr><td rowspan="2">2</td><td rowspan="2">EERC</td><td>335</td><td>±152</td><td>635</td><td>890</td><td>—</td><td>—</td><td rowspan="2">GoLUDen Bridge 的联合测试</td></tr>
<tr><td>—</td><td>—</td><td>—</td><td>±533</td><td>±254</td><td>±508</td></tr>
<tr><td rowspan="2">3</td><td rowspan="2">San Diego University</td><td>±8 900</td><td>±1 220</td><td>±1 778</td><td rowspan="2">53 400</td><td rowspan="2">±127</td><td rowspan="2">±254</td><td rowspan="2">水平垂直双向受力最先进的动力测试设备</td></tr>
<tr><td>±4 450 横向</td><td>±610 横向</td><td>±762 横向</td></tr>
<tr><td rowspan="2">4</td><td rowspan="2">Taylor Device</td><td>6 672/1 334</td><td>±500/±635</td><td>889/2 286</td><td>—</td><td>—</td><td>—</td><td rowspan="2">泰勒公司主要测试设备之一</td></tr>
<tr><td>—</td><td>—</td><td>—</td><td>17 792</td><td>±1 000</td><td>11 430</td></tr>
<tr><td>5</td><td>Earthquake Protection System</td><td>22 246</td><td>±2 000</td><td>1 524</td><td>67 000</td><td>±1 000</td><td>1 000</td><td>地震保护系统公司的主要测试设备</td></tr>
</table>

一般液压测试设备运转应控制在总输出功率的60%范围以内，则测试设备所需要的总输出功率为3 350 hp左右。购买这么大型的测试设备需要大量资金，目前在我国限制黏滞阻尼器及其他隔振及减振装置动力测试的最主要原因就是测试设备的能力有限，输出功率较低，很难完成几百吨大型阻尼设备的动力测试。

在进行连续往复能量输入时，应控制一定的试验间隔。由于能量被阻尼器逐渐吸收，从而引起阻尼器温度升高，因此需要控制时间间隔，并采取必要的措施将试件冷却，然后再进行其他试验。

在进行科研及产品开发时，一些大型阻尼器设备有时采用缩尺试件代替原型试件进行测试，这可以很好的起到定性说明的作用，但对用于实际工程领域的产品，原型试件的测试作用则是无法替代的。

4.5 测试实例分析

阻尼器在桥梁上的减震作用十分显著，已经得到举世公认。但是，它毕竟是近几年才应用到土木工程领域上的特殊装置。作为抗震或抗风用的结构保护系统，如果不经历地震、不承受大风，则很难看到它的作用。因此，对这类产品安装前的检验和鉴定，就成为了至关重要的步骤。特别是目前很多人还不能分辨同样有减震作用的“缓冲器”、“锁定装置”与阻尼器的区别。以下对这类产品严格检验的两个主要目的进行了概括。

(1)检验产品是不是按我们要求设计的阻尼器，是否是定量减震的产品；

(2)检验产品是否能满足我们大型结构的材料和使用要求。

接下来本节将介绍我国两个重要桥梁工程的阻尼器鉴定测试的整个过程，读者可以通过下文尽可能了解相关阻尼器测试方法，以及如何制订测试计划和对测试结果进行判定等相关内容。

4.5.1 江阴长江大桥用液体黏滞阻尼器的测试鉴定

江阴长江公路大桥是我国大陆建成的第一座千米级的大型悬索桥，是我国桥梁建造史上具有代表性的建筑之一。大桥在1999年完工，通车几年后，发现大桥伸缩缝处开始有较严重破坏，经观测发现：“伸缩缝的滑块发生过脱落，有的横梁下底面，不锈钢板被挤出，有的部位缝隙最大开口达8.1 cm。因伸缩缝开口过大，密封橡皮被拉裂，伸缩缝工作很不正常，严重影响了伸缩缝隙的使用寿命，不利于桥梁的安全运行。”

大桥管理部门委托中铁大桥局武汉科学研究院对大桥进行了现场测试，测试结果表明大桥支座处由风和车辆振动引起的动力位移远大于桥梁本身的温度变形。而后中国公路交通规划设计研究院对大桥进行了的动力分析，并最终决定在两端伸缩缝处设置4个液体黏滞阻尼器对大桥动力位移进行控制。分析结果表明，黏滞阻尼器使车辆振动减少87%，风振响应减少51%，并使地震响应减少56%。这是我国首次对已建大桥采用阻尼器进行加固和改造，对于我国在桥梁上安置黏滞阻尼器具有重要意义。

大桥所采用的阻尼器冲程达到了±1 000 mm，是世界上行程最长的大型阻尼器之一。这加大了阻尼器的技术难度，作为阻尼器的生产厂商——美国Taylor公司面对着很大的挑战，但最终厂商还是顺利完成了阻尼器的生产及测试工作。下文将对江阴大桥的阻尼器测试情况进行详细阐述，以供读者参阅。

1. 工程概况及阻尼器的设置

江阴大桥为单跨双铰简支悬索桥，主桥主要技术指标为：中跨跨径 1 385 m，矢跨比 1/10.5；桥塔采用钢筋混凝土门式塔，空心塔柱和三道横梁，基础采用钻孔灌注桩。主梁形式为扁平闭口流线型钢箱梁及正交异型板，梁高 3 m，梁宽 36.9 m。

黏滞阻尼器作为速度相关型耗能装置，设置在结构变形最大处时控制位移效果明显。对于悬索桥而言，一般需要将阻尼器设置在发生变形最大的桥塔之间。经过优化，最终确定将阻尼器设置在钢箱梁底板与混凝土挡墙之间，这样一方面便于施工，另一方面将阻尼器设置在钢箱梁支座外侧，以便其为桥梁提供更大的抵抗箱梁扭转运动的力矩。

2. 江阴大桥阻尼器的出厂测试

江阴大桥阻尼器的动力测试在泰勒公司动力测试中心进行，下面将对所采用的测试设备及测试结果进行介绍。

(1)静压测试

对每个阻尼器内部各部件施加 15 000 psi 的压强并持续 1 h，这实际上达到了阻尼器极限负荷的 1.5 倍。测试完成后没有发现裂缝及缺陷。

(2)全行程测试

将阻尼器水平放置在图 4.4.6 所示的装置中，对每个阻尼器进行±1 000 mm 全冲程测试。由于测试设备最大行程为±635 mm，不能连续进行测试，所以测试将分两部分进行，但两部分均录像进行证明。

(3)慢速力验证测试

将阻尼器水平放置在测试装置中，分别在温度条件为−15 ℃、15 ℃和 40 ℃下对每个阻尼器进行表 4.5.1 中所示测试，对所有阻尼器(4 个)在不同温度下的最大拉、压力进行了统计，测试结果均达到了小于 100 kN 的要求。

表 4.5.1　慢速力验证测试工况和测试结果

加载方式	匀速	测试温度(℃)	S/N001		S/N002		S/N003		S/N004	
行程 A(mm)	±300		拉伸(kN)	压缩(kN)	拉伸(kN)	压缩(kN)	拉伸(kN)	压缩(kN)	拉伸(kN)	压缩(kN)
速度(mm/s)	1.2	−15	93.9	−93.6	92.9	−94.1	84.9	−86.9	87.6	−90.1
循环次数	3	15	96.1	−96.9	98.2	−99.4	96.2	−97.4	77.2	−83.6
总耗时(s)	3 000	40	96.5	−98.8	91.7	−95.1	98.4	−99.2	97.4	−98.7

图 4.5.1 给出了在 15 ℃时阻尼器 S/N004 的测试曲线，其中(a)图为阻尼器行程、速度及出力的时程曲线，(b)图为阻尼器的滞回曲线。

(4)动力最大负荷测试

分别在−15 ℃、15 ℃和 40 ℃条件下，在正弦波作用下以最大速度 27.7 cm/s 循环一周，此项测试用于检验在超载情况下阻尼器能否保证正常工作。

图 4.5.2 给出了在 15 ℃时阻尼器 S/N004 的测试曲线，其中(a)图为阻尼器行程、速度及出力的时程曲线，(b)图为阻尼器的滞回曲线。阻尼器拉压双向受力分别在瞬时速度为 283 mm/s 和−27.5 mm/s 时达到了 1 101.8 kN 和 1 121.3 kN，阻尼器所吸收的能量达到了 1 740.987 kN · m。需要说明的是：泰勒阻尼器的安全储备通过安全系数来确定，如无特殊要求，安全系数可以定为 1.5。

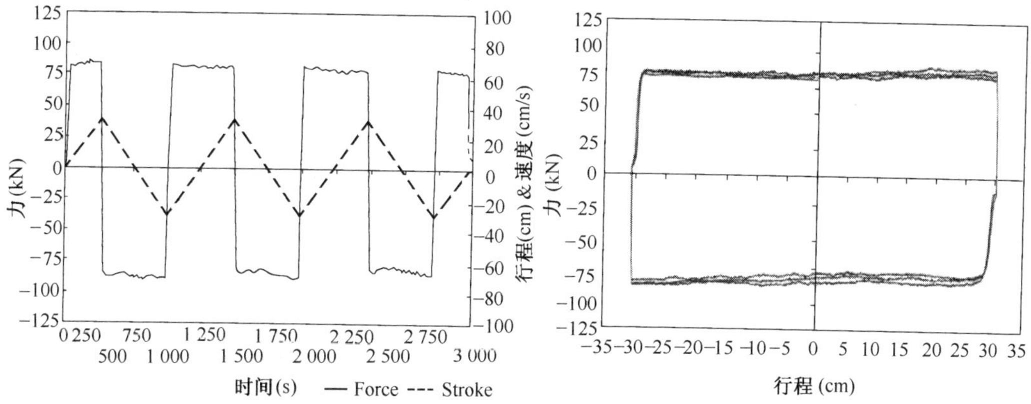

(a) 时程曲线　　(b) 滞回曲线

图 4.5.1　慢速力测试曲线

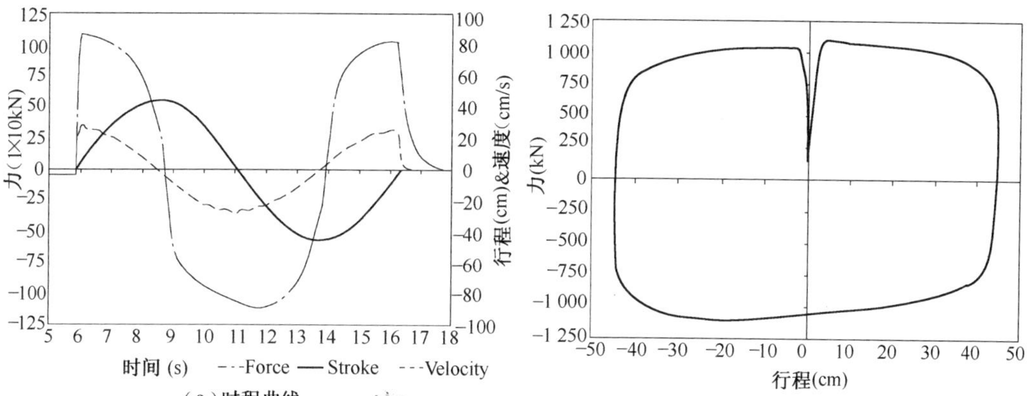

(a) 时程曲线　　(b) 滞回曲线

图 4.5.2　最大负荷验证测试曲线

3. 江阴大桥阻尼器的原型抽样检验测试

(1)阻尼关系验证测试

如前文所述，在土木工程领域应用的黏滞阻尼器是一种定量化的产品，其原型产品的性能必须与有限元程序模型化数字模拟的单元一致，而且在多变的外界环境下应具有稳定性能。这项测试用来验证阻尼器在不同频率、不同温度下(−15 ℃、15 ℃和 40 ℃)下是否符合设计要求的关系曲线。

$$F_D = 1\,521.6V^{0.3} \tag{4.5.1}$$

式中，1 521.6 的单位为 kN·(s/m)$^{0.3}$。

测试所采用的谐波相关参数及 Test3 测试结果如表 4.5.2 所示；图 4.5.3 中(a)和(b)给出了工况 Test3 在环境温度为 40 ℃情况下的曲线；图 4.5.3(c)是根据各工况的测试结果绘制

表 4.5.2　阻尼关系验证测试工况以及测试结果列表

测试工况						循环周数	压缩	
测试工况	频率(Hz)	振幅(mm)	速度(mm/s)	输出力理论值(kN)	循环次数		速度(cm/s)	输出力(kN)
Test1	0.022	±600	83	721	3	1	25.7	1 038.0
Test2	0.044	±600	166	888	3	2	25.7	1 018.2
Test3	0.066	±600	249	1 003	3	3	25.2	1 008.2

的阻尼力-速度曲线。可见，对于各种温度及频率下，所测试的阻尼器均能满足与理论公式误差不超过15%的要求。

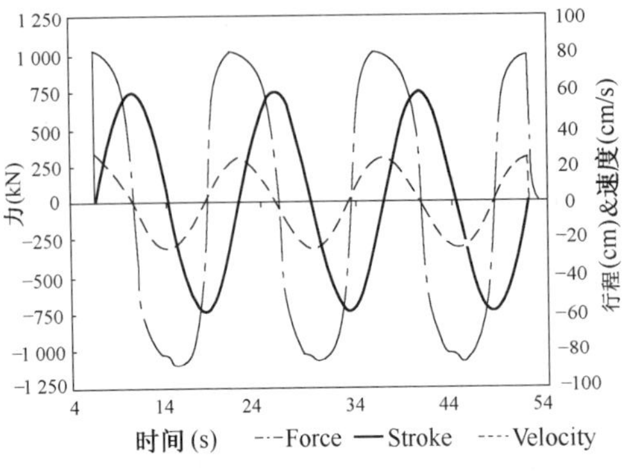

(a)时程曲线

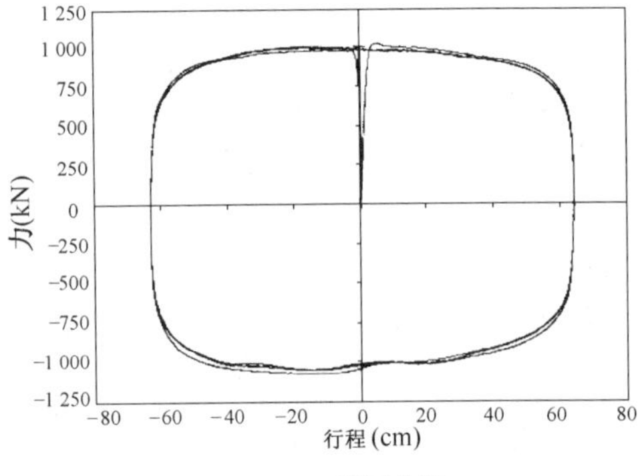

(b)滞回曲线

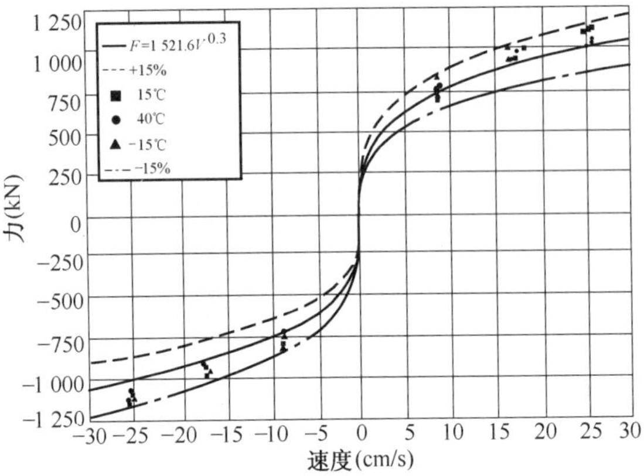

(c)验证结果

图 4.5.3 阻尼关系验证曲线

(2)疲劳测试

设置在桥梁上的阻尼器与应用在建筑中的阻尼器的最大区别是桥梁阻尼器需要承受车辆动载及脉动风荷载等低周小变形循环，据估算阻尼器在服役期内这种低周小变形循环次数可能多达 5×10^6 次。

图 4.5.4 分别给出了前 20 圈及最后 20 圈的循环曲线。

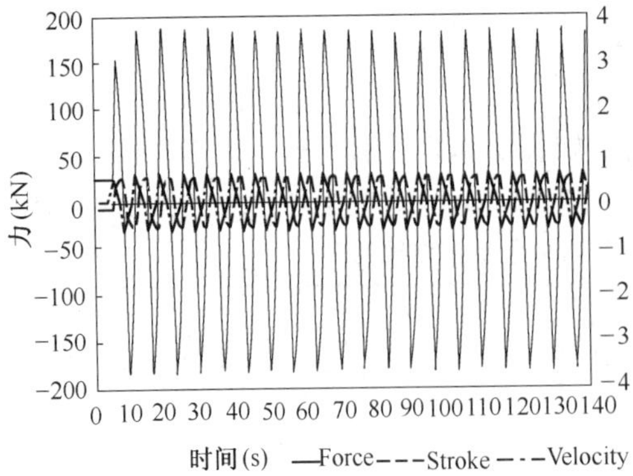

(a) 1～20 圈循环时程曲线

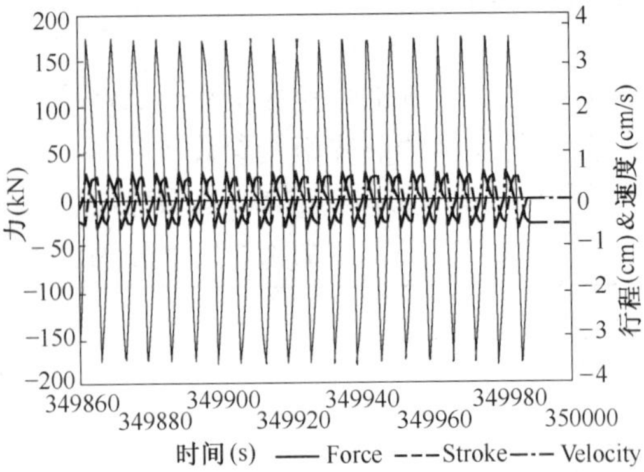

(b) 49 980～50 000圈循环时程曲线

图 4.5.4 疲劳测试曲线

根据表 4.5.3 中的测试结果可知，阻尼器经过高达 5 万次的疲劳测试后输出力基本没有下降，阻尼器也未发现任何损坏。

表 4.5.3　疲劳测试结果列表

循环周数	压缩		拉伸	
	速度(cm/s)	输出力(kN)	速度(cm/s)	输出力(kN)
1～20 圈	0.6	184.4	−0.6	−183.0
49 980～50 000 圈	0.6	179.6	−0.6	−183.3

4. 结论和我们的建议

在通过产品预检验及产品出厂检测测试后，可以认为阻尼器在安装就位后可以按预期设计正常工作。同时，我们也可认识到阻尼器预检验测试与出厂测试的不同之处：预检验测试是鉴定和甄别产品性能的优劣，而出厂测试则是厂家的常规测试，是进行质量控制的手段。

图 4.5.5　江阴大桥阻尼器安装就位图

如今，阻尼器已经成功地安装在江阴桥上并开始工作，但其减震效果还有待进一步观察，所以同时也设置了相应的监测设备。目前我国还没有关于桥梁用阻尼器测试的一些相应规范规程，鉴于桥梁用阻尼器迅速被应用这种情况，本文建议国内应尽早建立相关的测试标准。江阴大桥的阻尼器测试是我国设计工作者首次提出的，并实现了的较为完整的原型测试要求。作为参考，我们建议设计者应在完成设计的同时，参照江阴大桥和美国相关规范提出阻尼器的验收要求。图 4.5.5 为江阴大桥阻尼器安装就位图。

4.5.2　苏通长江大桥阻尼器测试

参照 HITEC 编制的 1998 年技术报告，苏通大桥设计单位结合大桥阻尼器及连接件的特殊要求，提出了阻尼器的测试要求：每个产品都要分别进行出厂检验和抽样原型检验两部分测试。

(1)常规出厂检验中分别提出了外形测试、耐压测试、慢速位移最大阻尼力测试、最大冲程及不同温度下的动力性能。

(2)在抽样原型检验测试中提出了针对阻尼器在不同频率输入下的反应性能试验、在 3 种温度条件下阻尼器的各种性能检测以及抗风疲劳能力试验。

通过上述测试，可以反映阻尼器在使用阶段是否能达到预期的动力性能，是否能满足苏通长江大桥在运营过程中可能遇到的某些极限工况的要求。

表 4.5.4 列出了所有相关测试项目。

表 4.5.4　苏通阻尼器测试工况

编号	试验说明	频率(Hz)	振幅(mm)	标定阻尼力(kN)和速度(m/s)	温度(℃)/阻尼器个数
1	50%阻尼力试验	0.32	145	2 286@0.29	20/8
2	75%阻尼力试验	0.32	218	2 700@0.44	20/8
3	100%阻尼力试验	0.32	290	3 025@0.58	20/8

续上表

编号	试验说明	频率(Hz)	振幅(mm)	标定阻尼力(kN)和速度(m/s)	温度(℃)/阻尼器个数
4	温度反应试验	0.32	145	2 286@0.29	−25/1
5	温度反应试验	0.32	145	2 286@0.29	+15/1
6	温度反应试验	0.32	145	2 286@0.29	+50/1
7	温度反应试验	0.32	218	2 700@0.44	−25/1
8	温度反应试验	0.32	218	2 700@0.44	+15/1
9	温度反应试验	0.32	218	2 700@0.44	+50/1
10	温度反应试验	0.32	290	3 025@0.58	−25/1
11	温度反应试验	0.32	290	3 025@0.58	+15/1
12	温度反应试验	0.32	290	3 025@0.58	+50/1
13	频率反应试验	0.05	290	1 438@0.09	20/1
14	频率反应试验	0.2	290	2 505@ 0.36	20/1
15	频率反应试验	0.5	184	3 025@0.58	20/1
16	频率反应试验	1.0	92.3	3 025@0 .58	20/1
17	频率反应试验	2.0	46.2	3 025@0.58	20/1

(1)静压测试

每个阻尼器需要经受 3 min 97 000+3 500/−0 kPa 的试验，其中一个阻尼器需要经受 24 h 97 000+3 500/−0 kPa 的连续试验，这等效于 3 025 kN×2=6 050 kN 的阻尼力的试验，即最高速度时的峰值荷载的 2 倍。测试过程中以及测试完成后不允许阻尼器有任何可见的结构损坏、变形或泄漏，这是对阻尼器的缸体、活塞杆、活塞头以及密封装置能否正常工作 35 年的基础测试。

(2)满冲程测试

将每个阻尼器水平安置在一个液压试验设备里，检验阻尼器±750 mm 的总冲程。鉴于测试设备的冲程限制，本测试分为两部分进行。如图 4.5.6(a)为编号 S/N001 阻尼器的最大冲程达到了±761 mm，超过了阻尼器的设计要求。

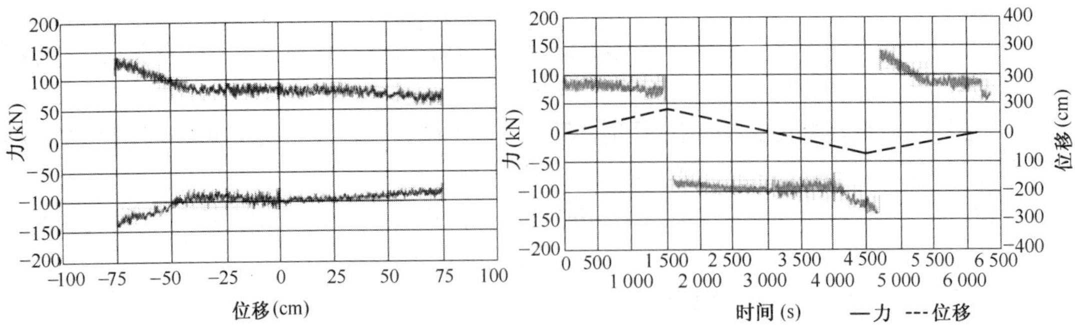

(a)满冲程测试　　(b)慢速应力测试

图 4.5.6　S/N 001 阻尼器满冲程测试和慢速压力测试

(3)慢速压力测试

该测试要求阻尼器产生变形的所需最大出力不超过 151 kN。如图 4.5.6(b)所示，编号 S/N001 阻尼器的慢速压力仅为 140 kN，也就是说，阻尼器在未来工作时，在桥梁的温度变化、平均静风下都能较自由地运动，不会引起不必要的附加受力。

(4)限位装置测试

阻尼器的限位弹性单元设置在运动范围的末端，最大压力和拉力可达±10 000 kN，该测试在泰勒公司改进的试验设备上进行。如图 4.5.7 所示，两次测试的力分别达到了 10 029.5 kN 和−10 173.6 kN。这就证明了阻尼器在未来可以预见的 35 年保证期内，即使遇到预想不到的超大地震、风的动荷载和超大静荷载，也都不会产生梁、塔间的特大位移。限位装置对伸缩缝乃致整个桥梁都能起到很好的保护作用。

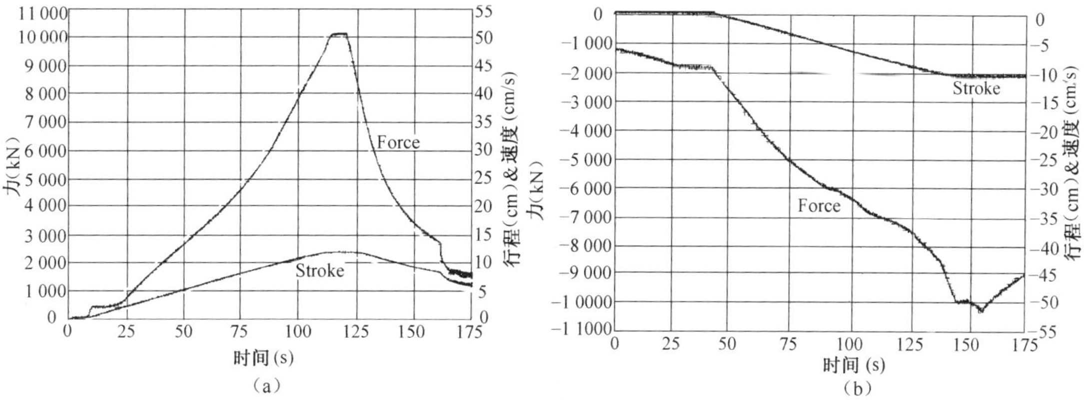

图 4.5.7　阻尼器限位装置测试

(5)动力测试

动力测试是要在简谐振动荷载下测试阻尼器一个全程动力运动曲线。要求速度分别为 50%、75%和 100%的最大设计速度时阻尼器在一个循环内力、位移和速度的时程变化及力和位移的滞回曲线。其相互关系应符合 $F_D=3\ 750V^{0.4}$[3 750 的单位为 kN·(s/m)$^{0.4}$]。

图 4.5.8(a)和图 4.5.8(b)分别示出了 S/N004 的阻尼器在 100%最大速度、频率 0.32 Hz、温度 20 ℃、±290 mm 振幅时的时程曲线和力-位移的滞回曲线。其最大速度分别达到了 52.4 cm/s 和−52.7 cm/s，对应的阻尼力为 3 143.6 kN 和−2 992.2 kN，与测试要求的最大值的误差均在 15%以内。这足以证明在动力荷载作用下，阻尼器完全符合设计的要求，可以确保结构在地震中的安全。

图 4.5.8(c)和图 4.5.8(d)分别示出了 S/N005 在测试计划第 12 工况的测试，100%最大速度、频率 0.32 Hz、温度 50℃、±290 mm 振幅时的时程曲线和力-位移的滞回曲线。其最大速度分别达到了 55.4 cm/s 和−53.5 cm/s，对应的阻尼力达到了 3 241.6 kN 和−2 944.4 kN。两组曲线的对比证明，阻尼器在不同温度下的性能变化在允许范围内。

(6)温度试验

按照试验要求，对编号为 S/N005 的阻尼器将进行表 4.5.4 中编号为 4～12 的测试，以验证阻尼器设备在不同温度下的稳定性。从−25 ℃到 50 ℃不同温度下的阻尼器在不同速度下的受力测试点都落在了±15%的范围内(图 4.5.9)。这说明在未来的长期使用中，大桥在不同温度下对桥上阻尼器的性能和减振效果都影响不大。

(7)频率反应测试

按抽样试验要求，分别按 0.05 Hz、0.5 Hz、1.0 Hz 和 2.0 Hz 不同频率的试验荷载分别对抽样编号为 S/N005 的阻尼器进行三次循环的测试，以验证其在不同频率下的稳定性。阻尼器的测试参数都要求在正负 15%的范围内。如图 4.5.10 所示该样品 S/N005 在工况编号

14 下的频率反应测试时程和恢复力曲线图。

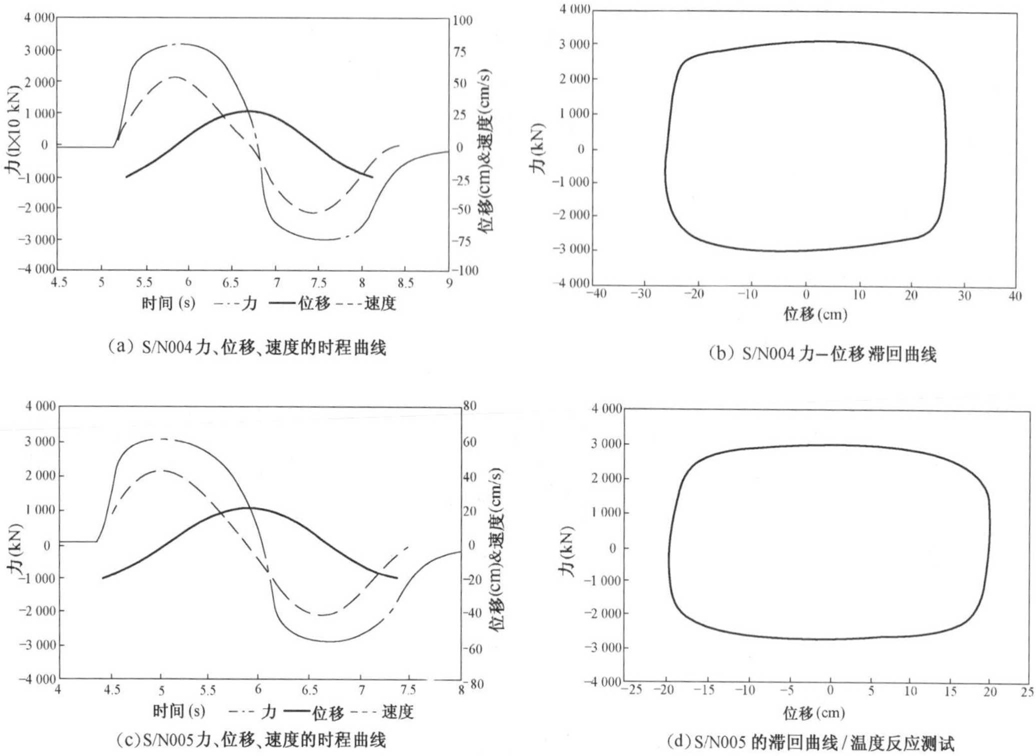

(a) S/N004力、位移、速度的时程曲线

(b) S/N004力−位移滞回曲线

(c) S/N005力、位移、速度的时程曲线

(d) S/N005的滞回曲线/温度反应测试

图 4.5.8　阻尼器动力测试曲线

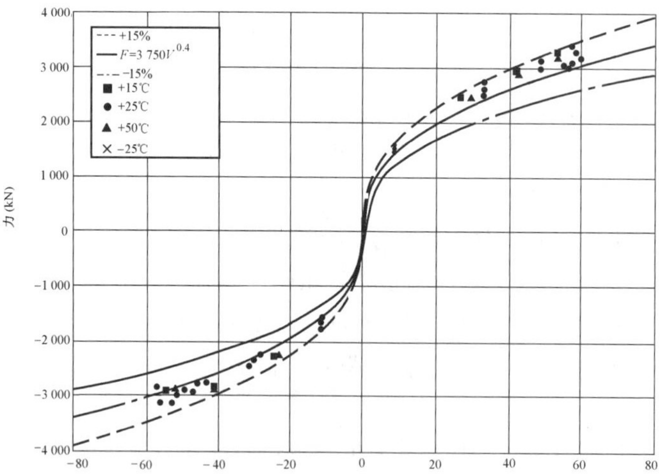

图 4.5.9　S/N005 温度反应测试数据

(8)抗风的疲劳测试

在该测试中，阻尼器将以不低于 2 mm/s 的速度进行 50 000 次振幅为±5 mm 的循环试验。图 4.5.11 为循环过程中荷载的时程曲线。数据由试验室自动计算机观察系统收集。

表 4.5.5 给出了 S/N007 的阻尼器在第 2 个循环与 49 998 次循环的力-位移滞回曲线，并进行比较。可以看出，第 2 个循环和第 49998 次循环相差为 3.2%和 8.6%。这足以证明阻尼

器在未来可预计的风荷载下，可以保证性能仅在允许的范围内有微小的变化，绝不会疲劳破坏。

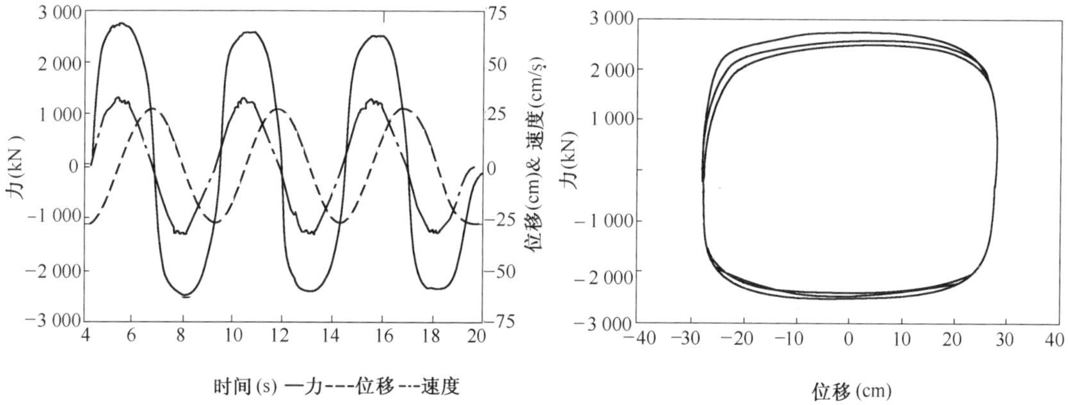

图 4.5.10　不同频率反应时程和恢复力曲线

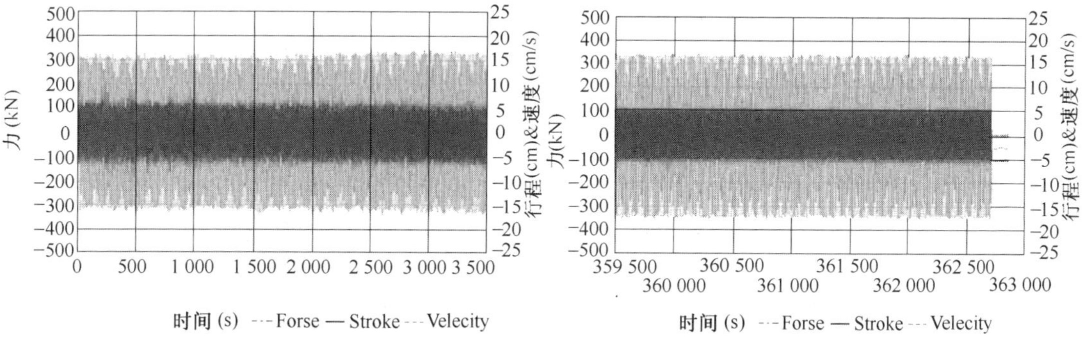

图 4.5.11　抗风疲劳测试 5 万次循环

表 4.5.5　抗风疲劳测试数据对比

循环	速度 1(mm/s)	力(kN)	速度 2(mm/s)	力(kN)
2	5.0	321.9	−5.0	−326.3
49 998	5.0	332.3	−5.0	−354.4
对比	3.2%		8.6%	

最后，由图 4.5.12 给出了所有 8 个阻尼器编号为 S/N001～008 在各种速度下的检测结果。阻尼器的出力都在美国规范以及测试验收要求所规定的±15%的范围内。苏通大桥限位阻尼器在经过产品预检测及产品出厂检测测试后，可以断定，阻尼器在安装就位后可以达到预期的效果，在各种动力荷载长期作用下将表现良好稳定的性能。阻尼器的密封和疲劳试验都确保了它能正常工作 35 年以上。图 4.5.13 为苏通大桥安置的限位阻尼器照片。

上述测试内容几乎涵盖了阻尼器所能进行的全部检测项目，这对于预先评估苏通大桥带限位阻尼器在今后长期使用过程中的安全可靠性非常必要。在这些测试中通过不同条件、各种工况的组合，对这一特大阻尼器可能会产生的问题和特点进行了正确评估，并使阻尼器的质量得到严格的控制，从而确保阻尼器可以健康地使用 35 年以上。

从结构保护系统应用至今，许多结构工程师已然将其作为土木工程结构中的一部分进行设计应用。结构保护系统除本文谈到的黏滞阻尼器外，还包括多种抗震支座以及承受动力负

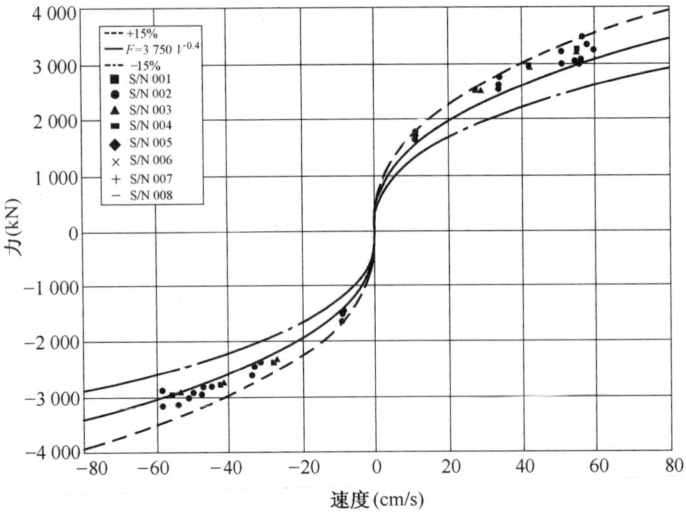

图 4.5.12　测试数据示意图

荷的相关系统。在应用这些装置前，毋庸置疑，每个设计者和管理者应遵从其职业道德、本着对工程高度负责的态度，监督并督促这些装置的检测工作，掌握这些装置的真实性能情况，使其真正达到设计功效。

图 4.5.13　苏通大桥安置的限位阻尼器

4.5.3　华盛顿桥锁定装置的测试

乔治华盛顿大桥（George Washington Bridge）是一条位于美国纽约州纽约市曼哈顿与纽泽西州李堡的一条桥梁，是纽约市的一条重要交通要道。乔治华盛顿桥在抗震加固中采用 1 100 kip 的锁定装置（STU），其测试内容包括密封磨损测试（Seal Wear Test）、高速性能测试（Performance Test at High Velocity）、拟动力测试（Simulated Dynamic Force Transfer Test）、循环测试（Cyclic Load Test）、拖动力测试（Drag Force Test）以及静压力测试（Static Proof Load Test），以下就各项测试的基本情况作简单介绍。

(1)密封磨损测试：将装置水平固定在动力测试设备上。装置应未填充液体进行组装。在位移幅值为±2.0 in（±50 mm）冲程下进行 10 000 次循环测试，相当于设备总位移量达到 40 000 in（1 016 m）。试验温度分别 120 ℉、0 ℉ 和 64 ℉（48.8 ℃、−17.8 ℃和 17.8 ℃）。图 4.5.14 为密封磨损测试冲程时程。

这项测试后，应将设备填充液体，在室温条件下对设备施加额定设计力（1 100 kip），设备需要持荷 2 min 或直到设备运行到行程末端后停止。设备不应出现机械损伤、老化或任何可见的渗漏。图 4.5.15 为注油后的额定力测试曲线。

(2)高速性能测试：将装置水平固定在动力测试设备上。将设备调整在中位后，在拉压双向以足够的加载速率模拟冲击荷载，施加额定设计荷载。测试速度不小于 0.004 in/s（0.1 mm/s）或不大于 0.02 in/s（0.5 mm/s）。测试在室温下进行并记录荷载及变形的时程曲线。测试设备需在 0.5 in（12 mm）内完成锁定。测试装置的锁定反应可视为设备在固定刚度下的变形量，这个变形量应满足从静止到达到最大测试荷载所需要的位移量不超过 0.5 in (12 mm)。要求所有锁定装置达到最大出力的刚度变化偏差在 10%范围内。图 4.5.16 为测试设备的测试曲线，测试速度为 0.009 in/s，荷载值为 1 122 kip。

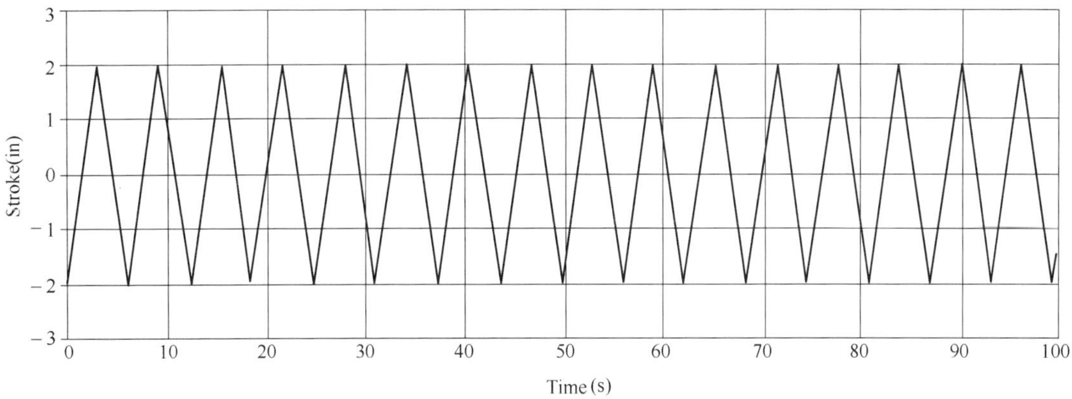

图 4.5.14　密封磨损测试冲程时程

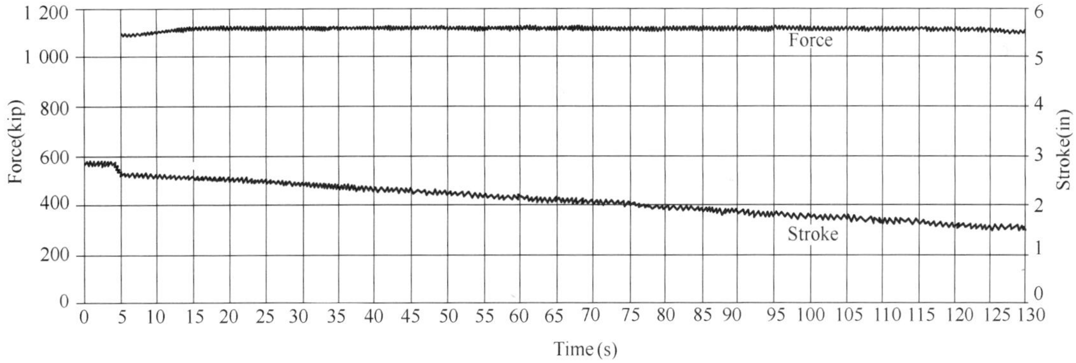

图 4.5.15　注油后装置的额定载荷曲线

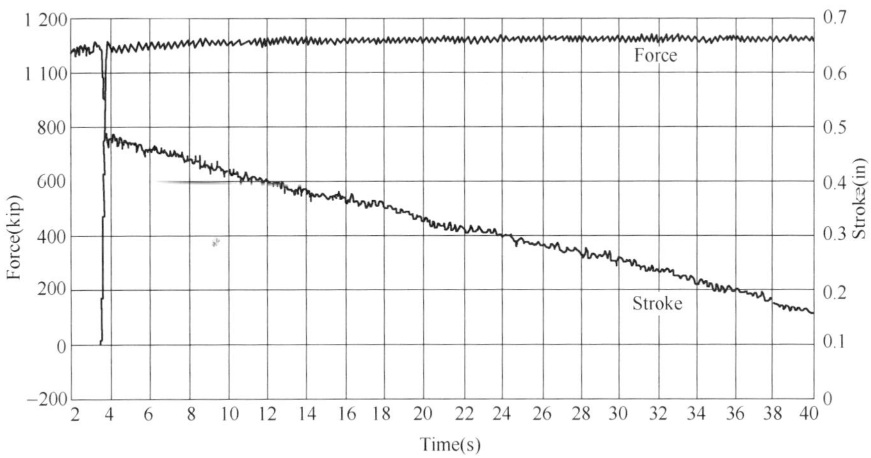

图 4.5.16　高速性能测试曲线(锁定力和位移)

(3)拟动力测试：将装置水平固定在动力测试设备上。在 0.5 s 内对设备施加拉力，而后在此拉力下持荷 5 s，而后在 1 s 内施加反向压力并持荷 5 s。测试中的拉力和压力相等，力值应达到高速性能测试确定的锁定力值 3 倍并不应超过额定载荷值。试验可在常温下进行，应记录实测的荷载及变形时程曲线。设备在初始负荷以及反向受力阶段从零到达到最大力值所需要的反应距离不超过 0.5 in(12 mm)。设备在测试的持荷阶段其位移变形量不得超过在 0.5 in(12 mm)。图 4.5.17 给出了拟动力测试曲线。

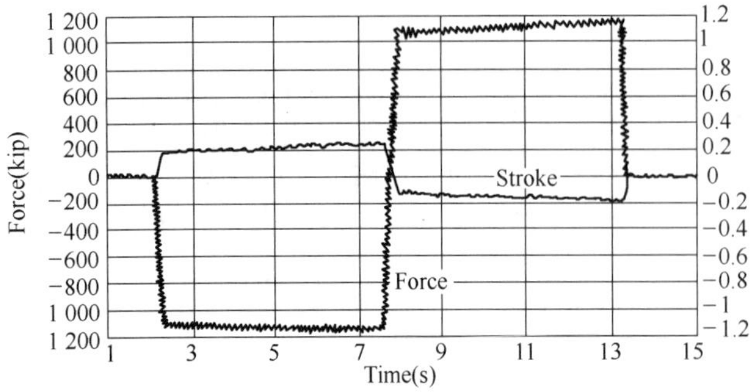

	受压	受拉
速度 (in/s)	0.013 2	0.012 4
出力 (kip)	1 128	1 140

图 4.5.17　拟动力测试曲线

(4)循环荷载测试:将装置水平固定在动力测试设备上,按照表 4.5.6 的频率、温度以及载荷值按照正弦波进行循环测试。测试全过程不应间断,并记录测试的荷载及变形时程曲线。应分别在设备外部油缸的两点记录温度,所选定的测试点应最能够代表设备的内部温度。设备如有渗漏应准确记录。

表 4.5.6　抗风疲劳测试数据对比

载荷	加载频率(Hz)	循环次数	温度
P_R	0.25	10	最小
P_R	0.25	10	最大
P_R	0.25	10	标准
P_R	0.50	10	最小
P_R	0.50	10	最大
P_R	0.50	10	标准
$0.75P_R$	0.50	100	最小
$0.75P_R$	0.50	100	最大
$0.75P_R$	0.50	100	标准
$0.75P_R$	1.00	100	最小
$0.75P_R$	1.00	100	最大
$0.75P_R$	1.00	100	标准

注:表中 P_R 表示额定设计载荷。

循环荷载测试要求:最小温度 0 °F(−17.8 ℃),最大温度 120 °F(48.8 ℃)及标准温度 64 °F(17.8 ℃)。被测试设备应在±10 °F 设计温度的温控箱中放置 24 h。如被测设备放置在温控箱外超过 15 min,应在测试前重新进行温控过程。在测试中以及测试结束后应立即测试设备腔内的温度。

图 4.5.18 给出了循环测试的测试曲线,其中(a)图为 10 周循环测试,(b)图为 100 周循环测试。

表 4.5.7 为出厂编号为 67DP-16399-01-A S/N 001 的锁定装置的循环测试的全部结果。

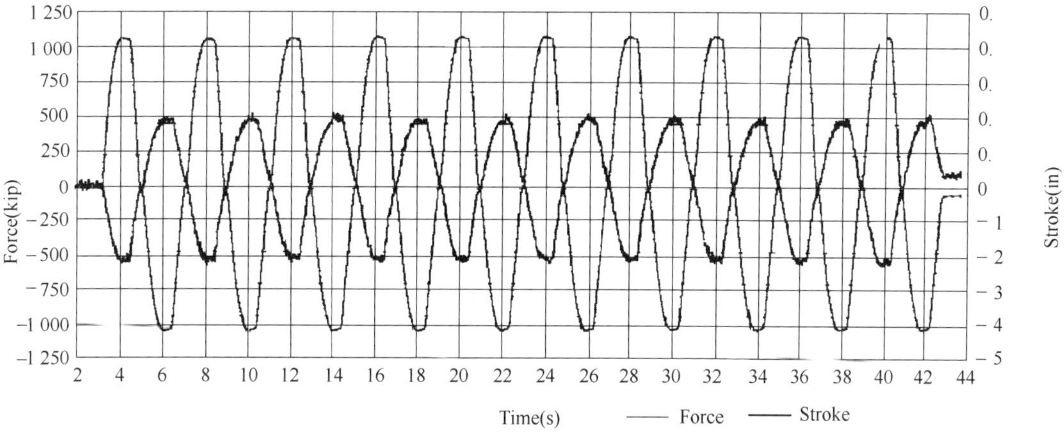

(a)

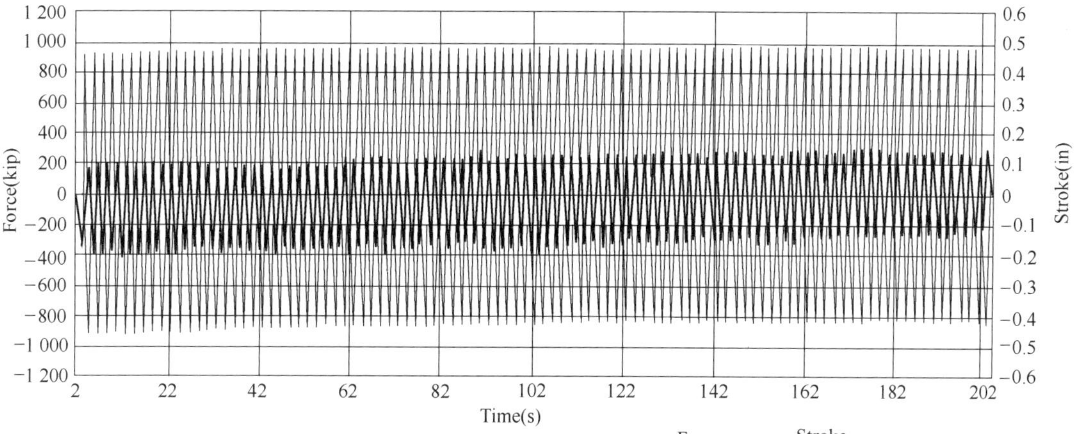

(b)

图 4.5.18 循环测试曲线

表 4.5.7 不同温度下循环测试数据对比

载荷	频率(Hz)	循环次数	温度	压力平均值(kip)	拉力平均值(kip)	受压变形平均值(in)	受拉变形平均值(in)
P_R	0.25	10	最小	1 133	1 114	0.24	0.25
P_R	0.25	10	最大	1 238	1 149	0.19	0.19
P_R	0.25	10	标准	1 175	1 112	0.22	0.23
P_R	0.50	10	最小	1 112	1 128	0.23	0.23
P_R	0.50	10	最大	1 191	1 144	0.18	0.18
P_R	0.50	10	标准	1 140	1 133	0.2	0.2
$0.75P_R$	0.50	100	最小	901	865	0.21	0.21
$0.75P_R$	0.50	100	最大	991	873	0.14	0.14
$0.75P_R$	0.50	100	标准	946	849	0.15	0.15
$0.75P_R$	1.00	100	最小	938	902	0.21	0.21
$0.75P_R$	1.00	100	最大	944	850	0.15	0.15
$0.75P_R$	1.00	100	标准	943	893	0.16	0.16

(5)拖动力测试:将装置水平固定在动力测试设备上,被测试设备需要在最低、最大以及标准温度下进行至少 5 次的满冲程循环试验。测试速度应不大于 0.001 in/s(0.025 mm/s),不小于 0.000 2 in/s(0.005 mm/s),并记录测试的荷载及变形时程曲线。在托动力测试中设备最大反应力值不应超过额定载荷的 10%。在测试中不应出现结构性盲区。对于各种测试温度,每个测试设备在各周循环中,其最小反应峰值力变化率不大于最大反应峰值力的 15%。对于各种测试温度,各测试设备的每周最大反力峰值变化率相差不超过 20%。图 4.5.19 及表 4.5.8 给出了这项测试的部分结果。

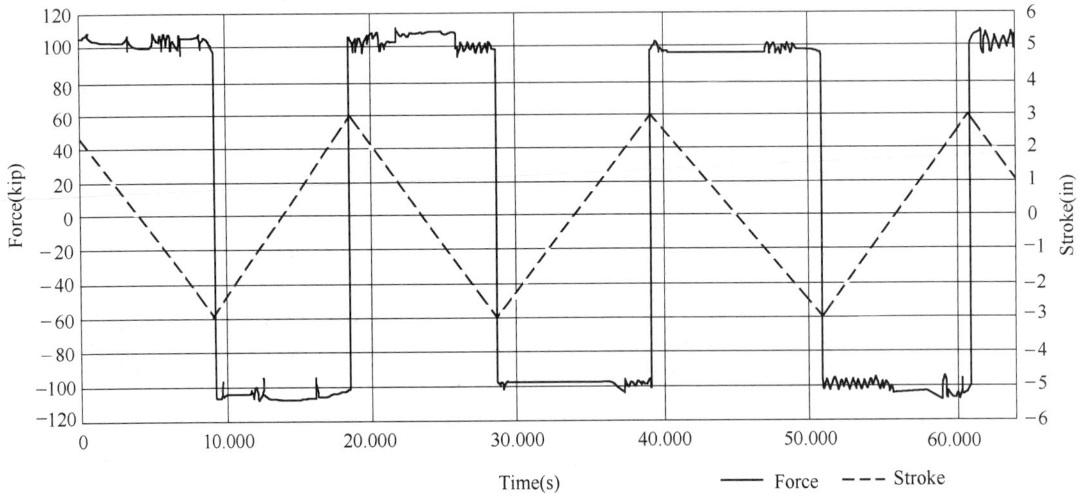

图 4.5.19　拖动力测试曲线

表 4.5.8　拖动力测试结果汇总

设备编号	温度	压力(kip)	拉力(kip)	压向速度(in/s)	拉向速度(in/s)
67DP-16399-01-A S/N 001	最小	107	−102	0.000 55	0.000 53
	最大	90	−97	0.000 64	0.000 58
	标准	99	−99	0.000 55	0.000 55
67DP-16399-01-A S/N 002	最小	97	−94	0.000 54	0.000 54
	最大	91	−90	0.000 58	0.000 64
	标准	100	−103	0.000 55	0.000 52
67DP-16399-01-B S/N 001	最小	95	−87	0.000 47	0.000 50
	最大	103	−101	0.000 61	0.000 62
	标准	101	−106	0.000 55	0.000 61
67DP-16399-01-B S/N 002	最小	98	−98	0.000 47	0.000 52
	最大	99	−99	0.000 62	0.000 62
	标准	100	−101	0.000 59	0.000 61

(6)静压力测试:在所有测试结束后,对设备施加初始内部静压,大小相当于 150%的额定载荷对应的内部工作压力,并在无干扰下保持 300 s。试验设备应通过额外施加外部荷载减小试验压强的偏差。测试可在室温下进行,测试中装置内部的静压力下降值不超过 5%。设备不应出现机械损伤、老化或任何可见的渗漏。

第5章　桥梁工程阻尼器减振设计与施工

随着我国经济建设的快速发展，国家修建了大量的高速公路和桥梁工程，特别是从20世纪90年代后期开始，我国修建了许多世界级桥梁工程，桥梁建造技术也达到世界级水平。

我国中交公路规划设计院（中交院）设计的苏通长江大桥是世界第一大斜拉桥，桥上使用的阻尼器是世界首例加有特殊限位的特大阻尼器（测试到10 000 kN）。中交院要求对阻尼器进行的全面测试和鉴定，并于2007年顺利完成。我国最长、世界第二的江阴长江悬索大桥在2007年通过设置黏滞阻尼器成功实现了大桥的加固，目前江阴大桥恢复了以往的车流量，经济效益日益体现。南京长江三桥是我国首次在引桥上成功设计和使用了抗震阻尼器（54个）。阻尼器在这三座跨长江大桥上的应用，展开了我国桥梁建造史上新的一页，必将对我国桥梁业发展带来巨大影响。

5.1　阻尼器应用概述

尽管我国现有的设计规范并没有强制使用阻尼器，但这种成熟的、在国际上已经广泛应用的新技术被各大院校和设计单位推荐使用。美国、日本等抗震技术较为发达的国家已经为现有的大桥纷纷加上阻尼器。桥梁振动问题是关系到桥梁寿命的关键所在，我国现有的很多大桥都存在不同的振动问题。处于大风区的桥和绝大部分斜拉、悬索桥还没有经过地震的考验，有的就已经有很严重的碰撞破坏的经历，不得不减荷使用。

2008年我国包括地震在内的自然灾害频发，在广大设计人员中树立防震减灾观念、采取更为巧妙的设计方法进行结构物减振消能已经成为当务之急。

5.1.1　设计目标和理念

结合国内外有关阻尼器应用发展情况，我们提出在桥梁上使用阻尼器的目标和理念。简单的说，安置阻尼器有以下四个目的。

1. 增加结构抗震、抗风能力

增强结构抗震、抗风能力、抗车辆刹车等荷载的能力，是设置阻尼器的主要目的。虽然原设计可能已经能够满足规范规定的抗震抗风要求，但通过设置阻尼器可以增加桥梁的阻尼比，在振动过程中消耗振动能量，从而减少梁端、塔顶的位移，降低桥梁的墩底地震剪力，进而减少整个桥梁的受力，推迟桥梁构件的屈服发生的时间，大大提高桥梁的抗地震能力。同时，只要阻尼器安装的合适，便可以预防原设计中没有考虑或考虑不足的振动受力。按这种目的来设置阻尼器，就应尽量将阻尼器设置到不同的需要方向。对特别重要的桥梁，或建在高发地震区的结构，使用阻尼器，花钱不多，但设置这第二防线是很重要的，也是值得的。对于非严重地震区，国内外也常用锁定装置达到增加结构抗振功能的目的。

2. 防范罕遇大地震或大风

按“小震不坏、大震不倒”的原则，设计者可以使原设计满足多遇地震的抗震要求，但对于罕遇的大地震可能显得不足。用结构的被动保护系统—抗震用阻尼器来解决罕遇大地震的问题，是在加固未设防抗震或设防不足的已建和新建桥梁设计中建议采用的设计理念。在国外绝大多数地震区，最新规划的桥梁工程大都用这一理念来设计新桥和加固旧桥。

这一理念会带来经济实用可靠的结果，这也是我们主要推广的设计理念。在所有可能发生地震的地区，我们都建议按这一理念来做设计。

应该说，目前国内设置阻尼器的桥梁工程，大多是出于以上两方面的考虑。

3. 解决常规方法难以解决的问题

在桥梁设计中有时遇到高地震烈度、土质情况恶劣的地区，单纯的加大结构尺寸会引起结构刚度增加周期减小，其结果可能引起更大的地震力，而使整个设计过程落入恶性循环难以解决问题。

液体黏滞阻尼器本身没有刚度，也就不会改变结构的频率，阻尼器降低结构阻尼比及具有滞回耗能的作用，两者都比较容易解决一些结构上较复杂、设计上较困难的问题。特别是在高烈度地震区，设计变得很困难的情况下，建议加入液体黏滞阻尼器重新做一下分析，可能会得到预想不到的好结果。

4. 桥梁上的其他需要

自然环境复杂多变，由此引发的桥梁振动问题更是多种多样。除了增强桥梁主要的抗振动能力外，阻尼器还能帮助桥梁控制设计振动的很多其他方面，汇总起来主要有以下方面。

(1)减少桥梁地震、风振及车辆振动下的纵向水平振动；

(2)限制和减少桥梁的横向运动；

(3)分散固定桥墩受力；

(4)减小桥梁的伸缩缝间距，减少桥梁运动的直接结果是减小了它的伸缩缝间距，从而节省大量的资金；

(5)减少桥塔水平风振的 TMD 减振系统；

(6)减少开启及旋转桥的运动及碰撞；

(7)防止船只碰撞的缓冲器；

(8) 减少斜拉桥悬索风振的小型阻尼器；

(9)行人桥 TMD 减震系统；

(10)减少铁路桥梁的横向振动。

前四个方面对于任何桥梁都是适用的。而阻尼器防止纵漂的能力，在斜拉和悬索桥上效果非常显著。

这里，我们将从设计的理念入手，简单介绍阻尼器的设计过程，以供我们设计人员参考。

阻尼器的设计过程应该包括以下几个步骤：

(1) 明确阻尼器的使用目的，确定阻尼器的安置方向和位置；

(2)确定阻尼器的工作状态，对阻尼器的类型进行选择；

(3) 阻尼器的计算分析参数选择；

(4) 阻尼器的安装构造；

(5) 桥梁阻尼器的产品验收规定。

原则上，桥梁和其他建筑结构不同，它在大风和车辆运动中的振动在所难免，所以可以采用这一先进技术。

处于以下情况中的桥梁我们更要强调阻尼器的使用：

(1) 地震区的桥梁(如设计 8 度地区以上)；

(2)大风地区的桥梁；

(3)车辆振动显著的桥梁；

(4)海岸边(中)的桥梁；

(5)铁路桥梁；

(6)斜拉和悬索桥，开启式桥梁。

此外，在地震时还有很多我们预想不到的振动破坏，如：桥梁的竖向振动，扭转振动，不同点输入的地震波的影响等，正确的安置阻尼器很容易增加桥梁对这些振动的抵抗能力。

5.1.2 阻尼器的安置方向和位置

原则上，只要安置的合理，阻尼器对所有桥梁的运动都可以有所约束。液体黏滞阻尼器可以有效地减少地震、风和交通带来的桥体运动和结构所受应力。但关键是如何合理的安置阻尼器，这主要包括两个方面：一是它的安置方向，二是它的安置位置。

图 5.1.1 沿桥纵向设置阻尼器

减少控制方向桥梁主要结构的受力和位移是我们加设阻尼器的主要目的。最为理想的安置方式是将阻尼器安置在结构最大位移处。其放置目的可以简单地概述为以下几种：

(1)控制桥面(梁)结构的纵向位移(桥梁与桥墩或地面的相对位移)，如图 5.1.1 所示；

(2)控制桥面(梁)结构的横向位移(桥梁与桥墩或地面的相对位移)；

(3)控制桥面(梁)结构的垂直方向振动；

(4)控制斜拉或悬索桥塔与桥梁之间的相对水平或垂直振动；

(5)对于多跨简支结构，为了使结构形成一个整体，需要分散连续梁桥上固定墩上的受力，也有时将阻尼器设置在梁与梁之间或其他可能产生相对位移的两处。如：对于控制纵向运动，可将阻尼器设置在桥面梁和桥墩之间或桥面相邻梁体之间。

阻尼器也可以综合利用，控制两个甚至更多方向上的振动和位移，达到双控的目的(图 5.1.2)。

①横向与纵向双重控制

阻尼器可以用来控制纵向运动，也可以用来控制横向运动，还可以选择让其与桥梁成 45°角来控制纵横两个方向运动。坐落在美国洛杉机 I-5 和 91 号高速公路上的连接桥就这样设置了阻尼器，起到了平面内纵横两个方向上的控制作用。

②纵向与垂直方向双重控制

（a）I-5/91 HOV 高速路

（b）Abernethy 大桥

（c）圣刘易斯 Poplar 街桥阻尼器

（d）人字支撑阻尼器

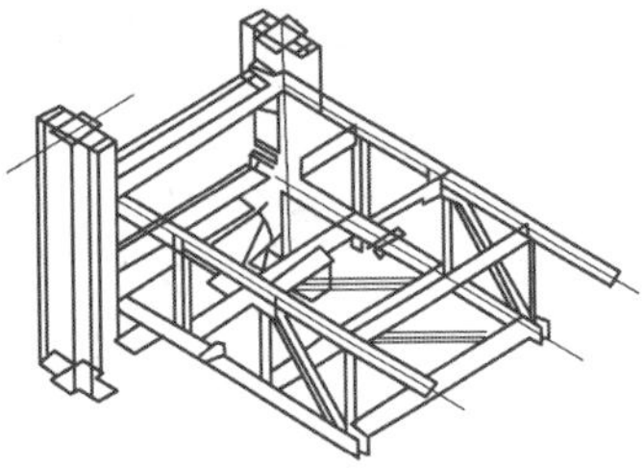

（e）SF-Oakland 大桥阻尼器安置图

（f）MCEER 多维使用阻尼器试验

图 5.1.2　阻尼器双向布置示意图

美国圣刘易斯 Poplar 街桥和 Abernethy 大桥都分别安置了控制纵向和垂直方向的阻尼器。

③横向与垂直方向双重控制

为了减少双层桥面的垂直向相对位移，英国千僖桥双层桥面间安置了双向阻尼器。

④纵向、塔弯曲及平面内扭转的多重控制

美国旧金山－奥克兰间的海湾大桥上安置了多重控制阻尼器。

⑤纵向、横向与垂直方向的多重控制

1994 年（MCEER）阻尼器在桥梁模型上进行振动台测试。

桥梁结构是复杂的实际工程，找到安置阻尼器的最合适的位置和方向是需要很多工作的。中交院的设计人员对于江阴大桥加固工程中阻尼器的设置位置的选定过程，为我们提供了一个正确的参考，这一点在以后还将继续讨论。图 5.1.3 是一些项目工程实例，分别展示了在不同用途的要求下，阻尼器采用的多种设置方法和位置。

5.1.3　阻尼器在桥梁上的应用中所承受的动荷载

（1）地震荷载，特别是在难以预测的超值地震作用下的安全。

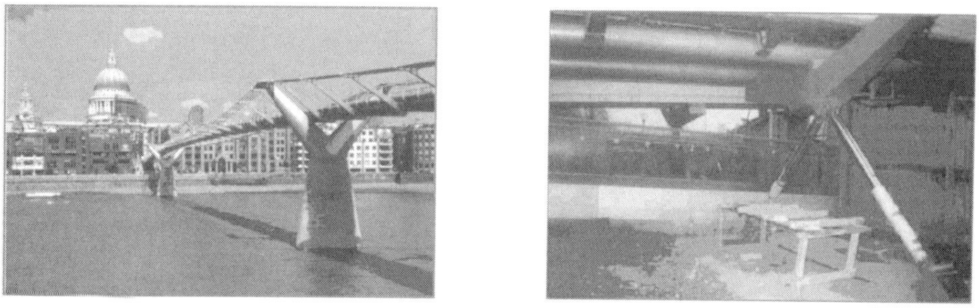

（a）行人桥上减振阻尼器（伦敦千禧桥）

（b）斜拉桥拉索减振用阻尼器

（c）铁路工程上的阻尼器应用

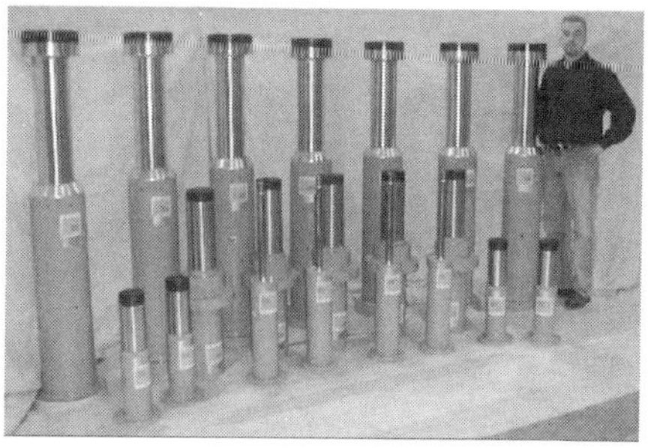

（d）控制开启或旋转桥梁的碰撞和振动（缓冲器）

图　5.1.3

(e) 桥用检查车用阻尼器

(f) 人行桥减振 TMD

(g) 液体阻尼器和缓冲器在桥梁上的安置位置

图 5.1.3　工程实例图

2008年“5·12”汶川大地震震撼了整个中华大地，由此引发的惨烈景象让人刻骨铭心。如何最大限度的保证震后桥体的可通过性，发挥大桥作为第二生命线的重要作用，为救援工作的顺利展开提供保证，是每一个桥梁工程师及建设者正面临的难题。

地震作为一种动力荷载，属于不规则循环往复荷载，具有很大的随机性，在发生过程、时间和空间上均具极不确定性。按照抗震规范的要求，进行常规设计，是设计的最基本要求。但从近些年发生的主要地震来看(如1999年台湾集集地震、土耳其Kocaeli地震、Duzce地震、1995年日本阪神地震、1994年美国Northridge地震和“5·12”汶川地震等)，大多为近断层地震，而地震记录的统计结果显示我国抗震规范设计谱应用于近断层地区是偏于不安全的。由此看来，设计者有必要为桥梁设计第二道甚至更多道防线。

(2)风荷载；考虑风引起的对结构作用的载荷，是桥梁设计的重要内容。

很多情况下长周期部分按照静载荷进行强度设计，短周期部分进行动力分析，且由于随机性，应采取随机振动理论进行。由于大跨度桥梁重量轻、阻尼小，对风振作用比较敏感，紊流风诱发的桥梁抖动往往不能被人接受。很多情况下，风引起桥体的振动并不一定会造成安全问题，而是对人们心里产生不良影响。例如，厦门某人行钢桥，由于桥体设计偏柔且靠近海边风力较大，桥体有轻微抖动发生，业主试图通过设置阻尼器增大钢桥阻尼来加以解决。

(3)车辆和行人机械振动荷载。

车辆动荷载以及特别情况下产生的行人机械振动荷载，往往会增大结构局部疲劳损伤，影响桥上行车的舒适和安全，甚至引起桥梁破坏。车辆荷载动力作用的计算是桥梁设计计算的重要内容。公路、铁路桥在车辆及列车通过时产生的动荷载引起的桥梁竖向振动，往往会造成主梁竖向变形，进而引发阻尼器产生位移。对于无外部纵向约束的漂浮桥梁，由车辆制动、列车制动等引起的外部激励越来越引起广大工程技术人员的重视。图5.1.4为实际测出的列车减速度曲线及简化的制动力时程曲线。

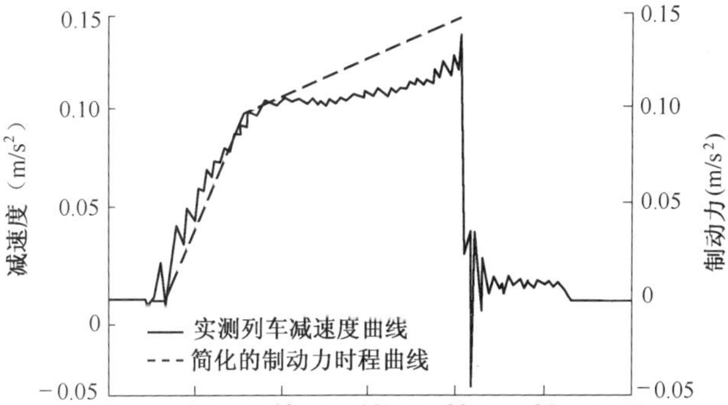

图5.1.4 实际测出的列车减速度曲线及简化的制动力时程曲线

特别是对于公铁两用大跨度桥梁，这些作用尤为突出。如我国修建的世界最大的公铁两用大桥——武汉天兴洲大桥，由于桥体距离城区站台较近，刹车力虽然不大，但频次极高，由此引发的长期工作状态疲劳损害不容忽视。

(4)桥梁的温度变形荷载。

由于目前桥梁结构的跨度很大，极端温度条件下引起的塔、梁之间的变形一般能够达到150～200 mm，甚至更大。温度变形引起的阻尼器静位移必须在设计中予以考虑。

(5)开启式桥梁开启时的振动荷载。

(6)碰撞荷载，以上荷载所带来的桥梁各部分间的碰撞次生荷载。

此外，在地震时还有很多我们预想不到的振动破坏，如桥梁的竖向振动，扭转振动，不同点输入的地震波的影响，阻尼器很容易增加这些方面的抵抗能力。

5.2 规范反应谱

上述动力荷载中，在许多情况下对实际桥梁结构的地震响应起控制作用，研究附加黏滞阻尼器后桥梁结构的减震情况是耗能减震设计的关键。反应谱方法是通过反应谱概念巧妙的将地震动作用下结构的动力问题转化为静力问题，世界上各国规范都把它作为一种基本的分析手段。振型分解反应谱法在结构较为简单的情况下具有一定的应用价值，能够得到较为精确的结果。虽然目前反应谱理论仍具有局限性，如概念仅仅局限在弹性范围、不能反映结构在地震作用下的时间经历和地震动持时效应等，但随着目前各国学者的深入研究，反应谱法的应用范围和概念得到了一定延伸。其中一些研究与各类减、隔震装置在土木工程中的大量应用密不可分。

5.2.1 反应谱理论

在20世纪30年代初期，美国开始布设强震观测台。从1933年开始获得了一批有实际意义的地震动加速度过程的记录，包括1933年Long Beach地震中得到的第一批强震观测记录，在1940年Imperial Valley地震中获得了包括著名的El Centro地震在内的大量地震加速度记录资料，其中一些至今仍然被人们广泛引用。在这些强震记录的基础之上，1943年M. A. Biot提出了反应谱的概念，并给出了具体的计算公式及一条弹性反应谱曲线。1948年G. W. Housner提出了基于加速度反应谱曲线的弹性反应谱法，并在实际工程设计中被采用实施，这在地震工程领域具有划时代的重要意义。

地震动反应谱是单自由度体系最大地震反应与体系自振周期的关系曲线，一方面代表了最大地震反应，另一方面代表了地震反应随周期的变化情况。反应谱曲线建立了地震动特性与结构动力反应之间的联系，特别对于可以简化为线性单自由度体系的结构来说，只要知道地面运动加速度以及结构本身的频率特性和阻尼特性，便可以得出结构的地震反应。本质上，地震动反应谱反映了地震动的频谱特性，同时，它也描述了一般结构地震反应的某些基本特征。

对于一个质量为m，刚度为k，固有阻尼系数为C的单自由度体系，其动力方程可以表示为：

$$m\ddot{u}+c\dot{u}+ku=f(t) \tag{5.2.1}$$

在初始条件$u(t=0)=\dot{u}(t=0)=0$下，利用杜哈梅(Duhamel)积分进行求解，在小阻尼情况下单自由度体系在地震动$\ddot{u}_g(t)$作用下，单自由度质点的相对位移$u(t)$、相对速度$\dot{u}(t)$和绝对加速度$\ddot{u}(t)+\ddot{u}_g(t)$分别为：

$$\begin{cases} u(t)=-\dfrac{1}{\omega_d}\displaystyle\int_0^t \ddot{u}_g(\tau)e^{-\zeta\omega(t-\tau)}\sin\omega_d(t-\tau)d\tau \\ \dot{u}(t)=-\dfrac{\omega}{\omega_d}\displaystyle\int_0^t \ddot{u}_g(\tau)e^{-\zeta\omega(t-\tau)}\cos[\omega_d(t-\tau)+\alpha]d\tau \\ \ddot{u}(t)+\ddot{u}_g(t)=+\dfrac{\omega^2}{\omega_d}\displaystyle\int_0^t \ddot{u}_g(\tau)e^{-\zeta\omega(t-\tau)}\sin[\omega_d(t-\tau)+2\alpha]d\tau \end{cases} \tag{5.2.2}$$

式中，$\omega_d=\omega\sqrt{1-\zeta^2}$ 为有阻尼自振圆频率，$\tan\alpha=\zeta/\sqrt{1-\zeta^2}$，由于阻尼比 $\zeta\ll 1$，因此 $\alpha=0$，式(5.2.2)可进一步简化为：

$$\begin{cases} u(t)=-\dfrac{1}{\omega}\displaystyle\int_0^t \ddot{u}_g(\tau)e^{-\zeta\omega(t-\tau)}\sin\omega(t-\tau)d\tau \\ \dot{u}(t)=-\displaystyle\int_0^t \ddot{u}_g(\tau)e^{-\zeta\omega(t-\tau)}\cos\omega(t-\tau)d\tau \\ \ddot{u}(t)+\ddot{u}_g(t)=\omega\displaystyle\int_0^t \ddot{u}_g(\tau)e^{-\zeta\omega(t-\tau)}\sin\omega(t-\tau)d\tau \end{cases} \tag{5.2.3}$$

结构抗震设计结果由地震响应最大值控制，对于特定的地震波，S_d、S_y 以及 S_a 为阻尼比 ζ 和结构周期 T 的函数，通过改变 ζ 和 T 可以得到一系列 $S_d(\zeta,T)$、$S_y(\zeta,T)$ 以及 $S_a(\zeta,T)$，这些曲线称之为相对位移反应谱(SD)、相对速度反应谱(SV)和绝对加速度反应谱(SA)，或简称位移反应谱、速度反应谱和加速度反应谱，即：

$$\begin{cases} S_d(\zeta,\omega)=|u(t)|_{max}=\left|-\dfrac{1}{\omega}\displaystyle\int_0^t \ddot{u}_g(\tau)e^{-\zeta\omega(t-\tau)}\sin\omega(t-\tau)d\tau\right|_{max} \\ S_y(\zeta,\omega)=|\dot{u}(t)|_{max}=\left|-\displaystyle\int_0^t \ddot{u}_g(\tau)e^{-\zeta\omega(t-\tau)}\cos\omega(t-\tau)d\tau\right|_{max} \\ S_a(\zeta,\omega)=|\ddot{u}(t)+\ddot{u}_g(t)|=\omega^2 S_d(\zeta,\omega) \end{cases} \tag{5.2.4}$$

地震动过程时间相对较长，由于 $\sin\omega(t-\tau)$ 和 $\cos\omega(t-\tau)$ 两个因子在多个周期时只相差一个相位 $\pi/2$，将两者互换差别不大，在容许产生这个误差后，式(5.2.4)可进一步简化为：

$$\begin{cases} S_d(\zeta,\omega)=\dfrac{1}{\omega}S_v(\zeta,\omega) \\ S_y(\zeta,\omega)=\left|\displaystyle\int_0^t \ddot{u}_g(\tau)e^{-\zeta\omega(t-\tau)}\sin\omega(t-\tau)d\tau\right|_{max} \\ S_a(\zeta,\omega)=\omega S_v(\zeta,\omega) \end{cases} \tag{5.2.5}$$

以不同单质点的周期为横坐标，以不同阻尼比为参数，由此计算得到位移谱(SD)、拟相对速度反应谱(PSV)以及拟绝对加速度反应谱(PSA)。数值计算结果表明：对于复杂的地震动，拟速度谱和真速度谱的差别一般不大。这三个反应谱 S_a、S_v 和 S_a 之间具有如下近似关系：

$$S_d : S_v : S_a = 1 : \omega : \omega^2 \tag{5.2.6}$$

可见，如果知道其中一种反应谱，则其他两种反应谱可以通过简单的换算得到。

5.2.2 规范采用的标准化反应谱曲线

一个场地所记录到的地震动与多种因素有关，这主要包括场地条件、震中距、震源深度、震级和震源特性等因素。图 5.2.1 为 El Centro 波时程及反应谱曲线。

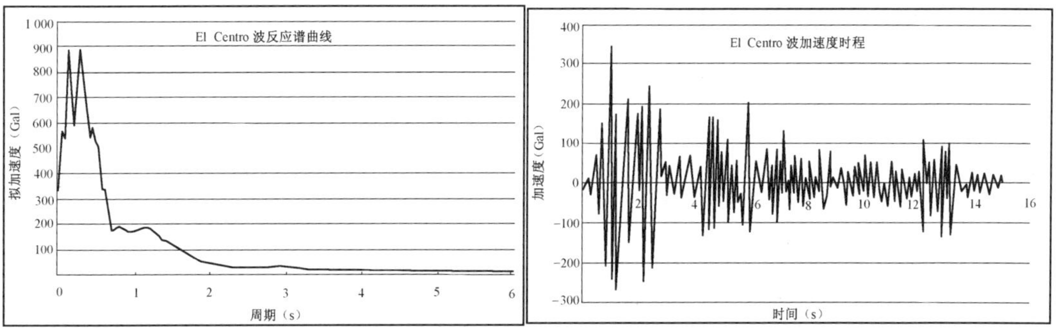

图 5.2.1　El Centro 波时程及反应谱曲线

由于地震的随机性，即使在同一地点、同一烈度，每次地震的地面运动加速度记录也很不同。标准化的反应谱曲线是在大量的地震动加速度记录输入后绘制的众多反应谱曲线的基础上，经过平均与光滑化后得到的平均地震反应谱。

图 5.2.2 给出了经过比例缩放的 20 条地震记录的平均反应谱加速度与 NEHRP 设计反应谱的比较。表 5.2.1 列出了其中 10 条地震记录的情况以及缩放系数。可见，规范反应谱代表了这些反应谱的平均概况。反应谱并不是某个特定地震的地面运动的描述，而是基于对大量地震动表现的综合认识所作出的对结构地震力的一种规定。

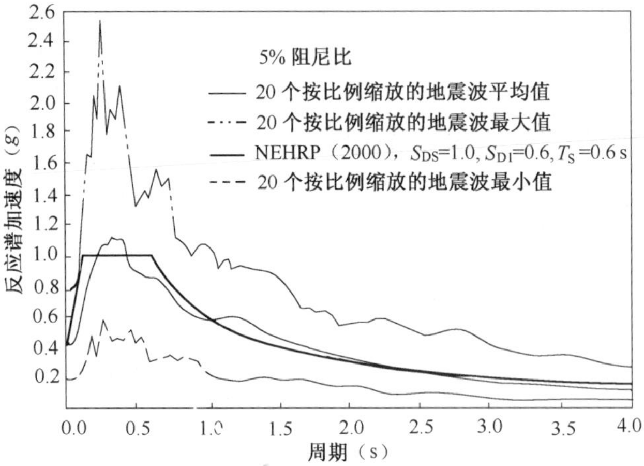

图 5.2.2　按比例缩放的反应谱加速度最大值、平均值和最小值

表 5.2.1　地震记录及放大系数

年　份	地震记录	测　点	成　分	放大系数
1949	Washington	325(USGS)	N04W,N86E	2.74
1954	Eureka	022(USGS)	N11W,N79E	1.74
1971	San Fernando	241(USGS)	N00W,S90W	1.96
1971	San Fernando	458(USGS)	S00W,S90W	2.22
1989	Loma Prieta	Gilroy2(CDMG)	90,0	1.46
1989	Loma Prieta	Hollister(CDMG)	90,0	1.07
1992	Landers	Yermo(CDMG)	360,270	1.28
1992	Landers	Joshua(CDMG)	90,0	1.48
1994	Northdridge	Moorpark(CDMG)	180,90	2.61
1994	Northdridge	Century(CDMG)	90,360	2.27

5.2.3　考虑阻尼器后的高阻尼反应谱修正

阻尼比为 5%的弹性反应谱普遍应用于桥梁的抗震设计。而目前大跨度桥梁结构，尤其钢结构和混凝土结构的混合结构，不同的振型，其频率阻尼比各不相同，且往往小于 5%。加之各类桥梁减隔震产品的大量应用，一些具有高阻尼特性的桥梁阻尼器和支座应用普及，这些结构的实际阻尼一般来说均要高于规范中标准反应谱规定的 5%。

此外，国外一些学者提出了一些简化的计算办法，用于计算考虑屈服特性或设有减隔震装置等具有滞回性质的桥梁结构，这些耗能减振部件对结构的影响主要通过对设计反应谱的修正来考虑。

建立大于5%阻尼比下的弹性谱的典型方法是用一个阻尼系数或者阻尼折减因子 B 去除5%阻尼比下的加速度反应谱：

$$S_{\mathrm{a}}(T,\xi)=\frac{S_{\mathrm{a}}(T,5\%)}{B} \tag{5.2.7}$$

其中，$S_{\mathrm{a}}(T,\xi)$是周期为 T 和阻尼比为 ξ 时的谱加速度；$S_{\mathrm{a}}(T,0.05)$是阻尼比为5%时的反应谱加速度；这里需要指出：由于没有任何黏滞力的贡献，这个反应谱加速度应为在最大位移时的加速度，而不一定是真正的最大加速度。

阻尼折减因子 B 是阻尼比和周期的函数，是在综合大量的地震记录在统计基础上，用5%阻尼比反应谱值除以阻尼比为 ξ 时的值得到的。这些结果会受到所选地震动记录的影响，也会受到在处理不同地震记录时所采用的方法的影响。阻尼折减因子 B 给出了增加有效阻尼比与地震加速度降低的量化关系，进而可以调低设计加速度反应谱(或可调低地震影响系数)，即调低地震作用。1982年，B 值的概念由 Newmark 和 Hall 在美国最早提出，而在标准中首次采用的 B 值是由 Wu 和 Hanson 提出的，并纳入了 1994 NEHRP Recommended Provisions (BSSC 1995)中，之后又在一系列标准中出现，但数值略有不同，直到在 NEHRP2000 中才逐渐确定下来。

表5.2.2中列出了如下一些规程和标准所给出的 B 值。

(1)美国公路及运输协会1999年《公路桥梁设计规范》(American Association of State High-way and Transportation Officials，简称 AASHTO)。

(2)美国国家地震减灾项目推荐规程 2003NEHRP(National Earthquake Hazards Reduction Program，简称 NEHRP)。

(3)加州房建规程 2001(California BuiLUDing Code 简称 CBC)(加州建筑标准委员会 California BuiLUDing Standards Commission，2001)。

(4)欧洲规范 Eurocode8(European Committee for Standardization，2005)。

(5)联邦紧急事务管理委员会 FEMA440 建议(Applied Technology Council 应用技术协会简称 ATC)。

FEMA440 和 Eurocode8 给出了 B 值的计算公式，其他的规范中以表格形式给出。FEMA440 中的计算式为：

表5.2.2　各种规范和标准中阻尼折减因子 B 的值

β(%)	1999AASHTO 2001CBC	2003NEHRP	FEMA440	EUROCODE8
≤2	0.8	0.8	0.8	0.8
5	1.0	1.0	1.0	1.0
10	1.2	1.2	1.2	1.2
20	1.5	1.5	1.5	1.6
30	1.7	1.7或1.8*	1.8	1.9
40	1.9	2.1	2.1	2.1
50	2.0	2.4	2.4	2.3

*1.7为隔震结构，1.8为附加阻尼系统的结构。

$$B=\frac{4}{5.6-\ln(100\beta)} \tag{5.2.8}$$

式中,β是一个小数(而不是百分数)。Eurocode8 中的等式为:

$$B=\sqrt{\frac{0.05+\beta}{0.10}} \tag{5.2.9}$$

在表格中通过公式给出的值保留了一位有效数字。

在阻尼比小于或等于 30%时,各种规范和标准中的 B 值都基本上相等,相对于近期的一些规范以及标准,1999AASHTO 和 2001CBC 中对更大阻尼比下的 B 值规定更为保守。而在 2010 年新修订的抗震规范 GB 50011—2010 中则明确由消能部件附加给结构的有效阻尼比不应超过 25%,显然多数规范对于过高的附加阻尼并不认同。

5.2.4 我国规范反应谱

1. 我国建筑抗震设计反应谱

在我国《建筑抗震设计规范》(GB 50011—2010)中,采用 α 谱曲线作为设计反应谱,同时考虑了场地条件和震中距等影响因素。

设 α 为地震响应系数:

$$\left.\begin{aligned}\alpha&=k_H\beta=\frac{S_a}{g}\\P&=\alpha W\end{aligned}\right\} \tag{5.2.10}$$

式中 g——重力加速度;

W——体系的总重量;

k_H——水平地震系数;k_H 的取值根据结构抗震设防的烈度水准选用,我国建筑抗震设计规范规定设计烈度 7、8 和 9 度的 k_H 值分别取为 0.1、0.2 和 0.4;

$$k_H=\frac{|\ddot{x}_g|_{max}}{g}$$

β——动力放大系数,其数值可以直接由标准化反应谱曲线确定;

$$\beta=\frac{\mathrm{PSA}(T,\zeta)}{|\ddot{x}_g|_{max}}=\frac{|\ddot{x}_g+\ddot{x}|_{max}}{|\ddot{x}_g|_{max}}$$

P——水平地震作用。

地震响应系数是单质点弹性体系在地震时以重力加速度为单位的顶点最大加速度反应,也可以理解为作用于单质点弹性体系上的水平地震作用与质点重力荷载代表值之比。

反应谱曲线如图 5.2.3 所示。

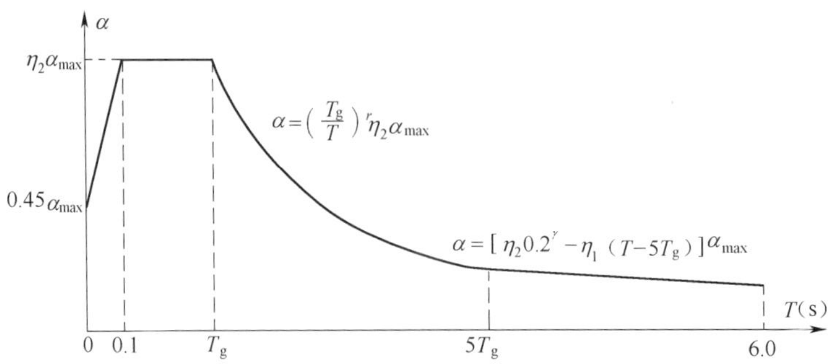

图 5.2.3 地震响应系数曲线

图 5.2.3 中 α 为地震响应系数；T 为结构的自振周期；α_{max} 为地震响应系数最大值，如表 5.2.3 所示；T_g 为特征周期，与场地类别和设计地震分组有关，按照表 5.2.4 取值；η_2 为阻尼调整系数，按照式(5.2.11)进行取值，当小于 0.55 时，应取 0.55。

$$\eta_2=1+\frac{0.05-\xi}{0.08+1.6\xi} \tag{5.2.11}$$

其中，ξ 为阻尼比，当 $\xi=0.05$ 时，$\eta_2=1.0$。

表 5.2.3　水平地震影响系数 α_{max} 最大值

地震影响	6 度	7 度	8 度	9 度
多遇地震	0.04	0.08(0.12)	0.16(0.24)	0.32
罕遇地震	0.28	0.50(0.72)	0.90(1.20)	1.40

注：括号中的数值对应于设计基本地震加速度为 $0.15g$ 和 $0.30g$ 的地区。

图 5.2.3 中的 γ 为曲线下降段的衰减系数，按照下式计算：

$$\gamma=0.9+\frac{0.05-\xi}{0.3+6\xi} \tag{5.2.12}$$

η_1 为直线下降段的下降斜率调整系数，按照式(5.2.13)计算(当小于 0 时取 0)：

$$\eta_1=0.02+\frac{0.05-\xi}{4+32\xi} \tag{5.2.13}$$

从图 5.2.3 中可见，α-T 曲线由四部分所组成：直线上升段($0\leqslant T<0.1$)、水平段($0.1\leqslant T\leqslant T_g$)、曲线下降段($T_g<T\leqslant 5T_g$)和直线下降段($5T_g<T\leqslant 6.0$)。整个曲线也可用下面的分段函数表示：

$$\alpha=\begin{cases}[0.45+(10\eta_2-4.5)T]\alpha_{max} & (0\leqslant T<0.1\ \text{s})\\ \eta_2\alpha_{max} & (0.1\ \text{s}\leqslant T\leqslant T_g)\\ \left(\dfrac{T_g}{T}\right)^{\gamma}\eta_2\alpha_{max} & (T_g<T\leqslant 5T_g)\\ [\eta_2\cdot 0.2^{\gamma}-\eta_1(T_1-5T_g)]\alpha_{max} & (5T_g<T\leqslant 6.0\ \text{s})\end{cases} \tag{5.2.14}$$

上式中给出的特征周期 T_g 是反应谱值拐点处的周期，强震时与场地的卓越周期相符。特征周期所在的反应谱峰值区，反映出当结构的自振周期与场地自振周期相等或接近时，共振作用会使结构反应放大。特征周期对应的反应谱的峰值位置与场地类别和震中距直接相关，在现行《建筑抗震设计规范》(GB 50011－2001)中采用将设计地震分组的方法来考虑由于震中距远近不同对各类建筑物造成的影响。如表 5.2.4 所示，根据地震的近、中、远震的影响，将设计地震分为一、二、三组。

表 5.2.4　特征周期值(s)

设计地震分组	场地类别				
	Ⅰ$_0$	Ⅰ$_1$	Ⅱ	Ⅲ	Ⅳ
第一组	0.20	0.25	0.35	0.45	0.65
第二组	0.25	0.30	0.40	0.55	0.75
第三组	0.30	0.35	0.45	0.65	0.90

注：当计算 8 度、9 度罕遇地震作用时，特征周期应增加 0.05 s。

建筑结构所采用的抗震规范，在修编过程中采用了一些系数修正的方法，提出了不同阻尼比下的加速度反应谱，并将周期延长到 6 s，基本上满足了耗能减震结构的抗震设计需要。

2. 我国公路抗震规范反应谱

我国《公路桥梁抗震设计细则》(JTG/T B02-01—2008)通过对强地震动记录在反应谱长周期段的可靠性的专题研究，论证了周期范围可以扩展到 10 s。并通过 823 条水平向强地震动记录统计分析，指出随着反应谱周期范围的扩展，一些抗震设计规范为了降低风险，规定设计反应谱下降的速度略缓慢些，同时规定了反应谱的最小值，可能会导致长周期段的过分保守，设计反应谱按 T^{-1} 的速率下降是有足够安全保障的，完全没有必要设下限值，且尚无必要再规定一段 T^{-2} 的下降段。最终该规范对于水平设计加速度反应谱作出如下规定。

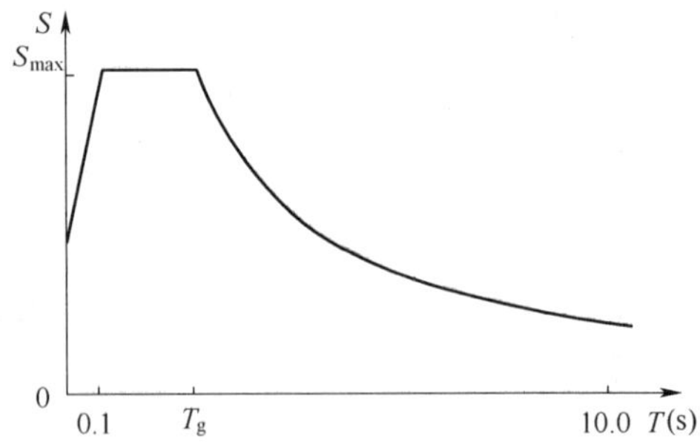

图 5.2.4　水平设计加速度反应谱

如图 5.2.4 所示，阻尼器比为 0.05 的水平设计加速度反应谱 S 由下式计算：

$$S=\begin{cases} S_{\max}(5.5T+0.45) & T<0.1\ \text{s} \\ S_{\max} & 0.1\ \text{s}\leqslant T\leqslant T_g \\ S_{\max}(T_g/T) & T>T_g \end{cases} \tag{5.2.15}$$

式中　T_g——特征周期(s)；

T——结构自振周期(s)；

$S_{\max}$——水平设计加速度反应谱最大值。

加速度反应谱的最大值随场地条件进行相应调整，《公路桥梁抗震设计细则》(JTG/T B02-01—2008)中参考美国 NEHRP 规范，第一次在我国抗震设计规范中采用场地系数来调整设计加速度反应谱。

$$S_{\max}=2.25C_iC_sC_dA \tag{5.2.16}$$

式中　C_i——抗震重要性系数；

C_s——场地系数；

C_d——阻尼调整系数；

A——水平向设计基本地震动加速度峰值。

该规范中将场地分为四类，上式中场地系数按表 5.2.5；特征周期按桥址位置在《中国地震动反应谱特征周期区划图》上查取，根据场地类别，按表 5.2.6 取值。

表 5.2.5　场地系数取值

场地类型 \ 抗震设防烈度	6	7		8		9
	0.05g	0.1g	0.15g	0.2g	0.3g	0.4g
Ⅰ	1.2	1.0	0.9	0.9	0.9	0.9
Ⅱ	1.0	1.0	1.0	1.0	1.0	1.0
Ⅲ	1.1	1.3	1.2	1.2	1.0	1.0
Ⅳ	1.2	1.4	1.3	1.3	1.0	0.9

阻尼调整系数，除有专门规定外，结构的阻尼比 ξ 应取值 0.05，式(5.2.17)中的阻尼调整系数 C_d 取值 1.0。当结构的阻尼比按有关规定取值不等于 0.05 时，阻尼调整系数 C_d 应按下式取值。

$$C_d=1+\frac{0.05-\xi}{0.06+1.7\xi}\geqslant 0.55 \tag{5.2.17}$$

表 5.2.6　特征周期值(s)

特征周期分区	场地类别			
	Ⅰ	Ⅱ	Ⅲ	Ⅳ
一区	0.25	0.35	0.45	0.65
二区	0.30	0.40	0.55	0.75
三区	0.35	0.45	0.65	0.90

《公路桥梁抗震设计细则》(JTG/T B02-01—2008)中增加的一项重要内容，是对竖向设计加速度反应谱与水平反应谱的关系进行了明确、具体的规定。至今，大部分抗震规范仍然采用水平反应谱乘一个系数的方法来规定竖向地震作用，这个系数值一般在 1/2～2/3 之间，是以这两个方向上反应谱形状相差不大为前提的。本次规范对竖向反应谱的专题研究中，选用 448 条水平记录、230 条竖向记录，包含了不同场地类型，统计的得出的竖向/水平反应谱比的总平均特征如图 5.2.5 所示。

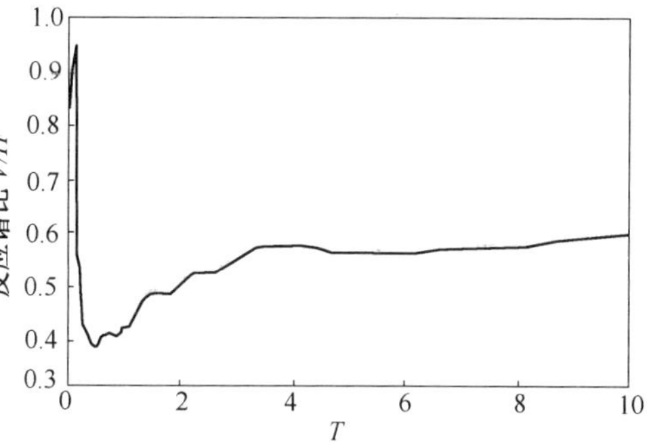

图 5.2.5　竖向/水平反应谱的总平均特征

根据计算分析结果，对于竖向设计加速度反应谱最终规定如下：

竖向设计加速度反应谱由水平向设计加速度反应谱乘以下式给出的竖向/水平向谱比函数 R。

基岩场地：

$$R=0.65 \tag{5.2.18}$$

土层场地：

$$R=\begin{cases}1.0 & T<0.1\ \text{s}\\ 1.0-2.5(T-0.1) & 0.1\ \text{s}\leqslant T<0.3\ \text{s}\\ 0.5 & T\geqslant 0.3\ \text{s}\end{cases} \tag{5.2.19}$$

式中　T——结构自振周期。

3. 我国铁路抗震规范反应谱

我国《铁路工程抗震设计规范》(GB 50111—2006)采用动力放大系数 β 加速度谱曲线作为设计标准反应谱，如图 5.2.6 所示，该反应谱是以地震时地面最大水平加速度为单位，换算的

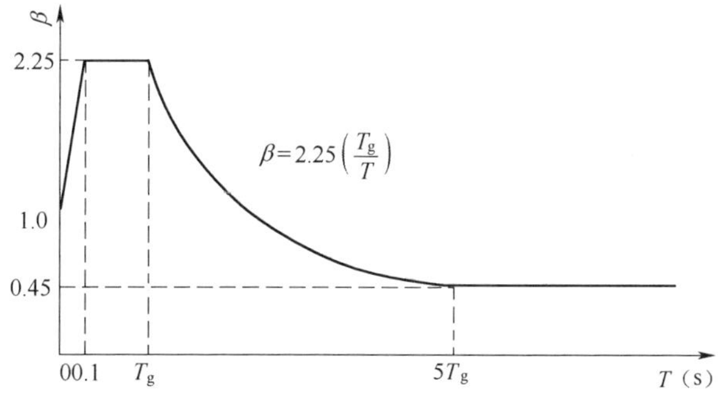

图 5.2.6 《铁路工程抗震设计规范》标准 β 反应谱

无因次量。由于对长周期结构的动力行为缺乏研究，为避免造成设计困难，本规范中谱曲线的限定条件为“结构自振周期小于 2 s，且阻尼器比 $\xi=0.05$”，对不满足上述条件的桥梁结构，其谱曲线需要进一步研究。

不同水准地震作用下，水平地震基本加速度 α 取值应按表 5.2.7 采用。地震动反应谱特征周期 T_g 根据场地类别和地震动参数区划取值，与前述公路细则中相同。

表 5.2.7　水平地震基本加速度 α 值

设防烈度	6 度	7 度		8 度		9 度
设计地震 A_g	$0.05g$	$0.1g$	$0.15g$	$0.2g$	$0.3g$	$0.4g$
多遇地震	$0.02g$	$0.04g$	$0.05g$	$0.07g$	$0.1g$	$0.14g$
罕遇地震	$0.11g$	$0.21g$	$0.38g$	$0.38g$	$0.57g$	$0.64g$

5.2.5　结构频域分析

线性单自由度结构体系的动态特性可以用脉冲反应函数或复频反应函数表示。在频域状态下，外荷载通过傅里叶变换化成大量简谐分量的叠加。将这些简谐荷载作用到结构上去，分别求出相应的简谐响应，然后应用叠加原理，就可以得到结构的总的响应，单自由度体系受到简谐外载 $e^{j\omega t}$ 作用时的响应。

$$m\ddot{u}+c\dot{u}+ku=e^{j\omega t} \tag{5.2.20}$$

令其解为 $u=H(i\omega)e^{i\omega t}$，则 $\dot{u}=H(i\omega)i\omega e^{i\omega t}$，$\ddot{u}=-H(\omega)\omega^2e^{i\omega t}$。将 u 及其一、二阶导数代入式(5.2.20)中，得到：

$$H(i\omega)=\frac{1}{k-m\omega^2+i\omega c}=\frac{1}{k}\left[\frac{1}{1-(\omega/\omega_n)^2+2i\zeta(\omega/\omega_n)}\right] \tag{5.2.21}$$

$H(i\omega)$为复频反应函数，或称为频响函数或传递函数，是在圆频率为 ω 的简谐外力作用下结构体系的动力反应与作用力 $e^{i\omega t}$ 的比值。$H(i\omega)$一般为复数，可写成模和幅角的形式。

$$H(i\omega)=|H(i\omega)|e^{-\varphi(\omega)i} \tag{5.2.22}$$

模$|H(i\omega)|$表示系统反应与激励在频域内的比值幅值之比，称为增益因子；幅角表示反应与激励之间的相位差，称为相位因子。增益因子和相位因子不仅取决于结构体系自身的特性，还同扰频有关，不难得到

$$|H(i\omega)|=\frac{1}{k\sqrt{[1-(\omega/\omega_n)^2]^2+(2i\zeta\omega/\omega_n)^2}} \tag{5.2.23}$$

$$\varphi=-\arctan\left[\frac{2\zeta\omega/\omega_n}{1-(\omega/\omega_n)^2}\right] \tag{5.2.24}$$

由复频反应函数的定义，容易得到线性体系激励和反应在频域内具有的关系：

$$U(\omega)=H(i\omega)P(\omega) \tag{5.2.25}$$

式中，$P(\omega)$和$U(\omega)$分别为体系激励 $p(t)$和反应 $u(t)$的 Fourier 变换。这里所讲的激励可以是作用在结构体系上的外力，亦可以是地面运动；结构反应可以是位移、速度、加速度，或者为构件内力等。

经过 Fourier 变换，把问题从时间域(自变量为 t)变到频率域(自变量为 ω)。脉冲反应函数 $h(t)$和复频反应函数 $H(i\omega)$分别描述结构体系在时域和频域内的特性，它们构成 Fourier 变换对，即

正变换：

$$H(i\omega)=\int_{-\infty}^{\infty}h(t)\mathrm{e}^{-i\omega t}\,\mathrm{d}t \tag{5.2.26}$$

逆变换：

$$h(t)=\frac{1}{2\pi}\int_{-\infty}^{\infty}H(i\omega)\mathrm{e}^{i\omega t}\,\mathrm{d}\omega \tag{5.2.27}$$

在频域范围内对线性系统进行求解的一般过程为：

(1)根据动力方程，求复频传递函数 $H(i\omega)$；

(2)采用快速傅里叶变换将输入的外载荷 $P(t)$变换得到其 Fourier 谱 $P(\omega)$；

(3)根据外荷载的 Fourier 谱 $P(\omega)$以及复频反应函数 $H(i\omega)$，每一频率分量求出其反应量，得到结构反应的频域解 $U(\omega)=H(i\omega)P(\omega)$；

(4)最后采用傅里叶逆变换将反应量 $U(\omega)$ 转化为时域反应 $u(t)$，$u(t)=\frac{1}{2\pi}\int_{-\infty}^{\infty}U(\omega)\mathrm{e}^{i\omega t}\,\mathrm{d}\omega$。

5.2.6　结构随机振动介绍

对于工程振动问题的研究和控制，一方面是基于具有确定的形式和必然的变化规律而展开的，即确定性振动分析；而在实际生活中，由于引起结构振动的因素没有确定的变化形式，也没有必然的变化规律，因而不能用时间 t 的确定函数来加以描述。这是从另外一个角度看待工程问题，其不是针对某个单个现象，而是大量现象的集合。

近几十年来，随着科技的进步与观测手段的提高，人们取得了许多强震观测资料，对地震的认识已有了很大提高。但是，由于震源裂隙构造的纷繁复杂以及传播介质中动力过程的千差万别，地震过程中的许多重要因素迄今仍然难以精确估计，具有很多不确定性。另一方面，结构本身由于工程材料特性、制造安装误差以及测量手段的限制等因素，使其参数也具有不确定性。地震发生的时间、空间和强度特征不仅随时间变化，而且具有明显的随机性。

地震的随机性主要表现在：同样的基本条件下得到的地震动时程曲线不相同。地震荷载不同于静载也不同于其他的动力荷载，是一种随机荷载，每次的动力作用的频率样本不一。荷载的频率大小、峰谷值高低、幅值变化、持续时间长短以及不同幅值各个脉冲的排列顺序都标志着荷载的变化，它们反映出不同的峰值效应、速率效应、往复效应、波序效应和持时效应，从而使受荷载作用的土体动力性质在参数相同的条件下也会表现出不同的响应状态，引起不同的动孔压和动强度。国内外很多学者根据地面运动观测资料的统计分析，提出了相关函数公式或模型，同时考虑了地面运动的随机性、波的传播特性、地面不同激励点之间的相关性，为多点输入的研究提供必要的前提条件。

随机振动是一门应用概率统计方法研究随机荷载作用下结构动力性态的技术学科。20世纪 50 年代末，由于航天工程的推动，在工程振动的研究中引入了概率和数理统计理论，极大地推动了对随机振动的研究。随机振动描述了客观存在的不确定性，在土木、机械、航空和航海等工程领域得到了广泛应用，随机振动方法较充分地考虑了地震发生的统计特性，被广泛认为是一种较为先进合理的抗震分析工具，已被 1995 年颁布的欧洲桥梁规范采用。

目前，应用于地震反应分析的随机振动法分为时域随机振动法和频域随机振动法。时域随机振动法是将蒙特卡罗方法选取的能够代表地震动统计特性的若干条地震动时程曲线样本作为输入，按照时程分析方法计算结构的反应，然后将一系列反应进行统计分析，得到结构地震动反应特性。其可以较精确地计算结构的地震反应，而且可以考虑结构的非线性特性，但计算量很大，未得到广泛的应用。频域随机振动法是通过建立地震动输入和结构地震反应输出的功率谱函数之间的关系得到结构地震反应的统计特性。这一方法较时域随机振动方法，计算量相对较小，特别是虚拟激励方法的诞生推动了这种方法的应用。

随机振动理论及其应用涉及数学、力学和工程的许多领域。结构随机振动的基本理论包括结构随机干扰的数学模型、线性和非线性体系的随机响应分析以及结构随机振动的损伤与可靠性分析三部分。

1. 结构随机干扰模型

由于作用于结构的大多数外荷载不仅随时间变化(具有动态特性)，而且具有明显的随机性。随着认识的深入，人们建立采用随机过程来描述这种随机动荷载，并建立了许多具体的随机过程模型。如，阵风或脉动风作用于结构表面的脉动风压模型，海洋波浪作用于结构表面的波浪力模型、地震作用于结构基底的地震地面加速度模型等等；这些随机动力荷载模型是结构随机振动分析不可缺少的部分。

2. 线性和非线性体系随机响应分析

线性体系的运动方程通常可以表示为线性常微分方程或偏微分方程。线性体系本质特征是激励与响应成线性关系，从而叠加原理适用于结构的随机响应分析，即体系在多个激励同时作用下的响应等于各个激励分别作用下响应之和。在一定条件下，体系的反应还可以分解为有限或无限个振型反应之和。这些都大大简化了线性体系的随机响应分析。到目前为止，线性体系的随机响应分析理论已相当成熟。

在强烈地震作用下，结构将进入具有明显滞回性能的非线性状态。因此，结构构件恢复力滞回性能的研究是结构地震响应分析的一个重要方面。恢复力滞回模型表示的是低周反复荷载作用下结构构件抵抗力与变形的关系。滞回曲线的面积反映了构件的耗能能力，是衡量构件抗震性能的一个重要指标。根据地震动加速度谱密度函数和结构构件的恢复力模型，可应用随机振动理论分析结构的非线性随机响应。结构非线性响应分析与线性响应分析的区别在于叠加原理和振型分解法不再适用，即便激励为高斯过程，结构的响应也不再是高斯过程，这使得非线性响应分析要比线性响应分析困难得多。目前已有的分析方法包括随机摄动法、FPK 方程法、统计截矩法和随机等价线性化法。

3. 结构随机振动的损伤与可靠性分析

结构随机振动分析的最终目的是定量地评价结构的可靠性，即在概率的意义上定量地评价结构的安全程度。结构随机振动将产生一定统计强度的结构反应。结构反应超过某一允许的界限将是结构失效或者破坏。结构随机振动的可靠度通常称为结构的动力可靠性。它是指结构在随机动力荷载作用下，在给定的一段时间内不发生破坏或失效的概率。自动 1945 年 Rice 最早研究随机过程超越某一固定界限以来，随机疲劳损伤与动力可靠性的研究已进行了半个世纪。但由于结构的随机累积损伤和动力可靠性分析难度较大，目前仅只针对单自由度体系或单个反应的分析得到了初步的解决。

5.2.7 拟合标准反应谱的人工地震波

人工合成地震波的理论和技术，近几十年来得到了很快的发展。这是因为它不仅为地震作用下结构反应的直接积分法和地震模拟振动台提供了代表地面运动的时程曲线，而且也为用概率论的方法研究地震作用的结构反应创造了条件。它已经成为地震工程理论研究和工程抗震设计的有力工具。

1. 拟合人工地震波概述

一个场地上地震时的地面运动,受到了震源参数、传播途径、和场地特性的影响,包含了许多不确定因素,它应该被看成是一个随机过程。而一次地震记录是这一过程的一次实现。人们通过对已有地震记录的研究,提出了各种随机模型,归纳分析出一些主要的有代表性的数字特征。以此为出发点,采用 Monte-Carlo 法产生一系列随机过程的样本——一条条人工地震波。这样生成的地震波,不仅数量不限,而且,因为它是从大量实际记录的统计特性出发的,比单一的记录更具有代表性。此外,在使用时,可以有目的地按照人们已掌握的未来地震的震源参数、场地条件等去模拟某一类特定地震。企图从过去的地震记录的选择来做到这一点,往往是困难的。

迄今为止,被用来合成人工地震波的方法种类很多,但大体上可分为以下两类。一类是把地震看成不同频率的具有随机相角的三角级数的迭加。另一类是把地震看成是随机到达的具有一定幅值的随机脉冲(δ 函数)的迭加。它们都成功地模拟了地震记录。至于所采用的随机数学模型,近年来,人们都倾向于把地震看成由一个确定的时间强度函数和一个平稳的高斯过程相乘的非平稳过程。这种办法,既可以反映地震本来的非平稳特性,又可以应用平稳过程的一系列理论。

在确定了数学模型和合成方法以后,最重要的就是要选择能代表未来地震地面运动的主要特征参数。人们首先考虑的是功率谱密度函数,这是因为它完全能够表征地面运动的频率含量和地震终了时刻的能量性质。并且,对于平稳随机过程来说,它也是最重要的统计特征。因此,最初进行模拟地震工作的 Housner,Amin,Penzien 和 Bycroft 等人均是从功率谱出发的。至于怎样确定未来可能发生的地震的功率谱,人们作了许多研究。首先是它在频率域上的形状,最初提出的是常功率谱的白噪声过程,包括单峰过滤和多峰过滤的白噪声过程是对白噪声的有益发展。其次是功率谱值,我们可以由已有的地震记录计算统计得到;也有人提出由预测的未来地震的震源参数推算一个场地的功率谱;近几年来,从实际记录计算统计平均所得到的速度或加速度反应谱求得相应功率谱的途经越来越受到人们的重视。

在另一个方向上,由干抗震设计的实际需要,以反应谱为目标谱的模拟方法得到了发展。在以功率谱为目标谱的研究中,一般都计算若干条人工波的平均反应谱,并和标准反应谱作比较,看二者是否一致。这不仅为了说明产生人工波的功率谱取值和标准反应谱的对应,也为了说明这样产生的人工波是合理的,可靠的。这样,就有人提出了直接以反应谱为目标谱的模拟方法。鉴于目前世界大多数国家都采用反应谱作为抗震设计的依据,拟合出与之相应的人工波就更有价值。为了使由人工波计算出的单自由度体系弹性反应不过于偏离(特别是低于)标准反应谱,经过一个反复迭代过程,得到与反应谱更好地拟合的人工波,对设计工作十分有用,特别是对于核电站等重要工程所采用的不同概率水平的平滑反应谱的这种拟合,已被广泛应用。

显然,从标准反应谱出发,求出其相应的功率谱,再从而合成人工地震波是一个较好的办法。Gasparini,Dario 和 Vanmarcke 等人近年作了这种研究,他们所产生的人工波得到了更为广泛的应用。按这种途径,我们采用 MaharajK. Kaul 所推演的加速度反应谱与功率谱之间的近似关系式,从反应谱折算出相应的功率谱,从这一功率谱再合成人工地震波,并将这一过程编制成计算机程序,可以发生不同输入信息,不同要求的人工地震波,以供使用。

2. 人工地震波的发生及 ASEW 程序

本节主要以我国"抗震设计规范给出的场地土的标准加速度反应谱作为目标谱,计算与之相对应的功率谱，再按该功率谱合成人工波。当需要时再经过反复迭代，以达到更好的拟合效果。此外，也研究了输入其他信息产生人工波，其中包括：输入由其他条件确定的反应谱作为目标谱；输入功率谱参数，可以是有频带白噪声或有频带过滤白噪声；直接输入功率谱值。现介绍如下：

(1)由标准反应谱推算功率谱

当将地震看成是平稳随机过程时，弹性加速度反应谱就是在这一过程作用下的单自由度弹性体系加速度反应随机过程的最大值在某一概率水平上不同周期的点相联，经平滑化得到的曲线，而地震波的功率谱，则是其自相关函数的傅里叶变换。对于同一个随机过程，作为输出的反应谱曲线和作为输入的地面加速度过程的功率谱之间，显然有着某种对应关系。

如果用平均值为零的平稳高斯过程 $\ddot{x}_0(t)$ 来代表地面加速度，仅考虑单自由度弹性反应过程 $\ddot{x}_\mathrm{r}(t)$ 的平稳阶段，并视它超过一定界限的次数为泊松过程，可以得到其最大 $y=\max|\ddot{x}_\mathrm{r}|$ 的概率分布函数为：

$$\begin{aligned}F_y &= P \quad (y\leqslant y_\mathrm{m};0\leqslant t\leqslant T)\\ &=\exp\left[-\frac{T}{\pi}\sqrt{\frac{a_2}{a_0}}\exp\left(-\frac{y_\mathrm{m}^2}{2a_0}\right)\right]\end{aligned} \tag{5.2.28}$$

式中 T——持续时间；

a_i——谱参数。

$$a_i=\int_{-\infty}^{\infty}P^iS_{\ddot{x}_\mathrm{r}}(\omega,p)\mathrm{d}p$$

式中 $S_{\ddot{x}_\mathrm{r}}(\omega,p)$——固有圆频率为 ω 的结构加速度反应过程的功率谱。

则最大值的概率密度

$$P(y_\mathrm{m})=\frac{\mathrm{d}F(y_\mathrm{m})}{\mathrm{d}(y_\mathrm{m})} \tag{5.2.29}$$

如果以 r 表示 y_m 超过反应谱 S_a 的概率，则：

$$\begin{aligned}r &= \int_{-\infty}^{\infty}P(y_\mathrm{m})\mathrm{d}y_\mathrm{m}\\ &= 1-\exp\left[-\frac{T}{\pi}\sqrt{\frac{a_2}{a_0}}\exp\left(-\frac{S_\mathrm{a}^2}{2a_0}\right)\right]\end{aligned} \tag{5.2.30}$$

解得：

$$S_\mathrm{a}^2=-2a_0\ln\left[-\frac{\tau}{\pi}\sqrt{\frac{a_0}{a_2}}\ln(1-r)\right] \tag{5.2.31}$$

由于平稳地面运动和平稳段的结构反应过程的功率谱之间有如下关系：

$$S_{\ddot{x}\mathrm{r}}(\omega,p)=|H(\omega,p)|^2S_{\ddot{x}_0}(p) \tag{5.2.32}$$

式中 $H(\omega,p)$——为结构的的传递函数。

谱参数 a_i 和功率谱的积分关系可转化为：

$$a_i=\int_{-\infty}^{\infty}P^i\ |\ H(\omega,p)\ |^2S_{\ddot{x}_0}(p)\mathrm{d}p \tag{5.2.33}$$

至此，反应谱和地面运动的功率谱之间的关系已经确定。为了由反应谱推导功率谱，还要求出其逆运算。考虑到功率谱在 $P=\omega$ 附近变化缓慢，可以作如简化：

$$a_0\cong\frac{\pi\omega}{2\zeta S_{\ddot{x}_0}(\omega)},a_2\cong\frac{\pi\omega^3}{2\zeta S_{\ddot{x}_0}(\omega)}$$

式中　ζ——计算反应谱时所采用的阻尼比。

最后可以得到：

$$S_{\ddot{x}_0}(\omega)=\frac{\zeta}{\pi\omega}S_{\mathrm{a}}^2(\omega)\Big/\left\{-\ln\left[-\frac{\pi}{\omega T}(1-r)\right]\right\} \tag{5.2.34}$$

这里，r 为反应谱的概率水平，我们经常使生成的人工波的反应谱平均值和目标谱相一致。

尽管这是一个近似公式（周期在 0.16～4 s 内相当精确），但由它所产生的人工地震波计算得到的反应谱，大部分都与目标谱有较好的拟合（见下文）。

作为平稳随机过程，从理论上讲，其时程曲线的持续时间应为无限大。在我们应用这一假设求功率谱，产生人工波，并计算结构反应时，至少其平稳段与计算的结构周期相比要足够长。对于我们用于产生有限持续时间的人工地震波，其结构阻尼应作如下修正：

$$\zeta_n=\zeta+\frac{2}{\omega T} \tag{5.2.35}$$

式中　ζ——未修前的结构阻尼比。

(2)功率谱产生人工地震波

我们采用下式所示的三角级数模型来合成人工地震波：

$$\begin{aligned}\ddot{x}_{\mathrm{a}}(t) &= I(t)\,\ddot{x}_0(t)\\ &=\sum_{k=1}^{N}A(\omega_k)\sin(\omega_k t+\varphi_k)\end{aligned} \tag{5.2.36}$$

式中　φ_k——随机相角，利用乘同余法产生的同一分布的伪随机数乘以 2π（经过 χ^2 检验）；

ω_k——圆频率，人工地震波由这些圆频率构成的三角级数迭加而成；

$A(\omega_k)$——振幅；

$$A^2(\omega_k)=S_{\ddot{x}_0}(\omega_k)$$

N——计算的反应谱或功率谱所在的频率域中频率的分隔点数，N 越大则精度越高，ASEW 程序中采用频域等分 257 个点；

$I(t)$——一个确定时间函数，大多采用三段函数，ASEW 采用的数据如图 5.2.7 及表 5.2.8 所示；

$\ddot{x}_0(t)$——为平稳高斯过程，其功率谱为 $S_{\ddot{x}_0}(\omega)$。

表 5.2.8　不同持续时间参数选取

	5 s	10 s	20 s	30 s
A	0.5	1	2	3
B	3.5	6	14	22
C	1	3	4	5
a	1	1.15	0.8	0.64

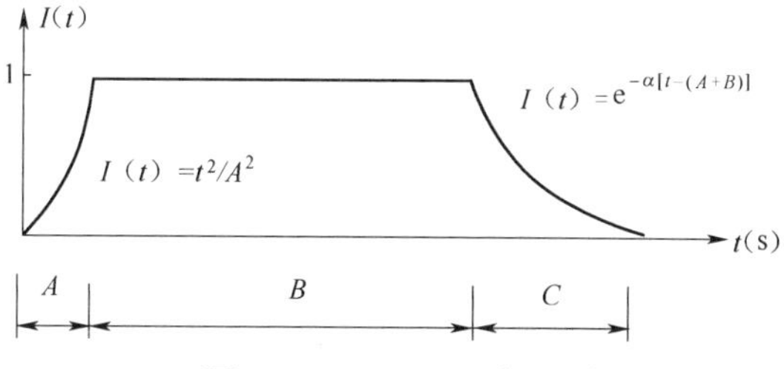

图 5.2.7　ASEW 采用的数据

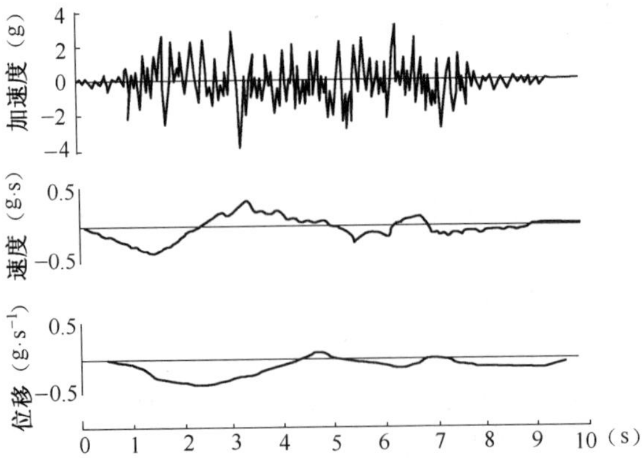

图 5.2.8　某人工波加速度、速度及位移时程曲线(9 度Ⅱ类土)

为了使合成的加速度时程曲线相对应的地面位移不致偏离，尚需进行零线调整。在我们编制的程序中采用了最小均方速度法调零线。

为了使合成的加速度峰值与规范反应谱对应烈度的地面运动加速度峰值相一致，我们还要对超过这一峰值的各点或低于峰值的最大值点进行调整。个别点的调整，对反应谱的影响很小。我们曾比较某 9 度Ⅱ类场地土人工波峰值从 0.419 1g 调到 0.4g 前后反应谱的变化，结果其最大变化仅为 0.56%。

图 5.2.8 示出了以上过程所得到的加速度以及积分出的速度和位移时程曲线一例。

(3)输出反应谱与改善拟合度的反复迭代

当需要知道合成的人工波的反应谱或进一步拟合迭代时，要计算反应谱。ASEW 程序采用了龙格—库塔法计算加速度反应谱。

当按上述过程生成的人工波计算的反应谱与目标谱的拟合程度不能满足使用要求时，我们可以经过一个反复迭代过程，来提高其拟合度。先将所求出的加速度反应谱 $S_{ac}(\omega)$ 与标准反应谱 $S_a(\omega)$ 进行比较，再按下式对原功率谱进行修正：

$$S'_{\ddot{x}_0}(\omega_k)=S_{\ddot{x}_0}(\omega_k)\left[\frac{S_a(\omega)}{S_{ac}(\omega)}\right]^2 \tag{5.2.37}$$

我们就用这个修正后的功率谱，采用同一组随机数来重新合成人工地震波。对迭代结果的判定，我们没有采用限值的办法，而是凭经验给出固定的迭代次数。

(4)输入功率谱发生人工地震波

在某些研究中，需要由功率谱来模拟人工地震波。经常用到的是有频带常功率谱的白噪声模型和有频带单峰过滤白噪声模型。ASEW 程序也具有这种功能，现简单介绍如下。

过滤白噪声模型：将常功率谱 S_0 和一个代表过滤器的函数相乘，作为产生人工波的功率谱 $S(\omega)$，可以得到一个过滤白噪声过程。我们采用如下单峰过滤器模型：

$$S(\omega)=\frac{1+4\zeta_g^2\left(\frac{\omega}{\omega_g}\right)}{\left[1-\left(-\frac{\omega}{\omega_g}\right)^2\right]^2+4\zeta_g^2\left(\frac{\omega}{\omega_g}\right)^2}\cdot S_0 \tag{5.2.38}$$

式中　ω_g——过滤器频率；

ζ_g——过滤器阻尼器比。

一般认为，ω_g、ζ_g 可以代表土场地的特性，并由其卓越周期和阻尼器来确定。

白噪声模型：以上过滤器模型函数，当 ω_g 取值为无限大(周期无限小)时，则 $S(\omega)=S_0$。

实际只要周期足够小时便可以发生一个有频带(0.6～127 rad/s)的白噪声过程。

有时,当加速度谱或功率谱值已经由其他途径得到时,可直接按 ASEW 程序要求的频率范围输入,使可直接发生人工地震波。

ASEW 程序的流程示意如图 5.2.9 所示。

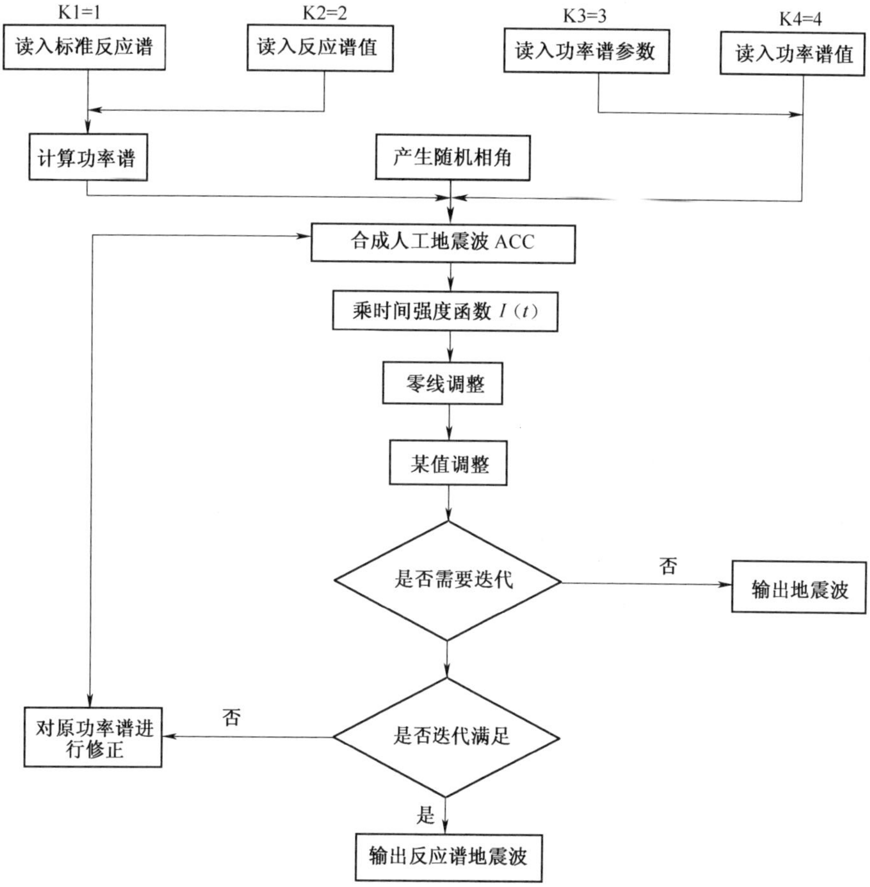

图 5.2.9 ASEW 程序示意流程

3. 结果及问题讨论

(1)一般结果

利用以上介绍的方法发生的人工地震波,大部分都能产生预期的效果。按照标准反应谱生成的人工波再反过来计算出的反应谱,一般不需迭代就能在不太大的范围内围绕着标准谱摆动。图 5.2.10～图 5.2.12 显示了烈度为 9 度、土壤类别为Ⅰ～Ⅲ类,持续时间为 10 s 的某 3 条人工地震波的反应谱与标准谱的对比。尽管每一条都有一定的偏离,但将 15 条Ⅱ类土的

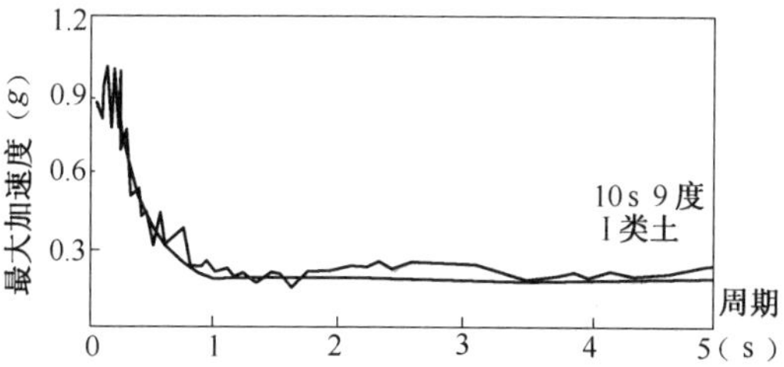

图 5.2.10 Ⅰ类土波谱

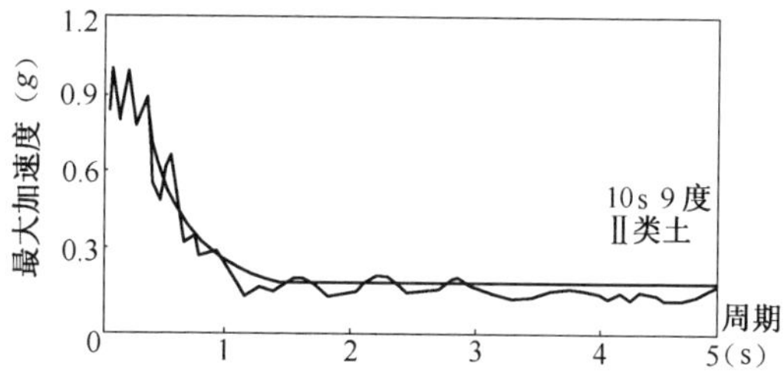

图 5.2.11 Ⅱ类土波谱

10 s 人工波谱平均一下，却得到了满意的结果(如图 5.2.13 所示)。为了进一步定量分析，我们取出部分点将其平均值和目标谱的标准值进行对比，并计算了方差和误差(如表 5.2.9 所示)。可以看出，对于我们大多数研究工作，例如进行结构反应的统计分析，当计算的波数足够时，我们可以不经迭代而直接采用一次生成的合成波。

从人工地震波积分出的速度和位移时程曲线(图 5.2.8)及计算出的速度谱，位移谱(图 5.2.14)对比实际地震记录的这些曲线，可以看出其结果是合理的。

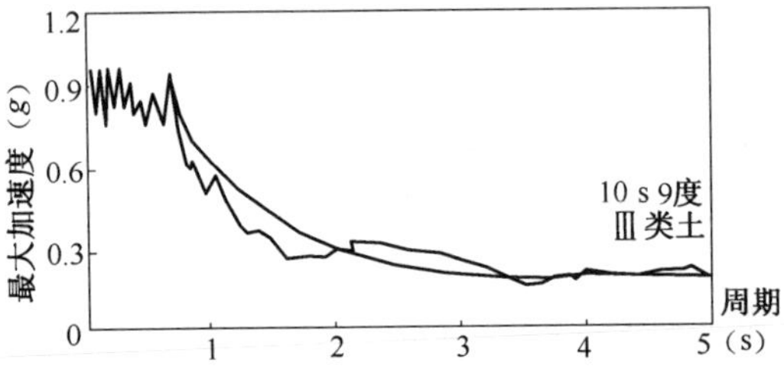

图 5.2.12　Ⅲ类土波谱

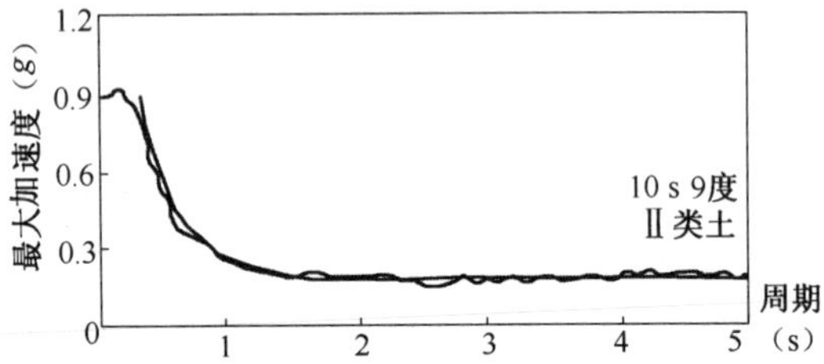

图 5.2.13　15 条人工波平均谱

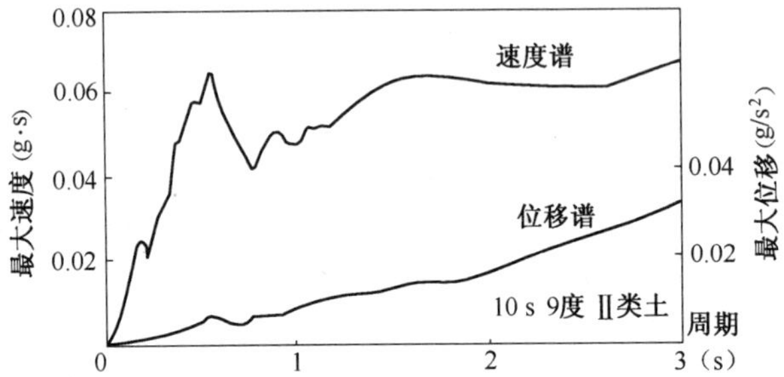

图 5.2.14　某拟合标准反应谱人工波的速度和位移谱

表 5.2.9　15 条人工波平均谱部分点参数

序号	周期(s)	标准谱 x_0	平均谱 $\bar{x}$	均方 σ_n	误差 $\frac{\bar{x}-x_0}{x_0}$
1	0.12	0.90	0.899	0.078	0.11
2	0.2	0.90	0.853	0.12	5.22
3	0.3	0.90	0.80	0.14	11.0
4	0.4	0.675	0.619	0.104	8.2
5	0.5	0.54	0.523	0.126	3.15
6	0.6	0.45	0.424	0.059	5.8
7	0.7	0.385	0.349	0.075	9.35
8	0.6	0.337	0.322	0.067	4.45
9	0.9	0.30	0.305	0.080	1.6
10	1.0	0.27	0.276	0.047	2.2
11	1.2	0.225	0.257	0.062	14.2
12	2.0	0.18	0.209	0.060	16
13	3.0	0.18	0.174	0.046	3.3
14	4.0	0.18	0.185	0.067	2.8

(2)功率谱密度函数

按公式(5.2.33)给出的反应谱和功率谱之间的关系，我们将标准反应谱计算得到的对应的功率谱示于图 5.2.15 和图 5.2.16 中。从这些结果可以看出对应于标准反应谱的一些特性。

从图 5.2.15 中对应于各类土的功率谱曲线，可以看到，恰好在标准谱上平台的结束处出现峰值。在下平台开始以后，反应谱被人为地抬高到最大值的 20%引起了对应功率谱的上升，显然，如果不进行这一人为的抬高，功率谱的形状就类似一条过滤白噪声的功率谱曲线。

从公式(5.2.33)中还可以看出，人工地震波的持续时间越短，对应的功率谱值就越大。这一点，能使不同持续时间的人工波可以对应同一条反应谱。图 5.2.16 示出了 5、10、20、30 s 9 度Ⅱ类土人工波的不同功率谱曲线，从中可以看出上述关系。

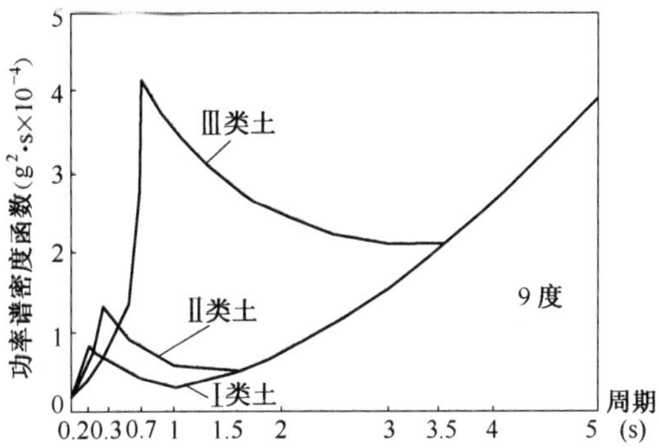

图 5.2.15　不同土类的标准反应谱对应的功率谱密度函数

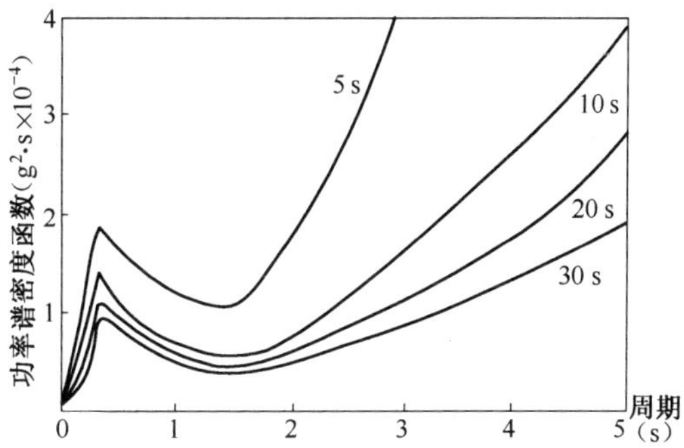

图 5.2.16　不同持续时间的功率谱密度函数

(3)关于持续时间

持续时间的长短是地震记录的一个重要特性，对于结构反应有很大影响。当将利用平稳假设导出的公式(5.2.33)用在模拟地震波时，它的确定就更为重要。我们采用了 5～30 s 四种不同持续时间，进行了计算比较。这四种不同的持续时间对应着不同的功率谱，从这些不同的功率谱出发，所产生的人工地震波，尽管持续时间不同，其反应谱仍能在一定范围上围绕着标准反应谱摆动(如图 5.2.17～图 5.2.19 所示)。

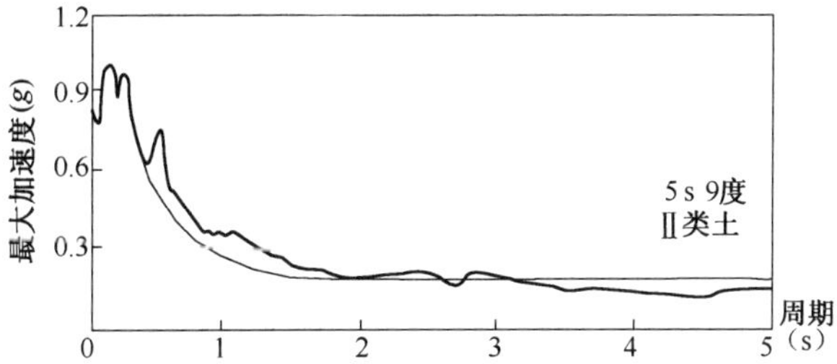

图 5.2.17　5 s 波谱

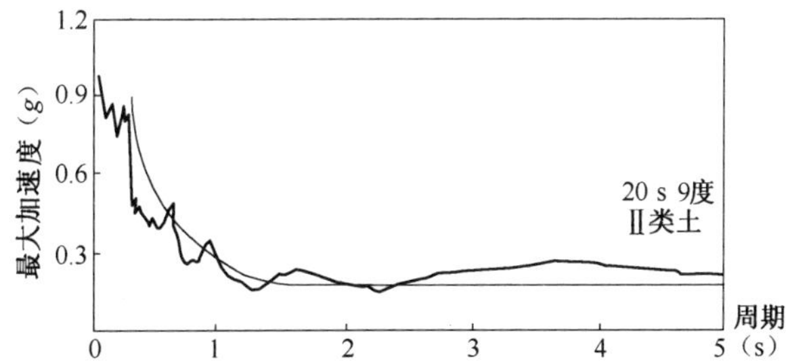

图 5.2.18　20 s 波谱

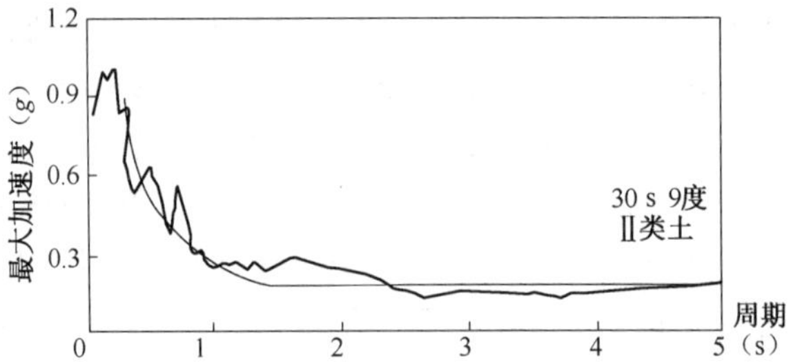

图 5.2.19　30 s 波谱

然而，其中 5 s 的人工地震波，从计算的结果看来，长周期部分经常偏离很大，经过公式(5.2.34)的阻尼修正后有所好转。但当模拟Ⅲ类土时，以及进一步迭代时拟合效果都不太好。当然，持续时间越短，平稳的假设，特别是在长周期的情况下就越不准确。因此，我们认为，对于周期为 0.3～2 s 的常见实际结构，一般可采用 10～20 s 或稍长的人工地震波为宜。

(4)迭代次数

公式的近似性，地震波的随机生成，带来了未经迭代的人工地震波反应谱与标准谱之间的离散。为了更好地拟合，就要用按公式(5.2.34)修正的功率谱再造人工波这样一个往复迭代过程。

为了考察迭代过程中功率谱的变动对反应谱带来的影响，我们取一条白噪声的常谱和另一条仅在 1.5 s 处多加一个脉冲的功率谱曲线，采用同组随机数发生人工地震波，并求出了它们的反应谱进行对比(图 5.2.20)。可以看出，不仅在 1.5 s 处反应谱有一个较大的变化，而且在一定范围内对应于后者的反应谱的点都随之抬高。也就是说，在迭代过程中各点是互相影响的，这使得我们在有限的迭代时间里，很难使结果达到曲线上的所有点都能理想收敛。因此，给出一定误差限值来控制收敛程度和迭代次数是困难的。

然而，从整个曲线看来，迭代的效果是明显的。图 5.2.21～图 5.2.23 示出了一条 9 度Ⅱ类土 10 s 的人工波迭代 4 次的反应谱变化。我们还计算了标准谱上平台上 11 个点在迭代过程中平均值和均方差的变化，以及 0.3～1.5 s 间 12 个点统计量 $\sum_{i=1}^{12}(x_i - x_{0i})^2$ 的变化(其中 x_{0i} 是对应的标准谱值，如表 5.2.10、表 5.2.11 所示)。我们还曾为某设计单位作拟合北京地区军事博物馆场地的反应潜的 3 次迭代波并计算了它的反应谱(图 5.2.24)。以上结果都可供使用者确定迭代次数时参考。一般说来，迭代 3、4 次的结果就可以了。

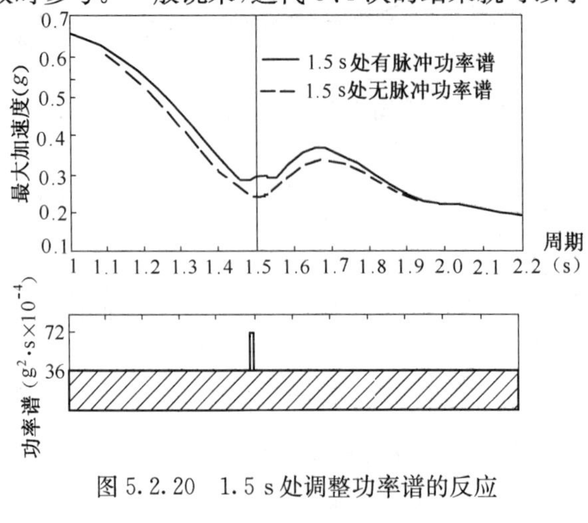

图 5.2.20　1.5 s 处调整功率谱的反应

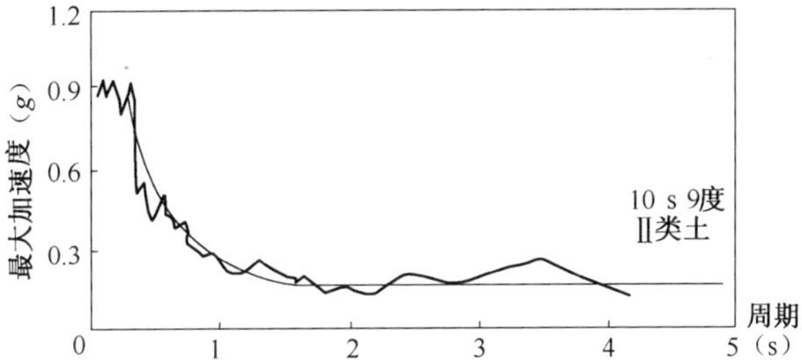

图 5.2.21　未经迭代波谱图

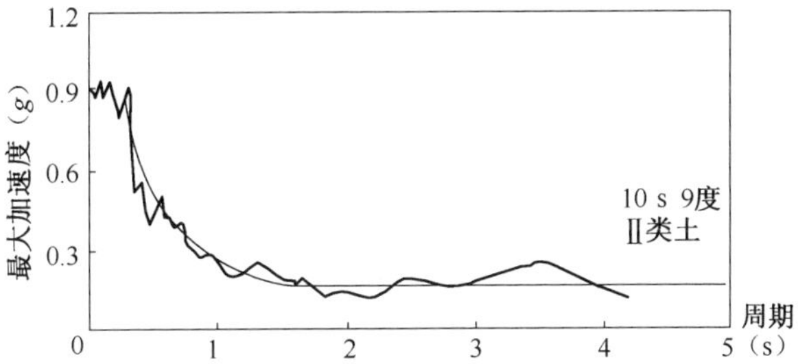

图 5.2.22　迭代 1 次波谱

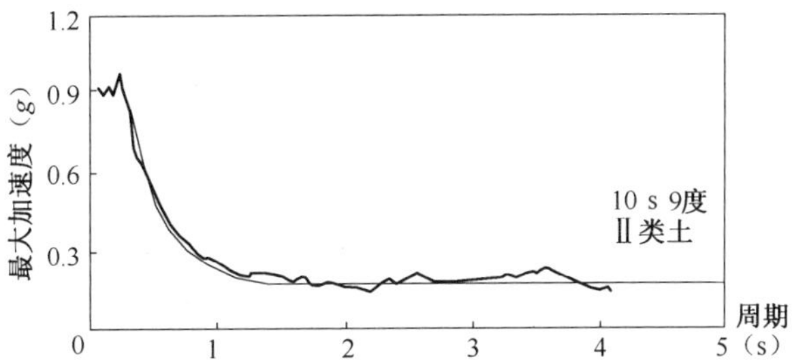

图 5.2.23　迭代 4 次波谱

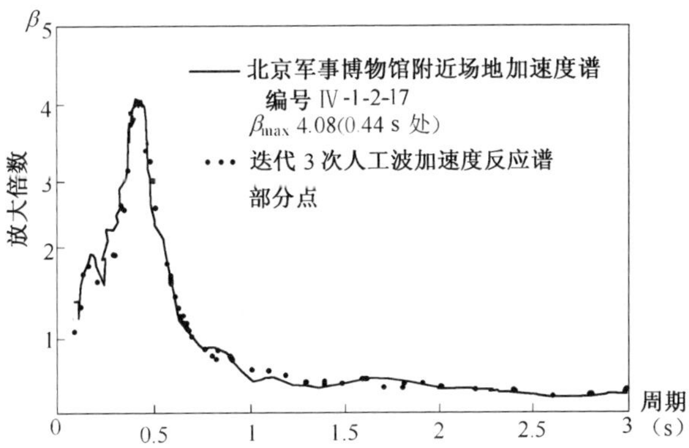

图 5.2.24　拟合场地谱人工波谱

表 5.2.10　周期 0.1～0.3 s 间 11 个点迭代过程中统计值

迭代次数	0	1	2	3	4
$\overline{x}$	0.89	0.878	0.892	0.899	0.902
σ	0.073	0.051	0.043	0.043	0.042

表 5.2.11　周期 0.3～1.5 s 间 12 个点迭代过程中统计值

迭代次数	0	1	2	3	4
$\sum (x_i - x_{0i})^2$	0.048 9	0.021 2	0.016 8	0.012 7	0.009

根据反应谱与功率谱之间的近似公式，直接按加速度反应谱产生出的人工地震波已被我们用于某些地震工程研究中，初步结果是良好的。但是，由于我们的工作刚刚开始，还有一些理论和实际问题有待进一步研究。例如：(1)我们仅仅研究了阻尼比为 0.05(与我国规范计算反应谱时使用的相同)时的一些计算结果，对其他情况未加讨论；(2)我们仅讨论了人工波弹性反应的一些特性，对于弹塑性反应的特点研究，还有待于进一步进行工作；(3)我们所编制的 441B—Ⅲ计算机使用的程序，迭代收敛的速度还比较慢，如果需要大量的迭代波，应寻找更快的办法。

此外，这种合成的人工地震波在使用过程中还会遇到不同的要求和问题，在工程中的使用推广还要做很多工作，这都有待今后进一步解决。

5.3　附加黏滞阻尼器的结构分析方法

液体黏滞阻尼器是一种最为理想的土木工程领域可采用的耗能装置，这主要表现在：(1)液体黏滞阻尼器可以消耗较多能量，耗能效率较高，这也就意味着可附加给结构较大的阻尼比，一般可达到 5%～20%；(2)阻尼器出力与阻尼器的位移之间存在 90°的相位差，黏滞阻尼器对结构物的扰动要小于其他屈服耗能装置。

对于安装黏滞阻尼器的减震结构，与安装其他类型的耗能器(黏弹性、摩擦型等)的减振结构相比，最大的优点是原结构的动力特性不会受到影响，而只是改变了原结构的整体阻尼比来使结构动力反应降低。在分析这类减震结构时需要根据耗能器的线性和非线性特性、主体结构构件是否进入弹塑性等多种因素选择分析方法。总体来说，这类减震结构体系的抗震计算分析通常采用的方法有：基于等价线性化的振型分解反应谱法、时程分析法、push-over 分析法以及能量分析法。其中最为常用的是振型分解法和时程分析法，下面将对这两种分析方法进行介绍。

5.3.1　振型分解反应谱法

振型分解法是以反应谱理论和振型分解法为基础，利用叠加原理进行计算的。利用反应谱方法计算结构动力响应包括两个基本步骤。首先，将结构运动方程进行振型分解，根据场地或规范反应谱求出各阶振型反应的最大值；其次，通过 SRSS 或 CQC 方法将各振型反应最大值进行组合得到结构反应的最大值。在分析中所考虑的自由度数和振动模态数应确保在纵向和横向获得 90%的振型参与系数。

理论上，在大阻尼比的阻尼矩阵不能满足振型分解的正交性要求的情况下，一般需要直接采用恢复力模型进行非线性静力分析或非线性时程分析计算。ATC-33 从实用的角度建议适当简化，特别是主体结构基本控制在弹性工作范围内时，可采用线性估算方法。采用振型分析法(模态法)求解时，需要通过强行解耦，然后进行求解。

目前在设计应用中所采用的黏滞阻尼器力学模型为：

$$F_D = -C_\alpha \mathrm{sign}(\dot{u})|\dot{u}|^\alpha \tag{5.3.1}$$

式中　C_α——阻尼系数；

α——阻尼器非线性指数，且 $0<\alpha\leqslant 1$；

sign(·)——符号函数。

其中黏滞阻尼器的阻尼力 F_D 大小只与阻尼器两端的相对速度 $\dot{u}$ 有关，阻尼力与阻尼器的位移量无关，其方向和速度方向相反。

当非线性阻尼器 $\alpha<1.0$ 时，阻尼力项为非线性。如果采用振型分解反应谱法进行求解，需要将非线性阻尼进行等效线性化，再进行求解。

对于一个质量为 m，刚度为 k，固有阻尼系数为 C 的单自由度体系，在附加阻尼器后的动力方程可以表示为：

$$m\ddot{u}+C\dot{u}+ku+C_\alpha \mathrm{sign}(\dot{u})|\dot{u}|^\alpha=f(t) \tag{5.3.2}$$

式中　$f(t)$——外部激励。

对于地震而言，$f(t)=-m\ddot{u}_g$，其中 $\ddot{u}_g$ 为地面运动的加速度。在附加了阻尼器后，与一般单自由度结构的运动方程式相比，多了一项由阻尼器增加的阻尼力。

当附加线性阻尼器 $\alpha=1.0$ 时，在地震作用下，上式可表示为：

$$m\ddot{u}+(C+C_\alpha)\dot{u}+ku=-m\ddot{u}_g \tag{5.3.3}$$

令

$$\omega^2=\frac{k}{m}$$

$$\xi=\xi_s+\xi_d=\frac{C+C_\alpha}{C_r}=\frac{C+C_\alpha}{2m\omega} \tag{5.3.4}$$

则式(5.3.3)可简化为：

$$\ddot{u}+2\xi\omega\dot{u}+\omega^2 u=-\ddot{u}_g \tag{5.3.5}$$

式中　ξ——附加阻尼器后整个系统的阻尼比；

ξ_s——结构自身的阻尼比；

ξ_d——附加的阻尼比；

C_r——结构的临界阻尼系数，$C_r=2m\omega$。

经过简化后，式(5.3.5)可以通过反应谱理论进行求解。需要注意的是：由于附加阻尼的存在，直接利用反应谱理论所计算出的结果误差较大。这是因为反应谱理论是建立在小阻尼理论基础上的，而附加阻尼器后结构的阻尼比一般均在15%以上，此时根据小阻尼理论进行的动力反应的简化是不能成立的。

我国学者魏琏、郑久建建议应直接作出位移、速度和加速度的反应谱，联合使用这三个反应谱，是个有意义的发展，可供今后规范改革和计算时参考。采用三个从地震记录计算出的位移、速度和加速度反应谱分别计算相应的构件的剪力 f_k、阻尼器输出力 f_d 以及地震作用 f_e。对于单质点体系，相关公式为：

$$f_k=kS_d \tag{5.3.6}$$

$$f_d=C_\alpha S_v \tag{5.3.7}$$

$$f_e=mS_\alpha \tag{5.3.8}$$

对于多自由度体系，当结构基本处于弹性状态时，消能减震结构可以采用振型分解法求解。在设置线性阻尼器后，结构的动力方程可以表示为：

$$\boldsymbol{M}\ddot{\boldsymbol{U}}+(\boldsymbol{C}+\boldsymbol{C}_{\mathrm{d}})\dot{\boldsymbol{U}}+\boldsymbol{K}\boldsymbol{U}=-\boldsymbol{M}\boldsymbol{I}\ddot{\boldsymbol{U}}_{\mathrm{g}} \tag{5.3.9}$$

式中 $\boldsymbol{M}$,$\boldsymbol{K}$ 和 $\boldsymbol{C}$——消能减震结构的质量矩阵、刚度矩阵和阻尼矩阵；

$\ddot{\boldsymbol{U}}_{\mathrm{g}}$——地面运动加速度，是关于时间的函数；

$\boldsymbol{C}_{\mathrm{d}}$——附加的阻尼力列阵；

$\ddot{\boldsymbol{U}}$,$\dot{\boldsymbol{U}}$ 和 $\boldsymbol{U}$——结构的加速度、速度和位移列阵；

$\boldsymbol{I}$——单位列向量。

对于这一联立方程组，可利用振型分解法分解为一系列相互独立的振动方程，即将多个质点体系的复杂振动分解为各个独立的振动，而后采用单质点体系的反应谱理论来计算各振型的最大反应。最后，将各个振型的最大反应按照适当的方法进行组合，如 SRSS、CQC 等，进而得到多质点体系的各项反应值。

通过结构的质量矩阵和刚度矩阵可以求得频率向量和振型矩。

$$\boldsymbol{\omega}=\{\omega_1,\omega_2,\omega_3,\cdots,\omega_n\},\boldsymbol{\phi}=\{\phi_1,\phi_2,\phi_3,\cdots,\phi_n\} \tag{5.3.10}$$

式中 ϕ_i——第 i 阶振型。

阻尼矩阵 $\boldsymbol{C}$ 通常表示为质量阵和刚度阵的线性组合，即：

$$\boldsymbol{C}=a\boldsymbol{M}+b\boldsymbol{K} \tag{5.3.11}$$

式中 a,b——阻尼常数。

阻尼矩阵 $\boldsymbol{C}$ 是质量阵和刚度阵的线性组合，由于质量阵和刚度阵均满足正交性，所以质量矩阵同样可以写为：

$$\boldsymbol{\phi}_i^{\mathrm{T}}\boldsymbol{C}\boldsymbol{\phi}_j=\begin{cases}C_i^* & i=j\\ 0 & i\neq j\end{cases} \tag{5.3.12}$$

结构附加阻尼矩阵 $\boldsymbol{C}_{\mathrm{d}}$ 通常不满足正交性条件，但是，作为近似处理，可忽略 $\boldsymbol{C}_{\mathrm{d}}$ 的非正交项，则：

$$\boldsymbol{\phi}_i^{\mathrm{T}}\boldsymbol{C}_{\mathrm{d}}\boldsymbol{\phi}_j\approx\begin{cases}C_{\mathrm{d}i}^* & i=j\\ 0 & i\neq j\end{cases} \tag{5.3.13}$$

将运动方程解耦成 N 个单自由度的微分方程：

$$\ddot{q}_i+2(\xi_i+\xi_{\mathrm{d}i})\dot{q}_i+\omega_i^2q_i=\frac{P_i^*(t)}{M_i^*} \tag{5.3.14}$$

式中 q——广义坐标列阵，$u=\phi q$,$\dot{u}=\phi\dot{q}$,$\ddot{u}=\phi\ddot{q}$；

$\xi_{\mathrm{s}i}$,$\xi_{\mathrm{d}i}$——结构第 i 振型阻尼比和阻尼器给结构附加的第 i 振型阻尼比，即：

$$\xi_{\mathrm{s}i}=\frac{1}{2\omega_iM_i^*}\boldsymbol{\phi}_i^{\mathrm{T}}\boldsymbol{C}\boldsymbol{\phi}_i$$

$$\xi_{\mathrm{d}i}=\frac{1}{2\omega_iM_i^*}\boldsymbol{\phi}_i^{\mathrm{T}}\boldsymbol{C}_{\mathrm{d}}\boldsymbol{\phi}_i \tag{5.3.15}$$

式中 M_i^*——结构第 i 振型广义质量；

$P_i^*(t)$——第 i 振型广义地震作用。

则结构第 i 振型总阻尼比为：

$$\xi_i=\xi_{\mathrm{s}i}+\xi_{\mathrm{d}i} \tag{5.3.16}$$

设第 i 振型等效单自由度体系($\omega=\omega_1$,$\xi=\xi_i$)的位移、速度和加速度分别为 $\delta_i(t)$、$\dot{\delta}_i(t)$和 $\ddot{\delta}_i(t)$，则原坐标下质点 j 的位移、速度和加速度响应可按以下各式求出：

$$u_j(t)=\sum_{i=1}^{n}\phi_{ij}q_i(t)=\sum_{i=1}^{n}\gamma_i\phi_{ij}\delta_i(t) \tag{5.3.17}$$

$$\dot{u}_j(t)=\sum_{i=1}^{n}\phi_{ij}\dot{q}_i(t)=\sum_{i=1}^{n}\gamma_i\phi_{ij}\dot{\delta}_i(t) \tag{5.3.18}$$

$$\ddot{u}_j(t)=\sum_{i=1}^{n}\phi_{ij}\ddot{q}_i(t)=\sum_{i=1}^{n}\gamma_i\phi_{ij}\ddot{\delta}_i(t) \tag{5.3.19}$$

式中　γ_i——第 i 振型的振型参与系数，$\gamma_i=\dfrac{\phi_i^{\mathrm{T}}Ml}{\phi_i^{\mathrm{T}}M\phi_i}$。

在实际工程中需要求出结构上某一点或一个构件的最大响应，这时可以采用振型分解反应谱法求解。以求最大位移为例，设到达某一时刻 t，第 i 振型的 $q_i(t)$ 达到最大值 $q_{i,\max}$。根据振型参与系数 γ_i 及反应谱的性质，$q_{i,\max}$ 为振型参与系数 γ_i 与位移谱的谱值 $S_{\mathrm{d}i}$ 的乘积，即：

$$q_{i,\max}=\gamma_i S_{\mathrm{d}i} \tag{5.3.20}$$

则结构 j 质点 i 振型的最大位移反应 u_{ij} 为：

$$u_{ij}=\phi_{ij}q_{i,\max}=\phi_{ij}\gamma_i S_{\mathrm{d}i} \tag{5.3.21}$$

质点 j 的最大反应由各振型最大反应值的平方和开方得到，即：

$$u_{j,\max}=\sqrt{\sum_{i=1}^{n}(u_{ij})^2}=\sqrt{\sum_{i=1}^{n}(\phi_{ij}\gamma_i S_{\mathrm{d}i})^2} \tag{5.3.22}$$

采用同样的方法可以确定质点 j 的最大速度和加速度。具体计算方法如下：

$$v_{j,\max}=\sqrt{\sum_{i=1}^{n}(v_{ij})^2}=\sqrt{\sum_{i=1}^{n}(\phi_{ij}\gamma_i S_{\mathrm{v}i})^2} \tag{5.3.23}$$

$$a_{j,\max}=\sqrt{\sum_{i=1}^{n}(a_{ij})^2}=\sqrt{\sum_{i=1}^{n}(\phi_{ij}\gamma_i S_{\mathrm{a}i})^2} \tag{5.3.24}$$

式中　$S_{\mathrm{v}i}$，$S_{\mathrm{a}i}$——第 i 振型的速度谱和加速度谱。

阻尼器忽略了附加给结构的阻尼矩阵 $\boldsymbol{C}_{\mathrm{d}}$ 的非正交项，由此给结构计算带来了一定的误差。1977 年英国诺丁汉大学的 Warburton 等研究了非经典阻尼矩阵忽略非正交项的误差问题，提出了采用这种方法的适用条件：

$$\xi_j\leqslant 0.05\left|\frac{b_{jj}}{2b_{js}}\left(\frac{T_j^2}{T_s^2}-1\right)\right|_{\substack{\min\\ s\neq j}}\quad (j=1,2,\cdots,n) \tag{5.3.25}$$

式中　　　　　ξ_j——忽略非正交项的阻尼比；

$b_{js}(j=1,2,\cdots,n)$——矩阵 $\boldsymbol{B}=\boldsymbol{M}^{*-1}\boldsymbol{C}^{*}$ 的元素，

其中　$\boldsymbol{M}^{*}$——结构的广义质量矩阵，

$\boldsymbol{C}^{*}$——与结构非经典阻尼矩阵相应的广义阻尼矩阵。

大量计算表明，当满足式(5.3.25)时，忽略非经典阻尼矩阵非正交性的结构反应误差不超过 10%，大多数情况下误差不超过 5%，即使振型阻尼比 ξ_j 大于 20%时仍能保持这样的精度。

5.3.2　时程分析法

时程分析法是计算附加阻尼结构较为有效可行的方法之一。时程分析法的实现步骤是由结构基本运动方程输入地震加速度记录，并进行积分，从而求得整个时间历程内结构的地震作用效应。内结构的地震作用效应主要包括结构在地震中的每一时刻的位移、速度和加速度反

应。通常的做法是将人工合成或适合的天然地震记录作为输入，采用各种有效的数值算法在离散的时间点上引用动力平衡方程，逐步确定各时刻的动力方程解。

数值积分的方法很好地解决了复杂的地震动过程的输入问题，同时也解决了结构以及结构附属构件的非线性等诸多问题。目前通用的许多商业软件，如使 SAP2000、ANSYS、Midas 和 LARSA 等均有适合的时程分析方法，直接设置阻尼器单元，就可以得到精确的时程分析结果。在计算过程中，往往是采用反复计算的办法。

1. 时程积分法概述

针对耗能减振结构，在分析中使用最多的是采用地震波输入的时程分析。采用时程分析法求解消能减振结构是一种精确计算方法，它可以根据实际情况建立计算模型，考虑质量及刚度分布，并实时输入地震动加速度，可以避免由于简化附加阻尼器所带来的非正交阻尼矩阵的计算误差。这种方法同时考虑了地震动的烈度、频谱特性及持时，可以很容易的处理阻尼器的非线性问题。

首先，可采用线性阻尼器对结构进行弹性时程分析，得到结构的耗能情况，作出判断阻尼器安置位置的概念设计；接下来进一步对结构进行非线性阻尼器的分析和优化设计，如果时程分析的计算结果不能满足我们的设计要求，如位移过大，这时我们可以调整阻尼系数重新计算。如果受力过大，可以调整阻尼比或将一个阻尼器分成多个来解决。

目前由于大型有限元程序的普及，时程分析法正逐渐普及。对于大型复杂结构，我们建议采用时程积分的办法进行计算，具体分析过程如下：

(1)选取设计地震的地震动记录；

(2)建立结构有限元模型；为了考虑加设阻尼器的位置，应先作未设阻尼器情况下的计算分析，找出结构的薄弱层和施加阻尼器的最佳位置，确定控制目标；

(3)选择安置阻尼器的位置，设计阻尼器的类型和参数，并将设计的阻尼器输入计算模型中；

(4)计算分析：一般可作加非线性阻尼器的弹性分析；

(5)计算结果的后处理和满意程度判断；

(6)如果得到的结果不满意，或需要更好的优化设计，可以按(3)—(4)—(5)的顺序进行迭代设计，直到满意为止。

2. Newmark-β 法

直接积分法在积分运动方程之前不进行方程形式的变换，而直接进行逐步数值积分。通常的直接积分法是基于两个概念，一是将求解域 $0<t<T$ 内任何时刻 t 都应满足运动方程的要求，代之以仅在一定条件下近似地满足运动方程。例如可以仅在相隔 Δt 的离散时间点满足运动方程，在一定数目的 Δt 区域内，假设位移 u、速度 $\dot{u}$ 和加速度 $\ddot{u}$ 的函数形式。

用直接积分法对动力方程进行求解，假定 $t=0$ 时刻的位移 u、速度 $\dot{u}$ 和加速度 $\ddot{u}$ 已知，并假定时间求解域 $0\sim T$ 被等分为 n 个时间间隔 $\Delta t(=T/n)$。在计算时，假定 $0,\Delta t,2\Delta t,\cdots,t$ 时刻的解已经求出，计算的目的在于得到 $t+\Delta t$ 时刻的解，由此建立起的求解过程可求得所有离散时间解。

时程分析所采用的方法有许多种，如线性加速度法、Newmark-β 法、Wilson-θ 法、中心差分法及平均常加速度法等。按照是否需要联立求解方程组，逐步积分法又可分为两大类：(1)隐式方法：如 Newmark-β 法和 Wilson-θ 法，由于计算精度高、误差容易控制、计算效率较高，目前较为常用；(2)显式方法：逐步积分计算公式是解耦的方程组，无需联立求解，显示方法计算量小，工作量与自由度成线性关系，如中心差分法。

Newmark-β 法属于积分法的一种，下文将简要介绍这种计算方法。

Newmark-β 法可由式(5.3.26)和式(5.3.27)表示：

$$\dot{u}_{t+\Delta t}=\dot{u}_t+\int_t^{t+\Delta t}\ddot{u}(\tau)\mathrm{d}\tau \tag{5.3.26}$$

$$u_{t+\Delta t}=u_t+\int_t^{t+\Delta t}\dot{u}(\tau)\mathrm{d}\tau \tag{5.3.27}$$

即时刻 $t+\Delta t$ 的速度表示为时刻 t 的速度加上 $t+\Delta t$ 时间段上的积分，位移与此类似。处理式中的积分项是关键。

1959 年，Newmark 建议上式表示为：

$$\dot{u}_{i+1}=\dot{u}_i+[(1-\gamma)\ddot{u}_i+\gamma\ddot{u}_{i+1}]\Delta t \tag{5.3.28}$$

$$u_{i+1}=u_i+\dot{u}_i\Delta t+\left[\left(\frac{1}{2}-\beta\right)\ddot{u}_i+\beta\ddot{u}_{i+1}\right]\Delta t^2 \tag{5.3.29}$$

式中 Δt——时间步长；

γ,β——Newmark-β 方法中按照积分精度和稳定性要求确定的参数，参数 γ 控制积分区间的起始加速度和终了加速度变化过程的影响；参数 β 则控制这两个加速度对位移变化过程的影响。

Newmark-β 是隐式的形式，它在求解各时间段的终了加速度时极为不便，所以通常将其转化为显式形式，这种转化通过增量形式来实现。令：

$$\left.\begin{aligned}\Delta u_i&=u_{i+1}-u_i\\ \Delta\dot{u}_i&=\dot{u}_{i+1}-\dot{u}_i\\ \Delta\ddot{u}_i&=\ddot{u}_{i+1}-\ddot{u}_i\\ \Delta p_i&=p_{i+1}-p_i\end{aligned}\right\} \tag{5.3.30}$$

可将假设式(5.3.28)和式(5.3.29)写为：

$$\Delta\dot{u}_i=(\Delta t)\ddot{u}_i+(\gamma\Delta t)\Delta\ddot{u}_i \tag{5.3.31}$$

$$\Delta u_i=(\Delta t)\dot{u}_i+\frac{(\Delta t)^2}{2}\ddot{u}_i+\beta(\Delta t)^2\Delta\ddot{u}_i \tag{5.3.32}$$

$$\Delta\ddot{u}_i=\frac{1}{\beta(\Delta t)^2}\Delta u_i-\frac{1}{\beta(\Delta t)}\dot{u}_i-\frac{1}{2\beta}\ddot{u}_i \tag{5.3.33}$$

将式(5.3.33)代入式(5.3.31)，则有：

$$\Delta\dot{u}_i=\frac{\gamma}{\beta(\Delta t)}\Delta u_i-\frac{\gamma}{\beta}\dot{u}_i+\Delta t\left(1-\frac{\gamma}{2\beta}\right)\ddot{u}_i \tag{5.3.34}$$

线性系统方程的增量形式为：

$$m\Delta\ddot{u}_i+C\Delta\dot{u}_i+k\Delta u_i=\Delta p_i \tag{5.3.35}$$

将式(5.3.33)以及式(5.3.34)代入增量方程，则有：

$$\Delta u_i=\frac{\Delta\hat{p}_i}{\hat{k}} \tag{5.3.36}$$

其中

$$\hat{k}=k+\frac{\gamma}{\beta\Delta t}C+\frac{1}{\beta(\Delta t)^2}m \tag{5.3.37}$$

$$\Delta\hat{p}_i=\Delta p_i+\left(\frac{1}{\beta\Delta t}m+\frac{\gamma}{\beta}C\right)\dot{u}_i+\left[\frac{1}{2\beta}m+\Delta t\left(\frac{\lambda}{2\beta}-1\right)C\right]\ddot{u}_i \tag{5.3.38}$$

由此，得到 Δu_i 后，便可通过式(5.3.33)及式(5.3.34)得到 $\Delta\ddot{u}_i$ 和 $\Delta\dot{u}_i$，进而可以通过式(5.3.31)得到 u_{i+1}、$\dot{u}_{i+1}$ 和 $\ddot{u}_{i+1}$，$\ddot{u}_{i+1}$ 也可以通过式(5.3.39)计算得到。

$$\ddot{u}_{i+1}=\frac{p_{i+1}-C\dot{u}_{i+1}-ku_{i+1}}{m} \tag{5.3.39}$$

一般情况下，参数 γ 控制逐步积分过程中产生的阻尼，当 $\gamma=1/2$ 时，可以认为没有阻尼；参数 β 取值在 1/6 和 1/4 之间。当 $\gamma=1/2$，$\beta=1/4$ 时，这种方法将无条件稳定，此时 Newmark-β法为常加速度法；当 $\gamma=1/2$，$\beta=1/6$ 时 Newmark-β 法为线性加速度法。这两种方法在实际的应用中都较为普遍，不同的是线性加速度法是有条件收敛的，其收敛条件为：

$$\Delta t/T\leqslant\sqrt{3}/\pi=0.55 \tag{5.3.40}$$

对于单自由度体系，为了得到精确解，时间步长一般都会小于 $0.55T$，因此很容易满足上面的收敛条件。

3. 地震波输入

在进行时程分析过程中，很重要的一步就是选择有效的地震波加速度数据。由于地面运动加速度具有很强的随机性，引起的结构反应存在很大差异，所以地震波输入的选取对时程分析结果的合理性起着非常重要的作用。正确选择输入现有的地震加速度曲线，应注意满足有效加速度峰值、频谱特性和持续时间这三个要素的基本要求，同时也应结合桥梁主体结构的动力特性合理的进行选择。

选取地震波时应注意以下几点内容：

(1)所选取的地震波的场地类别应与工程场地地质条件类似，特征周期应相同或比较接近，卓越周期也应与工程场地的地震周期一致，可参照结构第一振动周期。

当然，最为理想的是采用拟建工程场地的实际地震记录，但这在实际工程中很难实现。相对可行的方式是采用国内和国际上类似场地的通用地震记录，如Ⅰ类场地土：迁安波，广州人工波，松潘波，Oroville 波，Oroville Earl Broadbe 波，Livermore Va Hospital 波；Ⅱ类场地土：Taft，兰州人工波；Ⅱ类场地上的 El Centro 波、Taft 波；Ⅲ类场地上的宁河波；Ⅳ类场地上的天津宁河波，上海人工波，Pasdena 波。

在美国加州伯克利分校有美国国家的地震记录数据库：http://peer.berkeley.edu/smcat/，读者可根据需要自由下载使用。

(2)应根据该地区抗震设防烈度调整地震波的加速度峰值，要保证最终输入到结构模型中的加速度记录峰值与设防烈度要求的不同概率水准下的加速度峰值相符，可按照下式进行调节：

$$\alpha'(t)=\frac{A'_{\max}}{A_{\max}}\alpha(t) \tag{5.3.41}$$

式中 $\alpha'(t)$、$A'_{\max}$——调整后的加速度曲线及加速度峰值；

$\alpha(t)$、$A_{\max}$——原地震加速度曲线的峰值。

(3)地震波所持续的时间应保证结构的非线性工作可以全部展现，其持续时间至少应为结构自振周期的 5～10 倍。

(4)选用波形的数量，根据我国抗震规范的规定，应不少于两条天然波和一条人工模拟波；在美国 ASCE-7 标准中要求计算 7 条以上的地震记录并取平均值作为设计考虑。

(5)采用人工地震波进行输入，人工地震波可以考虑按照规范设计反应谱进行模拟，也可以按照场地特性进行合成。

(6)在我国对于重要的工程，一般均需要进行工程场地地震安全性评价，并提供适合应用的地震记录。这些地震记录对于长周期(如大于 5 s)反应很小甚至没有，这对于长周期的大跨桥梁、超高层建筑的分析计算是很危险的。通常可以人为地加大这部分反应谱值(可根据规范反应谱加大)，再作积分计算。

5.4 美国关于耗能减震的规范及设计方法

在美国结构物设置能量耗散装置的指导规范，迄今为止的发展进程为：

1989年，北加州Loma地震造成大量框架结构破坏，人们开始意识到在结构中设置阻尼装置的作用，随之而来的是大量减震装置的出现。北加州土木工程师协会(SEAONC)在1992年发表了在新建结构中设置能量耗散或阻尼装置的规程。这个规程所采用的理念基于在设计基本地震作用下承重体系处于弹性状态，而结构中能量耗散装置具有非线性行为；能量耗散装置不构成承重体系，在大震后视为可替换构件。SEAONC规程规定在不考虑耗能装置的情况下，整个框架系统需要满足基底剪力强度要求以及最大侧向变形要求。1999年，加州结构工程师协会(SEAOC)发表的耗能装置用于新建建筑的蓝皮书，与1997UBC形式相同，规程中采用与传统结构相同的线性分析方法，如等效侧向力法、反应谱法以及时程分析法，非线性时程分析法也允许采用但未给出相应的指导规程。

1994年，联邦紧急事物管理局(FEMA)出版了关于新建建筑物设置耗能装置用于抗震的推荐规程NEHRP1994(National Earthquake Hazards Reduction Program)；NEHRP1994允许采用阻尼器降低结构的基底剪力，最基本假定相对于传统结构在设计地震下耗能结构不应出现损坏。规程给出了两类阻尼器：线性黏滞阻尼装置以及其他能量耗散装置，并给出每类阻尼器的线性分析方法，非线性分析方法用于对结构设计进行验证。

20世纪90年代中期，联邦紧急事物管理局(FEMA)出版了采用耗能装置用于结构物抗震加固规程NEHRP1997，也即被大家熟知的FEMA273及274。提出对耗能结构的分析的四种方法：线性静力方法、线性动力方法、非线性静力方法以及非线性动力方法。所有四种分析方法均基于位移(损伤)，而非传统的1992SEAONC及1994NEHRP采用的基于力的分析方法。在抗震设计的实践中，分析、设计以及评估的重点由力转向位移，FEMA273和274标准具有示范作用。FEMA273中明确了两类耗能装置，即位移相关性阻尼器以及速度相关性阻尼器；FEMA273的线性分析方法限于除阻尼器外框架系统处于弹性状态，且阻尼器所附加阻尼比不应超过30%。FEMA273提出两种非线性分析法用于对加固工程采用被动耗能装置，即位移系数法和能量谱法。这两种非线性方法可用于求解具有附加阻尼器的屈服结构。

1997年，房屋地震安全委员会(BSSC)的TS-12附属委员会对NEHRP新建结构以及其他结构物抗震推荐规程中(NEHRP2000)的阻尼系统和装置的分析、设计以及测试方法等内容进行修编和改进。最终形成的条文要求与传统结构NEHRP推荐条文内容100%吻合。其等效侧向力以及振型分析方法绝大多数均基于FEMA273和274提出，同时也提出一些假设和应用条件。这个改进的条文命名为“具有阻尼系统的结构”，最初是作为附件出现在2000NEHRP(FEMA368/369)推荐条文中，而后在新版的2003NEHRP(FEMA450)推荐条文(BSSC2004)作为独立的一章Chapter 15 STRUCTURES WITH DAMPING SYSTEMS给出。

2005年，美国ATC委员会通过了2005年版美国土木工程学会起草的ASCE 7-05《建筑和其他结构的最小设计载荷》。2003NEHRP经重新排版被归入ASCE/SIE7-05 Chapter18

SEISMIC DESIGN REQUIREMENTS FOR STRUCTURES WITH DAMPING SYSTEMS，美国现行建筑设计 ICC 2006（2006 International BuiLUDing Code）以及 NFPA 2006（the Building Construction and Safety Code）中的地震荷载条文基本上均引自 ASCE/SIE7-05，这也就意味着结构耗能减振成为一项法律条文在全美获得了通过并实施。

5.4.1 振型分析理论

由于本书仅限于弹性结构展开讨论，故以下关于耗能减震的设计方法主要基于 FEMA273 的弹性部分展开讨论，以及附加线性和非线性阻尼器的设计方法。此外，在 2000NEHRP 中涉及到非线性阻尼器的部分改进内容也进行了介绍。

NEHRP 房屋抗震加固规程（FEMA1997）给出了基于线性静力分析的黏滞耗能系统简化计算办法。这一方法适用于在设计地震作用下结构基本处于弹性状态。简化计算法采用结构无阻尼状态下的频率和振型，同时由于耗能系统提高结构阻尼比，采用高阻尼比反应谱进行结构计算。高阻尼比反应谱是以 5%阻尼比反应谱为基础，同时考虑高阻尼比下降低系数。

下文以一个多自由度弹性结构为例，对这种简化计算方法进行解释。设该体系各自由度具有的重量为 w_i，相对于地面的水平位移为 u_i，地震激励下地面水平加速度的时程为 a_g，在不考虑阻尼的情况下，结构运动方程为：

$$[M]\{\ddot{u}\}+[K]\{u\}=-[M]\{1\}a_g \tag{5.4.1}$$

式中 $[M]$——结构质量矩阵（各对角元素为 m_i）；

$[K]$——刚度矩阵；

$\{1\}$——单位向量；

$\{u\}$——具有 u_i 的位移向量；

$\{\ddot{u}\}$——具有 $\ddot{u}_i$ 的加速度向量。

求解方程（5.4.1）为特征值问题，可得到结构模态频率 ω_m（对应结构周期 T_m，$T_m=2\pi/\omega_m$）以及模态振型 $\{\phi\}_m$，m 为 $1\sim n$ 的自由度数列。通过振型叠加可得到结构动力响应：

$$\{u\}=\{\Phi\}\{y\} \tag{5.4.2}$$

式中 $\{y\}$——振型位移向量；

$\{\Phi\}$——列向量 $\{\phi\}_m$ 组成的矩阵。由于 $\{\Phi\}$ 无量纲故所有 $\{y\}$ 具有位移量纲向量。采用正交关系可以得到方程（5.4.1）的 N 个解耦方程式。

$$\ddot{y}_m+\omega_m^2 y_m=-\Gamma_m a_g \tag{5.4.3}$$

其中，Γ_m 为振型参与系数：

$$\Gamma_m=\frac{\sum_{i=1}^{N} w_i\cdot\phi_{im}}{\sum_{i=1}^{N} w_i\cdot\phi_{im}^2} \tag{5.4.4}$$

其中，ϕ_{im} 为振型 m 的向量元素。解耦后每个单自由度振动基于 $\Gamma_m a_g$，采用方程（5.4.3）可得到在 5%反应谱加速度下峰值位移 y_m。

设单自由度的反应谱位移和加速度表示为 S_d 和 S_a，根据式（5.4.2）及式（5.4.3）得到在 m 振型对位移向量的贡献值：

$$\{u\}_m=\Gamma_m\{\phi\}_m S_d=\Gamma_m\{\phi\}_m\frac{S_a}{\omega_m^2} \tag{5.4.5}$$

此外，m 振型对于侧向惯性力的贡献值可表示为：

$$\{F\}_m=[M]\{\phi\}_m\Gamma_m S_a \tag{5.4.6}$$

基底剪力可表示为：

$$V_m=\frac{\overline{W}_m}{g}S_a \tag{5.4.7}$$

其中，$\overline{W}_m$ 为 m 阶振型质量：

$$\overline{W}_m=\frac{\left(\sum_{i=1}^{N}w_i\phi_{im}\right)^2}{\sum_{i=1}^{N}w_i\phi_{im}^2}=\Gamma_m\left(\sum_{i=1}^{N}w_i\phi_{im}\right) \tag{5.4.8}$$

注意到振型质量之和与结构的总质量 W 相等：

$$\sum_{m=1}^{N}\overline{W}_m\sum_{i=1}^{N}w_i=W \tag{5.4.9}$$

此外

$$\sum_{m=1}^{N}\phi_{im}\Gamma_m=1 \tag{5.4.10}$$

将振型$\{\phi\}_m$ 标准化使结构顶点振型分量 ϕ_{im} 等于 1，在此条件下可得：

$$\sum_{m=1}^{N}\Gamma_m=1 \tag{5.4.11}$$

5.4.2 附加阻尼计算

附加线性阻尼器的弹性结构，由于附加阻尼为非经典阻尼矩阵，通过无阻尼系统的特征值分析无法确定其频率(特征值)以及振型(特征向量)。基于阻尼比的能量计算的方法，采用无阻尼下的频率和振型可以很好地估算附加阻尼结构的地震反应。对于黏滞阻尼器竖向分布均匀的结构，甚至当竖向分布不均匀或阻尼器集中设置时均可以得到较为理想的计算结果(Constantinou 和 Symans，1992)。

1. 振型附加阻尼

对于一个弹性体系，考虑附加黏滞阻尼后的耗能以及固有阻尼后总的有效阻尼可表示为：

$$\xi_{eff}=\xi+\xi_v \tag{5.4.12}$$

$$\xi_v=\frac{\sum W_j}{4\pi W_s} \tag{5.4.13}$$

式中 ξ——结构阻尼比；

ξ_v——附加阻尼比；

W_s——结构最大弹性应变能；

W_j——阻尼装置 j 的能量消耗。

对于线性阻尼器，其力-速度的变化关系可以描述为：

$$F_{Dj}=C_j\dot{u}_{Dj} \tag{5.4.14}$$

式中 C_j——阻尼系数；

u_{Dj}——装置的相对位移量；

$\dot{u}_{Dj}$——沿轴线方向装置两端的相对速度。考虑到阻尼器的不同设置方法以及安装角度，装置的轴向变性与结构的水平位移 Δ_{rj} 为：

$$u_{Dj}=f_j\Delta_{rj} \tag{5.4.15}$$

f_j 为位移放大系数，对于水平设置的情况，$f_j=1$。

现假定系统做简谐运动：

$$\{u\}=D_{\mathrm{roof}}\{\phi\}_m\sin\left(\frac{2\pi t}{T}\right) \tag{5.4.16}$$

式中 D_{roof}——结构顶点位移峰值；

T——第 m 振型振动周期；

$\{\phi\}_m$——第 m 阶振型。则阻尼系统在第 m 振型下循环一周的能量消耗：

$$W_D=\frac{2\pi^2}{T}\sum_j C_j f_j^2 D_{\mathrm{roof}}^2\phi_{rj}^2 \tag{5.4.17}$$

其中

$$\phi_{rj}=\phi_{jm}-\phi_{(j-1)m} \tag{5.4.18}$$

ϕ_{rj} 为第 m 振型第 j、$j-1$ 自由度的振型坐标差值。注意到 $\Delta_{rj}=D_{\mathrm{roof}}\phi_{rj}$。

系统最大应变能可通过系统最大动能来表示：

$$W_s=\frac{1}{2}\frac{2\pi^2}{T}\sum_i m_i D_{\mathrm{roof}}^2\phi_{im}^2 \tag{5.4.19}$$

则第 m 振型黏滞阻尼可表示：

$$\xi_m=\left(\frac{T_m}{4\pi}\right)\frac{\sum_j C_j f_j^2\phi_{rj}^2}{\sum_i m_i\phi_{im}^2} \tag{5.4.20}$$

对于非线性阻尼器，其力与速度关系可表示为：

$$F_{Dj}=C_{Nj}\,|\dot{u}_{Dj}|^{\alpha_j}\,\mathrm{sgn}(\dot{u}_{Dj}) \tag{5.4.21}$$

式中 C_{Nj}——阻尼系数；

α_j——阻尼器速度指数。

对于非线性阻尼耗能，可表示为：

$$W_D=\sum_j\left(\frac{2\pi}{T}\right)^{\alpha_j}C_{Nj}\lambda_j(D_{\mathrm{roof}}f_j\phi_{rj})^{1+\alpha_j} \tag{5.4.22}$$

其中，λ_j 为阻尼速度指数 α_j 的函数，即：

$$\lambda_j=4\cdot 2^{\alpha_j}\frac{\Gamma^2(1+\alpha_j/2)}{\Gamma(2+\alpha_j)} \tag{5.4.23}$$

Γ 为伽马函数(Gamma)，当 $\alpha=0.5$ 时，$\lambda=3.496$；当 $\alpha=1$ 时，$\lambda=\pi$；在 FEMA1996 中给出了参数 λ_j 的值。如表 5.4.1 所示。

表 5.4.1 参数 λ_j 值

α_j	0.00	0.25	0.50	0.75	1.00	1.25	1.50	1.75	2.00
λ_j	4.000	3.723	3.496	3.305	3.142	3.000	2.876	2.765	2.667

对于附加非线性阻尼的弹性体系，m 振型对应的附加阻尼比可表示为：

$$\xi_m=\frac{\sum_j C_{Nj}\lambda_j(2\pi)^{\alpha_j}f_j^{1+\alpha_j}\phi_{rj}^{1+\alpha_j}}{2\pi D_{\mathrm{roof}}^{1-\alpha_j}\omega_m^{2-\alpha}\sum_i m_i\phi_{im}^2} \tag{5.4.24}$$

在以上关于附加阻尼比的计算中，建立两个假设条件：(1)所采用的结构振型和频率未考虑阻尼器在结构中的影响，也就是说，由于耗能结构的非经典阻尼矩阵上述结果仅为近似值。

(2)将振型分析方法应用到非线性结构中(线性结构及非线性阻尼器)。

2. 高振型阻尼的线性化

公式(5.2.32)显示:非线性阻尼装置的附加阻尼比与变形幅值 D_{roof} 以及黏滞阻尼装置的非线性特性 α_j 有关。由于一般结构第一振型对整个结构反应起控制作用,公式(5.2.32)可以用于估算第一振型下的附加阻尼比,而对于高阶振型,由于不能将变形幅值 D_{roof} 视为高阶振型对变形幅值的贡献值,故由于 D_{roof} 的数值不确定性而难以使用。

Constantinou 等人(1997 年)采用等效线性化方法考虑高阶振型。由于高阶振型振动可以理解为以第一振型为中心进行高频率、小振幅的振动,相应的可以定义各阻尼器的等效阻尼系数为在第一振型计算得到的阻尼器设计速度所对应的力与速度曲线的斜率,对应的有效线性阻尼系数为:

$$C=\alpha_j C_{\mathrm{N}j}\dot{u}_1^{\alpha_j-1} \tag{5.4.25}$$

式中,$\dot{u}_1$ 为第一振型阻尼器速度计算值。这一概念可以通过图 5.4.1 进行理解。经过线性化后,对于高阶振型如第二和第三振型,可以采用线性阻尼比计算公式,消除变形幅值的影响。

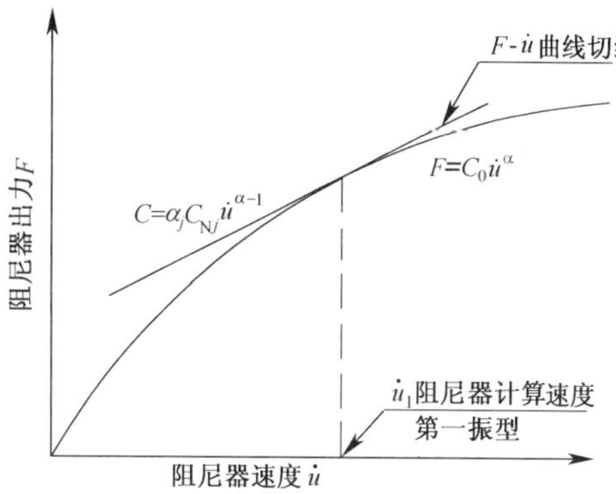

图 5.4.1 高阶振型响应计算采用的有效线性化阻尼常数

5.4.3 阻尼系统最大速度和最大加速度的计算

地震反应谱通常有具有 5%阻尼比的拟加速度反应谱所构成,即一系列具有 5%阻尼比的单自由度体系在不同结构周期下的反应谱加速度组合所组成(为在最大位移处的加速度)。单自由度的拟加速度反应谱 S_{pa}、拟速度反应谱 S_{pv} 和反应谱位移 S_{d} 具有如下关系:

$$S_{\mathrm{d}}=\frac{T}{2\pi}S_{\mathrm{pv}}=\left(\frac{T}{2\pi}\right)^2 S_{\mathrm{pa}} \tag{5.4.26}$$

真实速度反应谱 S_{v} 与拟速度反应谱 S_{pv}、真实加速度反应谱 S_{a} 与拟加速度反应谱 S_{pa} 存在差异。对于位移相关性阻尼器的结构,其最大耗能器出力时刻即为实际结构的最大变形。对于附加速度相关性阻尼器的结构,则有所不同:(1)应采用实际最大速度来计算耗能器峰值出力;(2)实际发生的最大加速度并不是发生在最大位移处,而是略小于最大位移的某点,并且最大加速度大于拟加速度,需要通过最大加速度来计算结构最大惯性力和基底剪力。

FEMA273 对附加耗能装置结构的设计计算分成三个阶段进行。最大加速度阶段的设计载荷通过组合系数 CF_1 和 CF_2 对最大位移阶段以及最大速度阶段的载荷线性叠加来确定;通过组合系数进行线性叠加基于结构线弹性、线性阻尼系统假定。而对于弹塑性结构、采用非线性阻尼系统,FEMA273 采用的线性叠加组合系数并不正确,在 NEHRP2000 对此进行了修正。

下文以线弹性结构附加非线性阻尼器为例,给出 NEHRP2000 所采用的参数 CF_{V} 和 CF_{D}。设定结构的刚度为 K、质量为 m,以自振频率 ω_n、振幅 D 进行简谐振动:

$$u=D\cos\omega_n t \tag{5.4.27}$$

求导出速度

$$\dot{u}=-D\omega_n\sin\omega_n t \tag{5.4.28}$$

考虑阻尼器出力后的混合出力为:

$$F=Ku+C_N|\dot{u}|^{\alpha}\mathrm{sgn}(\dot{u}) \tag{5.4.29}$$

$$\frac{F}{m\omega_n^2 D}=-\frac{2\pi}{\lambda}\xi_v\sin^{\alpha}\omega_n t+\cos\omega_n t \tag{5.4.30}$$

其中，$\lambda=4\cdot 2^{\alpha}\dfrac{\Gamma^2(1+\alpha/2)}{\Gamma(2+\alpha)}$，$\xi_v$ 为附加阻尼比，$\xi_v=\dfrac{C_N\lambda}{2\pi m}D^{\alpha-1}\left(\dfrac{2\pi}{T}\right)^{\alpha-2}$，$\omega_n=\left(\dfrac{k}{m}\right)^{1/2}=\dfrac{2\pi}{T}$。

在 t^* 时刻系统的出力(加速度)为最大，对式(5.4.30)求导，则有：

$$\frac{\sin^{2-\alpha}\omega_n t^*}{\cos\omega_n t^*}=\frac{2\pi\alpha\xi_v}{\lambda} \tag{5.4.31}$$

式(5.4.31)在 $\alpha=1$ 时可以准确求解，对于其他情况如图 5.4.2 所示，假定：

$$\omega_n t^*=\pi-\delta \tag{5.4.32}$$

其中 δ 为一小的滞后相位角。当 α 较小时估算结果较好。相位角 δ 近似表示为：

$$\delta=\left(\frac{2\pi\alpha\xi_v}{\lambda}\right)^{\frac{1}{2-\alpha}} \tag{5.4.33}$$

对于线性阻尼，相位角 δ 可准确表示为：

$$\delta=\tan^{-1}(2\xi_v) \tag{5.4.34}$$

对于线性 $\alpha=1$、$\lambda=\pi$，采用式(5.4.34)得到 $\delta=2\xi_v$。对于式(5.4.33)，当 $\xi_v=0.15$ 时误差约 3%；当 $\xi_v=0.25$ 时误差约为 7%。

图 5.4.2 中显示当位移 $u=D\cos\delta$ 时系统最大加速度最大。式(5.4.32)和式(5.4.33)代入(5.4.30)式，则最大加速度表示为：

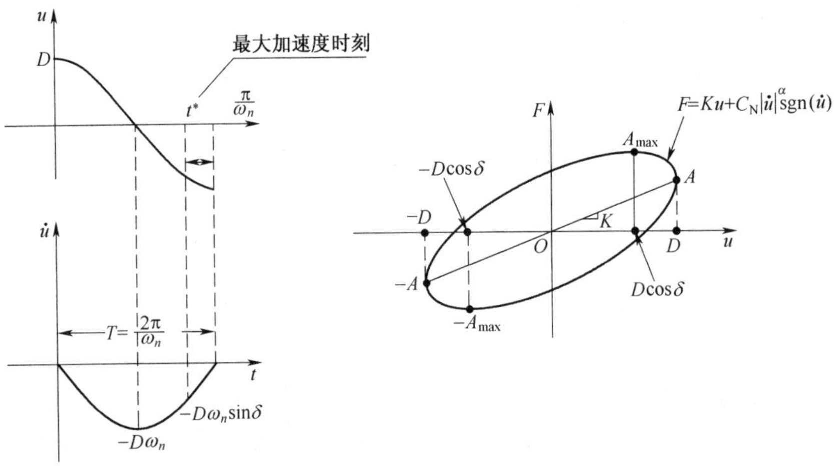

图 5.4.2　非线性阻尼在最大位移及最大加速度时刻的位置关系

$$A_{max}=A\left(CF_D+\frac{2\pi\xi_v}{\lambda}CF_v\right) \tag{5.4.35}$$

其中

$$CF_D=\cos\delta \tag{5.4.36}$$

$$CF_V=(\sin\delta)^{\alpha} \tag{5.4.37}$$

参数 CF_D 和 CF_V 为求解最大加速度时分别考虑最大变形和最大速度时的组合系数。以上结论对于线性系统并考虑非线性阻尼器的情况成立。NEHRP2000 采用公式(5.4.36)以及公式(5.4.37)给出组合系数表 5.4.2 以及表 5.4.3，对于未给定数值可通过插值法确定。此外，NEHRP2000 给出结构进入弹塑性后考虑最大变形的组合系数 CF_D，由于本书并未涉及结构的非线性等内容，故此处并未进行论述。

表 5.4.2 系数 CF_D 列表

有效阻尼	$\alpha \leqslant 0.05$	$\alpha = 0.5$	$\alpha = 0.75$	$\alpha \geqslant 1.0$
≤0.05	1.00	1.00	1.00	1.00
0.1	1.00	1.00	1.00	1.00
0.2	1.00	0.95	0.94	0.93
0.3	1.00	0.92	0.88	0.86
0.4	1.00	0.88	0.81	0.78
0.5	1.00	0.84	0.73	0.71
0.6	1.00	0.79	0.64	0.64
0.7	1.00	0.75	0.55	0.58
0.8	1.00	0.70	0.50	0.53
0.9	1.00	0.66	0.50	0.50
≥1.0	1.00	0.62	0.50	0.50

表 5.4.3 系数 CF_V 列表

有效阻尼	$\alpha \leqslant 0.05$	$\alpha = 0.5$	$\alpha = 0.75$	$\alpha \geqslant 1.0$
≤0.05	1.00	0.35	0.20	0.10
0.1	1.00	0.44	0.31	0.20
0.2	1.00	0.56	0.46	0.37
0.3	1.00	0.64	0.58	0.51
0.4	1.00	0.70	0.69	0.62
0.5	1.00	0.75	0.77	0.71
0.6	1.00	0.80	0.84	0.77
0.7	1.00	0.83	0.90	0.81
0.8	1.00	0.90	0.94	0.90
0.9	1.00	1.00	1.00	1.00
≥1.0	1.00	1.00	1.00	1.00

5.4.4 阻尼系统与抗力系统（参考）

NEHRP2000 对阻尼系统（Damping System，DS）的定义：包括所有独立的阻尼装置、所有将阻尼装置的荷载传递到结构基础的结构单元或支撑以及用于将阻尼装置的荷载传递到地震抗力系统（Seismic-Force-Resisting System，SFRS）的结构单元的统称。

在 NEHRP2000 中对阻尼系统 DS 与抗力系统 SFRS 进行了明确的定义和区分。如图 5.4.3 所示，阻尼系统 DS 与抗力系统 SFRS 可以共用一些结构单元，阻尼系统可设置与结构外部或结构内部，可以没有共用的单元，或部分共用单元，或者是所有单元与地震抗力系统共用。NEHRP2000 提出，阻尼系统与地震抗力系统所共用的单元必须根据两个系统下的两种荷载的荷载组合进行设计。

地震抗力系统可认为是如果阻尼系统不工作(如阻尼装置没有连接)时，结构用于抵抗侧力的单元。结构抗力系统提供结构的最低安全储备，以免阻尼系统失效后确保结构安全。此外，该系统也提供给阻尼结构必要的刚度和强度，以平衡侧向位移。结构抗力系统的基底剪力要求设计不低于传统结构的 75％(如果结构非常不规则时不小于 100％)。

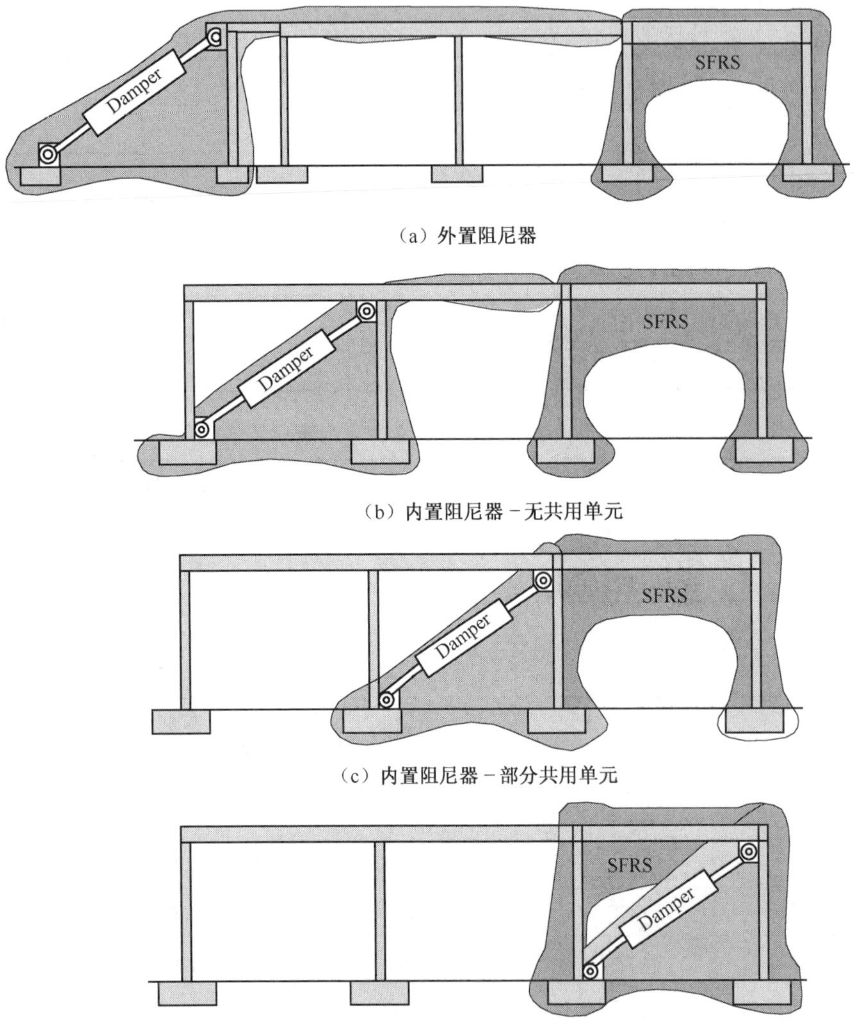

(a) 外置阻尼器

(b) 内置阻尼器－无共用单元

(c) 内置阻尼器－部分共用单元

(d) 内置阻尼器－共用单元

图 5.4.3 阻尼系统与抗力系统的图示

阻尼系统应按照阻尼装置产生峰值力时即实际地震力进行设计。NEHRP2000 规定除阻尼装置外，阻尼系统的其他单元允许产生有限度的屈服，应做到不影响阻尼系统的功能，屈服部件数量不超过规范对传统结构的要求。阻尼装置包括一套阻尼器、所有连接销轴、螺栓、节点板、加长支撑以及其他用于将阻尼装置连接到结构所有的部件。所有阻尼装置必须根据最大地震作用下的位移、速度以及荷载进行设计。装置必须在最大地震荷载下测定原型试件的设计性能。

5.4.5　阻尼系统的地震反应及设计

NEHRP2000 对于阻尼系统的结构分析可采用线性分析法、非线性分析法或线性和非线性组合的分析方法。根据结构重要性、结构形式的差异以及所处地址条件等因素，NEHRP2000 将采用的分析方法分为等效侧向力法、反应谱法，非线性静力分析以及非线性时程分析。

1. 等效侧向力法

等效侧向力法(Equivalent Lateral Force，ELF)是指对线性结构施加等效静态侧向力，适用于剪切变形为主，且质量和刚度沿高度均匀分布的结构。结构是以第一振型反应为主，对高阶振型的影响，在 NEHRP2000(FEMΛ368)利用残余振型(Residual Mode)考虑高振型的影响，其中残余振型、残余振型参与系数、残余质量及对应的周期的计算公式如下：

$$\phi_{iR}=\frac{1-\Gamma_1\phi_{i1}}{1-\Gamma_1} \tag{5.4.38}$$

$$\Gamma_R=1-\Gamma_1 \tag{5.4.39}$$

$$\overline{W}_R=1-\overline{W}_1 \tag{5.4.40}$$

不难得出，残余振型的公式满足振型正交性的基本性质。

第一振型与残余振型通过一定的组合形式，如先平方后开方的 SRSS 方式进行振型组合后最终得到结构和阻尼器的地震反应。

根据等效单自由度的顶点位移，分别求出第一振型及残余振型的最大位移及层间位移，并将计算结果进行组合，最后的层间位移 Δ_D 为：

$$\Delta_D=\sqrt{\Delta_{1D}^2+\Delta_{RD}^2} \tag{5.4.41}$$

式中　Δ_{1D}和 Δ_{RD}——第一振型和残余振型下的层间位移。

第一振型及残余振型的楼层速度，将计算结果进行组合，最后的层间速度为：

$$\nabla_D=\sqrt{\nabla_{1D}^2+\nabla_{RD}^2} \tag{5.4.42}$$

$$\nabla_{1D}=2\pi\frac{\Delta_{1D}}{T_{1D}} \tag{5.4.43}$$

$$\nabla_{RD}=2\pi\frac{\Delta_{RD}}{T_{RD}} \tag{5.4.44}$$

式中　∇_{1D}和∇_{RD}——第一振型和残余振型下的层间速度。

采用等效侧向力分析法时，NEHRP2000 指出：(1)为抑制扭转作用，耗能结构在施加阻尼方向应至少两个阻尼装置；(2)结构基本振型总的有效阻尼比不大于 35%；(3)符合刚性楼层假定；(4)结构高度不超过 30 m。

2. 反应谱法

结构抗力系统以及阻尼系统的刚度、质量以及阻尼的空间分布可以通过数学模型表示。在结构计算中一般需要计算前二阶或三阶振型，而后通过振型组合后最终得到结构和阻尼器的地震反应。

结构基本振型 $m=1$ 及高阶振型 $m>1$ 所对应的结构顶点位移 D_{1D}以及 D_{mD}通过所对应振动周期的反应谱加速度确定。结构层间位移 Δ_D 通过基本振型及高阶振型所下的层间位移 Δ_{1D}和 Δ_{mD}的振型组合确定。

$$\Delta_D=\sqrt{\sum_m(\Delta_{mD})^2} \tag{5.4.45}$$

基本振型的楼层速度∇_{1D}及高阶振型的楼层速度∇_{mD}($m>1$)为：

$$\nabla_{1D}=2\pi\frac{\Delta_{1D}}{T_{1D}} \tag{5.4.46}$$

$$\nabla_{mD}=2\pi\frac{\Delta_{mD}}{T_{m}} \tag{5.4.47}$$

5.4.6 地震荷载条件以及验收标准

根据等效侧向力法以及反应谱法确定的设计载荷以及位移将采用强度设计以及以下地震荷载条件进行校核。

1. 抗力系统

根据等效侧向力以及反应谱法确定基底剪力以及设计载荷应大于最小基底剪力。

等效侧向力法：

$$V=\sqrt{V_1^2+V_R^2}\geqslant V_{min} \tag{5.4.48}$$

反应谱法：

$$V=\sqrt{V_m^2}\geqslant V_{min} \tag{5.4.49}$$

式中 V_1——通过基本振型得到的基底剪力；

V_R——残余振型得到的基底剪力；

V_m——m 振型得到的基底剪力；

V_{min}——结构抗力系统的最小允许基底剪力。最小基底剪力是保证结构安全的底线，NEHRP2000规定取下面两式的最大值：

$$V_{min}=\frac{V}{B_{V+1}} \tag{5.4.50}$$

$$V_{min}=0.75V \tag{5.4.51}$$

式中 V——原结构总的设计基底剪力；

B_{V+1}——附加阻尼器后的结构阻尼调整系数。

2. 阻尼装置的设计荷载

利用等效侧向力法或反应谱法得到的结构变形以及速度确定阻尼器最大设计参数。对于黏滞阻尼器的最大出力是在结构最大速度时刻产生，应根据不同计算方法得到相关振型下的结构最大速度，在考虑阻尼器设置的角度后最终确定。

3. 阻尼系统地震反应振型反应叠加

在速度相关性阻尼器作用下，消能减振结构达到最大位移时，其楼层加速度及水平剪力不一定最大，从发生的时间上来说存在一定的相位差，如前所述，在 NEHRP2000 中提出相应的调整系数进行修正，分为三个阶段进行计算，即：

(1)最大位移阶段(Stage of Maximum Displacement)

达到最大位移时消能结构的地震力设计值为：

$$Q_E=\sqrt{\sum_m (Q_{mSFRS})^2} \tag{5.4.52}$$

式中 Q_{mSFRS}——相当于抗力系统第 m 振型水平地震力的阻尼系统单元内力、水平地震力或地震剪力。

(2)最大速度阶段(Stage of Maximum Velocity)

在最大速度时刻结构的地震力设计值：

$$Q_E = \sqrt{\sum_m (Q_{mDSV})^2} \tag{5.4.53}$$

式中 Q_{mDSV}——第 m 振型阻尼系统所需的抵抗速度相关性阻尼器地震水平力。

(3)最大加速度阶段(Stage of Maximum Acceleration)

最大加速度阶段是根据前面两个阶段的计算结果，并引入两个调整系数 C_{FD}、C_{FV}，最终确定结构楼层最大加速度、楼层侧向力及层间剪力。

$$Q_E = \sqrt{\sum_m (C_{mFD}Q_{mSFRS} + C_{mFV}Q_{mDSV})^2} \tag{5.4.54}$$

式中，C_{mFD}和 C_{mFV}第 m 振型对应的最大位移和最大速度阶段的调整系数，可参照表 5.4.2、表 5.4.3 进行取值。对于基本振型($m=1$)，C_{1FV}应基于阻尼器速度指数 α 值进行取值；对于高阶振型($m>1$)或残余振型，C_{mFD}和 C_{mFV}应基于速度指数 $\alpha=1$ 时进行取值。

在叠加了地震最大反应以及重力荷载反应之后，最终得到阻尼系统最终设计结果。

5.5 阻尼器动力性能的数字化模拟

前文中的论述提到：多位学者通过大量本构关系推导理论计算、实验论证，得出了较为简洁的黏滞阻尼器的理论计算公式，特别是在如 SAP2000 一类的商业化计算软件中将这种特殊单元融入后，为黏滞阻尼器在实际工程中的应用起到了极为重要的推动作用。

图 5.5.1 所示的是在 SAP2000 程序中设置黏滞阻尼器性能的对话框。需要输入的相关信息包括有效刚度、有效阻尼、非线性分析工况所使用的刚度、阻尼系数(Damping Coefficient)和阻尼指数(Damping Exponent，亦即速度指数)。如何准确的理解这些参数的物理意义，并结合工程实际情况真实有效地模拟黏滞阻尼器的动力性能，显然是进行消能减振设计要解决的首要问题。

从图 5.5.1 中可以看出阻尼器的设置被分为了线性分析和非线性分析两种情况，理解阻尼单元在线性和非线性分析中的不同之处十分重要。图 5.5.2 更为直观的显示了两者的区别。

在非线性分析中，阻尼器由一系列弹簧与阻尼串联连接构成，需要指定非线性的阻尼和刚度；线性分析则是由弹簧和阻尼并联构成了整个阻尼单元。

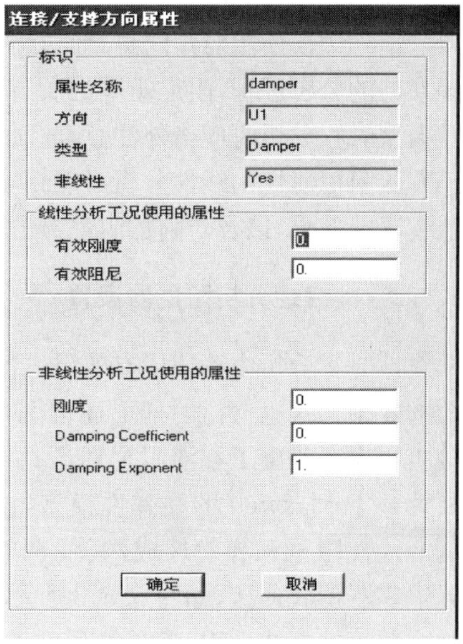

图 5.5.1 SAP2000 非线性阻尼器参数输入对话框

5.5.1 线性分析阻尼器设置

线性分析中需要设定线性刚度和线性阻尼。

线性有效刚度：在 SAP2000 程序中给出的关于包括阻尼器在内的每一个非线性类型的连接/支座属性中，可对每个内部弹簧指定 6 个有效刚度系数 k_{linear}。线性有效刚度代表用于所有从零初始条件开始的线性分析的连接/支座单元的总弹性刚度。在这类分析中将忽略实际的非线性属性。如果用户没有指定某个自由度的非线性属性，那么在所有线性和非线性分析中，这一自由度将始终使用线性有效刚度。

模态分析中的特殊考虑：在非线性时程分析中对于非线性自由度没有使用有效刚度属性。然而，从零初始条件开始的非线性模态分析确实使用了基于有效刚度计算的振动振型。在时间积分时，这些振型的行为被改变，因此结构响应反应了实际的刚度和其他指定的非线性参数。可通过改变有效刚度来改善非线性迭代的收敛速度。特别地，用户应考虑是对线性分析得到的结果，还是对非线性模态时程分析得到的基础振型更感兴趣。

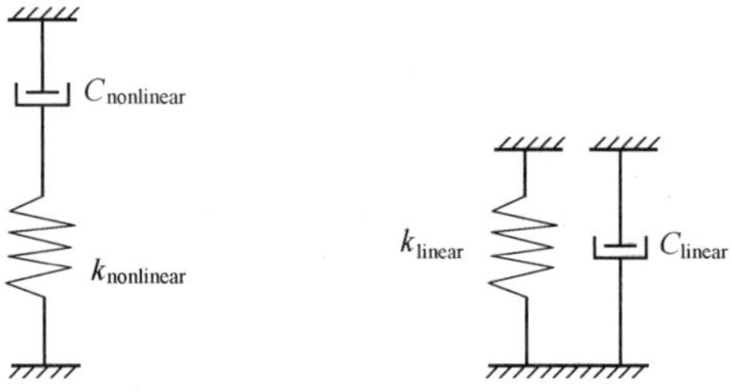

(a)非线性　(b)线性

图 5.5.2　阻尼单元在非线性分析和线性分析下的特性

注意：在线性分析时，为了获得纯阻尼特性，应将线性有效刚度 K_{linear} 设置为零。

线性有效阻尼：线性有效阻尼对于用作反应谱分析的单元，以及线性和周期性时程分析时代表总黏滞阻尼。对于这些类型分析，忽略实际的非线性属性，有效阻尼也可用来代表由于非线性阻尼、塑性或摩擦产生的能量消散。

在对一个附加阻尼器的系统进行线性振型时程分析时(反应谱分析)，有效阻尼被转换成阻尼比，假定为比例阻尼；这些有效振型阻尼值被加在指定的振型阻尼中。程序将不允许任意振型的总阻尼比超过 99.995%。

阻尼矩阵中仅使用对角向量，而对于非对角、交叉耦合项则被忽略(解耦)。对于其他有阻尼单元参与的分析过程，阻尼矩阵的所有项都将被考虑。所以，对于有阻尼单元的系统，在进行线性振型时程分析时应格外注意，此时得到的计算结果仅为估算值，不能代表实际情况。一个基于有效阻尼属性的线性分析可能粗略地高估了结构中存在的阻尼量。对于确定附加的能量消散装置的效果，以及对附加阻尼器的结构进行最终设计时，强烈建议非线性时程分析。

5.5.2　非线性分析阻尼器设置

非线性时程分析中不使用有效阻尼值，因为其直接考虑了单元能量耗散和正确的振型交叉耦合的效果。这里探讨的是上述框图中的下部分非线性分析工况中的参数。SAP2000 非线性分析程序中给出了黏滞阻尼对于每个变形自由度的阻尼属性，用户可将其独立的指定。阻尼属性基于 Maxwell 的黏弹性模型，该模型由一系列非线性阻尼和弹簧构成，其弹簧单元与阻尼单元以串联形式连接，如图 5.5.3 所示。

阻尼器单元

图 5.5.3　非线性阻尼元件图示

整个单元的非线性力-变形关系可表示如下，其中等式最后一项也就是前文中多次提及的非线性阻尼形式。

$$f=kd_k=C\dot{d}_c^{\alpha} \tag{5.5.1}$$

式中　k——弹簧常数；

C——阻尼系数；

α——阻尼指数；

d_k——在阻尼器的变形；

$\dot{d}_c$——在阻尼器的变形速度。

根据 SAP2000 帮助文件中的提示：速度指数可选定范围的下限和上限分别为 0.2 和 2.0；速度指数过小，等于 0.2 甚至更小，在进行非线性分析时有可能引起计算结果不稳定、不收敛。从耐久性来说，速度指数过小的缺点是阻尼器内部需要设置阀门，阻尼器的耐久性、可靠性下降。

弹簧和阻尼变形之和构成单元内部的总变形：

$$d=d_k+d_c \tag{5.5.2}$$

如果期望在非线性分析中获得纯阻尼效果，可以设置一个足够大的弹簧刚度 $k_{nonlinear}$ 来实现，因为这样可以忽略弹簧的影响。在弹簧刚度足够大的情况下，这个由弹簧—阻尼构成的阻尼器单元的特征时间 $\tau=C/k_{nonlinear}$（当 $\alpha=1.0$），为一个比加载步小 1 到 2 个数量级的量。加载步是指荷载变换的时间间隔。同时刚度不宜过大，否则将发生数值敏感性等问题。

如某线性阻尼器（在非线性工况中设置阻尼指数 $\alpha=1.0$），$C=160$ N·s/cm，设定的非线性刚度 $k_{nonlinear}=1\ 000\ 000$ N/cm，加载步为 0.01 s，则特征时间 $\tau=\frac{C}{k_{nonlinear}}=\frac{160}{1\ 000\ 000}=0.000\ 16$，此时 τ 值比加载步小 2 个数量级，则可以认为在此条件下设定了合理刚度的阻尼单元表现为纯阻尼特征。

设置过大的刚度来达到完全的纯阻尼效果，实际上这并不现实，而且风险较大。在这个单元中设置弹簧有助于比较真实地模拟非线性黏滞阻尼器的力学性能，特别是在小数幂指数的情况下。它可以给出阻尼装置的弹性性质，如内部液体介质和连接机构的弹性。这也限制了阻尼单元在微小速度下产生不合情理的大阻尼力，从而避免对整个结构产生非常明显的影响。

5.5.3 SAP2000 验证程序

1. 1999 年 SUNY 验证

1999 年 SUNY 布法罗大学的 Scheller 和 Constantinou 对一个分别附加线性和非线性阻尼器的三层模型结构进行了模拟振动台试验，并采用 SAP2000 程序进行了模拟，用于鉴定 SAP2000 程序的计算精度和可靠性。如图 5.5.4 所示。

在进行振动台试验前，研究人员首先对所采用的线性和非线性阻尼器进行了参数验证。其中三个线性阻尼器的实测值分别在 135 到 185 N·s/cm 之间，并最终取三者的平均值 $C=160$ N·s/cm，作为模拟输入值。

测试的结果显示，所采用的阻尼器在速度小于 15 mm/s 情况下，表现为线性阻尼特征。而非线性阻尼器所测得的结果符合如下方程式：

$$F=C|V|^{0.5}\,\mathrm{sign}(V) \quad |V|>15\ \mathrm{m/s} \tag{5.5.3}$$

（1）线性阻尼的设置参数

线性工况（K 和 C 并联）：

$$k=0$$

$$C=160\ \mathrm{N\cdot s/cm}$$

非线性工况（K 和 C 串联）

$$k=1\ 000\ 000\ \mathrm{N/cm}$$

$$C=160\ \mathrm{N\cdot s/cm}$$

$$\alpha=1$$

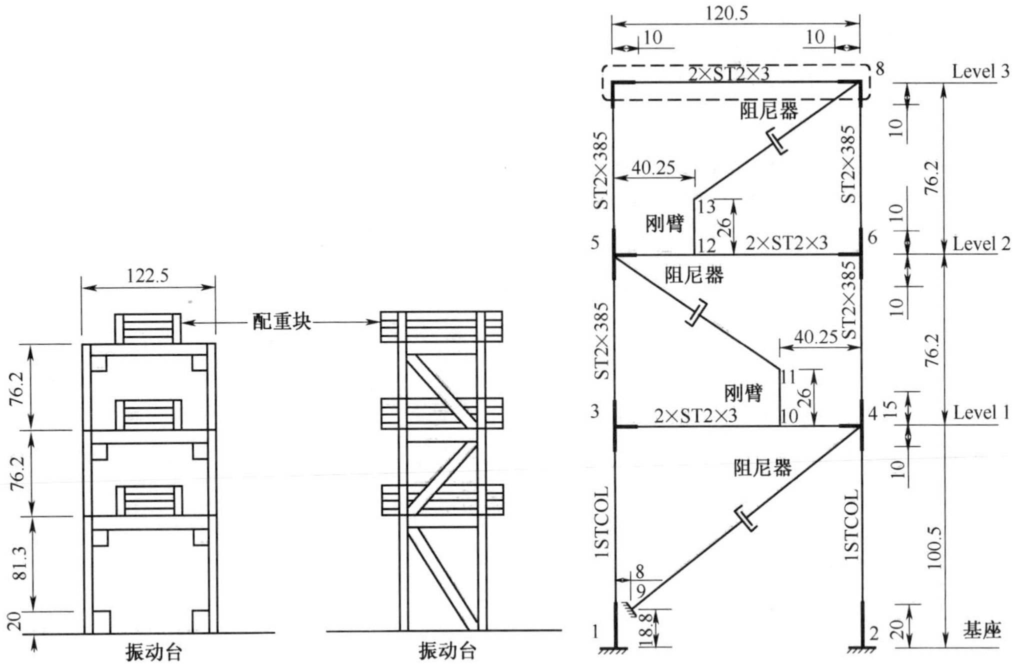

图 5.5.4　SAP2000 验证程序模型(右)和实际模型(左)(cm)

(2)非线性阻尼的设置参数

线性工况(K 和 C 并联):

$$k=0$$

$$C=0$$

非线性工况(K 和 C 串联):

$$k=1\ 000\ 000\ \text{N/cm} \text{ 和 } k=250\ 000\ \text{N/cm}$$

$$C_0=220\ \text{N}\cdot\text{s/cm}\quad(\text{第三层})$$

$$C_0=235\ \text{N}\cdot\text{s/cm}\quad(\text{第二层})$$

$$C_0=300\ \text{N}\cdot\text{s/cm}\quad(\text{第一层})$$

$$\alpha=0.5$$

在刚度 K 的设置中,考虑了连接阻尼器的支撑的实际刚度。模型中的支撑采用了$\frac{3}{2}\times\frac{3}{2}\times\frac{1}{4}$等边角钢,长度为 35 cm 或 70 cm。由此计算得出的实际刚度要大于 1 000 000 N/cm。而在非线性分析中,同时采用了 1 000 000 N/cm 和 250 000 N/cm 两种刚度。

图 5.5.5 为模型结构第二层的楼层剪力和层间位移角(楼层位移差/楼层高度)的滞回环,实验所测值要大于 SAP2000 数值模拟所计算的结果。1999 年 SUNY Buffalo 的研究报告认为 SAP2000 程序可能低估了结构的位移反应,即使是采用较低的 250 000 N/cm 刚度所计算的结果,或者是采用 Ritz 向量而不是特征值法,再或者是考虑了楼层质量的竖直方向自由度,其层间位移仍然没有放大。

2. CSI 的结论

CSI 公司重新对 SUNY1999 年的计算模型进行了分析,并认为 SUNY 的计算模型并没有很好地与阻尼器的动力特性相符合,对于非线性刚度的取值并不合理,这是导致 SAP2000 计算结果偏小的原因。

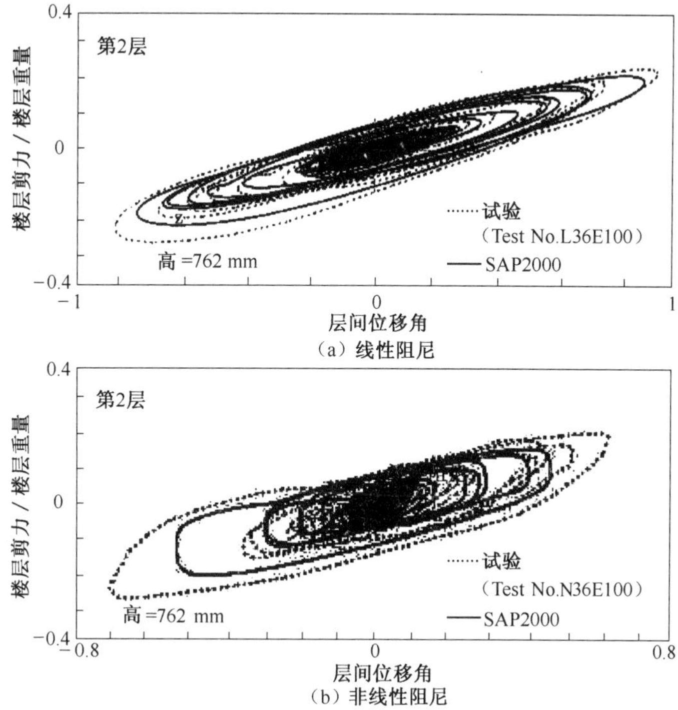

图 5.5.5　第二层楼层剪力和层间位移角滞回环

在 SAP2000 的计算软件验证实例中(Problem 6-007),非线性刚度取值为 20 000 N/cm,这大约是 SUNY 取值的 10 到 50 倍。这样进行取值的原因是考虑到当时 SUNY 对阻尼器进行动力性能测试时,当阻尼器速度较低($|V|<15$ m/s)时,阻尼器的动力性能表现为线性阻尼特性。图 5.5.6 是采用不同非线性刚度下所绘制的阻尼器的速度与出力的理论曲线。阻尼器的速度按照线性增加,绘制方法是对阻尼器两端输入位移时程荷载,并且位移值与时间的平方成比例变化。

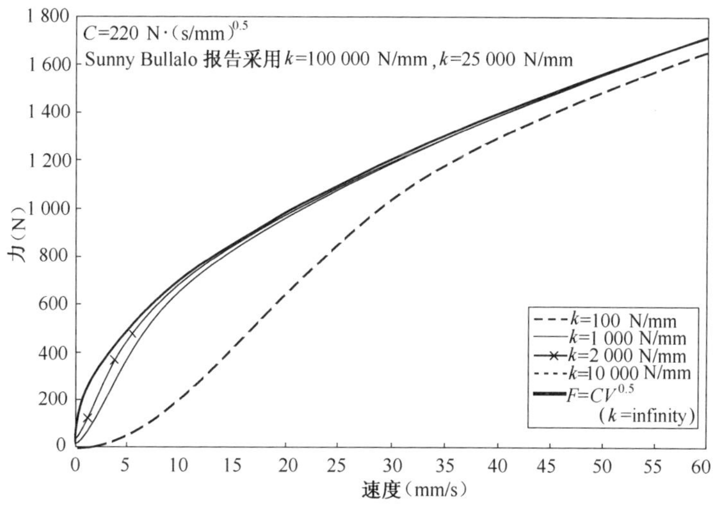

图 5.5.6　在不同的非线性刚度下 SAP2000 程序输出的阻尼器单元力与速度变化曲线

可见，在非线性刚度设置值为 100 000 N/mm 时，阻尼器与理论公式曲线 $F=CV^{0.5}$ 吻合很好；当刚度取值为 2 000 N/mm，且速度小于 15 mm/s 时，力与速度关系接近于线性，而当速度大于等于 15 mm/s 时则接近与 $F=CV^{0.5}$。

图 5.5.7 是将非线性刚度设为 2 000 N/mm 计算得出的层间剪力与位移角的滞回环，并比较了 1999 年 SUNY 的实测结果。可见，实测值与理论计算值的吻合程度有一定的改进。

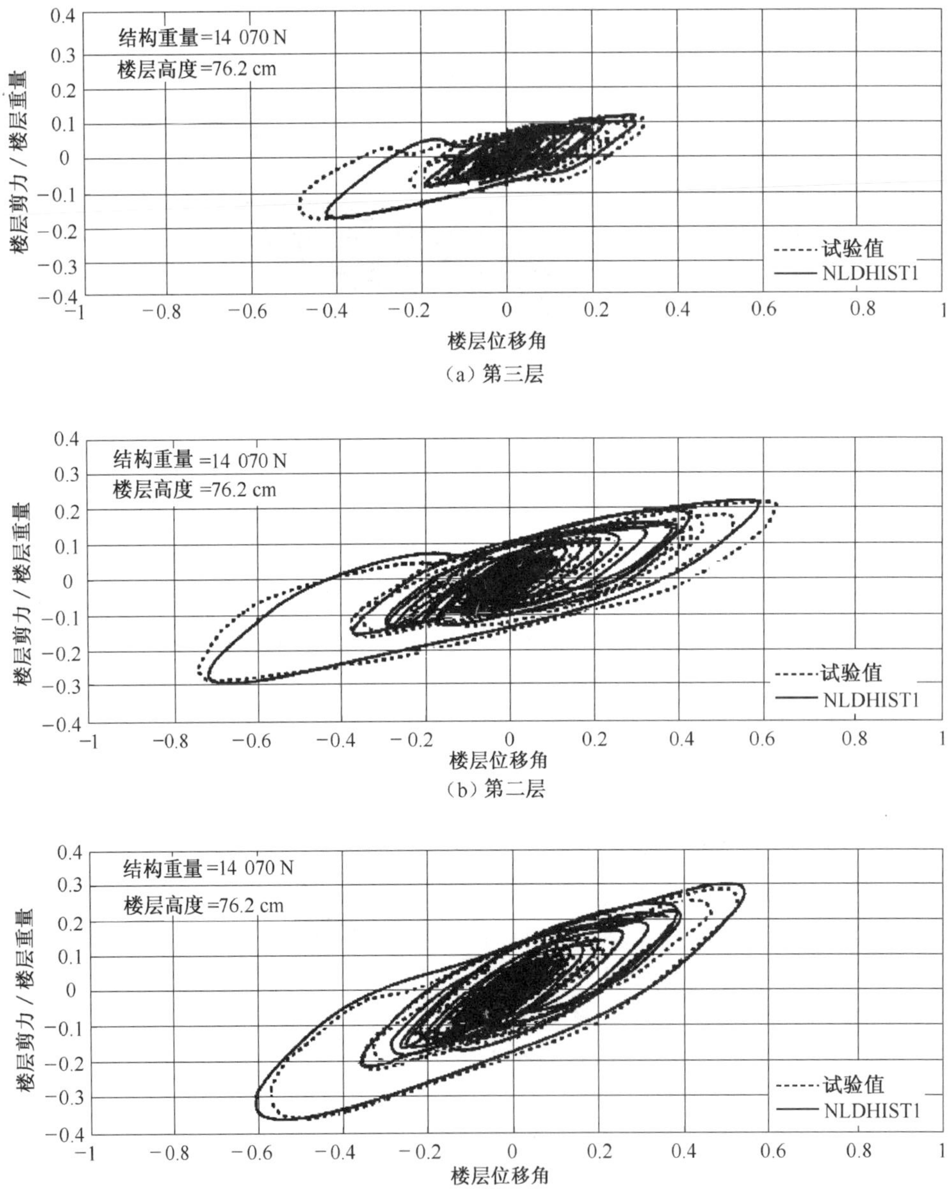

(a) 第三层

(b) 第二层

(c) 第一层

图 5.5.7　实验数据与 CSI 采用不同非线性刚度计算的各楼层剪力与位移角滞回曲线

表 5.5.1 给出了各楼层剪力采用时程分析法计算的结果和 SUNY 实测的计算结果，并进行了对比。从偏差结果来看，计算结果与实测结果是基本符合的。

表 5.5.1　各楼层剪力的 SAP2000 时程分析结果与实验结果对比

输出参数	荷载工况	楼层数	SAP2000	实测值	偏差
最大名义层剪力	NLMHIST1	1	0.302	0.287	+5%
		2	0.223	0.216	+3%
		3	0.119	0.115	+3%
	NLUDHIST1	1	0.302	0.287	+5%
		2	0.222	0.216	+3%
		3	0.119	0.115	+3%
最小名义层剪力	NLMHIST1	1	−0.364	−0.363	0%
		2	−0.294	−0.285	+3%
		3	−0.173	−0.177	−2%
	NLUDHIST1	1	−0.364	−0.363	0%
		2	−0.294	−0.285	+3%
		3	−0.172	−0.177	−3%

在此基础上，CSI 又对非线性刚度为 1 000 N/mm 和 3 000 N/mm 的情况进行了计算，汇总了计算结果，并与实测结果进行了对比，详见表 5.5.2。

表 5.5.2　不同刚度下实测值与 SAP2000 计算结果的比较

非线性刚度 K	层数	最大层间位移角	最小层间位移角	最大名义层剪力	最小名义层剪力
1 000 N/mm	1	+24%	+31%	+23%	+14%
	2	+13%	+20%	+21%	+22%
	3	+21%	+14%	+21%	+19%
2 000 N/mm	1	+3%	+7%	+5%	0%
	2	−7%	−4%	+3%	+3%
	3	−3%	−13%	+4%	−2%
3 000 N/mm	1	−4%	−1%	−3%	−7%
	2	−14%	−12%	−4%	−4%
	3	−13%	−23%	−4%	−10%

刚度 K 为 1 000 N/mm 时的计算结果比实验结果偏大+13%～+31%，计算结果与无附加阻尼结构类似；刚度 K 为 3 000 N/mm 时的计算结果比实验结果偏小−1%～−23%，这说明此时的结构比实测结构附加阻尼偏大；刚度 K 为 2 000 N/mm 时的计算结果与实验结果的偏差在−13%～+7%之间，与实验结果比较吻合。

在这个例题中非线性刚度的不同设置对计算结果非常敏感，CSI 给出了第二层的阻尼器两端速度时程曲线，如图 5.5.8 所示。

可见，除了少数几个速度峰值超出外，绝大多数时间内阻尼器的速度均在+20 mm/s 到−20 mm/s 之间，由于阻尼器模型的动力特性在这个范围内呈现线性特性，如果刚度设置过大，则理论结果与实测值偏差就会较大。

显然，上述关于 SAP2000 程序的认证例题的过程并不具有普遍意义，而是存在一定的特殊性。但同时也我们以提示：每一个参数都有其相应的物理意义，具体实施时应结合实际情况，具体问题具体分析。

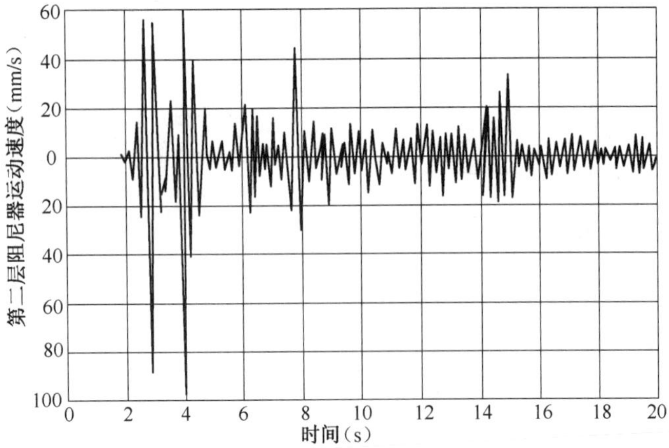

图 5.5.8　第二层阻尼器速度时程曲线

5.5.4　其他有限元程序中关于黏滞阻尼器的设计

Midas 结构计算程序以其独有的本地化特征、简洁方便的对话框设计等特性近几年在国内发展较快。Midas 提供了 6 个非线性边界单元用于非线性时程分析，它们分别是：黏弹性阻尼单元、钩单元、缝单元、塑性系统单元、铅芯橡胶支座单元和摩擦摆单元。其中可用于模拟液体黏滞阻尼器的单元为黏弹性阻尼单元(Viscoelastic Damper)。图 5.5.9 为这六种非线性连接单元的输入对话框：线性特性值的有效刚度、有效阻尼参数的物理意义与 SAP2000 含义相同，读者可参考前文所述进行理解。

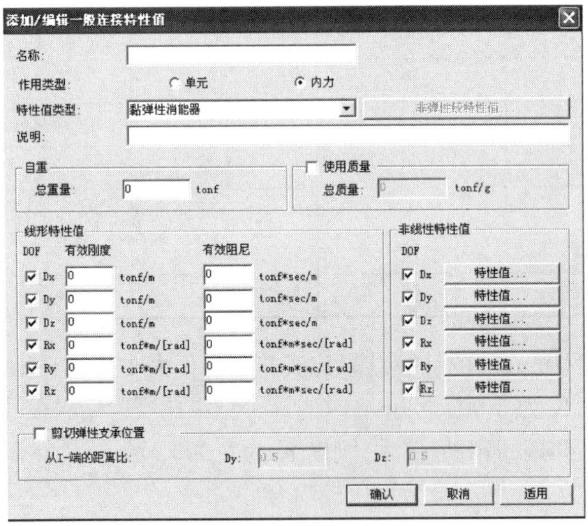

图 5.5.9　非线性连接特性值输入对话框

黏弹性阻尼单元同时具有黏性和弹性两种不同的材料特性。其中黏性表述的是力与变形的速度按照比例变化；弹性表述的是力与变形按照比例变化。如图 5.5.10 中所示，这个单元包括了一个线性弹簧和黏滞阻尼单元串联的 Maxwell 模型，还包括这两种特性并联的 Kelvin 模型。图 5.5.11 为 Midas 程序黏弹性单元模型。

式(5.5.4)给出了该单元的计算公式：

$$
f=k_{\mathrm{d}}d_{\mathrm{d}}+C_{\mathrm{d}}\operatorname{sign}(\dot{d}_{\mathrm{d}})\left|\frac{\dot{d}_{\mathrm{d}}}{v_0}\right|^{s}=k_{\mathrm{b}}d_{\mathrm{b}} \qquad (5.5.4)
$$

$$
d=d_{\mathrm{d}}+d_{\mathrm{b}}
$$

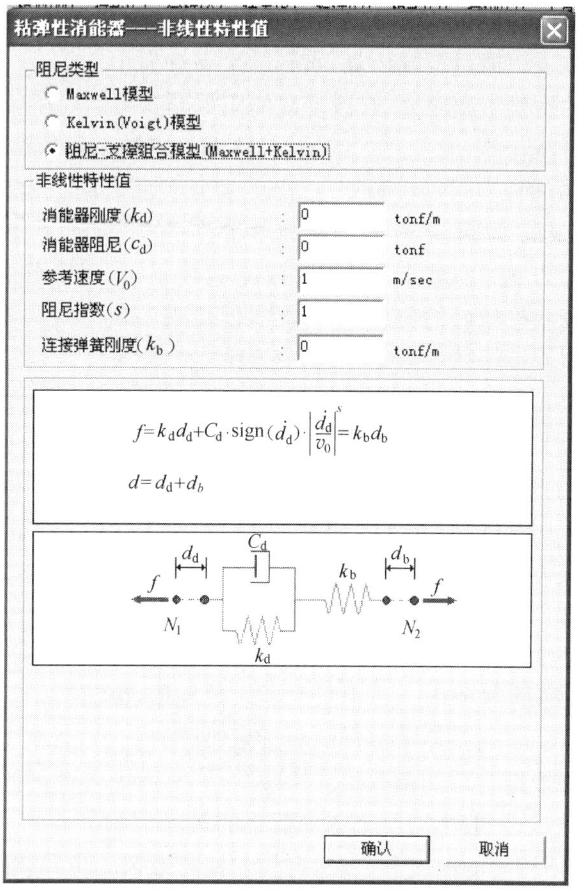

图 5.5.10　Midas 有限元程序输入框图

式中　k_{d}——黏弹性阻尼器的刚度；

C_{d}——黏弹性阻尼器的阻尼系数；

k_{b}——连接件的刚度；

s——幂指数，表述了阻尼单元的非线性特性；

d——整个单元在两个节点间的变形；

d_{d}——黏弹性阻尼器的变形；

d_{b}——连接件的变形；

v_0——单元变形时对应的速度。

如果希望采用 Maxwell 模型，则可以将 k_{d} 设置为零，而仅考虑连接件的刚度 k_{b}。

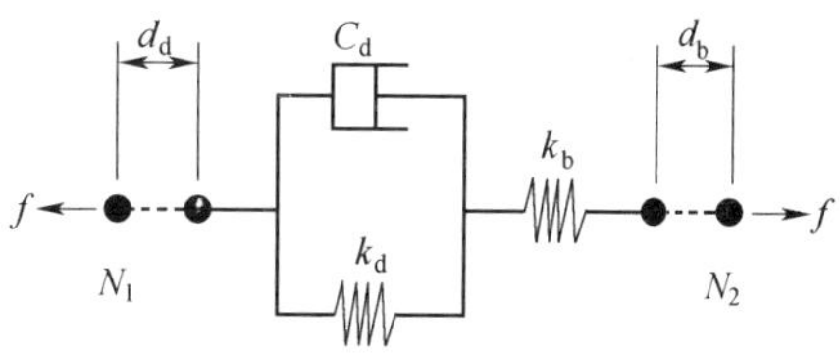

图 5.5.11　Midas 程序黏弹性单元模型

5.6　参数取值对阻尼器减振效果的影响分析

多位学者对在附加黏滞阻尼器后的大跨度漂浮体系桥体进行了大量的计算分析，在实践中也逐渐总结并形成了一套针对阻尼器参数进行优化的方法。

首先，我们可以根据经验先设定一个阻尼器的单元参数(C,α)，把它输入到程序中进行时程分析。通过计算分析可以得到阻尼单元的受力和最大位移。如果这一计算结果不能满足我们的设计要求，如位移过大，可以加大阻尼系数重新计算。如果受力过大，可以调整降低阻尼比或分成多个阻尼器解决。通过反复计算，直到结果满意为止。

对于设置阻尼器的桥梁工程来说，在改变黏滞阻尼器参数后对桥梁工程有如下影响：当阻尼器速度指数 α 一定时，随着阻尼系数 C 的增加，梁端位移和阻尼器位移单调减小，阻尼力则基本呈线性增加；另一方面，当阻尼系数 C 一定时，梁端位移和阻尼器位移随着阻尼器的速度指数 α 的增加而增加，阻尼力则随着阻尼器的速度指数 α 的增加而减小，塔底弯矩也基本上随着阻尼器的速度指数 α 的增加而减小。且在速度指数较小时，阻尼器的出力随着阻尼指数增长较快。这时虽然可以获得较好的位移控制效果，但带来的负面效果是大桥需要提供较大的反力装置，此时，阻尼器连接构造较为复杂，阻尼器价格比较昂贵。

公式中的速度指数 α 的调整对阻尼单元的受力和最大位移都有影响。原则上 α 可以取 0.3～1.0 之间的数值进行非线性工作。与线性阻尼器相比，非线性阻尼器在同样条件下的计算阻尼力较小，阻尼器的效率较高，阻尼器耗能也就相对较大。对阻尼器速度指数的优化结果和使用的经验都显示采用 0.3～0.5 的非线形速度参数较为理想。通常，这样的非线形阻尼器可以比线形阻尼器的受力减少 1/3 左右。

阻尼器一般被用来控制桥梁的运动和位移。新设计的桥梁，合理的应用阻尼器，与传统用结构构件减少位移的办法相比，会节省很多费用，因为运动位移的减少会相应地减小桥梁伸缩缝的距离，节省大量伸缩缝的费用。采用阻尼器从单纯增加耗能减振的性能，到节省设计费用，是设计理念的一个飞跃，它是靠阻尼器的质量来保证的。

桥梁的最大位移要根据合理的载荷组合来确定，同时考虑各种可能影响位移的因素，如温度和风振。值得注意的是，一般不需要把各种荷载的最大值累加起来。按我国规范规定的荷载组合，考虑日常正常使用时的温度和活载，再加上地震带来的位移就应该可以构成阻尼器要求的最大冲程。

设计阻尼器另一个参考的参数是阻尼器对结构阻尼比的提高。通常，我们桥梁结构的阻尼比为 2%～5%，原则上，我们可以通过加设阻尼器将其提高到 20%～50%。如果设定的太小，安置阻尼器的意义不大；设定太高了，对阻尼器的要求太高，费用不经济。按经验，我们一般将其选定在 10%～20%左右。

液体黏滞阻尼器的设计中必需提供的最终参数列于表 5.6.1 中。

表 5.6.1 阻尼器的主要所需参数

编号	设计参数	数值	编号	设计参数	数值
1	最大阻尼力(kN)		5	阻尼的速度指数 α	
2	最小安全系数		6	使用温度	
3	从活塞位于中点计算，最大可以运动位移(最大冲程)(mm)		7	最大风能输入(如果要求)	
			8	最大的阻尼器尺寸(如果空间有限)	
4	阻尼系数 C[(kN·(s/m)$^{\alpha}$]		9	阻尼器的安置示意图(如果已有)	

很多文献都对液体黏滞阻尼器作过全面的介绍，我们特别要强调一点：液体黏滞阻尼器是一个需要并且能够精确计算的定量减振产品，绝不仅是一个定性的缓冲器。产品的选择和设

计一定要经过精确的计算分析。

在桥梁的设计或加固工程中，有时希望阻尼器施加一定刚度，在中小风振、地震和车辆荷载作用下希望阻尼器协助“锁死”时，可以选用熔断黏滞阻尼器；当桥梁所处的环境复杂、不可预见性高、又不希望阻尼器有过大的位移，希望通过限位阻尼器来实现时，可以考虑使用带限位的液体黏滞阻尼器。

上两种阻尼器，如何选用？我们的意见是：从大多数桥梁的需要来看，应该首选常规的锁定装置和液体黏滞阻尼器。到底是选用锁定装置还是黏滞阻尼器，建议利用表 5.6.2 中的内容进行分辨和选择。

在黏滞阻尼器计算公式中，阻尼系数 C 和速度指数 α 是为数不多的能够影响阻尼器动力性能的参数中的两个，特别是速度指数 α。目前业界得到广泛共识：随着速度指数的减小，阻尼器的耗能能力愈强，阻尼器的滞回曲线相应的更加饱满。一些阻尼器生产厂家给出的参数达到 0.1，甚至取为 0.015；在极端情况下最终的趋势是速度指数 $\alpha\to 0$，阻尼器的速度项已经可以忽略不计，$\alpha\to 0$，$F\to C$，阻尼器的出力与其速度不再具有相关性，这就意味着以速度相关性为特点的黏滞阻尼的根本特点已经发生改变。

那么，如何选取适合的速度指数，速度指数过大和过小又会带来怎样的问题呢？在本节，我们将对这一主题进行讨论。

图 5.6.1 给出的是速度指数分别为 $\alpha=1.5$、1.0、0.3 时阻尼力与速度之间的关系曲线。在速度小于 1.0 时非线性指数较小的阻尼器出力随速度增加最快；在速度等于 1.0 时三种阻尼器出力相等；而当速度指数大于 1.0 时，阻尼出力随速度增加的幅度明显变大。

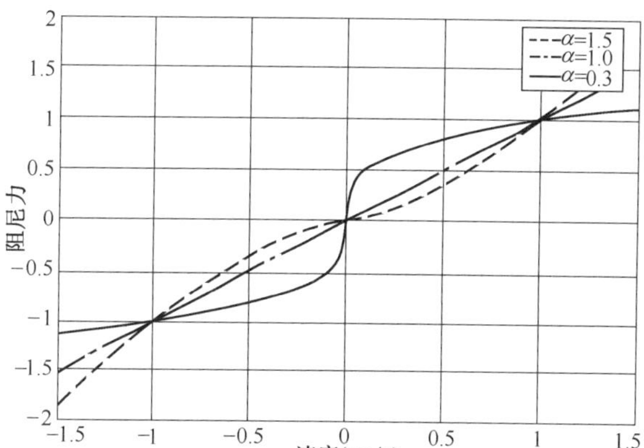

图 5.6.1　不同速度指数下的阻尼器力与速度关系曲线

5.6.1　阻尼器的能量消耗

在如下正弦波作用下 $u=u_0\sin\omega_0 t$，非线性阻尼器循环一周所消耗的能量为：

$$W_{\mathrm{d}}=\int_0^T P\dot{u}\,\mathrm{d}t \tag{5.6.1}$$

式中　T——正弦波振动周期，$T=2\pi/\omega_0$；

u_0——振幅；

ω_0——圆频率；

P——阻尼器出力。

经过积分后得到：

$$W_d=4\cdot 2^\alpha\cdot\frac{\Gamma^2\left(1+\frac{\alpha}{2}\right)}{\Gamma(2+\alpha)}\cdot C\cdot u_0^{1+\alpha}\cdot\omega_0^\alpha \tag{5.6.2}$$

式中　Γ——Gamma 函数。

在这一周循环中阻尼器最大出力为：

$$P_{max}=Cu_0^\alpha\omega_0^\alpha \tag{5.6.3}$$

则

$$W_d=4\cdot 2^\alpha\cdot\frac{\Gamma^2\left(1+\frac{\alpha}{2}\right)}{\Gamma(2+\alpha)}\cdot P_{max}\cdot u_0 \tag{5.6.4}$$

令

$$\lambda=4\cdot 2^\alpha\cdot\frac{\Gamma^2\left(1+\frac{\alpha}{2}\right)}{\Gamma(2+\alpha)} \tag{5.6.5}$$

λ 为关于速度指数的函数，当速度指数为 1.0 时，$\lambda=3.14(\pi)$；此时，阻尼器在正弦波下循环一周的能量可简单的表示为：

$$W_d=\lambda\cdot P_{max}\cdot u_0 \tag{5.6.6}$$

5.6.2　不同速度指数的讨论

1. 给定阻尼力 P_{max} 和位移振幅 u_0 的情况

根据式(5.6.6)可知，速度指数较大时，参数 λ 越大，非线性阻尼器所吸收的能量较多。

如速度指数 $\alpha=0.5$，$W_d=3.496P_{max}\cdot u_0$；而当 $\alpha=2$ 时，$W_d=2.667P_{max}\cdot u_0$。在同样的输入力及振动幅度的情况下，$\alpha=0.5$ 比 $\alpha=2$ 多吸收了 31%的能量。

2. 给定运动的频率 ω_0 和位移振幅 u_0 的情况

对于线性阻尼 $F_L=C_L\dot{u}$ 和非线性阻尼 $F_{NL}=C_{NL}\dot{u}^\alpha$，令线性阻尼所吸收的能量 W_L 与非线性阻尼所吸收的能量 W_{NL} 相同，即 $W_L=W_{NL}$，则：

$$\begin{gathered}\pi P_{max\,L}=\lambda P_{max\,NL}\\ \pi C_L u_0\omega_0=\lambda C_{NL}u_0^\alpha\omega_0^\alpha\end{gathered} \tag{5.6.7}$$

则有

$$C_{NL}=C_L\frac{\pi}{\lambda}(u_0\omega_0)^{1-\alpha} \tag{5.6.8}$$

在所吸收能量相同的情况下，线性阻尼最大出力和非线性阻尼器最大出力的比值可表示为：

$$\frac{F_{NL}}{F_L}=\frac{C_{NL}\dot{u}^\alpha}{C_L\dot{u}}=\frac{\pi}{\lambda}\left(\frac{u_0\omega_0}{\dot{u}}\right)^{1-\alpha} \tag{5.6.9}$$

图 5.6.2 中显示的是不同非线性指数下阻尼器的滞回曲线。三个阻尼器在吸收同样能量的情况下滞回环的面积相同。可见，线性阻尼的输出力峰值最大，非线性阻尼器的出力随着非线性指数的减小而降低。

以 $C_L=1\ 000$ kN·s/m 的线性阻尼器为例，在振幅为±500 mm，频率 $f=0.5$ Hz 正弦波作用下，阻尼器最大速度为 $V_{max}=3.141\ 6$ m/s，其消耗的能量为 $W_L=2\ 467$ kN·m，最大阻尼出力 $F_L=3\ 141.6$ kN；在消耗同样能量的情况下，当速度指数 $\alpha=0.5$ 时，阻尼器的非线性阻尼系数 $C_{NL}=1\ 126$ kN·s/m，最大阻尼出力 $F_{NL}=1\ 996.2$ kN；当速度指数 $\alpha=0$ 时，阻尼器的非线性阻尼系数 $C_{NL}=1\ 234$ kN·s/m，最大阻尼出力 $F_{NL}=1\ 233.7$ kN。

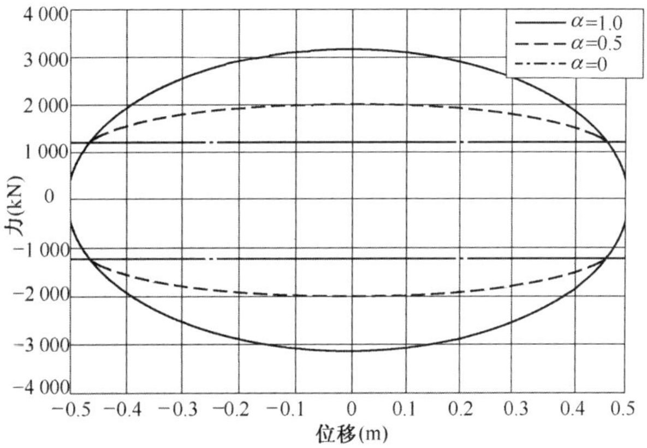

图 5.6.2　消耗同样能量下的三种阻尼器滞回曲线图

3. 不同阻尼参数的滞回曲线比较

下面给出了在不同参数下阻尼器的滞回曲线，这些图片有助于读者对黏滞阻尼器的各种参数情况加深理解。

(1)加载正弦曲线相同、不同阻尼参数[图 5.6.3(a)、(b)、(c)]

加载频率：频率 $f=0.5$ Hz，$A=\pm 100$ mm，峰值速率 $V_{max}=628$ mm/s。

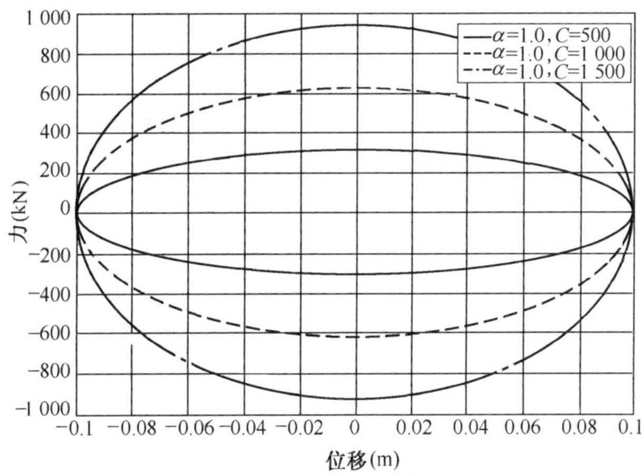

(a)不同阻尼系数的比较

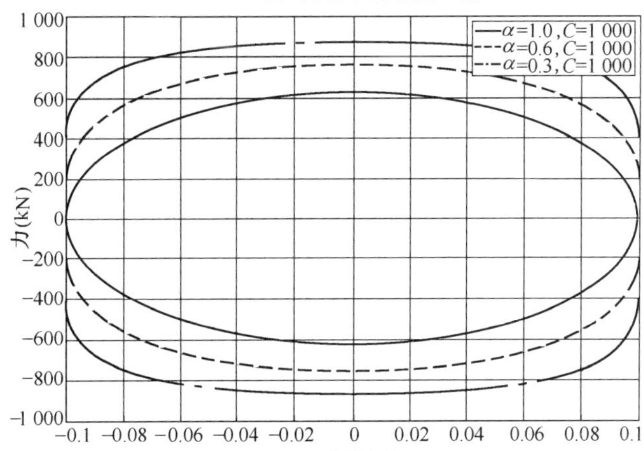

(b)不同速度指数的比较

图　5.6.3

(2)阻尼参数相同[图 5.6.3(d)、(e)]

阻尼器参数：$\alpha=0.5$，$C=1\ 000$ kN·$(s/m)^{\alpha}$，$V_{1max}=628$ mm/s，$V_{2max}=1\ 257$ mm/s，$V_{3max}=3\ 146$ mm/s。

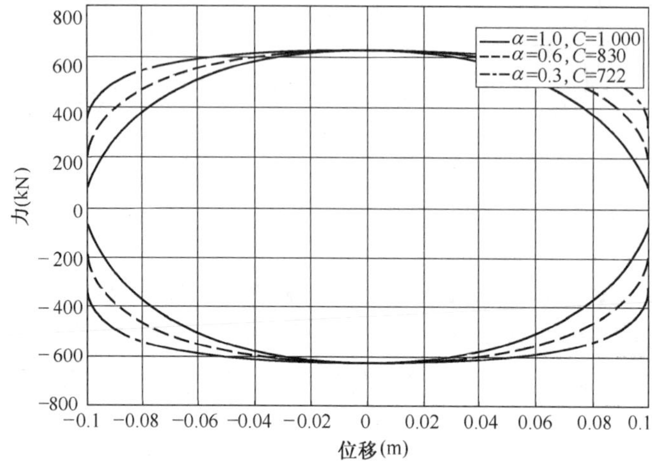

(c)最大阻尼力相同

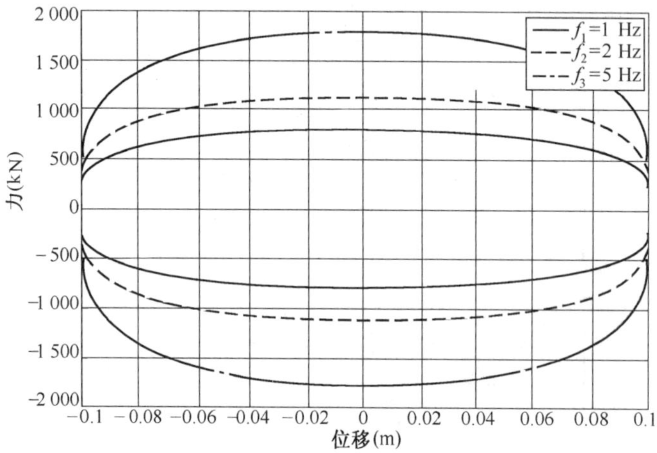

(d)$A=\pm100$ mm

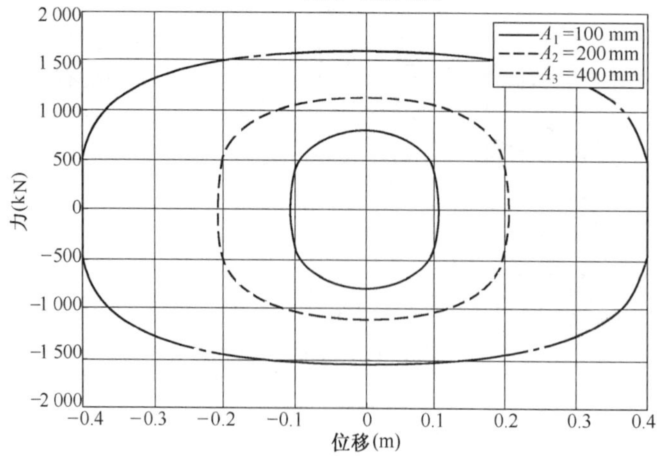

(e)频率 $f=1$ Hz

图 5.6.3 不同情况下的阻尼器滞回曲线对比[阻尼系数单位：kN·$(s/m)^{\alpha}$]

4. 对结构附加阻尼比的影响

早在1994年，美国布法罗大学的T. T. Soong教授和Constantinou教授便对速度指数的取值问题进行了研究。他们采用一个单自由度体系，通过附加阻尼比进行了计算分析(Passive and Active Structural Vibration Control in Civil Engineering)。因为对于一个具有阻尼器的单自由度体系，比较其能量吸收能力更能说明问题。设一个单自由度体系质量为M、刚度为K，在附加阻尼器后，系统的阻尼比可以表示为：

$$\xi=\frac{W_{\mathrm{d}}}{2\pi K u_0^2} \tag{5.6.10}$$

式中 u_0——正弦运动的幅值；

ω_0——无阻尼的振动频率，$\omega_0=\sqrt{K/M}$。

则体系阻尼比可写为：

$$\xi=\frac{2^{1+\alpha}Cu_0^{\alpha-1}\omega_0^{\alpha-2}}{\pi M}\cdot\frac{\Gamma^2\left(1+\frac{\alpha}{2}\right)}{\Gamma(2+\alpha)} \tag{5.6.11}$$

当$\alpha=0.5$时，$\xi=0.556\ 41\dfrac{C}{Mu_0^{1/2}\omega_0^{3/2}}$；当$\alpha=1$时，$\xi=\dfrac{C}{2M\omega_0}$；当$\alpha=2$时，$\xi=\dfrac{4Cu_0}{2\pi M}$。

可见，当$\alpha<1$时，阻尼比随振动幅值的减小而增加；相反，当$\alpha>1$时，阻尼比随振动幅值的减小而减小；当$\alpha=1$时，阻尼比与振动幅值无关；当$\alpha=2$时，随着振动幅值的降低，阻尼器的控制效果逐渐降低，系统的运动衰减很慢。

当$W=7\ 000$ kN，$\omega_0=\pi$ rad/s，设三种阻尼器在速度为785 mm/s时，出力均为704 kN。则

当$\alpha=0.5$时，$C=25.13$ kN·(s/mm)$^{0.5}$；

当$\alpha=1$时，$C=0.896\ 7$ kN·s/mm；

当$\alpha=2$时，$C=0.001\ 142$ kN·(s/mm)^2。

图5.6.4所示为系统阻尼比随振动幅值的变化情况，当运动幅值趋进于零时，$\alpha=0.5$时体系阻尼比接近于无穷大，这显然不现实。实际上当运动速度很低时所附加的阻尼比接近于常减小数，如图5.6.4所示。

图5.6.4比较了三个系统在初始位移为250 mm时的位移时程曲线，$\alpha=0.5$及$\alpha=1$时运动能得到很快衰减，而$\alpha=2$时运动衰减很慢，与不设置阻尼器类似。

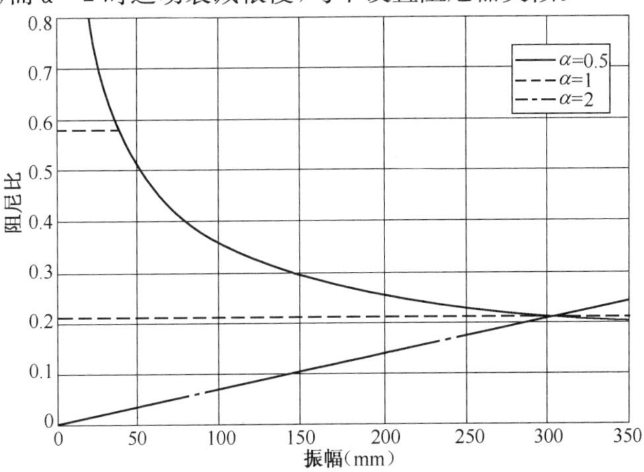

图5.6.4　不同参数下单自由度体系的阻尼变化情况

通过上述讨论，可以了解到非线性阻尼的一些优点。非线性程度越高，阻尼器效率相应的也越高。但是不是可以极端地认为不必要采用线性阻尼或速度指数较大的阻尼器，而采用速度指数极小，甚至等于零的阻尼器呢？答案当然是否定的。

在前面的论述中可知：对于一个的给定峰值阻尼力和位移幅值的阻尼器，随非线性指数的降低，其所吸收的能量逐渐增大，阻尼器输出的力-位移滞回曲线也逐渐增大。对于一个纯线性阻尼，它的运动与结构的弹性恢复力存在 90°的相位差。从图 5.6.5 可以看出，阻尼器在位移幅值达到峰值的情况下，阻尼器的速度最小，也即阻尼器的出力为最小；而当位移幅值最小时，阻尼器速度最大，阻尼器出力达到峰值。而随着阻尼器速度指数的较小，阻尼器附加给结构的力与结构自身的恢复力同步增大，且这种趋势随着速度指数的减小而更加明显。

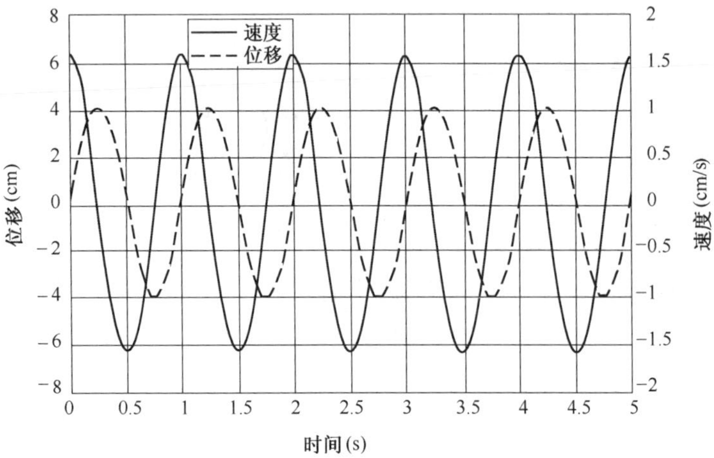

图 5.6.5　正弦波下阻尼器位移和速度时程曲线

从能量吸收来看，由于线性阻尼所输出的能量完全与结构异步，所以非线性阻尼器所吸收的能量可以认为分为两个部分，即与结构完全异步的线性阻尼耗能和与结构完全同步的非线性耗能。非线性阻尼器的耗能可表示为：

$$W_d = \pi \cdot P_{max} \cdot u_0 + (\lambda - \pi) \cdot P_{max} \cdot u_0 \tag{5.6.12}$$

式(5.6.12)第一部分是与结构反应完全异步的，此部分能量完全抑制结构的位移反应；第二部分是阻尼器直接与结构相互作用、相互耦合时所消耗的能量，带来的是结构能量的增加，进而转化为结构的受力增长，如基底剪力、墩底变矩等的增加。在速度指数为零的极端情况下，这部分的能量占阻尼器总消耗能量的 21.5%。特别是在大震作用下的结构，由于阻尼器所吸收的能量较多，同时分担到结构上，使结构额外增加的能量也相应提高很多。

5.6.3　相关结论

设想为什么我们要选用阻尼器而不是锁定装置，为什么我们又要选定不同速度指数的阻尼器，可见这是使用者设计优化的需要和结果。为了使阻尼器能在振动中耗能、减振，最好的办法当然是能制造出完全符合基本公式的阻尼器，可以供设计者在设计阻尼器时选择。况且其生产技术已经发展到可以生产出不同速度指数的阻尼器水平。这就要求我们，如果在工程设计中设计者提出不同速度指数的要求，厂商就应该生产出满足这一要求的阻尼器，也就是说阻尼器生产商应该根据设计人员的要求提供相符合的产品，而不是设计人员去迁就不具备这种能力的产品。

有人认为速度指数越小越好，原则上说，α 在一定范围内如 0.3～1.0 之间时，α 值越小，阻尼器滞回曲线面积越大，越接近方形，看上去耗能效果就越好。但若真要把这一结论推广到"α 值越小，阻尼器效果越好"，就有很多地方值得讨论了。

(1)从理论上看，α 值越小，如 $\alpha=0.15$，阻尼力和速度的基本关系式为 $F_D=CV^{0.15}$。在我们常发生的速度范围 $V^{0.15}$ 内已经接近于1，则该式变为 $F_D\approx C$。这已经成为一个与速度无关的关系式，实际上是接近摩擦阻尼的关系式。它已经脱离了我们最初的"黏滞阻尼"这一基本要求。

(2)摩擦阻尼器早期在建筑结构上有所应用，但已经越来越不被人看好。原因之一是在结构变形最大时，阻尼器仍然保持受力最大，这对结构受力来说是不可取的。观察图 5.6.6 两个不同的滞回曲线，从中不难看出这一点。

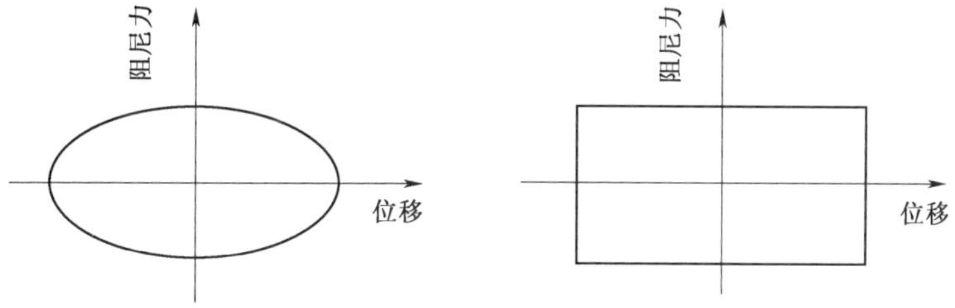

图 5.6.6　液体黏滞和摩擦阻尼器滞回曲线

特别是当结构位移最大时刻，速度会更换方向，阻尼器出力也就随之更换方向(如图 5.6.7 所示)。与结构位移方向相同的最大阻尼力会对结构的变形起加大作用，它完全可能不仅起不到保护结构的作用，反而加剧结构的运动和变形。

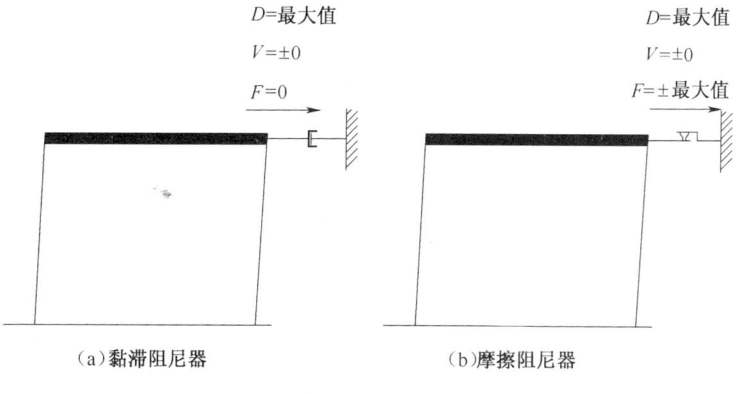

图 5.6.7　液体和摩擦阻尼器受力示意

前面已经介绍过，阻尼器优化的目标应该是整个结构的反应，而不是单个阻尼器的简单耗能曲线。很多阻尼器的优化结果都表明，综合各项指标，其结构反应的最好状态并不是阻尼器的速度指数最小。如苏通大桥最终选定的速度指数 $\alpha=0.4$，西喉门大桥选定 $\alpha=1.0$。这是综合结构反应，根据需要的优化结果。

5.6.4　阻尼器计算结果的合理性

对阻尼器计算结果需要进行合理性判断，具体如下：

(1)桥梁阻尼器按有关规范都应取 1.5 倍的安全系数，只要荷载计算准确、组合合理，从结构分析中计算得出的阻尼器最大值，可以不再增大最大出力的大小。悬索桥直接计算出的受力结果可能较小，从经验上看，建议适当加大。

(2)大跨度桥梁的冲程经常由温度控制，最大冲程的选取，建议参考温度伸缩缝的大小。原则上，最大冲程要比荷载组合的计算结果适当放大1.2倍，但阻尼器的生产厂并未将其设计的留有很大余地(3～5 mm)。

(3)所有阻尼器的计算结果中，一定要核实它的工作速度和最大速度，判断其设计是否在合理的工作范围内。

(4)阻尼器 C 值的大小是阻尼器作用大小的重要参数，如果需要放大 C 值，可以分成几个阻尼器来承受，这可参考我们之前的论述。

(5)阻尼器速度指数适于0.3～1.0之间；对于TMD系统可采用2.0的速度指数。

(6)如不仅仅用于抗震，对于一些特定情况，如工作频率较快、工作持续时间较长时需要考虑阻尼器的功率消耗等级。

最后，阻尼器的优化选取应该由两点作出判断，结构的各种需要的减振效果和安全；阻尼器最大出力、最大冲程、最大速度、最大功率都要在一个允许的合理范围内工作。

表5.6.2是安置在几个桥梁上的阻尼器的参数尺寸和大小，可以供设计者参考。

表5.6.2 工程实例应用阻尼器详细情况

编号	项目	数量	最大阻尼力(kN)	最大冲程(mm)	阻尼系数 C $[kN\cdot(s/m)^{\alpha}]$	阻尼的速度指数 α	阻尼器最大速度(m/s)	桥梁概况	阻尼器外形尺寸(mm)	安置特点
1	吉林松花江桥	16	1 800	±140	—	—	—	连续梁桥	1 554，ϕ286	锁定装置
2	南京长江三桥	54	150	±120	2 000	0.3	3.863	弧线形钢塔斜拉桥	1 360，ϕ241	阻尼器
3	北京阜成门立交桥	20	500	±75	1 000	0.3	0.099	钢筋混凝土桥	940，ϕ146.1	阻尼器
4	津秦高速铁路	50	4 000/4 500/5 000	±100	—	—	—	连续梁桥	1 880，ϕ425.25；2 134，ϕ514.35	锁定装置
5	内蒙乌锡线黄河桥	48	2 000	±450	3 165	0.5		连续梁桥	2 991，ϕ319	阻尼器
6	苏通大桥	8	3 025/6 580	±850	3 750	0.4	0.584	双塔斜拉主跨1 088 m	6 986，ϕ925	加限位力
7	江苏江阴长江大桥	4	1 000	±1 000	1 522	0.3	0.247	双塔锚碇式悬索桥主跨1 385 m	5 850，ϕ324	阻尼器
8	金塘大桥	4	2 750	±350	2 500	0.3	1.374	双塔斜拉主跨620 m	2 718，ϕ400	加限位力
9	彭溪河大桥	4	1 600	±200	2 600	0.4	0.297	双塔斜拉主跨632 m	1 941，ϕ286	阻尼器
10	江津观音岩桥	4	1 200	±200	2 600	0.5	0.213	双塔斜拉主跨436 m	1 822，ϕ267	阻尼器

续上表

编号	项目	数量	最大阻尼力(kN)	最大冲程(mm)	阻尼系数 C $[kN\cdot(s/m)^{\alpha}]$	阻尼的速度指数 α	阻尼器最大速度(m/s)	桥梁概况	阻尼器外形尺寸(mm)	安置特点
11	印度尼西亚马杜拉桥	4	2 400	±486	2 500	0.4	0.903	双塔斜拉主跨 445 m	3 467.1，ϕ625	加限位力
12	山西仙神河大桥	4	1 500	±300	2 000	0.4	0.487	独塔斜拉	2 315，ϕ267	阻尼器
13	湖北鄂东长江大桥	4	1 000	±600	2 500	0.6	0.217	双塔斜拉主跨 680 m	3 804，ϕ267	阻尼器
14	梅溪河大桥	4	1 700	±250	2 800	0.4	0.287	双塔斜拉主跨 161 m	2 172，ϕ324	锁定装置
15	重庆长寿长江大桥	4	1 500	±350	2 500	0.3	0.182	双塔斜拉桥主跨 450 m	2 565，ϕ267	阻尼器
16	舟山西喉门大桥	4	1 000	±1 100	5 000	1	0.2	双塔锚碇式悬索桥主跨 1 650 m	6 350，ϕ324	阻尼器
17	重庆鱼嘴长江大桥	4	1 500	±550	1 750	0.3	0.598	双塔悬索主跨 616 m	4 400，ϕ319	阻尼器
18	杭州江东大桥	8	2 000	±300	2 000	0.3	1.000	双塔自锚式悬索桥主跨 260 m	2 438，ϕ324	阻尼器
19	福建南平闽江	4	1 000	±500	1 400	0.3	0.326	双塔斜拉桥主跨 272 m	3 288，ϕ267	阻尼器
20	新疆果子沟(1)	4	1 100	±400	1 500	0.5	0.538	双塔斜拉桥主跨 360 m	2 788，ϕ267	阻尼器
21	新疆果子沟(2)	4	1 200	±500	1 500	0.5	0.64	双塔斜拉桥主跨 360 m	3 288，ϕ267	阻尼器
22	宁波甬江大桥	8	1 800	±550	2 000	0.2	0.590	联塔分幅式双塔四索面斜拉桥，主跨 468 m	3 753，ϕ319	阻尼器
23	厦漳大桥北汊桥	8	3 500	±650	4 000	0.3	0.641	双塔双索面斜拉桥（95＋230＋780＋230＋95）m	5 300，ϕ476.25	阻尼器
24	厦漳大桥南汊桥	8	3 000	±450	4 000	0.3	0.383	双塔双索面斜拉桥（135＋300＋135）m	5 300，ϕ425.45	阻尼器
25	福建乌龙江大桥	4	6 000	±300	—	—	—	钢拱大桥	2 007，ϕ514.35	锁定装置

续上表

编号	项目	数量	最大阻尼力(kN)	最大冲程(mm)	阻尼系数 C [kN·(s/m)$^{\alpha}$]	阻尼的速度指数 α	阻尼器最大速度(m/s)	桥梁概况	阻尼器外形尺寸(mm)	安置特点
26	九江长江二桥	8	1 800	±580		0.4				
27	重庆粉房湾大桥	4	2 500	±500	6 500	1	0.385	双层双塔斜拉桥主跨 464 m	3 346.5, ϕ394	阻尼器
28	重庆韩家沱长江铁路桥	4	2 500	±300	4 000	0.4	0.309	双塔斜拉主跨 432 m	2 362, ϕ394	阻尼器
29	美国海湾桥	100	3 115	178	3 793.0	0.3	0.518	双跨四塔悬索桥、主跨 700 m	3 080	阻尼器
30			2 450	584	1 911.8	0.3	2.286	双跨四塔悬索桥、主跨 700 m	3 886	阻尼器
31			2 000	483	1 591.2	0.3	2.143	双跨四塔悬索桥、主跨 700 m	3 730	阻尼器
32	美国 Richmond 桥	28	2 225	508	1 060.4	0.3	—	两座钢拱悬臂梁式桥	5 537.2	熔断
33			1 000	965	1844	0.5	0.294	两座钢拱悬臂梁式桥	5 981.7	阻尼器

5.7 人行桥减振的控制方法

前文针对液体黏滞阻尼器对桥梁主体结构的减振进行了讨论，实际上这类装置在桥梁上的应用领域并不局限于此，只要安装位置、装置的技术参数适当，对于桥梁以及其附属结构的多数振动也可以达到很好的控制效果。

5.7.1 人行桥的共振现象

近年来，随着城市交通的发展，为了保证交通顺畅和行人安全，在车辆和行人密集的城市主干道路交叉口，大多设置人行过街天桥供行人穿越马路，以取代传统的人行斑马线通道。这些天桥结构形式大多设计为单跨简支钢箱梁结构，两端简支于钢筋混凝土墩柱上。40～50 m 跨度的单跨简支钢箱梁天桥，其经验截面高度一般在 1.20～1.60 m，计算和实测表明，结构在此跨度和截面尺寸范围内，第一自振频率和人正常走的频率（详见表 5.7.1）接近，容易产生共振。表 5.7.1 给出不同情况下行人步行的实测数据。

表 5.7.1　人行频率表

行人不同的运动对应动力荷载	速度(m/s)	步幅(m)	步频(Hz)
慢走	1.10	0.60	1.70
正常速度行走	1.50	0.75	2.00
快走	2.20	1.00	2.30
正常速度跑动	3.30	1.30	2.50
快跑	5.50	1.75	3.20

尽管结构的承载力满足要求，不易发生因丧失承载力而引起的破坏，但是天桥的共振现象将引起结构振幅过大，影响结构的安全，甚至造成结构的倒塌。

1981 年位于美国堪萨斯城希尔顿饭店一座别致的人行天桥垮塌，造成 113 人死亡。原因是在一舞队通过时，由于同步至使吊杆连接处产生了过大的局部应力，导致人行道垮塌。当时承受的荷载低于最大设计荷载，但共振现象却足以使连接处破坏。此外，振动还有可能超出人体舒适度极限，给行人心理上造成恐慌。例如英国伦敦的千年桥就是一典型例子，千年桥（Millennium Bridge）是英国伦敦泰晤士河上新建的一座人行桥，采用扁平悬索桥结构形式（如图 5.7.1 所示），2000 年 6 月 10 日正式对公众开放，当日的过桥人数在 10 万以上，是预测值的 10 倍以上。桥梁开放当日即发生过量的横向摇摆，在减少了上桥人数后仍发生过量横向摇摆的情况下，6 月 12 日该桥临时关闭。

图 5.7.1　伦敦千禧桥外景图

类似的例子还有北京站东街南裱褙胡同南侧的人行天桥，也是因为振幅过大引起行人和媒体的关注，最后通过在天桥上部增加两道钢拱结构进行加固才解决了问题。采用通过调整截面高度和钢板厚度等这种改变刚度的措施调整结构自振频率时发现，加大钢板厚度提高的结构刚度与结构质量的相应增加几乎是等比的，频率 f 变化极不明显；若通过加大梁高，减小钢板厚度提高刚度，又会带来局部稳定性的问题，还需增设加劲肋，但这样又增加了结构质量，无法达到提高频率的目的，特别对于跨度达到 40 m 以上的桥梁，此种方法更加会使结构的抗振性能陷于一种恶性循环。

5.7.2　直接加黏滞阻尼器方案

通过前文可知，黏滞阻尼器安置在结构上，具有无附加刚度且有效频率范围广等众多优点，通过提高结构的阻尼比，使结构的抗振动性能大大提高。同样，黏滞阻尼器直接加设在过街天桥结构上的项目也很多，此前提到的英国伦敦千禧桥就是一个成功的案例（详见表 5.7.2）。图 5.7.2 为直接安装在千禧桥的阻尼器照片。

表 5.7.2　伦敦千禧桥减振设计方案概括列表

项　目	内　　容	说　　明
桥梁信息	人行桥，1 090 ft 长，横跨 Thumes 河英国伦敦，12 ft 宽的桥面没有支撑跨，只用侧向时拉索支撑，700 t 重的钢/铅甲板，2 个混凝土桥墩	如图 5.7.1 所示
存在问题	超过 1 000 人上桥时，发生过度的摇摆，技术人员研究表明问题在于发现了行人踏步或行走时产生共振现象，行人感觉描述为像在一艘船受到暴风时的感觉，测试表明，只有 500 人同时行走在桥上时，桥板上的加速度（摇摆）达到 0.25g，晃动幅值达到 3 in（0.5～1.1 Hz 的频率状态）	
方案 1	增加支撑	将会改变桥的建筑效果，未采用
方案 2	加设桥墩	将会影响航运船支，未采用

续上表

<table>
<tr><th>项　目</th><th colspan="4">内　　　容</th><th>说　　明</th></tr>
<tr><td>方案 3</td><td colspan="4">限制人流量</td><td>对伦敦城说不合适，未采用</td></tr>
<tr><td rowspan="9">方案 4</td><td colspan="4">附加阻尼：27 个液体黏滞阻尼器加设到桥体中减少甲板摇晃，加设 50 个调谐质量振荡器限制甲板的人步行竖向振动</td><td rowspan="9">采用此方案</td></tr>
<tr><td>型号</td><td>数量</td><td>信息</td><td>控制振型</td></tr>
<tr><td>V1</td><td>5</td><td>人字行安置</td><td>侧向</td></tr>
<tr><td>V2</td><td>10</td><td>人字行安置</td><td>侧向</td></tr>
<tr><td>V3</td><td>2</td><td>人字行安置</td><td>侧向</td></tr>
<tr><td>V4</td><td>4</td><td>竖直安置</td><td>侧向、竖向</td></tr>
<tr><td>V5</td><td>4</td><td>桥墩阻尼器</td><td>侧向、扭转</td></tr>
<tr><td>V6</td><td>8</td><td>桥墩阻尼器</td><td>侧向、扭转</td></tr>
<tr><td>V7</td><td>4</td><td>桥墩阻尼器</td><td>侧向、扭转</td></tr>
<tr><td>阻尼器要求</td><td colspan="4">频率反应：0～5 Hz，冲程 0.002～1 in，最大输出力 10 000 lb；
允许阻尼器摩擦几乎为 0，因为任何滑动密封的液制滑动都可能被行人感到不稳定；
设计寿命：50 年（0.8 Hz，1.2×10 亿个循环）</td><td>千禧桥选择了泰勒公司的专利产品无摩擦密封阻尼器：
液体密封通过金属密封；
测试频率：0～500 Hz；
所有元件用不锈钢材料</td></tr>
<tr><td>结果测试</td><td colspan="4">2002 年 1 月测试加设阻尼器后效果，在 2002 年 1 月进行超过 2 000人的测试</td><td>人员来自该桥附近建筑中的工作人员</td></tr>
<tr><td>测试结果</td><td colspan="4">桥体的表现被描述为岩石一样稳固，在所有测试中，没有发生共振现象，没有出现可感觉到的振动。对比最初无阻尼器结构，所有振型的动力反应均减少了很多，加速度峰值由无阻尼器时的 0.25g 减小到 0.006g</td><td>一个巨大的改善</td></tr>
<tr><td>媒体报道</td><td colspan="4">千禧桥稳固可靠，行人几乎感觉不到任何振动</td><td>BBC</td></tr>
</table>

图 5.7.2　直接安装在千禧桥的阻尼器

5.7.3　TMD 减震控制系统

1. TMD 系统的发展历史

调谐质量阻尼器（TMD）是最早的一种结构振动控制装置。早在 1909 年，Frahm 就提出了使用TMD控制结构振动的理念，只不过这时的TMD还很简单，没有阻尼部分，TMD只有在自身频率与激励的频率非常接近时才发挥很好的作用。后来Den Haitog改进了Frahm TMD的缺点，将阻尼加入到TMD中，研究了有阻尼器的TMD对无阻尼结构的振动控制情况，并且还给出了TMD的最优参数表达式。近年来，国内也有很多专家对TMD的工作原理和减振效果进行了大量的分析和试验，今天TMD技术已经成功地走向了众多实际工程，并在结构抗振中扮演着举足轻重的角色。台湾101大厦、上海环球金融中心(AMD)、美国拉斯维加斯3座行人桥等工程都采用了TMD系统。

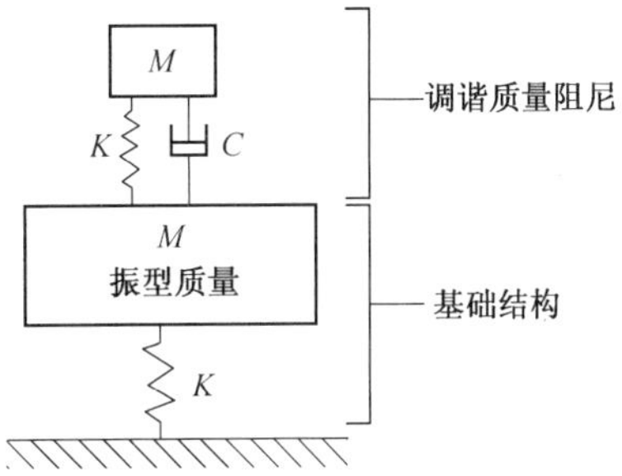

图5.7.3　TMD系统控制原理

2. 工作原理

TMD系统是指在主体结构上附设一个或多个振动系统，这些振动系统具有自身的质量、自身的支承体系(既自动复位弹簧)以及阻尼系统(如图5.7.3所示)，这三个组成部分可以用很多不同的方法实现。将TMD系统的自振频率设计成与主体结构的主要自振频率接近或一致时，附加体系的振动反应将会非常强烈，并且会对主体结构产生一个抵消外力作用的反向力，起到减轻主体结构振动的作用。这时，TMD就相当于一个“吸振器”，将主体结构的振动吸收到附加结构上，以附加结构的较大幅度的振动为代价，来消减结构的振动反应。在TMD的设计上一般要求“吸振器”具有很强的变形能力且不发生破坏。

假设结构中安装一个TMD装置，结构和TMD系统在外荷载作用下的振动方程为：

$$M\ddot{y}_1(t)+C\dot{y}_1(t)+Ky_1(t)=cz(t)+kz(t)+f(t) \tag{5.7.1}$$

$$m\ddot{z}_1(t)+c\dot{z}_1(t)+kz_1(t)=-m\ddot{y}_1(t)+g(t) \tag{5.7.2}$$

式中　y_1——结构系统相对于基础的位移；

$z(t)$——附加质量对结构的相对位移；

c和k，C和K——附加质量和结构系统的阻尼及刚度系数；

$f(t)$——结构上的外力；对于风激励$g(t)=0$，对于地震$g(t)=\mu f(t)$，$\mu=m/M$为质量比；

m,c,k——TMD系统质量、阻尼比、弹簧刚度。

将式(5.7.1)、式(5.7.2)相加得到：

$$(M+m)\ddot{y}_1(t)+C\dot{y}_1(t)+Ky_1(t)=g(t)+f(t)-m\ddot{z}(t) \tag{5.7.3}$$

可见，附加小质量m对结构的影响除了固有频率有少许减小和外力有稍许增加之外，另外还多了一个“力”$-m\ddot{z}(t)$。对于TMD减少结构相应的振动可通过采用Den Hartog对结构系统为无阻尼、并受到频率ω的正弦激励[$f(t)=P_0\sin\omega t$和$g(t)=0$]的简单情况的基本推导来获得。在这个过程中，TMD的动力影响是与静力作用在结构上的最大力产生的静偏移相比较来测定的。对频率为ω的正弦激励，静偏移是$y_{st}=P_0/K$，而无阻尼结构的动力放大因子R为：

$$R=\frac{y_{max}}{y_{st}}=\sqrt{\frac{(\alpha^2-\beta^2)+(2\xi_a\alpha\beta)^2}{[(\alpha^2-\beta^2)(1-\beta^2)-\mu\alpha^2\beta^2]^2+(2\xi_a\alpha\beta)^2(1-\beta^2-\beta^2\mu)^2}} \tag{5.7.4}$$

式中　β——强迫频率比，$\beta=\omega/\omega_s$；

α——频率比(固有频率)，$\alpha=\omega_a/\omega_s$；

ω_a^2——TMD平方固有频率；$\omega_a^2=k/m$；

ω_s^2——结构系统的平方固有频率，$\omega_s^2=K/M$；

ξ_a——TMD的阻尼比，$\xi_a=c/c_c=c/(2m\alpha\omega_a)$。

放大因子是4个基本变量μ、ξ_a、α和β的函数，图5.7.4显示了$\alpha=1$(调谐时)，$\mu=0.5$以及各种TMD阻尼比ξ_a，数值R作为频率比β的函数的图形。

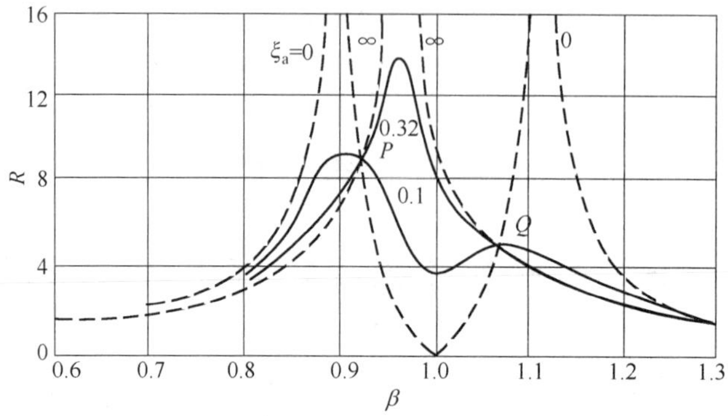

图 5.7.4 各种阻尼比下TMD系统放大因子关系曲线

可见，附加合理的TMD系统，通过优化TMD各项参数(可参考表5.7.3)，完全可以起到降低结构共振峰值的作用。

表 5.7.3 TMD参数优化列表

TMD各项优化参数	数　值	说　　明
最佳质量比	2%～10%	随着质量比的变大，TMD减振效果提高，但经济性下降
最佳阻尼比	$\sqrt{3\times\mu/[8\times(1+\mu)^3]}$ 一般取5%～20%	公式作为理论分析的最优值，仅作参考。但实际工程中还需实际动力分析比较
最佳固有频率	$f_{TMD}=\sqrt{f_1/(1+\mu)}$	

3. 人行桥用TMD方案的实现

采用TMD来达到减少天桥的振动反应将是一个很好的办法，是切实可行的。对既有人行天桥进行减振控制，TMD有着更大的优势，它就像吸能器一样将结构的大部分振动能量吸收到自身，通过质量块的振动带动阻尼器的工作，从而将振动能量转化为热能释放。美国拉斯维加斯行人桥就是一个通过TMD技术减振的成功案例。由于行人过桥时意识到了同步摇晃现象，摇晃幅度和加速度均超过了行人可接受的舒适度范围，因此美国泰勒公司对该街道的三个桥梁进行了振动控制。并作了大量的试验研究和现场调试工作，最终成功解决了这一问题。图5.7.5和图5.7.6为行人桥的TMD系统示意图及照片。

4. TMD振控设备的质量控制

通过TMD的工作原理可知，产品最终自振频率的准确性将决定其减振作用效果的大小。实际工程中，如果其振动频率与对应调节的结构振动频率相差较多，减振效果将大为缩减，甚至起到反作用，所以控制TMD系统的振动频率准确度和保持长年工作过程中频率的稳定性显得尤为重要。TMD系统对其每个组成部分都有不同的要求，具体可参见表5.7.4。

（a） 拉斯维加斯行人桥的分布情况

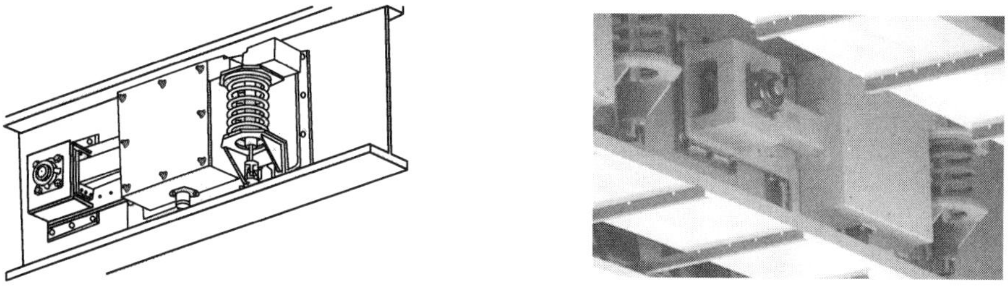

（b）TMD 系统

图 5.7.5　拉斯维加斯行人桥及其 TMD 系统

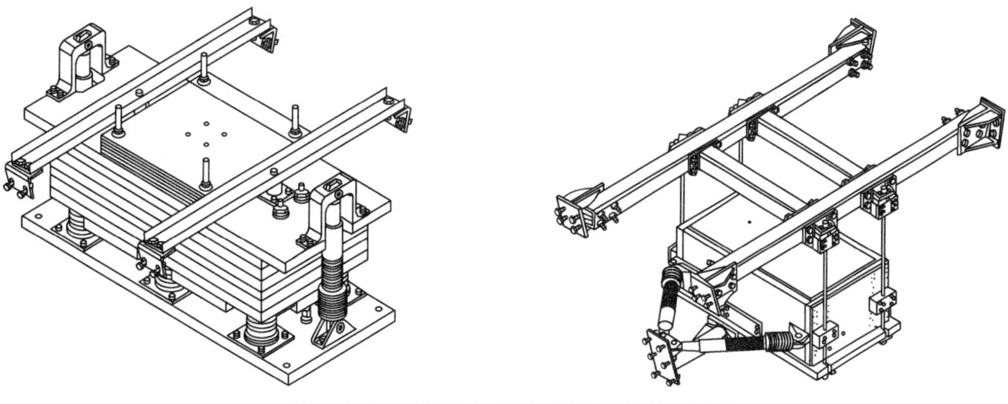

图 5.7.6　一般行人桥用 TMD 的结构示意图

表 5.7.4　TMD 的组成部分及其相互关系

组成部分	说　明	
质量块部分	主要作用	TMD 系统主要利用质量块与结构之间相对运动产生对结构的反向作用实现减振，一般由混凝土块、铁块或铅块等高密度材料实现
	注意问题	一般来讲，只要安置空间、产品造价允许，质量块越大，TMD 的控制效果越好，但经济效果下降，并还会受到空间因素的限制。质量比 μ 一般取 2%～10%
刚度部分	主要作用	刚度系统的作用是控制质量块振动的频率(在阻尼部分选择无摩擦阻尼器的前提下)，一般采用悬挂、设置可提供刚度设备(如弹簧、支座等)实现。经研究发现，TMD 最佳固有频率为 $f=f_1/(1+\mu)$
	注意问题	TMD 系统的刚度应保证其长期工作状态下保持不变，以保证系统的频率不变，因此，刚度部分尽量避免选择橡胶支座等受外界影响刚度有变化的设备

续上表

组成部分	说明	
阻尼部分	主要作用	1. 拓宽 TMD 有效频域范围； 2. 阻尼部分可以限制质量块过大的运动； 3. 将质量块的振动能量通过自身的运动转化为热能释放
	注意问题	与其他振动控制设备的最大不同，TMD 长期处于振动工作状态，安置完毕，马上进入工作状态，因此对阻尼器的要求很多： 1. 长年处于工作状态，阻尼器的密封、出力性能将受到严格的考验，应该选择专业振动控制公司产品，并提供阻尼器疲劳试验； 2. 阻尼器连续工作时间越长，其自身发热越多，设计时必需考虑阻尼器功率大小是否合理； 3. 阻尼器不能给 TMD 附加任何刚度，以保证其振动的频率，因此必需选择无摩擦类阻尼器；
		4. 为了使结构发生较小振动时 TMD 也能发挥作用，阻尼器也不能提供附加刚度，因此，最好选用无摩擦类阻尼器

5.8 斜拉索减振分析

在美国，飓风是最为严重的自然灾害之一，飓风携带着巨大的能量，往往能够深入美国本土几百千米，其破坏力十分惊人。2005 年 8 月 28 日飓风“卡特里娜”气势汹汹的扑向美国路易斯安那州和密西西比州沿海，风眼移动速度加快，风势猛长。据观测：飓风风速达到每小时 282 km，并以每小时 21 km 的速度自西向西北方向移动。飓风使登陆点海平面上升 7.5 m，并带来 380 mm 左右的降水，且伴有龙卷风。“卡特里娜”飓风几乎完全摧毁了美国 50 万人口的

图 5.8.1　卡特里娜俱风下的 Cochrane 大桥及阻尼器安置情况

新奥尔良市和莫比尔湾区，同样给该地区的桥梁、建筑和海洋平台带来了巨大的破坏。大风吹来的海洋平台给该地区的 Cochrane 大桥桥面以巨大的撞击，大桥支座遭到一定程度的破坏。飓风过后美国阿拉巴马能源部对大桥进行了鉴定观测，发现设置了 68 个泰勒公司抗风黏滞阻尼器的斜拉索在大风中没有任何破坏。他们的结论是泰勒公司的阻尼器减少了斜拉索和桥塔的振动，也避免了拉索在飓风下的共振，对于结构的减振起到了巨大作用。图 5.8.1 为卡特里娜飓风下的 Cochrane 大桥及阻尼器安置情况的照片。

（五级飓风杀伤力有多大：在萨菲尔-辛普森体系中，五级飓风已是最高级。这一体系把飓风从强到弱分为五级：一级飓风风速在每小时 118 km 到 153 km 之间，风暴引起的海浪高度为 1.5 m；五级飓风风速超过每小时 249 km，风暴引起的海浪高度在 5.5 m 以上，建筑物楼顶会被掀翻，近岸建筑物结构会被完全破坏。）

5.8.1 外界引起拉索的振动及抑振措施

风可分为平均风和脉动风两个部分，脉动风是引起结构及构件振动的因素。斜拉索的弹性动力响应把索的风振分为三类：即涡激振、尾流驰振和风雨振。此外还有抖振和空气动力失稳两种类型。

1. 涡激振动(Vortex-induced Oscillation)

在平均风作用下，拉索从振动的风中吸收能量，其结果是产生一种带有自激特点的强迫振动，在拉索上表现为因涡脱落而引起的涡激振动。涡激振动是气流通过物体时，气流交替在物体的上部及下部产生漩涡，激起与气流方向垂直的力，引起物体的横风向振动。当漩涡的脱落频率与索的某一阶横向固有振动频率相等时，则产生横风向共振。当漩涡的脱落频率与索的某一阶固有频率相等时，继续增大风速，漩涡的脱落频率保持不变，这种现象称为锁定共振。

实际上，由于斜拉索的直径较小，产生涡激振动的临界风速较低，其能量不足以激发振动，因此涡激振动常发生在索的高阶模态，且振幅较小。涡激振动由于涡激力很小（处于亚临界状态），并不会产生严重的后果，只要在斜拉索上附加对数衰减率为 $\delta=0.01\sim0.015$ 程度的结构阻尼，就可以不考虑它的发生。对于跨临界状态，由于自然状态下的风速难以达到，可不考虑。但由于发振风速低，故产生这种振动的机会较多，因此索端部的疲劳破坏应引起重视。

拉索的振动幅值大小依据拉索的质量及阻尼来决定。

最大振动 y_0 可采用如下公式表示：

$$\frac{y_0}{D}\approx 0.008\left[\frac{C_L}{m\xi/(\rho D^2)}\right]\cdot\left(\frac{U_{VS}}{nD}\right)^2 \tag{5.8.1}$$

式中 C_L——升力系数；

m——拉索单位质量；

ξ——阻尼比；

U_{VS}——振动峰值下的风速；

ρ——空气密度。

升力系数 C_L 与振动幅值和 Reynold 数有关，一般数略估计 $C_L\approx0.3$；从式中可以看出，提高斜拉索的质量及阻尼比可以降低其振动的幅值。参数 $m\xi/(\rho D^2)$ 为 Scruton 数，高 Scruton 数有助于抑制涡激振动的频率，也有利于降低其他风振引起的振动。

例如：一束钢拉索具有阻尼比为 $\xi=0.005$，Scruton 数 $m\xi/(\rho D^2)$ 根据护套材料的不同、是否灌浆以及灌浆多少取值范围在 7～12 之间。$U_{VS}/(nD)\approx5$，$y_0/D\approx0.008\times0.3\times(1/7)\times25=0.0084$，采用 Scruton 数较低时的取值，对应斜拉索在灌浆前的情况。当 Scruton 数较大时 Scruton＝12，对应斜拉索在灌浆后情况，$y_0/D\approx0.0049$。

假设斜拉索阻尼比很低，如 0.001，如在灌浆前一些拉索的情况。$y_0/D\approx0.044$ 为拉索直径的 4%。可见拉索的振动幅度很低，并且发生在建设时期未灌浆以及阻尼较低的拉索。从以上论述可知，对于单根拉索发生典型涡激激励并不易发生很严重的振动问题，即使对于那些阻尼比较低以及未灌浆的情况也是如此。

2. 尾流驰振(Wake Galloping for Groups of Cables)

产生尾流驰振现象的风速比产生涡激振动时要大的多，据观察，其振动的幅值也远大于涡激振动时的情况。例如目前已经观测到振动幅值达到 20 倍拉索直径时的尾流驰振，拉索之间的距离为 10～20 倍的拉索直径；对于拉索距离在 2～6 倍拉索直径的情况也会发生幅度低一些的振动；并列斜拉索也可能产生尾流驰振，这是由于下游索处在上游索的尾流中(正好处于不稳定的驰振区)，从而使下游索发生沿椭圆轨迹运动的大幅振动，而上游迎风侧的拉索基本不振动。产生尾流驰振的条件是：$L/D=3.5\sim5(2\sim5)$。其中，L 为上、下游物体之间的距离，D 为上游物体的挡风宽度。由于桥塔的尺寸较大，因此在靠近桥塔(特别是 H 型的桥塔)的短索也很有可能产生这种振动。使用倒 Y 型的桥塔或许对减小这种振动发生的可能性有所帮助。

驰振的产生与 Scruton 数有关：参数 $S_c=m\xi/(\rho D^2)$，Irwin 指出，当 Scruton 数大于 10 时，斜拉索不会产生横风向驰振。日本学者 Cooper 在 Connors 研究的基础上提出一个产生驰振的临界风速公式：$U_{crit}=CN_rD\sqrt{m\xi/(\rho D^2)}$，$C$ 为常数。当 $L/D=2\sim6$ 时，C 大约为 25；当 $L/D=10\sim20$ 时，C 大约为 80。但这方程在斜拉索上的实际使用还需进一步论证。

3. 抖振(Buffeting Vibration)

拉索在随机脉动分量作用下产生的随机振动为抖振，它是由平均风速的风速脉动引起的结构随机振动。它对斜拉索及任何一种柔性结构都会产生直接的影响，且随着风速的增大而增加。但是由于恒载作用下拉索内力很大，以及空气动力阻尼的作用，抖振的幅值较小。根据抖振的脉动风来源不同可将抖振分为：结构物本身尾流引起的尾流抖振，其他结构物尾流引起的抖振，大气紊流引起的抖振。抖振会产生一种特殊的空气动力失稳，对于具有两平行索面的斜拉桥，阵风击打上、下游拉索的时间差为 B/U，B 为两平行索面的间距，U 为风速。如果时间差恰好为桥面扭转振动周期 T_t 的一半，将会产生不稳定的振动，这种振动的临界风速为 $U_{cr}=2B/T_t$。

4. 空气动力失稳

空气动力失稳包括横风向驰振及顺风向的发散振动。当阻力系数 C_d 与风速 U 满足关系 $dC_d<-2C_d/U$ 时，气动力将使振动加据，产生不稳定的顺风向振动。横风驰振是具有特殊横截面形状的细长结构物典型的不稳定横风向振动，这些截面形状如矩形、“D 形”、裹冰的拉索(输电线)等。当拉索截面不是标准的圆形截面时，它的形状可能会导致斜拉索的横向驰振。这种振动是由于气流与结构物之间的相互作用，空气动力阻尼的影响，使结构发生负阻尼振动，不断对振动输入能量，使振动发散。在正常情况下，斜拉索是标准的圆形截面，由 DenHartog 判据可知，当风垂直通过拉索时，不会产生横风向驰振。当索表面形状改变，如冰霜附着

在索表面，则容易发生驰振，所以必须及时清除拉索上的冰霜，这种情况在输电线中较长见。实际上，风的方向是随机的，且大多数时候与索的轴线不垂直，产生了一个功角，索对风向呈现椭圆形截面，不稳定驰振有可能发生。

5. 风-雨振(Wind-rain Vibration)

斜拉索风雨振动是指在一定风速范围内，由于风、雨联合作用而引起的、处于一定姿态的斜拉索的大振幅振动，这是目前已知的斜拉索最强烈的振动类型之一。

关于风雨振，已经明确以下几点：

(1)拉索表面包裹光滑的 PE 管时发生，直径为 80～200 mm 或 140～225 mm，相应的雷诺数为 6×10^4～2×10^5；

(2)是在风速 6～18 m/s 范围内产生的限幅振动；风雨振动的频率在 1.0～3.0 Hz 范围内，或 0.6～3.0 Hz；

(3)拉索的振动频率在 3 Hz 以下；

(4)易受到紊流的影响，紊流限度达到 15%时则不易发生；紊流度较大时，不易发生风雨振动；

(5)增加结构阻尼可提高临界风速，减小振幅，当附加阻尼 δ 为 0.02～0.03 就可取得较高的制振效果；

(6)发生风雨振动的斜拉索的水平偏角 β 在 30°～80°之间；

(7)风雨振动发生时，上水路在斜拉索表面做环向振动；

(8)风雨振动主要是斜拉索的面内振动，但也有面外振动的报道；

(9)斜拉索的 Scruton 数大于 10 则不易发生风雨振动；

(10)风雨振动易发生于建立在平坦地区或宽广河流和海洋上的桥梁上。

5.8.2 斜拉索被动控制装置介绍

不同于其他土木工程所采用的减振阻尼器，斜拉索阻尼器对工作频率以及耐久性要求很高。这类阻尼器在出厂前必须进行严格的出厂检查，下面我们给出了阻尼器需要经过相关测试的内容，其中包括：

(1)在各种环境(不同地区、不同温度、不同频率的荷载环境、不同气候条件)计算公式的准确性、适用性及设备的减震效果；

(2)阻尼器自身的可靠性；

(3)长期使用下阻尼器的抗疲劳能力，耐久性；

(4)阻尼器的经济性。

以上四点都是桥梁工程师选择阻尼器产品时最关心的问题，只有满足了这四个要求，才能认为是合格的阻尼器。下面介绍一下国内外工程中实际常用的三种斜拉索阻尼器。

1. 黏滞剪切型阻尼器(图 5.8.2～图 5.8.4)

黏滞剪切型阻尼器最初是由日本 Oiles 公司推出，其想法基于这个公司一直推行的用于建筑结构上的黏滞阻尼墙，而逐渐发展起来的剪切型阻尼器，近几年被用于斜拉索的减振系统上。国内学者近几年对这类产品研究较多，而且由于这类产品内部构造及原理非常简单，很容易被国内加工单位制作加工，目前在国内外的一些工程上有一定应用。

黏滞剪切型阻尼器利用高黏度流体的黏滞力耗散振动的能力，将剪切板置于一种黏滞性介质中，剪切运动中所受到的阻力则会产生“阻尼”作用，其“介质”常用的是高分子聚合物。

HCA型阻尼器最大的特点是可同时控制拉索面内、外两个方向的振动,其可追随由索的轴向运动带来的阻尼器安装位置的变化。通过调节插板的面积和黏性材料的注入量得到所需要的黏性系数。黏性材料多为高分子化合物,其性能将决定剪切阻尼器的使用效果。

图 5.8.2 Oiles公司产品(HITEC测试中采用)

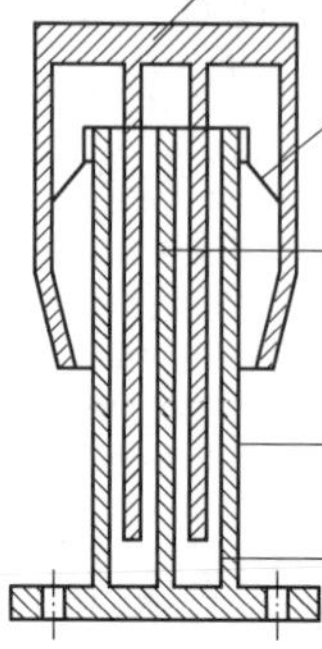

图 5.8.3 黏滞剪切型内部示意图

阻尼器最重要的一个参数是其在不同温度下的稳定性。美国土木工程协会高速公路新技术委员会(HITEC)曾组织世界上多家阻尼器产品的联合测试鉴定。测试以Oiles公司为代表的黏滞剪切型阻尼器,以及以Taylor公司为代表的活塞型黏滞阻尼器在极限温度条件下的性能表现。由于黏性材料构成的黏滞剪切型阻尼器对温度的敏感性很高,测试结果是,这种阻尼器性能表现较差。在高温条件下这类阻尼器的出力仅为低温条件下的15%～25%,而黏滞阻尼器在工作温度下(一般为－20 ℃～50 ℃)的宽范围温度条件下性能依然保持十分稳定,具体情况可参考HITEC及ASCE的相关测试结果,如表5.8.1所示。

表 5.8.1 HITEC温度敏感性测试结果对比

参数	低温偏差百分比(%)		高温偏差百分比(%)	
	Oiles(在－5 ℃下)	Taylor(在－40 ℃下)	Oiles(在49 ℃下)	Taylor(在49 ℃下)
速度指数	318.18	0.00	40.00	4.69
阻尼系数	－91.06	50.00	－60.98	－8.21
能量消耗	240.05	48.41	－33.61	1.76

注:1. 常温环境温度均为20 ℃;

2. 低温偏差百分比=(低温值－常温值)/常温值;

3. 高温偏差百分比=(高温值－常温值)/常温值。

黏滞剪切型阻尼器的特点是:

(1) 内部的介质受温度的影响比较大,不同温度环境下,会有不同的减震效果;

(2) 内部为有机介质,抗老化性能较差;

(3) 这种靠剪切板运动产生阻尼效果的剪切阻尼器的自身体积比较大。

此外,黏滞剪切阻尼器相对于相同尺寸的液体黏滞阻尼器来说,出力较低。黏滞剪切阻尼器尺寸较大,有时影响到大桥的美观。剪切性阻尼器可通过调节插板的面积和黏性材料的注入量,得到所需的黏性阻尼系数,但同时也带来了密封问题。国内采用这类阻尼器的实际工程较多,而国外则很少应用。

2. 磁流变半主动控制阻尼器(RD)(图5.8.5、图5.8.6)

美国是世界上最先研究出磁流变阻尼器的国家,这是一种半主动控制装置。它是以智能材料(磁流变材料)为驱动材料的可调参数阻尼器。在磁场的作用下,流变液中的固体颗粒会形成一束束纤维状的链,横架于磁场两极之间。这样,对于平行于电极的剪切力而言,流变液在磁场的作用下就会发生磁流变效应,即从流动性良好的具有一定黏滞度的牛顿流体转变为具有一定屈服力的黏塑体,从而达到减振的效果。

图 5.8.4 国内某斜拉桥使用的剪切型阻尼器

磁流变阻尼器最早在航空等领域应用。磁流变阻尼器的优点在于,它是一种介于主动和被动之间的控制。与主动控制相比,这种半主动控制所需的外部能量较小;与被动控制相比,其可通过调节电压改变阻尼器的特性,而达到较好控制效果。同时,磁流变阻尼器可以和被动阻尼器混合使用,梁端长拉索处可使用磁流变阻尼器,而在塔端短索处仍安装用传统的被动液体黏滞阻尼器。

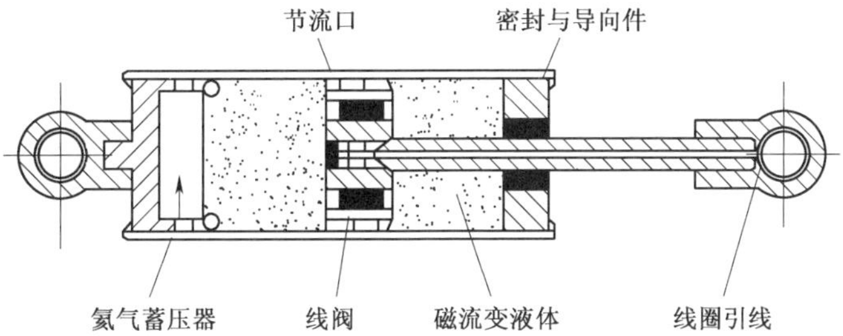

图 5.8.5 磁流变阻尼器示意图

磁流变等这类半主动减振装置,虽然理论上可以达到很好的控制效果,但从实际应用来看,主要存在以下问题:(1)因为需要增设包括线路、传感器、电源等在内的一系列因素,难于在露天桥梁上有效长期稳定地控制。很难设想及保证这些灵敏的部件在那些恶劣天气(例如飓风)下是否能够保证性能稳定,并能持续正常的工作。目前,美国军方已经放弃了将所有这类半主动的装置用于防御设施的电力及电力相关的设备,我们或许可以从中获得一些启示。(2)磁流变液是一种由细小磁性颗粒悬浮于绝缘介质中形成的液体,这种液体具有随外加磁场变化的可逆流变特性,其表观黏度随外加磁场强度的增加而递增,直至半固态,一旦外加磁场消失,其表观黏度又自行恢复。在长时间静止状态下,磁流变液里的磁性颗粒将产生沉淀,并最终影响其耐久性。在长期使用过程中究竟其性能如何,目前还没有看到这方面的相关研究结果。

最早生产磁流变阻尼器的美国 LORD 公司,为我国洞庭湖大桥提供的斜拉索阻尼器是世界工程应用的首例。但由于上述原因,据了解,二三年后,昂贵的磁流变系统已经失控,最多只能被作为被动阻尼器来发挥作用。

3. 液体黏滞阻尼器(FVD)(图 5.8.7)

稳定性是衡量阻尼器性能的一项重要指标。对于液体黏滞阻尼器来说,其良好的耐久性及可靠性有目共睹。黏滞阻尼器最早应用于航天航空、军工、枪炮、汽车等行业,在美国经历了漫长的技术研发后,从 20 世纪 70 年代开始,这些技术逐步被转用到建筑、桥梁、铁路等工程中,并于 20 世纪 90 年代后在我国逐渐普及,目前应用广泛。

斜拉索用油阻尼器的主要问题和难点是:(1)由于其内部部件的加工需高度精确,加工工艺一旦不过关会产生漏油的现象。国产某阻尼器早已在钱塘江三桥工程上因漏油失去作用。(2)相对于黏滞剪切型阻尼器,黏滞阻尼器只能沿轴向运动,如果需要控制拉索面内及面外两个方向的运动,则需要分别设置两个阻尼器,这意味着需要增加费用。(3)装置必须保证在微小扰动下(如0.02 mm)可提供阻尼力,内部部件相互配合的很小误差就将影响油阻尼器的控制效果。

图 5.8.6　国内某斜拉桥安装的磁流变阻尼器

从目前国内的应用来看,许多设置在斜拉索上的国产油阻尼器由于密封问题发生漏油和渗油现象,影响了控制效果,并已经影响了这类装置在斜拉索上的使用。这类问题产生的原因在于液体黏滞阻尼器是很精密的机加工产品,对加工材料,加工工艺都要求非常高的机加工水平,如果加工不善则很容易造成阻尼器的性能缺憾。因此,提高这类黏滞阻尼器的性能是目前的当务之急。

图 5.8.7　国外某桥斜拉索安装的液体黏滞阻尼器

5.8.3　黏滞阻尼器斜拉索减振理论

对于斜拉桥来说,拉索可以有效的承受静荷载,但由于索的阻尼、质量及抗弯刚度小等特点,在交通及环境激励下很容易引起振动,如果这些振动得不到抑制将引起索的疲劳破坏及索套保护层破坏。两根相邻斜拉索之间的碰撞可能会引起行人的担心,采用附加阻尼可以很好地抑制拉索振动。目前的研究表明:只要将拉索的低阶振动模态阻尼比控制在高于 0.5%的范围时,即可有效地防止拉索的风雨振及尾流驰振。

为了克服这些问题,可在锚头附近的索上安装离散的油阻尼器。例如,在法国的布罗道纳(Brotonne)桥、美国的日照航路(Sun Shine Skyway)桥、美国的老兵纪念大桥(Veterans Memorial Bridge)、美国阿拉斯加州的科克伦桥(Cochrane Bridge)、日本荒津 Aratsu 桥等均采用这种方式减少拉索振动。

2005 年 2 月美国联邦公路管理局(Federal Highway Administration)及 HNTB Corporation 颁布的技术报告《Wind Induced Vibration of Stay Cables-RI98-034》,主要撰稿人为 John Hopkins 大学的桥梁空气动力学专家 Nicholas P. Jones 教授,其负责完成的项目有 Fred Hartman Bridge 和 Veterans Memorial Bridge。

作为斜拉桥主要受力构件之一的斜拉索,质量小、柔性大且阻尼小,易受到环境激励而引起大幅振动。有多种振动机制可能诱发斜拉索的振动,其中最为可能的机制包括风雨激振和拉索支承端激振。理论分析指出,拉索的结构阻尼在很大程度上与滞变能损失有关。由于斜拉索的初始应力较大,导致其模态阻尼比非常小。实索试验的结果表明,拉索的第一、二和三阶模态阻尼比均值分别为 0.000 8,0.000 3 和 0.000 2。

考虑到斜拉桥整体的美观等因素,一般要求阻尼器的安装位置接近索端,即阻尼器的安装位置距离索端的距离一般小于拉索长度的 5%。在假定拉索张力和单位长度质量不变的前提下，Kovacs、Pacheco、Xu&Yu、Krenk、Tabatabai&Mehrabi、Jones&Main 等人对由拉索和索端阻尼器构成的系统的附加模态阻尼比作了大量的研究工作。

Pacheco 等采用无阻尼水平张紧弦的模态形状作为基函数，运用 Galexkin 方法离散水平张紧弦—阻尼器系统竖向自由振动平衡微分方程，分别以模态阻尼比和量纲阻尼系数作为纵、横坐标，得到一条“统一近似曲线”。

Nicholas P. Jones 和 Main 等人运用阻尼器引起的系统频率变化作为主要参数，推导出“统一近似曲线”解析表达式，同时利用数值方法研究了阻尼器的安装位置对系统阻尼特性的影响。上述理论采用了张紧弦(Taut Cable)假定，拉索是理想柔性的，忽略了拉索垂度和弯曲刚度的影响。Tabatabai 和 Mehrabi(2000)通过其建立的实桥拉索数据库发现，对于大多数实索，垂度对系统的所有阶模态阻尼比的影响都可以忽略。拉索弯曲刚度对拉索—阻尼器系统的模态阻尼比有一定影响。由于斜拉索减振措施一般要求拉索—阻尼器系统的模态阻尼比大于 0.005，而拉索自身的阻尼比约为 0.000 5，两者相差一个数量级，故以下推导忽略拉索自身的阻尼。

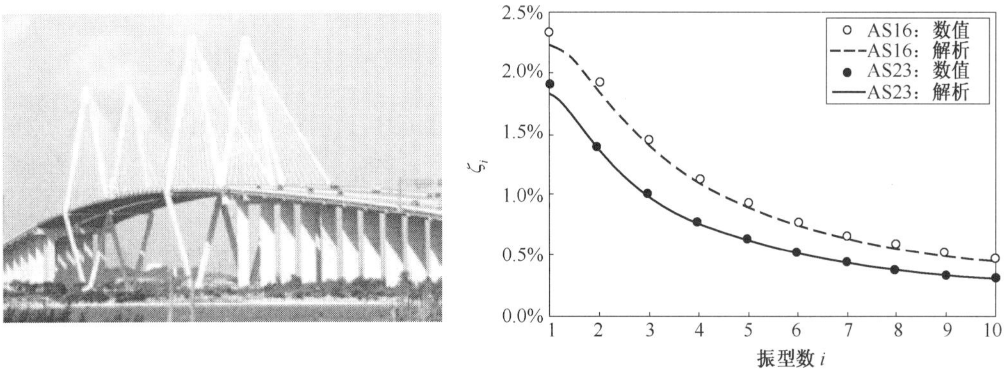

图 5.8.8　Fred Hartman Bridge 及 AS16、AS23 数值方法与解析法对比

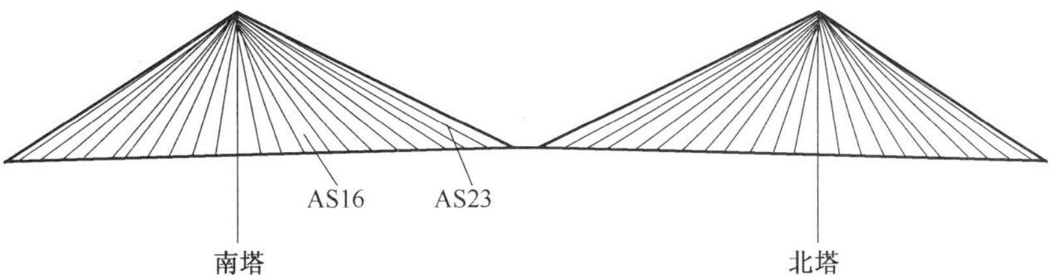

图 5.8.9　AS16 和 AS23 立面位置示意图

由于忽略了拉索自身的内阻尼，Nic. holas P. Jones 和 Main 采用解析表达式法，依据拉索第一振型最优控制对位于 Houston 的 Fred Hartman Bridge 斜拉索用黏滞阻尼器进行了设计。通过对 AS16 及 AS23 的数值求解显示，解析表达式法对拉索的阻尼比的预测比较准确(如图 5.8.8 所示)。同期，他们对 Fred Hartman Bridge 进行了斜拉索的振动监测。AS16 和 AS23 立面位置示意如图 5.8.9 所示，斜拉索 AS16 和 AS23 数据列表如表 5.8.2 所示。

表 5.8.2　斜拉索 AS16 和 AS23 数据列表

斜拉索编号	拉索长度(m)	单根索重(kg/m)	基频 f(Hz)	l_1/L	阻尼系数 C (kN·s/m)
AS16	87.0	47.9	1.24	0.045	70.0
AS23	182.5	75.9	0.64	0.037	175.1

5.8.4 斜拉索阻尼器的参数计算

1. 明确控制目标

(1)大跨径斜拉桥拉索致振的原因：大跨径斜拉桥的拉索由于其自身阻尼较小且长细比较大，非常容易产生各种形式的振动。到目前为止，人们已经了解到风雨激励会引起对斜拉索产生严重威胁的大幅度振动。一般通过拉索 Scruton 数评价拉索的稳定性。

当 $S_c=\frac{m\xi}{\rho D^2}>10$ 时，可以有效避免风雨激振的产生(Irwin1997)。

(2)考虑到斜拉桥整体的美观等因素，阻尼器安装位置比 l/L 控制在 0.03～0.05 左右。

(3)一般要求拉索在设置阻尼器后的附加阻尼的对数衰减率达到 0.025～0.03 以上，即附加阻尼比在 0.5%以上。一般情况下，斜拉索振动以面内第二阶振动为主，在设计中以控制第二振型对数衰减率达到并优于目标控制效果为基础，并且低阶振型(第二及第三振型)对数衰减率可优于设计底线。

2. 总体设计思路

(1)斜拉索的物理参数

参考《斜拉桥热挤聚乙烯高强钢丝拉索技术条件》(GB/T 18365—2001)规范，斜拉索的技术参数包括斜拉索长度，成桥索力，拉索重量以及拉索外径等。

(2)确定控制指标

一般根据斜拉桥所处桥位的气象资料、跨度、拉索参数等因素设定拉索减振优化设计的控制目标。目前，国内所采用的控制目标是拉索附加阻尼器后的对数衰减率不小于 0.03。

(3)斜拉索阻尼器附加阻尼的计算

斜拉索理论上自振频率可表示为：

$$w_n=\frac{n\pi}{l}\sqrt{\frac{T}{m}}\quad(n=1,2,3,\cdots)\tag{5.8.2}$$

最优附加阻尼系数确定，对于黏滞阻尼器设在拉索边缘处时，有以下等式成立(Krenk2000)：

$$\frac{\xi}{l/L}\cong\frac{\pi^2\kappa}{(\pi^2\kappa)^2+1}\tag{5.8.3}$$

$$C\equiv\kappa\frac{mL\omega_{01}}{i}\frac{L}{l}\tag{5.8.4}$$

根据上述等式并结合图 5.8.10，可知：当第一振型达到最佳控制时，$\xi/(l/L)\approx0.5$，从而可确定参数 $\kappa\approx0.101$，并最终确定达到第一振型附加阻尼比所需要的阻尼器系数 C_{opt}。

对于第一振型，$\xi_1/(l/L)=0.5$，则参数 $\kappa=0.101$；

对于第二振型，$\xi_2/(l/L)=0.4$，则参数 $\kappa=0.202$；

对于第三振型，$\xi_3/(l/L)=0.3$，则参数 $\kappa=0.303$。

同时，如期望附加阻尼较高时，对应的阻尼器安置位置同样需要提高，但带来的负面效果是影响到斜拉桥的美观。在这里，我们给出的控制目标是附加阻尼比在 2.5%～1.6%之间，阻尼器安置位置比 l/L 在 5%～3.5%之间，这样可同时保证参数 κ 达到最优解。基于上述论述进行设计，得出计算结果。

(4)斜拉索高阶振型附加阻尼确定

当确定最佳阻尼器阻尼系数 C_{opt} 后，可以得到斜拉索高阶振型的附加阻尼及相应的 Scruton 数。

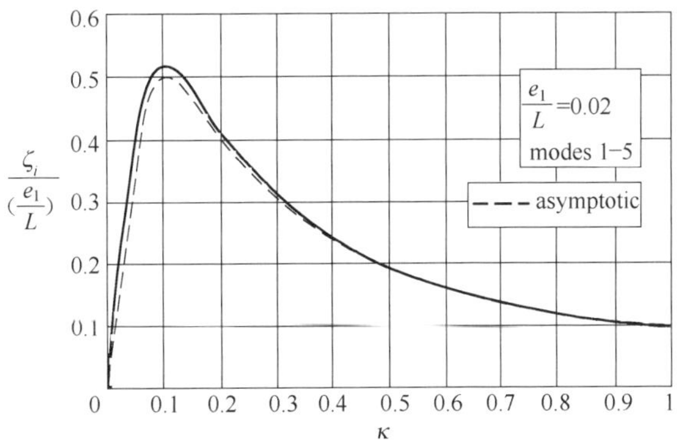

图 5.8.10 斜拉索 $\xi/(l/L)$ 与参数 κ 关系曲线

(5)结果修正

在充分考虑阻尼器的非线性特征、刚度影响、连接件的缝隙等不可预知的因素后，对根据上述计算得出的结果作出修正。

(6)结果归并

为了便于阻尼器的生产、安装，对拉索及阻尼器的型号、安装位置进行归并。

(7)给出正式的计算说明书

5.8.5 斜拉索用阻尼器应用情况的调查及建议

斜拉索阻尼器对斜拉桥上拉索减振以致桥梁减振都起着重要作用。实际上使用性能好、耐久性优越的斜拉索阻尼器有助于延长斜拉索和桥梁的安全使用寿命。

目前用于斜拉索减振的附加阻尼装置有液体黏滞阻尼器、高阻尼橡胶阻尼器、黏性剪切阻尼器、磁流变阻尼器及形状记忆合金 SMA 阻尼器等。桥梁结构作为百年大计的工程，直接关系到国计民生，其安全性和耐久性尤为重要。在发展、设计及制作斜拉索的减振系统这类产品时，其性能是否稳定可靠，是否可以长时间(至少 30～50 年)正常工作，应该是每一个设计工作者需要考虑的首要因素。

从我国目前用于拉索减振的阻尼器的应用状况来看，漏油问题一直是制约油阻尼器普及发展的主要原因，用于抗风的斜拉索阻尼器的质量问题是个实实在在的考验。

对于抗风用阻尼器来说，不仅要考虑以上参数，还应注意到，斜拉索阻尼器在风雨条件下需要连续工作几个小时，并有可能连续不间断消耗振动产生的能量。在这种情况下，不能仅考虑控制阻尼器油腔内的工作压强，还要考虑它的冲程和工作时间。除此，阻尼器每小时所消耗的能量及如何把吸收的能量耗散出去也值得我们关注，否则将引起阻尼器内部流液和动态密封因过热而失效，从而产生漏油现象，进而失效。

从我国第一个斜拉索阻尼器安装到现在，大约经历了 10 个年头，国际上这三种形式的斜拉索阻尼器在我国的斜拉桥上都有应用。其中活塞型流体阻尼器由于设计和加工水平的原因，在钱塘江三桥已经发生了漏油的事故，此后这种液体黏滞阻尼器在国内就鲜有发展。

相对使用较多的是剪切型阻尼器。内置油的这类阻尼器也经常会漏油，大桥的业主有的在外增设补油槽，并定期派人对阻尼器进行补油处理。国内发展和应用的这类阻尼器已有

5～6家以上。他们使用的内置黏滞介质不同,但工作原理大都相同。

前面介绍的磁流变阻尼器在洞庭湖大桥上也有应用,虽然这种阻尼器来势迅猛,发展起来的生产厂家也有几个,但因为技术手段的不成熟,在我国真正工程中使用的并不多。

综合来看,我国在斜拉索阻尼器的应用有以下几方面的不足,需要改进:

(1)到现在为止,从国内阻尼器产品公开发表的资料来看,几乎各个厂家都做了斜拉索阻尼器的应用效果测试。然而,这些阻尼器是否能通过各种环境下长期荷载的检测、是否能符合国际上认可的阻尼器检测方面的规程规范要求的产品测试FF08(如美国的ASCE-7规范),实际中我们一个测试报告也没有见过。几乎没有厂家做环境测试和耐久性测试,对于剪切型阻尼器致命缺点的温度和老化测试更是没有一份报告提及。

(2)对于国内斜拉桥使用的斜拉索阻尼器,从外界报道来看,使用功能上基本都可以满足抑制拉索振动的效果。这里也有几个疑点:例如国内外采用的拉压式液体黏滞阻尼器都有完整的计算办法,设计出的阻尼器根据斜拉索和荷载的情况不同而有很大不同。国产的剪切型阻尼器,从我们要求订货的过程来看,很多生产厂家都没有根据不同条件计算出不同阻尼器的这个环节。对于斜拉索的减振,按国内桥梁工程师的话来说就是对于感官视觉方面的控制。从目前看来,对斜拉索阻尼器的控制理论和效果,我国距离国际先进水平还有一定差距,设备是否能达到控制要求也没有明确的标准。

(3)国内对于斜拉索阻尼器还没有完善的质量检测和控制标准,目前,还没有明确的测试要求和规范。产品没有经过统一标准的减振效率测试、频率测试、温度测试、动力测试和疲劳测试,也就很难判断能否安全地被使用。未经可靠的试验,也没有对应用后的阻尼器作认真的调查。

(4)国内斜拉桥使用的斜拉索阻尼器,相较于国外厂家的斜拉索阻尼器,价格是其最大的优势。

(5)最后,对于斜拉索阻尼器的使用,很多业主持观望态度,在一般的桥梁设计中不事先设计进去,待成桥之后再考虑是否进行安装。这些都说明对这种阻尼器的研究和使用的规范化,亟需在国内得到正确、有力地发展。

5.8.6 结　　论

从实际工程的角度来说,斜拉索的减振技术还不是十分成熟,这就要求我们要从多个方面来考虑和控制斜拉索各种形式的振动,进一步对其发展做更多的科研工作。本节最后还是主要从工程的实际应用谈几点建议:

(1)国内目前发展最好和最迅速的还是剪切型阻尼器,这种基本上被美国业界否定的阻尼器,既然有所发展,则说明其具有很大的意义。但笔者的看法是,应该有人或者机构尽快按照美国ASCE规范的要求做一个完整的试验和鉴定,在完成这些实验前,盲目使用,是存在危险的。

(2)液体黏滞阻尼器是经过国际上实际工程长时间考验的成熟产品。但是由于国内生产的阻尼器产品加工工艺的缺陷,存在漏油的现象并不奇怪,随着加工工艺的不断完善,笔者认为液体黏滞阻尼器必将有很大的发展空间和应用价值,应该着力继续发展。

(3)对于磁流变阻尼器,结合上文提到的种种原因,我们认为它虽然在原理上是没有问题的,也符合控制拉索振动的目的,但是在实际的工程应用中,维护管理较困难,很难经得起长期考验,存在着太多的安全隐患。笔者认为,磁流变阻尼器在斜拉索上应该慎重发展。

斜拉索和拉索上减振用的阻尼器大概是我国桥梁设计和建造上与世界先进水平差别最大的一个方面。国内斜拉索一般过几年就换索，少则 3～4 年，多则十几年，斜拉索阻尼器也与之相对应，采购时也仅考虑 3～4 年的使用寿命，且很多人认为“换索时和索一起换置”、“没必要做这么好”。最近，我们访问了美国生产和安装斜拉索的 DSI 公司，听到完全不同的情况：美国的拉索设计和制造安装，要求和桥梁同寿命，也就是至少要考虑 75 年的安全使用。有 20～30 年斜拉索历史的美国桥梁工程，仅有最初使用斜拉索的极个别桥梁，因当时的拉索保护技术还不成熟，现在考虑要换索以外，其他均无换索的必要。当然，据说国内相关要求也在发展，我国最近准备提出 30 年的使用寿命要求。

5.9　铁路桥梁阻尼器的设计讨论

桥梁是高速铁路线路上的重要基础设施，特别是大跨和高架桥梁在高速铁路上占有相当大的比例。日本的高速铁路新干线桥梁占全线 30％左右，我国京沪高速铁路沪宁段设计方案中高架桥也占 30％以上。桥梁所占的比重如此之大，有必要对其进行深入的研究，使结构既能保证安全，又能满足经济合理的要求。近年来，铁路车辆的行车速度不断提高，高速铁路和城市轻轨的大批兴建，使得铁路桥梁在列车运行荷载作用下的安全这一话题得到广泛的关注。

一方面，高速运行的车辆对所通过的结构产生动力冲击作用，直接影响其工作状态和使用寿命；另一方面，结构的振动又对运行车辆的平稳性和安全性产生影响，使之成为评估结构动力参数合理与否的重要因素。因此，新建和大量原有的铁路桥梁必须考虑提速后列车对桥梁的振动影响，有些桥梁需要接受加固和改造，我们应该把这些作为特殊重要问题对待。

采用加设减振设备帮助铁路桥梁提高抗振性能的办法已经得到了铁路桥梁设计界的认可。从目前的科技发展的水平来看，只要作正确的选择，采用不同类型的控制方法都可以起到很好的减振控制效果。世界铁路上已经有一些减振设备应用的工程，可以给我们提供正反两方面的参考。如：韩国高铁 500 多个英国 Colebrand Device 生产的锁定装置的漏油教训以及阻尼器生产厂家的破产给我们在铁路上选用减振设备敲起了警钟；台湾高铁地震区，C-270 段成功应用的介于阻尼器和锁定装置之间的产品——带“放血的锁定装置”；西雅图高架轻轨铁路的阻尼器成功减震；正在经受实际考验的、我国已投入使用的某公铁两用大桥上的磁流变阻尼器和并用抗震阻尼器；还应提及的有上海浦东机场磁悬浮铁路上德国生产的 TMD 系统。当然，最近的发展使我们更加重视这个领域的研究和应用。如，将要安置在津秦高速铁路的大量锁定装置、跨黄河特大铁路桥梁上设计的阻尼器以及将在某长江铁路大桥上将并用安置的特殊带熔断的锁定装置和阻尼器。这些都必将大大推动阻尼器在我们铁路工程上的广泛、正确的应用。同时，普通抗震用的阻尼器是否可以在铁路超大运行荷载下长期工作，其计算理论和推断都应该经受实际工程的检验。

应当承认，无论国内外，目前对铁路桥梁上阻尼器的研究和应用都远不及公路桥梁。大家知道，因为铁路荷载的特殊性，车辆本身的蛇行振动、转向和刹车带来的桥梁振动都比普通卡车带来的振动要大得多，要想控制减少车辆带给大跨桥梁和高架桥梁的振动，所需考虑的问题也要比公路桥复杂和困难得多。由于目前我国正处于铁路大规模提速和扩容阶段，所以减振控制是大量新建铁路和加固铁路桥梁所必须考虑的问题。

图 5.9.1 示出的是美国泰勒公司在美国、台湾所完成的阻尼器用于铁路和轻轨的工程。

（a）台湾高速铁路 C-270 段

（b）西雅图高架轻轨铁路用阻尼器

（c）Cross Keys Bridge 铁路桥改造加固工程

图 5.9.1　铁路桥应用阻尼器的工程实例

用在铁路桥梁上的阻尼器，与公路桥上用阻尼器的最大不同是它所承受的工作荷载。其中包括：火车运行和刹车荷载；火车的横向荷载。只要作正确的选择，液体黏滞阻尼器都可以起到很好的减振作用。铁路工程有很多不同于公路的特殊性。对它的振动控制也就有许多特殊要求。而我们应该采取一些特殊办法来实现控制作用。这也是本节要讨论的重点所在。

5.9.1　铁路荷载的特殊性

除了我们通常必须考虑的地震、大风和其他突遇荷载外，铁路运行中的各种荷载也是必须考虑的因素。桥梁在列车移动荷载作用下的受力及振动特性一直是人们关心的重要问题。

列车在通过桥梁的过程中，会发生加速、转向和制动等不同情况，给桥梁带来纵向、横向振动荷载，这些荷载比一般的公路桥梁荷载要大得多，属于较为复杂而剧烈的动力荷载，而且出现的频率极高，几乎在每次列车通过桥梁时都会发生，这也是对铁路桥梁的抗疲劳能力和稳定性的最大考验。反过来，桥梁的振动对车辆的运行安全也会产生直接影响。再有，由于列车轨道的不平整、机车、主体、转向架和轮对所引起的列车的沈浮、点头、横摆、摇头和侧滚等自由度的运动。一旦横向运动的自由度与桥梁主体的振动频率相同引起共振，就会导致很大的横向运动。这不仅会使车桥动力响应加剧，引起较大的挠度和振幅，也将直接影响到列车的安全和乘客的舒适度，甚至产生意外的破坏。

近年来，铁路车辆的行车速度不断提高和高速铁路的不断兴建，以及城市轻轨的大批建设，使得车桥动力相互作用这一话题日益得到广泛的关注。一方面，高速运行的车辆对所通过的结构产生动力冲击作用，直接影响其工作状态和使用寿命；另一方面，结构的振动又对运行车辆的平稳性和安全性产生影响，使其成为评估结构动力参数合理与否的重要因素。

近几十年来，随着计算机的广泛应用、计算技术的迅速发展以及高速铁路建设的迫切需要，各国学者在研究中已尽可能地考虑了各种因素，先后提出了日趋完善的车桥系统动力分析模型，并以不同的方法导出了考虑各种因素相互关系的运动方程式，然后按照实际的车辆和桥梁参数，根据不同的情况和要求在计算机上进行仿真分析，得出了许多有益的研究成果。车桥系统动力分析的计算机仿真方法已经在日本、法国和其他欧洲国家的高速铁路桥梁设计中得到了广泛的应用。

在这些行车动力荷载中，列车的制动力已经成为铁路桥梁设计考虑的重要荷载之一。根据大量分析和实测结果可以得出，由于闸瓦摩擦系数会随着列车运行速度的降低而不断增大，并在列车运行速度趋于零的瞬间跃升至最大，因此列车轨道面制动力在闸瓦压力达到额定之后仍旧不断增大，并在列车停止的瞬间达到峰值(如图 5.9.2 所示)。

我国行车试验和动态分析均已证明，列车紧急制动停车前的 2 s 时间内，列车轨面的制动力最大值由一半跃升到 100%的最大制动力，具有十分明显的动力特性。这种动力荷载由于瞬间增大较快，往往造成梁体产生很大的纵向位移，并使桥墩底部弯矩瞬间增大，影响桥梁的使用和安全。特别对于一些全漂浮体系的铁路斜拉桥还可能造成加速度过大，舒适度超标等问题。另外，不同结构形式的铁路桥梁，受力传递方式和受力特点都不相同，这些动力荷载需要通过各自的桥墩、桥台、梁体和桥上线路共同组成的复合式结构系统传递。因此，车辆荷载的动力分析显得十分复杂，难以通过常规办法准确控制。

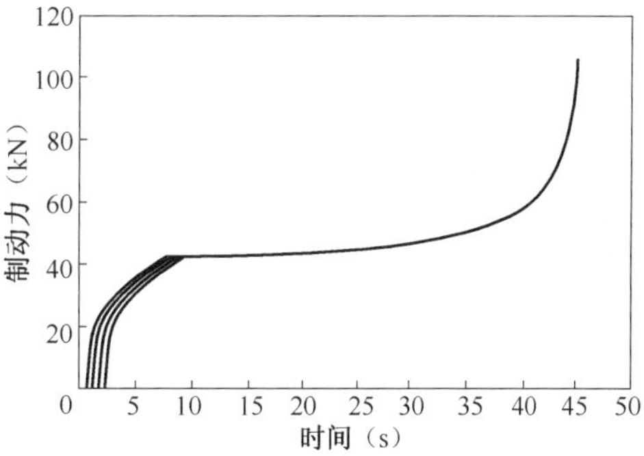

图 5.9.2　实例制动初速度为 80 km/h 时各节车厢制动力时程曲线

铁路上的横向振动是我们需要考虑的另一种特殊振动，它对车辆及车辆上乘客的舒适度也存在影响。如果我们详细分析一下，铁路车辆及其引起的桥梁横向振动的主要原因可归纳为以下几种：

(1)蒸汽机车动轮左右偏心块相差 90°相位角的不平衡冲击力会引起桥梁的横向扭转振动。

(2)列车以一定速度过桥时的动力作用，即车体、转向架和轮对质量的振动惯性力对桥梁的冲击作用。

(3)轮轨间的蛇行运动。由于车轮踏面的锥度以及轮缘与钢轨内侧的间隙，导致车辆运行时产生蛇行运动，成为列车乃至车桥系统横向振动的激励源。

(4)轨道方向、水平以及轨距不平顺(包括几何不平顺及弹性不平顺)，使车辆对结构产生附加的动力作用，也是车桥系统横向振动重要的自激激励源之一。

(5)车桥动力相互作用，即桥梁(包括上部结构和墩台)及桥上轨道结构振动对运行列车的动力影响。

(6)曲线上列车离心力通过轮对所形成的横向力移动荷载列引起的系统横向和扭转振动。

(7)地震的作用。即地震激励所诱发的车桥系统的横向振动、地震动的空间变异性对大跨度桥梁的影响。

(8)风的作用。平均风荷载可引起桥梁整体横向和竖向变形，导致轨道弯曲半径过小，影响行车安全；脉动横风引起的桥梁抖振；风荷载直接作用于运动着的车体本身，带有横向平均风压的移动车辆对桥梁产生动力作用。

作用在车辆上的以上横向力都会通过车轮作用到桥梁上，在一定列车速度下会引起车桥系统的共振。

在铁路桥梁上，因为车辆刹车荷载和横向振动的强度和频率一般要比公路桥梁大得多，所使用减振设备的功率和工作时间的要求经常会远大于公路桥梁上所应用的阻尼器。这是我们应该注意的另一个问题，我们也将在下文中讨论。

对于客运车辆，乘客的数量多，对舒适度的要求是个不可回避的大问题。随着铁路事业的发展，将会提出越来越多地有关技术发展和科研的要求。

5.9.2 刹车荷载曲线的模拟

在建立列车所受的纵向力的力学模型时不考虑它与横向和竖向振动的耦合关系。以一节列车为隔离体，则该节车体在制动过程中所受纵向力为：连接车辆之间的车钩力 F_i、车辆惯性力 $-m_i\ddot{y}_i$，列车运行基本阻力 W_i 和制动力 B_i，如图 5.9.3 所示。

故可对一组列车($n+1$ 节车体)列出由运行到制动过程中 $n+1$ 的节车厢的动力平衡方程组：

$$\begin{cases} m_0\ddot{y}_0=F_1-B_0-W_0 \\ m_1\ddot{y}_1=F_1-F_2-B_1-W_1 \\ \cdots \\ m_i\ddot{y}_i=F_{i-1}-F_i-B_i-W_i \\ \cdots \\ m_n\ddot{y}_n=F_{n-1}-B_n-W_n \end{cases} \quad (5.9.1)$$

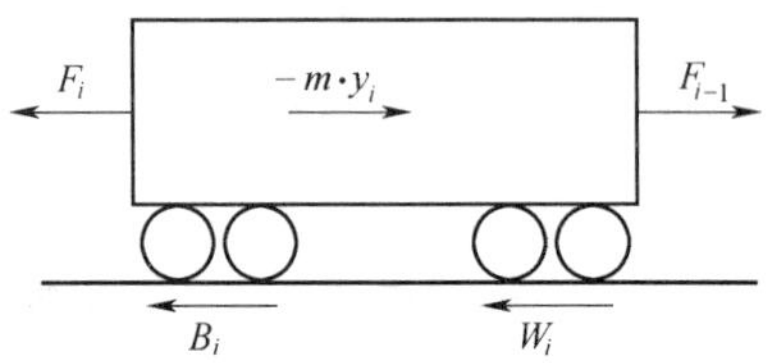

图 5.9.3　车体纵向受力图示

式中　m_i——第 i 节车体的质量；

y_i——第 i 节车体的位移。

1. 列车运行基本阻力

W_i 为第 i 节列车运行的基本阻力，它与列车运行方向相反。根据《列车牵引计算规程》中给出的经验公式，它可表示为：

$$W_i=a+bV_i+cV_i \quad (5.9.2)$$

式中　a,b,c——常数，可依据经验所得，对于不同的列车类型(机车、空车、重车)取值不同；

V_i——第 i 节车体的运行速度(km/h)。

2. 车钩力

F_i、F_{i-1}为第 i 节列车前后的车钩力，它由车钩缓冲器刚度特性曲线所决定。目前我国货车中常采用 2#、3# 和 MX-1 型缓冲器。2# 缓冲器属于线弹性缓冲器，3# 和 MX-1 型缓冲器属于刚性缓冲器，定性试验结果表明：2# 缓冲器性能稳定且容量大，因此在列车制动力的仿真计算中多被采用，车钩力为前后两节车厢车钩的相对位移、相对速度以及车钩游间的函数。此处，车钩游间是缓冲器力学模型的重要参数，它表示两个相邻车体间不发生相互作用的最大位移，它可由两车钩内缘之间的距离 δ_2 以及一车钩前缘与另一车钩内缘 δ_1 之和表示，$\delta=\delta_1+\delta_2$，其状态如图 5.9.4 所示，当 δ_2 趋近于 0 时，相邻车钩处于受拉临界状态，当 δ_1 趋近于 0 时，相邻车钩处于受压临界状态。

根据 2# 缓冲器试验得到的滞回曲线，可简化车钩力缓冲特性曲线，其特性曲线如图 5.9.5 所示。图中 δ 为车钩游间距离；q 为车钩相对位移。缓冲器的滞回曲线在其行程 α 内被划分为 4 条直线段：ab、bc、cd、da，其斜率分别为 K_{ab}、K_{bc}、K_{cd}、K_{da}。

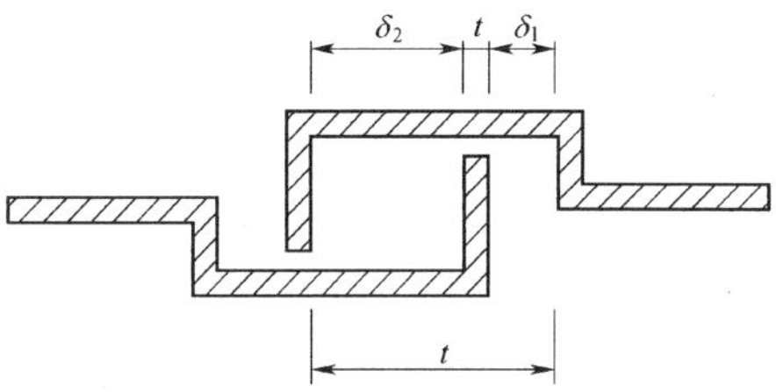

图 5.9.4　车体游间状态图示

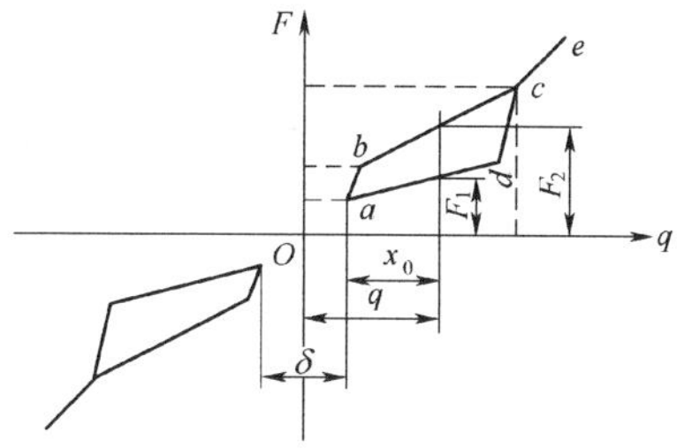

图 5.9.5　车钩力缓冲特性曲线

当两节车厢彼此分离，即 $q>0$ 的情况，当缓冲器弹簧拉伸 x_0 时，拉伸量为 $x_0=q-\delta_1$，此时若两节车厢的相对速度 $q>0$(相对位移增大)，车钩力即为如图所示的 F_2，若 $\hat{U}q<0$ (相对位移减小)，车钩力即为如图所示的 F_1。而当拉伸量 x_0 超过了缓冲器的行程 α 时，此时的斜率 K_{ce}则由缓冲器的结构特性所决定。

3. 轨面制动力

(1)轨面制动力 B_i

B_i 为第 i 节列车轨面制动力。目前，我国货车中普遍采用闸瓦制动方式，假定每个轮对具有相同的闸瓦压力 K_i 和闸瓦摩擦系数 φ_i，轨面制动力 B_i 等于第 i 节车体闸瓦压力 K_i 乘以闸瓦摩擦系数 φ_i 后的总和，因此第 i 节列车的轨面制动力 B_i 可以表示为：

$$B_i=\frac{m_i}{m_i+\sum\limits_{k=1}^{i}J_k/r^2}lK_i\varphi_i=\frac{1}{1+\gamma}lK_i\varphi_i \tag{5.9.3}$$

式中　l——一节列车的闸瓦总数；

m_i——第 i 节列车的质量；

a_i——第 i 节列车的水平减速度；

J_k——轮对转动惯量。

(2)闸瓦压力 K_i

此处闸瓦压力 K_i 可以表示为制动缸体空气压强的线性函数，它可以表示为：

$$K_i=\frac{0.25\pi D_i^2P_i\eta_i r_i n_{ci}}{l} \tag{5.9.4}$$

式中　D_i——第 i 节车体制动缸直径；

P_i——第 i 节车体制动缸压强；

r_i——第 i 节车制动倍率；

η_i——第 i 节车体传动效率；

n_{ci}——第 i 节车体制动缸数。

(3)闸瓦摩擦系数 φ_i

闸瓦摩擦系数 φ_i 取决于车辆运行速度和闸瓦压力 K_i 的大小，我国货车通常采用中磷铸铁闸瓦制动方式其瞬时闸瓦摩擦系数 φ_i，可根据《列车牵引计算规程》表示为：

$$\varphi_i=\frac{0.64(K_i+100)(3.6V_i+100)}{(5K_i+100)(14V_i+100)}+\frac{0.006(110-V_0)V_i}{6V_i+100} \tag{5.9.5}$$

式中 V_0——制动初速度；

V_i——第 i 节车体制动后车速(km/h)。

列车制动力荷载仿真计算对于上述具有非线性性质的列车纵向运动方程组(5.9.1)第一式的求解，可将车钩力、制动力、运行基本阻力的公式代入方程组(5.9.1)，并将此 $n+1$ 个二阶微分方程变换为 $2(n+1)$ 个一阶微分方程组，采用四阶龙格一库塔法来进行，以求出整节列车纵向运动的瞬时工作状态。本节采用 1 节 DF4＋30 节 C62 重载货车进行编组。列车编组图示如图 5.9.6 所示。

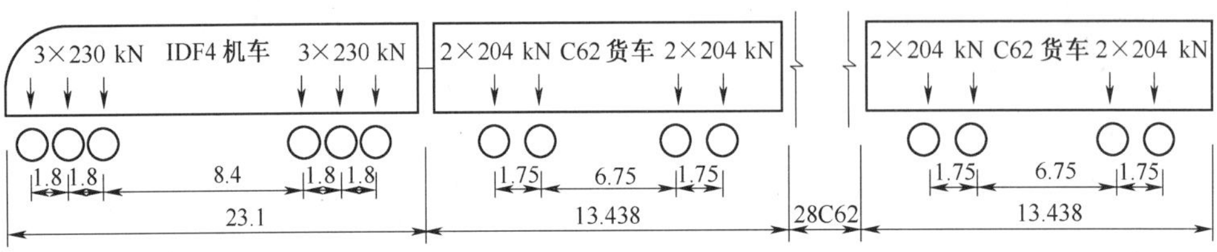

图 5.9.6 列车编组图示(m)

由此可模拟出列车在 40 km/h、60 km/h 和 80 km/h 制动初速度下列车制动的全过程。图 5.9.7 给出了列车制动初速度为 80 km/m 车速下 C62 各节车厢的列车制动力的时程曲线。图 5.9.8 给出了列车制动初速度分别为 40 km/m、60 km/m 和 80 km/m 车速下第一节 C62

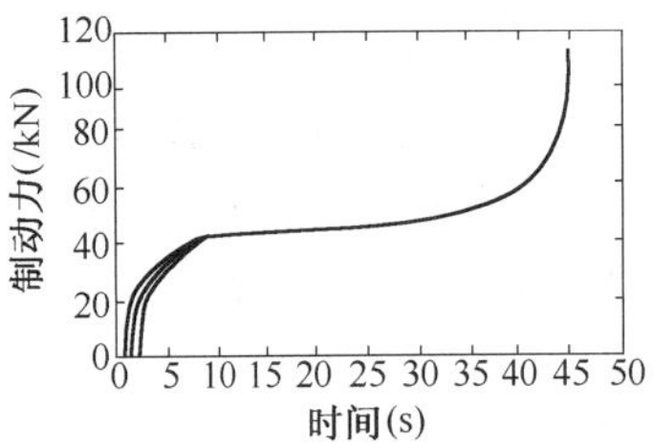

图 5.9.7 制动初速度 80 km/h 时各节车厢制动力时程曲线

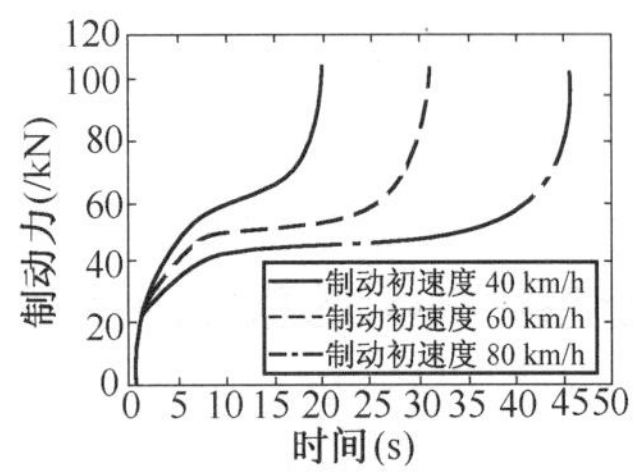

图 5.9.8 制动初速度不同时第一节车厢制动力时程曲线

车厢的列车制动力的时程曲线。由图 5.9.8 可以看出对于采用相同的制动缸类型的列车，其制动力最大值出现在车辆停止的瞬间，并且都具有相同大小的列车制动力。因此，对于同种类型的车辆，列车制动力最大值的大小与列车制动初始速度无关，列车制动初速度仅反映列车制动开始到结束时所需的时间及制动距离。

5.9.3 铁路车辆荷载下纵向振动的控制

目前针对铁路桥梁纵向控制车辆、地震、大风荷载已开发研究的减振装置已有很多种，如锁定装置、液体黏滞阻尼器、液体黏弹性阻尼器和磁流变阻尼器等。考虑到这些装置作用性能的有效性、稳定性及长期使用的耐久性，在桥梁工程中最为广泛应用的减振装置主要是液体锁定装置和黏滞阻尼器。

锁定装置在国内外已得到了广泛的应用，特别适用于抗震烈度较低地区的铁路桥梁的振动控制。其制动力工况下，经过锁定装置的转移力的传递路径，可以将桥梁的纵向位移减少到70％以上，既可以提供足够的安全保证，又可以减少伸缩缝的位移和造价。只要分散受力后的多个桥墩自身有足够的抗震能力，这种受力的转移和分散也可以起到很好的抗震效果。

在铁路桥梁的抗震设计过程中，应根据铁路桥梁的具体情况、不同跨度和减振产品的不同特点选择不同的设备和安置方法。一般情况下，非抗震区的桥梁，考虑控制车辆运行荷载，可选择锁定装置，安置在桥出现纵向位移的控制位置上：塔梁之间或梁墩之间，也有的安置在梁和地面之间。而抗震区的桥梁，黏滞阻尼器是较为适合的减振措施。

如果想同时考虑地震和列车运行荷载，根据控制目标的不同，有以下两种控制办法供选择。对于一些跨度较小的桥梁宜选择带"放血的锁定装置"设备，这种装置的阻尼系数较大，耗能能力强，对速度十分敏感，是介于黏滞阻尼器和锁定装置之间的一种设备，对刹车荷载和地震荷载均有较为明显的控制效果。这种装置在台湾高速铁路项目中得到应用，该项目从设计上要求装置能够同时考虑控制高频率的刹车和部分地震耗能的双重目的，其关键是要选择一个合适的控制点和放血时间。对于跨度较大的斜拉桥和悬索桥，建议尝试锁定装置和黏滞阻尼器联合控制的方法，将列车运行荷载和地震荷载分开控制，这种利用两套并联装置控制两种振动的思路已在国内刚投入使用的天兴洲公铁两用大桥中使用——将控制刹车的磁流变阻尼器和控制地震的阻尼器简单并联使用。

这里，我们将建议一种特殊的带熔断锁定装置，其对控制车辆运行荷载有更好的振控效果。根据锁定装置两端的相对速度大小启动，将其连接两端的相对位移锁定，改变桥梁的传力路径。而在强烈地震工况下，它可以自动将保险丝脱落，使锁定装置退出工作，以免破坏。与此同时，黏滞阻尼器正式启动进行耗能工作。地震过后，锁定装置只需简单更换保险丝，就可使其在桥梁上继续工作，震后更换构件所需造价也较低。对于一些大中型桥梁，可以根据计算分析结果，结合经济造价和控制效果综合判断，选取适合的减震控制方法。

5.9.4 铁路桥梁车桥耦合引起的横向振动

前面我们已经介绍了铁路桥梁横向振动的原因。我国《铁路桥梁检定规范》规定，当列车通过时，桥跨结构在荷载平面的横向振动加速度不应超过 1.4 m/s^2。《秦沈客运专线综合试验段线桥养护维修技术条件》中对设计时速 300 km 的桥梁，规定其横向振动加速度限值为 1.0 m/s^2。

实际工程和技术都已经证明，用阻尼器可以很好地控制桥梁横向振动。较为成功的办法有两种：可以通过在桥梁上直接加设液体黏滞阻尼器减振，也可以采用 TMD 减振。

1. 阻尼器直接控制桥梁的横向振动

早在英国伦敦千禧桥加固时，就发现需要对桥梁的横向振动进行控制。设计者采用了沿纵向水平面上加设阻尼器的控制办法。图 5.9.9 中的设置，类似我们在高层建筑中对角支撑理念的设置办法。

这种办法对减少沿水平方向的横向振动会起到很好的减振作用。

依据这个思路，下面对列车通过京沪线某 32 m 上承式钢板梁桥进行了详细分析。采用

图 5.9.9　英国伦敦千禧桥上控制横向振动的两种阻尼器

SAP2000 软件模拟该桥，并采用在桥梁上桥面各节点处施加固定的简谐力荷载进行模拟分析，得出的减振效果十分惊人，无论最大横向位移、横向速度和横向加速度都降低了 50%以上。阻尼器的设置方式如图 5.9.10、图 5.9.11 所示。

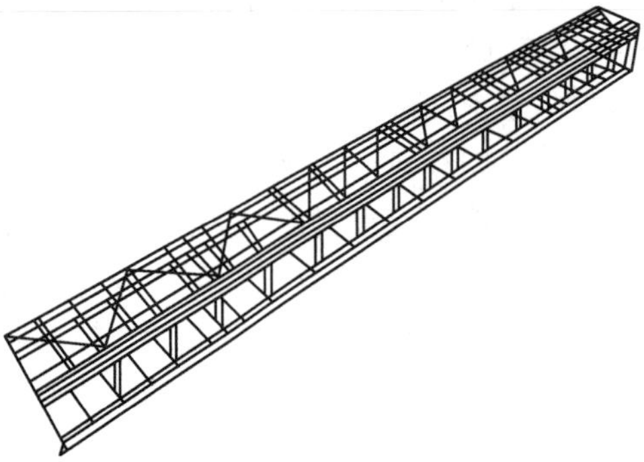

图 5.9.10　全桥上桥面加黏滞阻尼器图

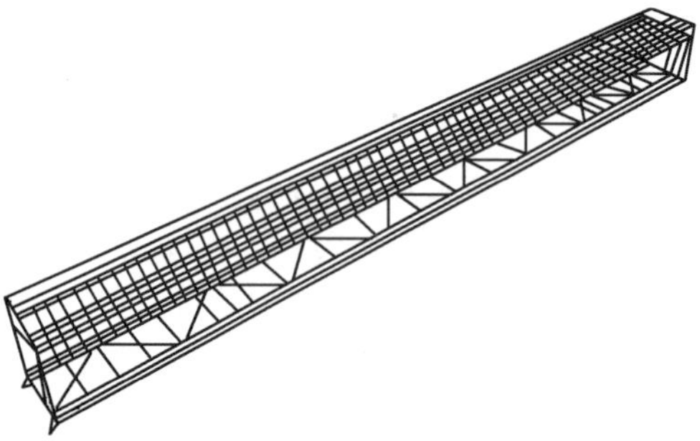

图 5.9.11　全桥下桥面加黏滞阻尼器

在全桥节点加载余弦波模拟列车通过桥梁时产生的轮对蛇形波。参照列车经过桥梁时所能产生的横向力大小的余弦波均匀分布在桥梁各个节点上，经过计算，幅值 $A=4$ kN；根据实测，列车过桥时的频率选取为 2.5 Hz；列车运行速度为 75 km/h 及 108 km/h。

按与建筑工程中使用阻尼器的类似思路，每一段(层)均设有阻尼器，阻尼器作用叠加后起到整体减振效果。根据控制目的的不同，阻尼器设置在不同位置，如侧面和顶面，减振效果都十分明显，如表 5.9.1 所示。这种方法最大的优点是不用考虑增加任何空间，还能节省部分钢材造价。我们也可以在设计新桥时用阻尼器替代桁架的某些杆件，综合分析，这样能起到更好的效果。

表 5.9.1　设置阻尼器后桥梁横向振幅

阻尼器布置方式	无阻尼器跨中横向振幅(mm)	加阻尼器跨中横向振幅(mm)	无阻尼器跨中横向速度(mm/s)	加阻尼器后跨中横向速度(mm/s)	无阻尼器跨中横向加速度(m/s^2)	加阻尼器后跨中横向加速度(m/s^2)
上桥面	5.441	0.1175	72.13	3.11	2.48	0.071
下桥面	5.441	0.1924	72.13	4.22	2.48	0.085

2. 采用 TMD 减少桥梁振动

调谐质量阻尼器(TMD)是一种发展很早的结构振动控制方法，由质量、弹簧和阻尼器组成。使 TMD 系统的频率和桥梁上的横向振动频率相同，便可将其作为一个“吸振器”将结构的振动一定程度的转移到该系统上，从而减少桥梁的横向振动。理论上，采用 TMD 减少铁路横向振动是可行的。上海磁悬浮高速铁路就采用了德国某厂家生产的 TMD 系统来减少铁路横向振动，如图 5.9.12 所示，其减振效果及使用上的耐久性都有待进一步检验。

顺便提一下，也有很多 TMD 技术成功地走向了其他铁路桥梁实际工程。如方秦汉院士就曾经引用了 TMD 技术解决九江长江大桥柔拱吊杆风致涡振现象。国外也有在钢箱梁内设置 TMD 系统减少桥梁垂直风振的先例。但应该注意的是，TMD 是个对频率非常敏感的系统，要使它真正起到很好的减振作用并不容易，特别是 TMD 中的阻尼器要求很高，应该使用内部摩擦较小、可消耗较大功率的特殊阻尼器。

图 5.9.12　上海磁悬浮高速铁路采用的 TMD 系统减少铁路横向振动

以上两种减振方法是目前较为成熟的横向减振办法，至于如何选择，关键是要根据桥型和荷载作出正确的判断。

5.9.5　铁路桥梁用减振设备的特殊要求

铁路桥梁上使用的减振设备都要接受由列车带来的频繁运行和制动荷载的检验。和地震力相比，它可能出力不大，但往复运动的频次却很高。因此，这类阻尼器容易进入工作能力的上限，引发新问题。台湾高铁计算出的 40 年内的制动力达 100 万次，为它安置的阻尼器就做了 100 万次抗疲劳循环测试，其最大受力 10%(250 kN)，最大冲程为±5 mm。在此有必要进一步讨论工程上所采用的减振设备的特殊要求：从运用的荷载功能上看，减振设备大体可以简单分成两大类。

(1)偶发大荷载，日常小荷载(抗震阻尼器)：通常我们谈的抗震阻尼器就属于这一类。地震是百年不遇的偶发荷载，振动的时间一般也较短，真正达到最大冲程和最大力的荷载十分罕见。日常应用时，阻尼器在风荷载、一般车辆荷载下只有微小的振动。我国公路桥梁如苏通大桥、江阴大桥等安置的阻尼器，均属于这种类型。苏通大桥作了 5 万次疲劳荷载的测试，但这 5 万次试验中最大受力仅为 10%(320 kN)，最大冲程为±5 mm。

然而，铁路桥梁上以抗震为主的锁定装置和阻尼器，承受的由列车的运行和制动荷载带来的装置工作状态要更强烈的多。由于设计者估计不足，在国际上已经有了这样一些教训：韩国高铁上所采用的内置硅胶的锁定装置，在安置二三年后就发生了硅胶分离、大量泄漏的现象，其生产厂家随后因技术问题最终破产。

(2)常遇大荷载：以上抗震阻尼器基本上是平时小动，偶然大动，然而有很多情况如果阻尼器经常性大荷载运动。例如：

①斜拉索阻尼器；

②TMD 减振系统的阻尼器；

③部分设备减振；设备减振又分为两种情况：a. 设备起动时减振，这种还是属于偶发荷载；b. 设备长期工作减振，这是属于常遇大荷载减振。

用于常遇大荷载的减振设备与上述抗震设备从性能要求上是截然不同的。对这点不了解或没有相应措施而生产的设备,就会出现严重漏油现象。

例如,已经投入使用的某公铁两用斜拉桥,设计者提供下列数据:大跨斜拉桥靠近大城市中心,可能的刹车频繁,制动力大,制动所引起桥梁的纵向位移可以高达±20 mm,速度达 5 mm/s。如果考虑 40 年铁路的运行,以上这样的荷载高达 200 万次循环,这样的振动已经超过了一般抗震用阻尼器的允许工作能力,如果采用常规抗震阻尼器就会有破坏的可能。

这种铁路桥梁如果处于频繁刹车的位置,相对应的减振设备应该已经接近或达到这种常遇大荷载的工作状态,因此,对选用的装置应该精心计算,对其内部结构、密封装置的选材等方面必须进行特殊处理,而不宜简单地选用普通抗震阻尼器。当然,最保险的是使用提供更高功率的无摩擦金属密封阻尼器。

5.9.6 工程实例介绍

这里让我们举两个铁路桥和铁路高架桥上同时减少车辆刹车振动和地震荷载的特殊铁路阻尼器的例子,附加阻尼器铁路桥计算分析将主要在第 7 章中进行讨论。

1. 介于锁定装置和阻尼器之间的减振装置。

20 世纪 90 年代建设的台湾高铁在 C-270 地震区中采用了 34 个“带放血阻尼器”,最大出力 390 t,最大冲程±125 mm。依靠这些阻尼器,可以把列车产生的纵向制动力传递到固定墩周围的几个桥墩上,起到分散纵向制动力的作用。与常用锁定装置不同的是,当速度减少时这种锁定很快会过去,阻尼器的过油小孔很快允许油通过。如果有地震发生,阻尼器还可以通过这种快速“放血”起到一定的来回过油的“耗能”作用,用在高架铁路上这应该是十分理想的特殊阻尼器。至今,该阻尼器的使用效果是令人满意的。图 5.9.13 为台湾高速铁路 C-270 段照片。

图 5.9.13 台湾高速铁路 C-270 段

2. 两种减震装置并用的减振方案

已投入使用的天兴洲公铁两用大桥是我国修建的世界首例、最大跨度的公铁两用斜拉大桥。它的列车车辆荷载对桥本身的动力影响很大,特别是制动力,设计者在设计时同时考虑了制动力和地震力两种荷载,采用了双重并用阻尼器解决问题。一方面在桥梁纵向利用 40 t 的磁流变阻尼器限制制动力引起的小振动:每个桥墩 6 个半主动控制的磁流变阻尼器;另一方面采用大型阻尼器控制主桥在强烈地震下的漂移和受力,阻尼器最大出力 200 t,最大冲程±350 mm,速度指数 0.4,阻尼系数为 5 000 kN·$(s/m)^{0.4}$,共计 12 个。这个并用的减振方案,在全世界应该尚属首次。

应当指出,铁路桥梁特别是公铁两用桥梁的减振有其复杂性和特殊性,许多问题还需要进一步探讨，在实践中需不断修正和完善。如磁流变阻尼器在长期工作下的稳定问题以及对于高频次的列车制动力荷载的控制效果，仍需在大桥运行中进行进一步的观测。此外，这两种不同性能的减振系统在共同工作中的衔接问题也有待探讨——磁流变阻尼器的最大允许吨位有限，在超过其最大吨位的任何荷载，如大风、地震作用时它会率先破坏。

在为长江另一铁路大跨斜拉桥的设计中，作者与设计者采用这种振控思路：并联使用两种减振设备控制结构的振动（已获得国家实用新型专利认证，专利号：201020143448）。在运营状态下，采用控制制动力的较小装置；在可能的地震状态下，采用控制地震荷载的抗震阻尼器。但有两点不同于前面提到的已投入使用的公铁两用大桥：一是设计了对刹车荷载控制更为有效的速度型液体锁定装置；二是在该锁定装置前串联设计了一个可替换的熔断开关，该开关在正常铁路运行中的一定受力下，熔断器连接，正常工作，此时另一个阻尼器的影响很小；但当较大地震发生时，熔断开关开启，断开锁定装置的连接，全部桥梁的振动由大型抗震阻尼器承担。当然，这种理念和应用效果都要经受未来实践的考验。这种新型锁定装置的概念图可参见图 3.2.7。

5.10 黏滞阻尼器的安装就位

黏阻尼器制作完成运到现场后，应制订安装计划，并全部按施工图的要求完成安装。对于用在桥梁上的阻尼器，整个安装过程最为重要的是控制阻尼器预埋件等阻尼器与桥体连接件的施工安装误差，特别是垂直于阻尼器轴向运动方向的定位误差，以及阻尼器销轴孔的加工精度等。如果操作不善，易造成返工延误工期，甚至影响阻尼器的正常使用。结合工程实际，本节将就这一问题进行讨论。

5.10.1 黏滞阻尼器的施工图设计

黏滞阻尼器的施工图一般应包括如下内容：阻尼器的整体布置图；阻尼器与桥梁主体连接所需的支座图，包括与主梁连接和与主塔或桥墩连接两个部分的示意图，以及支座预埋件的构造图；阻尼器自身的外部尺寸，特别是轴向长度，一般应根据厂商及桥梁自身的特点综合考虑并最终确定。图 5.10.1 为两种典型的阻尼器与结构之间的连接图。

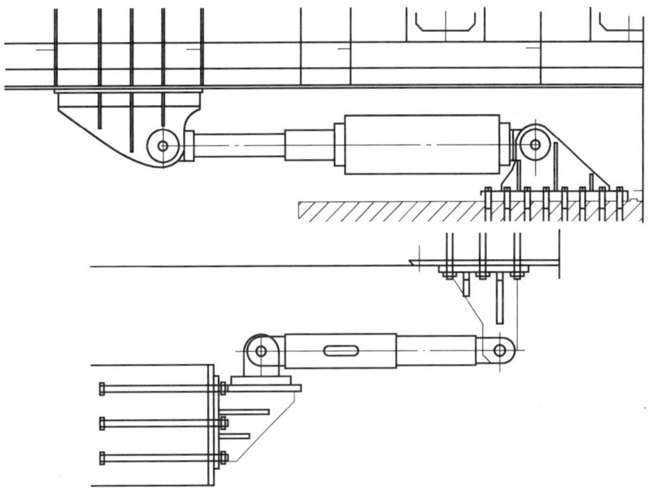

图 5.10.1　阻尼器与主体结构的连接图

图 5.10.2 给出了一个典型的阻尼器布置图和阻尼支座的加工图。为了充分发挥阻尼器的工作效率，通常将阻尼器轴向与主梁的轴向方向平行设置，这就需要调整阻尼器两端沿竖向的高度，可采用加高阻尼支座或设置混凝土垫石的方法。销孔的加工是阻尼支座加工的重点，阻尼器与支座通过销轴连接，其机械加工配合程度要求较高。阻尼器安装后不能在销孔处产生位移，而且两个耳板上的销孔需要同心，这也就增加了其加工难度。因此，建议阻尼支座的加工在车

间经专门机械加工设备完成，且外表面应经过防腐防锈处理，在一定环境下进行存放。

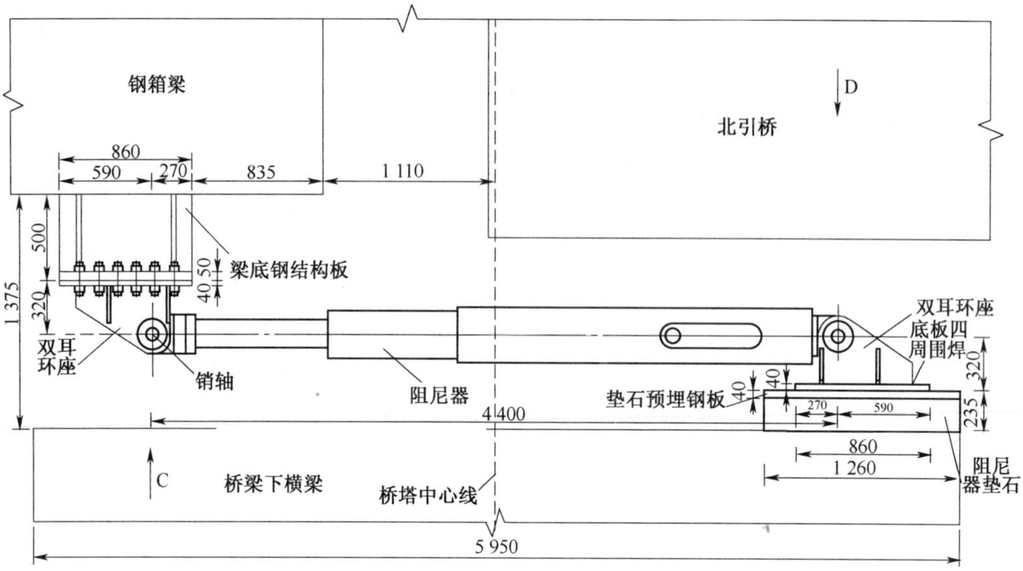

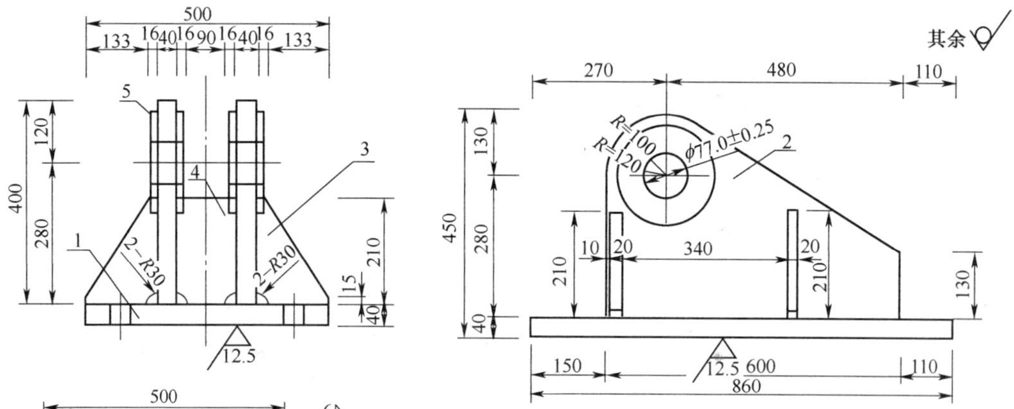

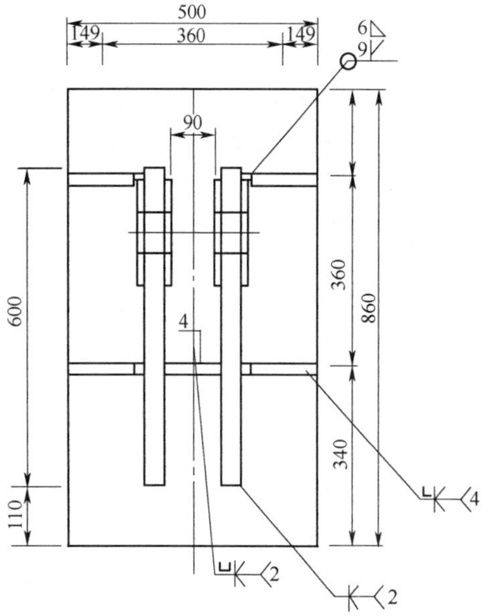

主塔阻尼器支座材料明细表（组焊件01－件）

编号	名称	材料	规　格	数量	单件重(kg)	共重(kg)
1	底板	Q345C	▱ 40×500×860	1	135.0	135.0
2	立板	Q345C	▱ 40×400×600	2	75.36	150.8
3	加劲肋1	Q345C	▱ 20×149×210	4	5.0	19.7
4	加劲肋2	Q345C	▱ 20×122×210	1	4.02	4.02
5	加强板	Q345C	○ D200×16	4	3.95	15.8
			合计			325.2
			焊缝（以钢材重量的1.5%计）			4.9
			总计			330.1

注：

1. 本图尺寸以毫米计。
2. 焊缝不允许存在裂纹气孔等缺陷，焊条采用E5015，焊后进行消应处理。
3. 表面按说明中的要求进行防护处理。
4. 全桥阻尼器支座共4件。

图 5.10.2　一个典型的阻尼器布置立面图(左图)及阻尼支座图(右图)

所有焊接的细部应满足如下要求：

(1)黏滞阻尼器的任何内部连接均不通过焊接进行，以避免动力荷载使焊点破坏；

(2)阻尼器支座所有立板与底板均采用熔透焊接，所有筋板与底板之间均采用部分熔透焊接。

5.10.2 黏滞阻尼器的安装方案

1. 需要的工具

卷尺；

升降器械，包括安装阻尼器时采用的起重装置和提升带；

装配器械，包括锤子(2～4 lb)和钳子以及润滑剂等。

2. 阻尼器及配套连接件

(1)Taylor 公司提供阻尼器以及两侧连接销轴，阻尼器形式分为两种：两端具有万向铰轴承以及一端设置万向铰轴承、另一端设置法兰盘；桥梁工程用阻尼器一般采用第一种连接形式；建筑工程中阻尼器多采用第二种形式。阻尼器的外观和基本设置如图 5.10.3 所示。

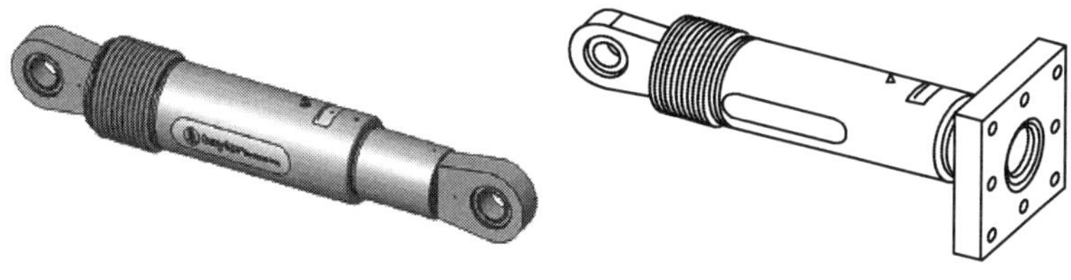

(a) 两端具有万向铰轴承　　(b) 一端设置万向铰轴承另一端设置法兰盘

图 5.10.3　阻尼器的外观和基本设置

(2)阻尼器通过销轴进行连接，无论采用何种形式，Taylor 公司每套阻尼器均提供两个连接销轴，销轴的简图如图 5.10.4 所示。

销轴可以很精巧的安装到阻尼器上，设计巧妙，绝不会发生脱落现象。销轴与阻尼器连接耳板的安装方式如图 5.10.5 所示。

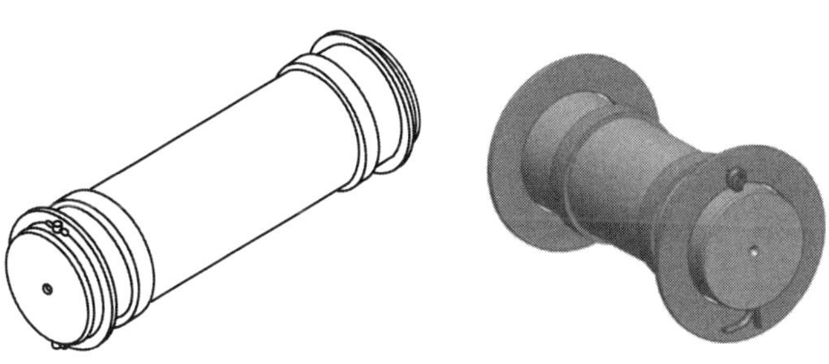

图 5.10.4　阻尼器连接销轴

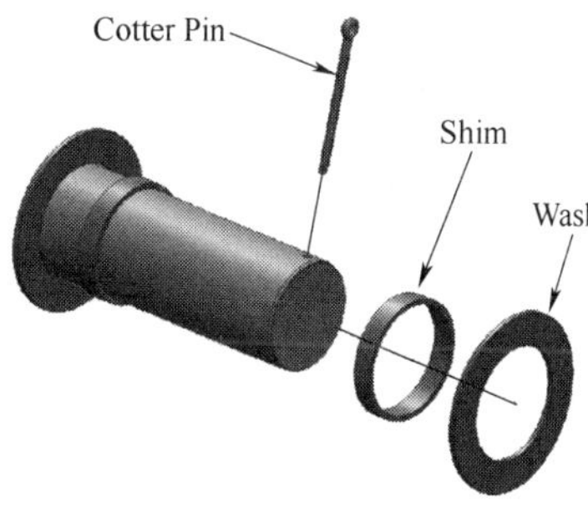

图 5.10.5　销轴细部构成

(3)阻尼器通过钢结构件与主体结构相连，具体部件如下：

与主体结构连接的钢结构焊接组焊件，为控制阻尼器的两侧安装高度及位置，根据情况设计调整牛腿平台、高度调整平台或加高垫石，如图 5.10.6 所示。

5.10.3 安装前准备工作

1. 预埋件等阻尼器连接件的施工

(1)依照图纸，加工完成阻尼器在混凝土箱梁及桥台两侧相应的上下两套连接支座；

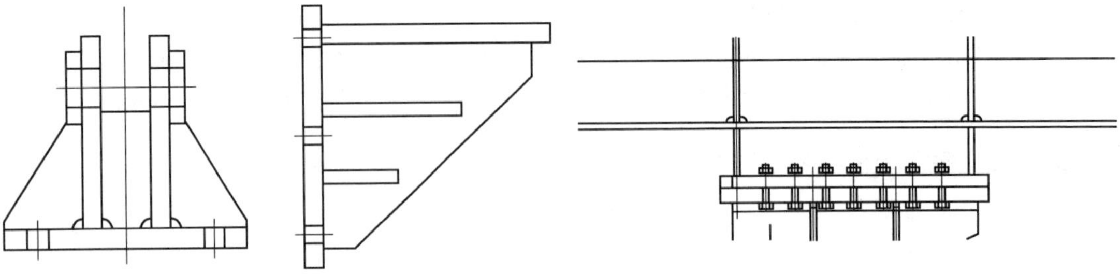

(a) 钢组焊件　　(b) 调整位置牛腿　　(c) 调整高度平台

图 5.10.6　连接及调整钢构件

(2)测量阻尼器支座在箱梁、边墩的确切位置，以及之间的竖向距离水平距离，确定预埋件及化学锚栓的施工点，同时确定阻尼器纵向偏位的误差及安装轴距的位置，如图 5.10.7 所示；

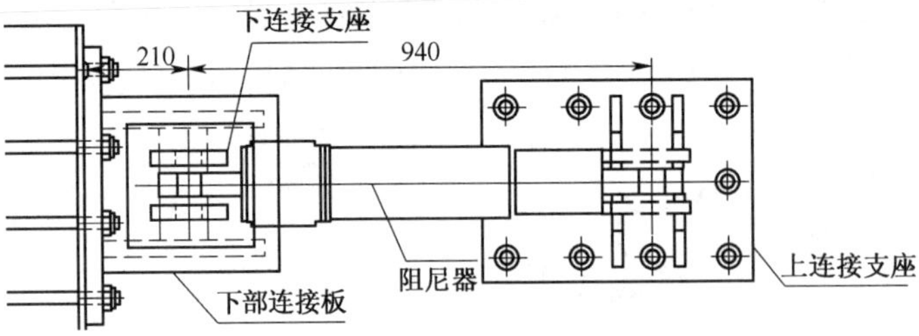

图 5.10.7　阻尼器支座连接示意图

(3)进行化学锚栓的施工，并同时完成预埋板以及连接支座的按照，施工完毕后进行测量，保证安装精度；

(4)阻尼器连接件的安装误差：顺桥向安装误差不大于±5 mm，横桥向安装误差±5 mm，高程安装误差±10 mm；阻尼器支座底板平整度 0.5 mm/全平面。

2. 设置临时安装平台

根据以往阻尼器安装的经验，如果需要应该设置一个临时的安装平台帮助安装人员的安装，示意图如图 5.10.8 所示。

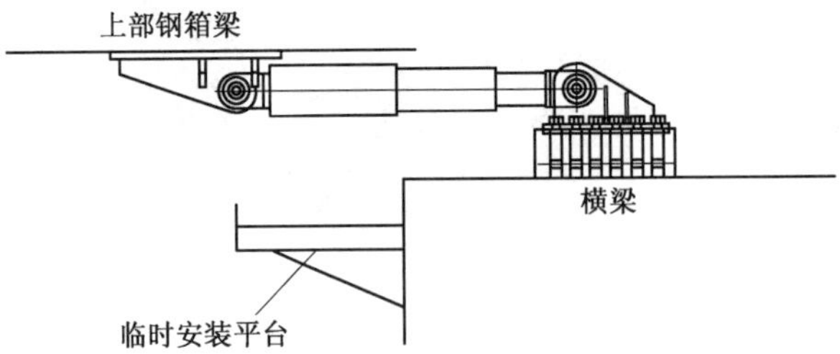

图 5.10.8　加设安装临时平台(本图仅供说明用)

3. 阻尼器运输到安装位置的状态

所用全部阻尼器均按国际运输的要求进行包装，将阻尼器放入木制托盘上的箱子中用船运送到中国现场，阻尼器被蓝色塑料布保护。为防止阻尼器受到破坏，箱子须一直垂直朝上放置，且木箱不得重叠堆放。

注意：为保障阻尼器运送过程中免受破坏，须将未开箱的阻尼器从存放处运送到相应的安装位置，方可现场拆封。

4. 阻尼器吊放

根据以往安装的经验，对于大型液体黏滞阻尼器的安装，其吊放是其中最大的问题，如有可能，安装单位将阻尼器直接吊放在桥塔处，以便下一步的安装。吊放就位后，阻尼器孔中两球铰的中心长度应处于设计图中的中位状态。其尺寸误差不得大于 5 mm。如果发现大于这个误差值，请于我公司代表商议。阻尼器可能需要调整，调整的办法见第四部分阻尼器长度的调整。

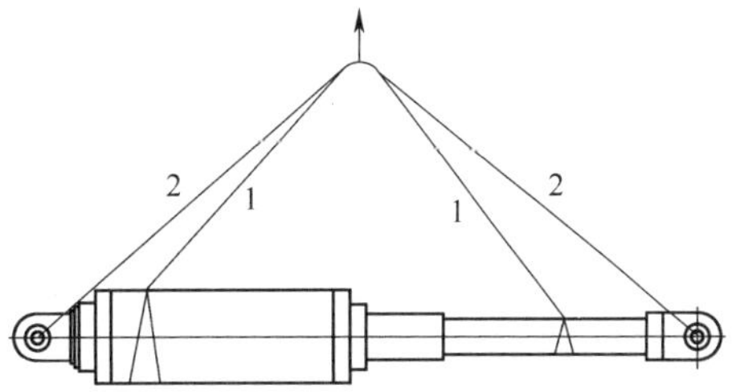

图 5.10.9 阻尼器的吊装捆绑方式

用千斤顶或吊装葫芦将阻尼器提升到需要的位置上，马蹄形末端应该对准图中所标出的支座的确切位置上，应该安装没有微调装置的一端，也就是较粗的一端，如果两个支座之间的位置相对于设计的位置有少许偏差，可以在粗的一端就位后，调整较细的一端，直到符合设计位置距离；阻尼器的提升必须用吊装带吊装，切勿用金属吊索吊装。如图 5.10.9 所示，一般情况下可按图示 1 的捆绑方式吊装，但为防止吊装带滑脱可同时用 1 和 2 的捆绑方式吊装，但 1 的捆绑方式起主要的受力作用，2 的方式只为防止 1 的吊索断裂和滑脱。用吊装设备将阻尼器提升到需要的位置上，马蹄形末端应该对准安装图中支座的确切位置。

5. 阻尼器的长度调整

阻尼器长度检验：阻尼器孔中两球铰的中心长度应处于设计图中的中位状态。特别是环境温度变化较为明显时，由于桥体主梁长度较长，温度的变化将引起阻尼器两个安装点的长度变化。因此，在安装阻尼器之前，应根据室外温度计算相应的阻尼器实际安装的径向长度。

阻尼器运输时，要使阻尼器处于安装图中所示的中间状态。两端球形轴承中心距离被称为中间状态的长度，这一长度也是阻尼器连接支座孔中心距离。假如阻尼器需要长度调节，那么就要对其进行拉压，工程师则必须根据阻尼器冲程来进行长度调节。

拉伸：可以从阻尼器一端连接轴承处挂起，让另一边垂直下垂，这样可以容易将阻尼器拉伸，增加阻尼器长度。假如阻尼器本身的重量很大不能拉伸，则需要增加一些质量块挂在 U 形端上或者利用一个卷扬机来帮助拉长。具体操作方法是将阻尼器的一端连接到支座上，另一端连到卷扬机的钢索上，进行拉伸。

压缩：压缩阻尼器略有困难。像前面说的那样将阻尼器吊起，将其一端垂直放到地面上，靠阻尼器自身的重量来完成压缩。如果需要，可以在上端的 U 形轴承处挂上质量块。注意一定不要使阻尼器受到破坏。

假如阻尼器需要进行长度调节，推荐将阻尼器在运送前从中间状态略微压缩，以致所有的调节能通过伸长完成。对于阻尼器冲程需要预先达到的位置，应该在阻尼器的测试前提供相应的书面材料。这个克服内部张力和引起运动的力为最大阻尼力的 2%～4%。

5.10.4 桥梁阻尼器的安装

(1)支座安装：按照相关的图纸和文件，用千斤顶或起重机，将连接支座安置到指定位置。同样的，支座的焊接或螺栓连接也需要按照相关图纸和文件的要求来完成。

(2)支座就位：用千斤顶或起重机将阻尼器提升到需要的位置上，马蹄形末端应该对准图中所标出的支座的确切位置上。

(3)销子清洗:连接销子应当清理得完全干净和干燥,然后在上面涂上泰勒公司提供的Taylor Blu-Grease润滑剂。

(4)阻尼器就位:将阻尼器末端的球形轴承孔和支座孔对齐,用锥形销子、木楔或其他类似的东西协助就位。

(5)安装销子:用手将阻尼器的马蹄型端与连接支座的孔对齐,然后将销子完全推入。同时,要将安装图中的薄垫片和垫圈就位。薄垫片进入连接支座内部,垫圈在连接支座外部。如果需要,可以重新调整阻尼器。如果销子难以插入阻尼器端孔内,可以用锤子敲击。假如遇到意想不到的困难,可以与泰勒公司的代表商量解决。

(6)固定销子:将销子两端的卡环掰开定位。

(7)安置阻尼器另一端:重复第3步到7步直到安装阻尼器结束,假如遇到调整的困难,可以和泰勒公司代表商议解决。

5.10.5 参考例图(图5.10.10)

(a) 阻尼器到场开箱　(b) 阻尼器吊放　(c) 阻尼器对心

(d) 插入销子　(e) 安装完成

(f) 阻尼器安装图例

图5.10.10 阻尼器安装图例

5.10.6 阻尼器连接支撑物及存放要求

大桥用液体黏滞阻尼器的附件包括：

(1)与主塔横梁连接的支座以及预埋锚栓；

(2)与钢桁梁相连的钢支座；

(3)连接塔梁支座与黏滞阻尼器的销轴。

上述附件为永久性附件。

黏滞阻尼器及连接支撑物到达工地后，必须采取必要的存放措施，以确保阻尼器的存放安全。具体措施如下：

(1)用足够的空间摆放装置在木箱中的阻尼器，不允许叠放；

(2)采取必要的通风、避雨措施。

第 6 章 阻尼器在公路桥梁工程上的应用实例

在本章中，将给出一些工程算例，希望据此能够阐述我们的设计思路、原则和方法。其中包括一些我们参与并最终付诸实施的项目，还有些我们配合设计院参与方案的讨论，并提供了计算报告和具有可操作性的详细图纸。有些项目虽然最终未能实施，但出于项目的特殊性和代表性，在此也将为读者进行介绍。还有部分内容是由中交院、路桥集团设计公司等单位设计人员编写完成的，这些项目均已经实施或正在实施中，有很强的实用性和可借鉴性。

6.1 江阴长江大桥[1]

江阴长江公路大桥是我国大陆建成的第一座千米级的大型悬索桥，是我国桥梁建造史上代表性建筑之一。大桥在 1999 年胜利完工，通车几年来后，发现大桥伸缩缝处开始有较严重破坏，经观测后发现："伸缩缝的滑块发生过脱落，有的横梁下底面，不锈钢板被挤出，有的部位缝隙最大开口达 8.1 cm。因伸缩缝开口过大，密封橡皮被拉裂，伸缩缝工作很不正常，严重影响了伸缩缝隙的使用寿命，不利于桥梁的安全运行。"图 6.1.1 为江阴大桥外部景观图。

图 6.1.1 江阴大桥外部景观图

大桥管理部门委托中铁大桥局武汉科学研究院对大桥进行了现场测试，测试结果表明大桥支座处由风和车辆振动引起的动力位移远大于桥梁本身的温度变形。而后中国公路交通规划设计研究院对大桥进行了动力分析，最终决定在两端伸缩缝处设置 4 个液体黏滞阻尼器对大桥动力位移进行控制。分析结果表明，黏滞阻尼器使车辆振动减少 87%，风振响应减少 51%，地震响应减少 56%。这是我国首次对已建大桥采用阻尼器进行加固和改造，这对于我国桥梁上安置黏滞阻尼器具有重要的意义。

中国公路交通规划设计研究院设计人员主要开展了以下工作：

(1)对大桥进行现场调查，并结合江阴大桥施工图设计图纸，在与大桥管理部门协商的基础上，确定了阻尼器的安装位置；

[1] 摘自中交公路规划设计院，《江阴长江公路大桥主桥阻尼器设计计算研究报告》，2005.2。

(2)对江阴大桥进行了风荷载、车辆振动、地震等动力荷载下的动力有限元分析，确定阻尼器的有关技术参数；

(3)完成了阻尼器连接件的设计，提交了阻尼器与原有结构连接构造的设计图纸。

6.1.1 江阴桥阻尼器安装位置的确定

合理的阻尼器设置是耗能减振设计成功与否的关键，安装位置应选择在位移量最大的主塔与主梁之间，这样有利于最大限度的激发阻尼器的相对运动，有针对性地控制主梁和桥塔之间的由于车辆振动和风荷载所引起的动力相对位移。

根据《江阴大桥测试报告》，桥塔位置东西侧的支座纵向相对运动并不是完全同步，这意味着，主梁与桥塔之间除了发生纵向相对运动外，还伴随着扭转运动。因此，在设置阻尼器时，应尽量使阻尼器的横桥向间距大一些，以提供阻尼扭转力矩来抵抗主梁与桥塔之间的相对扭转运动。

经比较分析，最终确定在钢箱梁底板与混凝土挡墙之间安装阻尼器；同时将阻尼器设置在钢箱梁支座的外侧，增大阻尼器的间距，以提供抵抗箱梁扭转运动的力矩。图 6.1.2 给出了设置阻尼器前、后的一些情况。

图 6.1.2 钢箱梁底板与混凝土挡墙间阻尼器安装前后的情况

6.1.2 江阴桥阻尼参数优化及减振控制

1. 空间有限元模型

计算模型采用了脊梁模式，将桥面系刚度和质量进行质量集中，节点和斜拉索之间采用主从关系(即竖向平动位移相等)。其他的边界条件设置如下：索塔塔底边界条件为固结；主缆在锚定位置的边界条件也为固结；在索塔位置加劲梁与塔柱之间设置了横向抗风支座；桥塔横梁上设置了竖向支座，因此，在该位置处将主梁节点和塔柱节点之间设置为主从约束，即横桥向位移相等。

为模拟桥塔与主梁之间的纵向阻尼器，将阻尼器单元设置在桥塔节点和主梁节点之间。当主梁节点和桥塔节点产生顺桥向相对速度时，阻尼器单元产生轴向阻尼力。

最终建立的全桥有限元模型如图 6.1.3 所示。

2. 地震时程反应分析

进行地震时程反应分析时，综合考虑了结构大变形和初始内力引起的几何非线性，以及非线性阻尼器单元产生的非线性影响。地震波采用一致激励进行地震反应分析，不考虑地震动的行波效应。地震动的参数取最不利情况，即北岸 50 年超越概率 3%的加速度峰值为地震动输入的加速度峰值，即 152.47 Gal(1 Gal=0.01 m/s^2)。

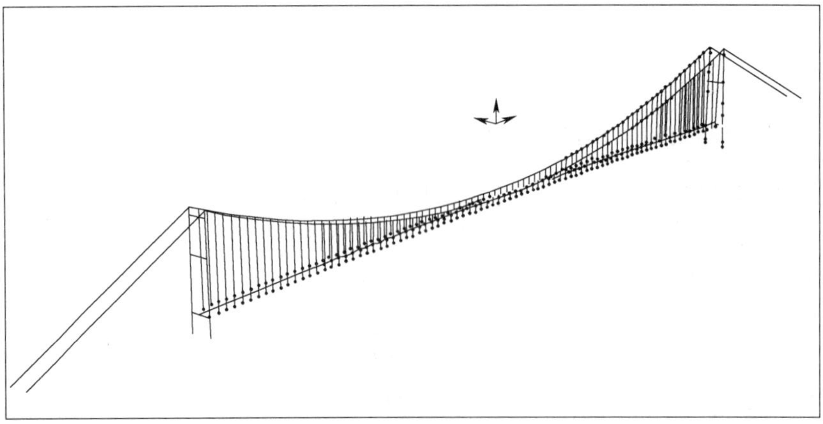

图 6.1.3　江阴桥有限元模型

分别将非线性指数设为 0.5 和 0.4 进行分析，并对控制效果以及结构受力等相关情况进行了总结讨论，结果显示：从地震反应的角度考虑，在确保振动控制效果前提下，可以把阻尼力控制在 1 000 kN 以内，非线性指数取为 0.4，相应的阻尼系数宜不大于 1 750 kN·(s/m)$^{0.4}$。图 6.1.4 为阻尼力与阻尼系数变化曲线。

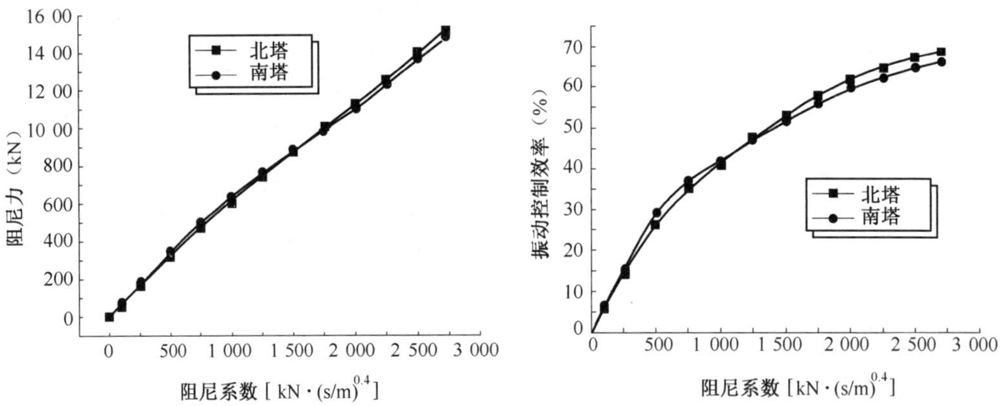

(a)阻尼力与阻尼系数的变化规律（非线性指数取 0.4）

(b)振动控制效率与阻尼系数的变化规律（非线性指数取 0.4）

图 6.1.4　阻尼力与阻尼系数变化曲线(地震)

3. 风荷载抖振时程分析

脉动风荷载引起悬索桥主梁振动是造成桥塔与主梁相对位移的另一个主要原因。可采用抖振时程分析方法对阻尼参数与结构反应之间的关系进行分析，并以此设计有关的阻尼参数。

根据江阴地区的风谱模型对脉动风的时程曲线可进行合成，模型中将风荷载集中在主梁节点上。假定延主梁方向的风场是完全相关的，即作用在主梁节点上的风荷载可以用一条时程曲线来表示。加载时考虑风荷载对塔一梁相对位移的不利情况，将风荷载作用方向取为顺桥向的 45°角度。

图 6.1.5 是风载下塔梁位移与阻尼系数的关系曲线。

当阻尼系数由 0 增大到 1 250 kN·(s/m)$^{0.4}$时，塔一梁相对位移迅速减小，此后阻尼系数继续增大，塔—梁相对位移减小的趋势减缓，但阻尼器中的阻尼力却随着阻尼系数的增大而不断增大，因此从控制风荷载振动的角度，要求阻尼器的阻尼系数宜大于 1 250 kN·(s/m)$^{0.4}$，

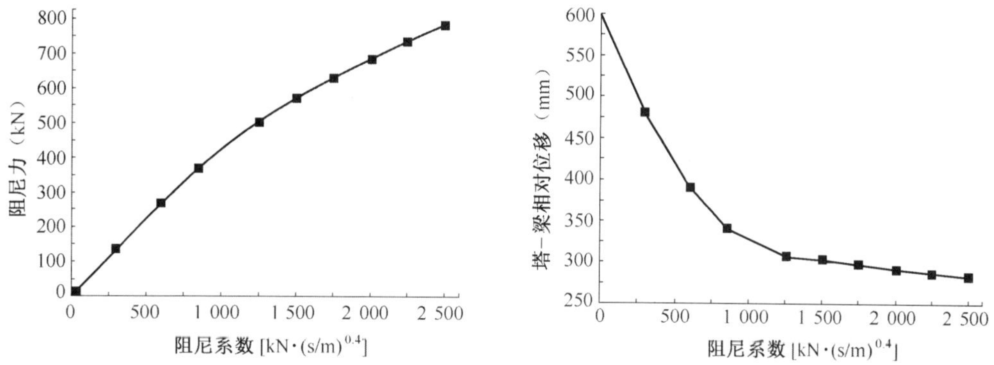

（a）风荷下阻尼力和阻尼系数的关系
（非线性指数取 0.4）

（b）风荷载下塔－梁相对位移和阻尼系数的关系
（非线性指数取 0.4）

图 6.1.5　阻尼力及塔梁位移与阻尼系数变化曲线

相应的单个阻尼器阻尼力为 500～800 kN。

4. 车辆制动力振动分析

这里主要讨论的是车辆制动对主梁的纵向激励作用。主梁被简化为悬吊在一端的集中质量，集中质量的水平向受到黏滞阻尼器的约束以及车辆制动力的作用。集中质量的重量取悬索桥主梁总重(包括一期恒载和二期恒载)，其值可经过计算得到。悬吊长度取主梁到塔顶鞍座距离。

假定车辆制动力为白噪声模型，通过白噪声模型拟合制动力时程曲线。制动力时程的峰值根据车辆调查确定。在综合考虑交通流量的情况下，取制动力荷载峰值为 60 t。

图 6.1.6 为阻尼器位移(也可成为塔梁相对位移)和阻尼力与阻尼系数的关系曲线。

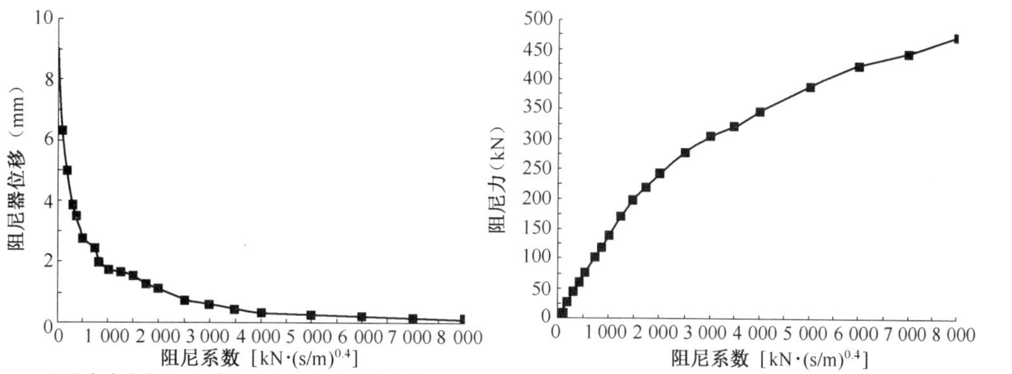

（a）阻尼力大小与阻尼系数关系曲线(非线性指数取 0.4)　（b）阻尼器位移大小与阻尼系数关系曲线(非线性指数取 0.4)

图 6.1.6　阻尼力、阻尼位移与阻尼系数变化曲线

分析结果显示：当阻尼系数由 0 增大到 4 000 kN·(s/m)$^{0.4}$时，塔一梁相对位移迅速减小；此后相对位移减小的趋势减缓，且阻尼系数大于 4 000 kN·(s/m)$^{0.4}$时，可把车辆制动力引起的塔—梁相对振动位移减小 95%以上，相应的阻尼力为 350～500 kN。由于江阴大桥共设置 4 个阻尼器，因此从控制车辆振动角度要求，阻尼器的阻尼系数应不小于 1 000 kN·(s/m)$^{0.4}$，相应的单个阻尼器阻尼力为 90～120 kN。

5. 阻尼器静力位移计算

车辆活荷载：这里主要根据车辆活荷载，利用影响线的计算结果考虑主梁和桥塔之间的相对位移。

温度荷载：在极端温差下引起的荷载，通过非线性有限元分析可得到桥塔与主梁相对位移和温度变化量。

6. 荷载组合

参考公路桥梁设计规范的荷载组合方法，将阻尼器荷载反应进行组合：

(1)荷载组合 1　车辆荷载(静力＋动力)＋最不利温度；

(2)荷载组合 2　车辆荷载(静力＋动力)＋风荷载；

(3)荷载组合 3　地震。

在上述三种组合中，荷载组合 1 通常对阻尼器行程起控制作用；而荷载组合 3 通常对阻尼器出力起控制作用。

6.1.3　阻尼器技术参数

最终确定的阻尼器技术参数如表 6.1.1 所示。

表 6.1.1　江阴大桥黏滞阻尼器技术参数

序号	项目	参数大小
1	额定阻尼力	1 000 kN
2	最小安全系数	1.5
3	最大冲程	±1 000 mm
4	非线性指数(速度指数)	0.4
5	阻尼系数	1 750 kN·$(s/m)^{0.4}$
6	使用温度	−15 ℃～40 ℃
7	阻尼器数量	4

6.2　江津观音岩大桥[1]

江津观音岩长江大桥是我国首座跨长江叠合梁斜拉桥，其桥面是全国同类型桥梁中最宽的。全桥总长 1 172 m，大桥位于江津市观音岩附近，跨越长江，江津观音岩长江大桥是重庆绕城公路南段中规模最大的特大桥。主桥桥跨布置为(35.5＋186＋436＋186＋35.5) m，主桥共长 879 m。两岸引桥采用跨径为 30 m 简支变连续的 T 梁，全桥长度 1 198.94 m，大桥设计行车速度 100 km/h，桥梁设计荷载为公路—Ⅰ级，场地地震基本烈度为 6 度，100 年 10%和 2%基岩水平向峰值加速度为 74.4 Gal 和 107.1 Gal。图 6.2.1 为江津观音岩大桥全景、施工现场图。

图 6.2.1　江津观音岩大桥全景、施工现场图

6.2.1　阻尼器的安装位置

黏滞阻尼器设置在主塔梁间，沿顺桥向设置。共计 4 个，每个主塔下设置 2 个。图 6.2.2 为主塔单侧阻尼器的布置情况。

6.2.2　观音岩大桥计算模型

采用 SAP2000 非线性有限元程序建模，作为该结构附加阻尼消能减震设计的原始模型。

[1] 摘自北京奇太振控科技发展有限公司，《江津观音岩大桥消能减震设计技术报告》，2006.12.31。

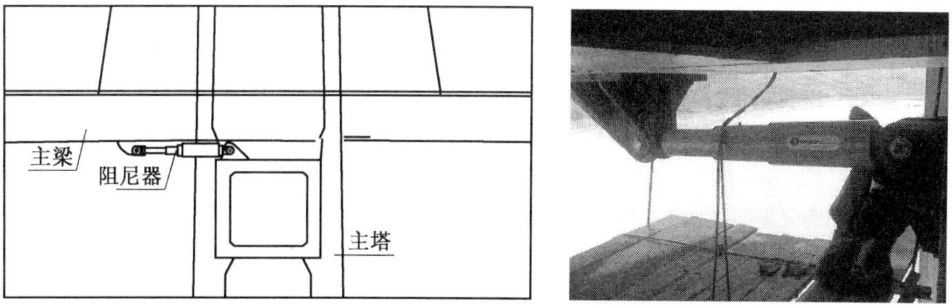

图 6.2.2　主塔单侧阻尼器布置和安装的阻尼器图

江津观音岩大桥主桥结构消能减震分析、计算及设计过程，依据设计单位相关的大桥设计图、结构布置图及其他相关资料完成。结构建模采用空间鱼骨式模型，未考虑引桥部分，主塔采用空间梁单元；主跨与边跨间的连接采用钢板伸缩缝，建模中假设它们能理想地相对自由滑动；消能器采用非线性黏滞消能器单元。图 6.2.3 为大桥有限元模型图。

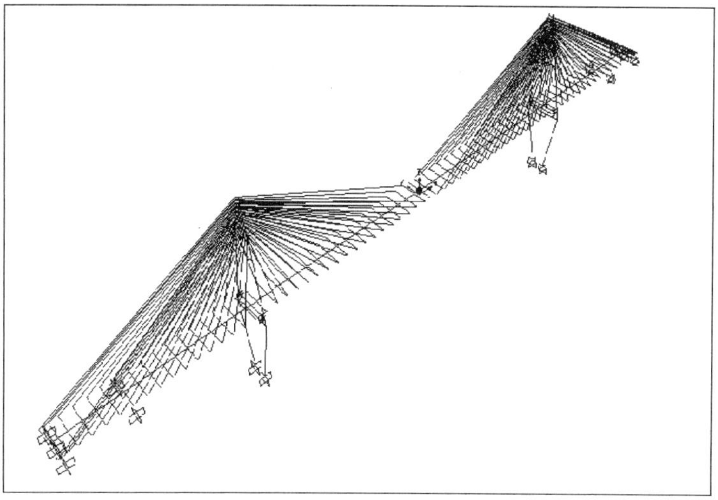

图 6.2.3　江津观音岩大桥计算模型

6.2.3　地震记录的选取和输入

根据大桥所在场地特点进行地震波输入，场地地震基本烈度为 6 度，100 年 10%和 2%基岩水平向峰值加速度为 74.4 Gal 和 107.1 Gal。在这里我们选择了地震工程界较为著名的天然波 El Centro 波的东西水平分量及垂直分量作为分析波形，输入波形的卓越周期及加速度峰值如下：

水平分量：卓越周期 11.440 0 s，加速度峰值 210.142 27 Gal；

垂直分量：卓越周期 0.980 0 s，加速度峰值－206.347 00 Gal。

选用理由主要基于：(1)属于Ⅱ类场地土的地震波，其场地条件类似于当地场地，可以反应当地场地土特征周期情况；(2)一般采用 El Centro 波所计算的结果偏大，这样所确定的参数相对保守，有一定的安全储备。在进行程分析时，相应的将水平及垂直加速度峰值分别调整到 107.1 Gal 及 54 Gal。

6.2.4 阻尼器参数优化

地震作用对阻尼器的技术性能有控制作用，因而较为简单直接的方法是设置多种阻尼器参数，分别观察阻尼器对大桥在地震作用下的控制效果。

这里我们给出阻尼指数 α 的取值范围为 0.3、0.4、0.6、0.8、1.0；阻尼常数 C 的取值范围为 500～12 000 kN·$(s/m)^{\alpha}$；根据控制效果与阻尼器参数的变化趋势最终确定阻尼器参数。

图 6.2.4 中给出了在不同阻尼系数及速度指数下主梁端部的位移量、主塔桥墩剪力和弯距以及阻尼器的出力情况。

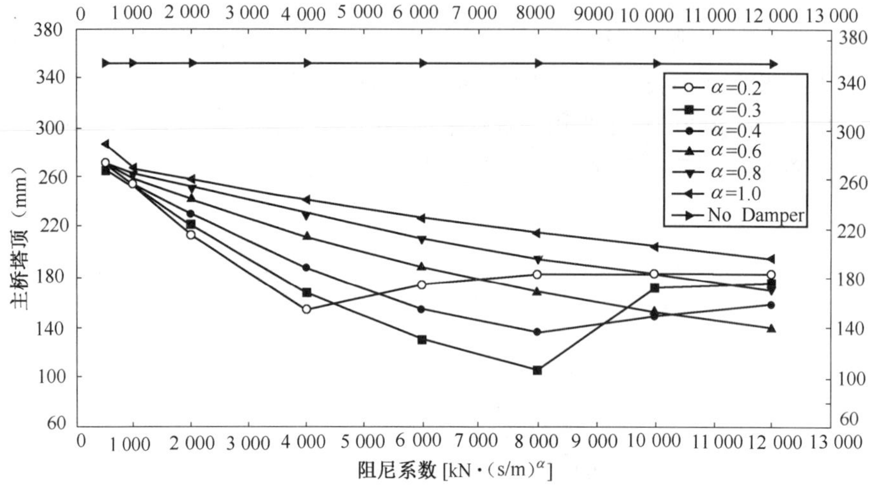

(a) 主塔位移阻尼器参数优化曲线图

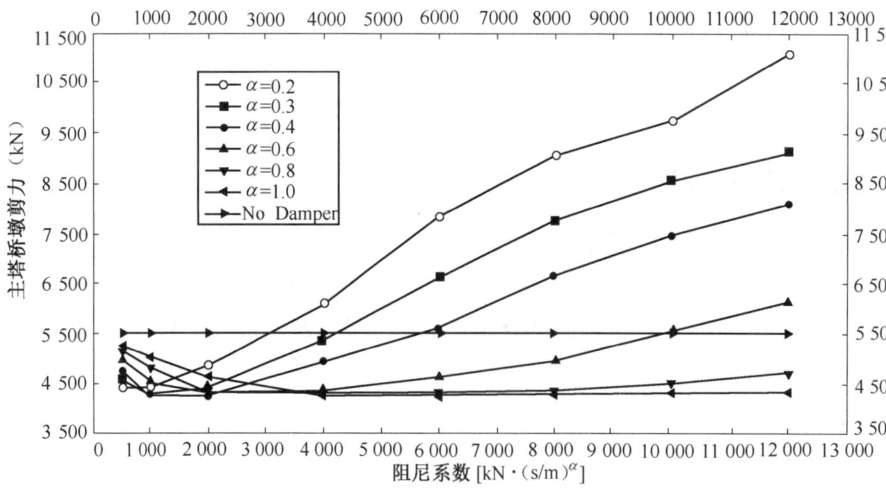

(b) 主塔剪力阻尼器参数优化曲线图

图 6.2.4

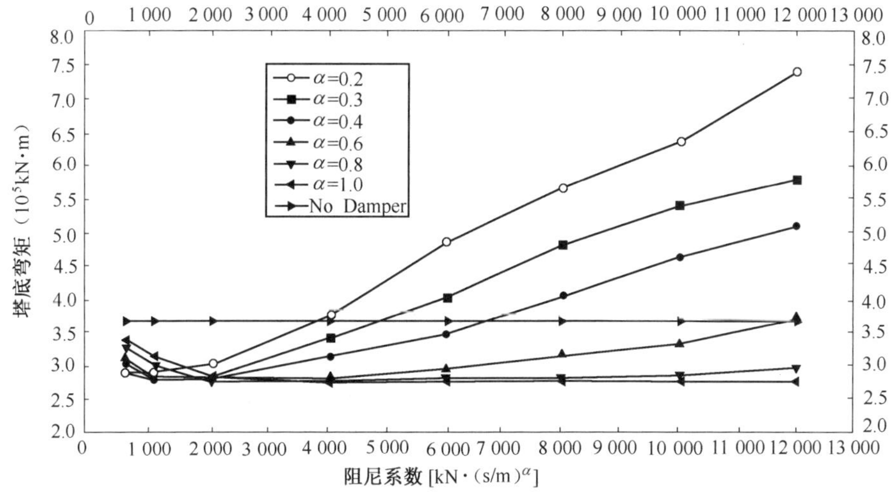

(c) 主塔弯矩阻尼器参数优化曲线图

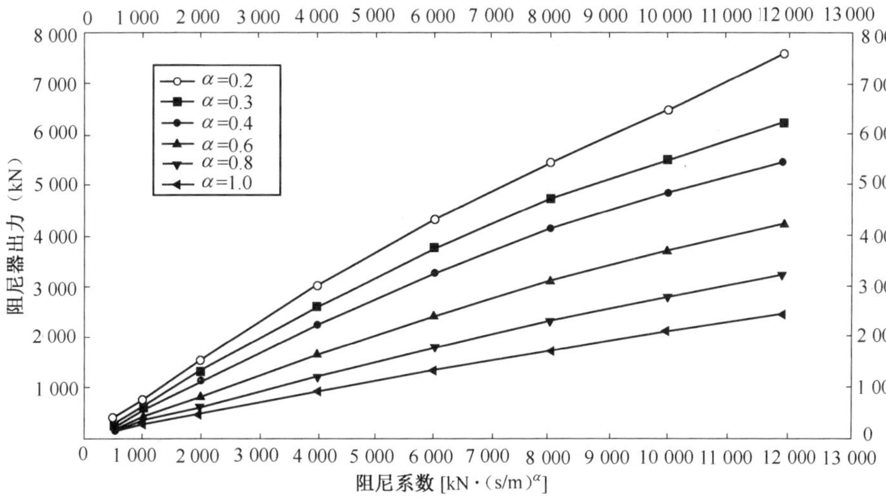

(d) 多参数下阻尼器出力曲线图

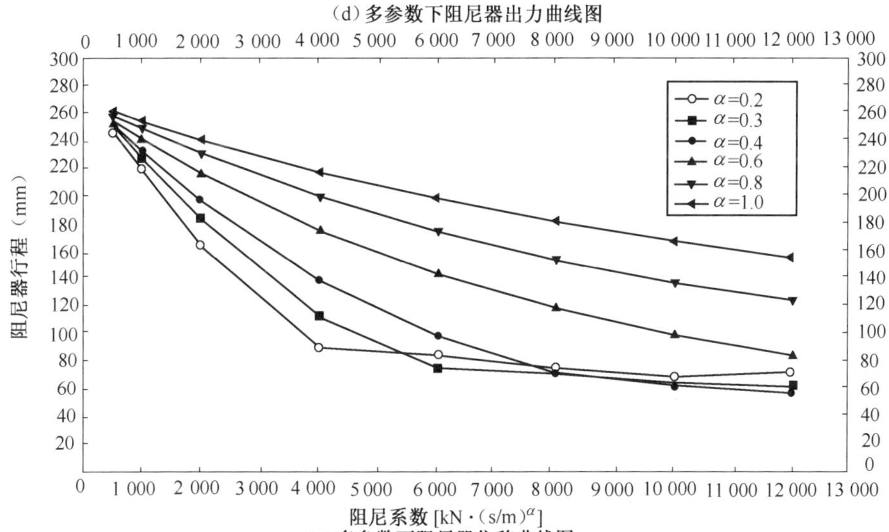

(e) 多参数下阻尼器位移曲线图

图 6.2.4 阻尼器参数优化曲线

6.2.5 优化结论

通过上述分析,有如下结论:

(1)在阻尼器速度指数 α 一定时,随着阻尼系数 C 的增加,梁端位移和阻尼器位移基本上是随之减小;随着阻尼系数进一步加大[C=10 000～12 000 kN·(s/m)$^{\alpha}$],阻尼器对梁端、塔顶位移的控制效果下降;且阻尼器非线性越强,控制效果下降越大,如 α=0.3,α=0.4;速度指数较小时,阻尼器对位移的控制效果好一些。

(2)由于线型阻尼器(α=1.0)出力和结构的弹性力之间有 90°的相位差,所以阻尼器出力与运动中的结构受力完全解耦,即使阻尼器出力及阻尼系数很大,也不会附加给结构外力。

(3)阻尼器的非线性越强(阻尼器速度指数较小,如 α=0.3、α=0.4),随着阻尼系数 C 的增加,阻尼器与结构受力耦合程度越强,阻尼器附加给结构的外力越大,甚至大于结构未设置阻尼器时的受力。

(4)在阻尼器速度指数 α 一定时,随着阻尼系数 C 的增加,阻尼器出力线型增加;且在速度指数较小时,阻尼器的出力随着阻尼指数增长较快;阻尼器出力较大时,虽然可以获得较好的位移控制效果,但也带来了负面效果,即大桥需要提供较大的反力装置,且其构造较为复杂,阻尼器价格也比较昂贵。

(5)在阻尼器速度指数 α 一定时,随着阻尼系数 C 的增加,阻尼器行程减小。

(6)考虑到大桥设置阻尼器的初衷是限制位移,综合经济效果,希望阻尼器吨位控制在 100 t 左右。一方面考虑到可以大幅降低结构本身位移,另一方面可以减小结构本身受力;在这里我们给出的阻尼器的速度指数 α=0.5、阻尼系数 C=2 000 kN·(s/m)$^{0.5}$。图 6.2.5 为主梁在实施控制前、后的位移时程对比图。

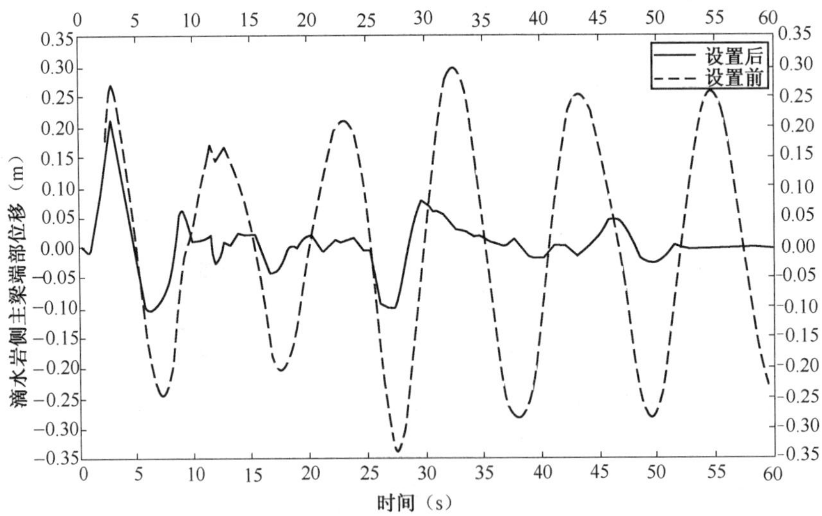

图 6.2.5 主梁端部节点位移(纵桥向相对位移最大值)减振前后对比

6.2.6 阻尼器参数

最终确定的阻尼器技术参数如表 6.2.1 所示。

表 6.2.1 江津观音岩大桥阻尼器参数列表

编号	阻尼器计算参数	数值	编号	阻尼器计算参数	数值
1	最大阻尼力(kN)	1 000	4	阻尼系数 C[kN·$(s/m)^{\alpha}$]	2 000
2	最小安全系数	1.5	5	阻尼的速度指数 α	0.5
3	阻尼器行程(mm)	±200	6	阻尼器数量	4

6.3 石环公里 100 m 拱桥(307 国道东工程)[1]

石环公路钢管混凝土拱桥位于石家庄市裕华区小西帐村以北,由南向北依次跨越 307 国道、石德铁路良村车站、307 国道复线和石津灌溉渠。主梁为预应力混凝土系杆拱结构,采用刚性系梁、刚性拱,每道拱肋采用两根钢管拼成哑铃型,材质采用 Q345d 钢,钢管外径 120 cm,钢管及腹板除拱肋预埋段壁厚为 16 mm 外,其余壁厚均为 14 mm,内充 C50 微膨胀混凝土。下部结构采用群桩基础,桥墩为矩形等截面柱式墩,主桥系梁采用箱形断面,吊杆间距为 5.0 m,每片拱肋设吊杆 17 根,吊杆采用外径 9.5 cm、PE 防护的半环氧喷涂钢绞线。

石环拱桥立面如图 6.3.1 所示。

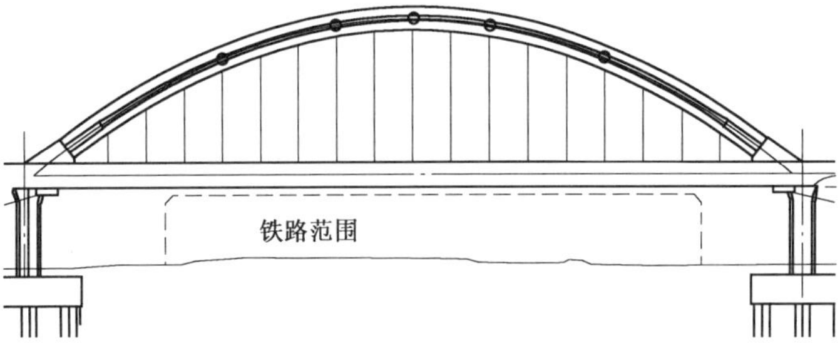

图 6.3.1 石环拱桥立面图

6.3.1 黏滞阻尼器的布置方式

为使阻尼器耗能达到最佳效果,一般情况下阻尼器应设置于桥墩与主梁之间的位移较大处。石环公路拱桥两端支座设置方向不同,其中一端顺桥向均被固定,而另一端则允许大桥顺桥向产生位移,从而释放温度、汽车荷载等产生的位移。

鉴于上述原因,考虑到在罕遇地震作用下不排除支座失效的可能,初步确定如下安置形式:在大桥两侧梁底与桥墩处设置阻尼器,每幅简支钢管拱桥设置 4 个液压黏滞性阻尼器,每孔钢管拱端部主梁梁底设置 2 个阻尼器,阻尼器一端连接于钢管拱系梁梁底,另一端连接于桥墩上。全桥共设置 8 个阻尼器,以达到减少桥梁地震下梁体纵横向漂离,防止落梁。

布置方式参考了洛杉矶Ⅰ—5/91 公路桥双向阻尼器的设置方式,Ⅰ—5/91 公路桥一共设置 8 个阻尼器,吨位 1 110 kN,行程为±200 mm,为新建项目用于抗震和减少对结构的设计要求,后文专门对该项目进行了介绍,详细内容可参阅 6.11 5/91 HOV 大桥。

此处略有区别的是,在本工程中阻尼器的设置方向更偏重于 UX 方向,这是因为:通过振型分析显示 UX 方向的振型质量累积远大于 UY 方向,从而要求阻尼器应主要抑制顺桥向的振动。阻尼器的布置角度与顺桥向成 30°角。

[1] 摘自北京奇太振控科技发展有限公司,《石环公路 100 米拱桥 307 国道东工程消能减震设计技术报告》,2006.3.23。

支座及阻尼器具体位置如图 6.3.2 所示。

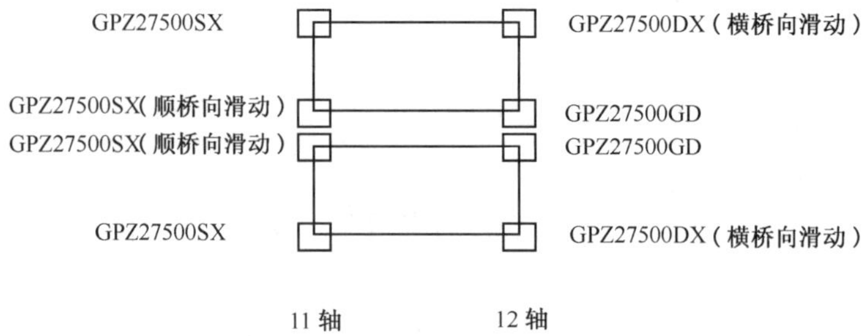

（a）桥体支座布置图

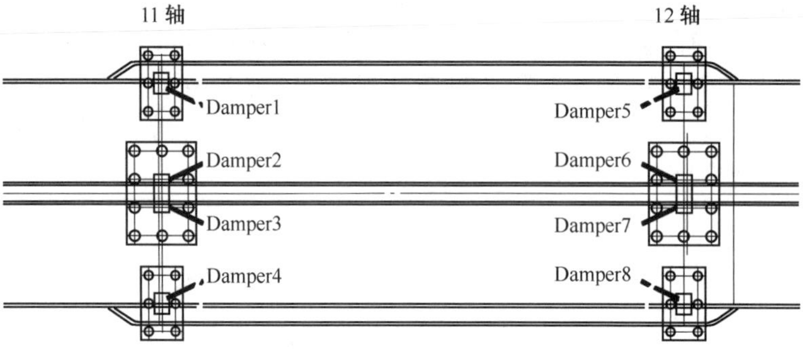

（b）阻尼器布置图

图 6.3.2　桥体支座及梁底阻尼器布置图

6.3.2　结构计算模型及时程分析地震波的选用

工程所在场地特征周期为 0.4 s，场地类别为Ⅱ类，设计地震分组为二组。在进行时程分析时选择了属于Ⅱ类场地土的天然波 El Centro 波，地震波的场地条件均类似于该结构所处当地场地。考虑到设置消能装置作为大桥在地震作用下的第二道防线，在计算中将地震波峰值调整为 50 年超越概率 2%的基岩地震水平向峰值加速度 220 Gal。

石环公路拱桥主体结构作消能减震分析、计算及设计，采用 SAP2000 非线性有限元程序建模，采用三维空间有限元模型；主肋采用空间梁单元，主梁、次梁及桥面采用可同时考虑平面内、平面外刚度的空间壳单元；消能器采用非线性黏滞消能器单元。图 6.3.3 为拱桥计算模型。

6.3.3　主桥结构动力特性

如图 6.3.4 所示，从全桥模态分析观察，全桥刚度较大，第一阶振型为横向一阶面外侧倾，第二阶振型为横向一阶面内侧倾，第三和第四阶振型为一阶扭转振型，第五阶振型为全桥纵飘振型。前几阶振型主要是拱肋的振动产生的，振型参与系数均很低。从振型周期及参与系数可见，第五阶到第十一阶振型沿 UX 方向（顺桥向）的振型参与系数占绝对优势，振型参与度 71.2%～95%，全桥对沿顺桥向地震反应的贡献占绝对优势。

横桥向的振动直到第十二阶振型累积才达到 75%，这主要是由于支座横桥向被约束而抑制了横桥向的振动所导致。

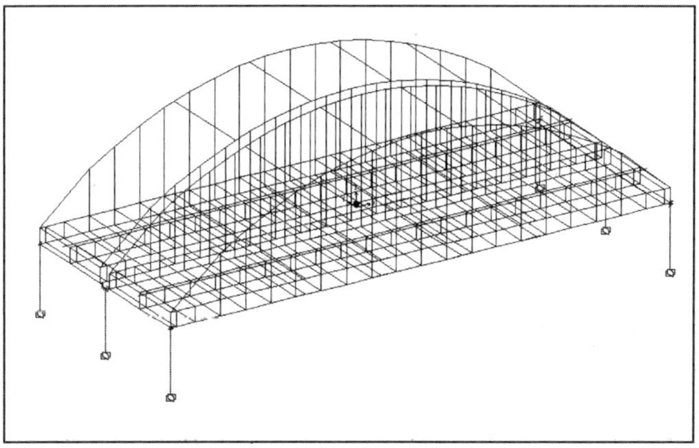

图 6.3.3　拱桥计算模型

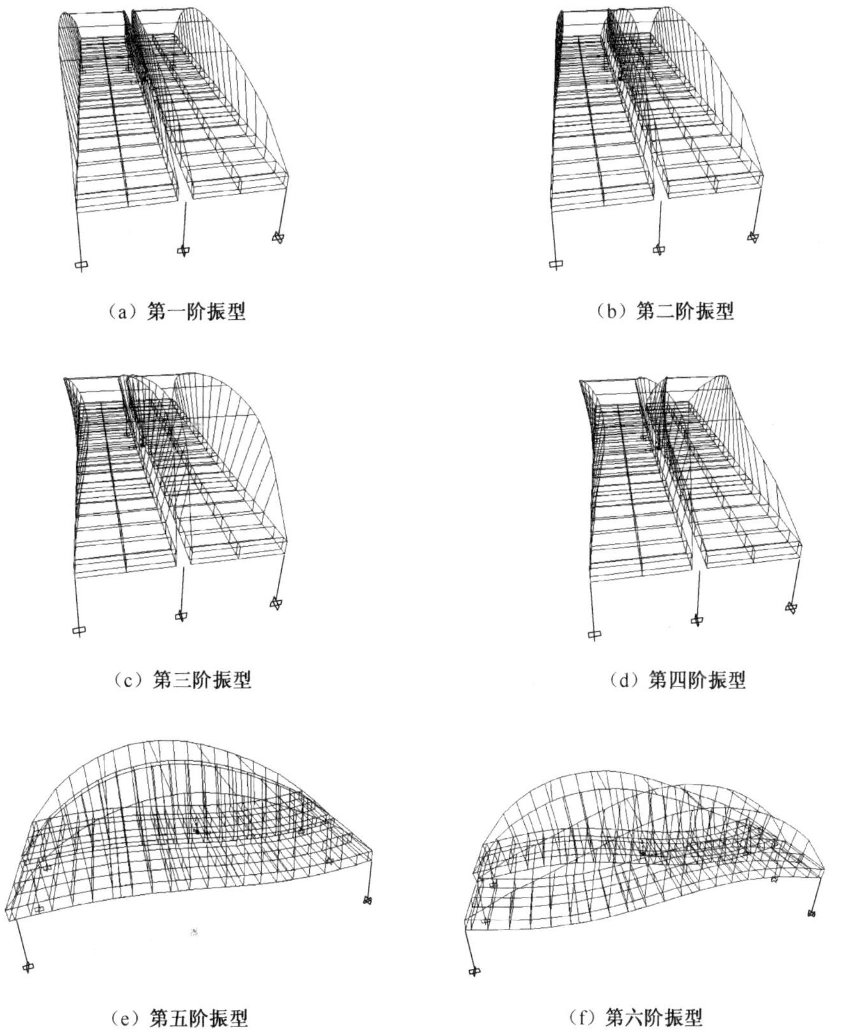

（a）第一阶振型

（b）第二阶振型

（c）第三阶振型

（d）第四阶振型

（e）第五阶振型

（f）第六阶振型

图 6.3.4　结构主要振型图示

6.3.4 减震方案的确定

在进行消能减振设计前，考虑到阻尼器的安置方向，设置了两个分析工况：分别对结构施加了 UX 与 UY 两个方向的加速度波形，分别以 Elcentro_UX 和 Elcentro_UY 表示。

初步考虑设置表 6.3.1 中的几种参数进行分析，然后根据控制结果进行优化处理。

由于在大桥设计中橡胶支座分为三种方式：固定支座、单向活动支座及双向活动支座。所以，全部优化设计分为两个方案进行。

表 6.3.1 阻尼器初步讨论用参数列表

阻尼器类型	阻尼系数 $C[kN\cdot(s/m)^{\alpha}]$	速度指数 α
D2500_0.5	2 500	0.5
D2500_0.4	2 500	0.4
D2500_0.3	2 500	0.3
D2000_0.4	2 000	0.4
D3000_0.4	3 000	0.4

在第一方案中，对于支座需要固定位移的方向由于支座设有中间钢板，认为支座刚度无限大；设置相关节点服从主从关系；

在第二方案中，则对支座的刚度进行了调整，认为是有限刚度，从而减少支座对位移的限制。该方案是出于在本项目中将阻尼器的设置作为大桥生命的第二道防线这种考虑，避免大桥出现落梁的可能。

1. 方案一及结论

方案一为在 11 轴与 12 轴均设置相同参数的阻尼器后，观察减震效果的变化趋势。根据计算结果，给出了分别在阻尼系数和速度指数一定的情况下，设置阻尼器前后位移的减震效果，以及在各工况下的不同类型阻尼器的最大阻尼出力。观测减震效果的主要控制节点为 11 轴线梁端节点及拱桥跨中节点，有针对性地观察阻尼器对顺桥向以及横桥向地震波位移最大点的控制效果。

计算分析表明，当阻尼系数越高且速度指数越小时，阻尼器的出力越大，控制效果越明显；随着阻尼系数的降低及速度指数的增加，阻尼器出力下降，控制效果降低。考虑到设计吨位过大连接节点比较复杂，为了保证一定的性价比，我们认为在该项目中采用 D2500_0.4 这种类型的阻尼器较为合理，其最大出力为 140 t，控制效果最大达 19%。

从阻尼器输出力的情况可以看出，由于 12 轴线支座顺桥向固定，阻尼器出力较小。基于此，将方案一进行了改进，对 12 轴线所采用的阻尼器系数进行了调整，而后观察控制效果的变化趋势。

通过计算分析，得到以下结论：

(1) 对于 11 轴一侧阻尼器参数可按照表 6.3.2 进行取值；

(2)对方案一改进后，随着 12 轴的阻尼系数逐渐变小直至取消，阻尼器参数的减小对控制效果的影响不大，初步的结论是 12 轴线可不考虑设置阻尼器。

表 6.3.2 11 轴阻尼器优化参数列表

最大输出力(kN)	阻尼系数 $C[kN\cdot(s/m)^{\alpha}]$	速度指数 α	动力行程(mm)
1 400	2 500	0.4	30

2. 方案二及结论

方案二是在方案一设计成果的基础上进行的再次优化设计。

如前所述，在第二方案中调整了支座的刚度，认为是有限刚度，考察阻尼器在罕遇地震下支座失效的情况下的减振情况。参考《公路桥梁盆式橡胶支座》的规定，固定支座各方向和单向活动支座非滑移方向的水平承载力可承受支座设计承载力的 10%，支座的竖向承载力设计值为 27 500 kN，则相应水平承载力为 27 500×10%=2 750 kN，支座最大位移量取 200 mm，则刚度设定为 K=2 750/0.2=13 750 kN/m。在此刚度下可以认为支座不限制主梁的活动。

在方案二的计算中，11 轴线阻尼器仍然采用方案一中采用的阻尼器参数，仅对 12 轴所设置的阻尼系数进行调整，速度指数仍然采用 0.4。

当调整了支座刚度后，随着结构整体刚度的下降，结构的地震反应明显增大，最大达到了 158 mm。分析结果显示，阻尼器对结构的控制效果明显加大，介于 50%～75%之间；且阻尼系数越大控制效果越好，在采用 D2500_0.4 型阻尼器后基本上可以保证支座不发生破坏。

11 轴与 12 轴阻尼器参数进行归并后，可按照表 6.3.3 取值。

表 6.3.3　阻尼器优化参数列表

最大输出力(kN)	阻尼系数 $C[kN\cdot(s/m)^{\alpha}]$	速度指数 α	动力行程(mm)
1 100	2 500	0.4	40

6.3.5　阻尼器参数确定

综合方案一与方案二的计算成果，表 6.3.4 中给出了两种阻尼器的参数，分别用于 11 轴与 12 轴，可供参考。

表 6.3.4　石环公路桥阻尼器参数列表

编号	参数	11 轴	12 轴
1	最大阻尼力(kN)	1 400	1 100
2	最小安全系数	1.5	1.5
3	阻尼器动力行程(mm)	±40	±40
4	静力位移(mm)	±70	±70
	阻尼器总行程(mm)	±110	±110
5	阻尼系数 $C[kN\cdot(s/m)^{\alpha}]$	2 500	2 500
6	阻尼的速度指数 α	0.4	0.4

6.4　小沙湾黄河特大桥[1]

小沙湾黄河特大桥为双塔斜拉桥，主跨 440 m。本次计算根据桥梁相关模型及资料，利用时程分析法求解桥体动力反应，并对地震荷载作用下的大桥主梁和桥塔的动力响应进行了分析。该桥主要特点为两塔分别为高、矮塔，塔总高相差近 11 m，这样的结构赋予了大桥特殊的属性，在进行特征值分析过程中，我们发现，与两塔等高的结构不同，在前几阶振型中该桥出现的不再是主梁对称横弯，而是明显的非对称弯曲，并伴随有显著的扭转参与，这给大桥在地震下的稳定性带来了很大的考验。固有频率和结构振型是结构设计的重要参数，斜拉桥的动力行为受主梁截面性质，塔与主梁刚度比，结构的空间几何布置形式，辅助墩的数目与位置，以及塔梁连接方式等多种因素的影响。图 6.4.1 为大桥有限元模型。

表 6.4.1 是结构的前 20 阶模态的分析结果。由小沙湾黄河特大桥结构的前阶振型，我们

[1] 摘自北京奇太振控科技发展有限公司，《小沙湾黄河特大桥消能减震设计技术报告》。

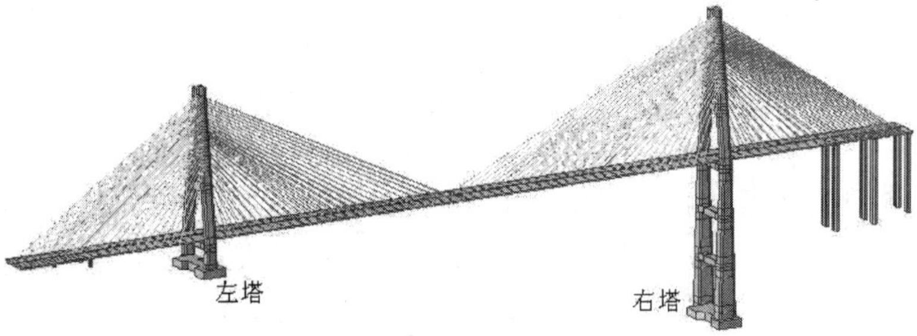

图 6.4.1　大桥有限元模型

可以得到结构具有以下特性:结构第一周期达到 7.83 s,大桥采用主梁纵飘体系,结构的纵向刚度较弱,结构第一阶振型表现为主梁纵飘。主梁在地震荷载作用下位移过大的可能性高。图 6.4.2 为主梁结构振型图。

表 6.4.1　模态分析结果

模态号	频率(rad/s)	频率(cycle/s)	周期(s)	模态号	频率(rad/s)	频率(cycle/s)	周期(s)
1	0.802	0.128	7.831	11	2.758	0.439	2.278
2	1.819	0.290	3.454	12	2.804	0.446	2.241
3	2.109	0.336	2.979	13	2.882	0.459	2.180
4	2.109	0.336	2.979	14	2.900	0.462	2.167
5	2.119	0.337	2.965	15	3.009	0.479	2.088
6	2.176	0.346	2.887	16	3.849	0.613	1.633
7	2.176	0.346	2.887	17	4.270	0.680	1.471
8	2.240	0.357	2.805	18	4.705	0.749	1.335
9	2.565	0.408	2.450	19	5.643	0.898	1.113
10	2.565	0.408	2.450	20	6.679	1.063	0.941

(a)第一振型主梁纵飘

(b)第二振型主梁非对称横弯

图　6.4.2

(c)第五振型主梁非对称横弯伴随竖向扭转

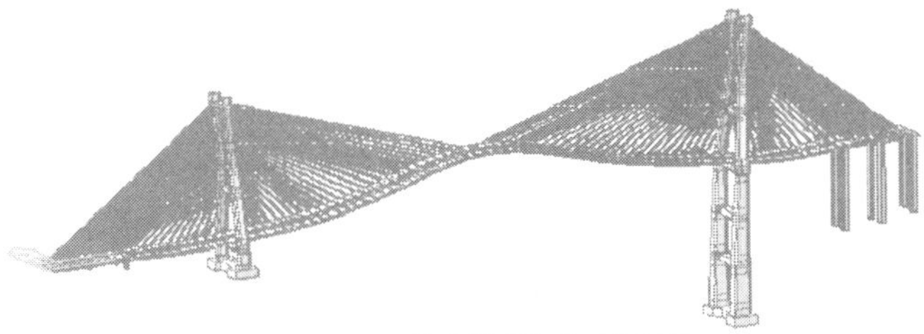

(d)第八振型主梁对称竖弯

图 6.4.2　结构振型图

6.4.1　地震波合成

为了模拟强震下大桥的结构响应，地震动输入选取了 6 条人工波，分别是 50 年超越概率 10%和 50 年超越概率 2%所对应的各 3 条波。人工波根据桥址地区的《安评报告》中小沙湾黄河特大桥场地基岩水平加速度反应谱合成。如表 6.4.2、表 6.4.3 所示。

表 6.4.2　小沙湾黄河黄特大桥工程场地 50 年超越概率基岩峰值加速度(单位:Gal)

超越概率	63%	10%	5%	2%	1%
基岩峰值加速度	32	92	125	180	220

表 6.4.3　场地 50 年不同超越概率基岩加速度反应谱(单位:Gal)

周期(s)	63%	10%	5%	2%	1%	周期(s)	63%	10%	5%	2%	1%
0.044 0	32.8	97.4	134.3	197.7	240.9	0.170 0	88.9	228.5	308.2	434.3	539.0
0.065 0	40.5	121.1	160.6	249.4	323.3	0.190 0	96.8	236.2	304.6	414.1	513.7
0.075 0	43.4	129.7	185.5	272.6	356.8	0.220 0	90.4	230.3	299.2	411.5	514.6
0.085 0	54.3	153.5	216.7	323.7	356.8	0.260 0	83.4	217.3	285.4	395.7	500.6
0.110 0	63.4	167.9	229.7	336.7	416.5	0.300 0	81.6	209.9	265.1	353.3	432.8
0.130 0	79.9	201.5	273.7	388.5	486.5	0.340 0	80.0	205.5	247.1	310.1	365.6
0.150 0	83.8	215.1	294.0	417.1	521.1	0.380 0	76.5	205.1	243.2	300.4	351.5

续上表

周期(s)	63%	10%	5%	2%	1%	周期(s)	63%	10%	5%	2%	1%
0.420 0	67.5	187.0	224.4	247.8	320.2	1.800 0	14.6	55.8	70.9	92.9	108.6
0.460 0	61.5	174.6	212.2	257.2	297.5	2.200 0	10.6	36.5	53.7	77.2	94.5
0.550 0	52.2	145.9	177.4	210.1	276.8	2.400 0	9.5	30.9	45.3	64.4	80.3
0.650 0	48.2	136.3	167.1	205.4	253.6	3.200 0	5.8	18.6	24.9	35.6	46.8
0.750 0	41.8	120.1	148.2	183.9	230.0	3.600 0	4.9	17.1	22.8	32.6	42.6
0.850 0	34.4	109.8	134.5	169.9	210.4	4.000 0	4.3	14.6	18.4	24.6	30.6
0.950 0	30.1	100.7	126.4	147.4	191.0	4.200 0	4.1	13.8	17.0	21.9	26.8
1.000 0	27.3	92.8	113.6	136.1	182.2	4.800 0	3.4	12.6	14.6	16.9	18.9
1.200 0	24.3	83.2	102.1	124.6	168.0	5.000 0	3.0	11.8	13.8	16.1	17.7
1.400 0	20.7	75.6	92.5	114.3	150.5	5.500 0	2.6	10.3	12.0	14.1	15.6
1.600 0	17.0	65.5	83.3	106.7	133.7	6.000 0	2.1	9.5	11.0	12.7	14.2

将根据上述加速度反应谱数据合成的人工地震波记录输入到桥梁模型中，对比设置阻尼器前、后结构的地震响应，进而分析阻尼器对结构安全性能的影响。图 6.4.3、图 6.4.4 是所合成的人工地震波的加速度时程曲线。

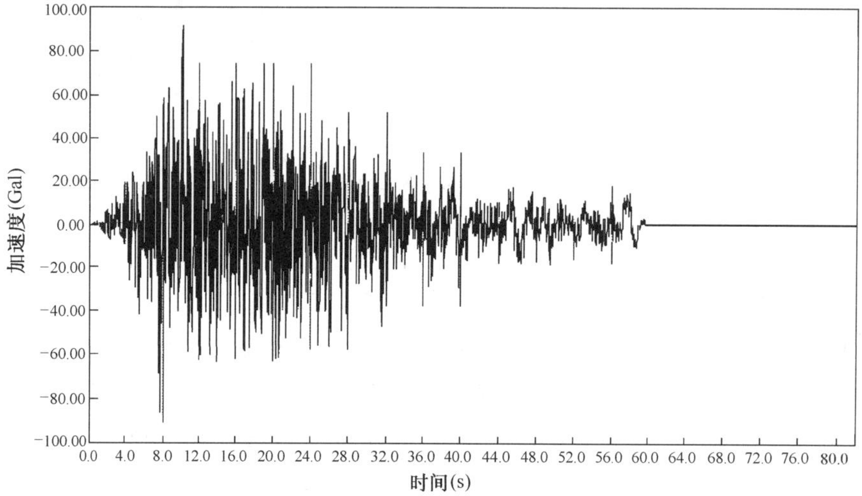

图 6.4.3　50 年超越概率 10%基岩水平向加速度时程曲线

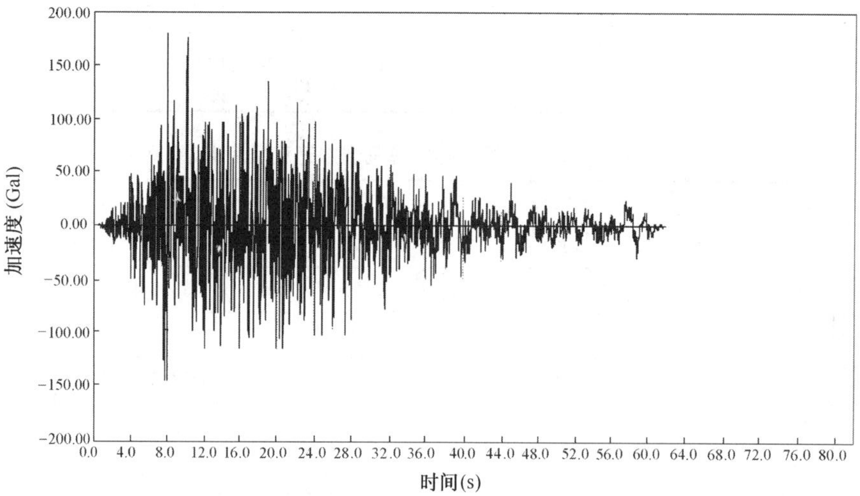

图 6.4.4　50 年超越概率 2%基岩水平向加速度时程曲线

《公路桥梁抗震设计细则》(JTG/T B02-01—2008)中规定:采用时程分析进行抗震计算时,在 E1 地震作用下,线性时程法的计算结果不应小于反应谱法计算结果的 80%。所以输入 50 年超越概率为 10%的人工波进行线性时程分析,检验其合理性。图 6.4.5 是反应谱分析(RS)与线性时程分析(WAVE)结果的比较,由图中可以看出,结构在线性时程分析下的响应值均大于反应谱分析值的 80%,绝大多数甚至大于反应谱的分析结果值。可见,所合成的人工地震波符合规范中的要求,并且更加偏于安全。

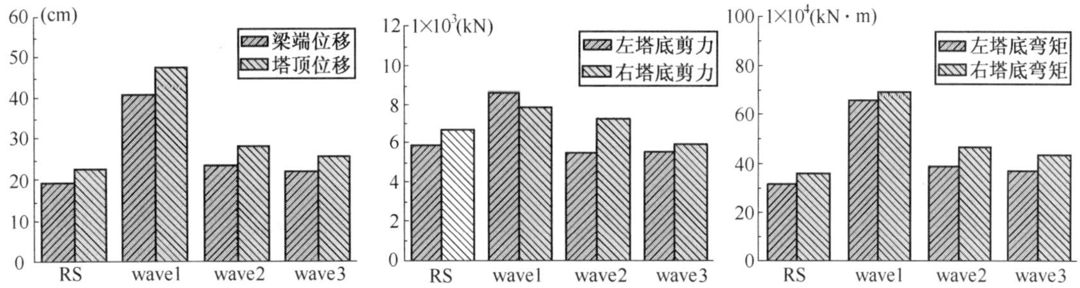

图 6.4.5　反应谱分析和时程分析结果比较

6.4.2　阻尼系数优化

考虑到小沙湾黄河特大桥两塔高相差近 11 m 的特点,我们采用在两塔上设置不同参数阻尼器的方案。在计算过程中,将速度指数 α 确定为 0.4,左塔阻尼器系数确定为4 000 kN·(s/m)$^{\alpha}$,通过对右塔上设置不同阻尼系数[0～4 000 kN·(s/m)$^{\alpha}$]进行分析,以得到最优结论。结果显示:各项位移均是随着阻尼器系数的增加而减小的,而两个塔底的剪力和弯矩变化情况相对比较复杂,因此,我们针对剪力弯矩的变化情况进行研究。图 6.4.6 是随右塔上阻尼器系数改变,塔底剪力和弯矩的变化情况示意图,图中数值取为 50 年超越概率 2%的三条波作用下结构响应的平均值。

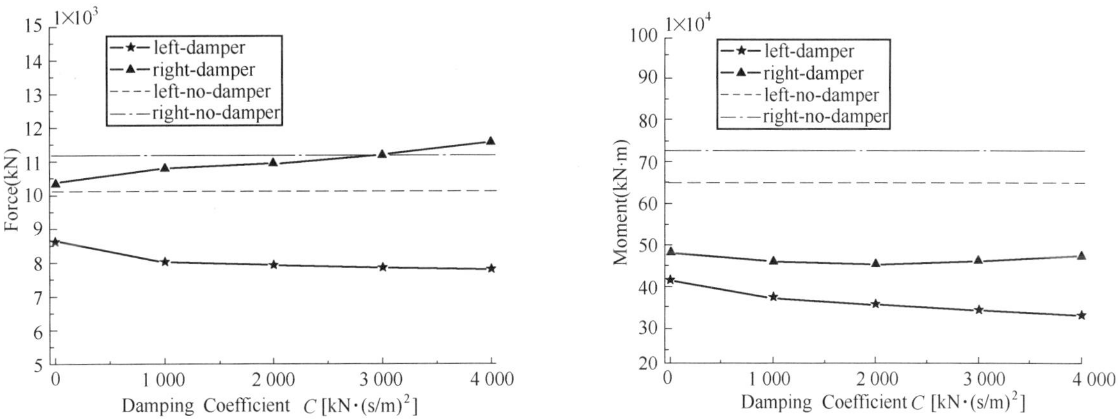

(a)塔底剪力　　(b)塔底弯矩

图 6.4.6　塔底受力随右塔阻尼系数变化情况

从图 6.4.6 中可以看出,随着右塔所设阻尼系数的增加,两塔剪力变化趋势截然相反。左塔底剪力持续逐渐减小,而右塔底剪力却逐渐增大,且当 C 值增大到 3 000 kN·(s/m)$^{\alpha}$ 时,右塔底的剪力均值已经达到了未安装阻尼器时的数值,到 C 设为 4 000 kN·(s/m)$^{\alpha}$ 时,剪力值已经超过原结构的受力。而弯矩的变化趋势如下:总体来讲,安置阻尼器后两塔底的弯矩均呈现减小的现象,且左塔底弯矩始终随 C 值的增大而减小;而右塔底的情况则是先减小后增大，在阻尼系数为 2 000 kN·$(s/m)^{\alpha}$ 时，弯矩均值最小。综合上述分析，兼顾到两塔底的受力情况，均衡之后我们最终选取的阻尼器系数如下：安置在左塔的 2 个阻尼器系数为 4 000 kN·$(s/m)^{\alpha}$，安置在右塔的 2 个阻尼器系数为 2 000 kN·$(s/m)^{\alpha}$，速度指数均为 0.4。

6.4.3 阻尼器减震效果分析

分别以 50 年超越概率为 2%和 10%合成的地震波作为输入，通过对设置阻尼器前、后结构的地震响应进行比较分析，可以得出，在桥梁上安置阻尼器，可以使结构的地震响应有显著的减小，对于控制结构各项位移及塔底受力均能起到很好的作用，并使矮塔分配了一部分高塔的受力，使得结构的整体受力被大幅度减小。表 6.4.4 为分析结果列表。

表 6.4.4 各项位移响应

50 年超越概率		2%			10%		
地震波		WAVE-1	WAVE-2	WAVE-3	WAVE-4	WAVE-5	WAVE-6
塔顶位移（cm）	无阻尼器	46.10	42.70	49.96	47.90	28.27	25.74
	有阻尼器	28.72	19.43	24.70	26.09	10.48	12.63
	减震率	37.7%	54.5%	50.6%	45.5%	62.9%	50.9%
梁端位移（cm）	无阻尼器	39.35	36.22	42.64	40.89	24.00	22.20
	有阻尼器	24.56	16.41	21.46	22.17	9.01	10.83
	减震率	37.6%	54.7%	49.7%	45.8%	62.5%	51.2%
左塔梁相对位移（cm）	无阻尼器	37.68	34.80	40.97	39.29	23.10	21.25
	有阻尼器	23.50	15.66	20.53	21.23	8.55	10.34
	减震率	37.6%	55.0%	49.9%	46.0%	63.0%	51.3%
右塔梁相对位移（cm）	无阻尼器	28.43	25.79	31.42	30.43	17.40	15.63
	有阻尼器	18.57	11.65	15.73	15.79	6.36	7.99
	减震率	34.7%	54.8%	49.9%	48.1%	63.4%	48.9%

从表 6.4.4 可以看出，加设阻尼器后，结构的各项位移响应减小的趋势非常显著，均得到了很好的控制。如：在各条地震动记录激励下，加设阻尼器后，塔顶位移、梁端位移和塔梁相对位移均明显被消减，两种超越概率下最大减震率分别达到和接近 54%和 63%，平均减震率分别超过了 46%和 53%。在位移响应最大的几条地震动作用下，加设阻尼器前、后结构各项位移的对比情况如图 6.4.7 所示，我们可以更直观的看出阻尼器的减震效果。

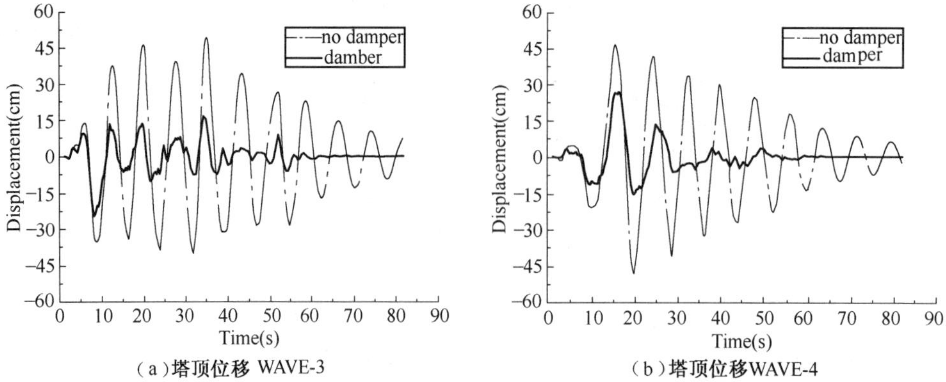

（a）塔顶位移 WAVE-3　（b）塔顶位移WAVE-4

图 6.4.7

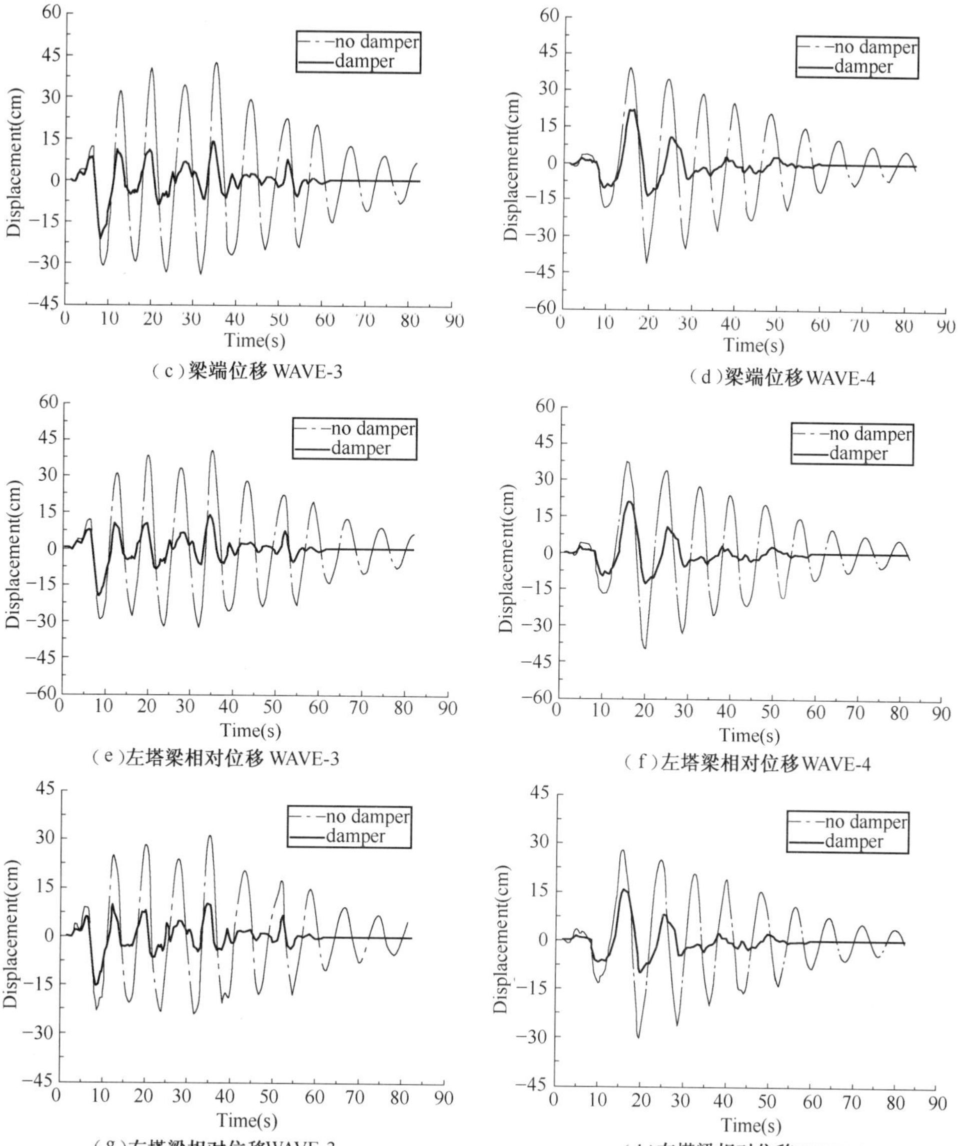

(c)梁端位移 WAVE-3

(d)梁端位移 WAVE-4

(e)左塔梁相对位移 WAVE-3

(f)左塔梁相对位移 WAVE-4

(g)右塔梁相对位移 WAVE-3

(h)右塔梁相对位移 WAVE-4

图 6.4.7 设置阻尼器前、后位移对比

表 6.4.5 塔底受力情况

50 年超越概率		2%			10%		
地震波		WAVE-1	WAVE-2	WAVE-3	WAVE-4	WAVE-5	WAVE-6
左塔底剪力(km)	无阻尼器	9 914	10 640	9 777	8 578	5 505	5 573
	有阻尼器	9 002	6 832	7 936	6 761	5 360	5 103
	减震率	9.2%	35.8%	18.8%	21.2%	2.6%	8.4%
右塔底剪力(kN)	无阻尼器	10 326	10 562	12 589	7 811	7 273	5 987
	有阻尼器	11 104	9 559	12 057	7 048	7 897	6 042
	减震率	−7.0%	9.5%	4.2%	9.8%	−7.9%	−0.9%

续上表

50 年超越概率		2%			10%		
地震波		WAVE-1	WAVE-2	WAVE-3	WAVE-4	WAVE-5	WAVE-6
左塔底弯矩(kN·m)	无阻尼器	661 808	625 417	661 235	659 083	391 194	368 167
	有阻尼器	434 169	297 968	344 039	384 599	161 549	181 655
	减震率	34.4%	52.3%	48%	41.6%	58.7%	50.6%
右塔底弯矩(kN·m)	无阻尼器	734 910	744 490	698 074	693 528	465 700	437 760
	有阻尼器	505 474	407 347	442 487	461 119	338 187	259 205
	减震率	31.2%	45.3%	36.6%	33.5%	27.4%	40.8%

如表 6.4.5 所示，经分析可知，左塔剪力减小情况较明显，而右塔剪力在其中 3 条波作用下比原结构受力稍有增加，这与所选取地震波自身的特征密切相关，但在所选用的阻尼器的保护下，6 条波作用的平均值相较原结构是没有增加的；两塔底的弯矩均呈减小趋势，且控制效果显著，在 50 年超越概率 2%的地震动作用下左塔弯矩最大减震率达到 52.3%，右塔弯矩减震率达到 45.3%。这是因为加设阻尼器后，左塔自身减震的同时也分担了一部分右塔的受力，使整体结构受力更加趋于平衡合理。图 6.4.8 是选取的在结构受力响应最大的几条波作用下安置阻尼器前、后的分析结果对比时程曲线。

通过以上分析表明，由于该斜拉桥结构形式为全漂移系统，地震作用下会产生较大的振动位移，结构自身阻尼比很低，振动衰减缓慢，在衰减的过程中所释放的能量必然要通过结构本身阻尼特性所消耗，通常表现在材料本身之间的摩擦以及构件与构件之间的摩擦，这势必会造成结构损伤；在设置阻尼器后使结构阻尼比增加，并且通过阻尼器的耗能特性有效地衰减了结

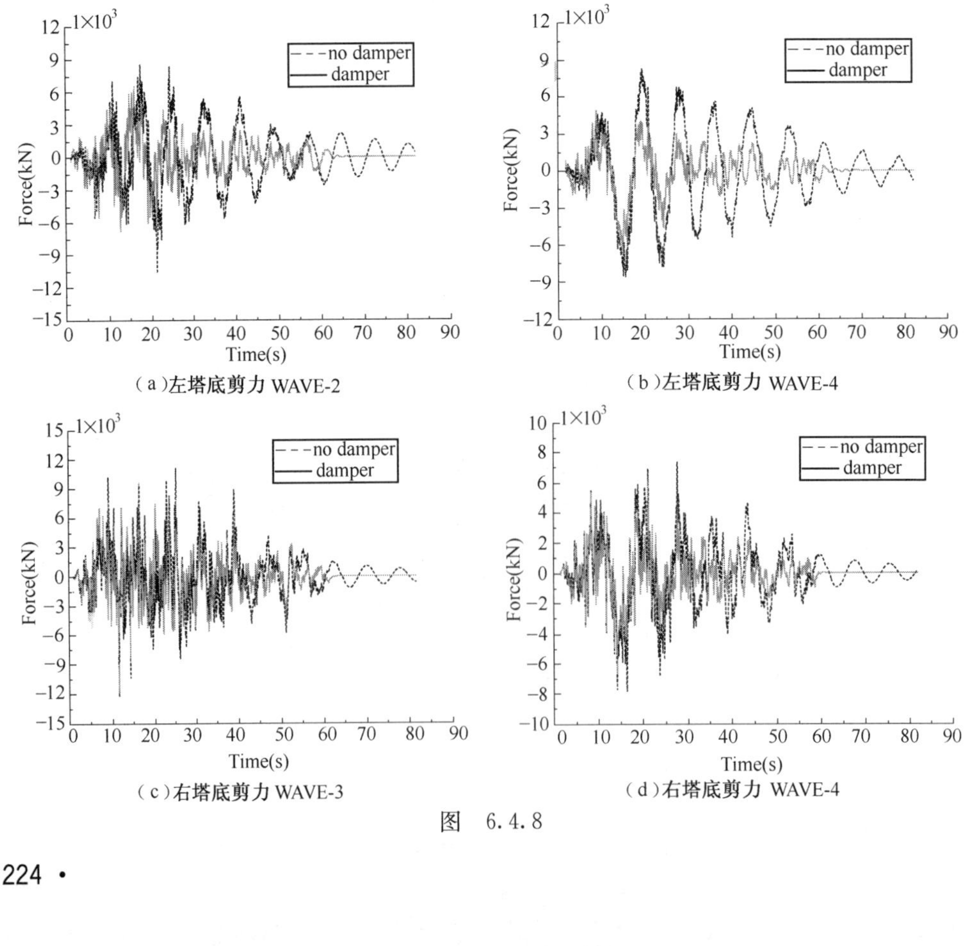

(a)左塔底剪力 WAVE-2

(b)左塔底剪力 WAVE-4

(c)右塔底剪力 WAVE-3

(d)右塔底剪力 WAVE-4

图 6.4.8

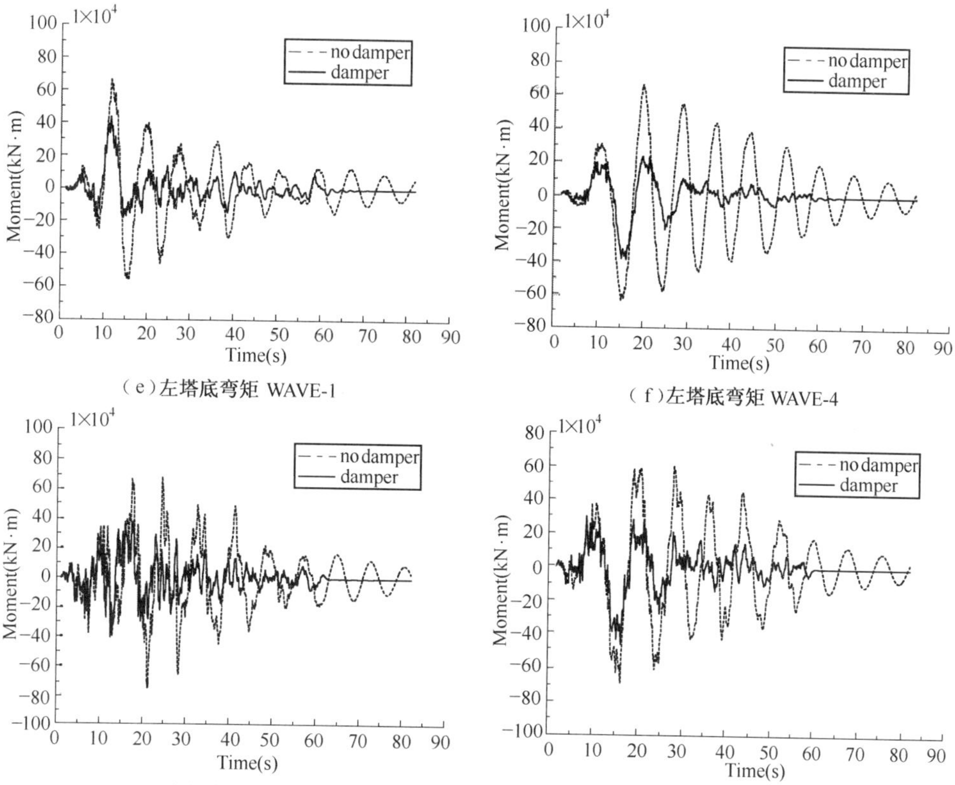

(e)左塔底弯矩 WAVE-1

(f)左塔底弯矩 WAVE-4

(g)右塔底弯矩WAVE-2

(h)右塔底弯矩WAVE-4

图 6.4.8　设置阻尼器前、后受力对比

构的振动，保护了主体结构。

表 6.4.6　两种超越概率平均减震率比较

项目	50 年超越概率 2%	50 年超越概率 10%	项目	50 年超越概率 2%	50 年超越概率 10%
塔顶位移	47.6%	53.1%	左塔底剪力	21.3%	10.7%
梁端位移	47.3%	53.2%	右塔底剪力	2.2%	0.3%
左塔、梁相对位移	47.5%	53.4%	左塔底弯矩	44.9%	50.3%
右塔、梁相对位移	46.5%	53.5%	右塔底弯矩	37.7%	33.9%

表 6.4.6 是对在不同超越概率下阻尼器减震情况的综合比较，总体来说，对于位移响应，在超越概率较小时阻尼器的减震率更加显著；而对于结构的受力情况，在 E1 地震动作用下阻尼器的减震率总体相对较小，但于左塔弯矩而言，却是相对较大的，这可能是由桥体本身的结构、所选地震波特性和阻尼器参数等各种综合因素所导致的结果。

6.4.4　阻尼器参数确定

以在 50 年超越概率 2%的地震动作用下阻尼器出力情况为参考，确定两种型号的阻尼器出力。如表 6.4.7 所示。

阻尼器最大冲程需要根据斜拉桥设计包括地震影响的荷载组合进行组合比较确定。作为大跨度斜拉桥，该组合中起到控制作用的应为温度变化一项。根据当地月平均最高气温和最低气温情况，综合考虑后计算取体系升温 23 ℃，体系降温 23 ℃。在与地震力作用下的位移组合后，并参照大桥伸缩缝尺寸，综合考虑建议选取阻尼器行程如图 6.4.8 所示。

表 6.4.7　阻尼器出力

工　况	左塔阻尼器出力(kN)	右塔阻尼器出力((kN)
WAVE-1	2 319	1 051
WAVE-2	2 281	1 135
WAVE-3	2 219	1 048
设计最大阻尼力	2 500	1 500

表 6.4.8　阻尼器行程选取

项　次	左塔、梁相对位移(mm)	右塔、梁相对位移(mm)
温度荷载	144	129
地震荷载(E2 地震作用下均值)	199	154
阻尼器设计行程(mm)	±350	±300

综合上述阻尼器各参数的计算分析和选取，最终建议采用的阻尼器参数如图 6.4.9 所示。

表 6.4.9　阻尼器参数

编号	参　数	数　值
1	最大阻尼力(kN)	2 500/1 500
2	最小安全系数	1.5
3	从活塞位于中点计算，最大可以运动位移(最大冲程)(mm)	±350/±300
4	阻尼系数 C[kN・(s/m)$^{\alpha}$]	4 000/2 000
5	阻尼的速度指数 α	0.4
6	阻尼器数量	2/2

6.5　仙神河独塔斜拉桥[1]

仙神河大桥位于太原—澳门国家重点公路山西境晋城至济源(省界)段，大桥设计方案为：主桥采用(130.9+136)m 的单塔预应力混凝土斜拉桥。

大桥设计行车速度为 80 km/h，桥梁设计荷载为公路—Ⅰ级，场地地震基本烈度为 6 度，地震动峰值加速度为 0.10g，地震动力反应谱特征周期为 0.40 s。由于仙神桥月湖泉侧主梁桥墩所处地质条件的限制，附加阻尼器后应不使该处桥墩受力增加，在分析过程中应以纵向控制主塔内力并兼顾主梁位移为目标。

仙神河大桥地处边远山区，主塔桥墩地势较低，主塔高达(150.07+48.86) m。结构动力分析表明：在地震作用下大桥主梁端部位移较大，且由于主桥自身的阻尼比较小(阻尼比按照5%计算)，其振动衰减较慢；在设置了阻尼器后，主桥部分的一些主要控制指标均有较大的减弱，减震效果非常明显，其中固定墩剪力减少了 40%左右，主桥端部伸缩缝处位移下降了 40%～50%左右。

黏滞阻尼器沿顺桥向设置于济源端侧，初步设定在沿主梁布置的 4 个滑动支座的轴线方向上设置阻尼器，数量共计 4 个。

6.5.1　天然波及拟和规范反应谱

仙神桥所在场地抗震设防烈度 6 度，考虑到设置消能装置作为大桥在地震作用下的第二

[1] 摘自北京奇太振控科技发展有限公司，《仙神河大桥消能减震设计技术报告》。

道防线，采用时程分析时将设防烈度提高一度，按照 7 度调整地震波峰值，即地震波峰值调整为 50 年超越概率 2%～3%的基岩地震水平向峰值加速度 220 Gal。

在这里我们选择了地震工程界较为著名的天然波 El Centro 波作为分析波形，主要基于：(1)该波属于Ⅱ类场地土的记录，其场地条件均与当地场地条件相近，可以反应当地场地土特征周期情况；(2)一般采用 El Centro 波所计算的结果偏大，这样所确定的参数相对保守，有一定的安全储备。

6.5.2 结构计算模型

结构建模采用三维空间有限元模型(图 6.5.1)，未考虑引桥部分；在结构分析计算中，主塔采用空间梁单元；主梁、次梁及桥面采用可同时考虑平面内、外刚度的空间壳单元；主跨与边跨间的连接采用钢板伸缩缝，建模中假设它们能理想地相对自由滑动；消能器采用非线性黏滞消能器单元。

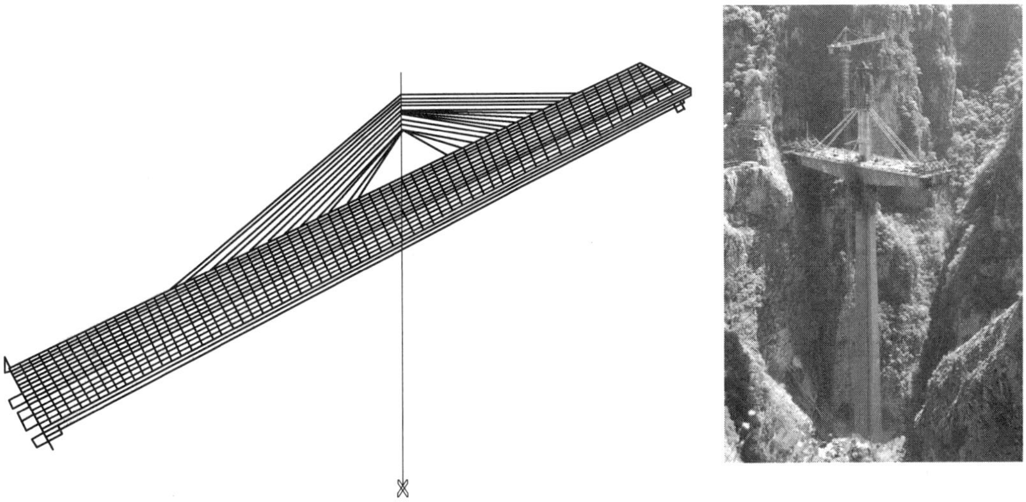

图 6.5.1 大桥三维计算模型以及建设中的仙神河桥

6.5.3 阻尼器的参数优化

采用多参数法对控制效果进行了分析，这里我们给出阻尼指数 ξ 的取值范围为 0.3、0.4、0.6、0.8、1.0；阻尼常数 C 的取值范围为 1 000～5 000 kN·(s/m)$^{\alpha}$，间隔取为 1 000 kN·(s/m)$^{\alpha}$；根据控制效果与阻尼器参数的变化趋势最终确定阻尼器参数。

图 6.5.2 给出了在不同阻尼系数及速度指数下主梁端部的位移量、主塔桥墩剪力和弯矩以及阻尼器的出力情况。

可见，当阻尼器速度指数 α 一定时，随着阻尼系数 C 的增加，梁端位移和阻尼器位移单调减小，阻尼力则基本呈线性增加；另一方面，当阻尼系数 C 一定时，梁端位移和阻尼器位移随阻尼器速度指数 α 的增加而增加，阻尼力则随着阻尼器的速度指数 α 的增加而减小，塔底弯矩也基本上随着阻尼器的速度指数 α 的增加而减小。且在速度指数较小时，阻尼器的出力随着阻尼指数增长较快，这虽然可以获得较好的位移控制效果，但带来的问题是大桥需要提供较大的反力装置，这样一来其构造就变得较为复杂，阻尼器价格也比较昂贵。

经对阻尼器参数优化设计的计算分析，得出如下结论：在采用阻尼速度指数 α=0.4、阻尼

系数 C=2 000 kN·$(s/m)^{0.4}$时，阻尼器的出力较小且位移控制效果较好，主梁端部位移可以控制在 300 mm 左右，阻尼器的出力在 150 t 左右。

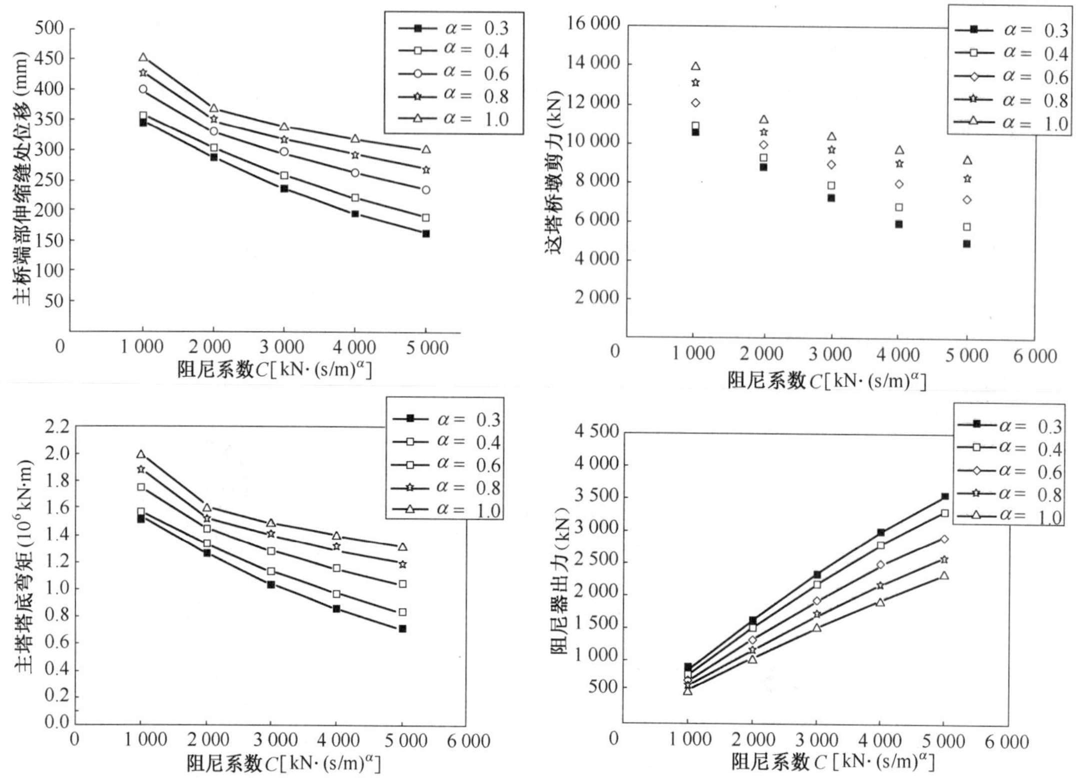

图 6.5.2　阻尼参数优化曲线图

图 6.5.3 给出了在上述参数下的主梁端部位移时程曲线，并与未设置阻尼器的情况下进行了对比，可见在没有设置阻尼器时，大桥的振动衰减很慢，设置后主梁位移有较大降低，并很快得到衰减，有效保护了主体结构。

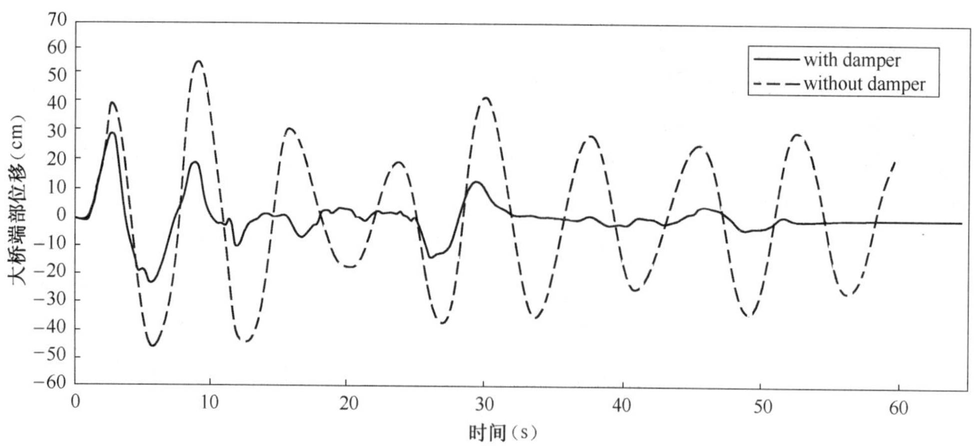

图 6.5.3　主梁端部节点位移(纵桥向相对位移最大值)减振前后对比

6.5.4 阻尼器计算参数

阻尼器在静力下所产生的位移一般由温度荷载和最不利汽车荷载两部分组成。而地震作用、极端温度以及最不利汽车荷载同时出现的几率很小，因此无需将计算结果相加。

参考公路桥梁设计规范中的荷载组合方法，阻尼器可能出现的最大行程由极端温度和最不利汽车荷载产生的静位移确定。该项目中，阻尼器最大静位移行程为 160 mm。

综合上述所有计算过程，根据优化设计给出了如下计算参数，可供参考及选择。具体如表 6.5.1 所示。

表 6.5.1 阻尼器参数列表

编号	阻尼器计算参数	数值	编号	阻尼器计算参数	数值
1	最大阻尼力(kN)	1 500	4	阻尼系数 $C[\text{kN}\cdot(\text{s/m})^{\alpha}]$	2 000
2	最小安全系数	1.5	5	阻尼的速度指数 α	0.4
3	阻尼器行程(mm)	±300	6	阻尼器数量	4

6.5.5 拟和规范反应谱验证阻尼器参数

为进一步验证所选定的阻尼器参数的可靠性，根据规范反应谱生成了相应的人工地震波。人工地震波的峰值加速度为 220 Gal，持续时间为 30 s。图 6.5.4、图 6.5.5 是人工地震波的加速度时程曲线和其反应谱与规范反应谱以及前面计算所采用 El Centro 波反应谱的比较情况。如图所示，所拟和的地震波反应谱与规范谱比较接近，特别是在 4 s 之前。

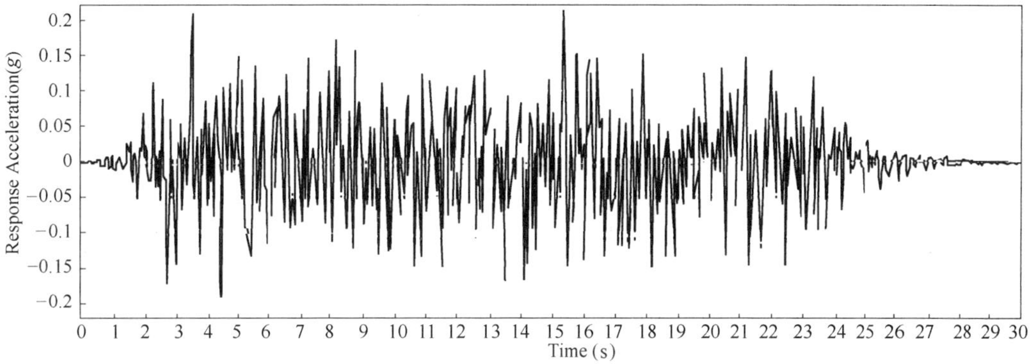

图 6.5.4 拟和地震波时程

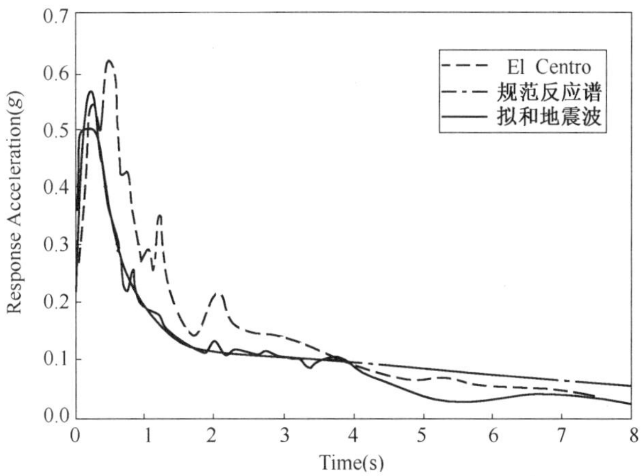

图 6.5.5 拟和反应谱比较

表 6.5.2 给出了在人工波(220 Gal)作用下桥梁的反应及阻尼器的出力和行程。

表 6.5.2　人工波(50 年超越概率 2%)

大桥反应	主桥端部伸缩缝处位移(mm)		主桥塔顶位移(mm)		主塔桥墩剪力(kN)		塔底弯矩(kN·m)	
设置前	464.8		470.6		14 252.211		2 045 928.32	
设置后	143.0		144.0		4 389.163		629 716.3	
减振率(%)	69		69		69		69	
阻尼器性能	Damper1		Damper2		Damper3		Damper4	
	max	min	max	min	max	min	max	min
阻尼器出力(kN)	1 071.5	−1 079.4	1 071.2	−1 079.6	1 071.4	−1 079.4	1 071.3	−1 079.5
阻尼器行程(mm)	143.1	−123.2	143.0	−123.3	143.0	−123.2	143.0	−123.3

在人工波作用下,前面所确定的阻尼器行程及出力均可以满足。人工波所计算的结果均略小于 El Centro 下的计算结果,可见:

(1)El Centro 波所计算的结果偏于安全,有一定的安全储备;

(2)反应谱是几十条地震记录均值后的结果,其所计算的结果具有普遍意义;

(3)优化所得到的结果可行。

6.6　印度尼西亚苏拉马都大桥[1]

苏拉马都大桥是印度尼西亚的一座特大型桥梁,其主桥为双塔双索面叠合梁斜拉桥,跨径布置为(192+434+192)m,如图 6.6.1 和图 6.6.2 所示;桥面为双向四车道,总宽度为 30 m;主梁钢结构部分采用钢箱边主梁结构,一般梁段中心处箱梁高 2.8 m,宽 2.3 m,两边箱梁之间设工字形横梁,横梁上部设置有厚度为 25 cm 的混凝土桥面板,主梁钢板采用 Q345qC 低合金结构钢;边跨采用压重,每边跨压重合计为 18 105 kN;采用平行钢丝斜拉索,标准索距 12 m。

图 6.6.1　印度尼西亚苏拉马都大桥及阻尼器

采用花瓶形钢筋混凝土索塔,塔高 141.331 m。其中上塔柱为两个分离的垂直锚索区塔柱,中、下塔柱为两个分离的倾斜塔柱,桥面下设下横梁。下塔柱为变截面,下大上小,外形尺寸从下到上为 9.5 m×5.8 m 渐变至下塔柱顶面 6.5 m×4 m。下横梁处不设竖向支座,仅设

[1] 摘自路桥集团桥梁技术有限公司,《印度尼西亚马杜拉带限位阻尼器大桥》。

横向抗风支座。索塔塔柱为普通钢筋混凝土结构,索塔材料采用 C50 混凝土,索塔横梁为全预应力混凝土结构。大桥总体布置情况如图 6.6.2 和图 6.6.3 所示。

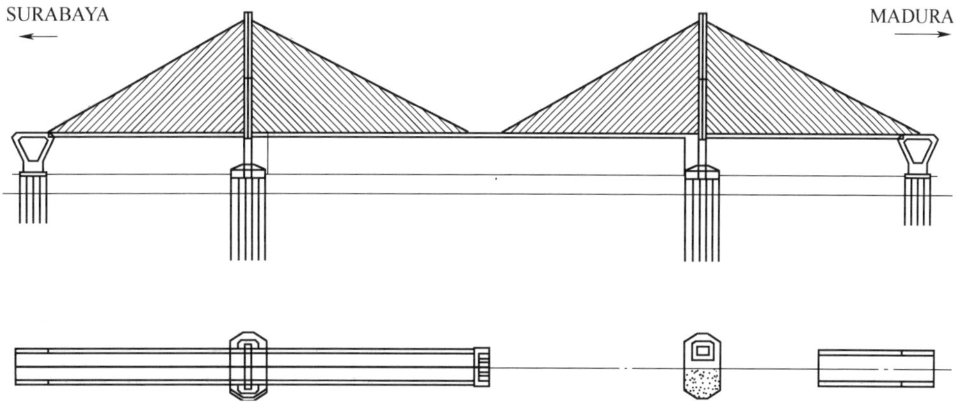

图 6.6.2　苏拉马都大桥总体布置图

6.6.1　苏拉马都大桥主桥的抗震设防标准

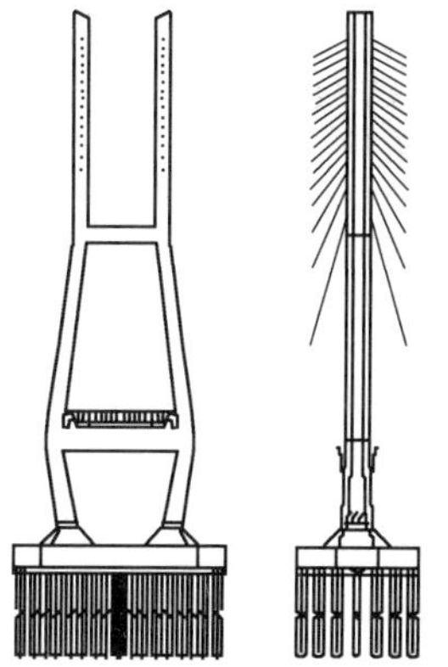

图 6.6.3　苏拉马都大桥主塔结构布置图

根据目前抗震设计方法的发展水平,采用两水平的抗震设计方法对苏拉马都大桥进行抗震研究。进行抗震研究的前提,是要明确设防标准。

桥梁工程的抗震设防标准,不仅包括场地地震作用的概率水平,还应包括对结构性能的要求和校核目标。

桥梁抗震的目标是减轻桥梁工程的地震破坏,保障人民生命财产安全,减少经济损失。因此,既要使震前用于抗震设防的经济投入不超过建设单位的经济能力,又要使地震中经过抗震设计的桥梁的破坏程度限制在建设单位可以承受的范围内。换言之,需要在经济与安全之间寻求合理平衡,这是桥梁抗震设防的合理安全度原则。基于这一原则,确定桥梁工程的抗震设防标准时,应主要考虑以下三方面因素:

(1)桥梁的重要性;

(2)地震破坏后,桥梁结构功能丧失可能引发的次生灾害的损失;

(3)建设单位所能承担抗震防灾的最大经济能力。

桥位区地震基本烈度 7 度,但苏拉马都大桥是交通网络上的枢纽工程,而且在政治、经济上具有重要意义,在抗震救灾中也将起着非常重要的作用,因此应选择较高的设防标准。

在苏拉马都大桥施工图设计阶段,苏拉马都大桥选择采用的抗震设防标准如表 6.6.1 所示。

主桥的抗震性能研究包括抗震结构阻尼器参数的选取和施工图方案的地震反应分析和抗震性能评价。主桥的基本结构体系为三跨连续结合梁全飘浮体系双塔斜拉桥,即塔梁纵飘、横向限位,V 形墩、梁间纵向滑动。

表 6.6.1 苏拉马都大桥抗震设防标准

设防地震概率水平	结构性能要求	结构校核目标
P1：重现期 475 年	主要结构处于正常使用极限状态	主要结构校核应力
P2：重现期 2500 年	主要结构处于承载能力极限状态，控制位移或变形	主要结构校核极限承载能力或考虑延性校核极限承载能力；校核位移或变形

6.6.2 动力计算模型的建立

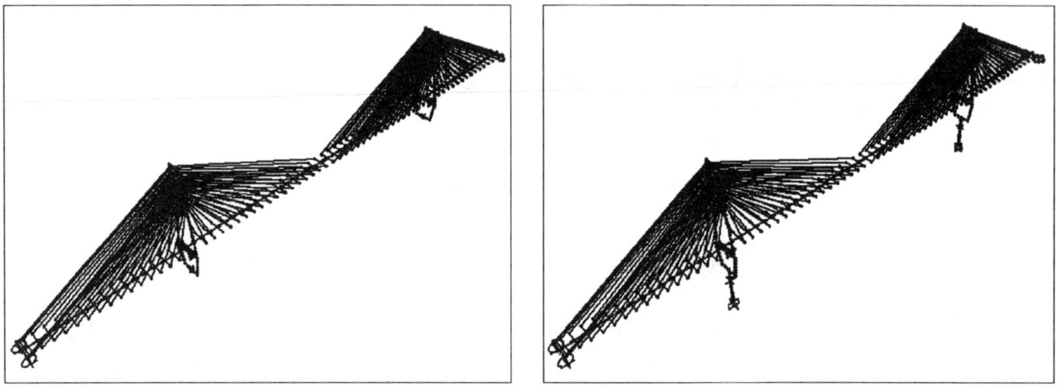

(a) 六弹簧模型主桥动力计算图式　　(b) 并桩嵌固模型主桥动力计算图式

图 6.6.4 有限元计算模型

主梁塔用框架单元模拟，考虑恒载轴力引起的几何刚度的影响，主梁节点和斜拉索吊点主从相连。斜拉索用桁架单元模拟，但考虑垂度效应和恒载引起的几何刚度的影响，主梁与主塔纵向相对自由，横向按弹簧单元连接。在动力特性和反应谱分析中，主梁与 V 形墩纵向相对自由，横向考虑两种墩梁连接方式：即主从或相对自由。图 6.6.4 为有限元计算模型。

另外，在 475 年重现期以上的地震作用下，引桥主梁与 V 形墩在纵、横桥向均可相对滑动。因此，在主桥的抗震分析中，可忽略引桥的影响。

6.6.3 地震动输入

主桥的地震动参数由中国地震局地球物理所提供。中国地震局地球物理所提供了 2 个概率水平下(地震重现期分别为 475 年和 2 500 年)两主塔位置最大冲刷线处的地震动参数。每点提供 12 条地震加速度时程。根据业主选择的设防标准，选用地震重现期为 475 年和 2500 年的地震动参数作为地震输入。

地震动加速度反应谱取为：

$$S_a(T)=A_{max}\beta(T) \tag{6.6.1}$$

式中　A_{max}——地震动峰值加速度；

$\beta(T)$——地震动加速度放大系数反应谱。

两个概率水平对应的地震动加速度峰值重现期 475 年 $A_{max}=0.18g$，重现期 2 475 年 $A_{max}=0.28g$。

反应谱曲线的形式如式(6.6.2)所示。

$$\beta(T)=\begin{cases}1 & T\leqslant T_0\\ 1+(\beta_m-1)\dfrac{T-T_0}{T_1-T_0} & T_0<T\leqslant T_1\\ \beta_m & T_1<T\leqslant T_2\\ \beta_m\left(\dfrac{T_2}{T}\right)^{\gamma_1} & T_2<T\leqslant T_3\\ 0.218\,75\cdot\left(\dfrac{T_3}{T}\right)^{\gamma_2} & T_3<T\leqslant 12s\end{cases} \tag{6.6.2}$$

式中 $T_0=0.04$,$T_1=0.1$,$T_2=0.35$,$T_3=4$,$\beta_m=2.5$,$\gamma_1=1$,$\gamma_2=1.4$。

图 6.6.5 为对应印度尼西亚Ⅳ类场地加速度峰值为 0.28g 长周期段据中国规范修正的反应谱时程。

中国地震局地球物理所还补充提供了以北塔最大冲刷线处反应谱(北主塔－29 m 高程处)为目标拟和的每组 12 条地震加速度时程,图 6.6.6 给出了两个概率水平的第一组水平、竖向加速度时程曲线。

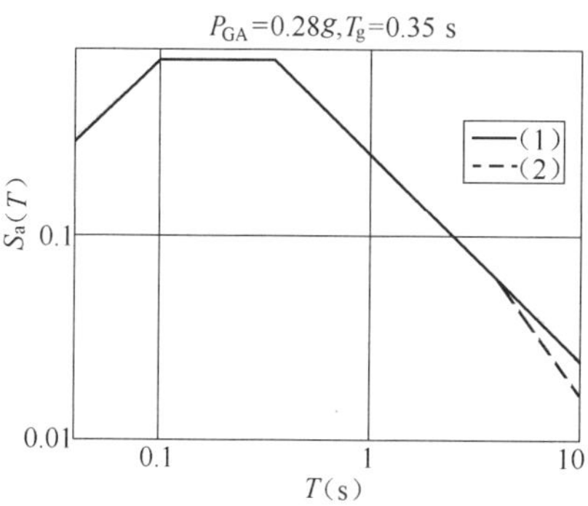

图 6.6.5　对应印度尼西亚Ⅳ类场地加速度峰值为 0.28g 长周期段据中国规范修正的反应谱时程

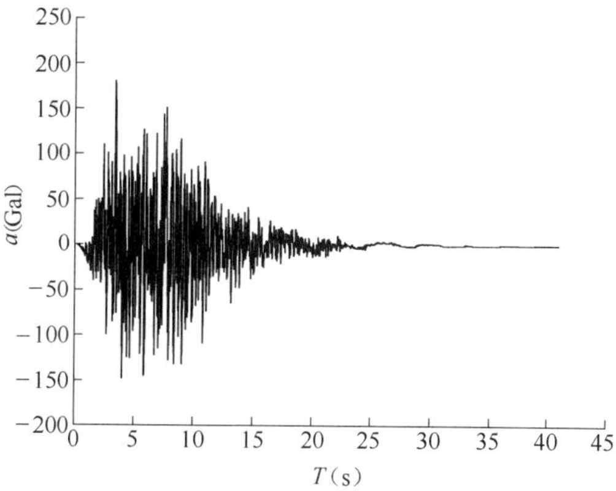

图 6.6.6　北主塔－29 m 高程处、重现期 475 年水平向地震加速度时程样本一

6.6.4　阻尼器参数的选取及结论

进行抗震结构体系研究的目的,是力求寻找结构在强度、刚度、变形等指标上的最佳组合,使结构能经济地实现抗震设防目标。

本书对主桥抗震结构体系的研究分为纵向、横向两个方面分别进行,着重研究塔、梁之间的连接方式。大跨度斜拉桥采用飘浮体系减小地震反应内力,实际上是通过延长周期来达到的。由于飘浮体系的大跨度斜拉桥周期太长,且其自身的阻尼也比较低,会导致梁端产生过大的地震位移。要减小梁端的位移反应,可以有两种途径:一是适当缩短结构的周期(增大结构的刚度),兼顾力和位移,找一个折中方案;二是增大桥梁结构的阻尼。所以,为了控制大跨度斜拉桥的梁端地震位移,可以在塔梁之间增设减震装置,主要有两类:第一类装置提供纵向刚度,第二类装置提供阻尼。而成功减小地震位移的关键,则在于选择合适的塔、梁连接装置,以及相应的合理参数。设计组通过对本桥结构进行研究,最后确定主梁与桥塔的连接方式为采用双塔与主梁间采用纵向阻尼器连接装置。

苏拉马都大桥施工图设计采用在两塔与主梁之间个设置两个纵向阻尼器的方法来减小地震作用的影响。

阻尼器参数的选择，取决于设置阻尼器的目的：在重现期 475 年和重现期 2500 年两个概率水平下，限制主梁的纵向位移，梁、塔的相对位移，及塔底的剪力和弯矩等满足结构设计要求的程度。

从抗震的角度出发，阻尼器的速度指数 α 的常用取值范围为 0.3～1.0。本报告设定 α＝0.3、0.4、0.5、0.7、1.0 共 5 个值，阻尼系数 C 设定为 0、1 000、2 000、3 000、5 000、7 500 kN·$(s/m)^{\alpha}$ 共 6 个值，其中，C＝0 相当于全飘浮体系，总共 30 组参数。从每组参数对应的两种地震水平的地震反应结果中，各取 6 组地震动加速度时程所产生的地震反应的平均值，所以，总共计算了 360 个工况。

图 6.6.7 分别绘出了在重现期 475 年和重现期 2500 年两个概率水平下，阻尼器的位移和阻尼力，梁端位移，塔底剪力、弯矩，以及塔顶位移随阻尼器参数的变化曲线图。

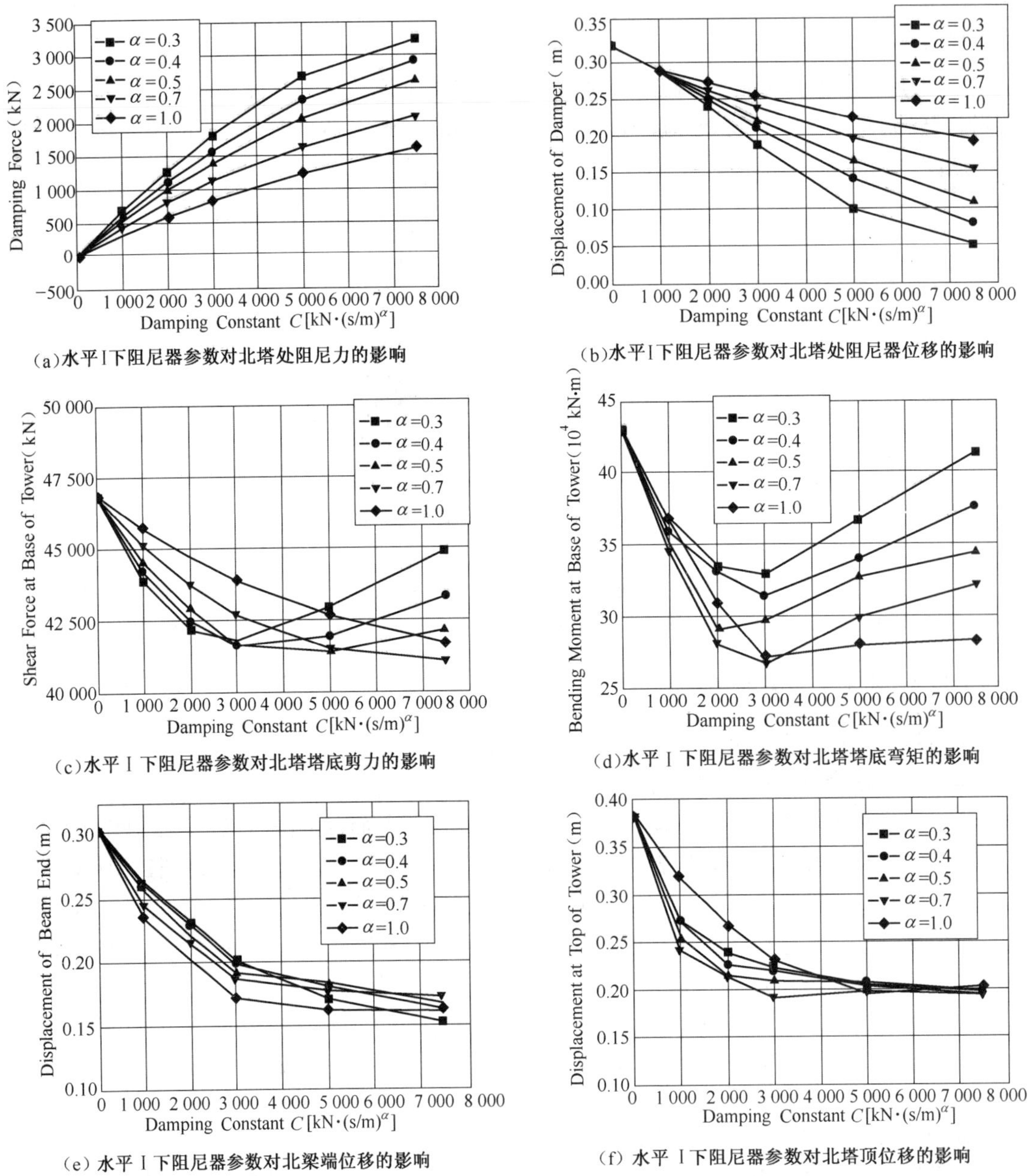

(a)水平Ⅰ下阻尼器参数对北塔处阻尼力的影响

(b)水平Ⅰ下阻尼器参数对北塔处阻尼器位移的影响

(c)水平Ⅰ下阻尼器参数对北塔塔底剪力的影响

(d)水平Ⅰ下阻尼器参数对北塔塔底弯矩的影响

(e)水平Ⅰ下阻尼器参数对北梁端位移的影响

(f)水平Ⅰ下阻尼器参数对北塔顶位移的影响

图 6.6.7

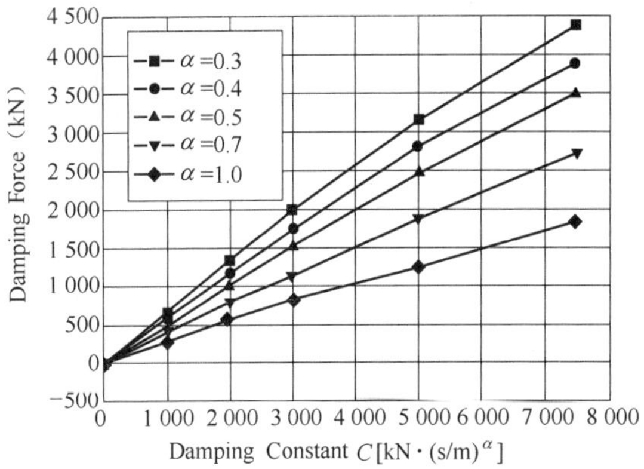

（g）水平Ⅰ下阻尼器参数对南塔处阻尼力的影响

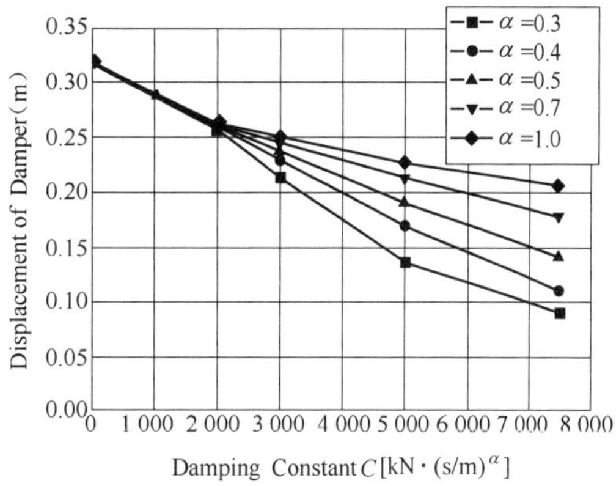

（h）水平Ⅰ下阻尼器参数对南塔处阻尼器位移的影响

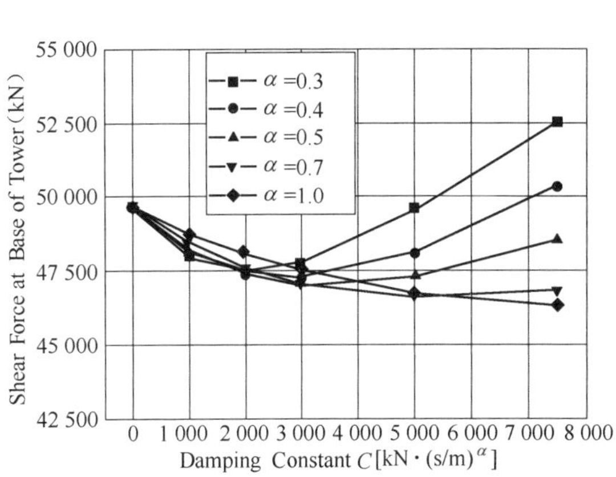

（i）水平Ⅰ下阻尼器参数对南塔塔底剪力的影响

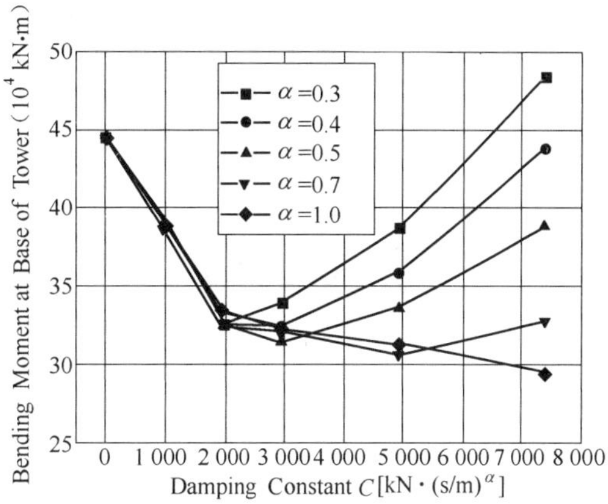

（j）水平Ⅰ下阻尼器参数对南塔塔底弯矩的影响

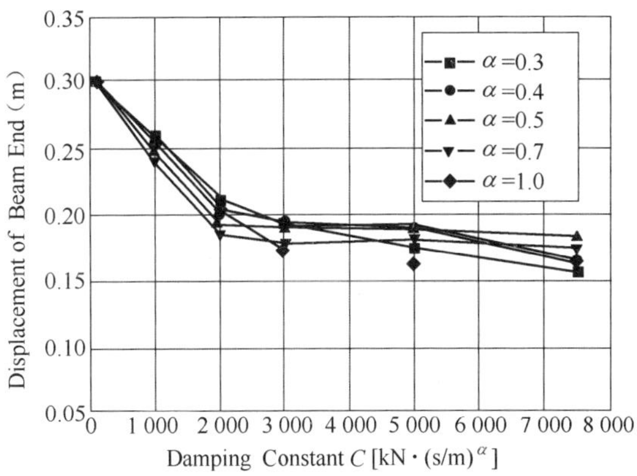

（k）水平Ⅰ下阻尼器参数对南梁端位移的影响

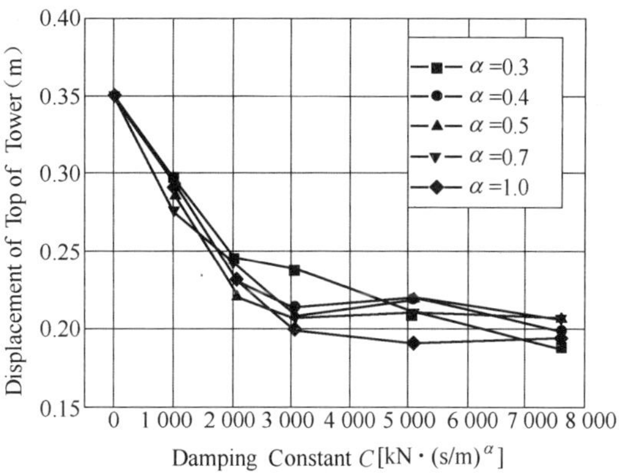

（l）水平Ⅰ下阻尼器参数对南塔顶位移的影响

图 6.6.7

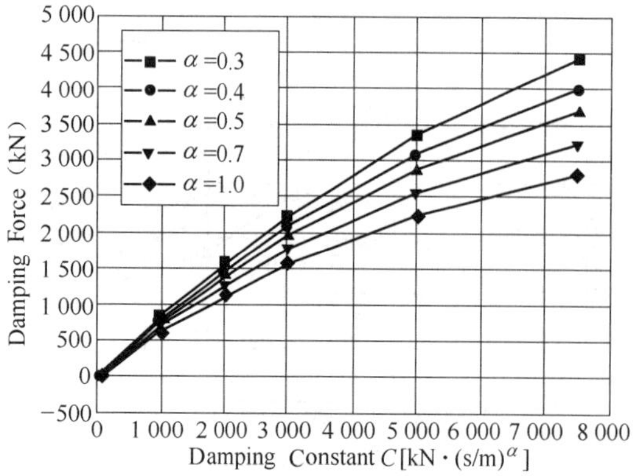

(m)水平Ⅱ下阻尼器参数对北塔处阻尼力的影响

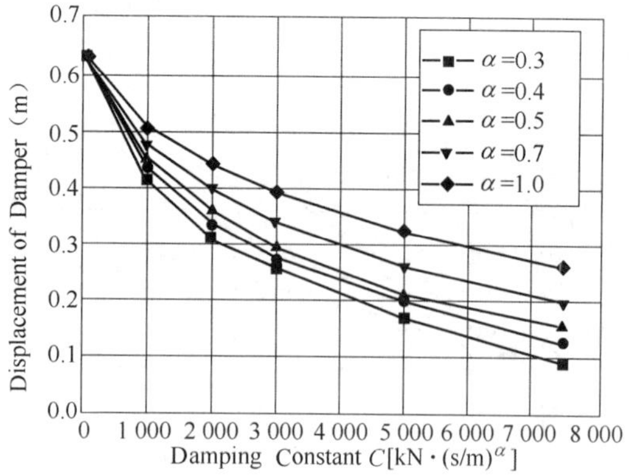

(n)水平Ⅱ下阻尼器参数对北塔处阻尼器位移的影响

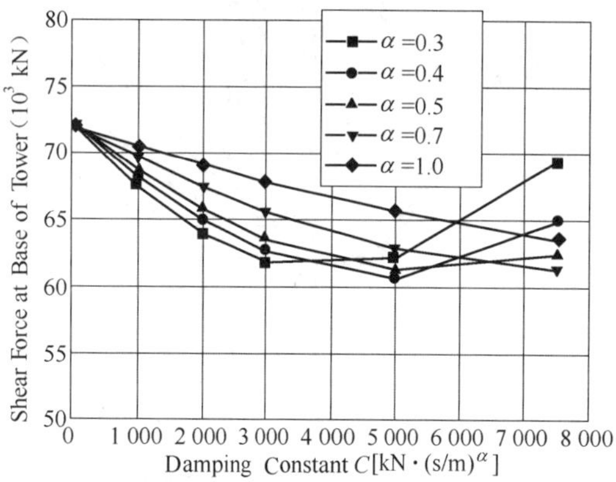

(o)水平Ⅱ下阻尼器参数对北塔塔底剪力的影响

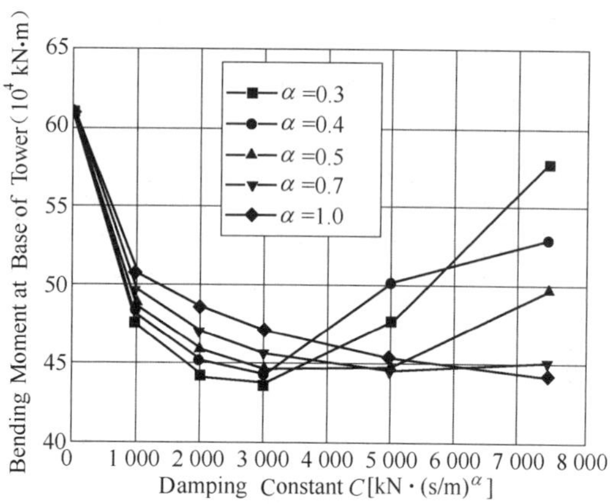

(p)水平Ⅱ下阻尼器参数对北塔塔底弯矩的影响

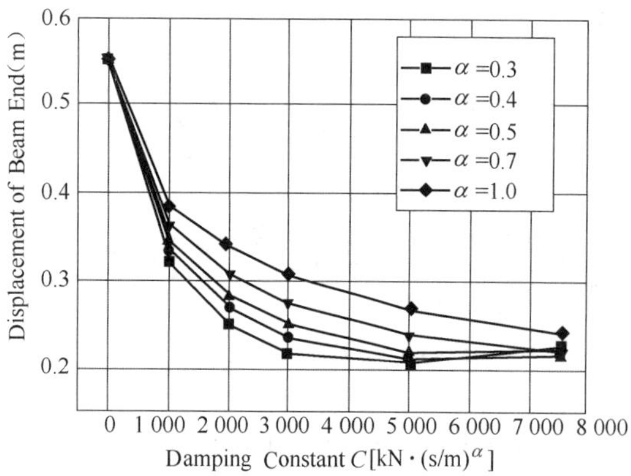

(q)水平Ⅱ下阻尼器参数对北塔梁端位移的影响

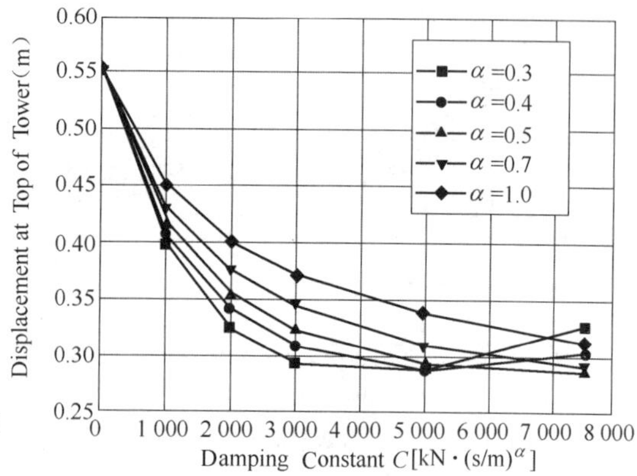

(r)水平Ⅱ下阻尼器参数对北塔顶位移的影响

图 6.6.7

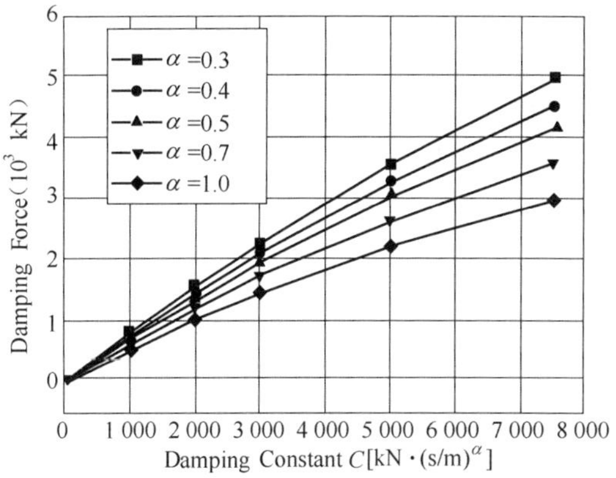

(s)水平Ⅱ下阻尼器参数对南塔处阻尼力的影响

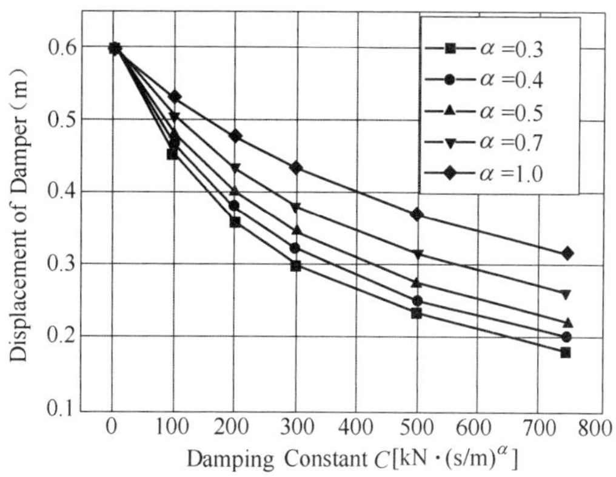

(t)水平Ⅱ下阻尼器参数对南塔处阻尼器位移的影响

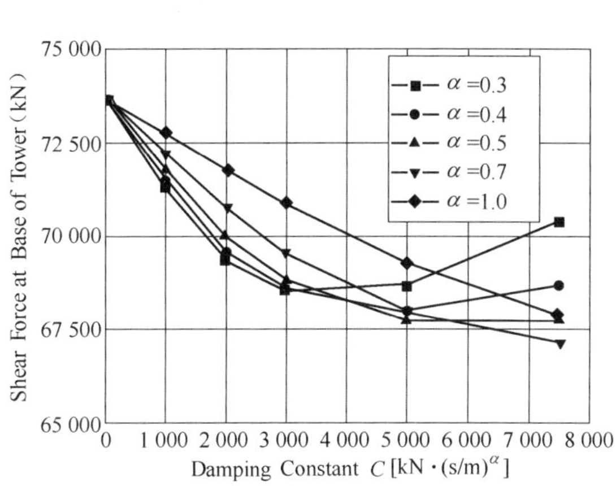

(u)水平Ⅱ下阻尼器参数对南塔塔底剪力的影响

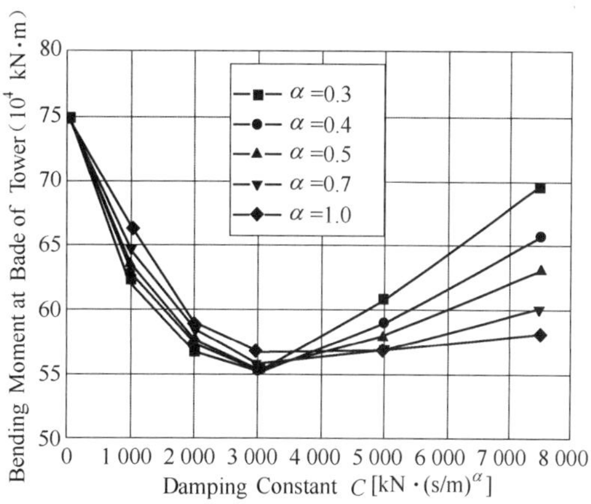

(v)水平Ⅱ下阻尼器参数对南塔塔底弯矩的影响

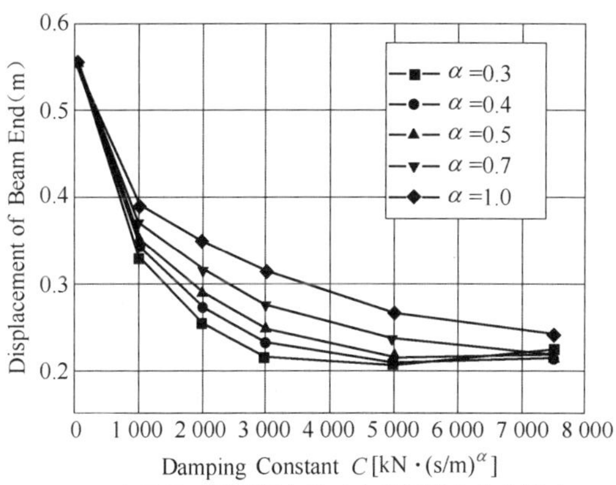

(w)水平Ⅱ下阻尼器参数对南塔梁端位移的影响

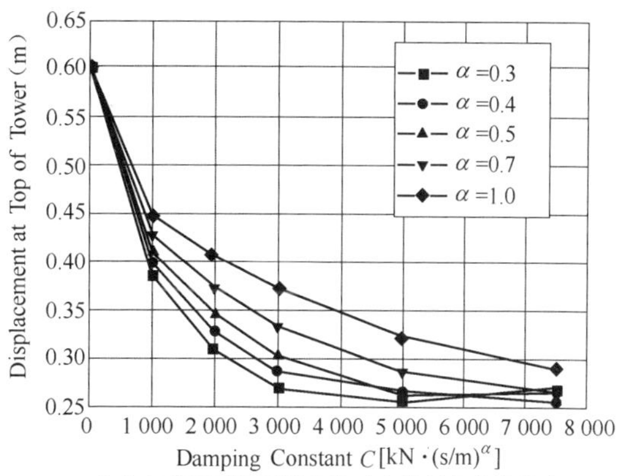

(x)水平Ⅱ下阻尼器参数对南塔顶位移的影响

图 6.6.7 多参数下计算结果曲线图

综合考虑阻尼器位移及阻尼力、梁端位移、塔顶位移、主塔剪力和弯矩随阻尼器参数的变化情况,如果要求将主梁的纵向位移,以及梁、塔的相对位移控制在 30 cm 以内,同时要使南北两塔的塔底剪力在水平Ⅰ和水平Ⅱ作用下分别控制在 45 000 kN 和 70 000 kN 内,建议选用阻尼系数 C 为 3 000 kN·(s/m)$^\alpha$,指数 α 为 0.4 的阻尼器,阻尼器的最大变形速度为 0.57 m/s。

表 6.6.2 列出了在漂浮体系和阻尼器参数 $\alpha=0.4$，$C=3\ 000\ \mathrm{kN\cdot(s/m)^{\alpha}}$ 时分别在水平Ⅰ和水平Ⅱ两种情况下的结构地震反应。阻尼参数对地震反应的影响规律同上所述。

通过上面的分析，建议阻尼器参数选定为：阻尼系数 C 为 $3\ 000\ \mathrm{kN\cdot(s/m)^{\alpha}}$，指数 α 为 0.4。当然，阻尼器参数的最后取值还应结合阻尼器的造价，安装位置等实际情况最终确定。

从这些图中可以看出，当阻尼器的速度指数 α 一定时，随着阻尼系数 C 的增加，阻尼器位移、梁端位移和塔顶位移单调减小(但位移减小速率变慢)，阻尼器的阻尼力单调增加，而塔底剪力和弯矩的变化则有一个低谷，低谷后随着阻尼系数的增大而增大。在很大范围内，塔底剪力和弯矩都明显小于飘浮体系的反应，但如果阻尼系数过大，则会超过飘浮体系。虽然从理论上说，阻尼器的阻尼力只和速度(与位移反向)有关，不会直接叠加到结构的内力上，但实际上阻尼力和结构的弹性力是有一定程度的叠加的(尤其是阻尼器的指数较小时，如接近 0.3)，而且阻尼越大，这种叠加越明显，所以当阻尼系数过大时，阻尼器会增加结构的受力。另一方面，当阻尼系数 C 一定时，阻尼器位移、梁端位移和塔顶位移随着阻尼器的速度指数 α 的增加而增加，阻尼力则随着速度指数 α 的增加而减小；而塔底剪力和弯矩随速度指数 α 的变化趋势跟阻尼系数有关，当阻尼系数较小时，塔底剪力和弯矩随速度指数 α 的增大而减小，而当阻尼系数较大时，则相反。显而易见，设置阻尼器可以显著地减小塔顶位移、梁端位移、塔梁相对位移，同时还可以减小塔底剪力和弯矩。

表 6.6.2　全漂浮体系与增设阻尼器后两个概率水平对应的地震反应比较

位置	分量	水平Ⅰ		水平Ⅱ	
		全漂浮	$C=3\ 000\ \mathrm{kN\cdot(s/m)^{\alpha}},\alpha=0.4$	全漂浮	$C=3\ 000\ \mathrm{kN\cdot(s/m)^{\alpha}},\alpha=0.4$
北塔(马都拉侧)阻尼器	阻尼力(kN)	0	1 568.10	0	2 082.89
	位移(m)	0.324	0.209	0.629	0.273
北塔底截面	剪力(kN)	46 893.00	41 589.63	72 013.05	62 753.71
	弯矩(kN·m)	430 682.56	313 419.29	610 011.00	442 095.64
北梁端	位移(m)	0.304	0.199	0.551	0.236
北塔顶	位移(m)	0.384	0.219	0.553	0.309
南塔(泗水侧)阻尼器	阻尼力(kN)	0	1 741.17	0	2 090.54
	位移(m)	0.317	0.229	0.599	0.323
南塔底截面	剪力(kN)	49 684.81	47 312.06	76 706.16	71 599.36
	弯矩(kN·m)	446 124.81	323 483.69	748 993.81	552 800.07
南梁端	位移(m)	0.304	0.203	0.556	0.233
南塔顶	位移(m)	0.350	0.235	0.604	0.287

苏拉马都大桥动力分析以及消能减振的相关计算工作由路桥集团桥梁技术有限公司郭河高级工程师完成，在此对郭工以及热情支持我们工作的李毅谦总工程师表示感谢。

6.7　南京长江四桥

南京长江四桥是一座双塔三跨悬索桥，是南京城市总体规划中“五桥一隧”过江通道之一，位于南京长江第二大桥下游约 10 km 处，大桥全长 28.996 km，其中跨江大桥长约 5.448 km。主桥全长 2 476 m，为(576.2+1 418+481.8)m 的三跨连续钢箱梁悬索桥。主梁为钢箱梁，主塔为预应力混凝土结构，基础为桩基础。过渡墩与主梁间设置竖向支座和横向抗风支座，伸缩缝设置在过渡墩上，索塔与主梁间设置竖向弹性限位支座和横向抗风支座。

6.7.1 主桥抗震设防标准及地震动参数选取

1. 主桥抗震设防标准

大桥的设计基准期为100年，其主桥的抗震设防标准应取100年的各超越概率下的峰值加速度作为抗震设防标准。

(1)主桥在地震作用下的受力情况按照100年超越概率63%进行强度验算；

(2)主桥在100年超越概率为5%的概率水平下验算其变形情况。

小震、中震、大震的设防标准如表6.7.1所示。

图6.7.1 南京四桥效果图

表6.7.1 主桥抗震设防标准

	小震(多遇地震)	中震(设计地震)	大震(罕遇地震)
主桥	100年超越概率63%	100年超越概率10%	100年超越概率5%

2. 地震动参数

由江苏省地震工程研究院提供的《南京长江公路第四大桥工程场地地震安全性评价工作报告》(2007年12月)：本桥主桥场地的地震动参数如表6.7.2所示。图6.7.1为南京四桥效果图。

表6.7.2 主桥地震动峰值加速度

	概率水平	输出点深度(m)	水平向(g)	竖直向(g)
北主塔	100Y63%	7.4	0.055 3	0.042 5
	100Y10%	7.4	0.115 9	0.105 8
	100Y5%	7.4	0.145 1	0.117 0
南主塔	100Y63%	4.3	0.057 3	0.039 3
	100Y10%	4.3	0.125 2	0.094 8
	100Y5%	4.3	0.132 6	0.109 2

6.7.2 地震动输入

进行非线性时程反应分析时采用了表6.7.3列出的地震加速度时程数据。表中给出了

表6.7.3 地震动输入

100年设计基准期	钻孔号	水平方向	时程工况	竖直方向	时程工况
		峰值(g)		峰值(g)	
大震	CZK15#	0.206 0	B14-1. H05	0.116 7	B14-1. V05
	CZK15#	0.154 1	B15-2. H05	0.123 0	B15-2. V05
	CZK15#	0.117 2	B16-3. H05	0.093 2	B16-3. V05
	CZK16#	0.184 8	B20-1. H05	0.111 3	B20-1. V05

续上表

100年设计基准期	钻孔号	水平方向峰值(g)	时程工况	竖直方向峰值(g)	时程工况
大震	CZK16#	0.134 2	B21-2. H05	0.111 5	B21-2. V05
	CZK16#	0.121 8	B22-3. H05	0.088 3	B22-3. V05
小震	CZK15#	0.082 8	B14-1. H63	0.041 7	B14-1. V63
	CZK15#	0.055 4	B15-2. H63	0.045 5	B15-2. V63
	CZK15#	0.046 0	B16-3. H63	0.035 6	B16-3. V63
	CZK16#	0.086 9	B20-1. H63	0.038 1	B20-1. V63
	CZK16#	0.057 5	B21-2. H63	0.040 5	B21-2. V63
	CZK16#	0.040 6	B22-3. H63	0.034 3	B22-3. V63

在进行地震动输入时现有地震动加速度时程的峰值,时程分析时采用一致激励进行地震反应分析,不考虑地震动的多点输入。B14-1 的地震动水平和竖向加速度时程曲线如图 6.7.2 所示。

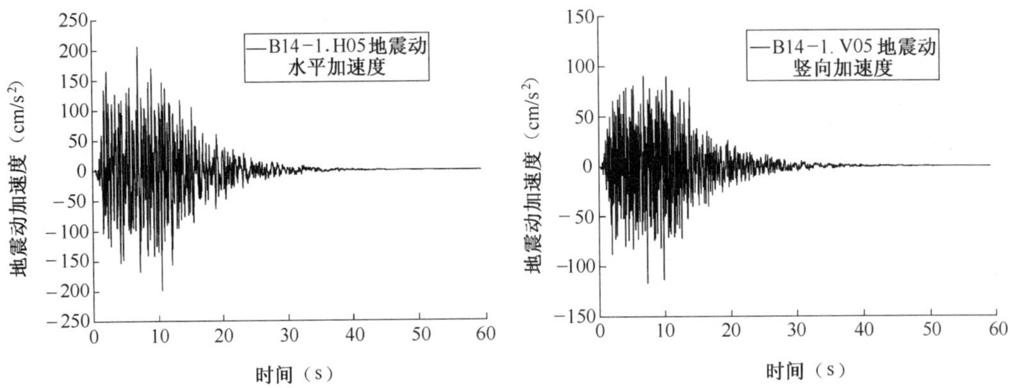

(a) 地震动水平加速度　　(b) 地震动竖向加速度

图 6.7.2　地震动输入图形

6.7.3　有限元计算模型

在对主桥结构进行消能减震分析、计算及设计的过程中,依据设计单位提供的大桥设计图及其他相关资料,采用 ANSYS 有限元程序建模,作为该结构附加阻尼消能减震设计的原始模型。南京长江第四大桥主桥的空间有限元模型如图 6.7.3 所示。

(1)主桥部分建模时采用空间鱼骨式模型,主梁采用空间梁单元,主缆和吊杆采用空间索单元,桥塔和桩基采用空间梁单元。桥塔与主梁竖向设置弹性限位支座,横向设置抗风支座,桥塔的弹性支座采用弹簧单元,阻尼器采用非线性黏滞阻尼器单元。

(2)边界条件 1:主桥桥墩均采用钻孔桩基础方案。在计算模型中,用三维梁单元模拟实际的桩基础,桩基础底端固定,用土弹簧单元模拟桩周围土抗力的影响。其中土抗力系数 m 采用了 3 倍的静力计算值作为动力计算值。

(3)边界条件 2:过渡墩与主梁设置竖向支座和横向抗风支座。主桥与引桥间假设它们能理想地纵向相对自由滑动,过渡墩采用空间梁单元模拟,墩底固定。

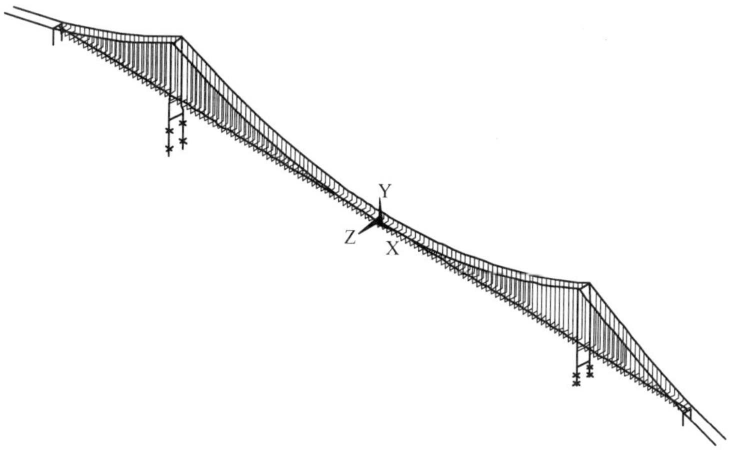

图 6.7.3　主桥有限元模型

6.7.4　结构模态分析

表 6.7.4 为在二期恒载下大桥的基本动力特性，桥梁的基阶周期为 15.5 s，基阶振型为横桥向对称弯曲。

表 6.7.4　桥梁计算周期及频率（包括二期恒载）

振型	周期(s)	频率(rad/s)	圆频率(cyc/s)	振型描述
1	15.500	0.064 519	0.405 38	主梁横向对称弯曲
2	11.786	0.084 850	0.533 13	主梁纵飘
3	9.581	0.104 37	0.655 78	竖向反对称弯曲
4	8.660	0.115 47	0.725 52	竖向对称弯曲
5	6.843	0.146 13	0.918 16	竖向对称弯曲
6	6.300	0.158 74	0.997 39	横向反对称弯曲
7	5.674	0.176 24	1.107 35	塔缆横向对称一致摆动
8	5.535	0.180 66	1.135 12	两边跨反对称竖向弯曲
9	5.462	0.183 09	1.150 39	塔缆横向反对称一致摆动
10	5.368	0.186 28	1.170 43	主缆横向对称交叉摆动
11	5.175	0.193 22	1.214 04	竖向反对称弯曲
12	4.678	0.213 75	1.343 03	中跨主缆横向对称一致摆动
13	4.628	0.216 09	1.357 73	中跨主缆横向反对称交叉摆动
14	4.399	0.227 31	1.428 23	竖向对称弯曲
15	4.283	0.233 47	1.466 94	主缆横向反对称一致扭曲
16	3.888	0.257 18	1.615 91	竖向对称弯曲
17	3.795	0.263 52	1.655 74	北边跨主缆横向交叉摆动
18	3.683	0.271 52	1.706 01	北边跨主缆横向一致摆动
19	3.381	0.295 76	1.858 31	主缆横向对称一致摆动
20	3.306	0.302 51	1.900 73	竖向反对称弯曲

6.7.5　方案讨论

悬索桥在水平地震动作用下主梁纵向位移和塔底弯矩是桥梁抗震设计的主要控制目标。在大震水平地震动和竖向地震动共同作用下，南京长江第四大桥主梁纵向位移、左塔顶纵向位移和左塔底弯矩，以及附加阻尼器后的减震率可以作为主要的控制目标。

从前文的论述可知，将速度指数控制在 0.3～0.4 之间，对阻尼系数进行调节后，无论是大桥的位移还是主体结构的受力均可以达到较好的控制效果；此外，阻尼器的设置位置不同，会对控制效果产生影响，对于大跨度悬索桥来说，一般均设置在桥塔与主梁之间，从而使阻尼器获得最大的变形。

在计算中将阻尼器分别设置在悬索桥南北桥塔处，在南北每个桥塔两侧分别设置 2 个阻尼器，其速度指数取为 0.4。

表 6.7.5 给出了在大震作用下大桥的主要控制点的地震反应情况。由表可见，如将单个阻尼器的阻尼系数设定过大，如大于 2 500 kN·$(s/m)^{0.4}$，则在大震情况下阻尼器出力将达到 3 000 kN以上。阻尼器吨位过大不利于阻尼器连接支座的节点处理以及连接阻尼器的主梁下桁架构件的受力。

表 6.7.5　大震作用下悬索桥地震反应

阻尼系数 [kN·$(s/m)^{0.4}$]	阻尼器出力(kN)	主梁纵向位移(cm)	减震率(%)	塔顶纵向位移(cm)	减震率(%)	主梁跨中弯矩(kN·m)	减震率(%)	塔底弯矩(kN·m)	减震率(%)
无阻尼器		27.81		3.81		10.47		357.93	
500	283	17.60	36.7	3.61	5.2	10.47	0.0	356.86	0.3
750	414	14.35	48.4	3.52	7.6	10.46	0.1	356.60	0.4
1 000	535	11.86	57.4	3.43	10.0	10.46	0.1	356.16	0.5
1 500	770	8.90	68.0	3.34	12.3	10.46	0.1	353.80	1.2
2 000	987	7.47	73.1	3.28	13.9	10.46	0.1	352.48	1.5
2 500	1 194	6.25	77.5	3.24	15.0	10.46	0.1	352.90	1.4

设置阻尼器后，悬索桥主梁纵向位移的减震效果最明显，将主梁纵向位移减震率随阻尼器黏滞阻尼系数的变化曲线绘出，如图 6.8.4 所示。从图中可以看出，主梁纵向位移减震率随阻尼系数的增加而逐渐增大，在阻尼系数约为 1 500 kN·$(s/m)^{0.4}$时，主梁纵向位移减震率的变化趋势明显变缓。故将阻尼系数调整为 1 500 kN·$(s/m)^{0.4}$，此时对悬索桥主梁位移的控制效果在 68%左右，单个阻尼器出力在 800 kN 左右，控制效果及出力均较为理想。

通过上述分析，可以得到如下结论：

(1)设置阻尼器后，悬索桥的主梁纵向位移在大震和小震下均可以得到很好的控制。但是，主梁跨中竖向位移、主梁跨中弯矩、塔顶纵向位移、塔底弯矩和剪力的减震效果非常小，甚至减震效果为负值。同时，主梁轴力的减震效果为负值，这是因为设置阻尼器后增大了主梁轴力。

(2)阻尼器对小震下的主梁位移控制优于对大震下的位移控制。

(3)大震作用下阻尼器最大行程为 8 cm 左右，阻尼器最大出力为 750 kN 左右，阻尼器的最大阻尼力参数可以取 800 kN。

(4)考虑到大桥设置阻尼器的初衷是限制位移作用，综合经济效果，一方面考虑到可以大

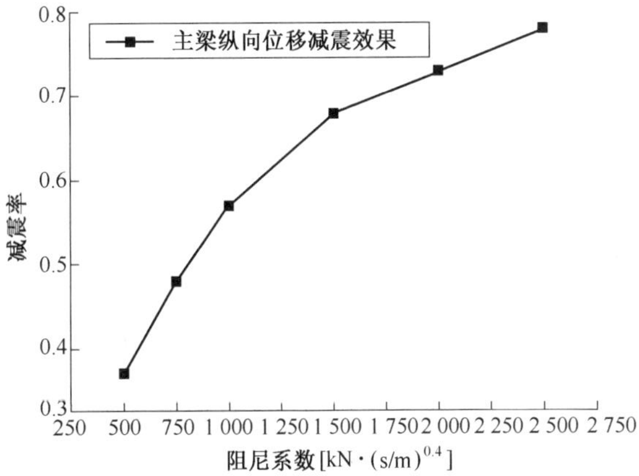

图 6.7.4　不同阻尼系数的主梁纵向位移减震率

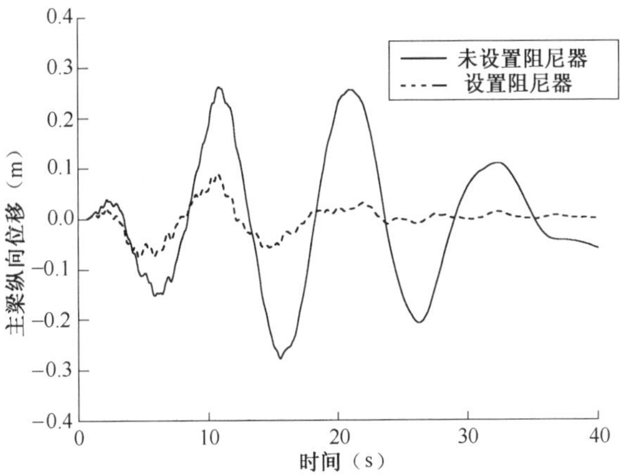

图 6.7.5　主梁纵向位移减震前后对比

幅降低结构本身的位移，另一方面也可以减少结构受力，最终根据上述分析我们给出的阻尼器参数如下：

速度指数 $\alpha=0.4$；

阻尼系数 $C=1\ 500\ \mathrm{kN}\cdot(\mathrm{s/m})^{0.4}$。

图 6.7.5 给出了安装上述参数阻尼器后在地震动作用下主梁跨中纵向位移时程曲线，并与未设置阻尼器的情况进行了对比。由图可见，在没有设置阻尼器时，大桥的振动衰减很慢，设置阻尼器后主梁位移有较大降低，并很快得到衰减，从而有效的保护了主体结构。

6.7.6　阻尼器技术参数

阻尼器在动力作用下的行程，可按上述大震作用下的阻尼器安装位置处活动支座的位移得到。同时，在确定阻尼器的总行程时，还应考虑由于温度荷载以及车辆活载产生的静力位移，并取静力荷载产生的最大位移及大震作用下的位移最大值，最终确定阻尼器的总行程。

1. 温度荷载下的位移

对桥梁混凝土构件温差按照±25 ℃考虑，对于钢构件温差按照±30 ℃考虑。则在升温及降温两种工况下可得到南北桥塔处阻尼器的温度位移。温度荷载下的阻尼器位移如表 6.7.6 所示。

2. 汽车活载下的位移

阻尼器在大桥运行期间，由于公路活载将产生一定的水平向位移，这里利用影响线的计算结果，对有限元模型施加了如下车辆荷载：

公路活载按公路—I 级 6 车道加载，其中均布荷载 $q_k = 10.5$ kN/m，集中荷载标准值按 $P_k = 360$ kN加载。汽车静载下阻尼器位移如表 6.7.7 所示。

表 6.7.6　温度荷载下的阻尼器位移

阻尼器位置	阻尼器位移(cm)		阻尼器最大位移(cm)
	升温工况	降温工况	
北桥塔	−27.74	26.40	54.14
南桥塔	14.91	−16.57	31.48

表 6.7.7　汽车静载下阻尼器位移

阻尼器位置	汽车静载下阻尼器处桥梁纵向位移(cm)		阻尼器最大位移(cm)
	主梁节点	桥塔横梁节点	
北桥塔	1.2	1.87	0.67
南桥塔	0.21	−1.2	1.41

此处考虑由于温度及车辆活荷载共同作用下阻尼器可产生的最大静位移不超过±500 mm，在地震作用下阻尼器动力位移不超过±100 mm。

综合以上分析，最终确定的单个阻尼器技术参数如表 6.7.8 所示。

表 6.7.8　阻尼器参数列表

非线性指数	阻尼系数 [kN·(s/m)$^{0.4}$]	最大冲程 (mm)	额定阻尼力 (kN)	阻尼力最小安全系数	阻尼器安装位置	阻尼器总数
0.4	1 500	±500	800	1.5	南北桥塔各两套	4

经桥梁结构消能减震分析计算表明：在地震作用下大桥主梁位移较大，设置阻尼器后主梁纵向位移有较大的减弱，控制效果非常明显，其中主梁在大震作用下的纵向位移减震率在60%左右，在小震作用下的主梁纵向位移减震率在 67%左右。

6.8　北京阜成门桥(抗震加固改造)[1]

如图 6.8.1 所示，阜成门桥位于北京市阜成门大街与西二环相交处，上跨二环主路及辅路，建于 1973 年。其桥型为多柱式三跨连续梁桥，跨径布置为(11.9+30+11.9)m，全长 53.8 m；桥梁全宽 39.2 m，其中行车道 28 m，机动车 3 上 3 下，两侧非机动车道各 3.5 m，人行步道宽 5 m。桥梁总面积 2 109 m^2，具体结构形式如图 6.8.2 所示。原桥梁设计荷载标准：汽-20，挂-100 级；人群荷载 350 kg/m^2。原设计未考虑地震作用。依据 2008 年 12 月 1 日起施行的《市政公用设施抗灾设防管理规定》，在 2010 年市管桥梁大修工程中除对该桥进行常规加固外，还应进行桥梁抗震加固，且加固后桥梁必须满足现行抗震技术标准(《公路桥梁抗震设计细则》JTG/T B02-01—2008)。

图 6.8.1　阜成门桥现况

[1]摘自北京市市政工程设计研究总院,《北京阜成门桥抗震加固改造》,2010 年 9 月。

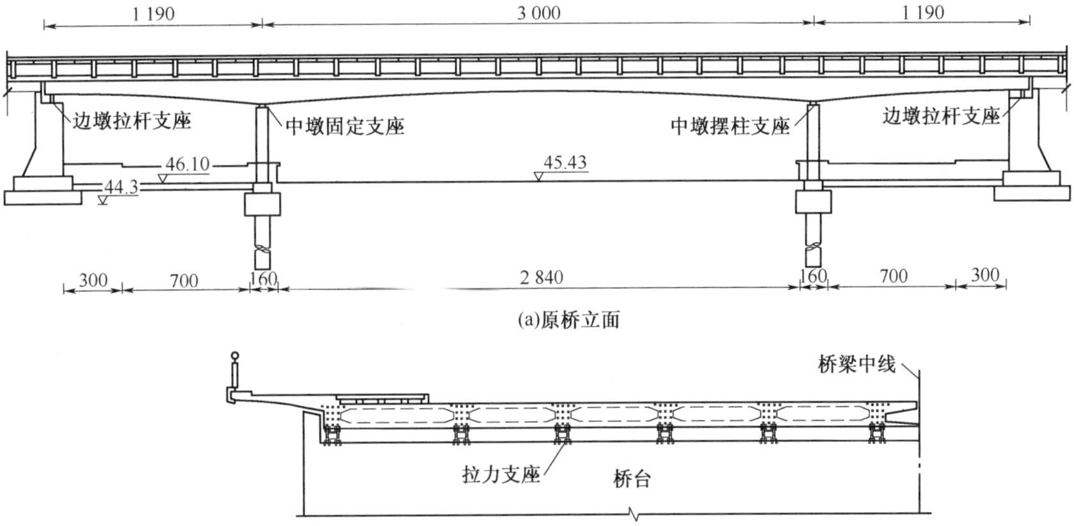

(a)原桥立面

(b)原桥主梁横断面

图 6.8.2 阜成门桥结构形式图

注:尺寸单位为 mm,高程单位为 m。

6.8.1 抗震加固理念

众所周知,对现有桥梁进行抗震加固可采用四种方法:

1. 常规抗震加固方法

针对薄弱部位采用常规方法进行抗震加固,如采用粘贴钢板、粘贴碳纤维布法、加大截面法对桥梁墩柱进行加固,以提高结构构件自身强度、延性、耗能能力等。其基本原理是采取延性抗震设计思路,将墩柱作为延性构件进行设计,墩底部作为潜在塑性铰区保证其延性能力,桥梁基础作为能力保护构件,按照能力保护设计原则进行设计。

2. 改变现有结构体系加固法

针对现有桥梁结构受力特点,采用更换支座、改善主要受力构件刚度、改变传力路径等方法对结构进行体系调整,从而达到在地震作用下结构受力合理分配的效果。

3. 采用桥梁减隔震技术进行加固

采用减隔震方法,如延长结构周期、增加结构阻尼等方法,改善地震反应,达到减小地震受力、控制结构位移等效果。在桥梁加固中使用时可以采用更换原桥支座为减隔震支座、在上部和下部结构之间施加阻尼连接装置、在结构上施加调谐质量阻尼器(TMD)或调谐液体阻尼器(TLD)等。黏滞阻尼器是速度相关型的耗能元件,可以消耗大量振动能量又不给桥梁结构附加任何刚度,同时还能满足在温度变化、收缩徐变等因素引起的慢速变形时梁体自由的变形,使其不产生附加力。此外黏滞阻尼器具有阻尼系数调整幅度大、应用范围广、稳定性好、施工维修方便等技术优势。基于以上特点,黏滞阻尼器被许多国家作为桥梁抗震及振动控制的首选装置。在国内外多座新建大桥中有很多使用实例,同时该连接装置也可用在桥梁的抗震加固中。

4. 上述几种方法的综合运用

综合运用上述一种或几种方法,减小桥梁的地震受力,确保桥梁结构安全。

6.8.2 抗震加固分析及阻尼器参数确定

1. 计算模型及验证

采用空间结构有限单元法建立了该桥的有限元动力计算模型,以顺桥向为 x 轴,横桥向为 y 轴,竖向为 z 轴。主梁、墩柱、单桩采用梁单元模拟,桩周采用土弹簧模拟桩土共同作用。全桥计算模型如图 6.8.3 所示。

首先对原桥进行动力特性分析,以判别验证数值模型的合理性,计算分析表明数值模型基频与实测值接近,主要振型及其质量贡献率符合常规连续梁桥的工程经验,因而可用作进一步分析。图 6.8.4 为桥纵向、横向和竖向典型振型。

图 6.8.3 阜成门桥抗震计算模型

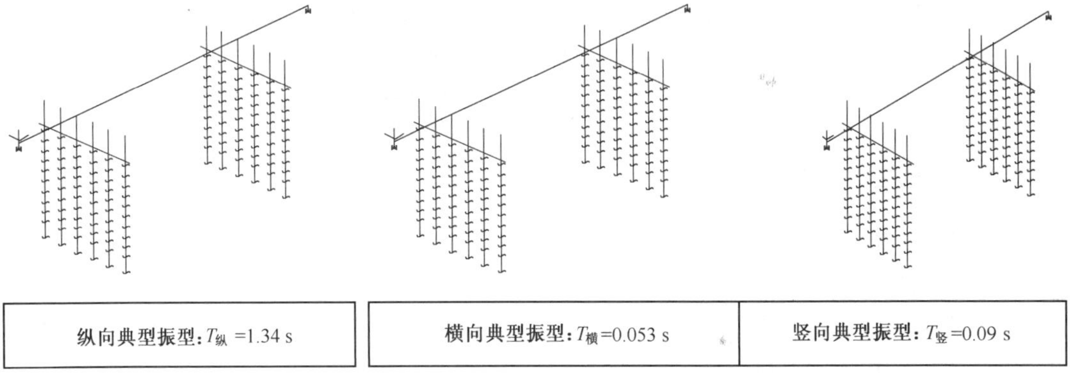

图 6.8.4 桥纵向横向和竖向典型振型

2. 现况桥梁抗震能力分析

对现况桥梁进行抗震能力分析:先查《中国地震动参数区划图》,阜成门桥抗震设防烈度为 8 度,水平向设计基本地震动加速度峰值为 0.20g。根据《公路桥梁抗震设计细则》(JTG/T B02-01—2008)。可确定 E1 地震(50 年超越概率 63%)、E2 地震(50 年超越概率 2%)设计水平加速度反应谱如图 6.8.5 所示。由于该桥跨径不大,没有地震局提供的场地安评地震波,因

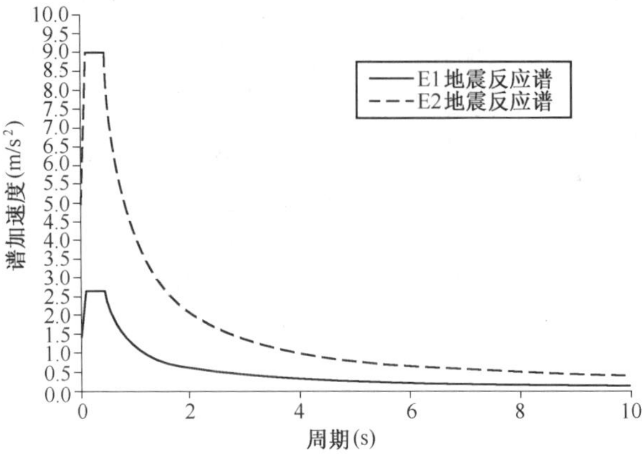

图 6.8.5 阜成门桥设计地震反应谱(以 2008 年版抗震细则)

此以设计反应谱为目标谱，利用相关软件生成人工地震波如图 6.8.5～图 6.8.7 所示。

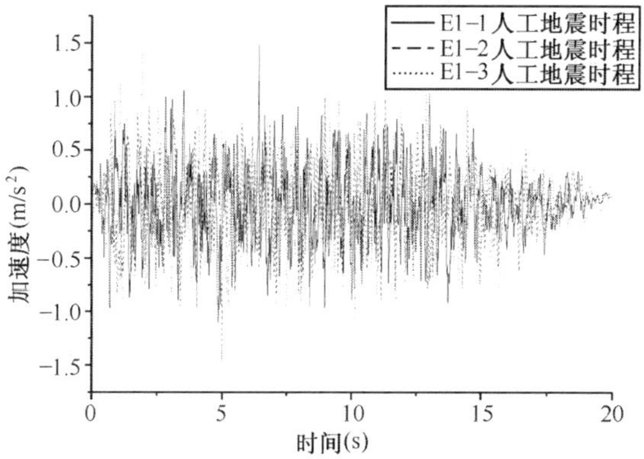

图 6.8.6　E1 人工地震时程

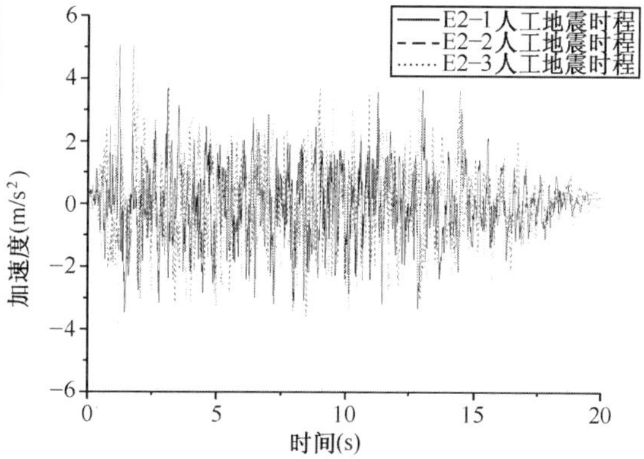

图 6.8.7　E2 水平地震时程

根据细则要求，进行 E1 地震下的反应谱分析，和 E2 地震下的非线性时程分析，计算结果如表 6.8.1 所示。

表 6.8.1　现况桥梁地震反应分析

地震水平	墩柱名称	剪力(kN)	抗剪能力(kN)	弯矩(kN·m)	抗弯能力(kN·m)	梁端位移(cm)
E1 纵向＋竖向	固定墩	264	178	1 256	1 080	4
	活动墩	17	116	51	689	
	固定墩桩	691	304	1 569	1 012	
	活动墩桩	36	247	84	530	
E2 纵向＋竖向	固定墩塑性转铰	不满足现行延性构件的构造要求				15
E1 横向输入	固定墩	4	178	7	993	0
	活动墩	4	116	7	778	
	固定墩桩	13	304	18	1 012	
	活动墩桩	13	247	17	530	
E2 横向输入	固定墩	15	178	24	993	0
	活动墩	15	116	24	778	
	固定墩桩	39	304	54	1012	
	活动墩桩	37	247	51	530	

计算表明：

(1)原桥梁的固定墩截面配筋不足，E1 地震作用下墩柱不能保持在弹性阶段。

(2)原桥梁的固定墩箍筋间距(25 cm)、直径(8 mm)均不满足现行延性构件的构造要求，E2 地震作用下，结构延性能力不足。

(3)原桥梁在横向地震输入下结构构件满足要求。

3. 阻尼器加固抗震能力分析

由于该桥地震关键问题主要集中在其纵向墩柱抗震能力不足，同时考虑到该桥地处交通异常繁忙的二环路段。因此，在对阜成门桥进行抗震加固改造中，不宜采用如图 6.8.8 所示的常规抗震加固方式，因为其既需要中断交通，又需要对基础进行复杂的加固，可实施性很差。建议采用减隔震技术进行抗震加固，如图 6.8.9 所示。

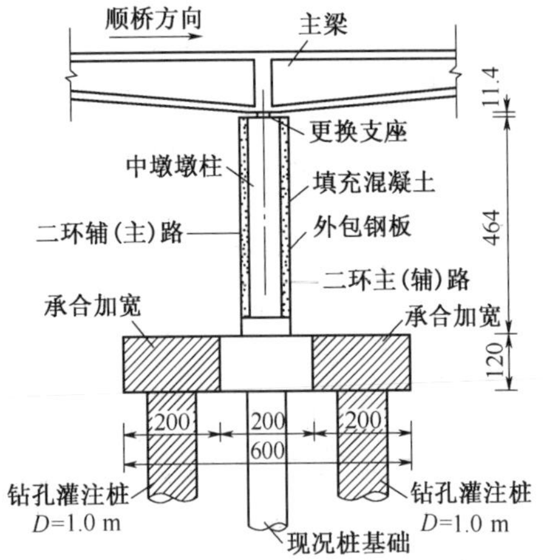

图 6.8.8　墩柱常规加固方案(cm)

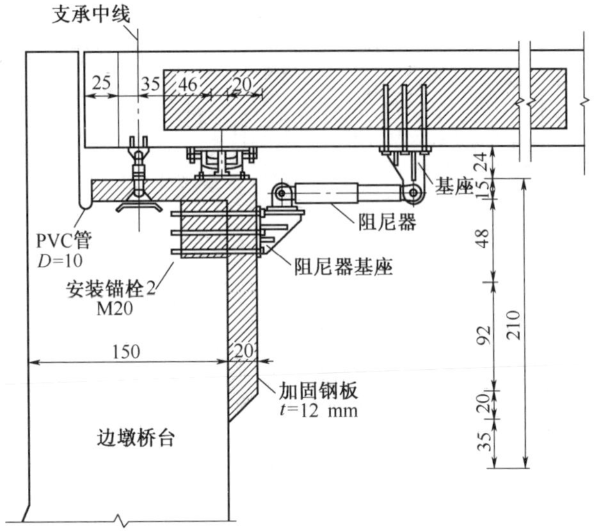

图 6.8.9　减隔震加固方案(cm)

具体实施时，可采用在桥梁两端的主梁与桥台之间安装液态黏滞阻尼器，通过阻尼器耗散地震能量，使固定墩所分担地震力显著减小。从而，即使在罕遇地震作用下，使原有固定墩在原配筋条件下仍能保持在弹性阶段，确保地震中墩柱不受损伤。

由单柱墩抗弯能力与墩顶位移的相关关系及摆柱支座允许位移值，可确定墩顶极限位移为 1.5 cm。以此作为罕遇地震下结构目标位移，结合主梁横断面情况，按照工程经验在两侧桥台各设置 10 个阻尼器，初步拟定阻尼器参数选取范围：$C=700\sim1\ 200$ kN·$(s/m)^{\alpha}$，$\alpha=0.2\sim0.6$，在此范围进行阻尼器参数比选分析。与上述其他案例相同，不再展开，最终确定阻尼器合理参数为：$C=1\ 000$ kN·$(s/m)^{\alpha}$，$\alpha=0.3$。采用此方案，结构地震反应计算结果如表 6.8.2 所示。

表 6.8.2　阻尼器加固桥梁抗震能力分析

地震水平	墩柱名称	剪力(kN)	抗剪能力(kN)	弯矩(kN·m)	抗弯能力(kN·m)	梁端位移(cm)
E1 纵向输入	固定墩	8	178	37	1 080	0.1
	活动墩	18	116	51	689	
	固定墩桩	20	304	48	1 012	
	活动墩桩	36	247	84	530	
E2 纵向输入	固定墩	62	178	508	1 080	1
	活动墩	62	116	182	689	
	固定墩桩	260	304	568	1 012	
	活动墩桩	123	247	287	530	

6.8.3　结　　语

将阻尼器加固方案与常规加固方案进行比较表明，如表 6.8.3 所示，该方法可以降低维修加固成本38%左右，且交通影响很小(只须占辅路非机动车道安装阻尼器施工)，因而可操作性强，因而采用桥梁用黏滞阻尼器技术进行抗震加固为解决繁忙交通线上立交跨线桥抗震安全问题提出了一个很好的思路。方案实施如图6.8.10所示。

表6.8.3 加固方案比较

项目名称	常规加固方案	阻尼器加固方案
主要工作内容	更换中墩支座;增大墩柱截面,在截面增大后的墩柱表面包钢板;对原承台进行加宽处理,在承台加宽部分下施工桩基础	在主梁及桥台表面安装阻尼器基座及锚筋
交通影响	二环主辅路各断行一个车道	对二环辅路有一定影响,但不断路
施工周期	约90 d	约60 d
总造价	1 220万元	760万元

图6.8.10 阜成门桥阻尼器抗震加固实施过程

6.9 涪陵乌江二桥(斜拉索减振)[1]

图6.9.1 涪陵乌江二桥外部景观

重庆市涪陵乌江二桥东岸连接江东开发区，直接与涪(陵)丰(都)公路相连，西侧与涪陵老城区相接。大桥采用高低双塔单索面结构，高塔178.4 m，低塔130 m，此造型在国内属首创。大桥全长1 100 m，其中主桥长590 m，主跨为340 m，大桥桥面为双向六车道。乌江二桥的照片如图6.9.1所示。

[1] 摘自北京奇太振控科技发展有限公司，《乌江二桥斜拉索减振阻尼器应用》。

6.9.1 斜拉索阻尼器的设置

乌江二桥斜拉索为单索面布置，在风雨振激励下面内振动比较明显，在斜拉索与主塔平面内以垂直于拉索方向设置阻尼器，控制效果最为理想。安装定位高度 1.6～1.8 m。图 6.9.2 为斜拉索减振器安装示意图。

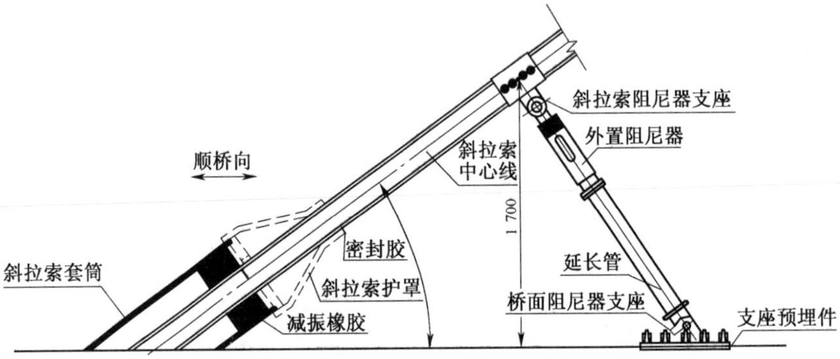

图 6.9.2 斜拉索减振器安装示意图(mm)

6.9.2 总体设计思路

(1)确定控制指标：一般根据斜拉桥所处桥位的气象资料、跨度、拉索参数等因素设定拉索减振优化设计的控制目标。目前，国内所采用的控制目标是拉索附加阻尼器后的对数衰减率不小于 0.03。

(2)在确定了控制目标后，根据前面所提到的通用设计理论就可以确定阻尼器的最小安装位置，并计算拉索附加阻尼器的阻尼系数。

(3)在充分考虑阻尼器的非线性特征、刚度影响、连接件的缝隙等不可预知的因素后，对上述计算结果作出修正。

(4)为了便于阻尼器的生产、安装，对拉索及阻尼器的型号、安装位置进行归并。

(5)给出正式的计算说明书。

6.9.3 斜拉索附加阻尼的计算

设计人员考虑对桥中 19 根拉索设置阻尼器，对其他拉索均预埋了支座，以便根据实际情况进行增设。下面以斜拉索 L20 为例，给出相关计算过程。

斜拉索 L20 技术参数如表 6.9.1 所示。

表 6.9.1 斜拉索 L20 数据列表

斜拉索编号	锚点间索长(m)	成桥索力(kN)	单根索重(kg/m)	拉索外径(mm)	振型频率		
					f_1(Hz)	f_2(Hz)	f_3(Hz)
L20	117.151	7 002	114.5	174	1.06	2.11	3.17

最优附加阻尼系数确定后，当黏滞阻尼器设在拉索锚固点附近时，有以下等式成立(Krenk2000)：

$$\frac{\xi}{l/L} \cong \frac{\pi^2 \kappa}{(\pi^2 \kappa)^2 + 1} \tag{6.9.1}$$

$$C \equiv \kappa \frac{mL\omega_{01}}{i} \frac{L}{l} \tag{6.9.2}$$

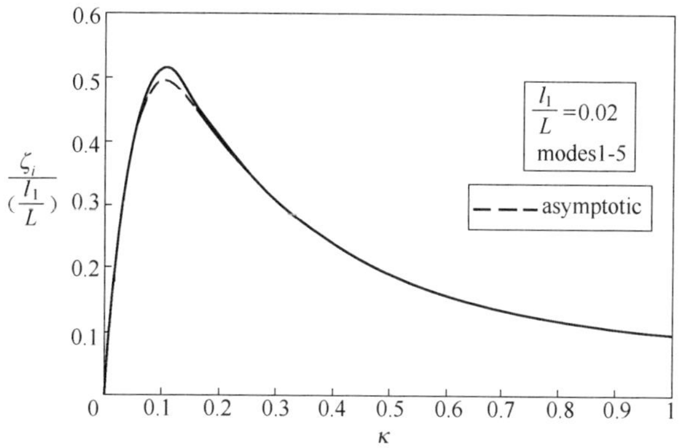

图 6.9.3 斜拉索 $\xi/(l/L)$与参数 κ 关系曲线

根据上述等式并结合图 6.9.3，可知：当斜拉索某阶振型达到最佳控制时，$\xi/(l/L)\approx 0.5$，相应的根据上述关系曲线，并结合相关等式确定达到拉索减振设计目标所需要的阻尼器系数 C_{opt}。

依据上述原则，我们给出的控制目标是拉索一阶振型附加阻尼比在 1%～3%之间，其计算结果如表 6.9.2 所示。

表 6.9.2 斜拉索最优附加阻尼系数

斜拉索编号	第一振型阻尼比 ξ_1	Scruton 数	阻尼系数 C_{opt} (kN·s/m)	斜拉索编号	第一振型阻尼比 ξ	最小 Scruton 数	阻尼系数 C_{opt} (kN·s/m)
L20′	0.012 2	35.7	370.26	H20	0.011 3	33.2	313.77

当确定最佳阻尼系数 C 后，经计算可以得到斜拉索高阶振型的附加阻尼及相应的 Scruton 数。如表 6.9.3 所示。

表 6.9.3 斜拉索阻尼器高阶振型附加阻尼比

斜拉索编号	第二振型阻尼比 ξ_2	第二振型 Scruton 数	第三振型阻尼比 ξ_3	第三振型 Scruton 数
L20′	0.009 7	28.55	0.007 3	21.41

阻尼器参数如表 6.9.4 所示。

表 6.9.4 斜拉索阻尼器参数

斜拉索编号	阻尼器最大力 F(kN)	阻尼器行程$\pm A$(mm)	阻尼器最大速度 V(m/s)
L20′	12.801	5.19	0.035

6.9.4 结论及建议

由上述分析和计算可知：

(1)斜拉索在附加阻尼器后提高了自身的阻尼比，对风雨激励的稳定性有了一定提高；

(2)尽管在斜拉索两端同时安装阻尼器具有更好的减振效果，但由于塔端检查、维修及更换特别困难，这里只考虑在梁端安装；

(3)上述计算中只是按照现行计算理论完成了理论计算部分，接下来还将对全部拉索阻尼器的计算结果增加一定的安全系数，并进行归并；

(4)上述基频对 3 Hz 以上的斜拉索可以考虑设置外置阻尼器，也可从经济角度出发仅考虑设置内置阻尼装置而不设置外置阻尼器；出于对大桥外观的考虑，此处设计阻尼器安装在索塔锚固点以上 1.6～2.0 m 左右，如需要对斜拉索附加更高的阻尼则需要调整阻尼器的安装高度；

(5)上述理论计算在附加外部阻尼的同时，应考虑在拉索内采取高阻尼橡胶减振措施。

6.10 Harsha 斜拉桥

Harsha 斜拉桥是美国肯塔基州的第一座斜拉桥，位于已建成的连接肯塔基 Maysville 城和俄亥俄州 Aberdeen 城的悬索桥下游 2.8 km 处，由于已建成的悬索桥过于狭窄，不能安全承载大型重载卡车，因而这座新斜拉桥按照 AASHTO 四车道 HS25 活荷载进行设计。图 6.10.1 为 Harsha 斜拉桥照片。

图 6.10.1　Harsha 斜拉桥照片

该桥斜拉桥部分长 2 100 ft，桥梁有两条 12 ft 宽的车道，两条 12 ft 宽的路肩，路缘之间的距离为 48 ft，索面中心之间的距离为 55 ft，桥面板外缘的距离为 58.5 ft。在桥两端 201.97 ft 范围内钢板梁厚度为 84 ft，其余厚度为 60 ft。横梁间隔 16.67 ft，纵梁贯穿其中，位于边梁中间。横梁及纵梁的上翼缘实际宽度比设计的要大，这样可以将其作为连接预制板的拼接缝现场浇筑时的模板。

预制桥面板宽 15.42 ft，长 26.42 ft。预制板截面间留有 1.25 ft 长的距离用于连接纵向预应力钢筋，浇筑拼接逢。预制板的 90 d 混凝土强度要求达到 7 000 psi。预制板在安装前要求至少放置 180 d。现浇拼接缝的混凝土强度要求三天达到 7 000 psi，以加快桥梁建设以及桥面板的纵向后张拉。预制桥面板为 9.75 ft 厚，桥跨架设完成后在桥面刷一层 1.5 in 厚的乳胶。

6.10.1　设计过程

Harsha 桥在招标过程中有多个备选方案，其中有钢桥方案，也有混凝土桥方案，通过比较发现，斜拉桥方案比钢桥方案中的最低价格还要低 13%。

斜拉桥方案中考虑了两种不同的跨型——三跨和五跨。三跨形式中两个边跨跨径为 512 ft，中间主跨为 1 050 ft；五跨形式中有两个 125 ft 长的锚跨，两个 400 ft 长的边跨，中间主跨跨径为 1 050 ft。为了确定最好的跨型，Janssen 和 Spans 用他们的计算程序 BRUCO 分析了两种跨型。比较发现五跨的形式具有更大的优势，因而将其用于初步设计阶段。

索面的距离确定为 50 ft，索形采用双索面扇形布置，拉索竖琴形布置，中索互相平行会使索和矮塔受更大的力，而辐射形布置会使拉索集中于一点给索的锚固带来困难。

主梁的截面要求受风的阻力最小，且厚度足够保证桥梁的稳定，同时要求满足经济性。一旦跨径、主梁截面形式、斜拉索的布置及间距确定之后，塔的尺寸就可以确定了。桥塔的高度最终选定为桥面板上 222.42 ft，大概为中跨跨径的 21%，桥塔从底部到顶部的高度为 343 ft。

大桥抗风顾问工程师 Rowan 、Willams、Davis 和 Irvin(RWDI)从五个方面进行了大桥风振方面的设计：(1)通过研究当地地形条件和风力气象条件了解风速的特性，确定出风荷载的设计风速和空气动力稳定性；(2)由截面模型确定出截面的空气动力稳定性；(3)运用空气动力模型研究成桥后的桥梁稳定性以及桥梁在强紊流风的作用下的响应，同时选择合适的施工步骤；(4)基于桥梁截面、桥梁空气动力学模型风洞试验以及动力学理论确定成桥后和施工阶段的风荷载；(5)研究斜拉索在风及风雨作用下减振的可能性。

大桥地质顾问工程师 Mossbarger、Scott 和 May(FMS & M)通过钻孔确定桥梁所在地的地质条件以选择合适的基础。ACE 进行了桥梁上部结构的设计包括桥塔和引桥，ACE 给 FMS & M 提供下部结构的荷载并建议在 3#、4#、7# 墩及桥塔所在的 5#、6# 墩采用钻孔桩基础，桥台处采用承重桩基础。由 FMS & M 确定钻孔桩的长度并检验钻孔桩施工中围护结构的强度。

图 6.10.2　桥面板预压力张拉和基脚处钻孔桩

图 6.10.3　桥塔下部和上部施工

J & S 使用 BRUCO 程序进行分析，发现桥梁的主跨由于混凝土收缩、徐变以及预应力损失，10 000 d 后会发生 2 ft 的沉降，因而 ACE 在设计结构的过程中将塔顶部向后移，使主跨向上提升约 2 ft，避免在以后的使用中出现路面凹陷的情况，同时还可以减小塔腿中的弯矩，减少钢筋的用量。

当 KyTC、FHWA 批准了大部分方案之后，MBJ 开始建立最终的模型来设计主梁、拉索以及预制板。对纵向桥面板进行后张拉可以抵消部分桥上活荷载产生的拉力。Bake 设计了抗风剪切装置、临时墩、挡块以及临时支架等作为桥梁合龙之前的临时支撑。

ACE 在初步设计阶段就已确定塔形采用 H 形，基础设计要求尽量小以减小围堰、底座的尺寸。基脚采用水下浇筑，由 16 根直径 71 in 的钻孔桩支撑，钻孔桩插入河底石灰岩部分 10 ft。用作钻孔桩浇筑模板的钢桶作为钻孔桩的一部分浇筑完成后不取出。图 6.10.2 为桥面板预应力张拉和基脚处钻孔桩，图 6.10.3 为桥塔下部和上部施工现场照片。

基脚及塔的主体采用预应力混凝土，从底部连接塔腿的横梁到桥塔上部之间的桥塔截面采用预应力箱形截面，为拉索的锚头提供空间。

伸缩缝盖板同其他桥梁不同，斜拉桥存在温度引起的膨胀和压缩，同时考虑长期的弹性压缩变形和徐变，因此伸缩盖板交错的齿要有足够的空间来保证桥梁的膨胀变形，同时又要有足够的接触保证桥梁在温度作用下的收缩以及日后混凝土的收缩徐变影响。伸缩板下的排水系统同样存在问题，因为徐变引起的位移可达几英尺，因而伸缩板下的排水池要足够大以保证极端情况下的排水。

6.10.2 桥梁建设施工

在桥梁上部结构中使用的三种类型分别为 AASHTO M270 中的 36、50 及 70 W 级钢材。不同等级的钢材用到桥梁结构上，为确保各自的强度都能充分发挥，所有的连接都采用镀锌的高强螺栓连接。桥梁附近有发电厂燃烧煤产生空气污染，因而在钢材上刷漆进行保护而不使用防风化钢材。

斜拉桥结构采用对称悬臂法施工，从桥塔处开始架立，之后从桥塔两侧依次对称安装。顺序如下：首先在桥塔处临时支撑上安装长 24 ft 8 in 的边纵梁以及连接横梁；之后在陆地一端安装长 50 ft 的构架以及与之对应的拉索；然后架立相对的河岸端 50 ft 长的构架和与之对应的斜拉索；构架架立完成后在其上铺装预制板并固定，预制板中留有用于张拉钢筋的管道，将直径 1.375 in 的张拉钢筋放在管道中；预制板之间的接缝采用混凝土浇筑，当接缝混凝土强度达到 4 500 psi 进行预应力钢筋束的张拉。之后循环进行以上工序直到完成桥梁架设的一半，然后在另一个桥塔进行安装施工。

施工过程中边跨的架立采用临时支架法。边跨在临时支墩上架立可以减少施工周期，边跨在桥塔施工完成之前就可以架立好以便给后续的斜拉索安装提供方便。施工过程中使用临时索，这样可使桥梁已建成的结构避免承受过大的风载。

桥梁 3#、4#、7# 墩和 2# 桥台处使用带轴链节支座，用于抑制活荷载产生的竖向提离作用。连杆长度，从上轴心到下轴心为 9 ft 4 in，这个长度的选择可使主梁竖向位移降低 3/16 in，同时保证温度变化引起的桥梁变形。销轴采用不锈钢以及聚四氟乙烯层轴承套。这种轴承不易锈蚀和锁死，聚四氟乙烯也被用于低摩擦支座上。图 6.10.4 为抗提高连接连杆照片。

Harsha 桥的主梁翼板与拉索的连接非常独特。ACE 工程师找到了一种可以不刺穿主梁上翼缘的连接方式——采用后张拉法跨过上部翼缘从而减少疲劳问题。后张拉系统采用焊接件以及符合 ASTM354BD 的高强度螺纹钢筋。焊接组件为非对称 H 形截面端部板厚 4 in，焊接组件栓结到主梁的腹板上，由四根高强度钢筋提供预张力，预应力超过拉索内力，保持处于受压状态，避免疲劳问题。图 6.10.5 为斜拉索与主梁翼缘连接方式。

图 6.10.4　抗提离轴连接连杆

MBJ 工程师建立了连接的有限元模型以便确定各部分的应力，从而确定连接板的厚度以及连接主梁腹板的螺栓数量及强度。同时 MBJ 工程师还将主梁腹板全焊接的情况同后张拉连接的情况进行比较，发现采用主梁腹板后张拉连接更好，可以有效避免结构疲劳。同时著名的钢结构工程师 Dr. John Fisher 认为后张拉连接可以更好地避免疲劳，并建议用 ASTM722 钢筋代替 ASTM345BD 钢筋。

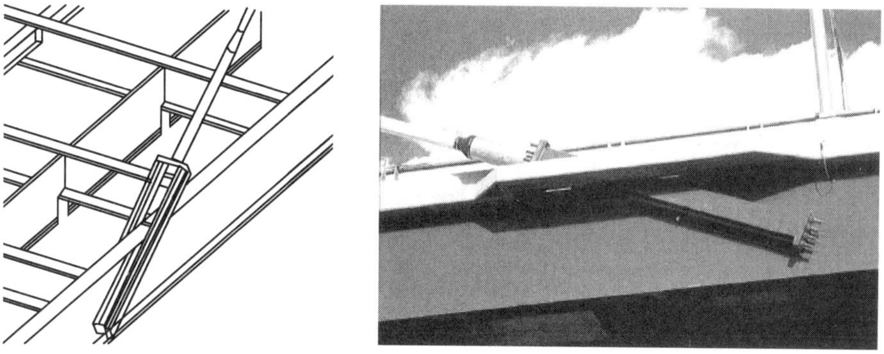

图 6.10.5　斜拉索与主梁翼缘连接方式

纵梁由加工场运到工地，高强度钢筋已布置在纵梁上但是没有施加预拉力。一旦横梁安装完毕便开始进行纵梁后张拉连接。

在旧桥的检测过程中发现，细节构造也会影响到桥梁结构的使用。但是以往有经验的工程师并不太重视这些构造细节。为避免 Harsha 桥出现类似的情况，对诸如接缝连接、支座、临时支撑、风锁定装置等细节进行了分析，并建立了有限元模型对关键应力区域进行模拟计算。

通常带轴链节支座容易锈蚀并丧失活动能力，从而给桥梁带来隐患。为避免 Harsha 桥出现类似的问题，支座链杆采用不锈钢，孔当中填充 PTFE 受压材料，以有效避免锈蚀、减小摩擦。

6.10.3　桥梁抗震设计

Maysville 城在 1979 年发生过较小的地震，直到那时人们才意识到这个地区有一个断层。由于断层的发现，业主要求 ACE 进行桥梁抗震分析。该地区过去几年的地震调查表明应让尽可能多的桥梁下部结构承受地震力。为满足此要求，需要对桥梁的部分墩和塔进行固结，然而对桥梁下部结构进行固定调整，可能使桥梁在温度及徐变作用下产生问题，即使桥塔产生很大的力。

为避免桥塔承受温度及徐变作用下产生的如此大的力，Harsha 桥采用了类似汽车减振器的机械装置——力调整单元(FRUs)，即液体黏滞阻尼器。图 6.10.6 为液体黏滞阻尼器及连接示意图。但同以往的液体黏滞阻尼器不同，此桥所采用的阻尼器没有阀门，且使用的是特殊的硅油。ACE 和 MBJ 要求阻尼器在温度和徐变时不产生作用，但是在地震或大风的作用下能起到锁定作用使两个桥塔共同受力。ACE 和 MBJ 到泰勒公司位于纽约州的工场进行参观，了解阻尼器的生产过程，他们对泰勒公司产品的品质以及泰勒公司对细节的关注印象非常深刻。泰勒公司曾经是国防产品供应商，而现在他们是美国唯一能满足工程需要的阻尼器的供应商。此桥使用了 8 个泰勒阻尼器，阻尼力为 1 300 kN，行程±305 mm，阻尼器连接桥塔与主梁。

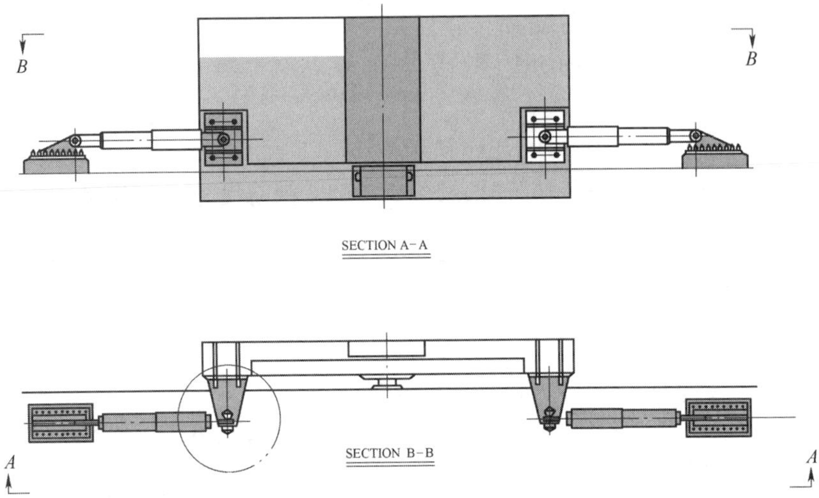

图 6.10.6　液体黏滞阻尼器及连接图示

6.11　5/91 HOV 大桥

5/91HOV 桥分别研究了线性、非线性阻尼器在桥梁中的应用情况，这是一座两跨现浇预应力桥，有带悬挑梁的墩。此桥位于南加利福尼亚的一个地震高发地区。分析发现，阻尼器可减小桥梁的扭矩，同时还可减小桥梁上部结构纵、横向位移。

6.11.1　阻尼器在桥梁上的应用及计算结果

液体黏滞阻尼器被应用到了加利福尼亚 Orange 县 HOV 连接线上的 91/5 桥上。这座桥为两跨现筑预应力混凝土桥，主梁为箱型三室截面，桥长 117 m、宽 12.95 m，桥墩预应力悬挑梁长 31.4 m，桥台同线路斜交，夹角为 30°。桥梁位于约 50 m 厚的冲积层上，此处的地面地震加速度为 0.6g。图 6.11.1 为 5/91HOV 桥外景观照片。

图 6.11.1　5/91HOV 桥外景观

计算模型的平面图如图 6.11.2 所示，图中 8 个阻尼器按一定角度摆放，每个墩台放置 4 个。为提高阻尼器的作用效率，将其两两垂直放置，阻尼器的一端连到墩台上，

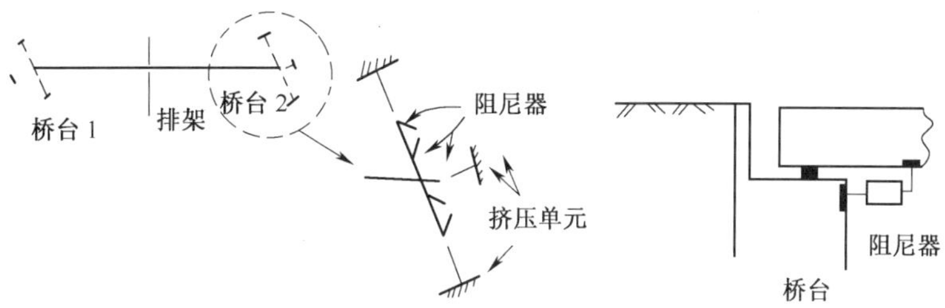

图 6.11.2　阻尼器布置图

另一端连到主梁底部。此外，在计算模型中采用了 6 个挤压单元(每个墩上布置 3 个:沿桥墩轴线布置，2 个纵向的，1 个横向的)用以模拟翼墙以及墩台填料的作用，当 100 mm 宽的间隙闭合后这些单元开始起作用。它们只能承受压应力，并且当变形达到一定程度后失效，最后成为一个永久的变形。图 6.11.3 为桥墩处挤压单元变形情况。

分析分为两步进行。第一步中只有阻尼器参与;第二步中墩台的受压单元和阻尼器都将参与。在第一步分析中采用了 Loma Prieta 三维地震时程记录(图 6.11.4 显示了横向加速度记录时程曲线)。

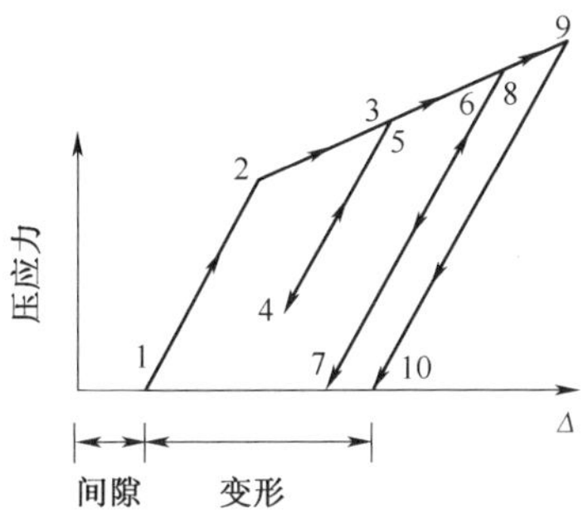

图 6.11.3　桥墩处挤压单元

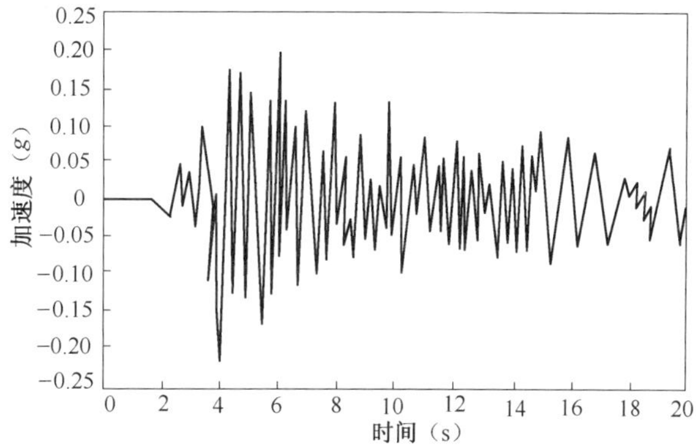

图 6.11.4　横向加速度记录

图 6.11.5 给出了左边桥台某个点在没有阻尼器的情况下纵向位移变化情况，最大峰值为 257 mm;同时也给出了同一个点在非线性阻尼(指数为 0.75)和线性阻尼(指数为 1.0)作用下的纵向位移的变化情况曲线，此时最大位移分别为 41 mm 和 42 mm，相比无阻尼情况最大

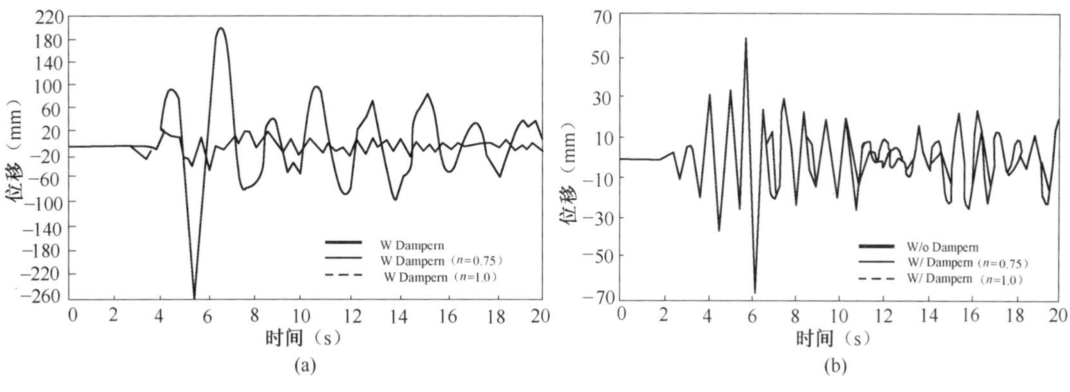

图 6.11.5　左侧桥台控制前后纵向(a)和横向(b)位移时程

位移分别降低了 84%、83%。同样在没有阻尼的情况下此点的横向最大位移为 66 mm，在非线性阻尼作用下为 31 mm，线性阻尼作用下为 32 mm，相比无阻尼情况分别降低了 53%、51%。

图 6.11.6 给出了整个弹性系统的应变能在安装阻尼器前、后的变化时程曲线，在非线性、线性阻尼的作用下应变能分别降低了 58%、57%。图 6.11.7 给出了左侧墩台上某阻尼器（指数为 0.75）的力-变形的滞回曲线，以及线性时的力-变形的滞回曲线。

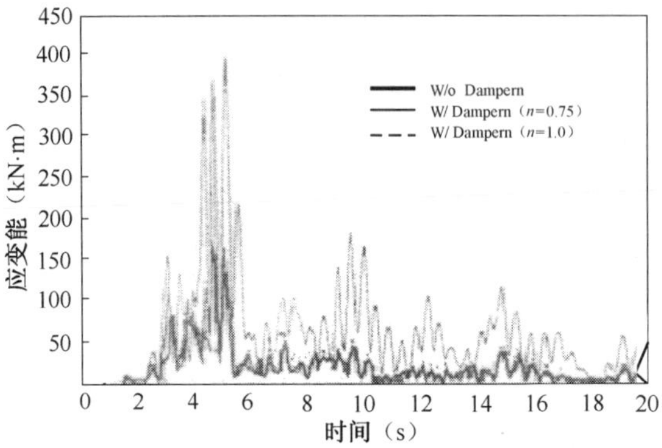

图 6.11.6　结构应变能变化时程曲线

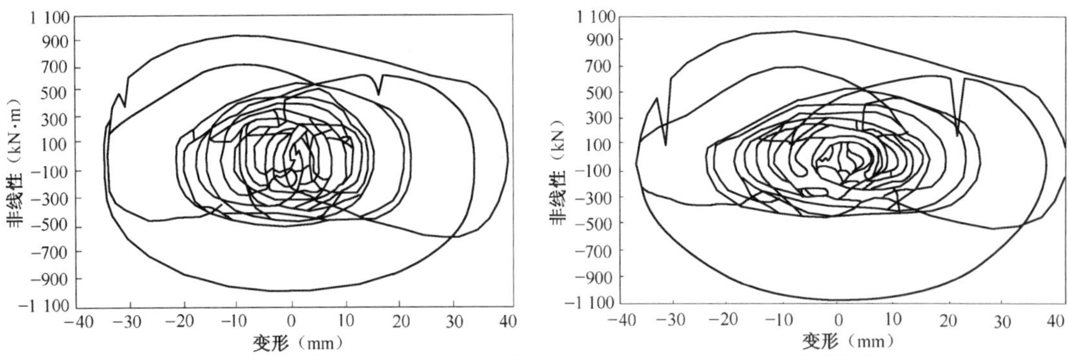

(a) 指数为0.75　　(b) 指数为1.0

图 6.11.7　阻尼器的滞回曲线

在第二步分析中地震时程记录被放大了 5 倍用来模拟一个非常强的激励，图 6.11.8 显示

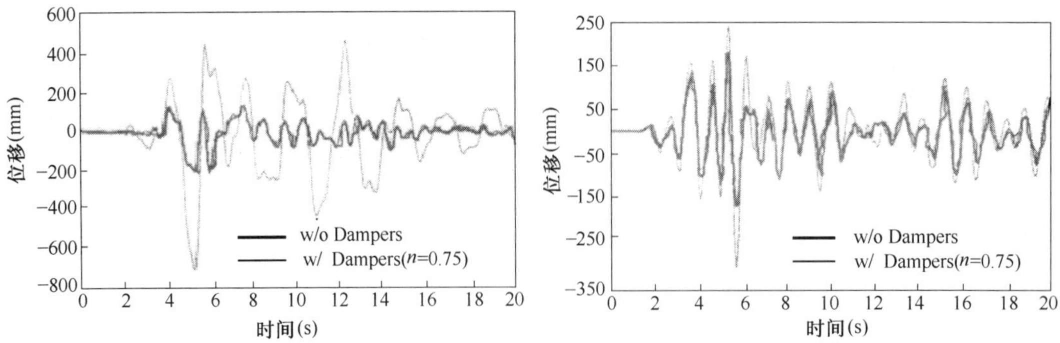

(a) 纵向　　(b) 横向

图 6.11.8　第二阶段结构减振前后纵向位移及横向位移时程

了在受压单元起作用后左边墩台某点的纵向位移变化情况，最大为 750 mm，在使用非线性阻尼器情况下该点的纵向位移响应最大减少了 70%，变为 227 mm。从图中还可以看出，在使用阻尼器后，该点的横向位移由使用前的 314 mm 变为 180 mm，减少了 42%。图 6.11.9 显示了使用非线性阻尼器前、后情况下的受压单元的响应。

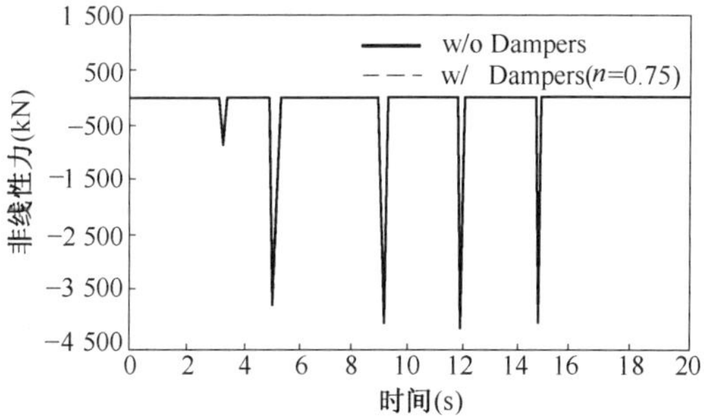

图 6.11.9 左侧桥墩有阻尼器和无阻尼器情况下挤压单元的受力

6.11.2 结 论

液体黏滞阻尼器通过耗散能量有效的增强了桥梁的动力响应能力。由于安装阻尼器提高了结构的阻尼，有效降低了动力荷载作用下桥梁的受力和位移，从而可以简化连接形式，降低结构的造价，最重要的是减少甚至消除地震引起的破坏，获得经济、安全效益。非线性阻尼的指数小于 1 时，阻尼器可以耗散更多的能量，因而比线性阻尼更有效，且随着指数的减小阻尼器的效率增加。非线性阻尼在低速下也可以工作，随着速度的增加，阻尼增加的程度相对要慢一些，因而可以保护结构避免受到更多的附加力。

6.12 黏滞阻尼器和锁定装置在桥梁应用中的对比

前文介绍了锁定装置和黏滞阻尼器的构造机理及其性能，两者结构原理基本相同，只是硅油流动的小孔大小不同。在实际工程中，这两种装置的应用最为广泛，并收到了桥梁工程界的普遍好评。为了让读者更清晰、直观的了解和区分这两种装置，下面将黏滞阻尼器和锁定装置分别加设在不同桥梁类型上加以对比。

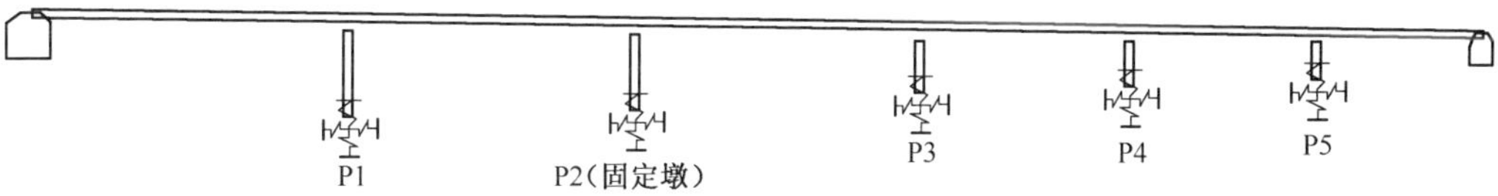

图 6.12.1 南京三桥引桥计算模型

6.12.1 南京长江三桥引桥

南京长江三桥引桥为一六跨连续梁桥。计算过程采用 SAP2000 进行模拟分析(计算模型如图 6.12.1 所示)，主梁和桥墩用空间梁单元模拟，根据桩基础周围的实际土层资料，按“m”法将桩基础等效成 6 个方向的弹簧进行模拟。锁定装置和黏滞阻尼器采用专门的非线性阻尼器单元模拟。在纵桥向和竖向输入地震波，采用非线性时程方法进行分析。原桥方案为纵桥向仅 P2 设为固定墩，其余均为滑动墩。锁定装置和黏滞阻尼器方案为分别在 P1、P3～P5 设置减震单元。表 6.12.1 给出了原结构和分别设置锁定装置和黏滞阻尼器两种情况下各桥墩水平剪力的比较结果。

表 6.12.1　各方案桥墩剪力(kN)

项目	P1	P2(固定墩)	P3	P4	P5
原结构	2 360	4 280	1 520	1 580	1 180
锁定装置方案 1	3 110	5 150	5 700	5 610	7 670
锁定装置方案 2	3 220	4 020	4 490	1 580	1 180
黏滞阻尼器方案 1	2 460	2 320	2 720	2 700	2 930
黏滞阻尼器方案 2	2 540	2 970	2 830	1 580	1 180

由表 6.12.1 和图 6.12.2～图 6.12.5 可以看出，采用黏滞阻尼器方案后，固定墩的水平剪力均有所减少，方案 1 剪力由 4 280 kN 降到 2 320 kN，方案 2 减少到 2 970 kN；而滑动墩的水平地震力均有所增加，起到了其他滑动墩分担受力的作用，显著降低了固定墩的地震力，从而有效地提高了结构的整体抗震性能。方案 2 仅将 P1、P3 的墩部剪力放大，而 P4、P5 均不放大，并且仅用 2 个黏滞阻尼器，便很好地解决了问题，经济性能较高。

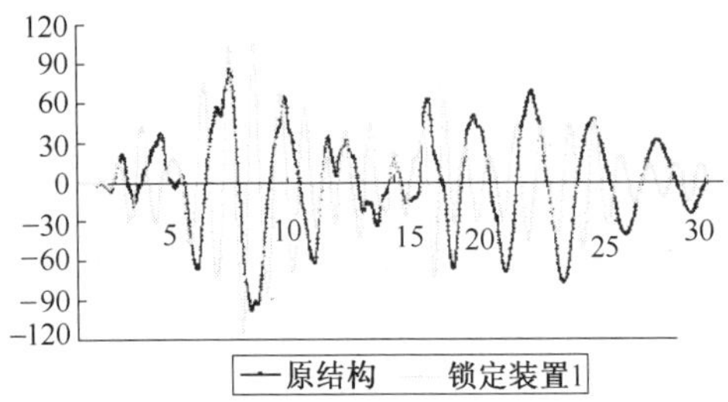

图 6.12.2　锁定装置方案 1 桥端点纵向位移(mm)

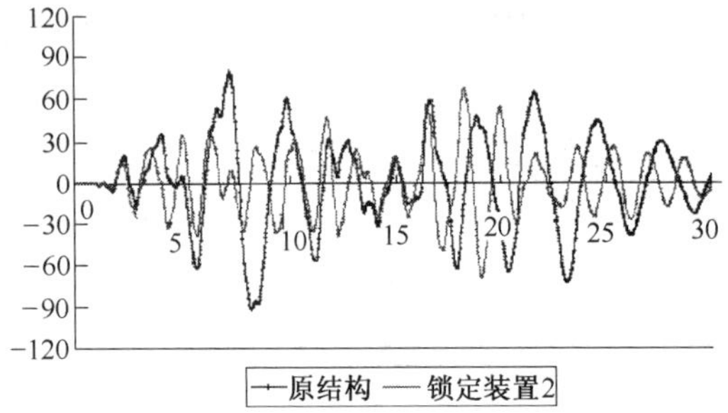

图 6.12.3　锁定装置方案 2 桥端点纵向位移(mm)

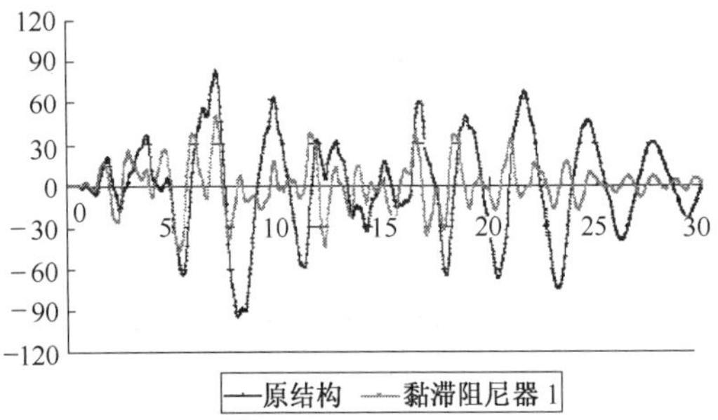

图 6.12.4　黏滞阻尼器方案 1 桥端点纵向位移(mm)

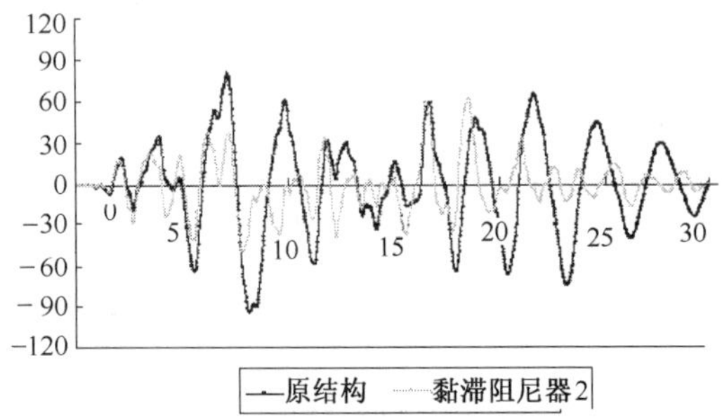

图 6.12.5　黏滞阻尼器方案 2 桥端点纵向位移(mm)

该连续梁桥桥墩 P1～P5 高度分别为 14.4 m、13.2 m、10.2 m、10.4 m、8.6 m，属于短墩结构，从图 6.12.6 显示的Ⅱ类场地反映谱中可以看出，矮敦结构的周期处于反映谱的短周期范围，设置 Lock-up 装置后，结构振动周期位于设计反应谱的陡坡区域。本桥就是一个典型的例子，原结构的基阶周期(纵向)为 2.86 s，而由于锁定装置改变了原结构的动力特性，方案 1 将基阶周期缩短为 1.26 s，方案 2 将结构基阶周期缩短为 1.73 s。周期缩短后，结构总地震力显著增加，尽管分担地震力的桥墩数量增加了，但由于结构总的地震力也增加了，并不能达到明显降低固定墩地震力的目的。从对墩部剪力和梁端位移减震效果看，方案 1 和方案 2 均不是很理想。因此,在考虑锁定装置的使用时,还应注意桥梁结构的自身特点。

最终,南京长江三桥引桥选定了黏滞阻尼器方案作为最终方案。阻尼器信息如表 6.12.2 中所示。

表 6.12.2 南京三桥阻尼器方案

位置	计算工况	最大受力(kN)	最大变形(m)	最终选定的阻尼器信息
P1	最大	1 074	0.11	最大阻尼力:1 500 kN 最大冲程:0.12 m 阻尼系数: 2 000 kN·(s/m)$^{0.3}$ 速度指数:0.3
	最小	−1 144	−0.11	
P3	最大	1 337	0.084	
	最小	−1 397	−0.085	

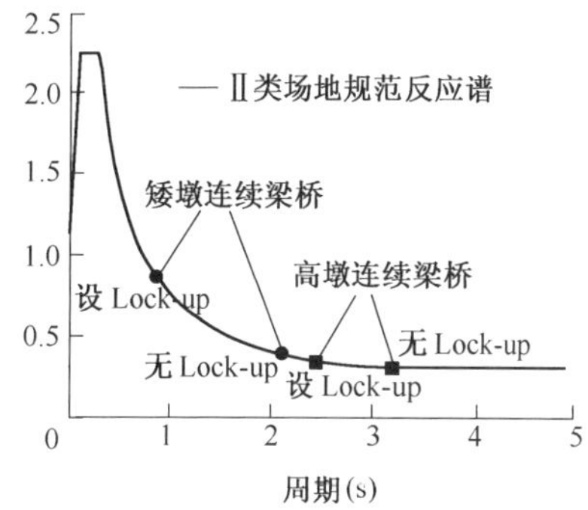

图 6.12.6 Ⅱ类场地反应谱

6.12.2 四川某拱桥

四川某拱桥结构模型采用 Midas 建立三维空间有限元模型(图 6.12.7),未考虑引桥部分,主塔采用空间梁单元;假设全桥为全漂浮体系,主跨与梁间纵向无约束,梁可认为理想的相对自由滑动;消能器采用非线性黏滞消能器单元。

该桥所在场地抗震设防烈度 7 度,按照 7 度调整地震波峰值,即地震波峰值调整为 50 年超越概率 2%~3%的基岩地震水平向峰值加速度 220 Gal,竖向峰值加速度取为纵向的一半 110 Gal。我们选取了 El Centro 波作为地震动输入对其进行分析。如图 6.12.8 所示。

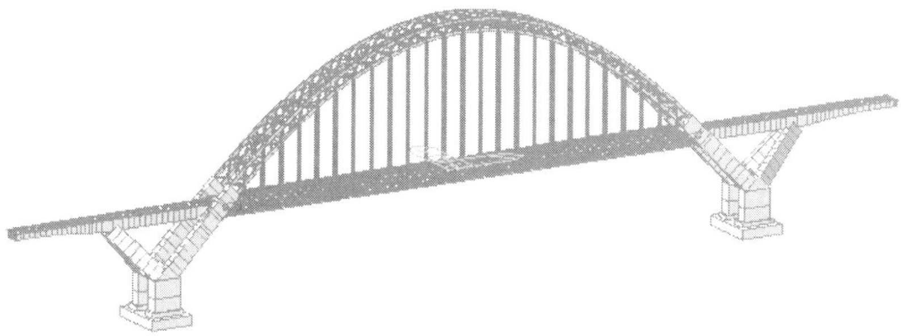

图 6.12.7 四川某拱桥模型图

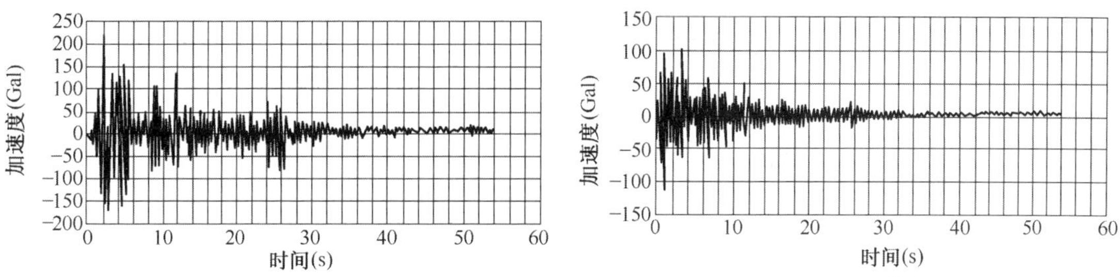

图 6.12.8 1940 年 El Centro 地震波

由图 6.12.9 可见,主桥第一振型特征为桥面系纵飘,且周期达到 6.35 s,这是由于桥拱与横梁未设置任何纵向约束的支座,使得主桥桥面系在纵向的连接较弱,容易发生桥面系纵飘。因为该桥的跨度较大,温度或收缩、徐变引起的变形也较大,如果设置固定支座会限制主梁的自由变形。通过设定地震工况的计算结果可知，桥梁端点的纵向位移过大，达到了 215 mm（图 6.11.10）。

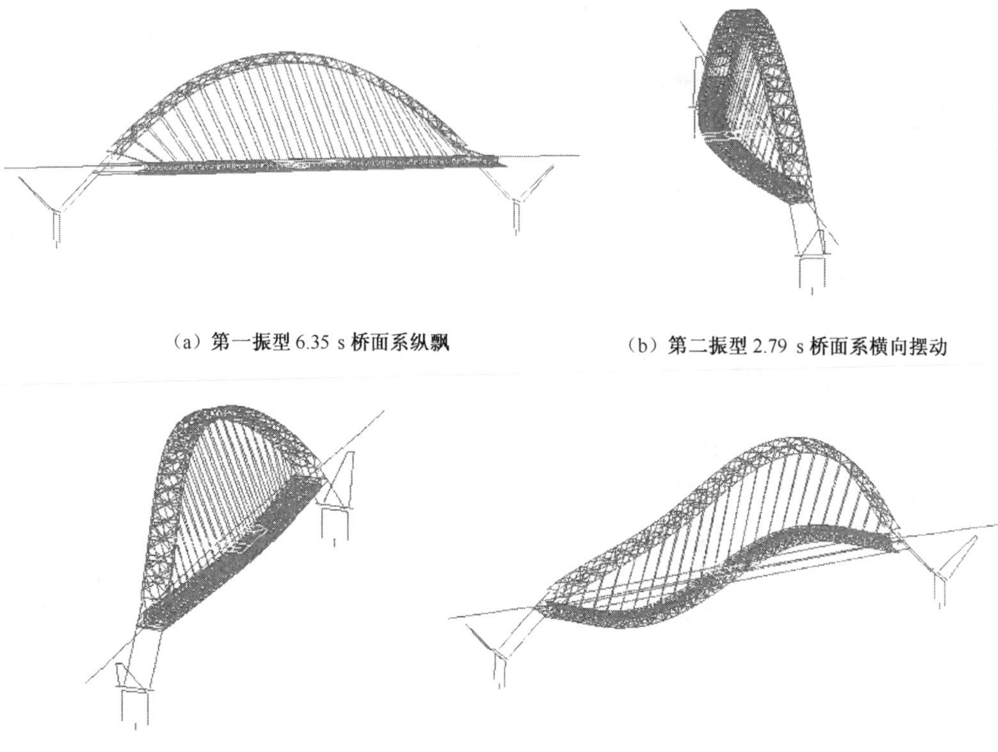

（a）第一振型 6.35 s 桥面系纵飘

（b）第二振型 2.79 s 桥面系横向摆动

（c）第三振型 2.05 s 拱肋与桥面系横摆

（d）第四振型 1.59 s 桥面系对称竖弯

图 6.12.9　拱桥主要振型图

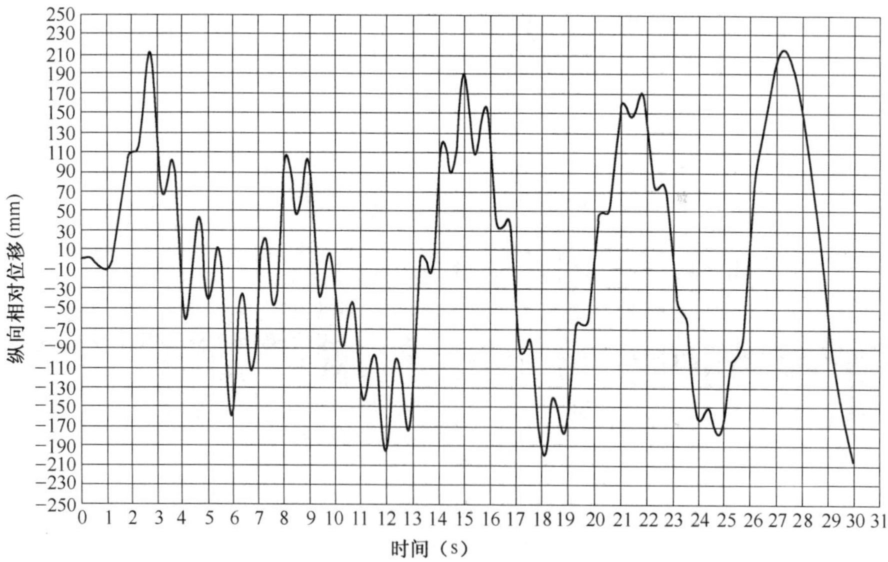

图 6.12.10　地震工况下桥拱与桥面系的纵向相对位移

该桥属于铁路桥，每天要承受多次火车的制动荷载，在纵向刹车力的作用下，为避免桥面系因频繁发生纵向位移，需要通过适当的办法限制桥面系的纵向位移。速度型产品正好可以解决此问题。特别是锁定装置，如果启动速度设定的适当，当刹车力和地震力对桥梁发生作用时，装置可以起到很好的锁定作用。为了得到更好的控制效果，在主梁两端顺桥向分别设置锁定装置和黏滞阻尼器，每端设置 2 个，共计 4 个。结果对比参照以下结果：

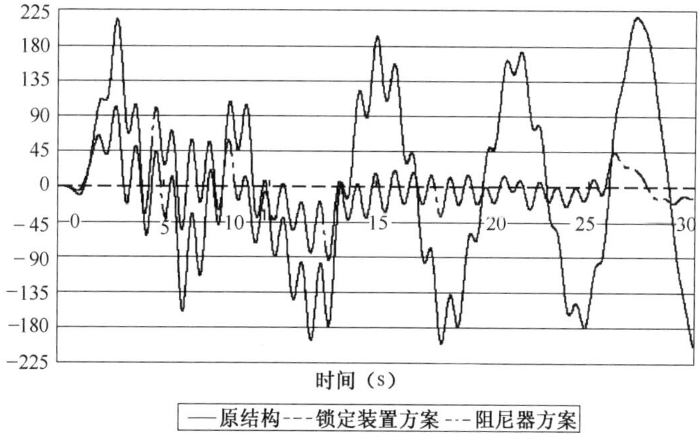

图 6.12.11　不同方案地震工况下桥拱与桥面系的纵向相对位移对比

计算分析中分别采用了三种方案对拱桥的位移控制效果进行了比较分析，即锁定装置方案、刚性杆方案以及黏滞阻尼器方案，表 6.12.3 给出了不同减震方案下的结构反应计算结果。图 6.12.11 给出了不同方案地震工况下拱桥与桥面系的纵向相对位移对比。

表 6.12.3　不同减震方案在地震工况下结构反应相关信息

方案	桥拱与梁纵向相对位移(mm)	桥墩底部剪力(kN)	桥墩底部弯矩(kN·m)	减震器出力(kN)	减震器变形(m)	第一周期
原结构	215	86 260	7 151 898	—	—	6.35 s 桥面系纵飘
锁定装置方案	0.38	87 630	7 148 144	4 900	0.38	6.35 s 桥面系纵飘
支杆方案	0.31	88 930	7 208 144	4 800	0.31	2.2 s 桥面系横向摆动
黏滞阻尼器方案	100	77 040	6 339 347	1 300	100	6.35 s 桥面系纵飘

三种方案的说明及结果分析：

1. 锁定装置方案

(1)模型中，锁定装置用非线性单元连接模拟，模态分析未能考虑锁定装置给模型带来的影响，第一周期可参照支杆方案；同原结构相比，结构的第一周期尽管有所缩短，但还位于反映谱的长周期范围内，计算结果表明，桥墩剪力和弯矩略有增大；

(2)锁定装置对桥拱与梁面纵向位移的控制效果很好，几乎将两者完全锁定，进而推论在火车通过时，如遇刹车荷载锁定装置也可起到同样的作用，达到设计目的；

(3)锁定装置的出力较大，接近 500 t，造价较高；

(4)锁定装置方案不能消耗地震能量，只是改变了结构传力。

2. 刚性支杆方案

该方案采用刚度和强度均足够大的构件设置在锁定装置和黏滞阻尼器处，以得出原结构在安置锁定装置后在动力荷载下对结构动力特性的影响。计算结果显示，支杆方案对结构的地震反应同锁定装置方案基本相同，但支杆方案限制了结构的自由温度变形。

3. 黏滞阻尼器方案

(1)黏滞阻尼器具有较好的耗能能力，使拱桥墩部剪力、弯矩均有一定减少；

(2)桥拱与梁纵向相对位移并未得到有效控制。

锁定装置是速度型减震产品的一种特例，同所有黏滞阻尼器一样，可以允许结构自由温度变形；而与一般黏滞阻尼器不同的是，当遇到较大外荷载的情况下，可以彻底改变结构的动力特性和其传力途径。但一般情况下锁定装置在地震荷载作用下的出力较大，只适合在一些抗震设防较低的地区内使用。

6.13 小　　结

以上我们对十余座不同类型的桥梁进行了分析，所有分析均采用的是时程分析法。随着计算机以及计算程序的不断完善和改进，这种方法在当今时代已经非常普及，人们通过计算可以便捷的得到桥梁在附加减振装置后的性能改善情况。在这种采用时程分析进行反复试算，直到减震结构达到设计满足性能等相关要求的方法中，所选取的地震输入对于分析结果具有决定性作用，所以，该方法也具有一定的局限性。

对于正处于初步评估阶段的桥梁结构，设计人员往往希望通过较为简单的方法判定并得到阻尼器的相关信息，这种要求合乎情理。目前，在建筑结构领域，特别是较为规则的层模型结构，通过简化计算的办法便可以给出较为准确的阻尼器参数。而对于桥梁结构，想要采用这种简化方法则困难重重，难以实现，这是由桥梁结构本身的复杂性所造成的。

表 6.13.1　桥梁减震效果以及阻尼器相关参数

桥型	桥梁名称	阻尼器参数	桥梁参数	减震效果
连续梁桥	吉林省龙华松花江大桥	16 个锁定装置；F=1 800 kN；D=±140 mm	7 跨钢筋混凝土连续梁最大跨 100 m	刚接墩顶最大水平剪力降低 45.3%
钢管拱桥	石环环城公路拱桥	8 个斜向放置阻尼器；F=1 400/1 100 kN；D=±110 mm；C=2 500 kN·(s/m)$^{0.4}$	钢管拱桥；两幅（幅宽 19.50 m）；主跨度 102 m	纵向位移降低 19%；横向位移降低 15%；桥墩剪力降低 15%
连续梁拱桥	乌锡铁路桥（方案 1）	12 个阻尼器；F=1 800/1 400 kN；D=±200 mm；C=2 500 kN·(s/m)$^{0.5}$	六跨连续梁拱桥	梁端的移减震 35%～48%；固定墩受力减震 31%～46%
	苏通大桥	8 个带限位阻尼器；F=3 025/10 000 kN；D=±750/850 mm；C=3 750 kN·(s/m)$^{0.4}$	主跨 1 088 m，双塔斜拉桥	纵向位移降低 59.4%；桥塔剪力降低 17.5%；桥塔弯矩降低 17.8%
斜拉桥	忠县大桥	4 个阻尼器；F=1 500 kN；D=±250 mm；C=3 000 kN·(s/m)$^{0.3}$	主桥跨度（205＋460＋205）m；双塔双索面钢筋混凝土斜拉桥	纵向位移降低 50%；桥墩剪力降低 25%
	山西仙神河大桥	4 个阻尼器；F=1 500 kN；D=±300 mm；C=2 000 kN·(s/m)$^{0.4}$	主桥跨(130.9＋136) m；单塔预应力钢筋混凝土斜拉桥	纵向位移降低 47%；桥墩剪力降低 47%

续上表

桥型	桥梁名称	阻尼器参数	桥梁参数	减震效果
斜拉桥	江津桥	4个阻尼器； $F=1\ 000$ kN； $D=\pm 200$ mm； $C=2\ 000$ kN·$(s/m)^{0.5}$	主桥跨度436m； 双塔斜拉桥	纵向位移降低37%； 桥墩剪力降24%
	印尼马杜拉大桥	4个限位阻尼器； $F=2\ 400$ kN； $D=\pm(450+50)$ mm； $C=3\ 000$ kN·$(s/m)^{0.4}$	主桥跨度(192+434+192) m； 双塔双索面叠合梁斜拉桥	纵向位移降低45%； 桥墩剪力降低22%
	南平桥	4个阻尼器； $F=1\ 000$ kN； $D=\pm 400$ mm； $C=2\ 000$ kN·$(s/m)^{0.5}$	双塔斜拉桥	纵向位移降低40%； 桥墩剪力降低20%
	韩家坨桥	4个黏滞阻尼器； $F=2\ 500$ kN； $D=\pm 350$ mm； 4个锁定装置； $F=1\ 700$ kN；$D=\pm 250$ mm	双塔斜拉桥(216+432+216) m	纵向位移减少48%，桥墩剪力降低23%，锁定装置可使梁端在刹车工况下纵向位移降低90%，桥墩剪力减少80%
	湖北赤石大桥	4个阻尼器； $F=2\ 000$ kN； $D=\pm 120$ mm； $C=3\ 000$ kN·$(s/m)^{0.5}$	4塔双索面斜拉桥	结构位移减振15%
悬索桥	南京四桥	4个阻尼器； $F=800$ kN； $D=\pm 500$ mm； $C=1\ 500$ kN·$(s/m)^{0.4}$	主桥跨度(576.2+1 418+481.8) m=2 476 m，三跨连续钢箱梁悬索桥	大震作用下纵向位移减震率在60%； 小震作用下纵向位移减震率在67%
	江阴大桥	4个阻尼器； $F=1\ 000$ kN； $D=\pm 1\ 000$ mm； $C=1\ 522$ kN·$(s/m)^{0.3}$	主跨1 385 m	纵向位移降低55%

表6.13.1是我们对目前国内一些项目的总结，大多数桥梁已经安置了阻尼器，还有一些实例并未付诸实施，在这里仅希望借此寻找一些经验和规律，也欢迎广大工程技术人员提供其他未列项目，丰富相关信息。

第7章 阻尼器在铁路桥梁工程上的应用实例

铁路桥梁与公路桥梁不同，其火车车辆荷载对桥梁本身的动力性能影响很大，特别是刹车制动力。所以在控制铁路桥梁的地震荷载和振动荷载时，阻尼器类型和参数的选取也与公路桥梁抗震设计存在一定的不同。本章中，将给出一些阻尼器应用在铁路桥梁上的工程算例，其中包括斜拉桥、公铁两用桥及连续梁桥等不同功用和结构的桥梁，同时包含常规阻尼器和锁定装置的应用实例，我们将阐述其设计思路、原则和方法，为读者提供阻尼器设计使用的一些经验和借鉴。

7.1 韩家沱长江斜拉铁路桥[1]

前面提到全漂移的铁路斜拉桥与公路斜拉桥有所不同，其火车车辆荷载对桥本身的动力影响很大，特别是刹车制动力。世界首例、最大跨度的武汉天兴洲公铁两用斜拉桥桥采用了双重并用阻尼器解决问题，一方面在桥梁纵向采用 12 个 40 t 的磁流变阻尼器限制刹车引起的小振动，另一方面采用最大出力 200 t 的大型阻尼器控制主桥的未来地震等荷载的漂移。这种减振方案非常独特，全世界尚属首次。经与铁二院初步讨论后，我们决定对韩家坨铁路斜拉桥延用刹车荷载和地震荷载分开并用阻尼器控制的办法，用常规阻尼器控制地震荷载，用锁定装置控制刹车荷载。因此，合理地实际选用两者的参数便成了该项目主要的研究重点之一。

阻尼器较传统用结构构件减少位移的办法相比，会节省很多材料、施工费用。运动位移的减少也会相应地减少桥梁伸缩缝的距离，节省大量伸缩缝等费用的前提是建立在阻尼器参数的合理性所保证的，黏滞阻尼器在桥梁中并不只是定性的应用，而是较为精确的定量使用，因此优化并确定液体黏滞阻尼器的技术参数显得尤为重要，即达到了提高结构抗震性能、降低造价的作用，也保证了选择较为经济有效的设备型号。我们将通过详细分析对比黏滞阻尼器的相关参数变化对结构减震效果的影响和阻尼器出力、冲程的变化，选择最优方案的阻尼器参数。

而对于刹车荷载的控制，我们选用了新型锁定装置，该装置将在强烈地震中熔断，震后可恢复锁定功能。起到保护锁定装置在地震中不破坏的好作用。美国泰勒公司已经和我们一起设计了这种新型阻尼器的详细构造和生产图纸。希望它可以在未来铁路斜拉桥的控制刹车和地震荷载作用中起到很好的作用。下面先介绍为控制地震荷载优化阻尼器参数的过程。

7.1.1 结构动力分析

韩家沱斜拉桥是跨度为(216＋432＋216) m的单线铁路桥，计算分析表明：在地震作用

---

[1] 摘自北京奇太振控科技发展有限公司，《韩家沱铁路桥消能减震设计技术报告》及《韩家沱铁路桥用新型锁定装置控制刹车荷载设计技术报告》，2009.12。

结构设计：中铁二院工程集团有限责任公司 曾永平、陈克坚，等。

下，韩家沱大桥主梁位移反应明显，主梁摆动剧烈，最大位移达到了 196 mm，这将极大地影响结构的安全性，必须采取措施加以控制。为了减小地震作用下主梁的纵向位移，满足抗震设计需要，必须在结构上安装控制装置。

图 7.1.1　韩家沱斜拉铁路桥效果图

表 7.1.1　结构的前 10 阶振型

模态号	频率(rad/s)	周期(s)	模态号	频率(rad/s)	周期(s)
1	1.03	6.09	6	3.71	1.70
2	1.61	3.90	7	4.37	1.44
3	2.60	2.42	8	4.56	1.38
4	3.08	2.04	9	4.80	1.31
5	3.14	2.00	10	5.26	1.20

如表 7.1.1 所示，由韩家沱大桥结构的前 10 阶振型，我们可以看到结构第一周期达到 6.09 s，大桥采用主梁纵飘体系，结构的纵向刚度较弱，结构第一阶振型表现为主梁纵飘，因此在地震荷载作用下，会呈现主梁位移较大的现象。

7.1.2　地震记录选取

地震波选取了 3 条人工波和 2 条近场强震记录。强震记录选用较为典型的 1 940，El Centro波(持时 53.72 s)和 1952，Taft 波(持时 54.38 s)进行计算。考虑到工程的重要性和为确保其安全性，阻尼器选型计算中将抗震等级在该工程设防等级的基础上提高一级(原为 6 度，提高为 7 度)，因此罕遇地震波峰值调整为 210 Gal，设计地震动峰值调整为 100 Gal，多遇地震动峰值调整为 40 Gal。

7.1.3　阻尼器参数优化设计

在对韩家沱长江双线特大桥主体结构作消能减震分析、计算及设计过程中，依据中铁二院提供的 Midas 非线性有限元程序模型，并参考结构布置图及其他相关资料，作为该结构附加阻尼消能减震设计的原始模型。结构建模采用三维空间有限元模型，未考虑引桥部分，主桥采用结构分析计算中，主塔采用空间梁单元，主梁、次梁及桥面采用可同时考虑平面内、平面外刚度的空间壳单元；主跨与边跨间的连接采用钢板伸缩缝，建模中假设它们能理想地相对自由滑动；消能器采用非线性黏滞消能器单元。阻尼器设置在主塔梁间，沿顺桥向安放。设置数量共计 4 个，每个主塔下设置 2 个。图 7.1.2～图 7.1.9 列出不同阻尼器参数对大桥减震效果的影响情况（10# 墩和 11# 墩即为两塔）。

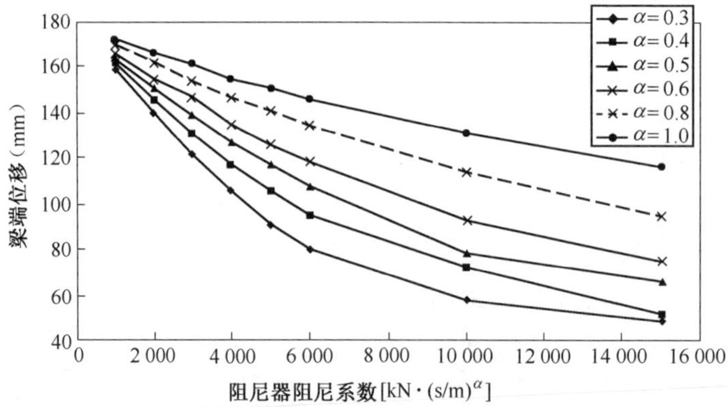

图 7.1.2　不同阻尼器参数对地震工况下梁端位移的影响

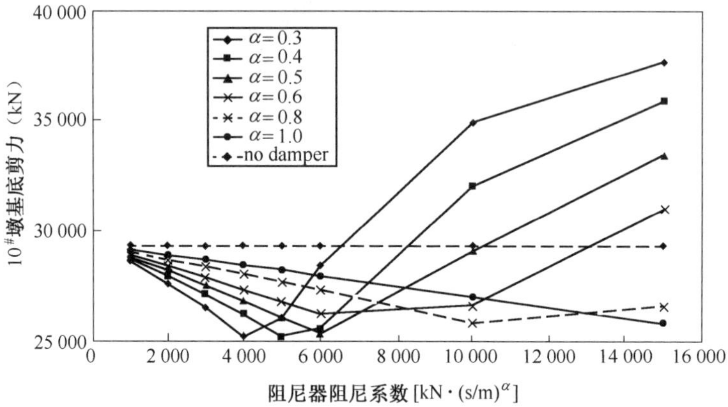

图 7.1.3　不同阻尼器参数对地震工况下 10# 墩基底剪力的影响

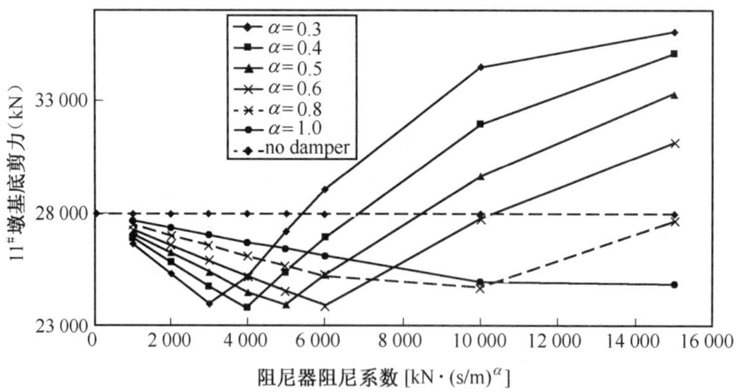

图 7.1.4　不同阻尼器参数对地震工况下 11# 墩基底剪力的影响

7.1.4　阻尼器参数确定

从上面一系列图中，我们可以得到如下结论：

(1)随着阻尼系数的变大和速度指数的减小，梁端位移逐渐变小，阻尼器的减震效果逐渐增大；

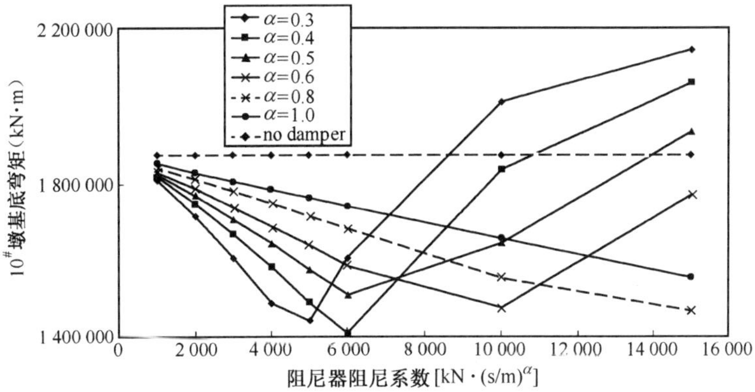

图 7.1.5　不同阻尼器参数对地震工况下 10# 墩基底弯矩的影响

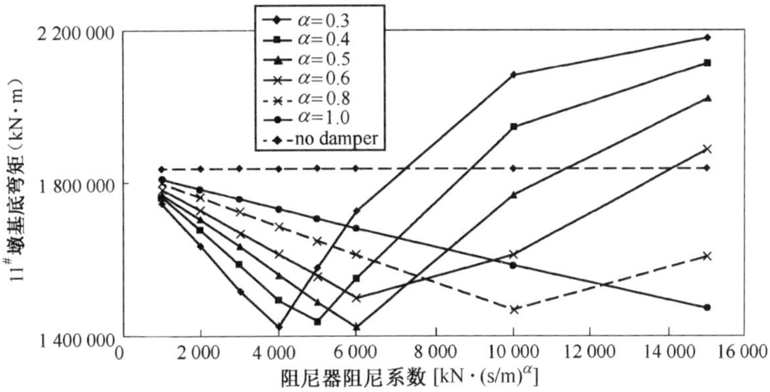

图 7.1.6　不同阻尼器参数对地震工况下 11# 墩基底弯矩的影响

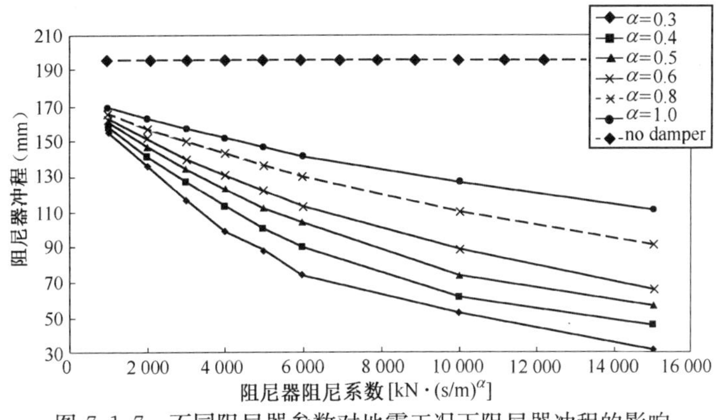

图 7.1.7　不同阻尼器参数对地震工况下阻尼器冲程的影响

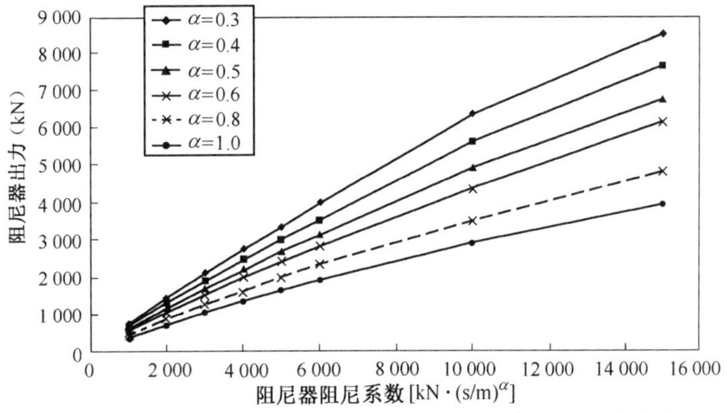

图 7.1.8　不同阻尼器参数对地震工况下阻尼器最大出力的影响

(2)随着阻尼系数的变大和速度指数的减小，阻尼器的吨位和冲程升高，这意味着阻尼器的造价也随之变大；

(3)在阻尼系数较小的情况下，随着速度指数的减小，黏滞阻尼器对基底剪力和基底弯矩的减震效果变好；但随着阻尼系数的增大，阻尼器的减震效果出现了效果“反弯点”。

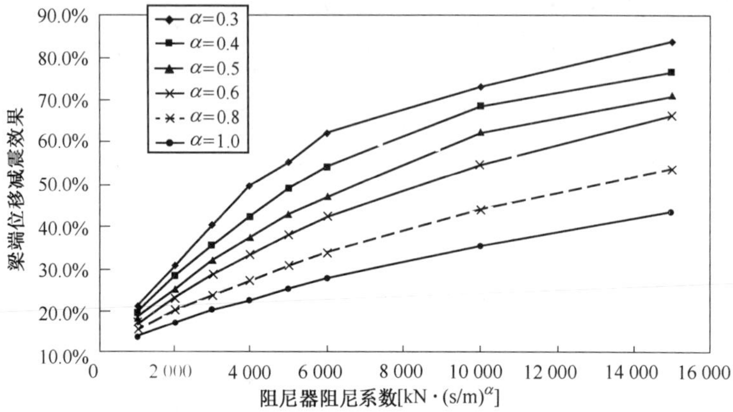

图 7.1.9　不同阻尼器参数对地震工况下梁端位移减震效果的影响

可见对于该桥的情况，并非阻尼系数越大、速度指数越小，桥塔的基底剪力和基底弯矩减震效果最好。综合以上结果，阻尼系数为 3 000 、4 000 kN·$(s/m)^{\alpha}$ 和速度指数为 0.3、0.4 两组表现较为突出。

阻尼器最大冲程的确定需要根据斜拉桥设计包括地震影响的荷载组合进行组合比较确定。

作为大跨度斜拉桥，该组合起到控制作用的应为温度变化一项：假定阻尼器的安装温度为 20 ℃，大桥所在地极端温度分别为 45 ℃和－5 ℃，经计算，在升、降温过程中桥塔与主梁的最大相对位移为 129 mm，因此：

阻尼器最大静位移行程：129 mm＋120 mm＋50 mm(其他组合参数)＝300 mm

综合以上分析，最终选定大桥采用的的阻尼器参数如表 7.1.2 所示。

表 7.1.2　阻尼器的主要所需参数

编　　号	参　　数	数　　值
1	最大阻尼力(kN)	2 500
2	最小安全系数	1.5
3	从活塞位于中点计算，最大可以运动位移(最大冲程)(mm)	±300
4	阻尼系数 C [kN·$(s/m)^{\alpha}$]	4 000
5	阻尼的速度指数 α	0.4
6	数量	4

7.1.5　刹车荷载控制

韩家沱大桥采用控制车辆刹车效果要成熟得多的“锁定装置”来控制刹车制动。按要求把刹车位移控制在±10 mm 以内。通过设计试验，美国泰勒公司生产出了新型带熔断装置的锁定装置，要求该装置在超过一定地震力时率先熔断，此时结构的保护全部由并列使用的 4 个常规阻尼器承担。强烈地震过后，4 个锁定装置可以更换熔断片，恢复正常使用。

再强调一点，该熔断开关在正常铁路运行中的受力下，熔断器连接，正常工作。此时另一套阻尼器也起作用，但影响很小。只有当较大地震发生时，熔断开关开启，断开锁定装置的连接，全部桥梁的震动由大型抗震阻尼器承担。

锁定装置的设计计算比阻尼器简单，主要选择确定的参数有最大冲程、控制的速度和承受的力。在日常情况下，我们要允许装置在温度和常风下桥梁的自由变形，由此来确定 Lock-up 装置的最大冲程；一般的锁定速度在 0.127～0.25 mm/s 之间，热膨胀速度在 0.000 254～0.002 54 mm/s 之间，而对于主要用于控制地震作用的装置，控制速度通常选择在 25～50 mm/s的速度上，通常允许的锁定变形 5%行程以内(即从 0 到达到设计力所用的距离)；承受力的设计，是在安放 Lock-up 装置的位置上换成一个刚性连杆，通过整体受力计算(反应谱法或时程积分)得到刚性连杆的内力。这一内力就可以作为我们锁定装置的设计力。对于韩家沱大桥的锁定速度，我们通过比较不同方案锁定装置和原结构的位移区别关系初步选定。

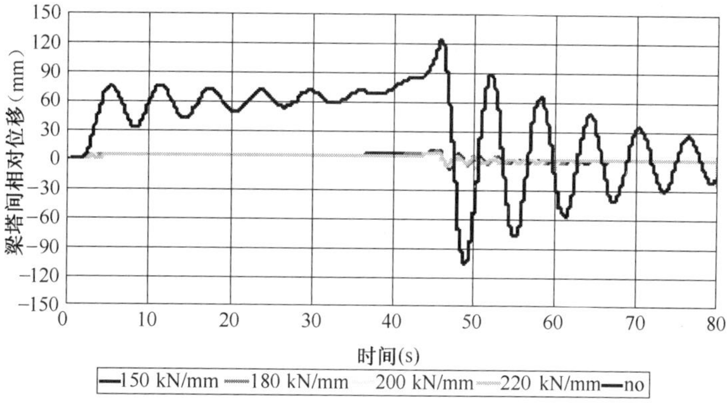

图 7.1.10　不同锁定装置对制动力工况下主梁位移控制效果

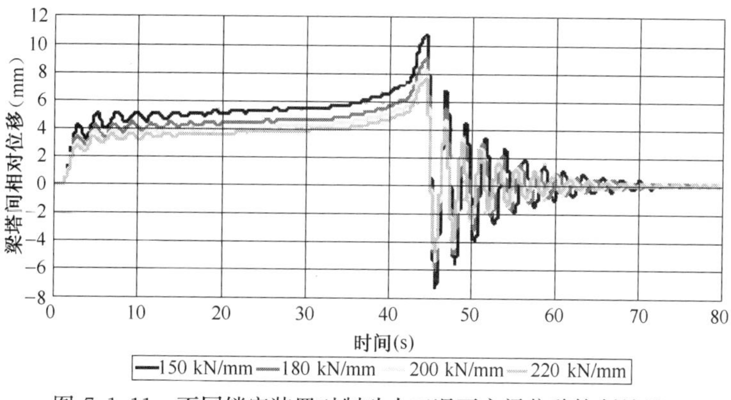

图 7.1.11　不同锁定装置对制动力工况下主梁位移控制效果

表 7.1.3　不同锁定装置方案出力

方案 1	阻尼器编号	最大出力(kN)	方案 2	阻尼器编号	最大出力(kN)
锁定装置等效刚度 150 kN/mm	1	1 653	锁定装置等效刚度 180 kN/mm	1	1 677
	2	1 652		2	1 677
	3	1 603		3	1 621
	4	1 604		4	1 621

续上表

方案 3	阻尼器编号	最大出力(kN)	方案 4	阻尼器编号	最大出力(kN)
锁定装置 等效刚度 200 kN/mm	1	1 690	锁定装置 等效刚度 220 kN/mm	1	1 700
	2	1 690		2	1 701
	3	1 632		3	1 640
	4	1 632		4	1 640

从图 7.1.10、图 7.1.11 和表 7.1.3 可以看出，锁定装置对主梁在刹车荷载作用下的纵向位移控制效果非常有效，基本在±10 mm 以内。四种刚度不同的锁定装置随着刚度的增加，控制效果也在逐渐变强，但最大出力变化不大。

锁定速度的确定以安置锁定装置前后主梁位移发生变化的开始时刻为准，这样可以保证锁定装置的启动点及时有效，从图 7.1.12～图 7.1.14 中可以看出，锁定装置的有效时间基本确定在 0～2 s 之间，因此将这一段区域放大，发现主梁纵向位移在刹车荷载作用后 1.2 s 内，安与不安锁定装置的变化不大，但从 1.2 s 后开始加大位移区别，当 2.4 s 时，主梁纵向位移已经接近 10 mm，因此将锁定速度基本确定在 1.2 与 1.4 s 之间。对应这一时间段的锁定速度对比图，对应主梁速度在 0.18～1.5 mm/s 之间，而一般的锁定速度在 0.127～0.25 mm/s 之间，

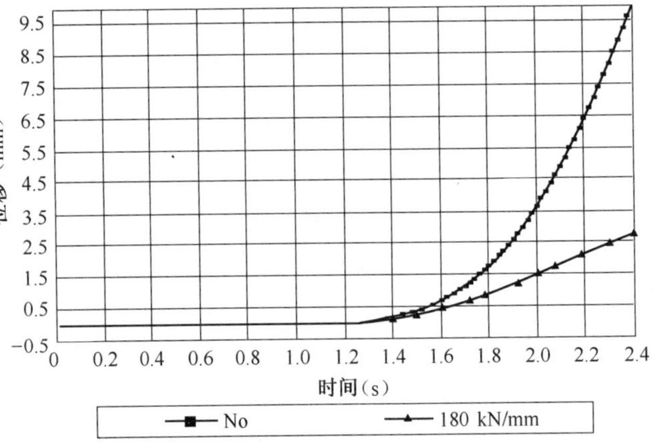

图 7.1.12　安置锁定装置前后制动力工况下主梁位移对比(0～2.4 s)

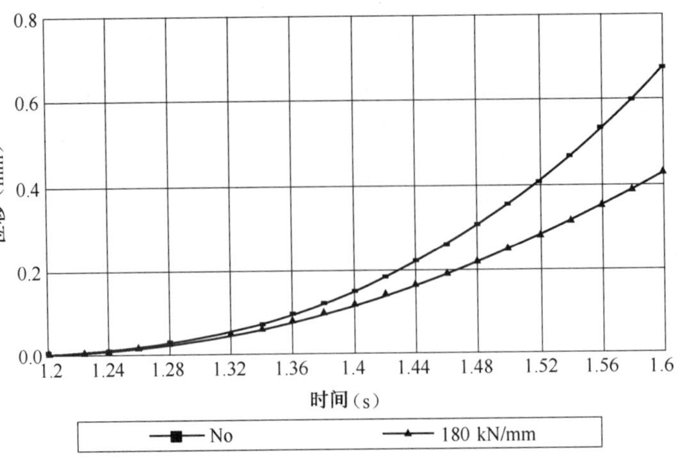

图 7.1.13　安置锁定装置前后制动力工况下主梁位移对比(1.2～1.6 s)

为了将锁定效果控制得更好，将锁定装置在尽可能早的时间启动，选择锁定速度为 0.15 mm/s，大于一般位于 0.000 254～0.002 54 mm/s 之间的热膨胀速度。

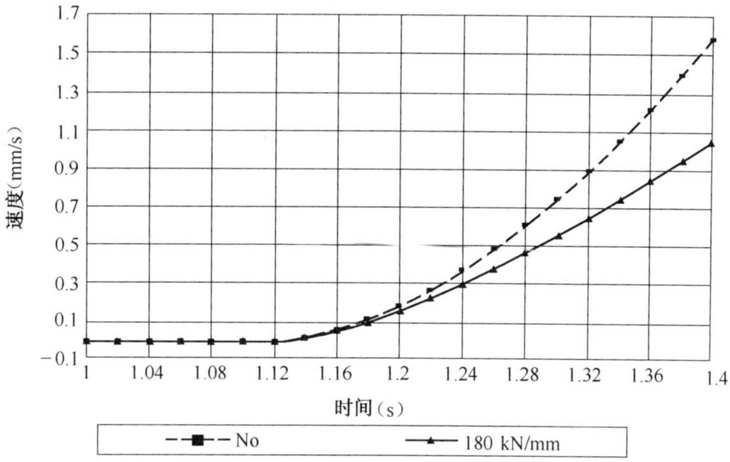

图 7.1.14　安置锁定装置前后制动力工况下主梁速度对比(1～1.4 s)

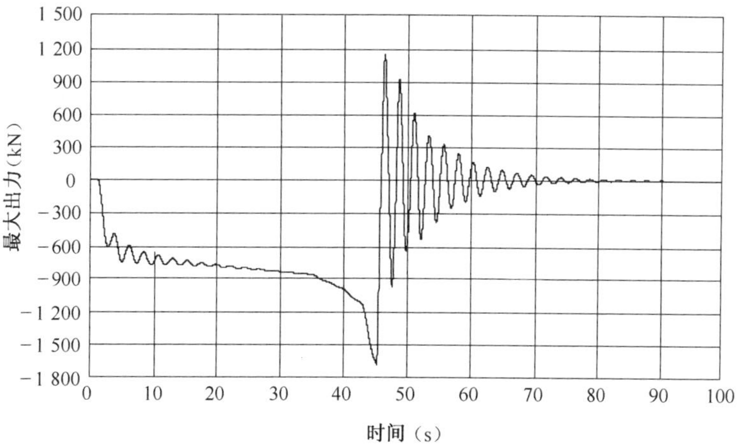

图 7.1.15　锁定装置制动力工况下出力时程

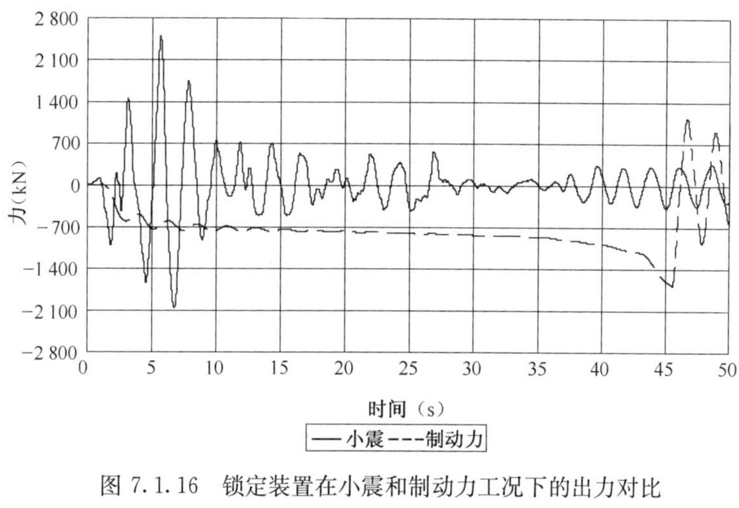

图 7.1.16　锁定装置在小震和制动力工况下的出力对比

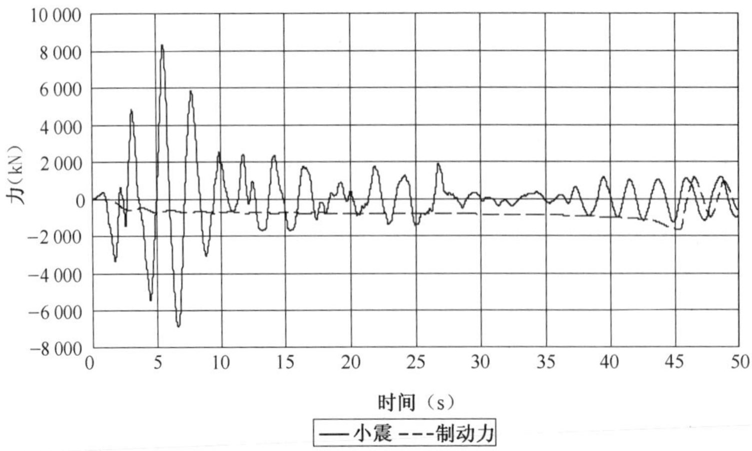

图 7.1.17　锁定装置在中震和制动力工况下的出力对比

由图 7.1.15～图 7.1.17 可以看出，锁定装置在地震(常遇)工况下的出力达到 230 t，而中震工况下已经达到 800 t，如果将锁定装置设计吨位提高到 800 t 显然十分不经济。因此设计试采用新型带熔断装置的锁定装置。当出现大风、刹车和小震工况下，锁定装置可以将全桥锁定，中震、大震，该装置在率先熔断，结构的保护全部由并列使用的 4 个常规阻尼器承担。这样就避免了地震来临情况下锁定装置的破坏。地震之后，4 个锁定装置可以更换熔断片，恢复全部使用。经过对比优化，最终选定锁定装置，并分析了上述参数得锁定装置对韩家沱铁路桥刹车荷载的控制情况。如表 7.1.4、表 7.1.5 和图 7.1.18～图 7.1.20 所示。

表 7.1.4　初步设计的锁定装置

锁定最大力(kN)	最大冲程(mm)	锁定速度(mm/s)	等效刚度(kN/mm)	使用温度(℃)
1 750	±300	0.15	180	−5～45

表 7.1.5　锁定装置减震效果

选 用 方 案	相 关 信 息	梁纵向位移(mm)	基底剪力(kN)
锁定装置	梁、塔之间相对位移控制在 10 mm 以内，锁定装置最大受力 175 t	±10 (降低 92.1%)	3 470 (降低 25%)

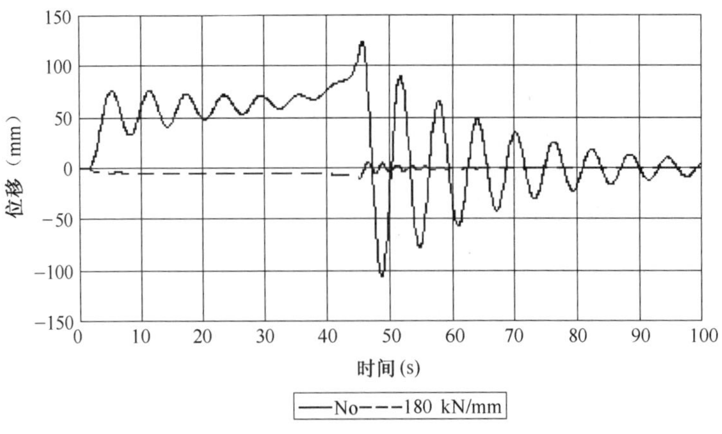

图 7.1.18　刹车工况下有无锁定装置桥梁纵向位移对比

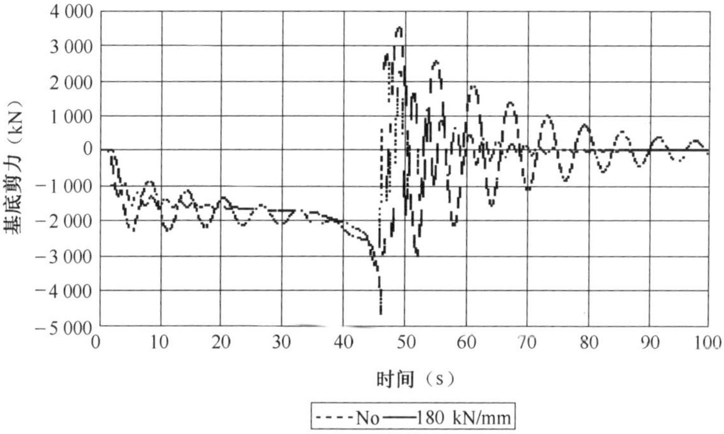

图 7.1.19　刹车工况下有无锁定装置 10# 墩墩部剪力对比

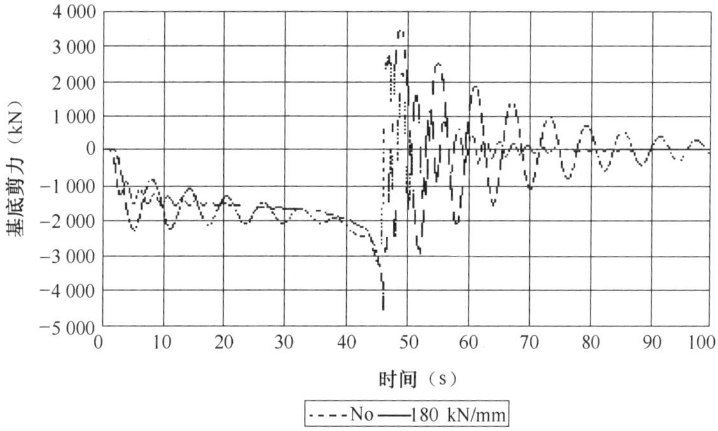

图 7.1.20　刹车工况下有无锁定装置 11# 墩墩部剪力对比

7.2　江津粉房湾长江大桥

7.2.1　结构动力特性

江津粉房湾长江大桥及引道工程南起于江津长江大桥北桥头，新建津西立交与长江大桥衔接，然后穿越艾坪山隧道，在江洲设城市立交桥与江洲大道、鼎山大道衔接，在粉房湾跨越长江，经九龙坡区的黄谦村，穿越打雷嘴隧道，至小湾连接西彭工业园的南开大道，并设置小湾立

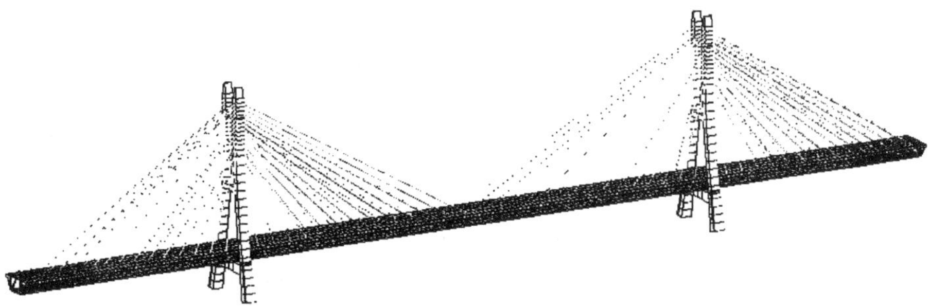

图 7.2.1　粉房湾长江大桥有限元模型

交与绕城高速公路衔接,路线全长 6.066 km。大桥为双塔斜拉桥,主跨 464 m。其主要特点为公铁两用桥,上层为公路,下层为轻轨铁路。

图 7.2.1 为大桥的有限元模型。通过有限元软件对其进行特征值分析,结构前三阶自振周期分别为 4.99 s、2.74 s 和1.49 s。前四阶振型如图 7.2.2 所示。

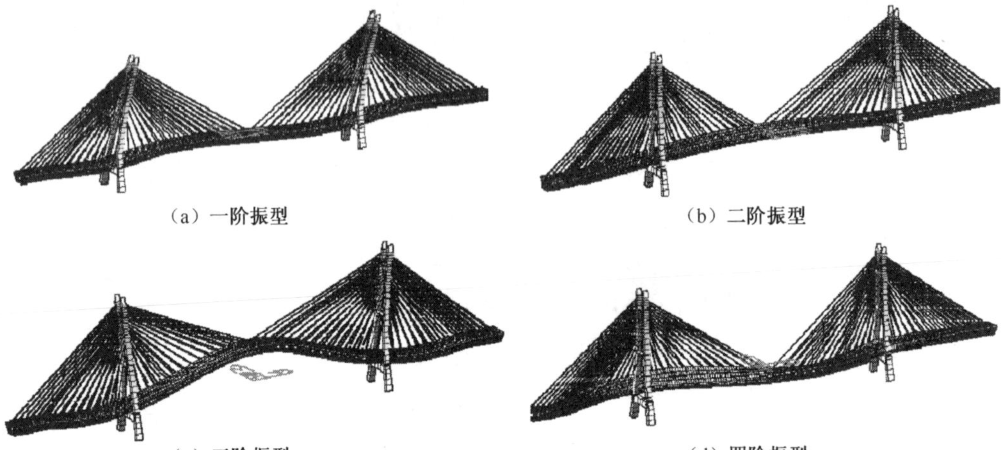
(a) 一阶振型　(b) 二阶振型　(c) 三阶振型　(d) 四阶振型

图 7.2.2　结构振型图

7.2.2　阻尼器布置及技术参数

为了加强粉房湾长江大桥抵御强烈地震的能力,计划在主塔和下层梁体之间设置液体黏滞阻尼器,设置数量为 4 个,即每个主塔下设置两个,阻尼器沿顺桥向安放,以确保大桥的正常使用及强震下的安全。为了优化结构性能,通过分析计算,最终选定的阻尼器技术参数如表 7.2.1 所示。

表 7.2.1　主要技术参数

编　号	参　数	数　值
1	最大阻尼力(kN)	2 500
2	最小安全系数	1.5
3	从活塞位于中点计算,最大可以运动位移(最大冲程)(mm)	±500
4	阻尼系数 C [kN·(s/m)$^{\alpha}$]	6 500
5	阻尼的速度指数 α	1
6	使用温度(℃)	−4 ～43
7	阻尼器数量	4

7.2.3　阻尼器减震效果分析

为了模拟强震下大桥的结构响应,地震波选取了 2 条人工波和 3 条近场强震记录。分别将上述地震动记录输入到桥梁模型中,对比设置阻尼器前、后结构的地震响应,进而分析阻尼器对结构安全性能的影响。粉房湾大桥的设计烈度为 7 度,且大桥为 A 类桥梁,其减震措施按照 8 来设计计算,将所选取的地震动记录峰值按照 8 设防所对应的峰值调整。通过对设置阻尼器前、后结构的地震响应进行比较分析,可以得出,在桥梁上安置阻尼器,可以使结构的地震响应有显著的减小,对于控制梁端位移、塔顶位移、塔梁相对位移及主塔底的剪力弯矩均能起到很好的作用。下面取地震响应较大的两条波(El Centro 波和 1 条人工波)进行减震效果分析。

从图 7.2.3～图 7.2.7 可以看出，加设阻尼器后，结构的各项地震响应减小的趋势非常显著，均得到了很好的控制。如：在 El Centro 地震动记录激励下，梁端位移从 23.53 cm 下降到 13.74 cm，下降幅度为 41.6%；设置阻尼器后，塔顶位移在选取的人工波作用下，从 22.27 cm 降至12.26 cm，减震率达到 44.9%；而塔梁相对位移、塔底剪力和弯矩也明显被消减，最大减震率分别为 56.1%，40.2%和 41.0%。

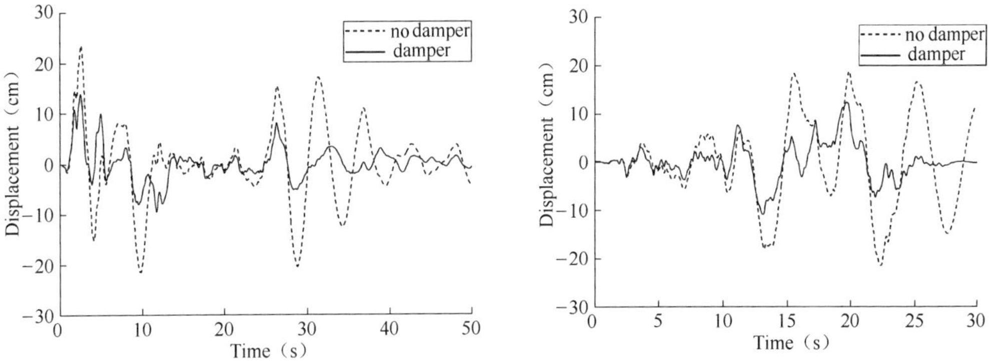

(a) El 波　梁端位移 (cm)　　(b) 人工波　梁端位移 (cm)

图 7.2.3　加设阻尼器前、后梁端位移比较

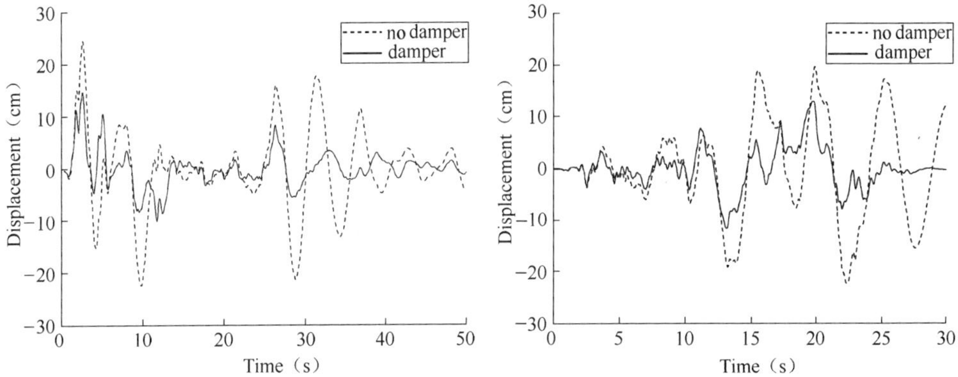

(a) El 波　塔顶位移 (cm)　　(b) 人工波　塔顶位移 (cm)

图 7.2.4　加设阻尼器前、后塔顶位移比较

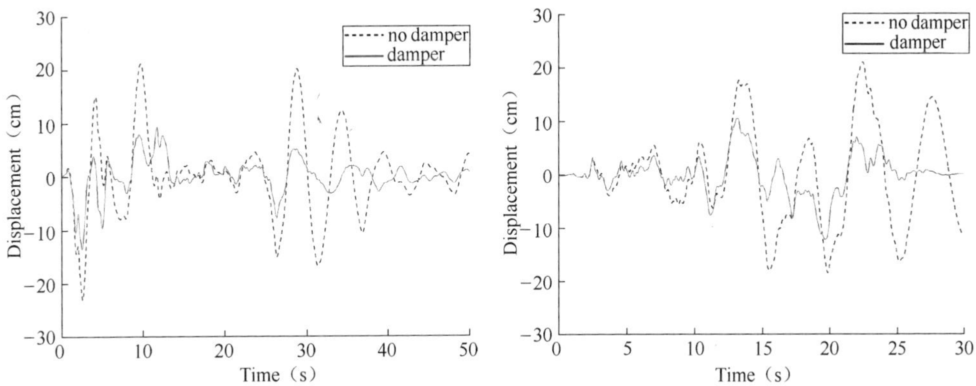

(a) El 波　塔梁相对位移 (cm)　　(b) 人工波　塔梁相对位移 (cm)

图 7.2.5　加设阻尼器前、后塔梁相对位移比较

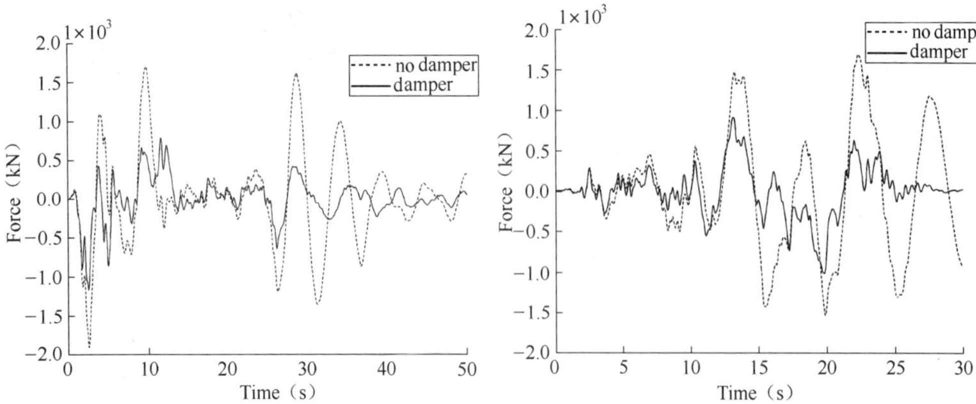

（a）El 波 塔底剪刀（kN）　　（b）人工波　塔底剪刀（kN ）

图 7.2.6　加设阻尼器前、后塔底剪力比较

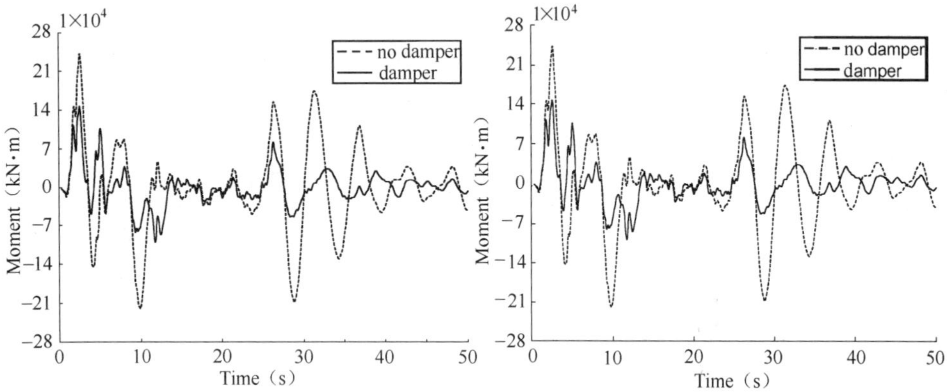

（a）El 波　塔底弯矩（kN·m）　　（b）人工波　塔底弯矩（kN·m）

图 7.2.7　加设阻尼器前、后塔底弯矩比较

通过以上分析表明，由于该斜拉桥结构形式为全漂移系统，地震作用下会产生较大的振动位移，结构自身阻尼比很低，振动衰减缓慢，在衰减的过程中所释放的能量必然要通过结构本身阻尼特性所消耗，通常表现在材料本身之间的摩擦以及构件与构件之间的摩擦，这势必会造成结构损伤；在设置阻尼器后使结构阻尼比增加，并且通过阻尼器的耗能特性有效的衰减了结构的振动，保护了主体结构。

当阻尼系数选为 6 500 kN·$(s/m)^{\alpha}$，速度指数选为 1 时，在地震动作用下每个阻尼器的出力均小于其允许的最大阻尼力 2 500 kN，因此，在地震荷载作用下，阻尼器的安全性能是可以得到保障的。阻尼器出力情况如图 7.2.8 所示。

7.2.4　阻尼器控制刹车荷载效果分析

粉房湾大桥因其公铁两用的特殊性，考虑到火车车辆荷载对全漂浮的斜拉桥本身的动力影响很大，特别是刹车制动力，所以我们对在刹车荷载作用下结构的响应也作了分析计算。阻尼器的作用不仅是在罕遇的大荷载来临时减小结构的振动，保护结构的性能安全，在日常遇到的小荷载作用下阻尼器也可以对结构的振动响应起到很好的控制作用。我们利用有限元软件对刹车荷载作用下的桥梁模型，在加设阻尼器前、后结构的振动响应作了计算，并对结果进行分析，讨论阻尼器对刹车荷载的控制效果。

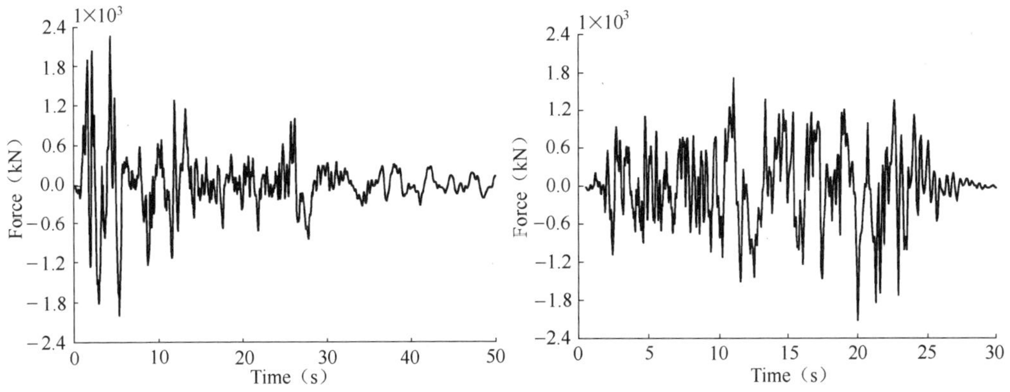

（a）El 波　阻尼器出力（kN）　　（b）人工波　阻尼器出力（kN）

图 7.2.8　在地震动作用下阻尼器出力

图 7.2.9 为加设阻尼器前、后在刹车荷载作用下塔与梁的相对位移时程曲线的比较。从图中可以看出，原结构在刹车荷载作用下，由于制动力在行驶方向上对主梁持续作用，斜拉桥主梁在列车制动力作用下的位移响应并不十分明显，制动开始和结束阶段位移有较为明显的增加，中间过程位移增加幅度呈减小趋势，且主梁纵向位移峰值出现在停车的瞬间。列车制动结束后，主梁自由振动，随结构自身阻尼的作用振动幅度逐渐减小，直至停止，在停车的瞬时最大相对位移达到 6 mm。

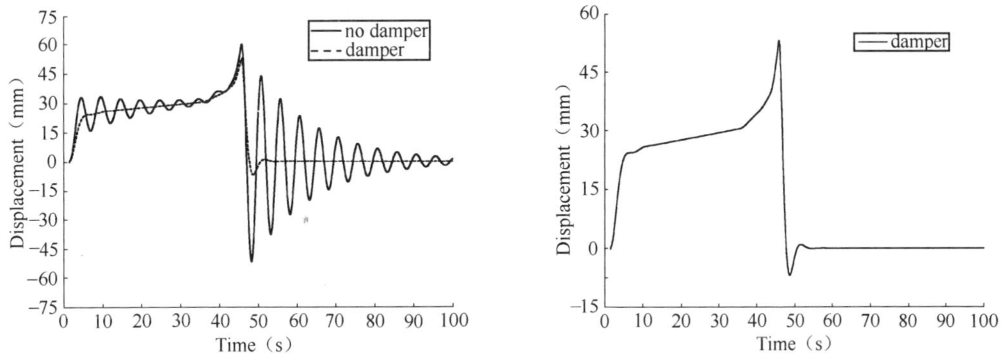

图 7.2.9　刹车荷载作用下塔梁间位移(mm)

加设阻尼器后在刹车荷载的作用下，塔梁间的相对位移只在制动开始阶段和结束阶段出现较明显的增加，而在制动过程中则基本保持稳定，最大值仍出现在制动过程结束后，但较未加设阻尼器之前的数值有所减小，纵向位移最大为 5 mm，减振率为 17%左右，说明阻尼器对结构在刹车荷载作用下的塔梁相对位移的也能起到较好的控制作用。

图 7.2.10 为在刹车荷载作用下塔梁间相对速度的时程曲线。从图中可以看出，从制动开始阶段至制动结束，原结构塔梁相对运动速度随时间的变化波动幅度逐渐减小，在列车制动过程中，塔梁间的相对速度最大不足 20 mm/s。但制动过程结束瞬时，主梁的速度瞬间增至 0.07 m/s，此时主梁的速度响应非常明显。

加设阻尼器后，在列车制动过程及制动结束后，主梁速度较大的现象得到了根本解决，制动结束的瞬时塔梁最大相对速度仅为 3.5 mm/s，与加设阻尼器前相比，主梁最大速度几乎减少了 50%。

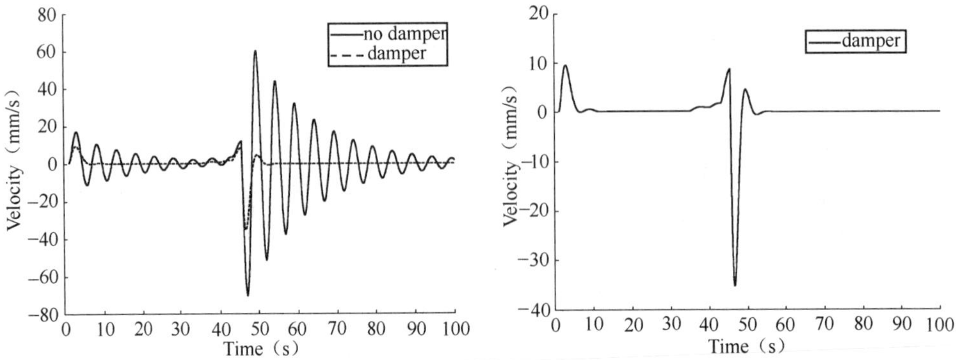

图 7.2.10　刹车荷载作用下 5# 墩与连续梁间相对速度(mm/s)

与结构在刹车荷载作用下反应的变化趋势相似，阻尼器的最大出力也产生在制动过程结束的瞬时。图 7.2.11 为在刹车荷载作用下阻尼器的出力情况。由图中可以看出，阻尼器出力在制动开始和结束前有显著的增大，中间阶段基本保持稳定。在刹车荷载工况作用下阻尼器最大出力为 25 t 左右，这远远小于装置设计的最大出力(250 t)。

由图中可以看出，阻尼器出力在制动开始和结束前有显著的增大，中间阶段基本保持稳定。在刹车荷载工况作用下阻尼器最大出力为 25 t 左右，这远远小于装置设计的最大出力(250 t)。因此，在刹车荷载工况下，阻尼器的安全性能是可以得到保障的。

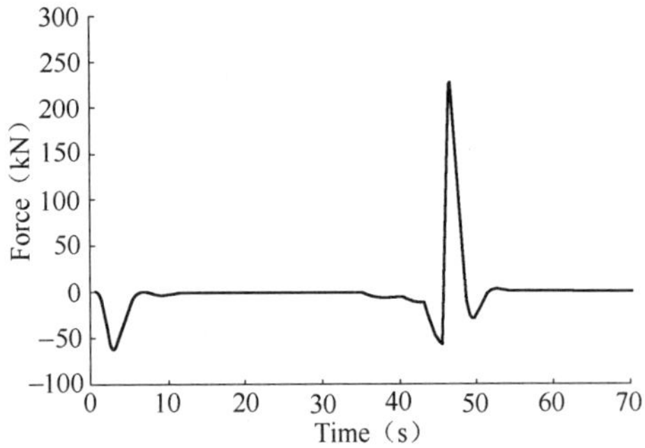

图 7.2.11　刹车荷载作用下阻尼器出力情况

7.2.5　结　　论

通过对桥梁模型在地震荷载和刹车荷载作用下时程分析结果的总结与分析，可得到以下结论：

(1)加设阻尼器后，在所选取的地震动记录激励下梁端位移、塔顶位移和塔梁相对位移均明显减小，塔梁相对位移尤为明显，最大减震幅度达到了 56.1%。塔底剪力和弯矩，在加设阻尼器后也得到了很好的控制，说明在设置阻尼器后使结构阻尼比增加，并且通过阻尼器的耗能特性有效的衰减了结构的振动，从而保护了主体结构。

(2)当阻尼系数选为 6 500，速度指数选为 1 时，在地震动作用下每个阻尼器的出力均小于其允许的最大阻尼力 2 500 kN，因此，在地震荷载作用下，阻尼器的安全性能是可以得到保障的。

(3)加设阻尼器后，在刹车荷载的作用下，塔梁间的相对位移小于未加设阻尼器之前的数值，减振率为达 17%左右，且在列车制动过程及制动结束后，主梁速度较大的现象得到了根本解决，与加设阻尼器前相比，主梁最大速度几乎减少了 50%，这说明阻尼器对结构在刹车荷载作用下的塔梁相对位移及主梁速度的控制效果非常显著。

(4)在刹车荷载工况作用下阻尼器最大出力为 25 t 左右，这远远小于装置设计的最大出力(250 t)。因此，在刹车荷载工况下，阻尼器的安全性能是可以得到保障的。

7.3 津秦高速铁路桥

7.3.1 工程概况[1]

跨京沈高速公路匝道特大桥是津秦铁路沿线主要桥梁之一，其结构为四跨变截面连续梁桥。跨度为(60＋100＋560＋100) m，主梁形式为箱形截面，最小梁高为 3.4 m，最大为 5.15 cm，梁体材料为 C50 混凝土；实腹轨道型变截面桥墩，墩身材料采用 C30 混凝土；桥墩从左到右依次编号，中间 3# 墩为固定墩，其他均为滑动墩。

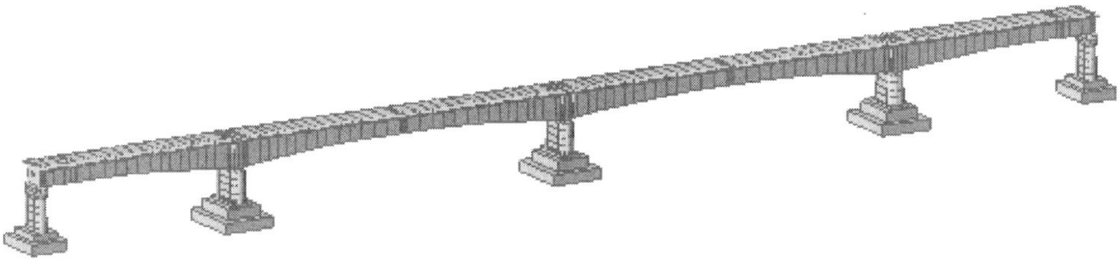

图 7.3.1 大桥有限元模型

7.3.2 地震动记录的选取

为了模拟实际地震下大桥的结构响应，设计时在 50 年超越概率为 2％和 10％两种情况下，分别选取了 2 条天然地震动记录和 3 条人工合成地震动记录对大桥模型进行时程分析，两种情况下共 10 条地震动的具体信息如表 7.3.1 所示。大桥有限元模型如图 7.3.1 所示。

表 7.3.1 地震动参数

超越概率	50 年超越概率 2％					50 年超越概率 10％				
地震动记录编号	1#	2#	3#	4#	5#	1#	2#	3#	4#	5#
持时(s)	58.02	39.925	40.95			58.02	39.925	40.95		
峰值(cm/s²)	397					219				

分别将上述地震动记录输入到桥梁模型中，对比设置阻尼器前、后结构的地震响应，进而分析阻尼器对结构安全性能的影响。图 7.3.2 为所选取的其中几条地震动记录的加速度时程曲线。

将地震动记录按照桥梁地表处水平向设计地震动峰值进行相应的调整，大桥地表处水平向设计地震动参数如表 7.3.2 所示。

7.3.3 阻尼器参数选取

速度开关型液压阻尼器在静力、蠕变荷载条件下，基本不改变桥梁结构的原有功能，而在动力荷载作用下，又提供一种锁定功能，使得该装置连接的相邻构件可共同承担地震力。在桥

[1] 摘自北京奇太振控科技发展有限公司，《津秦铁路跨京沈高速公路匝道特大桥消能减震设计技术报告》，2010.8。
结构设计：铁道第三勘察设计院集团有限公司，颜志华，宋顺忱，等。

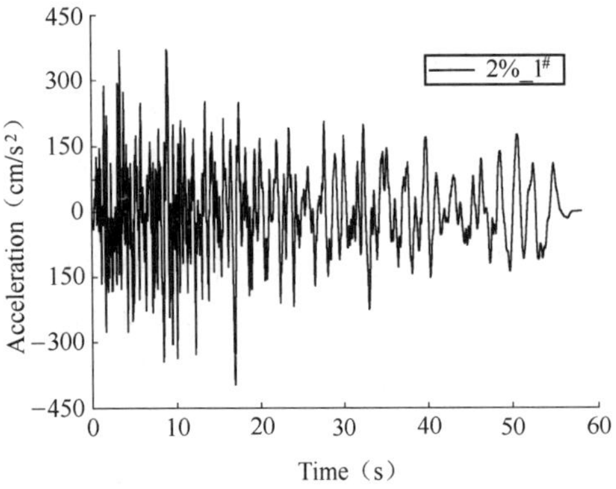

(a) 1#波

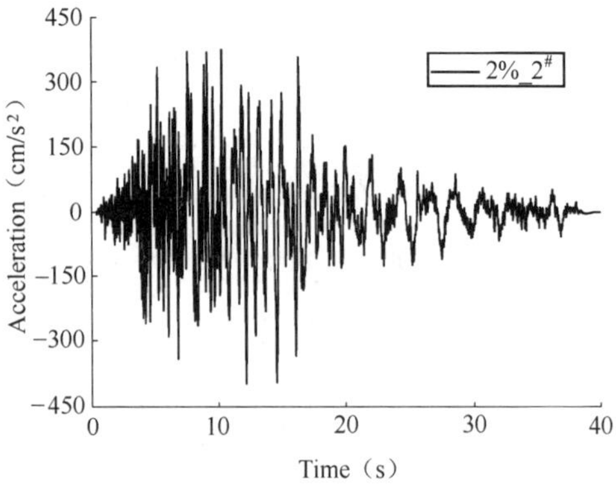

(b) 2#波

图 7.3.2　地震动记录时程曲线

表 7.3.2　桥梁地表处水平向设计地震动参数

超越概率	A_{max}(Gal)	β_m	α_m	T_1(s)	T_2(s)	γ
50 年 10%	202	2.3	0.465	0.465	0.9	1.0
50 年 2%	383	2.3	0.881	0.881	1.20	1.0

梁设计中，可利用该装置实现合理规划整个结构的地震力分配和传力路径，使得整个桥梁结构各构件能共同发挥作用，从而达到有效提高结构的整体抗震性能的目的。

速度开关型液压阻尼器，主要研究确定的参数有最大冲程，锁定速度和承受的阻尼力等。在通常情况下应允许设置速度开关型液压阻尼器的桥梁自由变形，以此来确定其最大冲程。速度开关型液压阻尼器设计的关键技术是确定速度锁定阀值。

在投入使用前，应对所有准备用于结构工程的阻尼器进行质量控制测试。测试内容包括：

(1)静压测试：装置在 1.8 倍最大计算内压下持荷 3 min，记录测试中初始以及最终的压强；装置不应出现渗漏现象；在测试期间，静压不应降低超过 5%。

(2)慢速测试：装置低速运动，记录一系列荷载与变形曲线，要求装置的输出力不应超过额定锁定力的 10%。

(3)快速运动测试。

① 测试装置在拉压双向高速下的最大额定锁定力。拉压双向受力偏差值不超过 10%。

② 最大冲程不小于±100 mm。

③ 装置起动锁定速度 0.25 mm/s。

④ 最大锁定变形值为±12 mm，即装置从开始锁定达到最大额定锁定力的变形值不超过±12 mm。

⑤ 以上测试均需提供时间-位移、时间-速度的动力时程、其他曲线和数据。

为了加强跨京沈高速公路匝道特大桥抵御强烈振动的能力，计划在 2#、4# 墩顶处分别设置 4 个速度开关型液压阻尼器，即锁定装置。以确保大桥的正常使用及强震下的安全。在地震和风振发生的瞬时，液体阻尼器通过动态连接杆有效的将质量块锁在一起，此时安装了锁定装置的多结构体系就会像一个完全独立的整体作出反应。与普通耗能阻尼器一样，它在温度等慢速作用下可以自由运动，当速度超过其控制值时，它会像汽车中的安全带一样将运动锁住，起到分散和转移受力的作用。通过分析优化，最终选定的锁定装置技术参数如表 7.3.3 所示。

表 7.3.3　锁定装置技术参数

最大受力(kN)	个数	最大冲程(mm)	锁定速度(mm/s)	安全系数	设计使用年限	保修年限
5000	16	±100	0.25	1.8	75/50	35

7.3.4　阻尼器对结构响应的影响

1. 对墩梁相对位移的影响

强震时，如果桥梁上、下部构件（梁、墩）之间产生过大的相对位移，很可能造成落梁破坏，导致严重的震灾后果。尤其在斜桥、曲线桥、高墩桥梁中，控制上、下部结构间的相对位移，是防止落梁的根本性措施。在日常使用中，由于车辆荷载及刹车荷载反复作用，使得桥梁滑动墩处的墩梁产生相对滑移，且这种滑移无法自动复原。日积月累，相对滑移的距离越来越大，这对桥梁的正常使用和结构安全将造成一定威胁。在桥梁上安置阻尼器，不仅使结构的地震响应有显著的减小，对于控制墩梁相对位移也能起到很好的作用。我们对加设阻尼器前、后滑动墩处的墩梁相对位移作了比较分析。表 7.3.4 为在 50 年超越概率为 2%的地震动记录激励下（5 条地震波），设置锁定装置前、后墩梁相对位移的比较。

表 7.3.4　墩梁相对位移（cm）

桥墩号 / 地震动编号		$1^{\#}$墩	$2^{\#}$墩	$3^{\#}$墩（固定）	$4^{\#}$墩	$5^{\#}$墩
$1^{\#}$	未锁定	18.6	18.5	锁定前 0.002	18.5	18.9
	锁定	11.0	10.6		10.7	11.1
$2^{\#}$	未锁定	22.8	23.6		23.6	23.1
	锁定	9.1	9.7		9.7	9.2
$3^{\#}$	未锁定	18.0	19.6		19.6	17.0
	锁定	9.6	8.5		8.5	9.3
$4^{\#}$	未锁定	18.5	17.9	锁定后 0.001	18.1	17.8
	锁定	9.3	8.6		8.6	9.2
$5^{\#}$	未锁定	19.4	20.9		20.8	19.1
	锁定	10.1	9.2		9.3	10.2

从上表中可以看出，加设阻尼器后，在 5 条地震动记录下墩梁相对位移均明显减小，安置阻尼器的 $2^{\#}$ 和 $4^{\#}$ 墩尤为明显。如：在 $2^{\#}$ 地震动记录激励下，$2^{\#}$ 墩处墩梁相对位移从 23.6 cm下降到 9.7 cm，下降幅度为 58.9%。对于未设置阻尼器的滑动墩处，上、下部结构的相对位移也得到了很好的控制，但较设置了阻尼器的桥墩处控制效果稍弱。如：在 $3^{\#}$ 地震动记录激励下，$1^{\#}$ 墩处墩梁相对位移从 18.0 cm 下降到 9.6 cm，下降幅度为 46.7%。图 7.3.3 示出的是在地震动记录激励下，设置锁定装置前、后墩梁相对位移的时程曲线，从中可以更直观的看到阻尼器对于墩梁相对位移的控制效果。

2. 对墩底剪力和弯矩的影响

将上述地震动记录的加速度峰值调幅为桥梁地表处水平向设计地震动峰值所对应的 383 cm/s^2，输入桥梁模型中计算加设阻尼器和不加设阻尼器的大桥所对应的墩底剪力和弯矩。

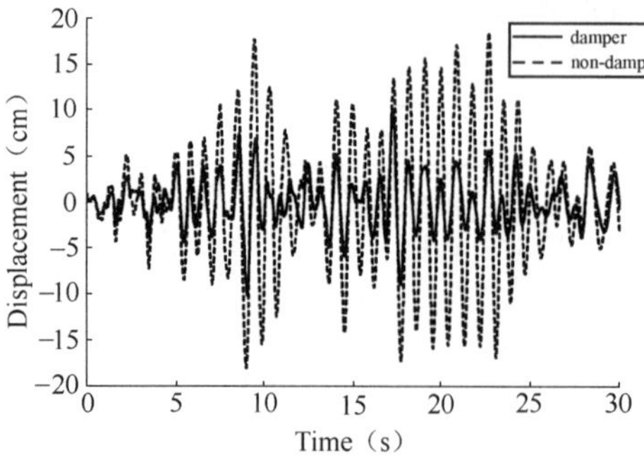

（a）2#墩梁相对位移

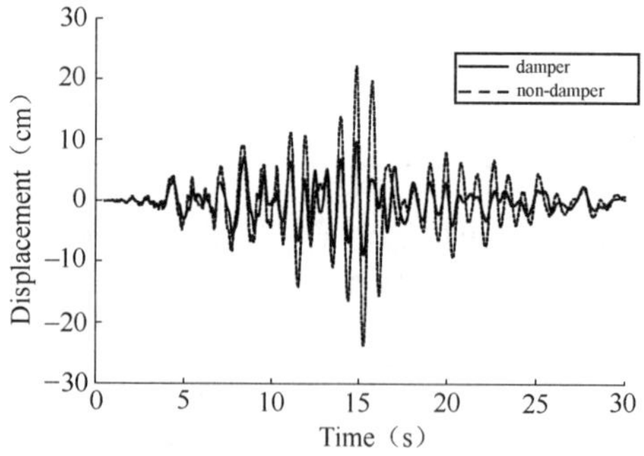

（b）2#墩梁相对位移

图 7.3.3　墩梁相对位移时程曲线

表 7.3.5　墩底剪力(kN)

桥墩号 / 地震动编号		1#墩	2#墩	3#墩（固定）	4#墩	5#墩
1#	未锁定	17 013	8 139	203 596	7 581	15 643
	锁定	20 684	27 574	116 506	26 706	18 177
2#	未锁定	15 979	1 0351	251 523	9 077	16 813
	锁定	17 727	28 692	97 009	27 783	13 733
3#	未锁定	13 073	6 374	215 503	6 070	13 272
	锁定	15 351	28 419	94 356	27 639	15 366
4#	未锁定	13 258	7 131	197 039	6 602	13 536
	锁定	15 440	27 626	96 296	36 799	15 635
5#	未锁定	14 200	6 695	220 720	5 953	14 407
	锁定	14 367	28 348	96 906	27 407	14 517

由表 7.3.5 可以看出，加设阻尼器后，在地震动激励下，固定墩墩底剪力明显减小，最大减小幅度达 61.4%；滑动墩墩底剪力增大，且安置了阻尼器的滑动墩处剪力增大显著，未安置阻尼器的滑动墩处剪力只有较小的变化。这是因为速度开关型阻尼器(锁定装置)在地震动作用下将滑动墩锁住，变为固定墩来作出响应，这增大了整个结构的刚度，使得结构总体受力变大，同时也达到了分散和重新分配受力的效果，使结构的响应更加平衡，从而保护其性能安全。

表 7.3.6　墩底弯矩(kN·m)

桥墩号 / 地震动编号		1#墩	2#墩	3#墩	4#墩	5#墩
1#	未锁定	157 627	40 286	1 603 763	35 631	144 876
	锁定	193 325	163 459	920 325	146 103	169 859
2#	未锁定	147 551	51 764	1 986 949	43 065	155 594
	锁定	164 704	168 611	765 515	153 901	174 385
3#	未锁定	119 209	31 981	1 700 142	28 372	121 036
	锁定	139 776	167 654	742 006	153 336	141 331
4#	未锁定	120 396	35 798	1 556 414	31 527	124 022
	锁定	141 383	163 496	762 509	149 453	145 583
5#	未锁定	126 508	33 029	1 740 864	27 871	127 733
	锁定	127 627	167 226	765 316	152 283	128 172

由表 7.3.6 可以看出，加设阻尼器后，在地震动激励下，固定墩墩底弯矩的变化与墩底剪力的变化趋势基本相同。

3. 对桥墩竖向受力的影响

在强震下，竖向地震动对桥墩地震响应的影响很大，会因 $P\text{-}\Delta$ 效应的影响而使桥墩的墩顶位移显著增加，甚至发生破坏。在高烈度地震作用下，近场竖向地震动分量和脉冲速度效应会显著增加桥墩的震害。鉴于此，我们也对墩底单元的竖向受力情况进行了分析。

由表 7.3.7 可以看出，加设阻尼器后，在地震动激励下，固定墩墩底竖向受力显著减小，滑动墩墩底竖向受力略有增大。这是因为速度开关型阻尼器（锁定装置）在地震动作用下将滑动墩锁住变为固定墩来作出响应，这使得结构的竖向地震响应也重新分配，且结构整体性增强，使总体竖向受力减少很多。图 7.3.4 为墩底单元竖向受力情况。

表 7.3.7　墩底单元竖向受力(kN)

地震动编号 \ 桥墩号		1# 墩	2# 墩	3# 墩	4# 墩	5# 墩
1#	未锁定	10 372	22 221	48	10 390	22 349
	锁定	5 027	11 267	286	4 775	11 316
2#	未锁定	14 582	31 308	77	14 627	31 511
	锁定	6 665	13 725	313	6 368	13 639
3#	未锁定	9 242	19 376	75	9 249	19 453
	锁定	4 179	8 714	231	4 113	8 846
4#	未锁定	9 366	19 908	73	9 400	20 038
	锁定	4 514	9 932	242	4 246	10 076
5#	未锁定	10 541	22 923	65	10 567	23 057
	锁定	4 916	9 864	225	4 588	9 848

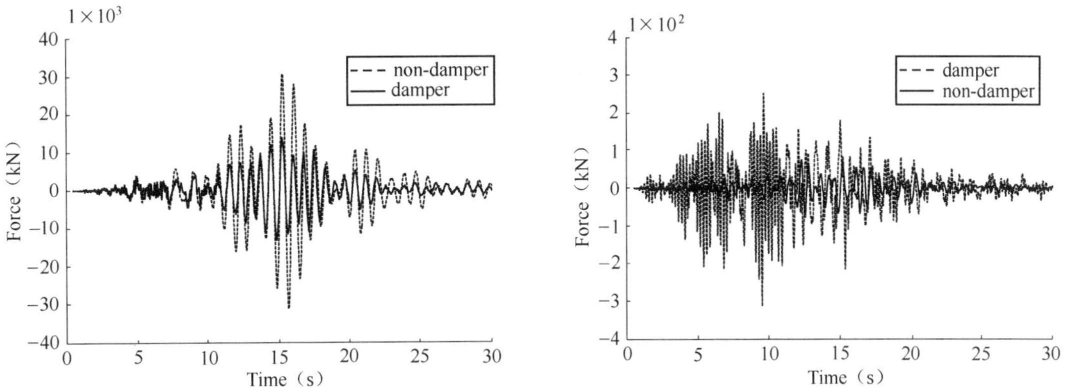

(a) 2# 墩底竖向受力　　(b) 3# 墩底竖向受力

图 7.3.4　墩底单元竖向受力

4. 对墩顶位移的影响

墩顶位移是又一个表征结构地震响应的指标，若墩顶位移过大，则可能是支座发生了破坏，或墩底进入了塑性阶段。加设阻尼器后，在地震动激励下，固定墩墩顶位移呈显著减小的趋势，滑动墩墩顶位移略有增大，这是因为速度开关型阻尼器（锁定装置）在地震动作用下将滑动墩锁住成为固定墩来作出响应，不仅加强了墩梁之间的连接，由上面对桥墩竖向受力的分析可知，阻尼器还大大降低了桥墩的竖向受力，两者都对削减墩顶位移发挥了作用。如表 7.3.8 所示。

图 7.3.5 是墩顶位移变化的时程曲线，从图中我们可以清晰的看到加设阻尼器对桥梁墩顶位移产生的影响。滑动墩加设阻尼器后，墩顶位移的时程曲线变得很清晰，说明阻尼器在地震作用下使结构变得更加稳定牢固。

表 7.3.8　墩顶位移(cm)

地震动编号 \ 桥墩号		1# 墩	2# 墩	3# 墩	4# 墩	5# 墩
1#	未锁定	4.44	1.27	16.83	1.18	4.25
	锁定	5.33	2.01	9.62	1.91	4.89
2#	未锁定	4.18	1.57	20.58	1.36	4.58
	锁定	4.62	2.07	7.96	1.98	5.07
3#	未锁定	3.48	1.00	17.71	0.96	3.84
	锁定	4.08	2.09	7.87	2.00	4.20
4#	未锁定	3.54	1.07	16.12	0.97	3.72
	锁定	4.08	1.90	7.88	1.81	4.24
5#	未锁定	3.88	1.06	18.16	0.94	4.10
	锁定	3.93	1.99	8.07	1.89	4.16

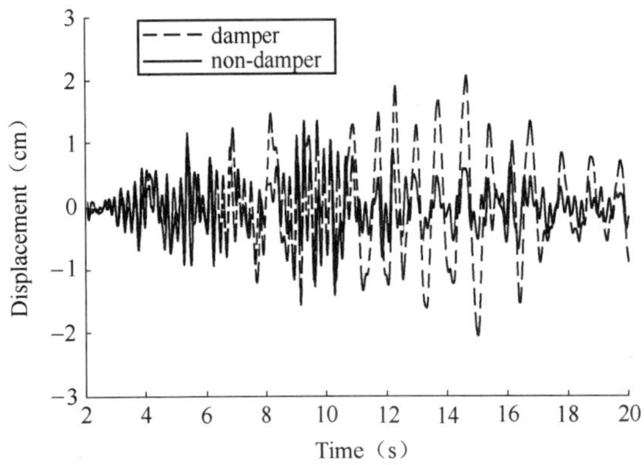

(a) 2#波 2#墩顶位移

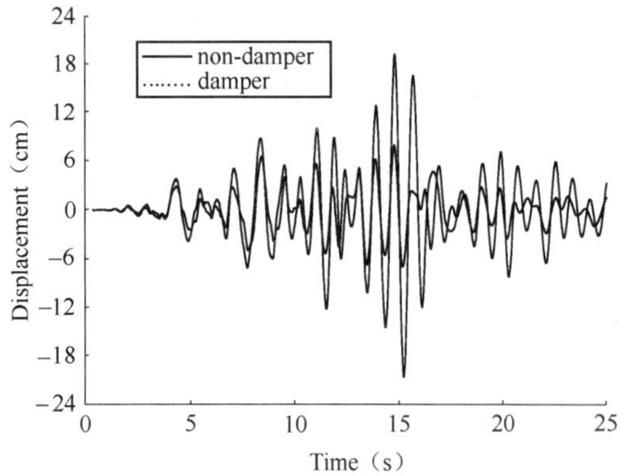

(b) 2#波 3#墩顶位移

图 7.3.5　墩顶位移时程曲线

7.3.5　刹车荷载控制分析

通过分析计算可知，原结构在刹车荷载作用下，由于制动力在行驶方向上对主梁持续作用，连续桥主梁在列车制动力作用下的位移响应并不十分明显，除制动开始和结束阶段位移有较明显增加外，中间过程位移基本保持稳定状态，且主梁纵向位移峰值出现在停车的瞬间。列车制动结束后，主梁自由振动，随结构自身阻尼的作用振动幅度逐渐减小，直至停止。该桥在刹车荷载作用下 2# 墩与主梁间的相对位移，在停车的瞬时最大相对位移达到 14.5 mm。

而在刹车荷载作用下 2# 墩与连续梁间的相对运动速度时程曲线表明，除制动开始阶段，墩梁相对运动速度有微小的波动外，在列车制动过程中，2# 桥墩与主梁间的相对速度始终非常小，最大不足 1 mm/s。但制动过程结束后，主梁的速度瞬间增至 0.13 m/s，此时主梁的速度响应非常明显。

图 7.3.6 示出了加设阻尼器前、后在刹车荷载作用下 2# 墩与主梁的相对位移时程曲线的

比较。从图中可以看出,加设阻尼器后在刹车荷载的作用下,主梁和 2# 墩间的相对位移时程曲线为折线型,最大值仍出现在制动过程结束后,但远远小于未加设阻尼器之前的数值,纵向位移最大仅为 1.99 mm,基本可以忽略,减振率几乎达到了 86%,说明阻尼器对结构在刹车荷载作用下的墩、梁相对位移的控制效果非常显著。并且阻尼器使得在列车制动过程及制动结束后,主梁速度较大的现象得到了根本解决,制动结束的瞬时墩、梁最大相对速度不足 0.1 mm/s,小到几乎可以忽略不计。与加设阻尼器前相比,主梁最大速度减少了 95%以上。

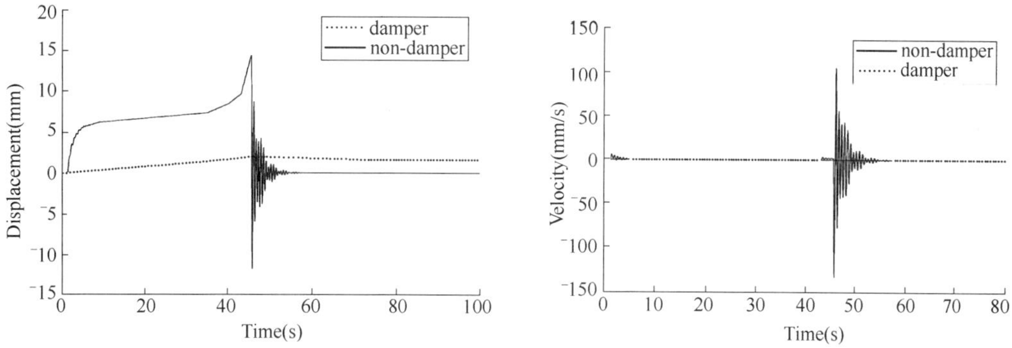

(a) 2# 墩与连续梁间位移 (mm)　　(b) 2# 墩与连续梁间相对速度 (mm/s)

图 7.3.6　加设阻尼器前、后结构响应(mm)

7.4　郑州黄河公铁两用桥(主桥部分)[1]

郑州黄河公铁两用桥主桥全长 1 684.35 m,共两联,第一联为(120+5×168+120) m=1 080 m的六塔连续钢桁结合梁斜拉桥,第二联为 5×120 m=600 m 的连续钢桁结合梁。主桁为三角型桁式,横向三片桁布置,中桁垂直,边桁倾斜。钢桁梁上弦杆与混凝土桥面板结合形成公路结合桥面,下层铁路桥面为正交异性整体钢桥面板。公路混凝土桥面板纵横向均为全预应力结构。主塔为钢箱结构,纵桥向为"人"字型布置,主塔设置在中桁。三片主桁在中主桁布置桥塔,桥塔采用钢箱结构,塔梁固结。塔高 37 m,每个主塔布置有 5 对拉索。主塔立面布置为"人"字形,从塔顶的单箱截面向塔根渐变为双箱截面,塔横桥向内宽 1.4 m,纵向宽度逐渐变化。图 7.4.1 为郑州黄河公铁大桥效果图。

图 7.4.1　郑黄公铁大桥效果图

[1] 摘自北京奇太振控科技发展有限公司,《郑州黄河大桥(主桥部分)减震系统应用建议》,2007.12.4。

7.4.1 主桥抗震设防标准及地震动参数选取

大桥的设计基准期为 100 年，其主桥的抗震设防标准应取 100 年的各超越概率下的峰值加速度作为抗震设防标准，引桥的抗震设防标准则取 50 年的各超越概率下的峰值加速度作为抗震设防标准。

(1)主桥在地震作用下的受力情况按照 100 年超越概率 63.2%进行计算；

(2)主桥在 100 年超越概率为 3%的概率水平下验算其变形情况。

小震、中震、大震的设防标准如表 7.4.1 所示。

由河南地震局地震工程勘察研究院《郑州黄河公路铁路两用桥工程场地地震安全性评价工作报告》(2006 年 6 月)：本桥主引桥场地的地震动参数如表 7.4.2 所示。

表 7.4.1 主桥和南北引桥抗震设防标准表

	小震(多遇地震)	中震(设计地震)	大震(罕遇地震)
主桥	100 年超越概率 63.2%	100 年超越概率 10%	100 年超越概率 3%
南北引桥	50 年超越概率 63.2%	50 年超越概率 10%	50 年超越概率 2%

表 7.4.2 主桥地震动峰值加速度

概率水平	输出点高程(m)	水平向(Gal)	竖直向(Gal)
100Y63.2%	79.31	41.5	27.7
100Y10%	79.31	185.4	123.6
100Y3%	79.31	316.5	211.0

反应谱的取值：郑州黄河大桥主桥设计基准期为 100 年，正桥的抗震设防标准取 100 年的各超越概率下的峰值加速度作为抗震设防标准。抗震计算所采用的反应谱参数，如式(7.4.1)，均根据相关技术文件进行取值，同时考虑不同概率水准下的情况，其中阻尼比均取为 0.05。图 7.4.2 为主桥 100 年 63.2%超越概率水平方向反应谱曲线。

$$\beta(T)\begin{cases}1+(\beta_m-1)\dfrac{T}{T_1} & 0.04\ \text{s}<T\leqslant T_1\\ \beta_m & T_1<T\leqslant T_g\\ \beta_m\times\left(\dfrac{T_g}{T}\right)^{\gamma} & T_g<T\leqslant T_k\\ 0.45 & T_k<T\leqslant 8.0\ \text{s}\end{cases}\tag{7.4.1}$$

地震动输入及调整：进行非线性时程分析时采用了表 7.4.2 中的地震加速度时程数据。表中给出了在进行地震动输入时，波形需要调整到的地震动峰值。时程分析时采用一致激励进行地震反应分析，不考虑地震动的行波效应。

考虑到主桥的重要性，在小震情况下给出了 1.4 的重要性系数，同时考虑大桥作为石郑客运专线的一部分，给出了 1.1 的安全系数，则在小震情况下另外考虑 1.54 的放大系数。

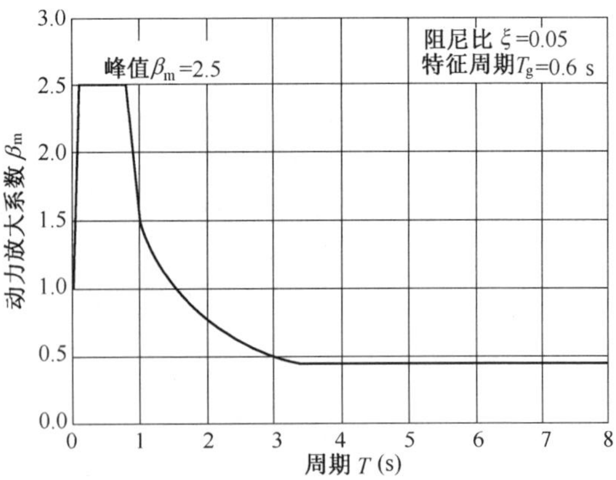

图 7.4.2 主桥 100 年 63.2%超越概率水平方向反应谱曲线

7.4.2 有限元计算模型

采用 SAP2000 非线性有限元程序建模，作为该结构附加阻尼消能减震设计的原始模型。

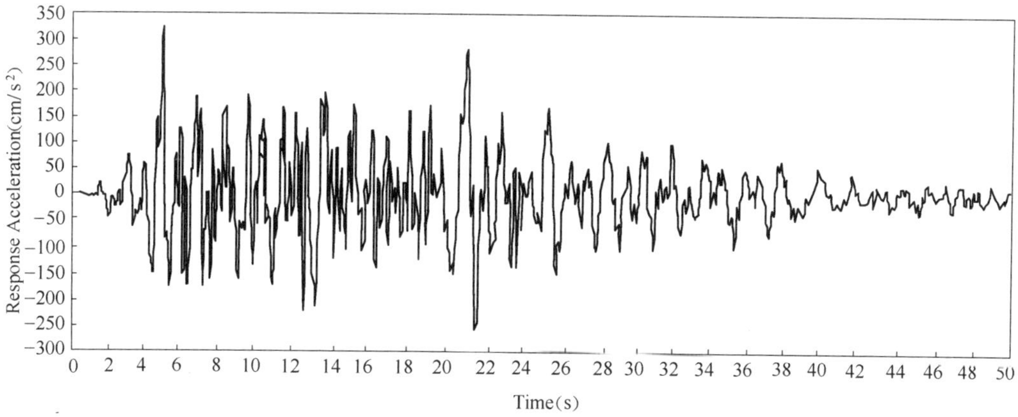

图 7.4.3　水平方向加载地震波形(R200031. dat/CZ191 第二输出层)

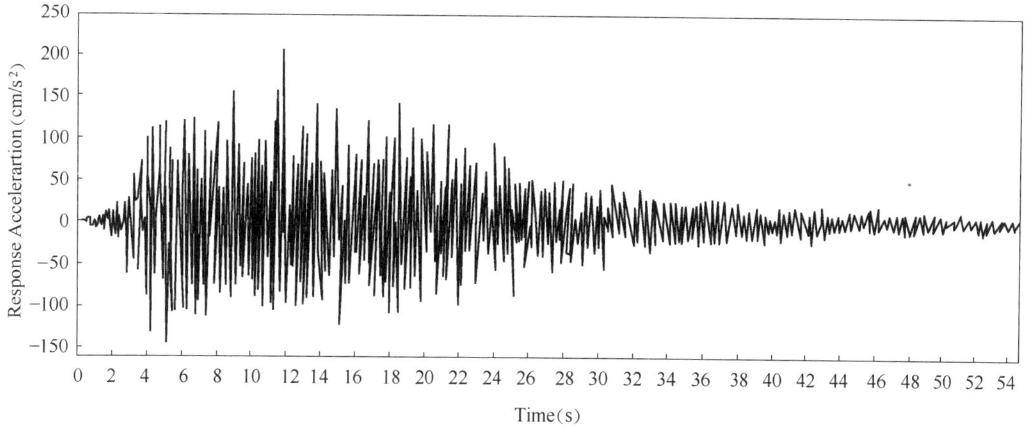

图 7.4.4　竖直方向加载地震波形(R200031. dat/CZ19/第二输出层)

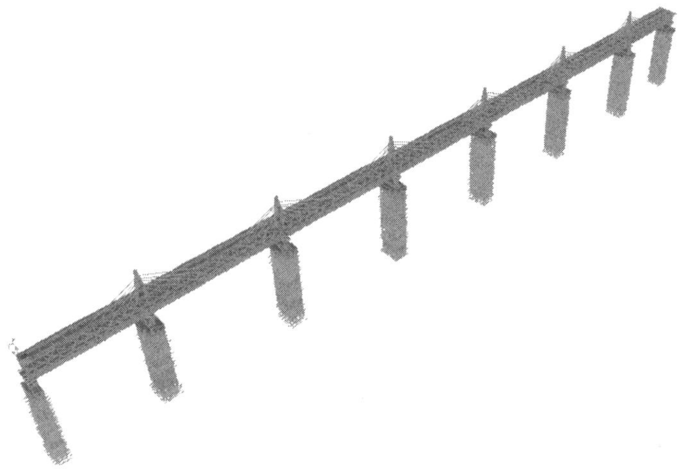

图 7.4.5　主桥有限元模型

(1)主梁部分分为上下两层,建模时分别对上下两层采用空间鱼骨刺式模型,在节点处分别与垂直中桁和两侧的倾斜边桁连接;主塔采用空间梁单元,对塔梁的结构部件定义了大量的自定义截面,保证其截面特性与原设计吻合;斜拉索采用空间索单元;消能器采用非线性黏滞消能器单元。

(2)边界条件 1:主桥桥墩均采用钻孔桩基础方案;在计算模型中,用三维梁单元模拟实际的桩基础，用土弹簧(单点弹簧)单元模拟桩周围土抗力的影响，其中土抗力系数 m 采用了 3 倍的静力计算值作为动力计算值。

(3) 边界条件 2：建模中假设主桥与引桥能够理想地相对自由滑动；消能器采用非线性黏滞消能器单元；主梁与桥墩采用球形支座，纵向在 4# 墩顶边、中桁处设置纵向限位支座，其余为纵向活动支座；横向仅在中桁下设置横向限位支座，边桁为横向活动支座。

7.4.3 结构模态分析

在二期恒载下大桥的基本动力特性如表 7.4.3 所示。

表 7.4.3 结构计算周期及频率(二恒)列表

振型	周期(s)	频率(cyc/s)	圆频率(rad/s)	振型描述
1	2.143	0.467	2.932	主梁纵飘
2	1.926	0.519	3.262	主梁扭转、主塔侧向摆动
3	1.845	0.542	3.406	
4	1.717	0.582	3.659	
5	1.537	0.651	4.088	
6	1.331	0.751	4.721	
7	1.189	0.841	5.283	
8	1.171	0.854	5.364	主梁竖向弯曲
9	1.1	0.909	5.711	
10	1.032	0.969	6.088	部分主塔及主梁局部侧摆
11	1.023	0.978	6.143	
12	0.991	1.009	6.34	主梁竖向弯曲
13	0.955	1.047	6.577	主梁扭转、主塔侧向摆动
14	0.925	1.081	6.79	
15	0.896	1.116	7.014	主梁竖向弯曲
16	0.829	1.207	7.581	主梁竖向振动
17	0.79	1.266	7.951	主梁侧向振动
18	0.718	1.394	8.756	沿主梁轴向变形
19	0.689	1.452	9.12	主梁竖向振动(0#、1# 间为主)
20	0.688	1.454	9.138	主梁竖向振动(6#、7# 间为主)

7.4.4 消能减震优化方案讨论

根据目前阻尼器的应用情况来看，将速度指数控制在 0.3～0.4 之间，对阻尼系数进行调节后，大桥的位移及受力均可以达到较好的效果，所以此处暂定速度指数取 0.4。

随着阻尼系数的增加，阻尼器出力按线性增大，如将单个阻尼器的阻尼系数设定过大，如大于 2 500 kN·$(s/m)^{0.4}$，则在大震情况下阻尼器出力将达到 3 000 kN 以上。阻尼器吨位过大不利于阻尼器连接支座的节点处理以及连接阻尼器的主梁下桁架构件的受力。

此处将阻尼系数调整为 2 200 kN·$(s/m)^{0.4}$，此时对主桥的受力及位移的控制效果均在 30% 以上，阻尼器出力在 250 t 左右，控制效果及出力均较为理想。

阻尼器参数:阻尼系数 C=2 200 kN·(s/m)$^{0.4}$,速度指数设定为 α=0.4。

阻尼器设置位置的不同,有时也会对控制效果产生影响。对于大跨度斜拉桥来说,一般均将阻尼器设置在桥塔与主梁之间,从而使阻尼器获得最大的变形。郑州黄河大桥主桥为六塔连续钢桁结合梁斜拉桥,4# 桥墩为固定墩,其他墩顺桥向为滑动支座。在一期报告中对两种阻尼器布置方案进行了讨论,第一种方案是将阻尼器设置在 2#、6# 墩;第二种方案是将阻尼器设置在 3#、5# 墩,对应每个支座处设置一个阻尼器。这是因为考虑到若在每个桥墩处设置3 个阻尼器,会使桥墩受力过于集中。

下文在计算中将阻尼器分别设置在 2#、3#、5# 和 6# 墩,在每个桥墩两侧边桁处分别设置2 个阻尼器,共 8 个。

7.4.5 计算结构的讨论

1. 在小震下(100 年超越概率 63.2%)

(1)固定墩的墩底剪力和墩底弯矩的减振率分别在30%~37%;

(2)结构位移减振率显著,其中主梁两端部、4# 固定墩塔顶的位移减振率分别在30%~40%;

(3)活动支座(包括双向活动支座以及顺桥向活动支座)位移减振率在 35%~38%。

2. 在大震下(100 年超越概率 10%)

(1)主梁两端部、4# 固定墩塔顶的位移减振率在 10%~25%;

(2)各活动支座(包括双向活动支座以及顺桥向活动支座)所产生的位移减振率在 20%左右。

通过计算,可以得到如下结论:

(1)随着阻尼系数 C 的增加,梁端位移和阻尼器位移基本上呈现随之减小的变化趋势;

(2)在阻尼器速度指数 α 一定时,随着阻尼系数 C 的增加,阻尼器出力呈线型增加;且在速度指数较小时,阻尼器的出力随着阻尼指数增长较快;阻尼器出力较大时,虽然可以获得较好的位移控制效果,但带来的负面效果是大桥需要提供较大的反力装置,这样一来其构造就变得较为复杂,阻尼器价格比较昂贵;

(3)在阻尼器速度指数 α 一定时,随着阻尼系数 C 的增加,阻尼器行程减小;

(4)阻尼器对小震下的位移控制优于对大震下的位移控制。

考虑到大桥设置阻尼器的初衷是限制位移作用,综合经济效果,一方面考虑到可以大幅降低结构本身位移,另一方面可以减小结构本身受力,最终可以得到经过优化的阻尼器参数。

7.4.6 阻尼器静位移确定

阻尼器在动力作用下的行程,可按上述大震作用下阻尼器安装位置处活动支座的位移得到;同时,在确定阻尼器的总行程时,还应考虑由于温度荷载以及车辆活载产生的静力位移,并取静力荷载产生的最大位移及大震作用下的位移最大值,最终确定阻尼器的总行程。

1. 温度荷载下的位移

郑州黄河大桥所在地郑州的年平均温度为 14.2 ℃,由此假定阻尼器安装时的环境温度为14.2 ℃;根据设计说明,对于混凝土构件温差按照±25 ℃考虑,对于钢构件温差按照±30 ℃考虑;则在升温及降温两种工况下可得到活动支座的最大位移,由此可得相应的阻尼器的温度位移。

其中 2# 桥墩处(阻尼器设定墩)7～9 支座位移为 140.3～－41.9 mm;3# 桥墩(阻尼器设定墩)10～12 支座位移为 70.1～－20.9 mm;5# 桥墩(阻尼器设定墩)16～18 支座位移为－70.2～21 mm;6# 桥墩(阻尼器设定墩)19～21 支座位移为－140～41.8 mm。

2. 车辆活载下的位移

阻尼器在大桥运行期间由于铁路活载及公路活载也将产生一定水平向位移,这里利用影响线的计算结果,对有限元模型施加了如下车辆荷载:

其中铁路活载按两线"ZK 活载"加载。公路活载按公路—Ⅰ级 6 车道加载,其中均布荷载 q_k＝10.5 kN/m,集中荷载标准值按 P_k＝360 kN 加载,并按照河南省地方标准《高速公路设计技术要求》提高 1.3 倍设计。

最后考虑铁路活载及公路 6 车道活载组合下产生的阻尼器位移。其中 2# 桥墩处(阻尼器设定墩)7～9 支座位移在 12～－13.5 mm;3# 桥墩(阻尼器设定墩)10～12 支座位移在15.1～－16.3 mm;5# 桥墩(阻尼器设定墩)16～18 支座位移在 16.2～－15.1 mm;6# 桥墩(阻尼器设定墩)19～21 支座位移在 10.5～－11.4 mm。

此处考虑温度荷载及车辆活荷载共同作用下阻尼器可产生的最大静位移不超过±150 mm,在地震作用下阻尼器动力位移±350 mm。

7.4.7 结　　语

综合以上分析,最终拟采用的阻尼器参数如表 7.4.4 中所示。

表 7.4.4　阻尼器参数列表

阻尼器参数	非线性指数	阻尼系数 [kN·(s/m)$^{0.3}$]	最大冲程 (mm)	额定阻尼力(kN)	阻尼力最小安全系数	阻尼器安装位置	阻尼器总数
参数值	0.4	2 200	±350	2 500	1.5	2#、3#、5# 及 6# 墩各两套	8

7.5　乌锡线黄河特大桥

乌锡铁路是"十一五"铁路网规划连接我国内蒙中东部的新通路,乌锡线黄河特大桥地处地震高发地带,地震烈度较高,通过附加阻尼装置成为提高大桥的抗震能力的重要手段。本报告对大桥中的五孔以及七孔的两类连续梁桥进行分析,对附加阻尼后桥体的减振(震)效果进行对比,并给出合理的阻尼器计算参数。桥梁的计算模型采用了有限元专业分析软件 Civil Midas 进行,采用边界单元模拟了黏滞阻尼器的特性,并采用多条地震波对模型进行了动力时程分析。

7.5.1 地震动输入[1]

选取三条天然地震波作为计算输入,采用动力时程分析计算。地震波参数如表 7.5.1 所示。

[1] 摘自北京奇太振控科技发展有限公司,《乌锡线黄河特大桥消能减震设计技术报告》,2010.4。
结构设计:中铁第一勘察设计院,陈频志、许振中、李承根,等。

表 7.5.1　地震动参数

编号	名称	场地	T_g(s)	加速度峰值(g)	顶点数值	加速度反应谱最大值(m/s²)
1	1940, El Centro Site, 270 Deg	Ⅱ	0.51	0.36	3.501	3.139 2
2	1952, Taft Lincoln School, 69 Deg	Ⅱ	0.51	0.16	1.527	3.139 2
3	1994, Northridge, Santa Monica, City Hall Grounds, 0 Deg	Ⅱ	0.51	0.37	3.624	3.139 2

7.5.2　5 孔 108 m 连续梁

5 孔 108 m 连续梁桥的模型及支座布置情况如图 7.5.1 所示，除了中间 4# 墩为固定墩外，其余 7 个桥墩均为顺桥向滑动墩。阻尼器的布置选定在以固定墩旁边的滑动墩开始，依次向外排开，直至 2# 和 7# 桥墩，每个滑动墩上设置 2 个阻尼器，共 10 个。

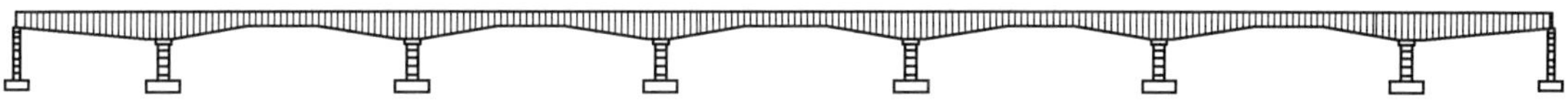

1# 墩	2# 墩	3# 墩	4# 墩	5# 墩	6# 墩	7# 墩	8# 墩
顺桥向自由	顺桥向自由	顺桥向自由	固定墩	顺桥向自由	顺桥向自由	顺桥向自由	顺桥向自由

图 7.5.1　桥梁及支座布置图

先对结构进行特征值分析，其基阶自自振周期为 1.49 s，一阶振型为主梁纵飘，表 7.5.2 是前十阶振型信息统计情况。

表 7.5.2　结构周期和振型

振型序号	频率(rad/s)	频率(cycle/s)	周期(s)	振型描述
1	4.21	0.67	1.49	主梁纵飘
2	5.50	0.88	1.14	2#、3# 墩主梁侧摆
3	5.52	0.88	1.14	6#、7# 墩主梁侧摆
4	5.67	0.90	1.11	主梁竖向振动
5	5.75	0.92	1.09	
6	6.20	0.99	1.01	
7	6.63	1.06	0.95	主梁与桥墩局部侧摆
8	6.90	1.10	0.91	
9	7.04	1.12	0.89	
10	7.26	1.15	0.87	主梁竖向振动

采用 Maxwell 模型，非线性连接弹簧刚度 $K=10^8$ kN/m，阻尼系数需经过优化确定，选取

$C=2\ 000\sim6\ 000\ \text{kN}\cdot(\text{s/m})^{\alpha}$ 进行试算，速度指数 $\alpha=0.5$；每个活动墩各设置2个连接单元，共设置10个连接单元。在计算分析过程中，选取以下结构响应作为减振效果的评价依据，这里主要评估4# 固定墩底部的受力情况，主梁梁端的位移情况，此外，还包括由于阻尼器附加在活动支座对桥墩受力的影响，此处选取3# 墩底和墩顶进行比较。以 El Centro 波为例，讨论大桥的减震情况，表7.5.3给出了在不同阻尼系数下的大桥反应情况。

表 7.5.3　El Centro 波作用大桥反应结果

项　目	未设置阻尼器	$C=6\ 000\ \text{kN}\cdot(\text{s/m})^{\alpha}$		$C=3\ 000\ \text{kN}\cdot(\text{s/m})^{\alpha}$		$C=2\ 000\ \text{kN}\cdot(\text{s/m})^{\alpha}$	
		结构响应	减震率	结构响应	减震率	结构响应	减震率
梁端位移(mm)	90.55	51.99	0.43	55.5	0.39	61.1	0.33
固定墩剪力(kN)	47 644.78	27 540	0.42	28 995.62	0.39	31 402.7	0.34
固定墩弯矩(kN·m)	496 701.54	286 183.65	0.42	301 404.33	0.39	326 790.96	0.34
3# 墩剪力(kN)	4 777.03	8 925.64		6 615.36		5 936.78	
3# 墩弯矩(kN·m)	30 759.78	88 740.88		60 754.51		50 179.76	
3# 墩阻尼器最大出力位移(kN)(mm)	—	3 307.71 40 mm		2 095.99		1 526.61	

从上述计算结果可以看出：

(1)在设置的阻尼器后，桥体的位移以及固定墩底的受力均有非常明显的降低；

(2) 随着阻尼系数的增长，减震效果增大，成单边增加的趋势；

(3)由于选取了非线性阻尼器 $\alpha=0.5$，阻尼器减震效率较高，而活动墩受力均较减震前有所增加；

(4)阻尼器参数应保证有足够的减振效果、应保证结构的受力安全，如活动墩的受力不应增加过大，给结构带来危险。

综合以上结论，建议选取 $C=6\ 000\ \text{kN}\cdot(\text{s/m})^{\alpha}$ 的阻尼系数，同时由于附加阻尼器后，活动墩的受力相应会有所增大，建议复核各活动墩的配筋情况。表7.5.4给出其他波形下的计算结果。

表 7.5.4　Taft 及 Northridge 波作用大桥反应结果

项　目	Taft			Northridge		
	未设置	设置后	减震率	未设置	设置后	减震率
梁端位移(mm)	130.2	68.9	0.47	120.8	37.8	0.69
固定墩剪力(kN)	70 018.27	35 549	0.49	63 424	19 545	0.69
固定墩弯矩(kN·m)	731 175.92	367 794	0.50	662 563	201 408	0.70
3# 墩剪力(kN)	3 813.00	10 022		2 998	6 252	
3# 墩弯矩(kN·m)	24 648.16	98 589		19 324.53	62 436	
3# 墩阻尼器最大出力、位移	—	3 583 kN 50 mm		—	2 302 kN 20 mm	

在不同波形下，阻尼器的减震效果有所不同，这是由于不同波形的频率含量以及大桥的基频有关，但总体的控制效果还是十分显著的，减震率平均在50%左右，阻尼器最大出力可以控制在3 500 kN。而阻尼器的行程应同时温度变形和参考桥体在静位移下的变形情况最终确定。当地年极限温度为−30 ℃～+30 ℃，T_S 为温度升高30 ℃，T_J 为温度降低−30 ℃，单独

考虑由于温度变化引起活动支座处的位移最大不超过 130 mm；在与地震力作用下的位移组合后，综合考虑建议选取阻尼器位移 300 mm。现在设置的阻尼器参数为每个活动墩设置 2 个单元，阻尼系数 C=6 000 kN·(s/m)$^{\alpha}$，速度指数 α=0.5，阻尼器出力 F=3 500 N；考虑到阻尼器连接件的构造不宜过于复杂，建议采取减少阻尼力并相应增加阻尼器数量的方法，因此，最终建议每个活动墩采用 4 个阻尼器，采用的阻尼器参数如表 7.5.5 所示。

表 7.5.5　最终确定的阻尼器参数

非线性指数（速度指数 α）	阻尼系数[kN·(s/m)$^{\alpha}$]	最大冲程(mm)	额定阻尼力(kN)	阻尼器数量
0.5	3000	±300	1800	20

7.5.3　7 孔 108 m 连续梁

7 孔 108 m 连续梁与 5 孔连续梁类似，只有中间 6# 墩为固定支座，其余均为顺桥向滑动支座。阻尼器的排放也是围绕固定墩依次向外展开，如图 7.5.2 所示。选取 C=2 000～75 000 kN·(s/m)$^{\alpha}$进行试算，速度指数 α=0.5；每个活动墩各设置 2 个连接单元，共设置 14 个连接单元。

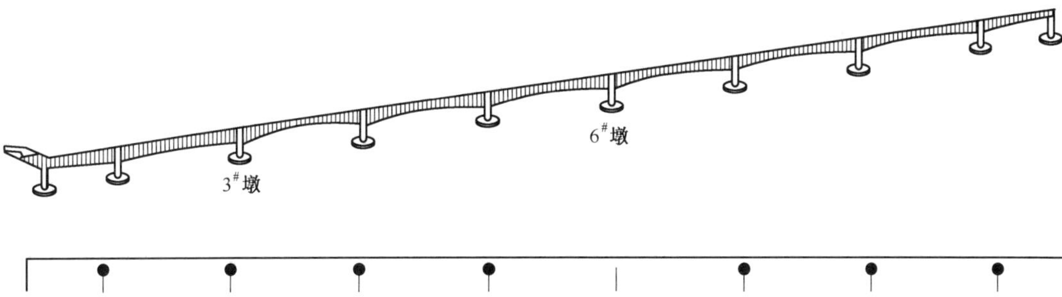

图 7.5.2　大桥模型图及阻尼器布置图

仍然选取做固定墩 6# 底部的受力情况（弯矩、水平剪力），主梁梁端的位移情况以及由于阻尼器附加在活动支座对桥墩受力的影响为评估阻尼器减震效果的主要依据，此处滑墩选取 3# 墩底和墩顶进行比较，仍以 El Centro 波为例，讨论大桥的减震情况，如表 7.5.6 所示。

表 7.5.6　El Centro 波作用大桥反应结果

项　　目	未设置阻尼器	C=7 500 kN·(s/m)$^{\alpha}$		C=6 000 kN·(s/m)$^{\alpha}$		C=4 000 kN·(s/m)$^{\alpha}$	
		地震响应	减震率	地震响应	减震率	地震响应	减震率
梁端位移(mm)	143	47.8	0.67	51.4	0.64	62.1	0.57
固定墩剪力(kN)	65 757	22 239	0.66	23 484	0.64	28 110	0.57
固定墩弯矩(kN·m)	947 048	318 437	0.66	334 840	0.65	404 141	0.57
3# 墩剪力(kN)	2 966	13 755		11 553		8 313	
3# 墩弯矩(kN·m)	20 068	115 098		96 177		68 224	
3# 墩阻尼器最大出力、位移	—	4 447.67 kN 40 mm		3 850 kN 40 mm		2 648 kN 50 mm	

由表 7.5.6 可以看出，计算结果的趋势与前述 5 孔连续梁一致，所以建议选取 C=6 000 kN·(s/m)$^{\alpha}$的阻尼系数，同时由于附加阻尼器后，活动墩的受力相应会有所增大，建议复核各

活动墩的配筋情况。其他两条地震动记录分析结果如表 7.5.7 所示。

虽然该桥为 7 孔桥，但由于相应的增加了阻尼器数量，所以总体的控制效果还是十分显著的，减震率平均也达到了 50%左右，阻尼器最大出力可以控制在 4 000 kN，综合考虑建议选取阻尼器位移 300 mm；考虑到阻尼器连接件的构造不宜过于复杂，仍然建议采取减少阻尼力并相应增加阻尼器数量的方法，因此，最终建议每个活动墩采用 4 个阻尼器，采用的阻尼器参数如表 7.5.8 所示。

表 7.5.7　Taft 及 Northridge 波作用大桥反应结果

项　目	Taft			Northridge		
	未设置	设置后	减振率	未设置	设置后	减振率
梁端位移(mm)	154	62.9	0.59	145	36.5	0.75
固定墩剪力(kN)	69 646	27 798	0.60	66 542	18 061	0.73
固定墩弯矩(kN·m)	1 005 609	396 413	0.61	960 550	259 656	0.73
3# 墩剪力(kN)	5 681	12 400		3 291	7 562	
3# 墩弯矩(kN·m)	38 556	102 777		22 334	63 020	
3# 墩阻尼器最大出力、位移	—	3 986 kN 60 mm		2 490 kN 30 mm		

表 7.5.8　最终确定的阻尼器参数

速度指数 α	阻尼系数 kN·$(s/m)^{\alpha}$	最大冲程(mm)	阻尼力(kN)	数　量
0.5	3 000	±300	2 000	28

7.5.4　刹车动力减振分析

桥梁结构承担的列车制动力是使桥梁产生水平位移的重要外部因素。对于制动力的计算一般采用静力的方法粗算。根据铁路桥涵设计规范，给出的制动力主要来自轮轨之间的滑动以及滚动摩擦。根据列车重力以及制动力率可以确定列车刹车力。表 7.5.9 是北交大根据试验确定的部分车体的制动力以及制动力率。

表 7.5.9　制动力及制动力率

车辆类型	制动机类型	制动缸压强(kPa)	闸瓦压力(kN)	闸瓦型	摩擦因数	传动效率	$1/(1+\gamma)$	车辆质量(t)	车辆重力(kN)	制动力(kN)	制动力率
C62A	120	430.0	37.2	高磷	0.490	0.75	0.981 0	81.6	816	143.1	0.175
C62B							0.981 5	84.0	840	143.1	0.170
C64							0.981 4	83.6	836	143.1	0.171

此处模拟出列车在 40 km/h、60 km/h 和 80 km/h 制动初速度下列车制动的全过程，采用 1 节 DF4+30 节 C62 重载货车进行编组，根据实测结果，取刹车荷载峰值为 11 kN/m。将简化制动力时程曲线输入到 Midas 中，分别对 5 孔和 7 孔连续梁进行分析，结果显示：对于两种连续梁而言，主梁在制动初速度 80 kN/h 下，在附加阻尼器后的刹车位移可以满足 AASHTO 的要求(不大于 12 mm)，且最大阻尼器力分别为 503 kN 和 618 kN。图 7.5.4 是时程曲线。

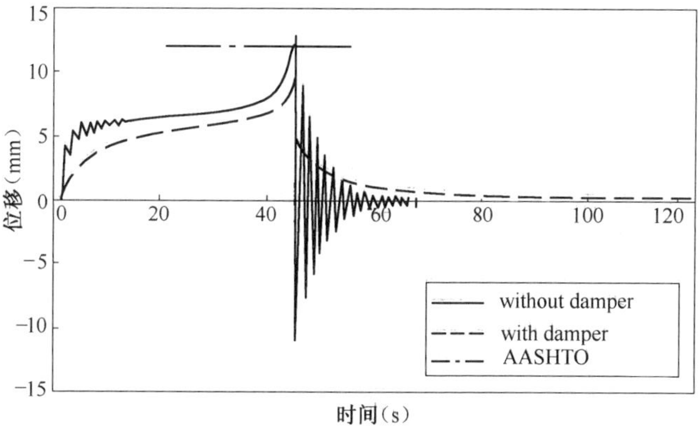

图 7.5.3　5孔连续梁位移曲线

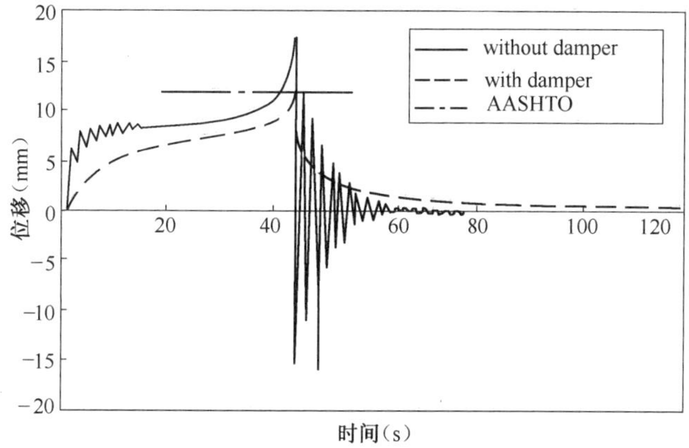

图 7.5.4　7孔连续梁位移曲线

7.6 小　结

以上是我们做过的以及协助计算的几个铁路桥梁项目的计算分析。这些铁路桥与前一章中公路桥不同的是都进行了刹车荷载的动力控制分析，这是由铁路桥梁的特殊性决定的。由本章的计算分析可知，锁定装置对于控制刹车制动力对主梁位移和速度的影响更为显著，所以在一些工程上采用了常规阻尼器和锁定装置并用的形势。这是阻尼器在桥梁上应用的一个创新，尤其是对于斜拉桥等全漂浮体系的铁路桥梁，既能减小日常运营和刹车制动带来的振动，又能保障在地震来临时整体结构的安全。希望这种改进后并用阻尼器的独特思路能更好地应用在铁路桥梁中，解决车辆刹车荷载和地震荷载的双重控制问题。

第8章 结构保护系统的失效剖析

近些年随着保护装置的应用普及，结构保护系统的失效问题逐渐增多，这为目前结构保护系统的进一步发展带来了很大阻碍。以液体黏滞阻尼器为例，其漏油问题，实际上是世界上仅有少数阻尼器生产厂可以解决的问题。有些未经严格测试检验的抗震阻尼器，其问题没有被人们发现，但对于应用到振动频繁的斜拉索、TMD 等工作环境下的阻尼器，漏油会很容易发生，从而引起阻尼器失效，甚至导致结构破坏。有时在正常运行状态下这些装置不会出现漏油情况，但在强烈地震下漏油破坏的阻尼器会给结构带来更为严重的后果。本章节将对阻尼器可能会产生的漏油问题及其原因，进行分析探讨，并介绍世界先进厂家和阻尼器的设计理念、找出解决的途径。

8.1 黏滞阻尼器失效分析

作为最成功的结构保护系统之一，液体黏滞阻尼器已经在桥梁、建筑抗震抗风和减少其他车辆行人引起的振动上起到了显著、有效的作用。这一 20 世纪结构工程上最伟大的研究成果已经为世界结构工程师所公认，越来越多的桥梁、建筑实际工程中也成功地应用了这一成果。然而，伴随着成功总是并存着许多问题，阻尼器的漏油问题是其中最为明显、也最为重要的一个。

液体阻尼器家族的产品，从封闭式缓冲器、液体弹簧到近代大型阻尼器的发展历史，几乎就是一个和漏油作斗争的历史。早在第一次世界大战时生产的枪炮缓冲器就提出这样的要求：缓冲器要保证枪炮能连续发射 500 发子弹。为了解决密封问题，1925 年美国 Ralph Peo of Houdaille 公司发明了 Houdaille 旋转阻尼器。这种旋转阻尼器延用了几十年，直到 1949 年美国 GM 公司发明了滑动阻尼器才终止了它的应用。冷战时期，美国和苏联都在导弹发射技术上有了全面的提高和改进，其相应的减振装置也得到了发展。

密封漏油问题得到较好地解决是得益于美国泰勒公司在液体弹簧上的技术发展。20 世纪 60 年代末到 80 年代，他们不断改进的液体弹簧密封技术，大大满足了这类密封产品承受巨大压力和长期工作的要求，并很好地解决了漏油问题。一系列的密封专利也就成为现代阻尼器不漏油的保证。

正是从这时起，美国、德国、法国和日本都有很多公司试图模仿、学习这些密封方法和生产阻尼器上的成熟技术，但效果一直不十分理想。最近从美国 Enidire 购买了阻尼器技术的法国 Jarret 公司，在美国加州市政府工程上安置的 30 个阻尼器发生了质量问题，不得不全部回厂重新处理。可见，世界上真正很好地掌握阻尼器密封和相应其他技术的公司十分罕见。

为了促进我国在阻尼器制造和试验技术上的发展，本文想尽我们所知，介绍液体阻尼器密封件的设计，希望能引起我们结构工程师的注意，阻尼器漏油是至今很多生产商解决不了的问题，在选用阻尼器时应将是否漏油作为重要的鉴定项目，并对漏油后工程上的严重后果作一些相关的分析。

阻尼器漏油原因与其工作环境和阻尼器自身的性能有关，我们就从这两个方面进行探讨分析。

8.1.1 黏滞阻尼器使用环境的分类

这部分在前文已经有所论述(第 5.9.5 节)，这里还要强调一下阻尼器的工作环境，便于读者了解土木工程领域上阻尼器的工作荷载和环境。从阻尼器用于控制的荷载类型上看，阻尼器的工作环境大体可以简单分成两大类。

(1)偶发大荷载及日常小荷载，以抗震阻尼器为代表；(2)常遇大荷载，斜拉索阻尼器、TMD 减振系统的阻尼器、行人桥上阻尼器减振或 TMD 系统或者是部分设备减振。

用于常遇大荷载的减振阻尼器与上述抗震阻尼器从阻尼器的性能要求上是截然不同的。对这点不了解或没有相应措施而生产的阻尼器，就会出现严重漏油现象。我们将在下文中分析漏油的原因和改进措施。

对于这种常遇大荷载阻尼器，最理想的办法是采用经过特殊处理的阻尼器，如 Taylor 公司生产的无摩擦金属密封阻尼器。

这两类阻尼器和它们按用途的分类，以及是否容易发生漏油大体都列在表 8.1.1 中。

表 8.1.1 液体黏滞阻尼器按不同用途使用分类

类型	使用	荷载描写	日常漏油的可能	阻尼器计算要求
Ⅰ类阻尼器	建筑抗震	偶发大震(地震)，日常微振(风振)，少数风振控制	最不易发生漏油	无需计算功率，少数风振严重区例外
	桥梁抗震、减振	偶发大震，日常车辆、风振小振	可能性小	一般无需计算功率，少数风振、车振较大时需计算
	铁路桥梁抗震、减振	偶发大震，日常车辆中振	可能发生	一般无需计算功率，车振较大时需计算
Ⅱ类阻尼器	斜拉桥上，斜拉索阻尼器	日常风振控制	很可能发生漏油	需计算功率和工作时间
	设备启动减振	短时间启动较大正常工作较小	可能性小	需计算功率和工作时间
	设备运行减振	正常工作满负荷振动	可能性大	需计算功率和工作时间
	行人桥上、楼板阻尼器减振或 TMD 系统	满负荷振动长时间发生	容易发生漏油	需计算功率和工作时间
	高纵建筑、构筑物 TMD 减振系统的阻尼器	满负荷振动长时间发生	最容易发生漏油并带来严重后果	需计算功率和工作时间

用于偶发地震而采用的Ⅰ类阻尼器，平时处于静止或很小的运动状态，阻尼器日常很少发生漏油现象。Ⅱ类常动阻尼器，如斜拉索阻尼器、设备减振阻尼器和 TMD 上的阻尼器则截然不同。实际上发生漏油事故较多属于这种类型，特别是高纵建筑物、构筑物上的 TMD 系统是要求最高，也最容易漏油的阻尼器。

美国的南加州大桥在建成时安置的阻尼器，仅使用了两年，就因发生严重漏油(如图 8.1.1 所示)而影响了使用。现在已经重新更换翻新改造，且该生产厂商已经把产品卖出，不再生产这种阻尼。

韩国高速铁路使用的 Colebrand Device（该公司已破产）产品，是一种锁定（Lock-up）装置。安置在大桥上的锁定装置，在温度和正常活荷载下可以自由变形，但对于中小地震荷载、较大的风荷载带来的桥梁各部分间的运动和碰撞，可有效地起到减少、转移和限制作用。该装置在安装后不久，也发生了漏油现象。这些填充了硅胶的锁定装置安装前没有按设计规范要求经受长期荷载和上万次往复的试验，也就无法满足实际工程的测试要求，图 8.1.2 为其漏油情况。

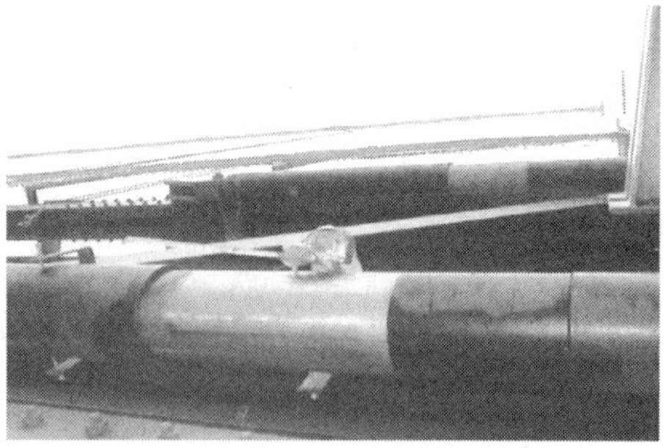

图 8.1.1　美国加州某漏油的阻尼器

图 8.1.2　韩国高铁 Colebrand 的锁定装置使用后漏油图（不可取的跨越缸体连接方式）

8.1.2　液体黏滞阻尼器漏油的原因

我们所要求的阻尼器应该是能够在设计的几十年里、在各种环境下、各种大小的高低频振动时保持不漏油的，且其尺寸不要过大。一般地说，阻尼器的漏油与否，取决与以下几个方面。

1. 高压密封容器

活塞式阻尼器，和液体弹簧一样，需要一个有足够抗拉压强度和抗变形能力的缸体。任何微小的变形都会引起密封处的漏油。早在 20 世纪 80 年代，一个提供 50 t 弹簧力和 150 t 阻尼力，长为 180 mm 的装置，缸体的耐压就可达 345 MPa。我国江阴大桥的阻尼器受力 100 t，考虑 1.5 倍的安全系数，折算出的阻尼器受压高达 104 MPa。这个内压力，远远大于高压千斤顶和高压锅炉的内压力（通常 22 MPa）。这么高的内压力就要求我们所使用的阻尼器，一是按这个压力设计，二是一定要真正经过严格静力和动力打压的试验检验。

看看美国泰勒公司为苏通大桥（图 8.1.3）上用阻尼器和另一高压力阻尼器生产钢外筒（图 8.1.4），再对比任何一个用普通无缝钢管制成的阻尼器外筒断面就不难发现问题所在。

图 8.1.3　苏通大桥阻尼器钢外筒

图 8.1.4　泰勒公司加工的某高压阻尼器外筒

2. 密封装置

当然，阻尼器的密封件是阻尼器发生漏油的最薄弱环节，也是能否做到不漏油的关键环节，可分为动力密封和静力密封两部分。

阻尼器活塞杆和阻尼器端盖间的相对运动是很容易引起漏油的。在长期运动下，动力密封材料不和内置硅油有任何黏结、渗透和相互作用，是不漏油的保证。典型的动力密封材料可以是聚四氟乙烯、加工尼龙或醋酸基树脂制品。它应该被制成高强度的合成树脂，这些被应用的树脂不能有任何地老化、退化或随时间的变质。传统的人工合成橡胶制品在一定时间里需要进行周期性替换，是不可用的。

阻止缸体内硅油流出的静力密封相对容易实现。传统的合成橡胶的“O”形密封环只要和内置硅油没有任何黏结、渗透和相互化学反应作用就可以满足要求。

阻尼器的静力密封圈被安置在阻尼器上的金属封闭盖内，其和缸体正确的连接方式应该是用螺丝旋入，如图 8.1.5 所示。任何其他的连接，如用多个螺栓栓接、扣结或用跨越缸体的螺栓固定，都是不可取的。

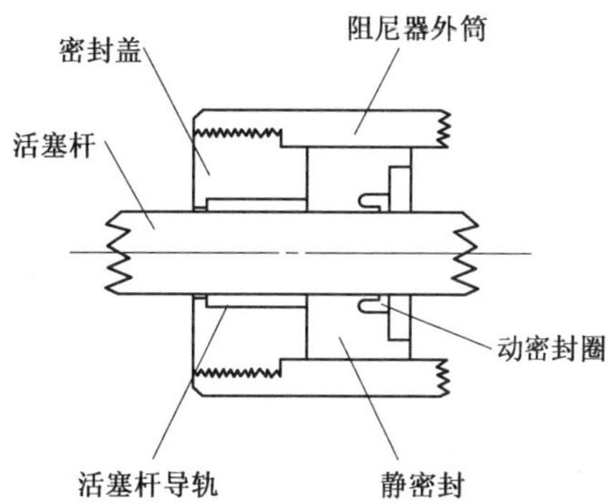

图 8.1.5　阻尼器密封示意

3. 内部零件加工水平

阻尼器的加工精度也是另一个保证不漏油的重要因素，高强不锈钢杆和阻尼器缸筒内孔均要求高精度的镜面抛光，这是阻尼器不漏油的保证。试想一下在上万次的往复后，如何能够保证阻尼器活塞杆保持干燥没有浮油。也许可以打开我们自己使用了几年的汽车后备箱看看，支撑后盖的类似小阻尼器的支撑活塞上经常是漏油的。这样我们就不难了解其加工精度的困难程度了。当然，阻尼器的高内压带来的困难要远大于汽车上的支撑活塞。

4. 阻尼器内摩擦和介质

阻尼器内部组件的摩擦是造成阻尼器功率能力下降，以致漏油及渗油的重要因素。液体黏滞阻尼器是靠阻尼器内的黏滞液体的往复运动吸收能量，减少结构振动的。阻尼器活塞与缸体、活塞杆与密封件所产生的摩擦对阻尼器的长期使用是十分有害的。这些摩擦所产生的热量会严重影响目前几乎所有液体黏滞阻尼器用来密封的有机材料：无论千斤顶中用的合成橡胶类密封材料，还是高水平阻尼器用的聚四氟乙烯类有机材料，在高温情况下他们都会产生变形，导致密封不严而产生漏油。如能做到无摩擦或小摩擦则可大大改善阻尼器的密封性能，减少漏油。

阻尼器内部采用硅脂、硅胶等物质填充会减少阻尼器的短期漏油，但在长期冷热环境中工作，材料的油脂分离、油化等同样可以引起漏油现象。韩国高速铁路使用的 500 个 Colebrand Device 产品内置的就是这种硅胶，其使用后的泄漏就是最好的证明(图 8.1.2)。

5. 其他引起漏油的因素

作为动力应用装置，特别是阻尼器的缸体制造上，还有几项动力设备禁止采用的方式。一是“焊接”，这是装置中最容易破坏的连接方式，在用于减振的阻尼器的制造上是不应采用的；二是“铸件”，铸件内部结构中可能会有不易观测到的瑕疵和微小裂缝，它也不能被列入生产阻尼器的零件。有些这类产品的制造图中明显使用了焊接。实际上，阻尼器的缸体根本就不宜采用分成两段连接的制品。

综上可以看出，阻尼器产品具有严谨成熟的设计和加工技术，是其不漏油的基本保证。

8.1.3 是否漏油的预先判定和测试

阻尼器是否会漏油是不难从它的设计参数、阻尼器使用前的各项测试和过去生产的阻尼器的工作情况作出判断的。

1. 阻尼器的设计参数

通常我们认为液体黏滞阻尼器的控制参数主要是它最大的受力、冲程和决定非线性的速度指数，这对于以控制地震为主的Ⅰ类阻尼器也许是足够的，但对于少数抗风、环境严重、以及表 8.1.1 中列出的Ⅱ类斜拉索、TMD 上的阻尼器就不仅要考虑以上参数，还必须考虑阻尼器长时间工作下的功率。更加危险的，可能不是阻尼器的受力大小，而是连续工作几个小时不间断振动的耗能。在这种情况下，仅考虑控制阻尼器油腔内的工作压强是不够的，还要考虑它的冲程和工作时间、其每小时所消耗的能量以及如何把吸收的能量耗散出去等问题，否则将引起阻尼器内部液体和动态密封过热而失效，进而产生漏油现象。因此，阻尼器的最大工作功率和一定功率下的工作时间就成为了Ⅱ类阻尼器是否漏油的必要的判断标准。阻尼器的基本公式是：

$$F=G\times v^{a}$$

对于 TMD 系统选用的线性黏滞阻尼器，速度系数可取 1，则阻尼器功率 P 可表示为：

$$P=F\times s\times 4\times \frac{1}{T}\times 0.785\times 1.36$$

式中 P——阻尼器的最大平均功率(马力)；

F——黏滞阻尼器的最大出力；

s——阻尼器的最大冲程；

T——阻尼器的工作周期；

0.785——弦函数与对应矩形比值；

1.36——单位转换系数，1 kW=1.36 马力。

在设计人员确定和选用阻尼器参数时，对于Ⅱ类阻尼器一定要考虑其所应具有的功率能力和工作时间，生产厂商应将这项指标作为设计阻尼器的重要参数进行设计生产。这是阻尼器是否会漏油的一个关键技术参数。

2. 阻尼器使用前的检测

即便阻尼器的设计功率可以满足其工作环境的要求，我们仍需要对阻尼器进行在应用环境下的长时间疲劳测试的模拟。结构工程将采用的阻尼器是否漏油也是不难在阻尼器正式安装前发现的。我们对江阴大桥和苏通大桥阻尼器所作的 5 万次往复疲劳测试和为台湾高速铁路所作的 100 万次刹车荷载引起振动的测试，就是为了达到这一目的。按美国科学基金会的要求，在泰勒公司内所作的“Life time”的无限期往复测试主要也是观测其是否发生漏油和老化。

梁栋、孙利民等人关于斜拉索阻尼器 400 万次的振动试验，是国内少有的关于阻尼器的疲劳测试的报告。它指出了仅仅做功能测试的不足，这种环境和疲劳测试才是我国目前所急需的。

以下两个测试录像，一个是旧金山海湾大桥阻尼器在圣地亚哥大学进行的三种速度下的动力测试；另一个是江阴大桥阻尼器的测试情况。所有提供产品的厂家都应该提供过去做过的这类测试录像，证明其阻尼器不漏油。读者可以登陆下面的网址查看。

旧金山海湾大桥阻尼器动力测试：

请点击观看录像：http://www.bluelakeint.com/chinese/kangzhen/qitai/jiujinshandaqiao.mpg。

江阴大桥阻尼器动力测试：

请点击观看录像：http://www.bluelakeint.com/chinese/kangzhen/qitai/jiangyin.wmv。

3. 应用中阻尼器漏油的检查

只要用心检查，在已完成的工程中，阻尼器是否漏油也是不难发现的。首先，我们应该先判断要观察的阻尼器产品，是否经过了实际振动的考验。抗风振的斜拉桥上斜拉索阻尼器是最容易在实际振动中工作并发现漏油的产品。一些具有振动的楼板、行人桥、高纵塔类的抗风或 TMD 系统是另一个容易发现漏油问题的地方。仔细观察这些容易漏油的地方，我们就不难作出阻尼器漏油与否的判断。当然，因实际荷载的原因，很少经受振动的结构，我们也就无从判断。

在结构保护系统快速发展、应用的 20 多年之后，越来越多的人意识到，质量是这些产品发展的生命线。最近，美国科学基金会开始了一个全面盘查过程，设计理论和产品可靠性的总结已经由 Constantinou M. C. 等人完成，进一步实际工程的系统排查正在准备进行。

8.1.4 漏油阻尼器的严重后果

一旦液压减振器发生漏油，就缺少了进行能量转化的介质，而且液压阻尼器里是在一个开放的环境里往复压缩流动的空气，就相当于其没有阻尼。抗震阻尼器一旦在地震发生时失去作用，不仅原来的设置目的达不到，当地震发生时，还可能会产生预想不到的坏作用。如：

(1)结构刚度改变，周期改变，地震力加大，引起结构破坏；

(2)不均匀破坏，引起扭转等附加力；

(3)变形加大引起桥梁伸缩缝处磨损破坏；

(4)支座阻尼器失效引起桥梁的破坏。

承受日常车辆和行人振动荷载的阻尼器一旦漏油破坏，桥梁伸缩缝和支座都可能受到破坏；而斜拉索阻尼器的漏油会使它的减振作用全无。

当然以上所陈述的负作用都是因为阻尼器功能失效所引起的，很多人认为这最多就是“不用阻尼器了”，它不发挥作用了，可能并不能引起人们的重视。但对有的结构，如：对采用 TMD 减少风振的高耸建筑(或构筑物)，一旦阻尼器漏油失效，其后果会比想象的严重得多。

以我们前面提到的观光塔为例。该阻尼器一旦漏油失效，结构会变成没有阻尼器的“TMD”体系。此时，该系统中的 100 多吨质量块会很难停止摆动，即便在外荷载停止以后，这种延续的摆动不仅对结构的舒适度会有很不好的影响，更严重的是，经计算表明，该质量块摆动的位移将为 675 mm，这比有阻尼器时大得多，超过了观光塔的允许空间——520 mm。也就是说，这种摆动会成一个上百吨的悬吊锤，不停地打击观光塔主体结构，甚至给观光塔带来结构破坏的危险。

此时，可能只有将系统停止运行(塔上加了一个 100 t 的无用质量块)或再另行安装质量好的阻尼器才能解除危险。

有人建议任何使用保护系统的结构，都应该有阻尼器失效的补救考虑。我们的看法是：应该切实保证，它根本不会漏油破坏。这种高压密封的阻尼器一旦发生漏油是很难补救的。

8.1.5 防止和减少漏油的办法

为了满足设计阻尼器的功率和耐久性要求，通常可以通过以下几个途径提高其功率，并实现防止漏油的目标：

(1)使用承受功率大的阻尼器缸体和高质硅油；

(2)改进密封装置的材料的耐温性能，最好的是采用金属密封材料；

(3)减少阻尼器内部摩擦；

(4)加大阻尼器的散热能力。

美国泰勒公司所生产的斜拉索和一般 TMD 阻尼器在这几方面作了全面改进，图 8.1.6 示出的是其中两种较大功率的斜拉索和 TMD 的阻尼器。

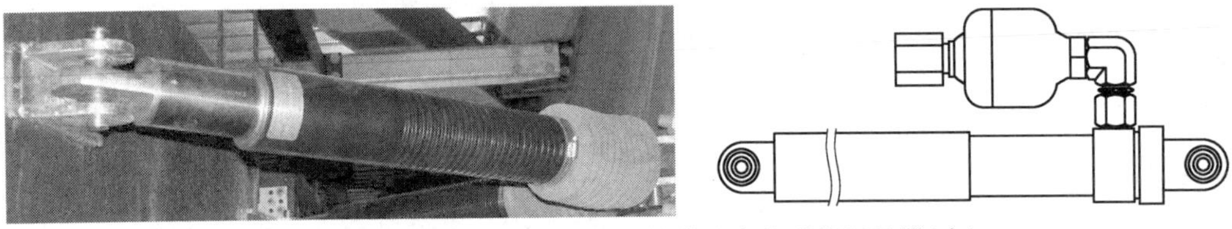

图 8.1.6 散热阻尼器(左)以及外带油库的耐热阻尼器(右)

到目前为止，阻尼器漏油无论在国内还是在国外都仍是一个难以解决的问题。我们在前文中已经介绍了国内外因为阻尼器漏油等原因厂家破产或已经放弃生产阻尼器的例子。

同时，加强阻尼器的相关检测验收、明确规范要求也是当务之急。

我国国内还没有完整的阻尼器的相关规范和生产测试要求。阻尼器的全面测试验收，我们推荐以美国土木工程学会(ASCE7-05)规范中对抗震阻尼器的相关设计和验收规定以及 HIETC 对产品作的预检测的规定为参考。所有测试中，以下两个要求是验证Ⅰ类抗震阻尼器是否漏油的一个最起码的标准。

(1) 地震荷载下循环测试。阻尼器在最大设计地震荷载作用下，至少承受 10 个循环以上最大速度(最大出力)的测试。

相应的地震最大荷载应该对应于一定频率下阻尼器的最大位移。观察其是否漏油，并看对应的最大位移和最大出力是否在 15%的误差以内。

(2) 2 000 次循环风荷载下的疲劳往复测试。取最大风荷载下的最大速度，在该荷载作用下，要求 2 000 次循环内的变化在 15%以内。

请注意，我们既没有要求像 HIETC 试验过的 20 次的满冲程检验，也没有要求作上万次的风荷载疲劳测试，主要认为这些试验已经基本可以说明问题。但是，以上仅为对一般抗震阻尼器的要求，针对有特殊需求的阻尼器应该有特殊的测试计划。对于Ⅱ类的需要计算功率的阻尼器，应该有功率和长时间疲劳测试的要求。

8.1.6 结　论

阻尼器漏油是个阻尼器生产中的重要问题，但是只要我们努力去了解漏油的原因、通过试验找到它的规律是应该可以解决的。作为使用阻尼器的工程师，了解有关知识和情况，对于更好地选用合格的阻尼器也是有帮助的。

笔者在长期工作中参与了多次这类工程计算和选型过程，对这方面的了解逐渐加深，并深刻地感觉到，这是个工程界急需深入了解掌握的产品，特此提出本文观点供大家参考讨论。现在，我国每年都有几千万元的开销用在生产和购买阻尼器上，可见其发展非常迅速。我们也应有相应的知识和时间投入，深入了解一下这些我们可能还并不太了解的内容。

8.2 国外桥梁隔震装置的失效分析

近年来国外一些减、隔震桥梁在地震下的倒塌事件，为我们提出了“灾后分析、处理和规范修正”的重要课题。仔细地分析失效的原因，认真地做好抗震加固、更新和改造，将会为我们提供宝贵的经验教训。在这部分将主要介绍国际上几座安置了减、隔震装置的桥梁，因为减、隔震装置的使用不当，而造成桥梁失效的案例。着重对土耳其的Bolu高架桥以及日本隔震桥梁在实际地震中失效的原因进行综述性地归纳和总结。Bolu高架桥1号线失效的原因主要是地震隔离系统的设计没有遵照相关的规范要求，而日本采用的橡胶隔震支座冷冻硬化导致了桥梁超载。

大多数桥梁专家以及相关的媒体都过于推崇桥梁的正面效应，如美观的外形特征、交通问题的解决程度以及结构设计上的创新点等等。然而，无论国际还是国内，桥梁的失效案例都屡有发生，而对其失效的原因却鲜见详细的科学报道和分析。这对于桥梁事业的进步和发展是不利的，它导致那些完全可以避免的错误接踵发生。下面我们将介绍一些国际上详细分析桥梁失效原因和更新加固的案例，为以后的桥梁设计提供经验教训，以免重蹈覆辙。

近20多年来，从美国首先试验和发展起来的结构保护系统是20世纪末结构抗震领域上最伟大的科研成果。这种通过学习和采用航空和机械领域的成果用在大型桥梁和建筑上，另加一些隔震、耗能、增加阻尼的装置为结构抗震开辟了一个非常有效的新途径。最受工程师们青睐的装置包括：隔震器(Seismic Isolation)；各种阻尼器(Damper)吸能、耗能系统；质量调谐阻尼系统(TMD)减震体系等。这些新技术的使用可以大大提高结构抵抗振动的能力，也可以解决很多传统结构中解决不了的问题。

本节将对几座国外桥梁因结构保护系统而失效的案例进行简介汇总，重点对Bolu高架桥1号线在土耳其地震中失效破坏的原因进行归纳总结，也将对日本安置的橡胶隔震支座因为冷冻硬化在Kushiro-Oki地震中超载的情况作相关介绍。

此外，本节还将简要地介绍一些其他运用不当，或质量不好的结构保护系统失效破坏引起的负面作用，以及失效后国外专家对问题的正确对待和处理，以便工程界引以为戒。

8.2.1 Bolu高架桥1号线的震灾情况

1. Bolu高架桥1号线原设计概况

1999年，土耳其西部发生了Duzce 7.2级大地震，据统计共造成1 000多人死亡，5 000多人受伤，震害区绝大多数建筑物都遭到了破坏。当时，作为连接土耳其Bolu省西部和山岭地区的交通枢纽的Bolu高架桥工程已经几乎竣工。采用了“先进”的隔震和耗能技术的Bolu高架桥1号线却在此次地震中也没能幸免，遭到了严重的地震破坏。

Bolu高架桥1号线全长2.3 km，整个桥是由58个桥墩支承的59跨双线结构，其全景如图8.2.1所示。上部结构为10跨一联的预应力混凝土连续箱梁，支承在盆式橡胶支座上，每联长392.2 m。桥墩为八角形空心墩。桥上的路面结构是由长度大于10跨的钢筋混凝土板和7个预应力梁所组成，每个板由11根柱子支撑，共392 m长。由于其地理位置以及战略地位的重要性，在桥梁的设计过程中设计人员为这座桥安装了地震隔离系统，试图遵照美国AASHTO(1991)桥梁抗震设计规范和设计者自己编制的隔震规程进行设计。其中，10# 和 20# 墩之间的典型一联的纵立面图如图 8.2.2 所示。该桥原来的地震保护系统是安装在上部结构和桥墩之间的滑动支座和钢屈服耗能的装置，两者一起组成地震隔离系统。

图 8.2.1　Bolu 高架桥全景

该桥的场地环境包括非常强烈的近场地震动、近场断层和深层土场地对高速公路高架桥产生的影响。

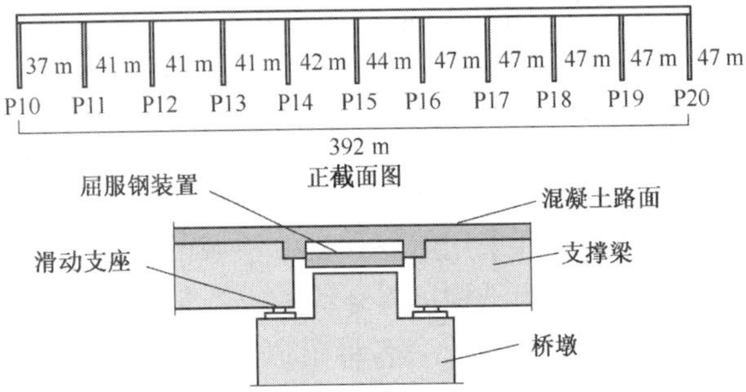

图 8.2.2　Bolu 高架桥桥墩纵截面图(10# 到 20# 墩一联)

滑动支座上的摩擦力并入钢屈服装置，如图 8.2.3 所示，构成了图 8.2.4 中的双线性恢复力模型的骨架曲线。

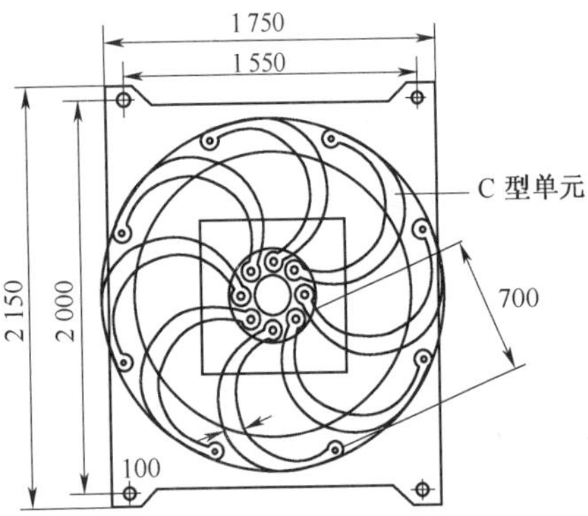

图 8.2.3　钢屈服耗能装置的平面图(mm)

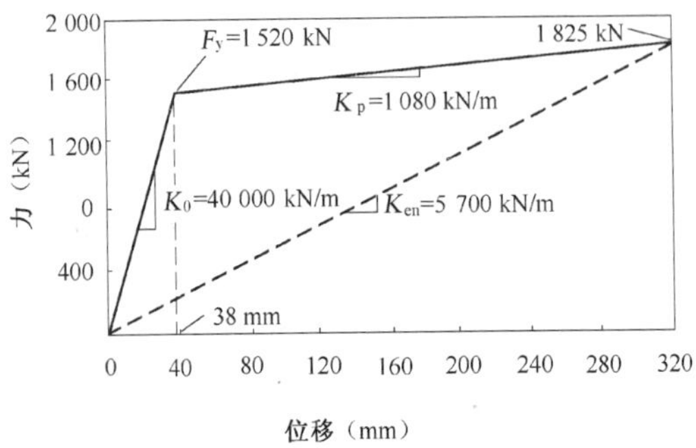

图 8.2.4　隔震系统的双线性滞回曲线骨架图

AASHTO 规范要求隔震装置的允许位移能力必须大于按单自由度计算位移的 3 倍以上。遗憾的是，原来的隔震装置并没有满足这一重要要求。

2. Bolu 高架桥 1 号线的破坏情况

地震发生的时候，Bolu 高架桥已经完成了近 95%的工程量。然而，这次突如其来的地震却使 Bolu 高架桥 1 号线的隔震系统遭到了完全的破坏。由于断层沿着与高架桥纵向成 25°穿过高架桥，该桥承受了近场地震引发的高速脉冲以及永久的地壳变形而产生的种种破坏作用。

其结果是高架桥的上部结构相对于桥墩产生了一个西向的位移而离开了所有的梁末端，这个偏移量达到了纵向 1 000 mm 和横向 500 mm。钢屈服耗能装置遭到完全破坏，几乎所有的盆式滑动支座完全失效，如图 8.2.5 所示，部分梁甚至滑到墩顶。伸缩缝处的限位缆索和 468 个侧向限位的剪力键落下桥墩，其中，176 个严重破坏。

图 8.2.5　损坏的钢屈服装置和支座

3. 对 Bolu 高架桥 1 号失效原因的分析

(1)动力分析模型

地震发生以后，应土耳其政府的邀请，美国土木工程学会(ASCE)几次组团，在土耳其 Bolu 高架桥业主和原设计方的配合下，在现场收集了大量桥梁和地震的相关资料，为下一步分析做了充分的准备。

Roussis 等人用 ANSYS 软件对该桥进行动力分析，桥梁有限元模型如图 8.2.6 所示。其中，中间某典型墩柱处的有限元建模特征如下：

桥墩和梁采用三维梁单元，为了模拟出桥面质心高度和其对应的支座顶部高度的差异，在每一个桥墩的顶部应用了刚性单元；

滑动支座用刚性竖向杆单元进行模拟，长度等于支座的高度 0.2 m。滑动支座提供的摩擦力归并到钢屈服装置的滞回作用中考虑；

钢屈服装置用采用两端固结的薄壁管单元模拟，该单元可以用双线性的滞回曲线描述。用平动和转动弹簧来模拟基础对墩底的约束。

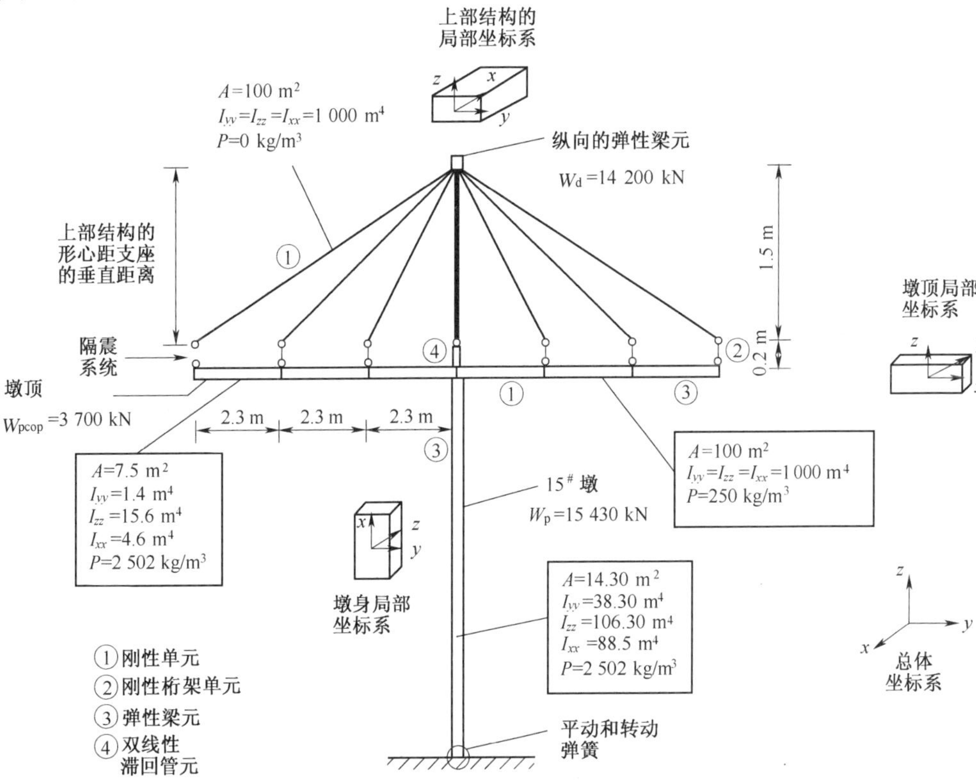

图 8.2.6　桥梁的有限元模型

(2)模态分析

首先,对结构体系做了模态分析。地震隔离装置的双线性作用如图 8.2.6 所示。用下列参数:最大位移 320 mm,K_{eff}=5 700 kN/m 模拟成近似等效线性化体系进行计算。计算出的前十个振型结果如表 8.2.1 所示。

表 8.2.1 计算得出的十个振型的频率和参与系数

模态	频率(Hz)	振型质量参与系数					
		横向(x)	纵向(y)	竖直向(z)	转动(x)	转动(y)	转动(z)
1	0.284	0.706	0.000	0.000	0.000	0.000	0.000
2	0.298	0.000	0.842	0.000	0.725	0.000	0.988
3	0.305	0.000	0.158	0.000	0.272	0.000	0.011
4	0.495	0.000	0.000	0.000	0.000	0.072	0.000
5	0.717	0.000	0.000	0.000	0.000	0.140	0.000
6	0.738	0.000	0.000	0.250	0.000	0.150	0.000
7	0.795	0.000	0.000	0.000	0.000	0.166	0.000
8	0.882	0.000	0.000	0.294	0.000	0.000	0.000
9	0.949	0.011	0.000	0.000	0.000	0.000	0.000
10	0.959	0.022	0.000	0.002	0.000	0.017	0.000

(3)地震动的选择

土耳其的地震灾害办公室所属的强地面运动观测站记录下了 1999 年 Duzce 地震中 20 个记录。在这些记录中,Bolu 和 Duzce 观测站的记录对于评估高架桥地震表现很重要。而且,为了进行震后调查,巴黎大学以及哥伦比亚大学又在 Karadere 设置了两个临时地震动观测站,在 8 月 17 日的余震中也采集到了相关记录。

图 8.2.7 为 Bolu、Duzce 以及 Karadere 记录的水平分量的阻尼比为 5%的加速度反应谱,并将它们与 AASHTO 的设计规范谱对比。

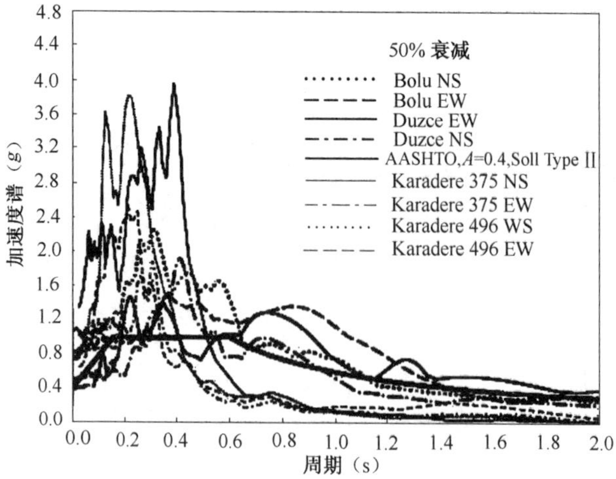

图 8.2.7 1999 年 Duzce 地震记录的水平方向加速度反应谱

在短周期范围(小于 0.6 s)内,8 个记录分量的反应谱值几乎都大大超过了设计的反应谱值。除 Duzce 记录外,在周期大于 1.5 s 的范围内,它们都低于设计加速度反应谱值。尤其是

Karadere 的记录，在长周期段内呈现出非常低的加速度谱值，因此分析中未予选用。

Duzce 观测站位于一个厚度 100 m 的冲积层的盆地上，其记录有一个长的持续时间并含有长持时和长周期能量成分，那也是盆地反应和松软土的特征；而 Bolu 观测站安置在具有深冲击层的软土地基的一个建筑物内，Bolu 记录为强烈的地面震动，表现出方向性特征和断裂骤然停止阶段的特征。

分析中先选用 Bolu 和 Duzce 两条记录，然而，两个记录都不能完全真实地表征近断层高架桥的有关情况。因此，在后来的分析中采用基于指定的震源参数而合成的人工波作为该桥评估分析用的地震波。人工记录的模拟是以发生地震的震源参数为基础，考虑高架桥场地条件，运用混合方法合成的。在低频范围内采用了确定的方法来模拟地面运动，而在高频范围内则采用随机过程来模拟。

充分考虑了地震动的近场特性和场地土情况，由低频和高频两部分模拟所产生的其中一条人工地震记录和它的加速度反应谱如图 8.2.8 所示。

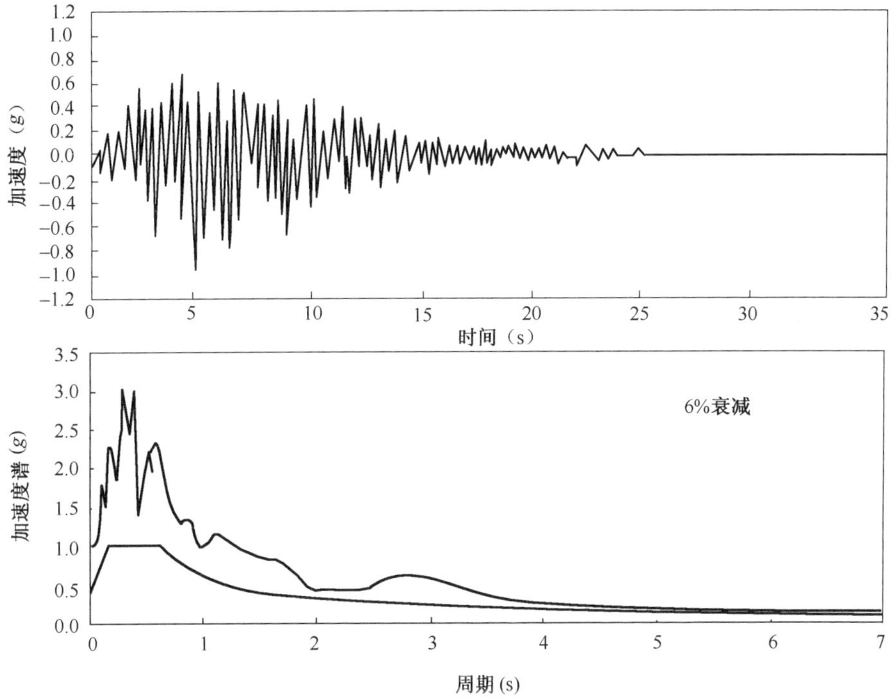

图 8.2.8 人工地面运动加速度和它的反应谱

(4)非线性时程分析

采用 ANSYS 软件进行非线性时程分析，时程分析的时间步长为 0.002 s，在每一个时间步长上运用了 Newton-Raphson 迭代法。计算中采用瑞利阻尼，得到的前 20 阶振型阻尼比为 2%～3%。

4. Bolu 高架桥失效原因分析

Bolu 高架桥的破坏引起了许多地震和桥梁界人士的高度重视。在大地震以后，美国多位教授多次对该高架桥进行设计和破坏的原因深入调查和研究。他们的结论是：Bolu 高架桥的失效是由其结构保护系统(即地震隔离系统)的失效破坏所导致。根据上述计算分析的结果，指出了地震隔离系统的设计存在以下严重问题：

(1)隔震系统的位移能力不足。依据 AASHTO 标准，验算可得，该高架桥隔震系统的最大位移为 820 mm。而原设计的隔震系统的极限位移仅为 210 mm(滑动支座)到 480 mm(屈服耗能装置的极限位移)。通过利用 Bolu 和 Duzce 两处地震观测站分别对地震场地进行了地面运动情况的观测,并模拟了近断层的运动情况,得到的峰值位移应为 1 400 mm。这巨大的差别说明了该设计不仅非常不合理(隔震的两部分位移能力不同),也远远不能满足 Duzce 近场大地震的要求。

(2)屈服后的刚度值偏低。为了确保隔震装置在地震中能自动回复原位,在 1991 年或 1999 年的 AASHTO 设计规范中均要求,在设计 50%最大位移时,装置的横向恢复力应大于支座承受重力的 2.5%。该支座承受的重力为 14 200 kN,按图 8.2.4 所示的恢复力骨架模型,50%的最大位移 160 mm 时的恢复力仅有 1 652 kN,为重力的 1.2%。远不能满足设计要求,无法保证支座恢复原位。

(3)地震隔离系统的周期不符合设计规范要求。按图 8.2.4 所示,1080 kN/m 的屈后刚度以及 14 200 kN 的重力荷载,该隔震桥梁的周期应为 7.27 s,为了不使隔震系统有过大的位移,在 1999 年的 AASHTO 规范中将这个周期限制为最大 6 s。该系统也不符合规范中这一要求。

(4)结构保护系统没有足够安全储备。显然,在对这座桥梁的隔震产品的设计过程中,并没有考虑到高架桥将承受如此大的地震动作用,致使整个隔震系统遭到了完全的破坏。然而,意外的超荷载情况时有发生,在桥梁构造设计中必须充分考虑,才能满足人们对桥梁的使用安全要求。显而易见,连上述各项设计指标都不能满足,就更谈不上安全储备了。

5. 隔震系统的震后重建工作

地震发生以后,美国土木工程学会专派代表团对 Bolu 高架桥的隔震系统的破坏情况不仅进行了考察、分析、鉴定,他们还协助重新设计了其隔震系统,最终决定采用摩擦摆隔震系统对震后桥梁进行加固更新。摩擦摆支座(FPB)是一种可靠稳定的金属隔震装置,它可安置在结构与基础或桥梁与桥墩之间(如图 8.2.9 所示)。这种支座通过球形滑动表面的运动使上部结构发生单摆运动,支座的周期和刚度通过选取合适的曲率半径来控制。通过延长结构的固有周期,和在摩擦表面有目的地加设阻尼材料,该装置可以对水平振动起到很好的隔震和耗能减震作用。同时,可将传递给下部结构的侧向力大大地减小,从而在强烈的地震中使结构免遭破坏。

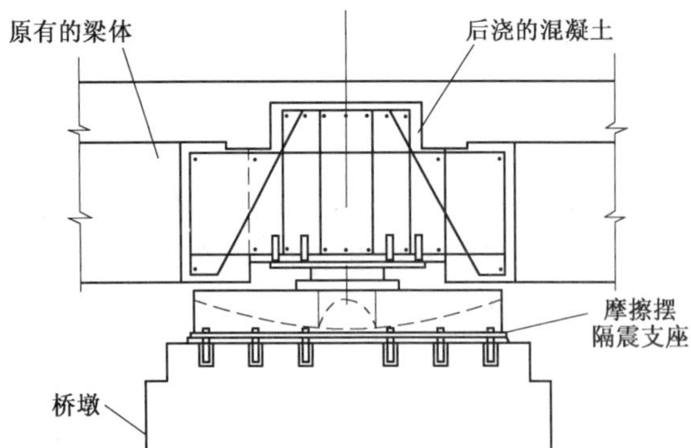

图 8.2.9 采用摩擦摆支座进行加固

图 8.2.10 Bolu 高架桥上使用的摩擦摆

根据结构墩高的变化和跨越断层的位置,最终采用了 3 种规格的摩擦摆支座:

(1)在不太高的墩上采用滑道半径大、位移能力为±700 mm 的支座;

(2)在高墩上采用滑道半径小、位移能力为±700 mm 的支座；

(3)在断层两侧的墩上采用滑道半径大、位移能力为±900 mm 的支座。

该桥最终共使用了 536 个摩擦摆(图 8.2.10)，设计位移的最大限值为 900 mm，并有 1.5 倍以上的安全储备。特别值得我们关注的是：这 536 个摩擦摆按美国设计规范的要求，每个都要经过原型动力检测，这就确保了其在地震中不会发生破坏。

8.2.2 日本 On-Neton 桥在 1993 年 Kushiro-Ok 地震下的反应

1993 年日本发生 7.8 级 Kushiro-Ok 地震，日本地震工作者在约 30 km、震源深度 107 km 处，1961 年修建的 On-Neton 老桥上下采集到了该地震下的地震记录。这些记录被用来分析对比该老桥旁的 On-Neton 新桥(图 8.2.11)。

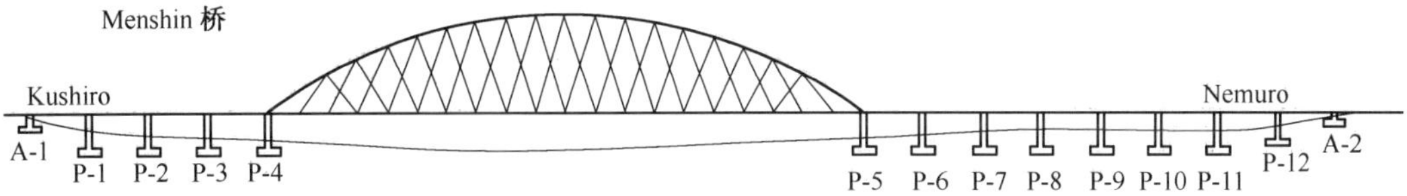

图 8.2.11 日本新建 On-Neton 新桥

该新桥的设计中采用了结构保护系统的新技术，A1 辅助墩和 P1 墩上设置了橡胶支座，在墩 P1、P2 和 P3 上设置了带铅芯的橡胶支座。该桥地处日本北部，30 年内最低温度达 −9 ℃，处于日本严寒地带。橡胶支座特性如表 8.2.2 所示。

表 8.2.2 On-Neton 桥橡胶支座特性

支 座	特 性	20 ℃	−20 ℃
橡胶支座	刚度 K_{RB}(t/m)	363.0	472.0
铅芯橡胶支座	第一刚度 K_1(t/m)	5 188.0	8 953.2
	第二刚度 K_2(t/m)	471.1	645.0
	刚度比 K_2/K_1	0.072 12	0.072 04
	屈服位移 σ(m)	0.018 32	0.012 44

地震并没有给 On-Neton 老桥带来巨大破坏，仅在 P4 墩上发生了较大位移。然而，宝贵的地震记录被用来对该新桥进行计算分析。分析时，新桥的橡胶支座使用了不同温度作用下的试验参数(表 8.2.3)。用记录下的强震记录对具有真实试验参数的 On-Neton 新桥进行时程积分。分析的结果表明，在−20 ℃ 的情况下会产生几乎比 20 ℃ 时大一倍的墩底峰值变矩，而其他地震响应也都远大于原支座的设计参数。因此低温下橡胶支座失效是导致破坏的主要原因。

表 8.2.3 计算的峰值反应

桥墩号	墩底峰值变矩 (tf·m)			支座峰值相对位移 (cm)
	20 ℃	−20 ℃	设计值	
A1	485.7	475.8		
P1	1 175.6	2 227.5	806.0	9.0
P2	1 295.2	2 464.8	1 053.0	8.6
P3	1 528.1	2 733.9	1 203.0	8.0
P4	58 488	60 157	19 129	

8.2.3 英国Thelwall高架桥失效案例

修建于1963年的英国Thelwall高架桥是一座横跨曼彻斯特大运河的著名高架桥，全长1.4 km，高25 m，由36个跨结构组成，大桥如图8.2.12所示。1996年，承包人Amec将Thelwall高架桥进行了重新翻修，耗资2 700万英镑。这次翻修的部分内容是对该桥的支座进行了更换，安装了新的辊轴支座和摇摆支座。然而，重新翻修不到6年的时间，在2002年6月的常规检查中发现，桥梁的辊轴支座受到了不同程度的破坏，最严重的是在单车道下方的直径为160 mm的实心铁柱形的辊轴支座裂成了两半。如果没有及时被发现，高架桥的混凝土墩和钢梁都会超载并导致一连串致命的结构破坏。随后整个高架桥立即停止了交通运营，重新检修。

图8.2.12 Thelwall高架桥全貌

专家们又对这座桥进行了进一步的试验和研究，渐渐地发现了全局的问题。为了保证整个高架桥的最终安全，高速公路管理局于2003年4月宣布，Thelwall高架桥上所有的136滚动支座都要再次进行更换，全部换成滑动支座。

全英多位桥梁专家和上百个工程师负责设计、监控和评估所有滚动支座替换的方案。

1996年花费巨资翻修过的Thelwall高架桥的支座何以再次发生破坏？专家们随后作了相关调查分析。他们从支撑中跨桥墩的8个滚动支座中取下了4个支座进行化学试验，发现这些滚动支座受到了颗粒间的腐蚀。专家还推测，其他的支座也可能有受到了同样的损坏。已经发现损坏的支座有17个。支座开始出现破裂的时候并不明显，直到热胀作用使支座开始摇动时才会使裂缝进一步暴露。随后发现，他们一直认为性能稳定的摇摆支座也开始出现了问题，由于聚四氟乙烯的薄板暴露，使摇摆支座一直处于恶劣的工作环境。专家们又取下了其中两个摇摆支座对其进行进一步的评估。最终，高速公路管理局决定更换包括滚动支座在内的一共148个支座。

直到2005年2月，该高架桥才开放交通，再次翻修花费5 200万英镑。

8.3 经验和教训

在国际上桥梁失效的事故屡见不鲜，事故原因也各出有异。由桥梁事故所造成的人员伤亡和经济损失都相当惨重。

20多年前开始使用的结构保护系统已经广泛地运用到了桥梁的设计之中，这是当今桥梁发展的一大进步。但由于桥梁保护系统的运用尚未成熟，如果运用不当，不仅不能使桥梁起到抗震作用，还会给整个桥梁结构带来负面影响，造成严重的后果。一个完整的使用过程应该包括：

(1)使用前对这些保护系统严格正确地设计，符合规范的所有要求规定；

(2)经过严格的符合要求的设计审查；

(3)按规范要求对其质量进行严格的测试鉴定；

(4)长期观测结构保护系统在使用过程中的表现，特别是在地震和大风中的表现。

综合这四个过程，构成了对结构保护系统的表现的必要评估，这也是桥梁结构抗震评估中的重要一步。

每一次结构保护系统失效都是人类生命和金钱换来的教训。经历了这些灾难和苦痛，我们应该更深刻地理解，认真调查、研究和总结这些教训，找到真正失效的原因，改进和提高我们的设计和规范，研究并采用先进、可靠耐久的保护产品，是何等重要。

第 9 章　最新研究发展

9.1　研究工作的深入开展

在美国经过 HITEC 联合测试的汇总鉴定后，结构保护系统不断发展完善。最近几年里分别在以下几方面做了深入研究：

9.1.1　对安置结构保护系统的结构性能的改善进行确认

图 9.1.1 为美国地震研究中心（MCEER）所做的振动台上钢结构模型试验。请注意这都是 1/3～1/5 缩尺试验。结构保护系统对主体结构和对附属结构的影响、位移和速度型阻尼器的对比在这一试验中可以示出。

图 9.1.1　MCEER 基础隔震和阻尼器耗能结构试验

9.1.2　设计规范的完善

结构保护系统不断完善和修编，从地方性的指导条文开始，不断补充更新，从一个章节的附录到单独独立出来作为一章出现，目前已经纳入国家级的设计规程，涉及的内容包括了结构保护系统所处位置、分析方法、简化计算和高振型的影响、试验检测等工程领域各种方面。

9.1.3　结构保护系统硬件和安置上的发展

随着工程应用的不断深入，一些在工程中难以解决的问题驱使结构保护系统在硬件和应用方法上也在不断发展。美国泰勒公司发明了多种新型专利阻尼器，如在我国苏通大桥上开发和应用的新型带限位的超大阻尼器；铁二院和我们一起为韩家沱长江铁路大桥设计了抵御火车车辆荷载和地震荷载双重作用，协同工作的阻尼器和特殊熔断锁定装置；为 TMD 系统上设计并已经使用的金属密封无摩擦阻尼器；为斜拉索、TMD 系统等连续工作环境下设计的新型单出杆带油库阻尼器；研发了多种具有放大阻尼器位移和提高阻尼器使用效率的安置办法，如套索式连接、剪刀型连接和跨层连接等，并在越来越多的工程中获得应用。

双层摩擦摆问世之后，美国 Constantinou 教授和 EPS 公司又创造出了三层摩擦摆系统，大大提高了摩擦摆的效率和应用范围；在橡胶支座的扭曲问题、抗老化、温度稳定的性能方面也进行了大量改进研究。

这些具有特殊功能的阻尼器，扩大阻尼器的应用效率和范围，应该还会随着工程的需要而发展。

9.1.4 特种结构上的应用

海洋平台、水塔、储油罐、核电站等特种结构的结构保护中也遇到特殊的问题。这些工程实例的研究为特种结构的工程抗震开拓方向。

9.1.5 实际工程震害的剖析

近些年在土耳其、秘鲁、智利、海地、我国汶川和玉树、日本 311 等地发生多次特大地震，人们进行了大量实际工程的震害分析，这些原始数据和工程震害案例对于人们抵御地震灾害提供了有利工具，对今后的设计工作有很大指导、帮助作用。如在土耳其地震后，人们对遭到破坏的机场候机楼以及高架桥梁进行了详细分析，并认识到原抗震设计的缺陷，在加固过程中以高质量的摩擦摆隔震系统代替高架桥上遭到破坏原有的金属耗能隔震垫。

9.1.6 桥梁隔震支座长期可靠性的原型测试

美国 MCEER 最近开始了一个铅芯橡胶隔震支座在长期荷载作用下的耐久性研究测试（图 9.1.2）。

9.1.7 日本对完成的四种阻尼器做了对比测试

日本对在 2010 年完成的四种阻尼器——黏滞型（FVD）、日本油型（Oil）、固体黏弹性（Viscoelastic）、金属防屈曲耗能（UBB）进行了振动台上大型原型对比测试。从试验的结果来看，黏滞型阻尼器最为理想。图 9.1.3 为日本在振动台上四种阻尼器原型测试现场照片。

图 9.1.2 MCEER 正在进行的橡胶隔震支座长期耐久测试

图 9.1.3 日本在振动台上四种阻尼器原型测试

9.2 工程新动向

9.2.1 津秦高速铁路桥——超大铁路高架桥(图 9.2.1)

跨京沈高速公路匝道特大桥是津秦铁路沿线主要桥梁之一，其结构为四跨变截面连续梁桥。跨度为(60＋100＋560＋100) m，主梁形式为箱形截面，最小梁高为 3.4 m，最大为 5.15 cm，考虑抗震要求设置了 5 000 kN、4 500 kN 和 4 000 kN 共 50 个大型锁定装置。

桥梁设计：铁道第三勘察设计院集团有限公司，颜志华，宋顺忱等。

图 9.2.1　津秦高速铁路桥

9.2.2 乌锡线铁路黄河特大桥(图 9.2.2)

乌锡铁路是“十一五”铁路网规划连接我国内蒙中东部的新通路。乌锡线黄河特大桥地处地震高发地带，地震烈度较高，通过对大桥中的五孔以及七孔的两类连续梁桥附加阻尼装置(28 套 2 000 kN)来提高大桥的抗震能力。

图 9.2.2　乌锡线铁路黄河特大桥

9.2.3 福州乌龙江大桥——超大阻尼(锁定)力装置(图 9.2.3)

乌龙江大桥改造及接线拓宽工程，复线桥为六跨预应力混凝土刚构-连续组合箱梁体系，主梁为单箱单室箱梁，安置了 4 个我国最大的 6 000 kN 锁定装置。

图 9.2.3　乌龙江大桥全景图

9.2.4　厦漳跨海大桥(图 9.2.4)

位于福建厦门到漳州的跨海大桥，全长 9.333 km，其中桥梁长度 8.555 km，北汊桥梁长 6.69 km[其中北汊主桥为(95＋230＋780＋230＋95)m 双塔双索面钢箱梁斜拉桥]，南汊桥梁长 1.865 km[其中南汊主桥为(135＋300＋135) m 双塔双索面组合梁斜拉桥]。图中北汊桥将安置 8 个 3 500 kN 大型泰勒公司液体黏滞阻尼器。

图 9.2.4　厦漳大桥北汊桥

9.2.5　西堠门大桥——超长阻尼器的采用(图 9.2.5)

西堠门大桥主桥为双塔悬索桥，主跨 1 650 m，国内第一，世界第二。大桥安置了 4 个泰勒公司的液体黏滞阻尼器(最大力 100 t，冲程达到±1 100 mm)，主要用于抗风、减震，减少伸缩缝的运动位移。

图 9.2.5　西喉门大桥及采用的超长阻尼器

9.2.6 桥梁加固工程

1. 北京阜成门桥——城市高架桥减振(图 9.2.6)

阜成门桥分为上下两层,上层为东西走向,下层为南北走向。通过上下分层的方式有效地将车辆区分。阜成门桥是一座典型的、简单的立交桥,安置了 20 个泰勒液体黏滞阻尼器。这是我国首次在城市立交桥上使用阻尼器。

阻尼器设计单位:北京市政设计研究院。

图 9.2.6 北京阜成门桥

2. 加拿大 Port Mann 大桥(图 9.2.7)

这是目前世界最大的桥梁加固改造工程,共使用了 146 个阻尼器,大多采用了较大的阻尼系数,可以起到一定限定车辆荷载的锁定作用。

设计单位:IBT (San Diego) and TY-Lin (SF & Vancouver) are the engineers/designers。

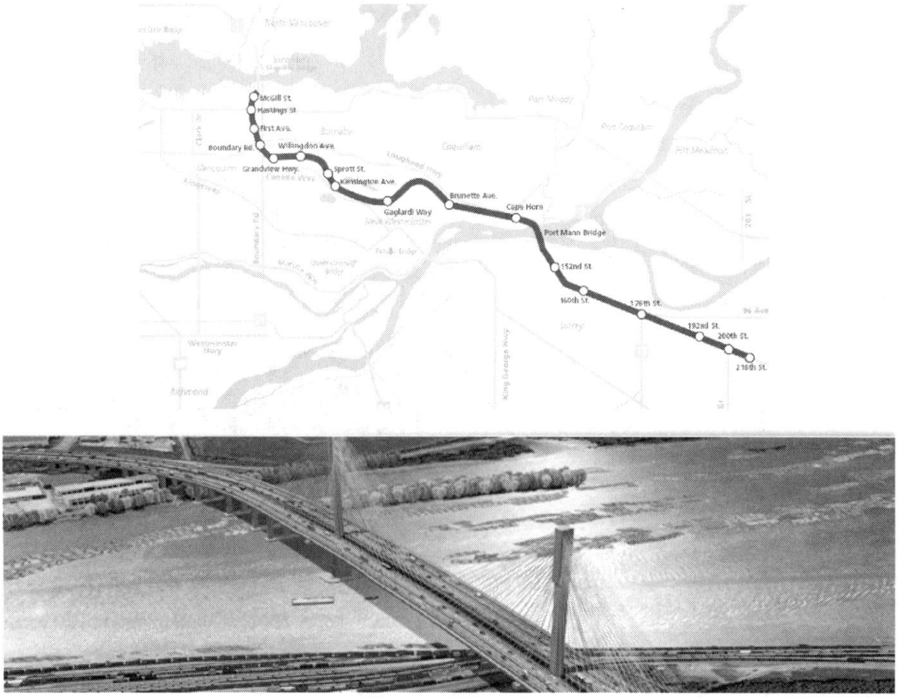

图 9.2.7 加拿大 Port Mann 大桥

3. 韩国桥梁加固(图 9.2.8)

从 2006 年开始,韩国对全国已有桥梁进行翻新加固改造,其中二十几座都采用了泰勒公司的阻尼器。韩国是世界上除了美国之外,最集中使用阻尼器加固桥梁工程的国家。

图 9.2.8　韩国桥梁加固及阻尼器安置图

9.3　理论研究的展望

在理论发展的方向上,使用阻尼器还有以下问题需要发展:

(1)加设阻尼器的简化计算办法;

(2)对结构进行等效线性化,考虑安装阻尼器后的等效阻尼比后得到新的传递函数,在频域范围内对设置阻尼器的桥梁结构反应以及可靠性进行分析;

(3)更深一个层次是考虑安置阻尼器后结构的随机振动分析,考虑结构的随机性以及模糊数学在地震工程中的应用;

(4)完善桥梁设计规范,确定阻尼器的测试要求;

(5)更多的工程剖析,震害分析,桥梁破坏的原因分析;

(6)多点输入地震动对阻尼器的影响;

(7)结构保护系统对桥梁上下附属结构的影响;

(8)近场地震中结构保护系统的作用;

(9)从工程的角度看结构保护系统的发展前景;

(10)桥梁上实用 TMD 系统应用理论和优缺点分析;

(11)超大地震对安装阻尼器桥梁的影响,桥梁的倒塌分析。

参考文献

[1] A. A. Seleemah, M. C. Constantinou. Investigation of Seismic Response of Buildings with linear and Nonlinear Fluid Viscous Dampers, NCEER-97-0004[M]. Buffalo, New York: National Center for Earthquake Engineering Research, 1997.

[2] Alan Klenbczyk, Brian Breukelman. Structural Control of High Rise Building Using a Tuned Mass with Integral Hermetically Sealed, Frictionless Hydraulic Dampers. http://www.taylordevices.com/TechnicalLiterature.htm.

[3] Alan Sparks. Alarm as Engineers Find Potential for Disaster on Thelwall Viaduct [J]. New Civil Engineer, 2004(4): 1-2.

[4] Amarnath Kasalanati, M. C. Constantinou. Experimental Study of Bridge Elastomeric and Other Isolation and Energy Dissipation Systems with Emphasis on Uplift Prevention and High Velocity Near-Source Seismic Excitation, NCEER-99-0004 [M]. Buffalo, New York: National Center for Earthquake Engineering Research, 1999.

[5] Civil Engineering Research Foundation St, Highway Innovative Technology Evaluation. Summary of Evaluation Findings for the Testing of Seismic Isolation and Energy Dissipating Devices, CERF Report 40404. USA: American Society of Civil Engineers, July 1999.

[6] ASCE. ASCE/SEI 7-05 Minimum Design Loads for Buildings and other Structures [S]. New York: American Society of Civil Engineers, 2006.

[7] Applied Technology Council. Guidelines and Commentary for Seismic Rehabilitation of Buildings, ATC-33.03 [S]. Washington, D. C., National Bureau of Standards, 1995.

[8] Chen Yongqi, Ma Liangzhe, Cao Tiezhu, Robert Schneider, Craig Winters. Shock Control of Bridges in China Using Taylor Devices' Fluid Viscous Devices[C] // International Association for Earthquake Engineering (IAEE). The 14th World Conference on Earthquake Engineering. Beijing, China: China Seismological Press, 2008.

[9] M. C. Constantinou, M. D. Symans. Experimental and Analytical Investigation of Seismic Response of Structures with Supplemental Fluid Viscous Dampers, NCEER-92-0032[M]. Buffalo, New York: National Center for Earthquake Engineering Research, 1992.

[10] Douglas P. Taylor. History, Design and Applications of Fluid Dampers in Structural Engineering.

[11] FEMA. NEHRP Guidelines for the Seismic Rehabilitation of Buildings, FEMA

273[S]. Washington, D. C. , Federal Emergency Management Agency, 1997.

[12] FEMA. NEHRP Commentary on the Guidelines for the Seismic Rehabilitation of Buildings, FEMA 274[S]. Washington, D. C. , Federal Emergency Management Agency, 1997.

[13] FEMA. NEHRP Recommended Provisions for Seismic Regulations for New Buildings and other Structures, FEMA 368[S]. Washington, D. C. , Federal Emergency Management Agency, 2000.

[14] Ian D. Aiken. Testing of Seismic Isolators and Dampers Considerations and Limitations[C] // Proceedings of the Structural Engineers World Congress. San Francisco, USA: Elsevier, July 1998.

[15] Lap-Loi Chung etc. Optimal Design Theories of Tuned Mass Dampers with Nonlinear Viscous Damping [J]. Earthquake Engineering and Engineering Vibration, 2009(4): 547-560.

[16] M. C. Constantinou, A. S. Whittaker, Y. Kalpakidis, D. M. Fenz and G. P. Warn. Performance of Seismic Isolation Hardware under Service and Seismic Loading, MCEER-07-0012 [M]. Buffalo, New York: The Multidisciplinary Center for Earthquake Engineering Research, 2007.

[17] M. C. Constantinou, T. T. Soong, G. F. Dargush. Passive Energy Dissipation Systems for Structural Design and Retrofit Monograph Series [M]. Buffalo, New York: The Multidisciplinary Center for Earthquake Engineering Research, 1998.

[18] Oscar M. Ramirez, M. C. Constantinou, C. A. Kircher, A. S. Whittaker, M. W. Johnson, J. D. Gomez and C. Z. Chrysostomou. Development and Evaluation of Simplified Procedures for Analysis and Design of Buildings with Passive Energy Dissipation Systems, MCEER-00-0010[M]. Buffalo, New York: The Multidisciplinary Center for Earthquake Engineering Research, 2001.

[19] P. Tsopelas, M. C. Constantinou. Experimental and Analytical Study of a System Consisting of Sliding Bearings and Fluid Restoring Force/Damping Devices, NCEER-94-0014[M]. Buffalo, New York: National Center for Earthquake Engineering Research, 1994.

[20] G. Pekcon, J. B. Mander and Chen S. S. The seismic Response of a 1:3 Scale Model R. C. Structure with Elastomeric Spring Dampers[J]. Earthquake Spectra, 1995 (2): 249-267.

[21] Taylor Devices, Inc. Pre-qualification Test Report for 1000 kN Jiangyin Bridge Viscous Damper, Taylor Devices Part Number: 67DP-17889-01. North Tonawanda, NY, 2006-11-20.

[22] T. Y. Lin International Inc. Earthquake Engineering Research Center. Pre-qualification Testing of Viscous Dampers for the Golden Gate Bridge Seismic Rehabilitation Project, Report No EERCL/95-03. University of California at Berkeley, 1995.

[23] P. C. Roussis, M. C. Constantinou, M. Erdik, E. Durukal and M Dicleli. Assessment of Performance of Isolation System of Bolu Viaduct [J]. Journal of Bridge

Engineering, ASCE, 2003, 8(4): 182-190.

[24] S. Infanti, M. G. Castellano, etc. Non-linear Viscous Dampers: Testing and Recent Applications[C] // Applied Technology Council, Multidisciplinary Center for Earthquake Engineering Research. Proceedings of Seminar on Response Modification Technologies for Performance-based Seismic design ATC-17-2. Los Angeles, CA, May 30-31, 2002.

[25] Saiful Islam, Johnny Kwok, Hui Wu. Seismic Retrofit of a Suspend Floor High-Rise Building Using an Energy Dissipation System[C] //Applied Technology Council, Multidisciplinary Center for Earthquake Engineering Research. Proceedings of Seminar on Response Modification Technologies for Performance-based Seismic Design ATC-17-2. Los Angeles, CA, May 30-31, 2002.

[26] Taylor Devices, Inc. Sample Technical Specifications for Hermetically Sealed Frictionless Fluid Viscous Damping Devices.

[27] Sato M, Nishi H, Kawashima K and Unjoh S. Response of On-Netoh bridge during Kushiro-Oki Earthquake of January 1993[C] // Proceedings of the third U. S. - Japan Workshop on Earthquake Protective Systems for Bridges. National Center for Earthquake Engineering Research. Berkeley, California, U. S. , 1994.

[28] The American Association of State Highway and Transportation Officials. LRFD-CONS-2-M AASHTO LRFD Bridge Construction Specifications 2002 Interim Edition Section 32 Shock Transmission Units[S]. Washington, D. C. USA: AASHTO, 2002.

[29] T. T. Soong, Y. Q. Chen. Stochastic and Response Sensitivity of Secondary Systems to Primary Structural Uncertainties [J]. Structural Safety, 1989 (6): 311-321.

[30] T. T. Soong, G. F. Dargush. Passive Energy Dissipation Systems in Structural Engineering[M]. John Wiley & Sons, Ltd. (UK), 1997.

[31] D. P. Taylor. Damper Retrofit of the London Millennium Footbridge-a Case Study in Biodynamic Design. http://www. taylordevices. com/TechnicalLiterature. htm.

[32] D. P. Taylor. Energy Management Utilizing the Hydraulic Shock Absorber. http://www. taylordevices. com/TechnicalLiterature. htm.

[33] D. P. Taylor. The Application of Energy Dissipation Damping Devices to an Engineered Structure or Mechanism. http://www. taylordevices. com/TechnicalLiterature. htm.

[34] D. P. Taylor, M. C. Constantinou. Testing Procedures for High Output Fluid Viscous Dampers used in Structures to Dissipate Seismic Energy[C] // Proceedings of the 65th Shock and Vibration Symposium. Shock & Vibration Information Analysis Center, 1994.

[35] D. P. Taylor, M. C. Constantinou. Development and Testing of an Improved Fluid Damper Configuration for Structures having High Rigidity[C] // Proceedings of the 69th Shock and Vibration Symposium. Shock & Vibration Information

Analysis Center, 1998.

[36] Alan Sparks. Thelwall roller bearings to be replaced again [J]. New Civil Engineer, April 3, 2003: 1-2.

[37] Y. Q. Chen, T. T. Soong. State-of-the-art Review: Seismic Response of Secondary System [J]. Engineering Structures, 1988, (10)4: 218-228.

[38] [美]乔普拉. 结构动力学:理论及其在地震工程中的应用. 第2版. 谢礼立,吕大刚,译[M]. 北京:高等教育出版社,2007.

[39] 陈水生,秦鸣,陈勇. 斜拉桥拉索的振动及控制现场试验[J]. 长安大学学报(自然科学版),2003(2): 50-53.

[40] 陈永祁. 从工程的眼光看结构保护系统的应用和发展[J]. 现代学术研究杂志,2010(10):41-49.

[41] 陈永祁,杜义新. 液体黏滞阻尼器在结构工程中的最新进展[J]. 工程抗震与加固改造. 2006(3):65-72.

[42] 陈永祁,耿瑞琦,马良喆. 桥梁用液体黏滞阻尼器的减振设计和类型选择[J]. 土木工程学报,2007(7):63-69.

[43] 陈永祁. 工程结构用液体粘滞阻尼器的结构构造和速度指数[J]. 钢结构,2008(9):48-52.

[44] 陈永祁. 工程结构用液体粘滞阻尼器的漏油刨析[J]. 钢结构,2008(9):53-58.

[45] 陈永祁. 马良喆. 苏通长江大桥限位阻尼器的设计和测试[J]. 现代交通技术,2008,5(4):20-24.

[46] 陈永祁,王静,刘林. 国外减隔震桥梁和阻尼器的失效分析[J]. 工程抗震与加固改造,2008,30(5):41-47.

[47] 陈永祁,刘锡荟,龚思礼. 拟合标准反应谱的人工地震波[J]. 建筑结构学报,1981(4):36-45.

[48] 方重,愈洁勤. 电液伺服结构试验系统主要液压部件参数的确定[J]. 液压与气动,2003(6):14-16.

[49] 桂立丰,曹用涛. 机械工程材料测试手册[M]. 沈阳:辽宁科学技术出版社,2001.

[50] 韩阳军,焦明伟,刘贵有. 龙华松花江特大桥主桥抗震设计[J]. 吉林交通科技,2007(4):42-45.

[51] 胡律贤. 地震工程学[M]. 北京:地震出版社,1988.

[52] 黄林根,徐斌,王心方. 桥梁减震装置(大吨位阻尼器)的开发应用[J]. 城市道桥与防洪,2004(6): 117-120, 10.

[53] 瞿伟廉,刘嘉,涂建维,周强. 天兴洲公铁两用斜拉桥主梁纵向列车制动振动反应分析[J]. 地震工程与工程振动,2008(1):130-138.

[54] 雷俊卿,李宏年,冯东. 铁路桥梁列车制动力的试验研究与计算分析[J]. 工程力学,2006(3):142-140.

[55] 李国豪. 桥梁结构稳定与振动[M]. 北京:中国铁道出版社,1992.

[56] 李宏年,夏禾,韩仁海. 铁路桥梁轨面制动力时程曲线研究[J]. 铁道学报,1995(3):121-126.

[57] 梁栋,孙利民,程纬,山崎伸介. 斜拉桥拉索减振油阻尼器的耐久性试验研究[J]. 同

济大学学报(自然科学版),2007(10):36-40,51.

[58] 梁智,李建中. 大跨度公铁两用斜拉桥阻尼器参数研究[J]. 同济大学学报(自然科学版),2007(6): 14-19.

[59] 刘晶波,杜修力. 结构动力学[M]. 北京:机械工业出版社,2005.

[60] 娄平,严伯雩,秦和见,曾庆元. 移动荷载作用下铁路桥梁振动分析[J]. 湘潭师范学院学报,2005(2): 1-4.

[61] 卢桂臣,胡雷挺. 西堠门大桥液体黏滞阻尼器参数分析[J]. 世界桥梁,2005(2): 43-45.

[62] 马良喆,陈永祁. 金属密封无摩擦阻尼器介绍及工程应用[J]. 工程抗震与加固改造,2009(5):49-54.

[63] 马良喆,曹铁柱,陈永祁. 具有特殊功能的液体粘滞阻尼器的设计与使用[J]. 桥梁工程与技术,2010(6):18-26.

[64] 马良喆,陈永祁. 大型结构使用的锁定装置及其发展[J]. 桥梁工程与技术,2010(1):36-40, 51.

[65] 马良喆,陈永祁. 对液体粘滞阻尼器动力性能及测试要求的研究及探讨[J]. 建筑结构,2008(5): 70-74.

[66] 马良喆,陈永祁. 江阴长江大桥用液体粘滞阻尼器的测试鉴定和结果初分析[J], 2007(S1):257-260.

[67] 倪永军,朱晞. 近断层地震的加速度峰值比和反应谱分析[J]. 北京交通大学学报,2004(4):2-6.

[68] 裴岷山,张喜刚,袁洪,候斌. 苏通大桥主桥结构体系研究和特殊阻尼器设计[C] //中国公路学会桥梁和结构工程分会. 2006 年全国桥梁学术会议论文集. 北京:人民交通出版社,2006.

[69] 美国泰勒设备公司. 台湾高铁 C-270 段阻尼器试验报告, 67DP-17341-2000[R]. 泰勒公司, 2002-11-12.

[70] 叶爱君,胡世德,范立础. 超大跨度斜拉桥的地震位移控制[J]. 土木工程学报,2004(12):40-45.

[71] 阴存欣. 铁路桥梁在列车纵向制动作用下的动力反应分析[J]. 中国铁道科学,2000(2):9-18.

[72] 郭河. 印度尼西亚马都拉带限位阻尼器大桥计算报告[R]. 北京:路桥集团桥梁技术有限公司,2007-12.

[73] 林道锦. 江阴长江公路大桥主桥阻尼器设计计算研究报告[R]. 北京:中交公路规划设计院,2005-2.

[74] 周云. 耗能减震设计理论及应用丛书[M]. 武汉:武汉理工大学出版社,2006.

[75] 陈永祁,杨风利,刘林. 摩擦摆隔震桥梁的设计及应用[J]. 工业建筑, 2009(S1).

附　　录

附表 1　泰勒阻尼器定型尺寸图

taylor devices inc.

FLUID VISCOUS DAMPERS & LOCK-UP DEVICES

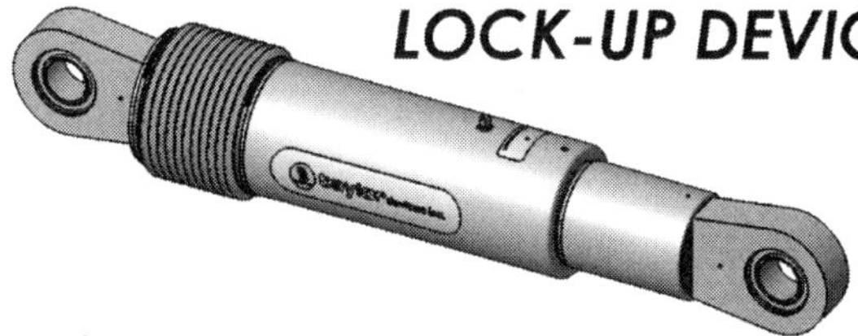

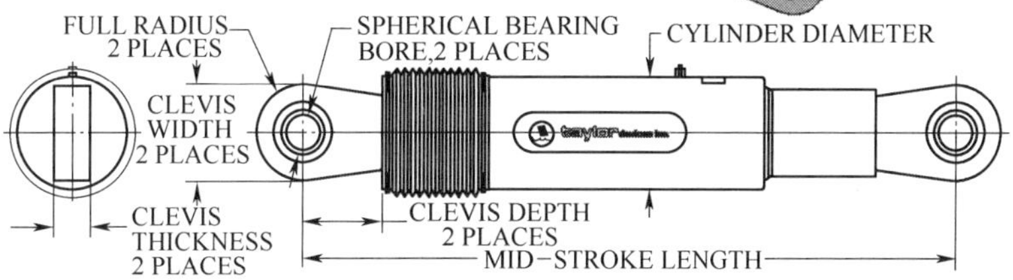

FORCE (kN)	SPHERICAL BEARING BORE DIA. (mm)	MID-STROKE LENGTH (mm)	STROKE (mm)	CLEVIS THICK NESS (mm)	CLEVIS WIDTH (mm)	CLEVIS DEPTH (mm)	CYLI-NDER DIA. (mm)	WEIGHT (kg)
250	38.10	867	±75	41	102 MAX.	82	115 MAX.	41
500	50.80	1 067	±100	54	121 MAX.	102	150 MAX.	82
750	57.15	1 194	±100	57	152 MAX.	129	185 MAX.	136
1 000	69.85	1 238	±100	70	184 MAX.	149	210 MAX.	193
1 500	76.20	1 314	±100	76	203 MAX.	162	245 MAX.	360
2 000	101.60	1 575	±125	114	286 MAX.	190	350 MAX.	385
4 000	127.00	1 880	±125	140	324 MAX.	241	425 MAX.	590
6 500	152.40	2 134	±125	152	356 MAX.	273	515 MAX.	1202
8 000	177.80	2 242	±125	178	413 MAX.	317	565 MAX.	1 860

NOTE: VARIOUS STROKES ARE AVAILABLE, FROM±50 TO±900 MILLIMETERS. FORCE CAPACITY MAY BE REDUCED FOR STROKE LONGER THAN STROKE LISTED IN TABLE. ANY STROKE CHANGE FROM THE STANDARD STROKE VERSION

DEPICTED CHANGES MID-STROKE LENGTH BY FIVE MILLMETERS PER±1 MILLIMETER OF STROKE.

EXAMPLE: 1 000 kN±100 mm STROKE, MID-STROKE LENGTH IS 1238 MILLIMETERS

1 000 kN±150 MILLIMETERS STROKE, 150－100＝50 TIMES FIVE＝250 1238＋250＝1488 mm MID-STROKE LENGTH

BELLOWS MAY BE REPLACED WITH A STEEL SLEEVE AS DESIRED STROKE LENGTHS INCREASE. CONSULT TAYLOR DEVICES FOR STROKE OVER±300 MILLIMETERS AND/OR FOR FORCE CAPACITIES FOR STROKE LONGER THAN LISTED IN TABLE.

TAYLOR DEVICES INC. 90 TAYLOR DRIVE, N. TONAWANDA, NEW YORK, 14120

WWW. TAYLORDEVICES. COM, PHONE(716)694-0800 OR FAX(716)695-6015

附表 2　泰勒公司阻尼器在桥梁工程上的应用实例

序号	建筑的名称和种类	地　点	阻尼器的种类和数量	安装日期	荷载	注　释
1	Pedestrain Bridge 太谷县 108 国道步行景观大桥	Shanxi Taigu 山西太谷	6 FVD,231 kN,$D=\pm100$ mm 3 套 TMD	2011	人行荷载	行人桥,阻尼器用于减少由行人带来的震动
2	Pedestrain Bridge 山西省太原市五一广场行人桥	China/Shanxi Taigu 山西太原	24 FVD,310 kN,$D=\pm100$ mm 12 套 TMD	2011	人行荷载	行人桥,阻尼器用于减少由行人带来的震动
3	Chongqing Changshou Bridge 重庆长寿长江大桥	China/Chongqing 中国/重庆	Taylor 液体阻尼器,总数:4 1 500 kN,行程±300 mm	2010	地震	双塔斜拉主跨 450 m 长江大桥,阻尼器安置在桥墩和桥面之间用于耗能减震
4	Chongqing Fenfangwan Bridge 重庆粉房湾大桥	China/Chongqing 中国/重庆	Taylor 液体阻尼器,总数:4 2 500 kN,行程±500 mm	2010	地震	双层双塔斜拉主跨 464 m 大桥,上层为公路,下层为轻轨铁路,阻尼器安置在下层桥面和桥墩之间用于耗能减震
5	Jiangxi Jiujiang Yangzi River Bridge 九江长江二桥	China/Jiangxi Jiujiang 中国/江西省九江市	Taylor 液体阻尼器,总数:8 1 500 kN,行程±850 mm 2 500 kN,行程±850 mm	2011	地震	Cable-stayed 桥安置阻尼器在桥面与横梁间的水平位置,控制地震引起的震动
6	Wuxi Yellow river Railway Bridge 乌锡黄河铁路特大桥	China/Neimenggu 中国/内蒙古	Taylor 黏滞阻尼器,总数:48 2 000 kN,行程±450 mm	2011	地震	高铁桥梁通过黏滞阻尼器,控制因地震产生的桥面移动
7	Fujian Wulongjiang Bridge 福建乌龙江大桥	China/Fujian 中国/福建	Taylor 液体阻尼器,总数:4 6 000 kN,行程±300 mm	2010	地震	公路特大桥上安装锁定装置以控制地震引起的震动
8	Beijing Fuchengmen Bridge 北京阜成门立交桥	China/Beijing 中国/北京	Taylor 液体阻尼器,总数 20 500 kN,行程±100 mm	2010	振动/地震	公路高架桥上安装阻尼器以控制行车和地震引起的震动
9	Jinqin Railway Bridge 津秦高速铁路	China/Tianjing—Qinhuangdao 中国/天津—秦皇岛	Taylor 锁定装置,总数: 50 4 000 kN,行程±100 mm 4 500 kN,行程±100 mm 5 000 kN,行程±100 mm	2010	地震	铁路特大桥上安装锁定装置以控制地震引起的震动
10	DEH Cho Bridge 斜拉桥	Canada/Northwest Territories 加拿大/西北地区	Taylor 锁定装置,总数:40 739 kN,行程±270 mm	2011	地震	新建斜拉桥将跨越 Mackenzie 河附近的 Fort Providence,意在取代 MERV 对哈迪轮渡急麦肯齐冰隧道的操作,所有季节均可行

续上表

序号	建筑的名称和种类	地　点	阻尼器的种类和数量	安装日期	荷载	注　释
11	Henley Street Bridge 拱桥	USA/Knoxville, TN 美国/田纳西州诺克斯维尔	Taylor 锁定装置，总数：20 200 kN，行程±75 mm 750 kN，行程±100 mm	2011	地震	拆卸和复位 1 793 ft 的桥面和垂直的拱门上的支持，增加穿越 Fort Loundoun Lake 第六个 79 岁的桥
12	Moonam BridgePSC 梁桥	South Korea/Goseong 韩国/固城郡	Taylor 黏滞阻尼器，总数：4 500 kN，行程±100 mm	2011	地震	使用阻尼器对跨长 120 m 的 PSC 梁桥抗震加固
13	New Janghowon BridgePSC 梁桥	South Korea/Eumseong 韩国/阴城郡	Taylor 黏滞阻尼器，总数：8 500 kN，行程±100 mm	2011	地震	使用阻尼器对跨长 240 m 的 PSC 梁桥抗震加固
14	Tonglou Interchange 互通式立交桥	Taiwan, Taipei 台湾/台北市	Taylor 黏滞阻尼器，总数：24 1 200 kN，行程±100 mm	2011	地震	加固互通式高速立交桥，锁定装置用来在允许自由热移动的时候控制地震中桥面的水平移动
15	Xiazhang Beicha Bridge 厦漳北杈桥	China/Fujian 中国/福建	Taylor 液体阻尼器，总数 8 3 500 kN，行程±650 mm	2010	地震	双塔双索面斜拉桥（95＋230＋780＋230＋95）m，阻尼器安置在桥墩和桥面之间用于耗能减震
16	Xiazhang Nancha Bridge 厦漳南汊桥	China/Fujian 中国/福建	Taylor 液体阻尼器，总数 8 3 000 kN，行程±450 mm	2010	地震	双塔双索面斜拉桥（135＋300＋135）m，阻尼器安置在桥墩和桥面之间用于耗能减震
17	Nangang ditch 3rd BridgePSC 箱梁桥	South Korea, Hamyang 韩国/咸阳郡	Taylor 黏滞阻尼器，总数：8 1 000 kN，行程±300 mm	2011	地震	使用阻尼器抗震加固主跨 530 m 的 PSC 箱梁桥
18	Chung-An Pedestrian Bridge 行人桥	Taiwan/Taipei 台湾/台北市	Taylor 黏滞阻尼器，总数：4 500 kN，行程±100 mm 500 kN，行程±200 mm	2011	地震	新建行人桥，使用阻尼器控制风荷载引起的移动
19	Alexandra Bridge 行人桥	Canada, Ottawa, Ontario 加拿大/安大略省渥太华	Taylor 黏滞阻尼器，总数：8 1 kN，行程±100 mm	2010	行人	这座 1901 年的铁路桥在 1970 年被改建成公路及行人用桥。在经过加拿大日庆典的行人共振事故后，使用 TMD 系统加固
20	Daesung BridgePSC 梁桥	South Korea, Gapyeong 韩国/加平郡	Taylor 黏滞阻尼器，总数：6 500 kN，行程±100 mm	2010	地震	使用阻尼器抗震加固主跨 670 m 的 PSC 梁桥

续上表

序号	建筑的名称和种类	地　　点	阻尼器的种类和数量	安装日期	荷载	注　　释
21	East Taupo Bridge	New Zealand/East Taupo 新西兰/东陶波	Taylor 锁定装置,总数:4 1 000 kN,行程±100 mm 750 kN,行程±100 mm	2010	地震	
22	Galchun 2nd BridgePSC 梁桥	South Korea/Bonghwa 韩国/奉化郡	Taylor 黏滞阻尼器,总数:4 500 kN,行程±100 mm	2010	地震	使用阻尼器抗震加固主跨 153 m 的 PSC 梁桥
23	Gilmerton Lift Bridge	USA/Chesapeake,VA 美国/弗吉尼亚州切萨皮克	Taylor 黏滞阻尼器,总数:4 450 kN,行程 400 mm	2010	动能 移动桥	
24	KyungHo River 1st BridgePSC 梁桥	South Korea/Hamyang 韩国/咸阳郡	Taylor 黏滞阻尼器,总数:8 750 kN,行程±200 mm	2010	地震	使用阻尼器抗震加固主跨 530 m 的 PSC 梁桥
25	Port Mann Bridge 斜拉桥	Canada/Coquitlam,BC 加拿大/不列颠哥伦比亚省高贵林	Taylor 黏滞阻尼器,总数:146 2 200 kN,行程±50 mm 2 200 kN,行程±75 mm 2 600 kN,行程±418 mm 2 700 kN,行程±50 mm 3 200 kN,行程±100 mm 3 500 kN,行程±160 mm	2010	地震	新的斜拉桥使用液体黏滞阻尼器对桥塔和桥面的作支撑,用以耗散地震能量,这种替换的桥(取代老化杆系拱桥)主跨 470 m,全西半球第二。并且 50 m 宽为世界上斜拉桥宽度之最
26	Red Hill Creek Pedestrian Bridge 行人桥	Canada/Hamilton,ON 加拿大/安大略省汉密尔顿	Taylor 黏滞阻尼器,总数:10 1 kN,行程±50 mm	2010	行人	位于安大略湖附近,在 QWE 和开放河床上,TMD 系统设计用于控制行人桥上的风荷载作用
27	Semi Bridge	South Korea/Jinju 韩国/晋州	Taylor 黏滞阻尼器,总数:6 750 kN,行程±100 mm	2010	地震	使用阻尼器抗震加固主跨 180 m 的 PSC 梁桥
28	Barwon Heads Bridge	Australia/Victoria 澳大利亚/维多利亚	Taylor 液体阻尼器, 总数:10 405 kN,行程±50 mm	2010	地震	新型公路桥的横梁上安装锁定装置以限制桥梁移动
29	Meixihe Bridge 梅溪河大桥	China/Fengjie 中国/奉节县	Taylor 液体阻尼器, 总数: 4 1 750 kN,行程±250 mm	2009	地震	1990 年的 223 m 主跨吊桥改造,使用阻尼器减小地震造成的损害

续上表

序号	建筑的名称和种类	地　点	阻尼器的种类和数量	安装日期	荷载	注　释
30	Nanping Mingjian Bridge 南平闽江大桥	China/Fujian 中国/福建南平	Taylor 液体阻尼器，总数：4 1 000 kN,行程±500 mm	2009	地震	Cable-stayed 桥安置阻尼器在桥面与横梁间的水平位置,控制地震引起的震动
31	Ningbo Yongjiang Bridge 宁波甬江特大桥	China/Ningbo 中国/宁波	Taylor 液体阻尼器，总数:8 1 800 kN,行程±550 mm	2009	地震	Cable-stayed 桥安置阻尼器在桥面与横梁间的水平位置,控制地震引起的震动
32	Xinjiang Guozigou Bridge 新疆果子沟大桥	China/Xinjiang 中国/新疆	Taylor 液体阻尼器，总数：8 1 100 kN,行程±400 mm 1 200 kN,行程±500 mm	2009	地震	Cable-stayed 桥安置阻尼器在桥面与横梁间的水平位置,控制地震引起的震动
33	Tauranga Harbour Link Bridge 陶兰加海港连接公路桥	New Zealand/Tauranga 新西兰/陶兰加市	Taylor 液体阻尼器，总数:21 980 kN,行程±175 mm 1 470 kN,行程±175 mm 1 750 kN,行程±225 mm	2009	地震	新建四车道公路桥使用锁定装置控制由于地震导致的桥面位移
34	Jusan 1st Bridge	South Korea/ Hwasun 韩国	Taylor 液体阻尼器，总数:8 500 kN,行程±200 mm	2009	地震	抗震加固 240 m 多跨箱梁桥用阻尼器
35	Jusan 2nd Bridge	South Korea/ Hwasun 韩国	Taylor 液体阻尼器，总数:4 500 kN,行程±200 mm	2009	地震	抗震加固 180 m 多跨箱梁桥用阻尼器
36	Goko Bridge	South Korea/ Yeongi 韩国	Taylor 液体阻尼器，总数:4 500 kN,行程±100 mm	2009	地震	抗震加固 210 m 多跨箱梁桥用阻尼器
37	Namhae Grand Bridge	South Korea/ Namhae 韩国	Taylor 液体阻尼器，总数:12 500 kN,行程±200 mm	2009	地震	抗震加固的 660 m(主跨 404 m)吊桥使用阻尼器耗能减震
38	Eommi 2nd Bridge	South Korea/ Gwangju 韩国	Taylor 液体阻尼器，总数:4 400 kN,行程±100 mm	2009	地震	抗震加固 135 m 多跨箱梁桥用阻尼器
39	Hongsungwasun Bridge	South Korea/ Hongsung 韩国	Taylor 液体阻尼器，总数:4 850 kN,行程±120 mm	2008	地震	抗震加固 300 m 多跨钢箱梁桥用阻尼器
40	Sojung Grand Bridge	South Korea/Yoengi 韩国	Taylor 液体阻尼器，总数:6 850 kN,行程±100 mm	2008	地震	抗震加固 500 m 多跨钢箱梁桥用阻尼器

续上表

序号	建筑的名称和种类	地　　点	阻尼器的种类和数量	安装日期	荷载	注　　释
41	Watan Bridge	South Korea/Yeonggwang 韩国	Taylor 液体阻尼器，总数:4 850 kN,行程±100 mm	2008	地震	抗震加固 380 m 大跨度钢箱梁桥用阻尼器
42	Namgang Bridge 南江桥	South Korea/ Hamyang 韩国	Taylor 液体阻尼器，总数:2 850 kN,行程±100 mm	2008	地震	抗震加固 240 m 多跨钢箱梁桥用阻尼器
43	Ansungchun Bridge	South Korea/ Ansung 韩国	Taylor 液体阻尼器，总数:10 1 000 kN,行程±100 mm	2008	地震	抗震加固的 450 m 多跨梁桥，使用阻尼器耗能减震
44	Aratsu Bridge	Japan/Fukuoka 日本	Taylor 阻尼器，总数：4 2 900/2 300 kN ，行程±180 mm	2008	地震	改造的 345 m 斜拉桥，阻尼器安置在桥墩和桥面之间用于耗能减震
45	Jin Nam 3rd Bridge	Korea/Seoul 韩国/首尔	Taylor 阻尼器，总数：10 850 kN ，行程±100 mm	2008	地震	680 m 多跨径钢箱梁桥安置阻尼器用于耗能减震
46	New Yang Soo Bridge	Korea/Seoul 韩国/首尔	Taylor 阻尼器，总数：34 2 000 kN ，行程±100 mm 850 kN ，行程±100 mm	2008	地震	2 180 m 多跨径钢箱梁桥安置阻尼器用于耗能减震
47	Roosevelt Island Lift Bridge	USA/New York，NY 美国/纽约州	Taylor 阻尼器，总数:8 267 kN ，行程±280 mm	2008	动能 移动桥	桥梁加装一个电梯，安装阻尼器为保护电机和制动器失灵
48	Gang Dong Grand Bridge	Korea/Seoul 韩国/首尔	Taylor 阻尼器，总数：12 2 000 kN ，行程±300 mm	2008	地震	抗震加固的 1 126 m 多跨径钢箱梁桥，安置阻尼器用于耗能减震
49	Gang Hwa Grand Bridge	Korea/Seoul 韩国/首尔	Taylor 阻尼器，总数：8 2 000 kN ，行程±120 mm	2008	地震	抗震加固的 780 m 多跨径钢箱梁桥，安置阻尼器用于耗能减震
50	Suramadu Bridge	Indonesia 印度尼西亚	Taylor 阻尼器，总数：4 2 400 kN ，行程±450 mm	2008	地震	445 m 钢箱梁桥，阻尼器用于控制耗散地震能或风运动
51	Citycenter Project Pedestrian Bridge	LasVegas,NV 内华达州	Taylor 液体阻尼器,总数:6 TMD 系统	2008	行人	新建行人桥，阻尼器用于减少由行人带来的震动

续上表

序号	建筑的名称和种类	地　点	阻尼器的种类和数量	安装日期	荷载	注　释
52	Kyung Ho 2nd Bridge	Korea/Seoul 韩国/首尔	Taylor 液体阻尼器，总数：4 750 kN，行程±250 mm	2008	地震	抗震加固的 630 m 大跨度桥，阻尼器用于耗能减震
53	Kyung River 6th Bridge	Korea/Seoul 韩国/首尔	Taylor 液体阻尼器，总数：8 1 500 kN，行程±200 mm	2008	地震	抗震加固的 630 m 大跨度桥，阻尼器用于耗能减震
54	Hang Jyung Bridge	Korea/Seoul 韩国/首尔	Taylor 液体阻尼器，总数：10 1 500 kN，行程±250 mm	2008	地震	抗震加固的 630 m 大跨度桥，阻尼器用于耗能减震
55	Jiangyin Bridge Maintain Vehicle 江阴大桥检查车	China/Jiangyin 中国/江阴	Taylor 移动阻尼器，总数：8 8.9 kN，行程±25 mm	2008	振动	在检修车上安置 8 个移动式带磁头阻尼器
56	Hangzhou East Bridge 杭州江东大桥	China/Hangzhou 中国/杭州	Taylor 液体阻尼器，总数：8 2 000 kN，行程±300 mm	2008	地震	双塔斜拉大桥，阻尼器用于耗能减震
57	Edong Bridge 湖北鄂东大桥	China/Hubei 中国/湖北	Taylor 液体阻尼器，总数：4 1 000 kN，行程±600 mm	2008	地震	双塔斜拉大桥主跨 926 m，阻尼器用于耗能减震
58	Xianshenhe Bridge 山西仙神河大桥	China/Shanxi 中国/山西	Taylor 液体阻尼器，总数：4 1 500 kN，行程±300 mm	2008	地震	独塔斜拉大桥，阻尼器用于耗能减震
59	Jiangjin Guanyin Bridge 重庆江津观音岩大桥	China/Chongqing 中国/重庆	Taylor 液体阻尼器，总数：4 1 200 kN，行程±200 mm	2008	地震	双塔斜拉主跨 436 m 大桥，阻尼器用于耗能减震
60	Yuzui Yangtze river bridge 重庆鱼嘴长江大桥	China/Chongqing 中国/重庆	Taylor 液体阻尼器，总数：4 1 500 kN，行程±550 mm	2008	地震	双塔斜拉主跨 616 m 大桥，阻尼器用于耗能减震
61	Jintang Bridge 金塘大桥	China/Zhejiang 中国/浙江	Taylor 液体阻尼器，总数：4 2 750 kN，行程±350 mm	2008	地震/风力	双塔斜拉主跨 620 m 大桥，阻尼器配合隔振耗能减震
62	Cumberland River Pedestrian Bridge 坎伯兰河行人桥	USA/Nashville，TN 美国/田那西州	Taylor 液体阻尼器，总数：5 TMD 系统	2007	行人	TMD 系统用于控制两边和垂直方向由行人车辆引起的震动
63	Suramadu Madula Bridge 印尼马杜拉大桥	Indonesia 印尼	4 FVD 限位阻尼器 2 400 kN，行程±486 mm	2008	地震	新建桥梁，阻尼器用于耗散能量

续上表

序号	建筑的名称和种类	地　点	阻尼器的种类和数量	安装日期	荷载	注　释
64	Clerkenwell Road Bridge	UK/London 英国/伦敦	Taylor 液体阻尼器，总数：2 582 kN ，行程± 100 mm	2007	地震	结构加固工程用锁定装置，容许温度变形的同时控制震动
65	Xihoumen Bridge 舟山西喉门大桥	China/Zhejiang Province 中国/浙江省	Taylor 液体阻尼器，总数：4 1 000 kN，行程± 1100 mm	2007	地震	主跨 1 650 m 悬锁大桥，阻尼器用于控制桥上的震动
66	SR 62 Bridge over Wabash River 瓦伯什河大桥	USA/Posey County，IN 美国/印地安那	Taylor 液体阻尼器，总数：80 290 kN，行程± 100 mm 470 kN，行程± 100 mm	2007	地震	大桥用阻尼器容许温度变形同时控制其地震运动
67	Pomeroy-Mason Bridge	USA/Grove City，OH 美国/俄亥俄州	Taylor 液体阻尼器，总数：96 23 kN，行程± 75 mm	2007	风力/降雨	新建斜拉桥，阻尼器用来减少风和雨带来的运动
68	Rainbow Bridge （Nei-Hu SuspensionBridge）	Taiwan/Taipei 台湾/台北	Taylor 液体阻尼器，总数：4 500 kN，行程± 100 mm	2007	地震	新建悬锁大桥，用阻尼器来抗震耗能
69	Penxihe River Bridge 重庆彭溪河大桥	China/Chongqing 中国/重庆	Taylor 液体阻尼器，总数 4 1 600 kN，行程±200 mm	2007	地震	新建双塔斜拉大桥主跨 632 m，阻尼器控制桥上的震动
70	Deung Sun Bridge	South Korea/Chuncheon 南韩	Taylor 液体阻尼器，总数：8 1 000 kN，行程± 100 mm	2006	地震	910 m 大桥抗震加固时安置阻尼器抗震耗能
71	ShinSang ＃ 1 Bridge	South Korea/Daejeon 南韩	Taylor 液体阻尼器，总数：8 1 000 kN，行程± 250 mm	2006	地震	910 m 大桥抗震加固时安置阻尼器抗震耗能
72	Lee Ho Grand Bridge	South Korea/Yeoju 南韩	Taylor 液体阻尼器，总数：4 1 000 kN，行程± 310 mm	2006	地震	910 m 大桥抗震加固时安置阻尼器抗震耗能
73	Pamunkey River Bascule Bridge	USA/West Point，VA 美国/维吉尼亚州	Taylor 液体阻尼器，总数：4 890 kN，行程± 400 mm	2006	移动桥动能	桥梁改造加固时安置阻尼器

续上表

序号	建筑的名称和种类	地　点	阻尼器的种类和数量	安装日期	荷载	注　释
74	WaLUDo - Penebscot River Bridge	USA/Verona, ME 美国/缅因州	Taylor 液体阻尼器，总数：160 9 kN，行程± 63 mm	2006	风和雨	新建大桥用阻尼器削减风和雨带来的震动
75	Bercy Tolbiac Bridge	France/Paris 法国/巴黎	Taylor 液体阻尼器，总数：4 34 kN，行程± 65 mm 53 kN，行程± 65 mm 82 kN，行程± 25 mm	2006	行人	新建人行桥，阻尼器用于减少由行人带来的震动
76	Jiangyin Bridge	China/Jiangsu Province 中国/江苏省	Taylor 液体阻尼器，总数：4 1 000 kN，行程±1000 mm	2006	交通，风振	世界第二大悬锁大桥加固主跨 1 385 m，阻尼器控制桥上的震动
77	Roslyn Viaduct Bridge	USA/Roslyn, NY 美国/纽约州	Taylor 液体阻尼器，总数：8 2 000 kN，行程±280 mm	2006	地震	新建高架桥，阻尼器在允许自由温度变形的同时控制地震运动
78	Bercy Tolbiac Bridge	France/Paris 法国/巴黎	Taylor 液体阻尼器，总数：4 34 kN，行程±65 mm 53 kN，行程±65 mm 82 kN，行程±25 mm	2006	行人	采用特殊金属造的新步行桥。TMD 系统阻尼器，减少行人引起的震动
79	Tainan Science Park Junction Bridge 台南科学公园连接桥	Taiwan/Tainan 台湾/台南	Taylor 液体阻尼器，总数：48 785 kN，行程±100 mm	2006	地震	阻尼器安装在桥墩上，连接后张钢筋混凝土 I 型梁的底部，用于抗震消能
80	SuTong Changjiang River Bridge 苏通长江大桥	China/Jiangsu Province Nantong 中国/江苏南通	Taylor 液体阻尼器，总数：8 3 025/6 580 kN，行程± 850 mm	2006	地震	世界跨度最大的斜拉桥(1 088 m)，在主跨上安置限位阻尼器，用于抗风减震
81	Mississippi River Bridge 密西西比河大桥	USA/Greenville, MS 美国/密西西比州	Taylor 液体阻尼器，总数：8 4 600 kN，行程±152 mm	2005	地震	新建主跨 420 m(美国大陆最长)悬索桥，I—82 号高速公路跨越密西西比河大桥。阻尼器在允许自白温度变形的同时控制地震运动
82	Jackson Street Bridge	Australia/Fyshwick 澳大利亚	Taylor 液体阻尼器，总数：2 400 kN，行程±100 mm	2005	地震	振动传输装置在允许自由温度变形的同时控制地震运动
83	Daebuk Gyo Bridge	South Korea/Wulsan City 南韩	Taylor 液体阻尼器，总数：4 868 kN，行程±100 mm	2005	地震	三跨度钢梁公路大桥，抗震加固时安置阻尼器

续上表

序号	建筑的名称和种类	地　点	阻尼器的种类和数量	安装日期	荷载	注　释
84	Longhua Songhuajiang Bridge 吉林松花江龙华大桥	China/Jilin Province 中国/吉林省	Taylor 液体阻尼器，总数：16 1 800 kN，行程±140 mm	2005	地震	新建高速公路大桥，用安装在桥上的锁定装置来控制桥上的震动
85	Pasteur-Cikapayang	Indonesia/Bandung 印尼/万隆	Taylor 液体阻尼器，总数：76 3 400 kN，行程±55 mm 3 400 kN，行程±110 mm 3 400 kN，行程±135 mm 3 700 kN，行程± 55 mm 3 700 kN，行程±110 mm	2005	地震	新建高速公路大桥，阻尼器来控制桥上部结构与桥墩的纵向地震运动
86	Spring Mountain Road Pedestrian Bridges 春山大道行人桥	USA/Las Vegas，NV 美国/拉斯维加斯	Taylor 液体阻尼器，总数：18 TMD 系统	2005	行人	一组新建的行人桥（3 座），利用 TMD 系统减少行人引起的震动
87	Pont de Vatiine Bridge	France 法国	Taylor 液体阻尼器，总数：6 67 kN，行程± 102 mm 67 kN，行程± 152 mm 50 kN，行程± 152 mm	2005	运动能量和行人引起的振动	由升降机、摆动和转动能减振器组合成的新型活动人行天桥
88	Nanjing 3rd Yangzi River Bridge，Approach Bridge	China/Nanjing，Jiangsu Province 中国/江苏省南京	Taylor 液体阻尼器，总数：54 150 kN，行程± 120 mm	2005	地震	斜拉桥，安装在引桥上的阻尼器用来控制桥的纵向移动，并允许温度变形
89	Pomeroy-Mason Bridge	USA/Grove City，OH 美国/俄亥俄州	Taylor 液体阻尼器，总数：96 23 kN，行程± 75 mm	2005	风力	斜拉桥，安装在拉索上，阻尼器用来抵抗风雨荷载
90	Weirton-Steubenville，Veterans Memorial Bridge 老兵纪念大桥	Weirton，WV West Virginia，Ohio 美国/西弗吉尼州和俄亥俄州	Taylor 液体阻尼器，总数：88 9 kN，行程± 25 mm 2.5 kN，行程± 25 mm	2005	风和雨	斜拉桥，安装在拉索上，阻尼器用来抵抗风雨荷载
91	Richmond-San Rafael Bridge	USA/Richmond，CA 美国/里士满	Taylor 液体阻尼器，总数：28 1 000 kN，行程± 965 mm 2 225 kN，行程± 508 mm	2004	地震	安置阻尼器用于减震耗能并保证结构能承受较大的地震

续上表

序号	建筑的名称和种类	地　点	阻尼器的种类和数量	安装日期	荷载	注　释
92	Veterans Memorial Bridge-Texas 退伍军人纪念大桥	USA/Groves，TX Jefferson County 美国德州	Taylor 液体阻尼器，总数：80 25 kN，行程±150 mm	2004	风力	斜拉桥抗震加固，在拉索上安置阻尼器用来抵抗风雨荷载
93	George Washington Bridge 乔治华盛顿大桥	USA/Seattle，WA 美国/西雅图	Taylor 液体阻尼器，总数：4 4 900 kN，行程±75 mm	2004	地震	大型钢桁架桥抗震加固，安置阻尼器用于控制桥的地震运动并允许温度变形
94	Cross Keys Bridge	UK/South Yorkshire 英国/约克郡	Taylor 液体阻尼器，总数：1 330 kN，行程± 92 mm	2003	交通	加固老悬索桥，安置阻尼器控制刹车力
95	Taiwan High Speed Rail Section C270 台湾高架铁路桥	Taiwan/Yun Lin 台湾	Taylor 液体阻尼器，总数：34 3 900 kN，行程±125 mm	2003	地震	新建高速铁路桥，利用阻尼器控制地震和刹车应起的震动
96	Route 364 Page Avenue Extension Bridge 364 号路引桥	USA/St. Louis，MO 美国/圣路易斯	Taylor 液体阻尼器，总数：178 1 050 kN，行程±50mm 756 kN，行程±70 mm 1 824 kN，行程±50 mm 2 225 kN，行程±92 mm 556 kN，行程±127 mm 867 kN，行程±127 mm	2003	地震	新建的连接拱板梁桥控制纵向地震，并允许温度变形
97	Richmond-San Rafael Bridge	USA/Richmond，CA 美国/加州	Taylor 液体阻尼器，总数：28 1 000 kN，行程±965 mm 2 225 kN，行程±508 mm	2003	地震	4.5 英里钢桁架桥抗震加固，设计于 50 年代，安置阻尼器用于减震耗能并保证结构能承受较大的地震
98	Pasteur-Cikapayang Bridge	Indonesia/Bandung 印度尼西亚/万隆	Taylor 液体阻尼器，总数：76 3 400 kN，行程±55 mm 3 400 kN，行程±110 mm 3 400 kN，行程±135 mm 3 700 kN，行程±55 mm 3 700 kN，行程±110 mm	2003	地震	新建高架路桥，阻尼器用于控制纵向地震

续上表

序号	建筑的名称和种类	地　点	阻尼器的种类和数量	安装日期	荷载	注　释
99	San Francisco-Oakland Bay Bridge, West Span-Suspension Bridge 旧金山-奥克兰海湾桥西段悬索桥	USA/San Francisco, CA 美国/旧金山	Taylor 液体阻尼器，总数：100 2 000 kN，行程±483 mm 2 450 kN，行程±584 mm 3 115 kN，行程±178 mm	2003	地震	抗震加固时安置阻尼器
100	Abernethy Bridge	USA/Oregon City，OR 美国/俄勒冈城(州)	Taylor 液体阻尼器，总数：32 1 000 kN，行程±55 mm 1 500 kN，行程±75 mm 750 kN，行程±155 mm	2002	地震	抗震加固时安置阻尼器
101	Cochrane Bridge	USA/Mobile，AL 美国/阿拉斯加州	Taylor 液体阻尼器，总数：68 40 kN，行程±150 mm 22 kN，行程±150 mm	2002	风	斜拉桥，抗风加固，在拉索上安置阻尼器用于抵抗风雨荷载
102	Bill Emerson Memorial Bridge (Cape Girardeau)	USA/Cape Girardeau, MO 美国/密苏里州	Taylor 液体阻尼器，总数：16 6 700 kN，行程±180 mm	2002	地震	加固斜拉桥，阻尼器允许自由温度变形的同时减少纵向地震震动
103	Polar Street Bridge 中心街大桥	USA/St. Louis，MO 圣路易斯/美国密苏里州	Taylor 液体阻尼器，总数：64 1 334 kN，行程±183 mm 2 224 kN，行程±229 mm	2002	地震	新建高速公路大桥，跨越密西西比河大桥，阻尼器允许自由温度变形同时控制纵向地震动
104	Millennium Bridge	UK/London 英国/伦敦	Taylor 液体阻尼器，总数：37 50 kN，行程±25 mm 50 kN，行程+153/−377 mm 50 kN，行程+40/−80 mm	2001	行人运动	改造的行人桥，以减少横向和纵向运动所造成的大群体的人步行上桥
105	Sacramento River Bridge at Rio Vista	USA/Rio Vista, CA 美国/加州	Taylor 液体阻尼器，总数：10 825 kN，行程±133 mm	2001	地震	提升桥，抗震加固时安置阻尼器减震耗能
106	Amolanas Bridge	Chile/Santiago 智利/圣地亚哥	Taylor 液体阻尼器，总数：4 3 000 kN，行程±200 mm	2000	地震	新建桥，阻尼器在允许自由温度变形的同时用于控制震动、吸收地震能量和重新分配受力
107	East Huntington Bridge	USA/Huntington, WV 美国/亨廷顿	Taylor 液体阻尼器，总数：54 5 kN，行程±25 mm 3 kN，行程±25 mm	2000	风力	加固悬索桥，安置阻尼器，减少风、雨引起的震动

续上表

序号	建筑的名称和种类	地　点	阻尼器的种类和数量	安装日期	荷载	注　释
108	William H. Harsha (Maysville Bridge)	USA/Maysville, KY 美国/肯塔基州	Taylor 液体阻尼器,总数: 8 1 300 kN, 行程±305 mm	2000	地震	新建桥,阻尼器允许自由温度变形的同时用于控制地震震动,重新分配受力
109	Novelty Bridge ＃404B	USA/Seattle,WA 美国/西雅图	Taylor 液体阻尼器,总数: 8 1 450 kN, 行程±100 mm	2000	地震	新替换桥,阻尼器允许自由温度变形,同时控制地震震动
110	Triborough Bridge Approaches	USA/New York, NY 美国/纽约	Taylor 液体阻尼器, 总数: 80 445 kN, 行程±152 mm	2000	地震	加固悬索桥,安置阻尼器允许自由温度变形的同时控制地震震动,重新分配受力
111	1—5/91 HOV Bridge	USA/Anaheim, CA 美国/阿拿汉姆	Taylor 液体阻尼器,总数:8 1 110 kN, 行程±200 mm	1999	地震	新建桥,阻尼器用来减震消能,并减少结构的设计要求
112	San Francisco International Airport South International Parking Garage Pedestrian Bridge 旧金山国际机场南停车场行人桥	USA/San Francisco, CA 美国/旧金山	Taylor 液体阻尼器,总数:20 445 kN, 行程±254 mm	1999	地震	新建人行桥,利用阻尼器耗能减震,同时减少桥晃动
113	San Francisco-Oakland Bay Bridge, East Span-Truss Bridge 旧金山奥克兰海湾大桥	USA/San Francisco, CA 美国/旧金山	Taylor 液体阻尼器,总数:6 890 kN, 行程±406 mm	1999	地震	加固桥东跨 504 个桁架,安置阻尼器用于耗地震能
114	Sidney Lanier Bridge	USA/Glynn County, GA 美国/加州	Taylor 液体阻尼器,总数: 4 2 200 kN, 行程±203 mm	1999	地震	新建,阻尼器用来控制地震运动,重新分配受力并允许温度变形
115	Willamette River Pedestrian Bridge	USA/Eugene, OR 美国/俄勒冈州	Taylor 液体阻尼器,总数: 4 500 kN, 行程±40 mm	1999	地震/风力	加固时安置阻尼器用于控制风力和地震震动并允许自由温度变形
116	First Avenue South Bridge	USA/Seattle, WA 美国/西雅图	Taylor 液体阻尼器,总数:4 600 kN, 行程±635 mm	1998	移动桥动能	开启式桥梁,改建加固时安置阻尼器
117	First Avenue South Bridge	USA/Seattle, WA 美国/西雅图	Taloy 液体阻尼器, 总数: 4 400 kN, 行程＋685 mm	1996	移动桥动能	开启式桥梁,改建加固时安置阻尼器
118	Montlake Bridge	USA/Seattle,WA 美国/西雅图	Taylor 液体阻尼器,总数:4 240 kN,行程＋483 mm	1996	移动桥动能	加固开启桥,安置阻尼器用于保护桥翼在过车和刹车当中不被破坏
119	West Seattle Bridge 西雅图西大桥	USA/Seattle,WA 美国/西雅图	Taylor 液体阻尼器,总数:6 1 000 kN, 行程＋406 mm 2 515 kN, 行程＋254 m	1990	移动桥动能	阻尼器用于移动桥和桥面的隔离减震

附表 3　部分计量单位换算表

量的名称	单位制	单位名称	单位符号	换算关系
长度	公制	微米	μm	$1\ \mu\text{m}=10^{-6}\ \text{m}$
		毫米	mm	$1\ \text{mm}=10^{-3}\ \text{m}$
		厘米	cm	$1\ \text{cm}=10^{-2}\ \text{m}$
		分米	dm	$1\ \text{dm}=10^{-1}\ \text{m}$
		米	m	基本单位
	英制	英尺	in	$1\ \text{in}=25.4\ \text{mm}=\frac{1}{12}\ \text{ft}$
		英寸	ft	$1\ \text{ft}=0.304\ 8\ \text{m}=12\ \text{in}$
面积	公制	平方毫米	mm^2	$1\ \text{mm}^2=10^{-6}\ \text{m}^2$
		平方厘米	cm^2	$1\ \text{cm}^2=10^{-4}\ \text{m}^2$
		平方分米	dm^2	$1\ \text{dm}^2=10^{-2}\ \text{m}^2$
		平方米	m^2	基本单位
	英制	平方英寸	in^2	$1\ \text{in}^2=6.451\ 6\times10^{-4}\ \text{m}^2$
		平方英尺	ft^2	$1\ \text{ft}^2=0.092\ 903\ 04\ \text{m}^2=144\ \text{in}^2$
体积	公制	立方毫米	mm^3	$1\ \text{mm}^3=10^{-9}\ \text{m}^3$
		立方厘米	cm^3	$1\ \text{cm}^3=10^{-6}\ \text{m}^3$
		立方分米	dm^3	$1\ \text{dm}^3=10^{-3}\ \text{m}^3$
		立方米	m^3	基本单位
		毫升	mL	$1\ \text{mL}=10^{-3}\ \text{L}=10^{-6}\ \text{m}^3$
		厘升	cL	$1\ \text{cL}=10^{-2}\ \text{L}=10^{-5}\ \text{m}^3$
		分升	dL	$1\ \text{dL}=10^{-1}\ \text{L}=10^{-4}\ \text{m}^3$
		升	L	基本单位 $1\ \text{L}=10^{-3}\ \text{m}^3$
	英、美制	立方英寸	in^3	$1\ \text{in}^3=16.387\ 064\times10^{-6}\ \text{m}^3$
		立方英尺	ft^3	$1\ \text{ft}^3=0.028\ 316\ 85\ \text{m}^3=1\ 728\ \text{in}^3$
		加仑(英)	gal(UK)	$1\ \text{gal(UK)}=4.546\ 092\times10^{-3}\ \text{m}^3$
		加仑(美)	gal(US)	$1\ \text{gal(US)}=3.785\ 412\times10^{-3}\ \text{m}^3=231\ \text{in}^3$
质量	公制	毫克	mg	$1\ \text{mg}=10^{-6}\ \text{kg}$
		厘克	cg	$1\ \text{cg}=10^{-5}\ \text{kg}$
		分克	dg	$1\ \text{dg}=10^{-4}\ \text{kg}$
		克	g	$1\ \text{g}=10^{-3}\ \text{kg}$
		千克(公斤)	kg	基本单位
	英美制	盎司	oz	$1\ \text{oz}=\frac{1}{16}\ \text{lb}=0.028\ 349\ 523\ \text{kg}$
		磅	lb	$1\ \text{lb}=0.453\ 592\ 37\ \text{kg}=16\ \text{oz}$
		吨(英)	ton	$1\ \text{ton}=1\ 016.047\ \text{kg}=2\ 240\ \text{lb}$
		吨(美)	s. t	$1\ \text{s. t}=907.184\ 7\ \text{kg}=2\ 000\ \text{lb}$
密度	公制	克每立方厘米	g/cm^3	$1\ \text{g/cm}^3=10^{-3}\ \text{kg/m}^3$
		千克(公斤)每立方米	kg/m^3	$1\ \text{kg/m}^3=0.062\ 4\ \text{lb/ft}^3$
		吨每立方米	t/m^3	$1\ \text{t/m}^3=10^3\ \text{kg/m}^3$
	英制	磅每立方英尺	lb/ft^3	$1\ \text{lb/ft}^3=16.018\ 46\ \text{kg/m}^3$
速度	公制	厘米每秒	cm/s	0.01 m/s
		米每秒	m/s	基本单位
	英制	英尺每秒	ft/s	0.304 8 m/s

续上表

量的名称	单位制	单位名称	单位符号	换算关系
加速度	公制	厘米每秒平方 米每秒平方	cm/s^2 m/s^2	10^{-2} m/s^2 基本单位
	英制	英尺每秒平方	ft/s^2	0. 304 8 m/s^2
角速度	公制	弧度每秒	rad/s	
角加速度	公制	弧度每二次方秒	rad/s^2	基本单位
频率	公制	赫[兹]	Hz	1/s
力、重力	公制	克力 千克(公斤)力 吨力 牛[顿] 达因	gf kgf tf N dyn	9. 806 65×10^{-3} N 9. 806 65 N 9 806. 65 N 基本单位 10^{-5} N; 1. 02×10^{-6} kgf
	英制	磅力	lbf	4. 448 222 N; 0. 453 6 kgf
力矩	公制	牛[顿]米	N·m	基本单位
功、能	公制	焦耳 1 国际蒸汽表卡 1 热化学卡 瓦特秒 瓦特小时 千瓦特小时	J cal_{IT} cal_{th} W·s W·h kW·h	基本单位 4. 186 8 J 4. 184 0 J 1 J 367. 1 kgf·m;3 600 J 367. 1×10^3 kgf·m;3 600×10^3 J
	英制	英尺磅力	ft·lbf	0. 138 3 kgf·m;1. 355 82 J
功率	公制	瓦[特] 千瓦[特]	W kW	基本单位 1 000 W;102 kgf·m/s
	英制	马力[英]	hp	745. 7 W;76 kgf·m/s
转动惯量	公制	克每二次方厘米 千克(公斤)二次方米	g·cm^2 kg·m^2	
热力学温度	公制	开[尔文]	K	$T/K=t/℃+273.151$
摄氏温度	公制	摄氏度	℃	$t/℃=\frac{5}{9}(\theta/℉-32)$
华氏温度	英制	华氏度	℉	$\theta/℉=\frac{9}{5}(t/℃+32)$
压力、正应力压强、切应力	公制	帕[斯卡] 兆帕[斯卡] 工程大气压 千克(公斤)力每二次方厘米 标准大气压 巴 毫米汞柱 毫米水柱	Pa MPa at kgf/cm^2 atm bar mmHg mmH_2O	1 Pa=1 N/m^2 1 MPa=1 N/mm^2 1 at=1 kgf/cm^2=9. 806 65×10^4 Pa 1 atm=101 325 Pa 1 bar=10^5 Pa 1 mmHg=133. 322 4 Pa 1 mmH_2O=9. 806 65 Pa
	英制	磅力每平二次英尺 磅力每平二次英寸	lbf/ft^2 lbf/in^2	1 lbf/ft^2=4. 882 6 kgf/m^2 1 lbf/in^2=0. 070 31 kgf/cm^2 =6 894. 76 Pa=0. 006 894 76 MPa
热量	公制	焦耳	J	1 cal=4. 186 8 J 1 kcal=4. 186 8×10^3 J 1 Btu=1 055. 06 J=1. 055 06 kJ
	其他	卡 千卡	cal kcal	
	英制	英制热单位	Btu	

注:T、t、θ 分别表示热力学温度、摄氏温度和华氏温度。